国家"十三五"重点图书

当代经济学系列丛书

Contemporary Economics Series

主编 陈昕

（第六版）

金融学原理

彭兴韵　著

当代经济学
教学参考书系

格致出版社
上海三联书店
上海人民出版社

图书在版编目(CIP)数据

金融学原理/彭兴韵著.—6版.—上海:格致
出版社:上海人民出版社,2019.7(2021.5 重印)
(当代经济学系列丛书/陈昕主编.当代经济学教
学参考书系)
ISBN 978 - 7 - 5432 - 3025 - 5

Ⅰ.①金…　Ⅱ.①彭…　Ⅲ.①金融学　Ⅳ.①F830

中国版本图书馆 CIP 数据核字(2019)第 111390 号

责任编辑　程筠函　钱　敏
装帧设计　敬人设计工作室
　　　　　吕敬人

金融学原理(第六版)

彭兴韵　著

出　　版　格致出版社
　　　　　上海三联书店
　　　　　上海人民出版社
　　　　　(200001　上海福建中路 193 号)
发　　行　上海人民出版社发行中心
印　　刷　浙江临安曙光印务有限公司
开　　本　787×1092　1/16
印　　张　35.5
插　　页　3
字　　数　733,000
版　　次　2019 年 7 月第 1 版
印　　次　2021 年 5 月第 2 次印刷
ISBN 978 - 7 - 5432 - 3025 - 5/F・1236
定　　价　72.00 元

主编的话

上世纪 80 年代，为了全面地、系统地反映当代经济学的全貌及其进程，总结与挖掘当代经济学已有的和潜在的成果，展示当代经济学新的发展方向，我们决定出版"当代经济学系列丛书"。

"当代经济学系列丛书"是大型的、高层次的、综合性的经济学术理论丛书。它包括三个子系列：(1)当代经济学文库；(2)当代经济学译库；(3)当代经济学教学参考书系。本丛书在学科领域方面，不仅着眼于各传统经济学科的新成果，更注重经济学前沿学科、边缘学科和综合学科的新成就；在选题的采择上，广泛联系海内外学者，努力开掘学术功力深厚、思想新颖独到、作品水平拔尖的著作。"文库"力求达到中国经济学界当前的最高水平；"译库"翻译当代经济学的名人名著；"教学参考书系"主要出版国内外著名高等院校最新的经济学通用教材。

20 多年过去了，本丛书先后出版了 200 多种著作，在很大程度上推动了中国经济学的现代化和国际标准化。这主要体现在两个方面：一是从研究范围、研究内容、研究方法、分析技术等方面完成了中国经济学从传统向现代的转轨；二是培养了整整一代青年经济学人，如今他们大都成长为中国第一线的经济学家，活跃在国内外的学术舞台上。

为了进一步推动中国经济学的发展，我们将继续引进翻译出版国际上经济学的最新研究成果，加强中国经济学家与世界各国经济学家之间的交流；同时，我们更鼓励中国经济学家创建自己的理论体系，在自主的理论框架内消化和吸收世界上最优秀的理论成果，并把它放到中国经济改革发展的实践中进行筛选和检验，进而寻找属于中国的又面向未来世界的经济制度和经济理论，使中国经济学真正立足于世界经济学之林。

我们渴望经济学家支持我们的追求；我们和经济学家一起瞻望中国经济学的未来。

厉以宁

2014 年 1 月 1 日

序

经济体制改革以来，"西风东渐"曾经有过几次浪潮。每一次浪潮都给我们留下很多东西，其中，优秀的各科教材最值得珍视，因为它们从根本上改变了一代又一代国人的思想观念和知识结构。在金融领域，影响最大的教材当数 20 世纪 80 年代初由中国财经出版社出版的钱德勒的《货币银行学》、80 年代末由上海三联书店出版的托马斯·梅耶的《货币、银行与经济》以及弗里德里克·米什金的《货币金融学》（1996 年又翻译出版过该书的新版）。这些译本对中国货币金融学的发展，对于中国的金融体制改革，都起到了积极的推动作用。

但是，译本毕竟是"舶来品"，它们固然可以向我们传递金融学的基本原理，可以让我们认识该学科的最新进展，可以让我们了解别国金融体系的状况以及正在发生的事情，但是，如果将之应用于中国的实践（这是我们学习金融学的根本目的），总是有一点"隔膜"。这种状况，随着中国金融体制改革的深入，随着国内学界与国际先进水平差距的逐步缩小，已越来越被人们感受到了。有鉴于此，中国的金融研究者们始终存有这样一个心愿：撰写一批既能够准确阐述金融学基本原理，又能够充分反映中国金融业实际状况的教材。

为什么一定要使金融学"中国化"呢？从最直接的原因看，这是因为，用纯正的中国语言、生动的中国案例表述出的金融学原理，肯定更容易让中国人理解。深入分析，更重要的原因则在于：经过二十多年的改革与发展，中国的金融体系和金融结构均发生了相当大的变化，一个符合市场经济运行要求的金融体系的雏形已基本形成。同时，在中国的历史传统、文化背景、经济体系的基础上发展起来的中国金融体系，日益表现出它的有别于他国的显著特征。显然，总结这些变化，概括这些变化中所反映出的中国金融业发展的若干规律，应是中国金融学研究者们的历史任务。应当说，中国的金融学研究者们已经越来越接近我们多年来一直孜孜以求的一个新的阶段：总结中国金融改革和金融发展的经验，我们可能对整个金融学的发展作出贡献。

彭兴韵博士的这部书就是一个将金融学"本土化"的有益尝试。我粗粗翻看，感觉到这本书有如下四个显著特点。第一，综合性。在中国，长期以来，着重于宏观面的"货币银行学"和着重于从微观层面阐发金融运行规则的"金融学"是互不相干的。最近几年，国内很多学者，甚至是一些前辈，都在致力于做将两者"融合"的工作。这部教材正体现了作者在推动融合方面的考虑。第二，突出实践性。我们知道，金融学是一门致用之学。正因为如此，无论是阐述原理，还是解释现实，都应当密切结合中国的实践。在这方面，本书做了较大的努力。第三，前沿性。金融学固然有着十分久远的历史，同时它又是一门十分年轻的科学。因此，跟上理论发展的时代步伐，是对一部成功教材的基本要求。这部教材有机地融入了金融理论的一些最新发展，如金融的功能观点、信息不对称原理、金融发展理论、金融全球化、金融危机和金融交易新技术等，这使得本书具有很强的前沿性。第四，可读性。金融学固然重要，但毋庸讳言，它又是一门枯燥的学科。因此，用轻松的笔调深入浅出地介绍金融学的基本原理，尽量用我们身边可以看得到、感受得到的事例来阐明枯燥晦涩的理论，是对一部优秀教材的基本要求。在这方面，本书的作者也做出了很大的努力。

总之，本书是一部适合大学本专科学生、金融从业人员、在职研究生班学员、想了解和掌握金融知识的一般读者研读的教材。我愿向大家推荐它。

李　扬

北京建国门内大街 5 号

第六版修订说明

本书自 2003 年初版以来，已历经五次修订。掐指算来，本书初版的读者已届而立之年，中国金融体系也从初版之时的探索逐渐走向了成熟，一个现代化的金融体系架构业已成形。尤其是，自第五版以来的六年左右时间里，中国金融体系经历了较明显的变革，中国不仅已成为全球第三大债券市场，利率市场化已初步完成，人民币汇率机制也今非昔比；人民币汇率双向波动更加明显，货币政策工具不断得到创新、丰富和发展，外汇储备规模下降直接左右了货币政策工具体系的应用；防范和化解金融风险成为宏观经济政策最重要的内容之一，金融开放向纵深推进；是故，金融监管体系也得到了重塑，宏观审慎理念和实践在深入发展，穿透式监管和功能监管在纷繁的金融创新中得到确立。凡此种种新变化和新发展，都在第六版的修订中的相应章节得到了反映。

具体地，第六版的主要变化表现在以下方面。

将前五版中第 10 章的"有效市场与市场过度反应"纳入第六版的第 5 章，作为风险资产定价的内容之一，同时，在介绍了有效市场理论之后，新增行为金融方面的知识，以反映投资者心理和情绪对风险资产定价的影响。在第 7 章，则根据中国新确立的监管体制，将原来分别介绍的"中国银行业监督管理委员会"和"中国保险业监督管理委员会"融为"中国银行保险监督管理委员会"，分别介绍中国三大保障基金，即证券投资者保护基金、中国存款保险公司和保险保障基金等；将原来附录中的"国际金融机构简介"纳入正文，以"国际金融组织"为名单独成节，除了原附录中的国际货币基金组织、世界银行等国际金融机构外，本节增加了对"亚洲基础设施投资银行"和"金砖银行"的介绍，以更全面地反映国际金融组织参与中国金融体系的活动。在第 10 章则更全面地介绍了中国资本市场工具，包括优先股、可交换债券、ETF 等等。在第 11 章则增加了"可转让大额存单和同业存单"一节。第 12 章"金融衍生品"一章也做了较大修改，在"远期交易"一节中，删除了远期利率协定的结算额的计算，只简单介绍远期利率协定和远期外汇交易的基本原理；同样地，在"金融期货"一节，则增加对利率期货和股指期货等金融期货的简单介绍，相对于前五版则更详细地介绍了期货套期保值功能；在"金融期权"一节，则简单介绍利率期权、股票与股指期权和货币期权等；"互换"一节则更详细地介绍利率与货币互换原理；这一章，还新增了信用衍生品。鉴于一些学生会系统地学习国际金融，第六版将原来"汇率与汇率制度"和"国际收支"两章合并成"汇率与国际收支"一章，并将相应的内容做了简化。也鉴于过去几年里，诸如坊间戏称的"麻辣粉"（中期借贷便利）等中国货币政策工具体系不断得到创新、央行建立和扩充了再贷款的合格抵押品管理框架、货币政策功能的扩展等，将原来的"货币政策"一章分成"货币政策：目标与工具体系"和"货币政策：传导机制与政策哲学"两章的内容，以便于读者更全面地理解和掌握中国货币政策，并理解其对宏观经济和金融体系的影响。在第 21 章更新了中国利率市场化、外汇与汇率机制改革、金融对外开放的进展。在金融危机一章增加了降杠杆及其途径的分析。在金融监管一章中，则增加了中国的宏观审慎管理、行为监管和穿透式监管等。

致　谢

本书出版后我怀着既高兴又忐忑的心求教于国内金融学前辈。让我喜出望外的是,包括(以姓氏笔画为序)中国人民大学年过八旬的王传纶教授、武汉大学的江春教授、复旦大学的陈学彬教授、中国人民大学的张杰教授和复旦大学的姜波克教授等在内的著名专家学者都慷慨地给予我积极的鼓励。自从我进入中国社会科学院研究生院后,就一直对我的学习和生活给予无微不至关心的李扬教授、王国刚教授和王松奇教授,也自始至终关心着本书的修订工作,他们为我提供的工作上的便利和优越的研究环境自不待言。也要感谢中国社会科学院金融研究所的周茂清教授为完善本书的修订而提供的各种机会。时至今日,走出大学校门已近十五载,在修订稿即将完成之际,又念想起江西财经大学培养过我的老师们,是他们把我引入到了经济学的殿堂。在此,尤其要感谢王秋石教授、刘文俊教授、吕江林教授等对我的教诲、支持和鼓励。

本书前三版出版后,受到了许多高校老师和学生的青睐,他们对本书的体系、体例、写作风格和素材等都给予较高的评价。一些高校和培训机构相继采用本书作为教材及指定课外阅读书。还有一些非经济学专业的学生,出于对金融学的兴趣也选用本书自学。这些老师和学生给了我莫大的鼓舞。但在获得鼓舞的同时,我内心也总觉得愧疚和不安。虽然本书第一版的写作挑灯夜战两载有余,后又历经第二、三版的修订,我力所能及地完善本书,但总是无法避免一些错误和疏忽。对此,我总是感到诚惶诚恐。我相信,这些错误和疏忽给老师们的教学和学生的学习带来了极大的不便。然而,他们并没有苛求本书的完美,而是以宽大仁厚的心包容书中的所有缺陷,及时地通过电子邮件给我指出书中的不足,或者提出宝贵的修改意见。他们的一丝不苟让我由衷地钦佩。他们是(按姓氏笔画为序):万志宏(南开大学)、卞志村(南京财经大学)、邓明荣(浙江大学)、孙福珍(山东财政学院)、池峰(安徽审计职业学院)、李克宁(北京语言大学)、李彦军(中国地质大学)、李纪明(浙江大学)、陆明祥(广东佛山科技学院)、欧明刚(中国外交学院)、彭芸(湖北经济学院)、胡军辉(浙江财经学院)、赵新平(西北大学)、赵华(广东职业技术师范学院)、曾刚(中国社会科学院)、韩国文(武汉大学)和韩京芳(武汉纺织大学)等。2015年,格致出版社和广东财经大学金融学院还专门组织了一次讨论会,各位老师就修订事宜提出了宝贵的意见,在使用过程中发现的问题,与笔者做了坦诚和富有成效的交流,在此,特别感谢邹新月教授、段军山教授、苏国强教授、白淑云副教授、郭红兵副教授、黄德权副教授、王学武教授、王向荣副教授等等,来自格致出版社的柴畅主任和钱敏主任也在讨论会上提出了富有建设性的意见。还要感谢于乃书、王锐、张洁、许银锋、张京宏、陈展、戴名庆、魏琳等教师和读者,他们也为第六版的修订提出了宝贵的意见。最后,也要感谢格致出版社范蔚文社长,是他的经常督促,才让本书第六版最终得以付梓与读者见面。

在此,对所有鼓励我,并且关心本书的读者表示深深的敬意!

中国社会科学院金融研究所

彭兴韵

前　言

为什么要学习金融学原理？

在高等院校，金融学专业曾经是，现在是，未来也还
将是一个热门专业。只有高考分数较高的考生
才可能被录取到金融专业。即便没有进入金融专业
学习，很多学生在大学里也会选修金融方面的课程。
学习金融学不只为在校大学生将来的就业提供了一
个非常具有竞争力的武器，同时也为我们个人提供了
灿烂而广阔的人生前景！

　　金融行业充满着诱惑，也同样充满着挑战。无论
在哪个地方，金融业都是收入水平相对较高的"白领"
行业。在该领域工作，你就可能获得高品质的生活。
正因为如此，要进入金融行业工作就要经过激烈的竞
争和筛选，如果你能进入金融行业工作，你的内心会
充满自豪感。金融业务的不确定性比起其他任何行
业都更高，在金融领域的成功需要足够的智慧和胆
识。你在这一领域的成功会使你更有成就感，更充分
地体会到自身的价值。然而，这一切的前提都在于你
能够深刻理解、把握，并灵活运用金融学的基本原理，
抓住稍纵即逝的机会。

　　在一个高度市场化的社会里，"你不理财"，就可
能落得"财不理你"。学会理财越来越重要，个人于
企业甚至于政府都是如此。理财的内容包括将这个
月的工资多少用于消费，又节余多少用作将来之用；
也包括到底是购买股票，在银行存款还是投资国债等
方面的选择；更包括如何假他人的钱为我所用，实现
自己拥有靓车、豪宅等梦想，如此等等，不一而足。懂

得金融学的基本原理,是你成功理财的关键。

金融学为政府的宏观经济政策提供了理论上的指导。即便是在像美国这样最信奉自由市场经济的国家,政府也常常会利用货币政策来干预宏观经济。在计划经济的影响根深蒂固的中国,货币政策也正在发挥着越来越重要的作用。货币政策对整体经济运行和我们个人的利益都有非常直接的影响。比如,货币政策会直接导致利率的变化,而利率的变化又会对股票、债券的价格产生影响,这就为你的投资带来了相应的收益机会或潜在的风险。学习了金融学,你就能够更全面深入地观察经济运行状况,理解政府的宏观经济政策走向及其可能产生的影响,便于你做出更好的选择。

最后,金融学也是一个学术殿堂,研究与金融相关的问题充满了无穷的乐趣,许多经济学家都在金融学的研究方面实现了自己的人生价值,并享有崇高的声誉。20世纪90年代以来,诺贝尔经济学奖越来越多地被授予了研究金融学的经济学家。在国内,有很多著名的经济学家活跃在金融领域,他们对宏观经济政策、金融体制改革等都具有重要的影响,同时,作为治学态度严谨的专家和学者,也受到了人们的敬重和爱戴。

学习金融学还有其他诸多方面甚至无法用语言来表达的吸引力和快乐,只有你在学习的过程中或在掌握了金融学的基本原理之后才能体验到这其中的快乐!

祝你通过学习金融学能够实现自己人生更远大的目标!

为何要选择本书作为学习金融学原理的教材?

相对于其他版本的货币银行学或金融学而言,本书具有以下几个方面的特点:

● 体系新颖。本书从金融最原始的功能——沟通资金盈余者与短缺者之间的桥梁——分析了储蓄与消费的选择、资金盈余部门的资产选择和资金短缺部门的融资选择等内容,从而有机地将资源的时间配置、资产选择和融资结构理论等融入金融学原理,使本书突破了多年以来国内外在写作金融学或货币银行学教科书时,只局限于阐述货币与宏观经济关系的不足性,从而建立了从微观到宏观,层层递进、逻辑性强的金融学原理新体系。这种体系结构的安排能够让你更容易地理解和掌握金融学的基本原理。

● 启发性与应用性。无论是在对原理的阐述中,还是在思考练习题的设计中,本书都最紧密地联系中国的实际。这样,本书就很好地兼顾了在阐述原理的同时,更注重于对原理的灵活应用,从而使本书相对于国内外同类书籍更具启发性,注重于训练读者用经济学和金融学的思维方式来理解千变万化的金融现象。但是,本书并没有拘泥于对中国金融具体的改革方式和事实的简单描述,这使得本书具有普适性。

● 前沿性。本书有机地融入了金融理论的一些最新发展,如金融的功能观点、信息不对称原理、金融发展理论、金融全球化、金融危机等,这些都使本书相对于其他金融学或货币银行学教材而言,具有很强的前沿性。

● 通俗易懂与趣味性。在写作风格上,本书力争寓理性认识于感性认识之中,用轻松的笔调深入浅出地介绍金融学的基本原理,尽量用读者可以看得到、感受得到的事例来阐明枯燥晦涩的理论,基本上没有数学模型,使本书具有很强的可读性。全书的内容显得轻松活泼,同时又不失教材所应有的严肃性,让你能够轻轻松松学金融。

基于以上几个方面的特点,本书是你学习金融学原理的理想读物。

使用本书有何益处?

再具体地说,不同的人使用本书具有不同的"收益":

● 如果你是一位教授货币银行学或金融学的老师,那么,本书独特的体系、紧密联系实际而又深入浅出的文风将有助于启迪学生把握和灵活运用金融学原理,从而收到良好的教学效果。本书配有供教学用的 PowerPoint 幻灯片,使用本书作教材的教员可发电子邮件到 financepxy@sohu.com 或 hibooks@hibooks.cn 直接索取。

● 如果你是一位在校学生,那么,通过阅读本书,掌握并灵活运用金融学的基本原理,无疑会使你在日趋激烈的就业环境中多了一个制胜的武器。

● 如果你还打算将来在学业上继续深造,想报考金融学的研究生,那么,本书所注重的启发性、对原理的灵活运用等都将有助于你取得更好的成绩。

● 如果你已步入了社会,正准备为日后的生活而操劳,那么,阅读本书将有助于你更好地理财,更深入地理解宏观经济运行的金融环境,更好地做出投资决策。

如何使用本书?

亚里士多德说过:"学习不像孩子们的游戏,它是一个充满痛苦的过程。"不要因为先哲告诫的"痛苦",就马上想到学习要付出高昂的代价!注意,学习同时也是一项具有无限潜在收益的娱乐!这种娱乐性来自你的征服,就恰如你在下棋、打球时战胜对手时的那种征服的快乐。

尽管在本书的写作中,笔者尽量做到深入浅出,通俗易懂,但学习毕竟是一个需要动脑筋的差使。其实,任何一项娱乐都是如此,如果你在下棋时想真正获得战胜对手的那种快感,你就必须深入周密地计算。要真正感受到学习金融的乐趣,你就要融会贯通。学习金融学的乐趣在于你对某一个金融问题有了新的认识和感受的那一瞬间。要使这种快乐具有持久性,你就必须不断地学习新理论、新实践,并在学习中去发现新问题。

为了便于你的学习,本书做了如下的技术安排:

● 每章开始就列出了学习目标,它是该章的重点内容,需要你掌握。

- 关键概念都用黑体字标了出来,那也是需要你掌握的。
- 各章正文结束后的小结对该章内容进行了归纳,结合小结的内容,闭目回忆先前所学的内容,有助于你加强记忆。
- 各章最后都有思考与练习题,如果有时间的话,建议你最好动笔做一做这些题目,它能帮助你尽快消化所学的基本原理。最重要的是,有些练习题还具有实用性,它能够帮助你对原理灵活运用,而不只是对枯燥概念的死记硬背。

另外,涉及金融方面的报刊也是你学习金融学原理有益的辅助性材料。多阅读这方面的报道,更能加深你对原理的理解和把握。

最后,要特别提醒的是,金融学是一门致用之学,它最大的价值就在于它的实用性。理论的学习与实践的探索应该相互促进。切记:"实践出真知!"

与您交流的平台

正是在体系的构建和写作风格上较别的金融学或货币银行学教科书有很大的不同,加之笔者水平所限,虽历经六次修订,书中存在诸多不足之处仍在所难免。另外,一本书应该是在作者与读者的互动中得以不断完善的。各类读者可通过邮件地址 financepxy@sohu.com 提出宝贵的建议。

目 录

第一篇　总　论

第二篇　机构与市场

第三篇   金融调控

005

第四篇　金融发展与稳定

第一篇　总　论

真正拥有权力的人是能够控制全球资金流动的人,而不是启动原子弹爆炸的人。

——戴维·琼斯

切记,金钱具有孳生繁衍性。金钱可以生金钱,孳生的金钱又可再生,如此生生不已。

——富兰克林

不要爱惜小钱,钱财是有翅膀的,有时自己会飞去,有时你必须放它去飞,好招引更多的钱财来。

——培根

货 币

学习目标

学完本章后,你将能够:

弄清什么是货币

理解货币有哪些职能,对经济社会有什么样的影响

了解货币的形式及其发展

了解货币本位及货币制度

理解货币层次的划分、标准及其经济意义

弄清货币的流动性结构及其宏观经济意义

货币或金钱是人类生活中的重要因素,其历史几乎与人类文明本身一样悠久。人们对它的评价一直是众说纷纭、莫衷一是。那些信奉金钱拜物教的人把金钱当成了权力、幸福和真理的源泉,而一些道德家则把金钱视为罪恶之渊薮。我们中国人大多持中庸之道,"钱不是万能的,没有钱却是万万不能的"似乎更符合常人的感受。要将关于货币的话题说清道明绝非易事,因为这涉及人类知识和智慧的许多领域。我们要做的工作,只是用经济学这一系统性的理论知识对货币现象进行研究和解释。在本章中,我们要了解"钱"与"货币"的区别,帮助你领会货币对大到整个国家乃至全球经济体系,小到我们日常生活中乘坐公交车、购买油盐酱醋等方方面面的影响,理解货币为什么是"商业上的大工具"及货币形式的发展。学完本章后,你对财经报道中常出现的诸如"广义货币""狭义货币"之类的概念,就会有相对清晰的理解了。

1.1　货币的定义

货币是我们在日常生活中经常接触到的东西。就连小孩也似乎都明白什么是货币。在一般人看来,所谓货币,无非就是可以拿去购买自己所需物品的人民币、美元或英镑等。这里所说的货币,其实是指"钱",即流通中的现金或通货。不过,在金融学或经济学里,这样定义货币是不准确的。在今天,并不是只有用现金才能购买到我们所需要的东西,支票、信用卡、银行卡都可以作为我们购物时的支付工具。随着互联网的兴起,网络虚拟货币也日渐时兴,如腾讯的 Q 币等。互联网还催生了网络第三方支付的兴起,比如支付宝和微信支付,有了它们,无论是购物、乘公交等等,我们都不需要现金了,有的街边便利店甚至还拒绝收受现金,还真是"跟钱过不去了"。甚至像神化人物般存在的中本聪创设的比特币,也一度风靡全球,一时间,拥有许多比特币就是富翁的象征。实际上,在现代经济生活中,无论是商品、劳务还是金融产品的交易,用现金来支付的只占极小的比重。

我们常听到的对货币的另一种通俗说法则是将货币等同于收入。例如,人们经常羡慕别人"一年挣很多的钱"。这里的"钱"就是指收入。将收入等同于货币,会给经济学的分析带来很大的不便,甚至会引起混乱。货币是一个"存量",即在某一个时点的确切的数量,而收入是一个"流量",表示的是一个时间区间的数量关系。例如,你向朋友借钱时问他:"老兄,带多少钱了,能否借一点?"他可能回答:"我带了 3 000 元。"这个 3 000 元就是他这一时刻随身所带的钱的存量。当你的一位朋友找到一份新工作时，你可能不经意地会打探他的隐私"月薪多少"或"年薪多少"。这就很明确，你是在问他一个月或一年的收入有多少，因此是流量。

在日常生活中，很多人还将货币等同于财富。一个人很富有，我们会说"他很有钱"；一个人囊中羞涩、生活拮据时，我们会说"他没什么钱"。这里的"钱"就是指不同于现金和收入的财富。但财富比货币又要宽泛得多。人们购买的股票、债券、基金等金融资产和拥有的住宅与轿车等都归为财富之列，但它们并不属于货币的范畴。

那么，金融学或经济学到底是如何定义货币的呢？通常地，经济学家将被人们普遍接受的，可以充当价值尺度、交易媒介、价值贮藏和支付手段的物品，都可看成是**货币**。根据这种定义，货币并不是狭义的通货（即我们钱包里装的印着"中国人民银行"的不同面值的纸币），也不是指财富或收入。这一定义中的物品，既可以是像黄金、白银这样的有形物品，也可以是一种被普遍接受的符号，只要它具有上面四个方面的职能，经济学家都叫它为货币。

1.2 货币的职能

上文我们已经了解了经济学家是从货币的职能来定义货币的。货币具有四个主要的职能：交易媒介、价值尺度、支付手段和价值储藏。

1.2.1 交易媒介

在货币出现之前，商品交易采取的是以物易物的形式，即物物交易。譬如，农民王二以 10 个鸡蛋从农民赵四那里换回一两茶叶就是物物交易。

但是，物物交易的效率非常低，当分工日益细化，物物交易就阻碍了社会生产的发展。这是因为，物物交易需要"需求的双重耦合"。需求的双重耦合有三层含义。首先是交易双方需求的商品的耦合，即交易双方拥有的商品可以满足对方的需要。例如，王二拥有鸡蛋，他需要茶叶，赵四拥有茶叶，正巧需要鸡蛋，这时，王二就可以用鸡蛋从赵四那里换回茶叶。但是，如果赵四需要的不是鸡蛋，而是茶杯，王二和赵四的需求就不是互补的，他们之间就不可能进行直接的物物交易。

由于物品在物理性质上往往具有不可分性，因此，在物物交易中，不仅要求交易双方需求互补，而且还要求商品的价值量相当，否则，交易也不可能完成，或成了不公平交易。如果王二拥有一头耕牛，尽管他需要茶叶，农民赵四也确有茶叶，他也需要耕牛，但赵四只有一斤茶叶，在这种情况下，他俩要进行直接的物物交易就麻烦了，以一头耕牛换一斤茶叶，赵四是赚大了，但王二显然是不愿意的。

需求双重耦合的第三层含义是交易双方在时间上的耦合。如果王二拥有鸡蛋，赵四拥有茶叶，但王二在未来相当长的一段时间里才需要茶叶，而赵四则急需鸡蛋补充营养，这样，他们双方之间也不可能立即进行物物交易。

由此可见,只有在交易双方的需求完全耦合时才能完成物物交易。人类历史的发展证明,只有当经济体系中的劳动分工不复杂、交易的地域范围非常狭小时,才能进行有限度的物物交易。随着分工的深化和交易地域范围的扩大,物物交易就无法满足社会发展的需要了。

直接的物物交易的低效率,使得间接交易成为可能。间接交易是指一些人并不直接用自己的物品去交易他们所需要的物品,而是用他们拥有的货物去交换别人普遍接受的物品。这种被人们普遍接受的物品用于间接交易的次数越多,它的用处就越大,人们接受它的愿望也就越强烈。这种物品就成了货币。货币作为交易媒介,可以极大地提高交易的效率或降低交易成本。因为,作为交易媒介的货币,必然会为人们普遍接受,同时,货币也使买卖成为两个相互分离的环节。这样,货币的出现,就使物物交易中"需求的双重耦合"的限制条件不复存在。拥有鸡蛋但在半年后才需要茶叶的农民王二,可以现在就将鸡蛋卖出,等到半年后再用卖鸡蛋所得的货币换回他所需要的茶叶。

货币作为被普遍接受的交易媒介,极大地推动了社会分工的发展。老子理想中的大同社会是小国寡民。这种"邻国相望,至老死不相往来"的社会,没有交易,自然也没有分工,人类只能生活在低水平的自然经济之中。货币产生于分工和交易,但又促进了分工和交易的发展。亚当·斯密就曾说过,分工极大地促进了技术进步和生产率的提高。中国的管子也曾说:"万物通则万物运,万物运则万物贱。"即是说,交易带来了更丰富的商品和更低廉的价格。这其中,货币的功劳怎么说都是不为过的。

1.2.2 价值尺度

货币的第二个职能是价值尺度,即用货币作为比较价值的工具。用货币单位,例如人民币元、美元等来衡量并表示商品和劳务的价值,就像用"米"来表示长度、用"斤"和"两"来衡量物品的重量一样。我们可以用"米"来比较物体的长度,用"斤"和"两"来比较物品的重量,我们也可以用价格"元"来比较物品的价值。

现代经济系统交易很复杂,它要求对纷繁芜杂的商品价值进行连续比较。如果各种不同的商品价格是用不同的物品来表示的,那么,人们要对各种不同的商品价值进行比较就非常困难。若一家超市将一支伊利冰激凌价格标为一瓶可口可乐,另一家小店将伊利冰激凌的价格标为一盒绿箭口香糖,哪家的冰激凌便宜些呢?这样的标价无法直接比较。相反,如果用货币来表示伊利冰激凌的价格,超市标出的价格为每支 1.6 元,而小店为每支 2.5 元,谁更便宜就一目了然了。

作为价值尺度,货币大大简化了交易的次数和价格体系。假若经济体系中只有 2 种商品相交换,那么就只有 1 个交换比率;若有 3 种商品相互交换,则需要有 3 个交换比率;若有 4 种商品相交换,则交换的比率和次数就增加到了 6 个。依此类推。如果一个经济体中有 n 种商品,那么,在物物交易下,利用归纳法就可以计算

出来共需要有 $\frac{n(n-1)}{2}$ 个交换比率。如果有 10 种商品,那么,就需要 45 个交换比率;如果有 1 000 种商品,那就需要有 499 500 个交换比率。现在普通商场的商品种数恐怕都超过 1 000 种了;像京东、天猫这样的电商平台,供售卖的商品种类真可谓不计其数。当商品的数量足够多时,就像我们现代的市场经济社会,各个商场里的商品琳琅满目,如果采用物物交易,交换比率就会不胜枚举。相反,若以其中某一种商品充当货币,作为价值尺度,那就只需要 $n-1$ 个交换比率。这样,在商品货币经济中,销售 1 000 种商品的商场就只需 999 种交换比率就够了。在超越了简单商品货币经济的信用货币(人民币)时代,商场销售的 1 000 种商品,则只需标明 1 000 种价格就可以了。

货币作为价值尺度还极大地简化了簿记,便利了企业进行财务核算,也为企业提高管理效率提供了方便。一个大企业需要有很多的原料投入,就拿一包小小的方便面来说,除了面粉,包装塑料纸,调味品中的油、盐、葱、香料等等外,还需要有劳动投入、机器设备、运输等等。如果没有货币将这些不同的投入价值标准统一起来,就很难对这家生产方便面的企业财务状况进行核算,也很难从中看出企业到底是盈还是亏。对生产更为复杂的企业就更不用说了。

专栏

没有货币的麻烦

19 世纪的英国经济学家威廉·斯坦利·杰文斯讲述了这样一个故事。巴黎利里克剧院的马德姆·泽丽在社会群岛进行的一场演出中演唱了五首歌曲,她可以获得总收入的三分之一(与帕瓦罗蒂 150 年以后演出一次的收入比例差不多)。但由于社会群岛货币十分稀缺,只能用实物来支付报酬。结果,给马德姆的报酬是 3 头猪、23 只火鸡、44 只家鸡、500 个可可果子,另外还有大量的香蕉、柠檬和橘子。在巴黎,这些牲畜和水果蔬菜大约值 4 000 法郎,对于唱五首歌曲来说,这份报酬可谓十分丰厚。但是,这些东西的绝大部分马德姆自己一个人是不可能全部消费掉的,最后只能用水果来喂养这些牲畜和家禽。

——参阅马丁·迈耶:《大银行家》,海南出版社,2000 年版。

1.2.3 支付手段

在物物交易的经济中,没有共同为人们所接受的价值标准,也就没有作为衡量长期性合约和借贷合约的基础。设想这样一种情况,王小二在一家制鞋厂工作,鞋厂的老板应该用什么来向王小二支付工资呢?一种可能的办法是每个月给王小二 10 双鞋。但这会给王小二带来什么样的不便呢?除非鞋再劣质不过了,王小二一家一个月怎么也穿不坏 10 双鞋的。况且,王小二一家除了穿鞋外,还得有衣食住行其他方面的需求。如果王小二所在厂的经济效益还很可观,王小二的收入也不错,一个月所得到的工资有 50 双鞋,达到了缴纳个人所得税的标准,在没有货币的情况下,王小二只能拿出两双鞋送到税务局,这又会给国家财政带来多大的不便呀。有了货币,我们的工资、纳税和借贷都很方便了,一切长期的和短期的合约都可以用货币来签订。显而易见,货币的使用,促进了信用制度和借贷关系的发展,而信用制度和借贷关系的建立,又是现代市场经济的基础。

1.2.4 价值储藏

货币的另一个职能是价值储藏的手段。在物物交易的经济中,同一个人的买卖同时进行,没有卖出商品就不能买入商品;反之,在卖出商品的同时也必须买入另一种商品。在产生货币以后,买和卖成了两个相互独立的环节,卖出商品时不必同时买进另一种商品,直到他在需要时再购买别的商品。在他卖出商品到买入商品之间的这一段时间里,货币就起到了价值储蓄的功能,也就是"购买力的暂栖所"。

货币作为价值储藏的手段有它的独特之处,主要是因为它不需要或仅需要极少的交易成本。如果人们决定用任何其他资产来储藏财富,那就必须动用他们收入的货币去购买这种资产,以后当他们想用商品或其他资产代替这种资产时,他们又必须把它转换为货币。这两种交易,即从货币转换为资产,以及随后从资产转回为货币,都需要付出一定的成本。此外,实物储蓄还需要保管费用。例如,农民储藏粮食就需要建造粮仓,而且老鼠还会偷食。实物储蓄本身还受到物理折旧和精神折旧的影响。假如你在若干年前购买了一台电脑作为价值储藏的手段,当时一台电脑需要花费至少 10 000 元。现在,你需要购买一台格力柜机空调,决定将若干年前购买的这台电脑卖出,那么,即使你购买后从未使用过它,你现在所能卖出的价钱大概也不会很高了。原因就在于,电脑技术发展很快,电脑的更新换代也很快,这就是由技术进步所导致的你的价值储藏手段的精神折旧。

当然,货币作为价值储藏手段需要一定的条件。最主要的是货币的价值要稳定。在一个高通货膨胀——一般物价水平持续不断地上升——的环境里,人们辛辛苦苦积攒的钱在不断地贬值。如果一个月前还可以买 100 斤大米的钱,现在却只能买 50 斤大米了,这时,人们就会回归到用实物储蓄,货币价值储藏功能便会大打折扣了。1994 年中国的通胀率一度达到 24%,眼看节衣缩食好不容易存的一点钱就要"黄"了,故乡那些没受到任何经济教育的朴素农民,不得不跑到十公里外的供销社倾囊抢购大包的食盐,存放家中。

货币作为价值储藏手段对经济发展具有重要的意义。有了货币这种价值储藏手段,大规模的资本积累和资本的重新分配才有了可能。在我们的社会经济中,资本的剩余和人的才能的分布是不均等的,有的人很有钱(比如继承而来的),但却缺乏经营管理的能力;有的人天生就有很高的市场开拓和业务创新能力,但没有资本。更重要的是,货币的价值储藏和重新分配的职能,就可以将众多的储蓄细流汇集至资本的汪洋,并交给有经营管理才能的人去使用,这样就实现了生产的规模化、技术的进步和经济发展水平的提高。

1.3 货币的类型

尽管货币是人类的一项伟大创造,但并不是有了人类社会就有了现代这样的纸币或招商银行发行的一卡通或交通银行的太平洋卡(注意,这并不是说一卡通和太平洋卡都是货币)。货币的形式也是随着人类社会技术的发展而不断变化的。

1.3.1 足值的实物货币

任何一种货币,如果它作为商品的价值和作为交换媒介的价值完全相等,那么它就是实物货币。金币就是实物货币最明显的例子。如果将它在黄金市场上出售,它作为黄金的价值就等于其面值。一般而言,一种商品要作为实物货币,必须具备以下特点:被人们普遍接受、价值稳定、轻便耐用、价值统一,且容易细分。在历史上,很多商品,如布、贝壳、龟壳、蚌珠、皮革等都曾充当过交易媒介。这些实物货币要么体积笨重,要么就是不易分割,或携带极不方便,或容易腐烂磨损,最终都被金属货币取代了。历史上,铜、白银和黄金等都具有价值稳定、轻便、易分割等方面的特征,因此,它们都曾被普遍地充当过交换媒介。战国时期的刀币、铲币和秦半两钱等都是我国古代的金属货币。

1.3.2 代用货币

随着商品经济的发展,商品交易量越来越大,金属货币已很难满足商品交换的需要了,于是,货币就从金属货币过渡到了代用货币。代用货币是政府或特定的机构所发行的有十足的贵金属作为准备的纸币,代替贵金属来充当交易的媒介。代用货币自身的价值低于其所代表的贵金属的价值,但是,代用货币的持有者可以随时将其兑换成它所代表的贵金属。例如,下文即将看到的金本位制下,纸币的持有者就可将纸币按政府规定的比率兑换成黄金。

1.3.3 信用货币

信用货币是代用货币进一步发展的产物。信用货币是金属货币崩溃的结果,同时也是商品经济进一步发展的要求。信用货币是以国家强制力为后盾的,它本身的价值不但低于其代表的价值,而且也不再代表任何贵金属。概言之,如果货币作为商品自身的价值不能与它作为货币的价值完全相等,且不能用来兑现商品货币,那么,这种货币就是**信用货币**。当今世界各国的货币,无论是美元、欧元、英镑还是人民币,都是信用货币了,它们的价值完全取决于公众对政府的信任和信心。由此可见,信用货币只是一种符号或一种标志,它赋予持有者支取经济商品、享有服务或支配金融资产的权利。作为信用货币的符号,它本身并不需要价值,只要有国家强制力来维护它,并且人们在观念上普遍接受它就可以了,至于它自身有多少价值并不重要。实际上,作为符号的货币,本身并不能直接给人们带来什么效用或享受,就像你不能吞下钱来充饥,也不能将钱顶在头上来遮风避雨。但我们愿意持有它,是因为当我们饥饿的时候可以用它去买一包炸薯条,或天气变冷时,可以到商场去买一件外套,这样人们才会乐于接受它。

信用货币进一步促进了商品经济的发展,满足了大规模的商品交换的需要。因为,无论是实物货币、金属货币还是代用货币,货币的供应量都受到自然资源的约束。譬如,如果一国的黄金矿藏储量丰富,而且又发现了许多新的黄金矿藏,那么,该国的货币供应就会很丰富。由于信用货币完全只是一种符号,政府就可以不受自然资源的约束而任意扩大或减少货币供应量。当然,政府无节制地扩张货币也会受到经济力量的惩罚,无约束地任意扩大货币会产生恶性通货膨胀,公众就会丧失对这种信用货币的信心。正如亚当·斯密在《国富论》中所说的:"以纸币代金银,比喻得过火一点,简直有些像驾空为轨,使昔日的大多数通衢大道,化为良好的牧场和稻田……但……和足踏金银铺成的实地相比,这样由纸币的飞翼飘然吊在半空,是危险得多的。"

有一则小幽默,一位一向很节俭的母亲告诉她的小女孩:"孩子,出门坐出租车,别去挤大公交车了,坐出租便宜。"小女孩大惑不解,便问:"为什么呀?"母亲答道:"现在是恶性通货膨胀时期,时时刻刻都在涨价,坐公交车是先买票,坐出租是后交钱,所以便宜。"可见,在信用货币下的恶性通货膨胀会把经济体系搞得多么混乱。

1.3.4 电子货币

随着计算机和信息技术的发展,今天的货币正在向电子货币的形式过渡。**电子货币**通常是指利用电脑或储值卡进行支付和转账,持有这张储值卡就像持有现金一样,每次购买商品或服务时就可用储值卡来支付。现在,绝大多数银行都安装了自动出纳机,可以在无需银行出纳员经手的情况下,为顾客提供 24 小时的自动银行服务。此外,很多商场、宾馆等都安装了 POS 终端机,只要它们与某银行之间建立了特约商户关系,你就可以持有这家银行的储值卡在商场购物或在宾馆住宿。随着现代信息技术更广泛地应用,微信、支付宝等支付方式也日渐普遍,小到在路边买瓶饮料,大到宾馆住宿、购买机票等等,微信与支付宝等都在深入地渗透着。这些支付方式都是电子货币发展的结果,它们只是记录在个人、企业存款账户的一个具体数字而已。

严格地讲,电子货币还是信用货币的一种,只不过电子货币已没有任何可以看得见摸得着的实体形式,纯粹是一种观念上的无形的符号。但不管怎样,电子货币还得依赖于持卡人在银行开立的账户,持卡人电子货币余额随着他在银行存款账户上的余额增减而变化。如果你在银行存款账户已没有了余额,又不能得到信贷额度,这时,无论你持有多少张银行卡、绑定了多少银行账户,或扫了多少次微信和支付宝,你也不能购买到你所想要的东西。从这个角度来讲,电子货币的普及,只是改变了存款与流通中的现金之间的比例结构。比如,你在银行的存款为10 000元,你要到商场购买一台价值2 000元的康佳彩电,没有电子货币时,你就得取出2 000元的现金,这时剩下的存款余额就只有8 000元了。当你持有银行卡(一卡通)或拥有微信、支付宝时,你就不必提取现金,在购买彩电时,直接从关联账户上划出2 000元就行了。这两种情况下,货币总量并没有发生变化,只是货币的结构变了。从这个角度来说,电子货币只是取代了流通中有形的现金,并没有取代银行存款这种信用货币,本质上还是信用货币的一种。

随着现代信息技术的进一步发展,数字加密货币便应运而生了。它是将现代密码学和计算机程序有机地融合起来,在互联网上发行并存储在互联网上的一种观念上的货币。现在全球最有名的数字加密货币就是所谓的比特币。一个叫中本聪的神秘人物开发、设计了比特币,它不依赖于像中央银行这样的特定机构而发行,而是依据特定而复杂的算法产生、并通过互联网中不计其数的节点构成的分布式数据库来确认并记录所有的交易行为。比特币的数量被限定在2 100万个,它的供给没有任何弹性,且比特币在交易过程中具有隐匿性,其他人无法辨认用户身份信息。这些特点,使它产生后便迅速受到了全球众多投资者的追捧,其价格扶摇直上,2017年一枚比特币的价格甚至超过2万美元。随着比特币价格在全球让人始料未及地飙升,其他一些数字加密货币也不断涌现出来。不过,诸如比特币之类的数字加密货币,虽然被戴上了"币"的高帽子,但它们是否真是的一种货币,能否发挥货币应具有的交易媒介、价值尺度和支付手段等几种功能,不仅理论界尚无共识,就连不同国家的中央银行也有截然相反的看法。至少到目前为止,极少有国家承认它可以作为本国商品和服务的价值尺度,也不能作为被人们普遍接受的支付工具。

1.4 货币制度

1.4.1 什么是货币制度

货币制度又称币制,是一国政府以法律形式确定的货币流通结构和组织形式。典型的货币制度包括以下几个方面的内容:货币材料;货币单位;通货的铸造、发行与流通;货币发行的准备制度等。

1. 货币材料

货币制度的基础条件之一是要有确定的币材。世界上许多国家曾经长期以金属作为货币材料，如铜、白银、黄金或其他。具体选择什么样的币材，则取决于一个国家的资源禀赋及其经济发展水平。不过，随着信用货币向纸币或信用货币的过渡，货币材料在货币制度中就不再是一个重要的因素了。尤其是，随着电子货币的发展，货币演变成了一种观念上的虚拟符号，它不再是有形的物理形态上的存在。

2. 货币单位

货币单位也是货币制度的构成要素之一，货币单位表现为国家规定的货币名称。在金属货币条件下，需要确定货币单位名称和每一货币单位所包含的货币金属量。即便在现代信用货币制度下，依然可以看到货币单位与重量之间的关系。典型的就是英国货币英镑的单位就是"镑"，泰国货币泰铢的货币单位"铢"，都是重量单位。不过，现代很多货币单位不再与金属货币量之间有任何联系，但它们通过政府规定的名称来表示被普遍接受的价值标准，如，美国货币"美元"、人民币的"元、角、分"等等。一旦规定了货币单位及其等分，就有了统一的价格标准，货币能更准确地发挥计价流通的作用。

3. 通货的铸造、发行与流通

通货需要由国家指定的机构铸造或印制。在金属货币中，政府依据当时的冶炼技术将特定金属铸造成特定形状和面值的货币；在纸币制下，则是由专门的印钞厂来印制货币的。伟大的物理学家牛顿就曾当过英国铸币厂的厂长。政府铸造或印制货币后，就将投入到市场流通，并将进入流通领域的货币(通货)区分本位币和辅币。**本位币**是一国货币制度中的基本通货，它是国家法定的计价、结算货币单位，也称主币。本位币具有无限法偿能力，作为流通手段和支付手段，债权人或者卖家不得拒绝接受，因此是无限法偿的。辅币是主币以下的小额通货，供日常零星交易与找零之用。在流通和支付过程中，超过一定数量的辅币，债权人可以拒绝接受，因而辅币也被称为"有限法偿"。在金属货币制度下，本位币的面值与实际金属价值是一致的，是足值货币，并由国家规定。辅币一般用贱金属铸造，其所包含的实际价值低于名义价值。辅币仅具有有限法偿性，可以与主币自由兑换。由于贵金属储量以及相应的金银货币不能满足商品经济发展之需，于是产生了银行券和纸币。银行券是由银行发行的信用货币。早期，银行券的持券人可随时向其发行银行兑换金属货币，后来各国中央银行发行的银行券停止兑换贵金属，其流通只是依靠国家政权的强制力量，因而银行券逐渐转化为我们现在使用的纸币。

4. 准备金制度

在金属货币与银行券同时流通时，为了避免银行券发行过多，保证银行券信誉,银行券的发行机构必须按照银行券的发行规模保持一定数量的贵金属,以使银行券的持有人可以将其兑换成发行准备的贵金属。中央银行发行的纸币取代银行券后,曾一度以黄金作为货币发行的准备。但是,以黄金作为货币发行准备,货币发行量就会受到黄金储备量的制约,这就约束了中央银行货币政策的灵活性。当今,已没有什么国家的中央银行发行的纸币再有黄金作为准备了。但是,为了保证有充足的国际支付手段,有些国家或地区的中央银行在发行本币时,还以某种外汇资产作为准备。比如,我们将在第 17 章看到,中国香港特别行政区的发钞银行要发行港币,就需要向香港金管局按照 1∶7.85 的比率缴纳外汇资产作为发行港钞的准备。从这个意义上说,香港实行的是美元本位货币制度。

1.4.2　货币制度种类

历史上曾经出现过的货币制度可以分为两类,即金属本位制度与信用本位制度。

1. 金本位制

金本位制是指以黄金作为本位货币的货币制度。其主要形式有金币本位制、金块本位制和金汇兑本位制。**金币本位制**是以黄金为货币金属的、典型的金本位制。在金币本位制下,金币可以自由铸造、自由熔化;流通中的辅币和价值符号(如银行券)可以自由兑换金币;黄金可以自由输出输入。在实行金币本位制的国家之间,根据两国货币的黄金含量计算汇率,也被称为金平价。**金块本位制**是指由中央银行发行、以金块为准备的纸币流通的货币制度。它与金币本位制的区别在于:其一,金块本位制以纸币或银行券作为流通货币,不再铸造、流通金币,但规定纸币或银行券的含金量,纸币或银行券可以兑换为黄金;其二,规定政府集中黄金储备,允许居民持有本位币的含金量达到一定数额后兑换金块。

金汇兑本位制是指以银行券为流通货币,通过外汇间接兑换黄金的货币制度。金汇兑本位制与金块本位制的相同处在于规定货币单位的含金量,国内流通银行券,没有铸币流通,但金汇兑本位制规定银行券可以换取外汇,不能兑换黄金。本国中央银行将黄金与外汇存于另一个实行金本位制的国家,允许以外汇间接兑换黄金,并规定本国货币与该国货币的法定比率,从而稳定本币币值。**布雷顿森林体系**是各国政府将本币与美元挂钩制定兑换比率,美元与黄金之间固定兑换比率的货币制度,从而使各国货币与黄金间接挂钩。在布雷顿森林体系下,美元相对于其他成员国的货币处在等价于黄金的关键地位。因此,布雷顿森林体系又被称为以美元为中心的国际货币制度。

2. 银本位制

银本位制是指以白银为本位货币的一种货币制度。在货币制度的演变过程中,银本位的历史要早于金本位。银本位制的运行原理类似于金本位制,主要不同点在于以白银作为本位币币材,银币具有无限法偿能力,其名义价值与实际含有的白银价值一致。

3. 复本位制

复本位制指同时规定金和银为本位币的货币制度。在复本位制下,金与银可以自由买卖、自由铸造与熔化、自由输出输入。复本位制是一种具有内在不稳定性的货币制度。比如,法国实行复本位时,黄金和白银的铸造比率是 15.5:1——人们可以从铸币厂获得含有等值的黄金,或者可以用一定数量的金币换取其 15.5 倍的白银。若世界上的黄金价格上升到了白银价格之上,就产生了套利的激励。例如,若黄金的价格上升到了只有用 16 盎司白银才能换取 1 盎司黄金,套利者会进口 15.5 盎司的白银,将它在铸币厂造成银币,然后用银币换取含有一盎司黄金的金币;并将其出口,在国外市场上换回 16 盎司的白银。不考虑交易成本,通过套利,他不仅收回了投资,还额外获得了半盎司的白银。只要市场比价明显地高于铸币比率,套利的激励就会一直存在:套利者输入白银,输出黄金,直到这个国家所有的金币都被输出到国外为止;相反,如果市场比价跌落到铸造比率之下,套利者就会输入黄金,输出白银,直到后者从流通中消失为止。在复本位制下,套利行为使金银两种金属中市场价值高于官方确定比价的"贵"金属最终会退出流通领域,这种现象就是**"格雷欣法则"**,俗称"劣币驱逐良币"。

4. 信用本位制

以贵金属作为货币或货币发行的准备,使得货币的发行量受制于贵金属的拥有量。随着商品交易范围和交易量的扩大,金属本位货币就难以适应经济发展的需要了,于是,纸币本位便应运而生。纸币本位又称作信用本位制,纸币无须以金属货币作为发行准备,纯粹以国家强制力及其信用为后盾,人们在观念上普遍接受,并以其作为交易的媒介或价值的符号。纸币制度下,在流通中执行货币职能的实际上包括纸币和银行存款,纸币本身没有任何内在价值,它的价值贮藏、交易媒介、价值尺度和支付手段的职能,完全取决于公众对纸币发行人的信心,以及纸币发行人对公众信心的维护和自身信用的坚守。由于纸币发行不需要所持贵金属作为准备,且纸币的印刷成本极低,纸币给政府通过调节货币数量影响经济活动创造了条件,但那些无节制发行现钞的政府,就通过恶性通货膨胀掠夺民间财富。2008年津巴布韦就因其政府过度发行货币而造成了恶性通货膨胀,当地老百姓抬了一箱子的沉重现钞,却只能换回一瓶啤酒。随着现代信息技术的发展,纸币又正在向完全的电子货币过渡。货币纯粹是一个在银行账户的数字符号,人们在实际生活中,也并不真正用纸币作为交换的工具。在发工资的日子里,你所在单位的财务人员也一般不会让你去领去现金,可能只是给你发封电子邮件,给你列了工资条的明细。从这些意义上说,现代货币制度演变成了纯粹的政府信用本位制,所谓货币,也完全变成了一种观念上的存在,既看不见,也摸不着,正应了"钱生不带来,死不带走"那句古话。

1.4.3　中国的货币制度

以 1948 年 12 月 1 日的人民币发行,标志着中国人民币制度的确立。中国现行的货币制度是一种"一国多币"的特殊货币制度,即在内地实行人民币制度,在香港、澳门、台湾实行不同的货币制度,不同地区各有自己的法定货币,它们仅限于本地区流通。随着中国经济的崛起,人民币在中国香港特别行政区的使用也越来越普遍。人民币是中国大陆的法定货币。根据《中国人民银行法》,人民币主币单位为"元";人民币辅币单位为"角"和"分"。人民币是不可兑换为黄金的信用货币,以人民币现钞和存款货币两种形式存在,现钞由中国人民银行统一印制、发行和管理,存款货币由商业银行体系通过业务活动进入流通。在中国的结售汇制下,人民币的发行实际上是以外汇储备的增长为基础的,或者说,只要有外汇储备的增长,就会发行相对应的人民币,是一种变相的美元本位制。只有当中国外币储备的增长不再迫使人民币投放增长(反之则反是),人民币才真正成为以中国人民银行的信用为基础的信用货币。

1.5　货币的度量与货币层次的划分:货币与准货币

1.5.1　货币的不同定义方法

经济学对货币的定义和度量有两种方法,即归纳方法和实证方法。归纳方法在界定什么是货币时,侧重于货币的特质,这种特质是货币区别于其他事物的独特性质。如果某种东西有这种特质,就将其划为货币的范畴。

货币最显著的特质是什么呢?货币区别于其他物品的最显著特征就是它具有交换职能,其他物品一般都不能作为交换的媒介。相反,储藏财富的职能就不是货币所独有的,比如,人们可以以不动产作为财富的储藏手段,也可以购买股票、黄金等来积累财富,甚至古董、名人字画等都具有价值储藏的功能。因此,归纳方法将货币狭义地界定为被普遍接受的交换媒介。除了流通中的现金外,可开列支票的存款和可进行电子支付的活期存款都可以作为交换的媒介。比如,你持有某银行的银行卡,并在上面有 50 000 元的活期存款,那么,你在赛特商场购物时,就不必携带现金而可以直接刷卡付款。按照归纳法的定义,你在该卡上的活期存款就是货币,但定期存款就不能归为货币之列,因为你不能用它直接购物。

对货币定义的第二种方法是实证定义法。实证定义法强调货币对经济及货币政策具有的重要影响。这首先是因为,货币供给的变动对名义国民收入具有重要影响,另一个方面的原因是,中央银行必须控制货币供给,从而在宏观经济波动时便于中央银行通过货币政策操作来稳定经济。这样,实证方法就不是按照货币区别于其他物品的内在特质来定义的,而是把货币定义为与名义国民收入或通货膨胀率具有很强的相关关系、而且可以由中央银行加以控制的流动资产或流动资产的集合。按照实证方法的定义,除了流通中的现金和活期存款外,货币还包括定期存款等。显然,实证方法定义的货币比归纳方法定义的货币要宽泛得多。

1.5.2 货币层次的划分

除了上述归纳方法和实证方法的根本区别之外,它们各自定义的货币其实是一种包含与被包含的关系。在统计上,各个国家都对货币划分了不同的层次,不同层次的货币对经济的影响可能存在较大的差别。中国对货币层次的划分同样是以货币的流动性为标准的,主要划分为三个层次的货币:

$$M0 = 流通中的现金$$
$$M1 = M0$$
$$+ 单位活期存款$$
$$M2 = M1$$
$$+ 单位定期存款$$
$$+ 个人存款$$
$$+ 其他存款$$

其中:单位活期存款和单位定期存款中的"单位",就是企业、机关、部队和事业团体。居民个人的活期存款和定期存款都被统计在储蓄存款中,其他存款是指证券公司的客户保证金、住房公积金中心的存款、非存款类金融机构在商业银行的存款。

下表列出了 2015—2018 年中国各层次的货币量。

表 1.1 2015—2018 年中国各层次货币供应量 （单位:亿元）

年 份	2015	2016	2017	2018
M0＝流通中现金	63 216.5	68 303.8	70 645.6	73 208
＋单位活期存款	337 736.9	418 253.4	473 144.5	478 477.5
＝M1	400 953.4	686 557.2	543 790.1	551 685.5
＋单位定期存款	288 240.7	307 986.6	320 196.2	340 178.9
＋个人存款	552 073.5	603 504.2	649 341.6	721 688.6
＋其他存款	151 010.5	152 015.6	163 440.6	213 190.8
＝M2	1 352 278.1	1 550 066.7	1 676 769	1 826 743.8

资料来源:根据中国人民银行网站整理。

我们从上面看到,从持有者的角度来讲,构成各个层次的货币的内容都是资产,不管它们之间有多少差别,也不管它们是活期存款还是定期存款。但是,并不是所有的资产都可划入到货币之列,比如,房地产、车船、工厂设备等实物资产都没有列入货币范畴。股票、企业债券、基金等标准化的、可以在公开市场上交易的金融资产,也没有被纳入货币的统计范围。

　　为什么同样是资产,有的被纳入了货币统计的范围,而其他则没有被纳入货币统计的范围之内呢? 这是因为,不同的资产具有不同的流动性。被纳入货币统计范围的资产都具有很高的流动性。所谓资产的流动性,就是指将一项资产转换为现金而不受损失的能力。一项资产的流动性越高,货币性越强;反之,流动性越低,货币性也就越低。货币性就是指一项资产执行货币职能(尤其是价值尺度和交易媒介)的能力的高低。由于流通中的现金和活期存款的流动性最高,可以直接用现金和活期存款支票购买你所需要的商品和服务,所以在统计上它们是货币;构成 M_2 的单位定期存款、个人存款和其他存款的流动性较低,它们不能直接用作交换的媒介,更多的是发挥着价值储藏的功能,所以它们只是**准货币**。

　　当然,世界各国在货币层次划分的具体实践上,并没有一个可供所有国家遵守的成例。从横向看,各国金融结构与金融发展水平参差不齐,各国对货币层次的划分并无统一的界定;从纵向上看,自 20 世纪 70 年代以来,广泛的金融创新创造了许多新型的资产,这些资产不仅具有较高的收益,而且还有很高的流动性。加之,随着交易技术和交易制度的发展,各种金融工具之间的流动性的差异也在逐步缩小,同一个国家对货币层次的划分也在随着金融创新而不断地加以修订和完善。从 2010 年 11 月起,中国就将住房公积金中心的存款、非存款类金融机构在商业银行的存款,纳入货币统计之中;2018 年,中国人民银行又用非存款机构部门持有的货币市场基金取代货币市场基金存款(含存单)。各国货币层次划分的具体内容基本上能够反映一国的金融结构的基本状况,中国的货币统计不同于美国,美国的货币统计也与欧洲央行和日本银行有所差别。可以肯定地说,随着中国资本市场、货币市场的快速发展,以及其他新型金融工具的不断涌现,中国货币各个层次的货币内容也将会逐步发生变化。

1.5.3　货币的结构

　　货币结构通常也叫货币的流动性结构,是指流动性较高的货币与流动性较低的货币余额之间的比率。衡量货币的流动性结构通常要考察两个指标,即 M0 与 M2 之间的比率和 M1 与 M2 之间的比率。也可以说,衡量货币流动性结构的这两个指标也是交易性货币余额与广义货币余额之间的比率,更准确地说,它所反映的是交易性货币余额与非交易性货币余额之间的比率。由于交易性货币直接作为商品和其他资产交易的媒介,而非交易性货币余额更多的是作为财富储藏的手段,因此,该比率的上升或下降就反映了不同的经济环境的变化。比如,在高通货膨胀时期,我们自然愿意持有更多的现金或活期存款来随时方便地购买各种实物资产,以避免货币的贬值。在这样的时期,我们通常会看到货币的流动性增加。而在通货紧缩时期,存款就很划算了,此时,货币的流动性也自然会降低。

当然,货币流动性的变化虽然可能是对经济环境变化的一种自然的反应,但货币流动性的变化也可能使经济环境出现新的变化,中央银行往往可以通过观察货币流动性结构的变化来判断宏观经济的走向。所以,反过来说,货币流动性的上升,意味着公众对通货膨胀的预期在增强;而货币流动性的下降就意味着公众对通货膨胀的预期在减弱,甚至有通货紧缩的趋向。图 1.1 显示的是中国的货币流动性结构(M1/M2)与 CPI。从中可以看到,M1/M2 与 CPI 之间(尤其是 2004 年以来)存在明显的正相关性。例如,在 2004 年初至 2005 年底,M1/M2 下降的同时,CPI 也在下降;2006 年初至 2008 年初,M1/M2 上升就伴随着中国 CPI 的上涨。随后 M1/M2 下降又随之出现了 CPI 的下跌趋势。在 2009 年初至 2012 年,M1/M2 和 CPI 同样经历了这样的上升和下降的周期;2011 年至 2015 年上半年,货币流动性与 CPI 均出现了长达四年左右的下降趋势;而在 2015 年下半年至 2017 年底,货币流动性上升又带动了 CPI 的回升。

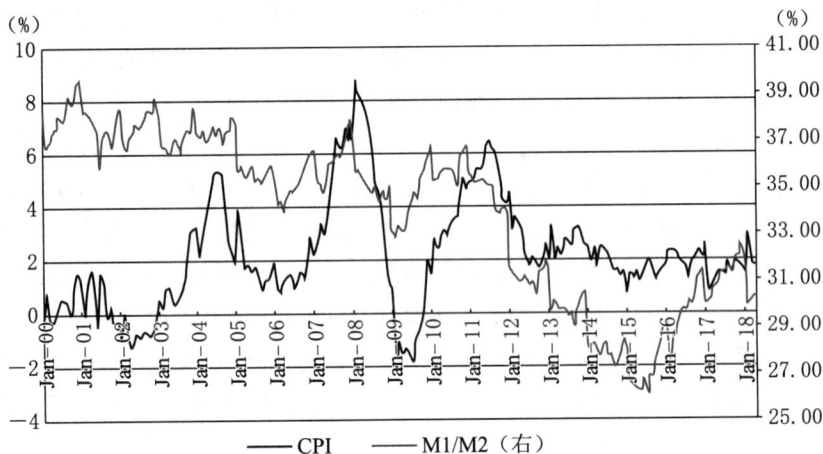

图 1.1 中国货币流动性结构与 CPI

资料来源:根据《中国人民银行统计季报》各期数据计算绘制。

小　　结

货币既不等同于我们日常所说的"钱",也不是人们常指的"收入"或"财富"。货币是可以充当价值尺度、交易媒介、价值储藏和支付手段的被人们普通接受的交易媒介。货币具有四个方面的职能。货币的出现极大地推动了社会分工和交换的发展,货币价值储藏职能的充分发挥,推动了社会资本的积累和资本的重新配置。

在人类历史上,先后出现了实物货币、代用货币、信用货币和电子货币。人类货币的形式是随着技术的进步而不断演变的。随着信贷技术的发展,现在又出现了数字加密货币,它们虽被冠以"币"之名,但在实际中被用作价值尺度、支付手段的,却极少。

各个国家都按照流动性的差异将货币划分成不同的层次,一般有 M0、M1 和 M2。各个层次的货币所发挥的职能有所差别,M0 和 M1 更多的是作为交易的媒介,M2 更多的是发挥价值储藏的职能。各个层次货币之间的比率叫作货币的流动性结构,流动性结构的变化反映了宏观经济形势的变化,通过观察这种流动性结构的变化,中央银行可制定相应的货币政策。

关键概念

货币	价值尺度	交易媒介	价值储藏
支付手段	信用货币	电子货币	准货币
M0、M1、M2	货币的流动性结构		

思考练习题

1. 什么是货币,它与我们日常所说的"钱"或"收入"有何区别?

2. 货币有哪些职能?

3. 货币的出现对人类社会的经济活动产生了哪些方面的影响?

4. 如何划分货币的层次? 不同层次的货币包含了哪些方面的内容?

5. 分析货币的流动性结构有何宏观经济意义?

6. 你认为,你在学校食堂吃饭用的饭卡是货币吗?

7. 卢梭在《忏悔录》中说:"拥有的金钱是自由的工具,追逐的金钱是奴役的工具。"他这里所说的"金钱"与金融学中的"货币"是同一回事吗? 请予解释。

8. 经济学鼻祖亚当·斯密在《国富论》中说:"货币是商业上的大轮毂,流通上的大工具。"应如何理解亚当·斯密所说的这句话?

9. 你对中国现行货币层次的划分有何评论? 或者,在你的生活或你观察的经济生活中,你认为有哪些东西在普遍地执行着交易媒介的职能而没有被统计到货币当中? 你认为它们应该被纳入货币统计中吗?

10. 请查阅美联储、欧洲央行、英格兰银行和日本银行等中央银行的网站,看看这些中央银行的货币统计有何共同点和差异。

▶2

金融系统

学习目标

学完本章后,你将能够:

弄清经济中的资金短缺部门和盈余部门

理解将资金从盈余部门转移到短缺部门的机制

理解金融体系的基本功能

弄清金融工具的类别

了解金融工具的特征及其相互之间的关系

理解什么是金融体系的信息不对称及其后果

了解克服信息不对称问题的办法

金融是现代市场经济的核心,一国经济的正常运转离不开一个健全的金融系统。可以说,金融系统感冒,企业和个人的经济活动就会发高烧;金融系统跛足,企业和个人的经济活动也就难以跨步向前跑了。本章将介绍金融系统运行的基本原理,阐明金融体系在经济中为什么会具有如此重要的影响。此外,本章将概要介绍金融系统正常运转所必需的金融工具。最后,还将向你说明金融活动中的信息不对称及其影响,帮助你了解克服金融活动信息不对称问题的办法。

2.1　资金盈余者与资金短缺者

在社会经济中,有些部门收入大于支出,它们就会有资金盈余,另一些部门则相反,支出大于收入,出现资金短缺。同一个人,同一个企业,在不同的时期,也可能会出现资金盈余与短缺的不同状况。就我们个人而言,刚参加工作时,各方面的支出较多,此时的收入往往又很有限,就可能入不敷出,这时,我们是资金短缺者。相反,工作几年后,我们的收入可能会大于支出,这时,就成了资金盈余者。

就整个社会而言,一般情况是,政府和企业是资金短缺者,居民个人是资金盈余者。**净金融投资**反映了一个部门或单位是盈余者还是短缺者。从金融交易角度来看,净金融投资是当年金融资产的增加额减去当年新增金融负债的差额。因此,净金融投资为正,表明总体上是在向外贷出资金,是盈余者;反之,净金融投资为负,表明总体上是在向其他单位借入资金,是资金短缺者。如图 2.1 中所示,1992

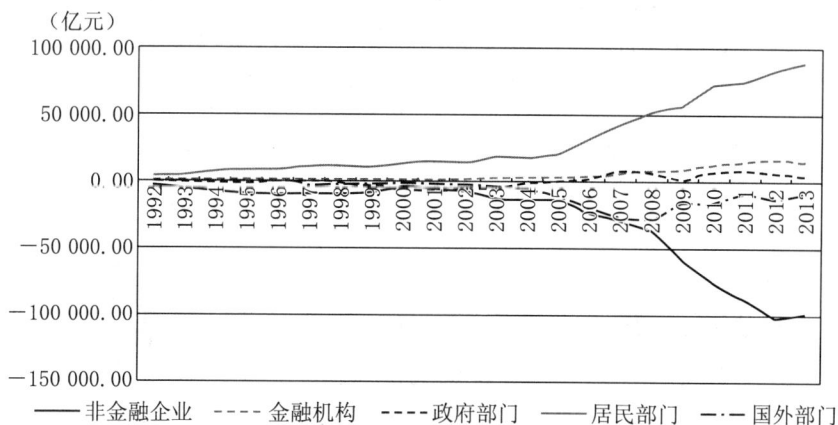

图 2.1　中国不同部门的净金融投资
资料来源:《中国统计年鉴》各年,中国国家统计局网站。

年以来的部分年份,中国政府部门和非金融企业部门的净金融投资都是负数,反映了它们是我国经济体系中的资金短缺部门,住户部门的净金融投资一直为正,说明它是资金盈余部门。

资金短缺者的资金缺口是由盈余部门来弥补的,所以,住户部门和金融部门的资金盈余总额就等于非金融企业、政府部门和国外部门的资金缺口总额。体现在图 2.1 中,就是各个部门的净金融投资之和等于零。那么,盈余部门的资金是怎样流向资金短缺部门的呢?

2.2 资金盈余者与短缺者之间的联系机制

资金从盈余部门转移到短缺部门的联系机制通常也叫储蓄—投资转化机制。储蓄—投资转化机制是指通过什么样的渠道将社会剩余资金配置到资金短缺的部门。一般来说,储蓄—投资转化机制有财政转化机制和金融转化机制两类。

财政转化机制是指通过政府部门将社会的金融剩余集中起来,然后再由政府部门分配给各企业部门使用。财政是与国家职能相联系的对国民收入的分配机制,是以国家强制力为后盾的非自愿性机制。计划经济的主要转化机制就是财政转化机制。在财政转化机制下,政府常常凭借其国家强制力,对企业进行超经济权力的控制。实践已经证明,这种转化机制的效率非常低。

金融转化机制是通过金融系统来沟通资金的盈余与短缺的。资金盈余部门的一部分资金通过诸如银行等金融中介机构流向资金短缺部门,另一部分则通过直接金融市场流向资金短缺部门。前者称为**间接金融转化机制**,后者称为**直接金融转化机制**。间接金融转化机制中,资金盈余者首先将他的金融剩余存入金融中介机构,后者将分散的金融剩余集中起来后,再向资金短缺者发放贷款。这样,在间接金融转化机制中,存在着存款和贷款两份独立的合约。至于金融中介机构将分散的盈余资金集中起来后,什么时候贷放出去,贷给谁,存款人并不关心。只要金融中介机构能够按期还本付息,存款人就不会有什么损失。一旦获得贷款的资金短缺部门经营不善,就会给金融中介机构带来不良资产,这时,只要这种状况还没有危及银行体系的安全,存款者就没有风险。所以,在间接金融转化机制中,由于

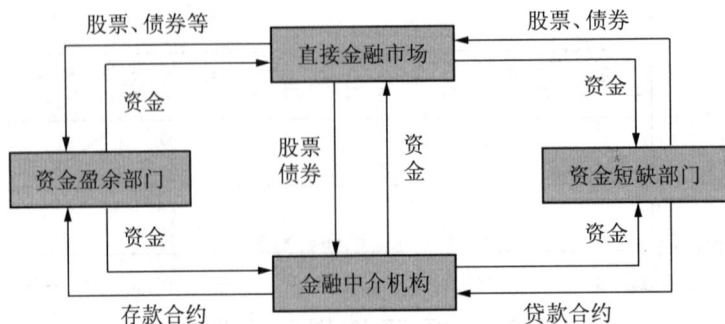

图 2.2 金融系统中的资金流动

存在两份独立的合约,在最终贷款者与最终借款者之间就形成了一道风险屏障。

直接金融转化机制是指通过金融市场将资金盈余部门的剩余资金流入资金短缺部门。资金短缺部门通过发行股票和债券等金融工具筹集所需要的资金。与间接金融转化机制不同,在直接转化机制中,最终贷款者与最终借款者之间只有一份合约,所以,最终贷款者就要直接承担最终借款者经营上的各种风险。譬如,某公司以5元的发行价发行新股时,张三花了1万元购买了2 000股。一年以后,该公司披露的信息显示,因决策失误导致了重大亏损,使公司股票价格跌到了4元,如果张三在这一年当中没有事先卖掉股票,他就亏了2 000元。在直接转化机制中,这样的资本损失并不鲜见。

在直接金融转化机制中,绝大部分都是通过诸如公开发行股票和债券这样的形式来进行的。只要你翻一翻《中国证券报》《上海证券报》和《证券时报》,你就会发现一些企业刊登的招股说明书,它们正准备在股票市场上直接融资。此时,投资者可以申购它们的股票,一旦购入,投资者就成了这些上市公司的股东。像这样的直接金融转化机制都是有组织的,程序较为严格,而且是标准化的。

在直接金融转化中,也有一些与公开发行股票和债券有着较大的差别,盈余者的资金转化为资金短缺者的投资是在私下里达成协议的,没有一个公开的市场,而且也不是标准化的。比如,你在学校没钱了,临时向朋友借一点;再比如,如果你打算和几位朋友共同出资开一家餐馆,各自出一部分钱,然后按照各自的出资比例分享收益。诸如此类的金融活动也是直接的。我们把这类直接金融叫作**非正规金融**。别小看了非正规金融的作用,即便是在英美这样的市场经济高度发达的国家,非正规金融也相当活跃,很多创业投资和个体企业就是主要依靠非正规金融来融资的。对中国而言,像我们现在所看到的股票就是从非正规金融发展起来的。

在本书后面的内容我们介绍的是正规金融,因此,这里有必要对非正规金融多说几句。通常而言,非正规金融具有如下一些特点:

● 金额相对较小,难以通过非正规金融形成跨地区的大规模的资金转移。

● 大多是"熟人圈"里的金融活动。比如,你不会把剩余资金借给你并不认识的人。正因为非正规金融的借贷双方都比较了解熟识,因而它的信息不对称的问题一般并不严重。

● 非标准化的、没有金融机构参与的金融活动,它一般只是借贷双方签订的临时性的契约。

需要指出的是,尽管大多数非正规金融活动形成了对正规金融活动的必要补充,因而对经济社会发展具有一定的积极作用,但也有许多非正规金融活动埋伏着多种陷阱,比如,以高回报为诱饵,行金融欺诈之实。这样的案例和教训并不鲜见。

上面讲的联系资金盈余者与资金短缺者之间的直接金融机制都是金融市场中资本市场的例子。按照时间长短,我们可以将资金盈余者与资金短缺者之间联系的市场机制分为资本市场和货币市场。**资本市场**是指期限在一年以上的金融市场,它的主要职能是将储蓄转化为投资,促进物质资本的形成;**货币市场**是指期限在一年以内的金融市场,它的主要职能是调剂临时性的资金余缺。之所以作这样的时间划分,是因为,从总体来说,在一年的时间以内,不可能改变现存的固定资本的总量和结构,一般也不可能改变现在所使用的生产技术。一般只有在一年以上,筹资者才能利用它所筹集到的资金建造厂房、购置机器设备等物质资本。期限在一年以内的融资活动,通常只能形成流动资金,对物质资本的形成基本上没有什么贡献。

2.3   金融体系的功能

我们在上面已经提到,将盈余部门的剩余资金转移到资金短缺部门可以通过向亲朋好友借钱之类的非正规金融来解决,但通过这样的联系机制所转移的盈余资金所占的比重很小,资金余缺的转移和调剂绝大多数都是通过正规金融体系来完成的。那么,正规金融体系在调剂资金余缺和将储蓄转化为投资方面具有哪些方面的功能和优势呢?

2.3.1   降低交易费用

金融机构可以节省借款人和贷款人的信息费用和交易费用。甲公司想为它的一个项目借入 5 000 万元的资金。假设有 1 000 个互不认识的人直接向它提供贷款,他们各自在向该公司贷出 5 万元之前,要对该公司及其投资的项目进行评估,收集相关的信息。如果每一次的评估和信息收集的成本都是 50 元,那么,这 1 000 个贷款者总共就要花掉 5 万元的费用。相反,如果有一个金融中介机构将这 1 000 个投资者各自手中的 5 万元集中起来,然后由它去对该公司进行评估和收集相关的信息,这些活动的成本仍然只有 50 元,这就节省了 4.995 万元的相关费用。同有形的商品市场一样,金融市场也是一个买卖双方信息集中的场所,有组织的金融市场极大地降低了买方寻求卖方,或卖方寻求买方的搜寻成本,迅速地达成一笔金融交易。

2.3.2   时间与空间转换

人们利用金融系统可以更好地实现资源的时间(跨期)配置,平滑生命期内的收入,让人们合理地安排整个生命期内的收支。在人的一生中,收入与支出在时间上是不均匀的。若预期生命期内的未来某段时间收入将下降,那就不得不未雨绸缪,早作准备。在中国古代社会,由于金融体系极度落后,经济发展水平低下,老百姓实现资源跨期配置的基本方式之一,就是"养儿防老"。但随着金融体系的发展、金融产品的多样化,将当期剩余收入用于存款、购买股票或债券、基金或理财产品、养老保险等等,成为了现代人最主要的资源跨期配置方式。若没有金融系统参与运作的退休金制度,我们退休以后的生活是不堪设想的。金融体系提供的这一资源时间配置,极快地颠覆了中国人根深蒂固的"养儿防老"传统观念。金融体系的这一跨期配置功能,很好地动员了储蓄,为经济发展中的资本投入提供了长期资金来源。

资源跨期配置的另一种方式就是将未来的收入交换到现期来使用。在参加工作前,我们一般是没有收入的,刚工作时,收入可能会较低,但我一天也离不开吃喝的支出。我们可以通过借贷的方式,将未来收入转换为现期的支出或消费,实现生命期支出的平滑化。若没有机会获得助学贷款,很多家境贫寒的学生就会因无力支付读大学期间的各项费用而不得不辍学,放弃接受高等教育的机会。有了助学贷款,再加上自己的勤奋,"寒门"也能出"贵子"了。再如,如果没有金融机构,人们购买住宅时就只有依靠自己的积蓄,要先攒够了钱才能买房,这就需要很长时间。通过金融中介机构提供的抵押贷款,就能很好地解决人们收入流量与购买时的一次性总付之间的矛盾,将购房支出均匀地分摊在未来相当长的一段时间里,"居者有其屋"的美好生活向往才得以成为现实。

在生产领域,通过金融体系创造的资源跨期配置机制,可以将短期资金聚合起来转化为长期投资。譬如,一个工厂的建设可能需要好几年的时间,要完全收回投资可能要 10 年以上的时间,要投资这类工厂的企业是不会依靠一两年的短期资金来融资的,而一般家庭的存款期限都不会超过 10 年。但通过金融体系的安排,便顺利地将短期资金转化成了长期投资,实现了资源的期限转换。

除了期限转换外,金融系统还可以克服金融资源在空间上的分布不均匀,调剂地区之间的资本余缺。在某一个既定的时期,一个地区可能存在资本盈余,另一个地区却存在资本短缺。如果没有金融系统,那么,资本短缺的地区就得不到发展所急需的资本,资本剩余地区的资本又得不到充分利用。金融系统就很好地解决了这个问题。所以,北京的投资者可以通过金融系统足不出户地购买一家位于广东的企业所发行的股票。不仅如此,人们还可以通过金融系统直接进行跨国投资,比如,日本的投资者可以购买美国企业发行的债券或股票。在中国 A 股市场,境外合格投资者(QFII)可以买卖在上海和深圳证券交易所发行、上市流通的股票。中国的境内合格投资者(QDII)可以到大陆以外的其他一些国家或地区进行证券投资。境外投资者通过沪港通和深港通购买沪深交易所的某些股票,中国大陆投资者也可通过它购买香港联交易所的某些股票。

2.3.3 流动性与投资的连续性

通过金融中介机构可以提供流动性,同时又保持了物质资本投资的连续性。如果没有金融中介机构,投资者就会遇到流动性问题。即使甲公司很顺利地从 1 000 个贷款者那里获得了 5 000 万元的贷款,如果工程进行到第二年时,有些贷款者因紧急需要而提款,同时,假如甲公司又没有别的融资渠道,那它的投资就会半途而废。要保持甲公司投资的连续性,需要紧急提款的投资者就会遇到流动性问题。

有了金融机构,这些问题就可以迎刃而解了。金融中介机构之所以能够将短期剩余资金转化为长期投资,是因为它拥有许多分散的小额存款人,这些存款人一般不会同时去提取存款,所以金融机构只需掌握少量的准备金就足以应付这些提款需要。金融机构的这种作用就像公共汽车,只要不是终点(金融机构破产倒闭),公共汽车的每一个车站都会有下车的乘客(提款者),同时也会有上车的乘客(新的存款人),这样就基本能保证公共汽车上有一定数量的乘客(存款余额),不至于空车行驶,还要白耗燃油。

金融体系提供流动性的另一个方面就是直接金融的二级市场。二级市场是相对于一级市场而言的。**一级市场**也叫发行市场,是指资金短缺部门通过发行各种金融工具而筹集到它所需要的资金的市场。假定某公司发行股票时,你以每股10元的发行价购买了5 000股,这就是在一级市场上完成的。但如果在四个月后,你急需现金,一时又没有其他现金来源,你该怎么办呢? **二级市场**就可以满足你的这种需要,它是各种可流通的金融工具流通和转让的市场。你需要现金时,可以在二级市场上将持有的5 000股卖给别人,遇到行情好的时候,你或许能卖出每股20元的好价格,在这四个月当中,你获得了100%的毛收益率。通过二级市场的流通转让,不仅让你在需要时得到了现金,同时,也不会因为你转让股份而影响该公司厂房的建设。

2.3.4 风险分摊

金融体系为家庭和企业应对风险提供了便利。通过复杂的金融工具以及私人机构和政府中介,金融体系为家庭和企业提供了风险集中和风险分摊的机会。上述甲公司所借得的1 000笔款项中,若出现了贷款者所不期望的结果,甲公司有25万元无力偿还,那么,这1 000个投资者中的每个人都会担心自己借出去的5万元得不到偿还。但如果他们将所有这些资金联合起来,则实际上每个人损失的只有0.5%,即250元。因而,通过集中存款人的资金,就能减少贷款的风险。

风险分摊的另一个例子就是保险。保险为个人和企业进行风险管理提供了一个很好的机制。保险的基本原理是,你现在只需支出较小的费用,就可以避免未来较大的损失。例如,王小二花了1 000元为他的房屋购买了50万元的火灾保险。如果他很不幸,在保险合约的存续期内真的发生了火灾并造成了至少50万元的实际损失,那么,他就可获得50万元的赔付。若没有发生火灾,他损失的也只不过1 000元,用中国的俗语说,保险是花钱买放心。在杜甫生活的那个时代,没有保险和风险管理的金融机制,他的茅屋被秋风所破后,就只能过着"床头屋漏无干处,雨脚如麻未断绝"的凄苦日子了。设想一下,假如他为茅屋买了财产险,恐怕也不会留下"安得广厦千万间,大庇天下寒士俱欢颜"的绝唱了。金融衍生品市场,如期货与期权等等,其核心功能就在于交易与转移相关的金融风险。在有的国家或地区,金融衍生品市场甚至比原生品市场还要活跃。

2.3.5　清算支付

金融体系中的金融机构可以为市场交易者提供清算支付功能,从而提高了市场交易的效率。最明显的例子就是用纸币代替黄金作为支付手段。纸币携带方便,其制造成本比黄金的采矿、精选和熔炼的成本要低得多。但是,在我们现实的交易中,绝大部分都不是以纸币结算的。与我们在农贸市场买菜时一手交钱一手交货的现金结算交易方式不同,企业与企业之间的买卖就很少用现金结算,它们大多是通过转账或支票结算的。想像一下,如果企业与企业之间的交易完全采用现金结算的方式,效率会有多低!企业之间的交易不像个人消费品的买卖,它们的交易值非常大,动辄上百万元,甚至数以亿元。如此大规模的交易,携带和清点现金会多么不便。通过银行转账,只需一张支票就行了。

专栏

山西票号的"金融创新"与支付

在清朝咸丰七年以前的一段时期里,我国的金融业为山西的票号和宁绍的钱庄两个集团掌握。始创山西票号的是山西平遥人雷履泰。他最初受雇于同县的李氏,在天津管理一家颜料铺,叫"日升昌"。在雷履泰的精心打理下,日升昌营业日盛,声名鹊起。雷履泰还将生意扩大到了四川,经常到四川采购铜绿等颜料。但是,"蜀道难,难于上青天",因此,雷履泰出入四川采购颜料携带大量现金,不仅麻烦,而且风险极高,万一走到半路被人打劫,身家性命就很难有保证了。于是,雷履泰就创行汇兑法,由日升昌收银出票,凭票到指定地点的联号兑取现银。当然,汇兑要收汇费,称为"汇水"。由于汇兑凭票兑银,所以就叫作"票号"。雷履泰通过"票号"这种金融创新有效地提高了支付的效率,并降低了风险。

——参阅高阳:《胡雪岩》,三联书店,2001年版。

现在,我们个人也可以利用金融系统的转账进行结算。信用卡、电子资金转移等都可代替传统的现金结算方式。我们在银行开立了一个存款账户后,就可以申请一张借记卡,如招商银行的　卡通、中国银行的长城卡、中国工商银行的牡丹卡、上海浦东发展银行的东方卡等。只要商场、宾馆与这些银行之间有特约商户关系,那么,你在它们的特约商号消费时,就不必携带现金,只需在特约商号里的 POS 机上刷一下,然后输入你的密码就可以完成付款了。随着信息技术的发展,支付方式也正在发生一些革命性的变化。若干年前,现金还是我们老百姓日常生活中的唯一支付方式。后来有了银行卡,到餐馆就餐、超市或商场购物,就不必携带现金了。但现在,使用现金或刷卡支付的越来越少了,微信、支付宝正在成为老百姓日常生活中日益普遍的支付方式,我们正在朝着一个无现金支付的方向演进,"钱"日益成

为看不见、摸不着的纯粹观念上的存在。

有了支付就需要清算。清算就是在经济与金融交易中结清债权债务关系的过程。简单的清算就是双边清算。然而,现代金融市场的交易是一个复杂的网络,在集中化的金融市场交易中,买者与卖者的分布是错综复杂的,这就形成了不同金融机构之间因客户买卖金融产品而导致某一天的资金净流入或净流出,因此,就需要建立相应的集中化的资金清算与证券结算中心,通过它就能及时地结清金融市场因交易而产生的债权债务关系,保证金融市场和经济的顺畅运转。

2.3.6　监督与激励

金融系统的另一个功能是提供监督与激励机制。假定甲公司从 1 000 个人那里借得了 5 000 万的资金,但此后的投资行为又由谁来监督呢？ 如果没有人来监督,甲公司对这 5 000 万借入资金的投资就可能会很随意,其负责人甚至可能会携款潜逃。假设这 1 000 个贷款者当中有个叫王小二的很有热心对甲公司进行监督,而由于王小二的监督,甲公司没有发生违约情况,不过王小二因为监督而发生了 2 000 元的监督费用。如果其他人不来承担王小二的监督成本,这 2 000 元就只能由王小二一人承担了。但王小二的监督所带来的收益却要在这所有的 1 000 个贷款者之间分享,这样,王小二支付了全部的监督成本,却只能得到千分之一的监督收益。其他 999 个贷款者这种不出一分钱就能分享王小二的监督所带来的收益就叫**搭便车**。由于搭便车的存在,这 1 000 个贷款者其实都是没有监督的积极性的,结果形成了对借款者的监督真空。

专栏

对上市公司监督的"智猪"博弈

"智猪"博弈讲的是,猪圈里圈有一大一小两头猪。在猪圈的一端有一个猪食槽,另一端则安装了一个控制猪食供应的按钮。按一下按钮会有 10 个单位的猪食进槽,但按按钮要支付 2 个单位的成本。若大猪先到,大猪吃 9 个单位,小猪只吃 1 个单位;若同时到,大猪吃 7 个单位,小猪吃 3 个单位;若小猪先到,大猪吃 6 个单位,小猪吃 4 个单位。在这样的成本与收益中,若小猪去按按钮,它最终的收益是 −1 个单位,若大猪和小猪都不去按,对小猪而言,虽然没东西吃,但也没有成本支出。因此,不论大猪按还是不按,小猪的最优选择都是在槽边等待。等大猪去按,小猪先到,吃 4 个单位,大猪吃 6 个单位,小猪搭大猪按按钮的便车。

在股份公司中,股东承担着监督经理的职能,但股东中有大股东和小股东之分,他们从监督中得到的收益并不一样。监督经理需要搜集信息,花费时间,在监督成本相同的情况下,大股东从监督中得到的好处显然多于小股东。这里,大股东类似"大猪",小股东类似"小猪"。对公司监督的最优选择是,大股东担当起搜集信息、监督经理的责任,小股东则搭大股东的便车。因此,我们看到,极少有小股东对公司的经营状况进行严格监督的,而更多的是通过"用脚投票",对公司的经营状况不满时,在市场上一走了之。

——参阅张维迎:《博弈论与信息经济学》,

上海三联书店、上海人民出版社,1994 年版。

尽管如此,监督的总收益却要大于监督的成本。如果没有监督,他们的本金就可能很难收回来。这样,就存在着让这 1 000 个贷款者将他们的监督权委托给第三方的激励,由第三方代表他们来对甲公司的投资行为进行监督。金融中介机构就扮演着这种**"代理监督"**的角色。金融机构之所以有监督的激励,是因为金融中介机构,尤其是银行发放的贷款是不公开交易流通的,它的活动一般不为投资者所把握,这就有效地克服了搭便车的问题,从而可以使监督的收益内部化,克服监督活动中收益增长的溢出效应。

在通过金融市场的直接联系机制中,又是如何解决监督与激励问题的呢? 在股票市场中,也同样存在着监督的搭便车问题。股份公司的股票持有人是极为分散的,每一位股东持有同一家公司的股份数量也不一样,而且处在不同的地区。一家位于上海的上市公司的股东可能有好几万个,他们分布在全国各个省市。从法律上讲,这些分散的股东都有权利监督这家上市公司。股东参与上市公司的经营决策,对上市公司进行直接监督的行为一般叫**"用手投票"**。但是,由于股份极为分散,要直接监督这家上市公司的经营行为极为不便。实际上,由于分散的股东对该公司的监督存在搭便车的情况,每个股东都会希望其他股东能积极为权益最大化去投票,自己则坐享其成,免费搭车。由于每个股东都这样想,最后也就没有一个股东来对这家上市公司进行直接的监督了。

实际上,对股份公司的监督很大一部分都是通过"用脚投票"来完成的。所谓**"用脚投票"**,是指当股东对上市公司的经营不满时,就会在二级市场上卖掉他们所持有的股票,一走了之。如果很多股东都这样做,该公司股票价格就会急剧下跌。当该公司的股票价格跌到一定程度,如在极端情况下,跌到每股净资产以下时,外部接管者就会大量购入该公司的股份,达到对该公司控股的目的。一旦外部接管者控股后,就会以控股股东的身份对该公司进行改组,替换原来的领导层。用脚投票和接管机制对上市公司的管理层构成了一种较强的约束力。

除了监督外,金融体系还提供了激励手段。越来越多的上市公司通过股票期权计划为高级管理人员提供激励,该机制通常约定,只要公司在未来若干年每年的业绩增长达到一定幅度,便可以约定的价格(也叫履约价格,通常远远低于该公司发行在外的股票市场价格)买入本公司一定数量的股票。若业绩增长达到了约定的目标,公司股价也可能随之大幅增长,这时高级管理人员通过行使股票期权,以很低的履约价格买入公司股票,转而在二级市场以明显更高的价格卖出,便可获得丰厚的回报。这就可能激励公司高级管理人员更踏实、敬业地工作。另外,对创业者而言,他通过技术入股并通过股票公开上市交易,也为他的创意创新和管理才能提供了估价、变现的机制,因此,股票市场就为人们提供了创新和创业的激励。员工持股计划使得员工也成为了公司的股东,不再单纯依靠固定工资的雇员,持股所能分得的红利直接取决于公司的经营绩效,这也为员工努力工作提供了激励。

2.4　金融工具

作为引导资金流动的基本架构,金融系统一般是由金融工具、金融机构体系和市场参与者、交易方式及金融监管体系构成的复合体。在这里,我们就先介绍金融系统中的金融工具。

2.4.1　金融工具与金融资产

将资金从盈余部门转移到短缺部门的载体是什么呢？这就要依靠金融工具了。我们耳熟能详的股票、企业债券、国债、存折等等都是联系资金盈余者与短缺者之间桥梁的金融工具。所谓**金融工具**,就是一种载明债权债务关系的合约,它一般规定了资金盈余者向短缺者转让金融剩余的金额、条件和期限等。

与金融工具相对应的是金融资产,**金融资产**是具有现实价格和未来估价、且具有特定权利归属关系的金融工具的总称。金融工具只有对其持有者而言才构成金融资产,对其发行人来讲就不能构成金融资产。你持有 1 000 元的国库券,它对政府这一发行人或你这位持有人而言,都是金融工具,但它只有对你来说才是金融资产,对政府来说就不是金融资产。同样,中国联通发行 50 亿股的流通股份,这些股票对中国联通而言就只是筹集资金的金融工具,不是金融资产。但是,如果你购买了 10 万股中国联通的股票,那这些股票就构成了你的金融资产的一部分,同时,也是你向中国联通投资的金融工具。

2.4.2　典型的金融工具

一般而言,金融工具可分为权益性金融工具和债务性金融工具两类。权益性金融工具就是我们通常看到的股票;债务性金融工具就是存款、贷款、债券等等。

股票是代表对公司部分所有权的证书。中国联通的总股本有 200 亿股,假如你持有中国联通 10 万股股票,那么,你就拥有对中国联通 20 万分之一的所有权。典型的股票为普通股,它代表了对公司资产的剩余索取权,普通股的所有者有权获得公司偿清所有其他债务以后的剩余资产。例如,如果你持有普通股票的一家公司终止经营,卖出了所有的资产,在偿付所有各类债务后还有剩余资产,那么,你就可以按照持有的股份获得相应比例的剩余部分资产。由于普通股的持有者只有在公司清偿了所有其他债务后才能分享它的剩余资产,因此,普通股的风险是最高的。但普通股持有者承担风险的责任是有限的,即,如果公司被清算,卖出资产的收入又不足以偿还公司所有的债务,那么,债权人就不能为了弥补其间的差额而向普通股持有者要求更多的偿付。普通股持有者对公司债务承担的责任只以他的出资额为限。

既然普通股的风险那么高,为什么还要持有普通股呢?这是因为,如果公司的成长前景很好,持有普通股的人就可以分享公司成长的利润。像微软、IBM、苹果、英特尔这些知名的国际大公司都给它们的普通股持有者带来了很高的回报率。当然,大多数投资者持有公司的股票,直接目的并不是想等着分享公司的红利。如果公司的成长很好,每股收益增长很快,就会直接推动公司股票价格的大幅度上涨,从而给普通股的持有者带来非常高的资本溢价,这比公司分配的红利可要高得多。

债务性金融工具是由借款人向贷款者签发的载明一定金额和偿付期及条件的书面证明。我们在银行存款的存折、银行向企业发放贷款时签订的贷款合同、政府发行的国库券、企业发行的企业债券等等都是债务性金融工具。债务性金融工具的发行者一般都会承诺未来支付固定金额的现金,即通常所说的利息,因此,它们也叫固定收益证券。债务性金融工具有的是可以流通转让的,有的是不可以流通转让的。存折、银行发放的贷款合同一般都不能转让和交易;国库券和企业债券一般都可以在有组织的证券交易所或场外市场交易和转让。那些标准化的债务性金融工具的发行者一般都会承诺未来支付固定金额的利息,因此,它们也叫**固定收益证券**。2018 年末,中国各类债券余额超过 85 万亿元。在像美国这样的金融市场很发达的国家,部分银行贷款也是可以在二级市场上流通转让的,这在很大程度上是通过资产**证券化**来完成的。它是指,将银行原来非标准化的贷款合同进行重新集合,然后细分为标准化的、具有相同金额、相同期限和相同收益的金融工具的过程。证券化为银行更好地进行流动性管理提供了很好的渠道和机制。

股票、债券、存款等都是**原生金融工具**,或叫基础金融工具,它们的主要职能是沟通储蓄向投资的转化或用作债权债务清偿的凭证。与此对应的是衍生金融工具。**衍生金融工具**是在原生金融工具基础上派生出来的金融产品,包括期货、期权等,它们的价值取决于相关原生产品的价格,主要功能不在于调剂资金的余缺和直接促进储蓄向投资的转化和流动性管理,而是管理与原生工具相关的风险。

2.4.3　金融工具的特性

金融工具一般具有四个特性,即期限性、流动性、安全性和收益性。

1. 期限性

期限性是指债务人在特定期限之内必须还清一项特定金融工具的债务余额。

存款有活期存款或一年期、两年期和三年期等不同期限的定期存款；政府发行的国债也有一年期、三年期、五年期等等。这里的"一年""两年"等就是这些金融工具各自的偿还期。因此，金融工具的偿还期有长有短，短的如活期存款，你随时都可以拿着你自己的活期存折或银行卡提取现金，其偿还期实际上为零。期货有标准的交割日，期权则有事先约定的行权日。股票则在另一个极端，期限是不确定的无限长，你购买了股票后就不能要求企业在若干时日后退还你投入的本金。

2. 流动性

流动性是指将金融工具转变为现金而不遭受损失的能力。一般而言，政府发行的纸币和银行活期存款的流动性最高，纸币本身就是现金，它不需要转换就可以购买商品和服务；你也可以随时到银行将活期存款转换为现金，或者干脆就直接用活期存款账户的银行卡去购物，你在这样做时，实际上是没有什么损失的。其他一些金融工具，要将它们变成现金，就可能遭受或多或少的损失。你急需现金时卖出你持有的股票，你不仅要缴纳印花税，还要向证券营业部交一定的手续费。更糟糕的是，当买入股票后就被深度套牢了，这时你要将股票换成现金，连本金都不能如数收回。所以，股票的流动性就比活期存款差远了。

影响一种金融工具的流动性高低的因素主要有两个：发行人的信誉和偿还期的长短。一般而言，发行人的信誉越高，它就越能按时履行其在金融工具上所载明的义务，也能按时还本付息。发行人的信誉越高的金融工具，在转手时就越容易。你会愿意去购买一家濒临破产还本无望的企业发行的债券吗？答案很可能是：不会。可见，金融工具的流动性与发行人的信誉成正比。另外，金融工具的流动性与它的偿还期成反比，偿还期越长，流动性越低。这是因为，偿还期越长，未来不可预知的因素也就越多。活期存款的流动性比股票的流动性要高的原因之一也就在此。

3. 安全性

安全性或风险性是指金融工具的本金遭受损失的可能性。风险分为两类。一类是债务人不按期还本付息的履约风险，或称为**违约风险**。违约风险取决于债务人偿还债务的能力和偿还债务的意愿两个方面。如果借款人经营不善，无法收回投资，就没有偿还债务的能力。另外，有的时候，尽管债务人有足够的现金流，却不愿意偿付应还的债务，即我们常说的"赖账"，这时候也会形成违约风险。我国的商业银行曾经积累了大量的不良债权，就是借款企业不能或不愿履行借款契约义务而给银行带来的贷款本金损失的风险。另一类是**市场风险**，即因各种原因导致金融工具市场价格下跌的风险。例如，利率下跌，证券价格就会上涨；反之，利率上升，证券价格就可能下跌。当证券价格下跌时，卖出证券就可能会亏损。

一般说来，安全性与偿还期成反比，偿还期越长，安全性就越低，风险也就越高；反之，偿还期越短，本金安全性也就越高，风险越低。人们一般不愿意购买 30

年期的债券,更愿意购买五年期的债券,主要原因就在于前者的风险比后者要高很多。所谓"夜长梦多",实际上也很好地刻画了期限与风险的关系。此外,流动性越高的金融工具,其安全性也就越高,风险越低;反之,流动性越低,安全性也就越低,风险越高。

4. 收益性

收益性是指金融工具能够定期或不定期地给持有人带来收益的特性。你持有了一种金融工具,就会希望它能给你带来收益,这就如同你养鸡就盼它天天下蛋,种果树就指望它年年结果一样。不论你是在银行存款还是购买企业债券或国债,你都可以得到一定的利息;你持有海尔的股票,就可以得到海尔支付的股利。利息和股利都是你持有这些金融工具所带来的收益。

为了比较持有不同金融工具的收益性,就要对它们的收益率进行比较。**收益率**是持有一种金融工具所得的回报与投入本金的比率,分为持有期收益率和到期收益率。**持有期收益率**就是你在持有某种金融工具的期间所得到的收益率;到期收益率就是指你持有某种金融工具到期时为止所得到的年收益率。持有期收益率和到期收益率通常是不同的。假定你在 2017 年 10 月 8 日用 1 000 元钱买了 10 张面值为 100 元的债券,票面利率为 10%,每年付息一次,期限为三年。但你在 2018 年 10 月 9 日又将这 10 张债券以 1 050 元的价格卖给某甲,那么,你得到的总的回报就是 150 元,你的持有期收益率就是:

$$\frac{100 \, 元 + 50 \, 元}{1 \, 000 \, 元} = 15\%$$

更一般地,如果持有某种金融工具的时间是从 t 时到 $t+1$ 时,再设:RET 为持有该金融工具在这段时间里的回报率,P_t 为 t 时购买该金融工具时的价格,P_{t+1} 为 $t+1$ 时卖出该金融工具的价格,C 为从 t 时到 $t+1$ 时从该金融工具上所得到的息票利息或股利,那么,从 t 时到 $t+1$ 时的持有期收益率就是:

$$RET = \frac{C + P_{t+1} - P_t}{P_t} = \frac{C}{P_t} + \frac{P_{t+1} - P_t}{P_t} = i_c + g \tag{2.1}$$

因此,持有期收益率就被分解成了两项:当期收益率 i_c 和资本利得率 g。资本利得率就是卖出和买入某一金融工具之间的价格差额与购买价格之间的比率。

但是,如果你没有卖出这些债券,而是一直持有到了 2020 年 10 月 8 日,那么,你就只能得到 300 元的利息收入,或者说,你持有这 10 张债券在这三年中的平均到期收益率只有 10%,这相对于你在 2018 年 10 月 9 日以 1 050 元的价格卖出这 10 张债券所得到的 15% 的持有期收益率就低了很多。如果某甲在 2018 年 10 月 9 日以 1 050 元的价格从你手中买入这 1 000 元债券后,一直持有到 2020 年的 10 月 8 日,届时他总共得到了 200 元的利息,那么,对某甲来说,其总的到期收益率大约只有 9.524% $\left(\frac{200}{1 \, 050} \div 2 \times 100\% = 9.524\% \right)$。

上面所计算的收益率都是名义收益率,不是实际收益率。**名义收益率**是指所得到的总账面收益与实际付出的本金之间的比率,这是没有考虑通货膨胀因素的收益率。但是,一般物价水平总是在不断地变动,名义收益率扣除通货膨胀率后所得到的收益率就是**实际收益率**。如果通货膨胀为正,名义收益率就会高于实际收益率;反之,物价水平不断下降,名义收益率就会低于实际收益率。假如 2017 年 10 月 8 日至 2018 年 10 月 9 日的通货膨胀率为 1%,那么,你的实际持有期收益率就只有 14%了。故:

$$实际收益率＝名义收益率－通货膨胀率$$

金融工具的收益性与其他方面的特性之间有何关系呢? 一般而言,持有期越长,收益率越高,就是说,长期金融工具的收益率比短期金融工具的收益率高。活期存款的利率就很低,在有的国家,甚至不允许对活期存款支付利息;一年期的存款利率又比五年期的存款利率低很多。国债利率也是如此。之所以期限越长,要求的收益率越高,是因为投资者要求有期限贴水。金融工具的流动性越高,其收益率也越低;反之,收益率也就会越高。活期存款的流动性最高,所以它的收益率也就最低。之所以流动性越低,要求的收益率越高,是因为投资者要求有流动性贴水。一般而言,风险越高,所要求的收益率也就越高,或者反过来说,为了获得更高的收益,往往需要承受更高的风险。中国人说:"不入虎穴,焉得虎子",这就刻画了收益与风险之间的关系。在债券市场上,评级越低的债券,所支付的利率就会越高;企业越知名、信用越好,所支付的利率越低。

2.5 金融系统中的信息不对称

2.5.1 信息不对称及其基本问题

货币出现以后,储蓄和投资成了两个相互分离的行为。这样,在资金盈余者与短缺者之间就难免会产生信息不对称问题。**信息不对称**是指一方拥有的信息比另一方多。对信息不对称问题的最早研究是在旧车市场。旧车卖主在对旧车情况的了解方面肯定优于买主,他知道旧车的性能如何,而买主却不知道。由于买主不知道旧车的质量,所以,买主一般只愿意以旧车的平均质量来支付旧车的价格。如果卖主所卖的旧车是次品车,卖主自然是很乐意的;但是,如果是一辆好车,买主所支付的价格就低估了该车的质量,卖主实际上是不愿意卖出的。最后的结果是,旧车市场上只有次品车,没有好车。

像旧车市场这样的"次品车"问题,在金融领域也同样存在。在保险市场上,保险公司由于无法确定每个参保司机发生交通事故的概率,只能对所有交通事故险的参保司机确定统一的收费标准,比方说,保费率为投保金额的 2%。但是,每个司机发生事故的概率是不同的,有的人安全防范意识高,他们发生事故的概率自然就低些;有的人粗心大意,动辄酒后开车,或喜欢为寻求刺激而超速驾驶,他们出车祸的概率自然就要高一些。保险公司因信息不对称而难以分辨这两类投保人,收取了统一的保费率,这样,最积极购买交通事故险的往往是那些出车祸概率较高的司机,那些驾驶很谨慎的司机则较少来购买保险。这恰恰是保险公司不愿看到的结果。

在信贷市场上也存在同样的"次品车"问题。由于信息不对称,贷款者往往难以对借款者的状况、风险程度进行很好的分辨,只能对所有的借款者都收取相同的利率。贷款者也经常认为,通过收取较高的利率可以将那些偿还概率较低的借款者挤出信贷市场,通过利率可以对借款者进行筛选。但由于对所有借款者都收取了相同的利率,最后,真正愿意来借款的恰恰是那些高风险的借款者了,那些低风险的借款者反而被挤出了信贷市场。

诸如此类由信息不对称引起的"次品车"问题叫**逆向选择**,它是在合约签订之前发生的。信息不对称还会引起另一个问题,就是**道德风险**,它是在签订合约之后发生的。更一般地说,金融中的道德风险是指资金短缺者在获得了投资者提供的资金以后,从事投资者所不希望的活动。在信贷市场上,借款者在获得了一笔借款后,由于使用的是别人的钱,他们就可能会冒比较高的风险。不妨举一个假想的例子。你的一位老兄从你那里借了 5 万元钱准备开一家餐馆,加上他自己的 2 万元,总投入为 7 万元,他支付给你的年利率为 5%。如果经营得好,他一年的投资回报率可以达到 15%,即在一年后可以得到 10 500 元的回报,在偿付你的 2 500 元的回报后,还剩下 8 000 元的利润,即他自己的回报率高达 40%。但如果这位老兄从你那里借得 5 万元后,看到街上到处都在卖体育彩票,特等奖的最高金额可以达到 500 万元,这可比辛辛苦苦干一年才挣 8 000 元更诱人,于是,他就拿着从你那里刚借来的 5 万元钱去买体育彩票,不再开餐馆了。大家都知道,中特等奖的概率极低,所以,这位老兄发生了这样的道德风险时,你借给他的 5 万元钱就很有可能得不到偿还。在保险中,投保者在购买了保险后就可能降低自我防范的意识,因为一旦出了事故,反正有保险公司兜着,这就是保险中的道德风险。

在股份公司,类似的道德风险被称为委托—代理问题。这里的委托人一般是指股东,代理人是指经营公司的经理人员,他们掌握着公司经营的控制权。在股份公司中,如果经理人员所持的股份极少,或者根本就没有持有股份,这样,所有权与控制权就基本上是分离的。所有权和控制权的分离可能使经理人员产生道德风险,他们极有可能按照自己的利益,而不是股东的利益行事。还是以总投资 7 万元的餐馆为例,假设除了这位老兄和你外,还有另外 98 位投资者,你们每人投入了 700 元,每个人都对这家餐馆拥有 1% 的股份。你们一致决定,将餐馆交给这位老兄来经营,每年给他的工资是 8 000 元。这位老兄拼命地工作,餐馆每年得到的投资回报率还是 15%,一年下来总的回报为 10 500 元。但由于每个投资者都拥有餐馆的 1% 的股份,所以,你们每人每年可分得 105 元的红利。经营餐馆的老兄总的收入为 8 105 元。但是,如果他爱偷懒,时不时地跑出去打保龄球或喝咖啡,餐馆经营得比较差,每年得到的投资回报率只有 1%,一年下来只有 700 元的利润,这

035

样,你们每个投资者一年分得的红利就只有 7 元了。经营餐馆的这位老兄一年总收入为 8 007 元,比他兢兢业业工作也就只少了 98 元。他觉得,这 98 元不足以补偿他去打保龄球或喝咖啡的效用,于是,他就很有可能不会好好经营你们的餐馆了。

除了偷懒外,如果这位老兄还不诚实,他就不会告诉你和另外 98 位投资者餐馆的真实盈利状况。即使每年有 8 000 元的盈利,他也说只挣得了 2 000 元的利润,将剩余的 6 000 元供他自己花费。这就产生了股份公司委托—代理关系中的内部人控制问题。所谓**内部人控制**,就是代理人利用自己的信息优势,为了最大化自己的利益而掩盖公司经营的真实状况。我们只要看看一些上市公司的情况就知道了,尽管公司的经营业绩很不理想,但公司的高层经理人员却住着宽敞的高级寓所,驾着豪华靓车,出差时住的都是高档星级宾馆。当然,所有的花费全都是由公司的财务列支的,即真正的"埋单"者是公司的股东。亚当·斯密就曾有言:"股份公司的董事,由于是管理他人的财富而缺乏经济利益的激励。在钱财的处理上,股份公司的董事为他人尽力……所以要想让股份公司的董事们监视钱财的用途,像私人合伙那样刻意周到,是很难做到的。"

2.5.2 信息不对称的解决办法

1. 信息的私人生产和销售

由于道德风险和逆向选择是由信息不对称引起的,因此,获取尽可能多的信息就是解决逆向选择和道德风险的关键。我们常说要"三思而后行",其含义之一就是你在行动之前要尽可能地收集各方面的信息,以免做出对你自己不利的选择。成语故事"黔驴技穷"就很形象地说明了周详地收集信息是如何避免了逆向选择的。毛驴刚到贵州时,老虎见它是个庞然大物,不知毛驴有多大的本领,于是就躲在树后偷偷地观察;过了一会,老虎就从树后走出来,渐渐地接近毛驴,毛驴大叫了一声,老虎被吓了一大跳,仓皇逃跑了。后来,老虎对毛驴的叫声习以为常了,觉得毛驴并没有什么了不起的本领,就故意去冒犯毛驴。毛驴一怒之下,就用脚去踢老虎。老虎据此判断,毛驴的本领只不过如此罢了,于是就将毛驴吃掉了。由于老虎最初并不知道毛驴的本领,为了避免自己反被毛驴所吃这种逆向选择,老虎就事先详细地收集毛驴本领的各种信息,避免了自己被毛驴吞吃的悲剧。

与老虎收集毛驴本领的信息相类似,解决融资活动中的道德风险和逆向选择的办法,是向资金供应者提供那些正在为投资寻求资金的个人或公司的详细情况。若保险公司很能识别各位司机出现交通事故的概率,它就可以针对司机出事故的概率大小来收取保费。如果你知道你那位老兄会把你借给他的钱拿去买彩票,你大概也不会把钱借给他;如果你和另外 98 位投资者知道那位老兄不会如实报告经营业绩,你们就可能要求对餐馆每天的经营情况做出详细的记录。

使贷款者获得借款者信息的途径之一,就是设立私人公司,由它们负责搜集和生产企业的有关信息,将好公司与坏公司区分开来,然后将这些信息卖给投资者。国际上著名的标准普尔和穆迪投资者服务公司就是这种专门生产信息的公司。你在投资之前,也可以对拟投资的公司进行调查,获取相关的信息。然而,信息在某种程度上是一种公共产品,其效用并不会因为别人的使用而下降,对信息产品消费的边际成本为零,而且对信息的使用是难以监督的,很难像有形私人物品那样通过市场交换后才能获得对某一种商品的效用,在信息的消费中广泛存在搭便车的现象。这样,由私人生产和加工信息就会导致这种公共产品的供给不足。

2. 金融中介

金融中介机构能够成为生产借款者信息的专家,从而在某种程度上分辨信贷风险的高低。它们能够从存款者那里获得资金,再将资金贷放给好的公司。由于银行贷款的大部分是发放给好公司的,它们就能够从其贷款上获得比支付给存款者的利息为高的收益。这样,银行获得盈利,使它们能够从事此类生产信息的活动。银行所以具有从信息生产中获利的能力,是因为银行在长期贷款活动中,可以积累起对公司信息生产和加工的专长。银行之所以有收集这方面信息的激励,一个重要因素在于,它们主要发放私人贷款,而不是购买在公开市场上交易的证券,这就有效地避免了搭便车问题;而且银行发放贷款的规模一般较大,不像单个投资者的贷放活动规模较小。由于信息搜集、处理和加工成本不因贷款规模的大小而有大的变化,因此,银行去搜集处理企业的信息,然后向企业发放贷款,就有效地降低了投资的单位信息成本。这就是我们在前面分析的金融中介的规模经济优势,它有助于克服信息收集中的搭便车问题。

但是,金融中介机构只是部分地解决了信息不对称问题,并没有解决信息不对称引起的全部问题。事实上,作为中介机构的银行也常常遭受逆向选择和借款者道德风险的冲击。为了更好地获取借款者的信息,银行还可以采取其他手段,如贷款承诺、抵押和净值要求等。

3. 贷款承诺

解决信息不对称的另一个办法是贷款承诺和金融机构的信贷额度。**贷款承诺**是金融机构事先与企业签订的合约,规定在未来一定时期内,只要合约规定的条件没有发生变化,银行就要向企业给予信贷支持的承诺。信贷额度是纯循环贷款,在规定的时间间隔内,企业如果需要资金,就可以从银行获得额度范围以内的贷款。因此,信贷额度对借款者而言具有较高的灵活性,可经常用作流动资金的主要来源。贷款承诺分为可撤销和不可撤销的贷款承诺两种。可撤销的贷款承诺是指在银行与企业签订贷款承诺合约后,如果发生了不利于银行的变化,比如宏观经济环境的恶化、企业重大人事变更影响到企业的前景时,银行就可拒绝按照承诺向企业提供贷款。不可撤销的贷款承诺是指无论未来的情况发生了什么样的变化,银行都必须向企业提供承诺合约中规定的贷款。

贷款承诺使借款者免受信用配给或信用紧缩之苦,它既可以帮助解决逆向选择和道德风险问题,也可能使这些问题更为严重。在贷款承诺中,会规定潜在借款者获得贷款承诺的各种各样的条件——前期费用、使用费、利率等,银行可能使借款者显示它们的真实类型,或选择较高净现值的投资项目,这在一定程度上解决了逆向选择的问题。而且,在贷款承诺中,银行有权了解企业实际经营状况,监督企业的经营行为,尤其是在可撤销贷款承诺中,一旦企业的条件发生了不利于银行的变化,银行可拒绝继续向企业提供贷款,这样就会使企业的行为在一定程度上变得更为谨慎,又部分地解决了道德风险问题。然而,贷款承诺也可能使信息问题变得更为严重,因为承诺合约签订的时间较早,获得的有关借款者的信息较少,如果是这样,对那些不可撤销的贷款承诺而言,就可能使信息不对称的问题变得更为严重。

4. 抵押和净值

只有当借款者不能归还贷款,导致违约,使得贷款者蒙受损失时,逆向选择和道德风险才会阻碍金融市场的正常运作。但现在银行在发放贷款时极少不要求抵押或第三方担保的。我们申请住房信贷,银行一般都要求以所购买的住宅为抵押品;银行在向企业发放贷款时,一般也会要求企业以相应的设备、厂房等作抵押。原因在于,抵押品弱化了逆向选择和道德风险的不利后果,因为它使贷款者得以在借款者违约的情况下减少损失。尤其是抵押品的价值与贷款额之比越高,借款者违约的可能性就越小。如果借款者发生贷款违约,贷款者可以变卖抵押品,并用出售所得的款项补偿未清偿的贷款余额。但抵押的有效性依赖于抵押品二级市场的发达程度,如果抵押品二级市场较为活跃,一旦借款者违约,银行可以顺利地在二级市场上变现抵押品,收回未偿还的贷款余额;如果抵押品二级市场落后,银行很难变现抵押品,或变现的成本相当高,这就会降低抵押品反逆向选择和道德风险的效力。

净值发挥着与抵押品相似的作用。公司的净资产越高,对外源融资的依赖性就会越弱,但另一方面,它也就越容易得到外源融资的支持。如果公司的净值较大,那么,即便它从事了导致亏损的投资,从而在贷款偿付上发生违约,贷款者仍可以取得公司净值的所有权,并将其售出,用销售所得款项补偿未清偿的贷款余额。另外,公司的净值越大,其违约的可能性就越小,因为公司拥有偿还贷款的缓冲资产。当企业家个人投入到项目中的净财富占投资总额的比例越高,企业家对项目的选择就更为谨慎,对贷款者而言,发生逆向选择的概率降低了;而且,如果企业家投入到项目中的净财富越高,企业家改变资金投向,去从事一些高风险的不利于借款者利益的动机也会减弱。如果和你们一起开餐馆的那位老兄在7万元的总投资中占了5万元,那么,他在该打理餐馆的时候出去打保龄球或喝咖啡的可能性就小多了,向你们隐瞒真实盈利信息的动机也会减弱。极端地,如果7万元全是他一个人的投资,除非是为了逃避纳税义务,那他就更没有隐瞒盈利状况的必要了。因此,如果寻求贷款的公司或个人拥有较大的净值,逆向选择与道德风险的后果不甚重要,贷款者就相对更愿意提供贷款。

5. 合约的正向激励

合约的正向激励就是交易双方在签署金融合约时,信息劣势方约定,若在一定时期内信息优势者没有出现有损于前者的行为时,信息劣势者将会以优惠的条件向后者提供相应的金融服务。在保险合同或资金的借贷合同中,通常会有合约的正向激励条款。比如,在汽车保险中,若在投保后的一个周期内,没有发生什么事故,那么,在下一个周期的投保中,保险公司会给予更高折扣的保单;再比如,若没有过去的违约记录,那么,银行可能会以更优惠的利率向借款者提供贷款。2009年10月,中国人民银行在调整利率时,将住房抵押贷款利率的下浮区间扩大到30%,即商业银行发放的住房抵押贷款利率可以在中国人民银行规定的基准利率上打7折。但许多商业银行规定,能够享受7折利率优惠的借款者必须在过去没有违约记录。结果,有的借款者因为信用卡极少的利息没有及时还清,在个人征信系统中产生了不良信用记录,均无法享受到7折优惠利率。

6. 外部监管与政府的作用

解决逆向选择和道德风险的另一个办法就是实施**外部强制监管机制**。在世界各国,金融业都是受到政府监管最严的领域。各国都制定了法律,要求公司使用标准的会计准则,以便人们更容易判断公司的真实经营状况;政府部门还规定,对于公开上市的公司,必须定期地公布其经营状况的中期报表和年报,对各种重大经营事项要及时地在指定刊物上予以披露。我们几乎每天都可以在《中国证券报》、《上海证券报》和《证券时报》这样的报纸上看到一些上市公司经营状况变动的公告,这是上市公司按照政府的监管要求在履行着信息披露的义务。但是,有的公司也可能提供虚假的信息,隐瞒真实的盈利状况,这种违反规定的行为是要受到法律上的惩罚的。《公司法》对公司的董事、监事和高级管理人员制定了勤勉、尽责的义务,对一致行动人和大股东的行为也有严格的约束。

除了监管之外,政府也利用现代信息化技术将借款人的信用状况当作一种准公共产品向金融机构提供。为了弱化信息不对称给我国银行业带来的不利影响,2003年,中国人民银行成立了征信局,并建立了相应的征信系统。目前,我国所有个人借款者(包括你在学校获得的助学贷款和日后的住房抵押贷款及偿还情况)的信用信息都进入到了这个征信系统,商业银行可以在这个系统中查询有过借款记录的信用信息。如果干小二在大学期间借过助学贷款,毕业后没有如期还本付息,要再申请其他的贷款可就难了。

小 结

在经济体系中,有些部门有盈余资金,而另一些部门的资金会短缺。将资金从盈余部门转移到短缺部门的途径有两种:财政转化机制和金融转化机制。财政转化机制就是通过政府的作用将盈余部门的资金转移到短缺部门。金融转化机制就是通过金融系统将资金从盈余部门转移到短缺部门,包括间接金融和直接金融。间接金融是通过金融中介来媒介资金短缺者与盈余者的,直接金融则是盈余者将资金直接转移到短缺部门,它们之间是一对一的关系。

金融系统有它独特的功能,在资源配置方面有非常重要的作用。金融系统的功能主要有:降低交易费用、时间与空间转换、提高流动性并保持投资的连续性、风险分担、支付清算和监督与激励六个方面的功能。

将资金从盈余部门转移到短缺部门需要借助于金融工具。金融工具,就是一种载明债权债务关系的契约。与金融工具相对应的是金融资产,金融资产是具有现实价格和未来估价的金融工具的总称。金融工具只是对其持有者而言才构成金融资产,而对其发行人来讲就不构成金融资产。金融工具可分为权益性和债务性金融工具,原生金融工具(基础金融工具)和衍生金融工具等。

金融工具具有期限性、收益性、流动性和风险性四个方面的特征。一般来说,金融工具的期限越长,收益会越高,但流动性也会越低,风险越高;流动性越高,收益率也就会相应越低;收益越高,风险也会相应越高,流动性越低。

金融系统中存在信息不对称问题。信息不对称就是在金融活动中,一方比另一方拥有更多的相关信息。信息不对称会产生道德风险和逆向选择。金融中的道德风险是指,资金短缺者在获得了投资者提供的资金后,从事一些投资者所不希望的活动;逆向选择则是由于信息不对称,使贷款者选择的结果往往是那些风险更高的借款者或保险公司选择的是那些风险最高的投保人,而将风险较低的借款者或投保人排挤出了市场。在股份公司中,由信息不对称引起的道德风险和逆向选择主要表现为委托—代理问题和内部人控制。可以通过以下几种途径来解决信息不对称引起的道德风险和逆向选择:私人部门生产和销售信息、金融中介、贷款承诺、抵押和净值、外部监管等。

关键概念

净金融投资	财政转化机制	金融转化机制	间接金融
直接金融	金融市场	一级市场	二级市场
金融工具	金融资产	固定收益证券	原生金融工具
衍生金融工具	信息不对称	道德风险	逆向选择
贷款承诺	净值	用手投票	用脚投票
委托—代理问题	内部人控制	名义收益率	实际收益率
债务性金融工具	权益性金融工具	资本市场	货币市场
证券化			

思考练习题

1. 储蓄转化为投资的机制是什么？

2. 什么是金融工具？金融工具有哪些特点？它们之间有什么关系？

3. 金融系统有哪些功能？

4. 货币市场和资本市场在资金转移中有何不同？

5. 请解释金融工具的特性及它们之间的关系。

6. 什么是道德风险和逆向选择？有哪些方法可以防止道德风险和逆向选择？

7. 抵押和净值为什么能够降低或防止道德风险和逆向选择？

8. 金融中介能够完全解决道德风险和逆向选择吗？

9. 什么是原生金融工具和衍生金融工具？它们有何不同？

10. 举例说明金融体系在资源配置的时间和空间转移方面的作用。

11. 假设你购买了 100 万股某公司的股票，你会从哪些方面来防止你在这项投资中的道德风险和逆向选择？你会亲自去监督公司经理人员的行为吗？

12. 你在进行股票投资之前，会收集与之相关的信息吗？你从哪些方面来收集和分析它的信息？

13. 政府在金融系统中可以发挥什么样的作用？

14. 在固定资产投资高增长、有经济过热之虞，中国政府常采取如下的宏观调控措施：提高相关行业固定资产投资的自有资本金比率，比如，提高到 35%。试分析，自有资本金比率的提高，对借贷总量会产生什么样的影响？对信息不对称的后果又会产生什么样的影响？

15. 2007 年至 2008 年，美国爆发了次贷危机。次贷危机源于次级抵押贷款。所谓次级抵押贷款，就是美国的一些金融机构向那些没有收入证明或信用评分比较低的个人，发放的零首付的住房抵押贷款。而且，美国许多抵押贷款还有一个特征，就是负摊销，即在获得贷款的头几年里，借款者只需要偿付部分利息，而不用偿还本金，未偿还的应付利息自动计入日后的本金中，结果导致借款者的应付本金在头几年里不但没有减少，反而还有所增加。试利用信息不对称原理分析：(1)在次级抵押贷款中，影响借款者在一个房产上的净值的主要因素是什么？(2)在其他条件不变时，负摊销导致次级抵押借款者的净值如何变化？(3)在其他条件不变时，如果房价下跌，又会导致净值如何变化？(4)综上分析，房价下跌时，借款者行为会如何变化，这对金融体系又会产生什么样的影响？(5)从以上分析中，你认为次级抵押贷款及其引发的危机，对中国金融体系有何启示？

▶3

货币的时间价值

学习目标

学完本章后,你将能够:

理解什么是货币的时间价值

单利与复利

弄清名义利率、费雪效应与税后实际利率

弄清什么是终值与现值

理解什么是年金

弄清什么是年金现值与未来值

学会计算抵押贷款的月供额

理解通货膨胀和利息税对储蓄计划的影响

你到银行存入一笔款项,未来能得到多少利息呢?又假设你准备从银行贷款购买一套住宅或一辆汽车,那么,你每月应该还多少钱呢?你打算从现在开始为退休准备足够的养老金,那么,你现在每月应该存入多少,退休后每个月又能领取多少钱呢?诸如此类的问题,几乎每个人都会遇到。要回答所有这些问题,你就必须首先理解货币的时间价值。货币的时间价值是金融学最基本的概念之一。本章将全面介绍货币的时间价值及其计算。在此基础上,我们还将介绍通货膨胀及利息税对储蓄计划的影响。

3.1　货币的时间价值及其计量

3.1.1　什么是货币的时间价值

货币的时间价值就是指当前所持有的一定量货币比未来持有的等量的货币具有更高的价值。例如,现在的1元钱就比一年以后的1元钱价值更高;而一年以后的1元钱又比两年以后的1元钱的价值更高,依此类推。这即是说,货币的价值会随着时间的推移而降低。

货币之所以具有时间价值,主要有以下三个方面的原因:首先,现在持有的货币可以用于投资,获取相应的投资收益。其次,物价水平的变化会影响货币的购买力,因而货币的价值会因物价水平的变化而变化。当物价总水平上涨时,货币购买力会下降,在这种情况下,一年后的1元钱就不及现在值钱;反之,当物价总水平下跌时,货币的购买力会上升,在这种情况下,一年后的1元钱就比现在值钱。最后,一般来说,未来的预期收入具有不确定性。

3.1.2　货币时间价值的计量

我们一般以**利率**来表示货币的时间价值。利率就是借款者为了获得对贷款者资金的使用权,而向后者支付的价格。假如你在银行存100元,一年后它愿意还你105元,你的存款年利率就是5%;若银行向甲公司贷放5 000万元,一年后甲公司连本带利总共要还5 300万元,则该笔贷款的年利率就是6%。按照利息的计算方法,利率分为单利和复利;以实际价值为标准,利率分为名义利率与实际利率。

1. 单利与复利

在我们的金融生活中,对利率有不同的计算方法。假定你今天在银行存入 1 万元,现在的利率为 10%,且在未来几年中保持不变,如果这笔存款存期为两年,在两年后,如果你的本息总额为 12 000 元,那么,你的存款利息就是按**单利**计算的。如果在两年后,你在取款时,得到的本息总额为 12 100 元,那么,你的这笔存款就是按**复利**计算的。这 12 100 元是怎么来的呢? 首先,在第一年结束时,你所得的利息为 1 000 元,加上你存入的 1 万元本金,本息总额就为 11 000 元。n 从第二年年初开始,继续对存入的 1 万元本金按 10% 的利率计息,在第二年结束时得到的利息依然为 1 000 元。但同时,也对你在第一年中所得到的 1 000 元的利息按 10% 的利率再计算利息,这 1 000 元的利息所新生的利息就是 100 元,这样,你在第二年结束时就能得到 12 100 元。具体计算如下:

$$\underbrace{10\ 000}_{\text{本金}} + \underbrace{10\ 000 \times 10\%}_{\substack{\text{本金在第一年}\\\text{所得利息}}} + \underbrace{10\ 000 \times 10\%}_{\substack{\text{本金在第二年}\\\text{所得利息}}} + \underbrace{10\ 000 \times 10\% \times 10\%}_{\substack{\text{第一年所得利息在}\\\text{第二年所得的利息}}} = 12\ 100$$

总结上面的例子,我们就可以很清楚地看到单利与复利的区别了。所谓单利就是不对本金产生的利息再按一定的利率计算利息,而复利就是通常所说的"利滚利",即对本金产生的利息在本金的存续期内再按相同的利率计算利息。

2. 名义利率与实际利率

名义利率就是以名义货币表示的利率。我们在上面说的 10% 的年存款利率就是名义利率。一般来说,你在银行存款或购买政府债券、企业债券等所得到的利率都是名义利率,它们没有扣除通货膨胀因素的影响。如果从名义利率中扣除通货膨胀率,我们就得到实际利率,即**实际利率**为名义利率与通货膨胀率之差,它是用你所能够买到的真实物品或服务来衡量的。例如,在我们上面的例子中,假定你现在的 1 万元能够买到 10 件 T 恤衫,如果没有发生通货膨胀,T 恤衫的价格还是 1 000 元一件,那么,一年后你的本利总共能够购买 11 件这样的 T 恤衫。但是,如果通货膨胀率也是 10%,T 恤衫的价格也上涨了 10%,到第一年结束时它的价格上涨到了每件 1 100 元,那么,你总共 11 000 元的本利还是只够买 10 件这样的 T 恤衫。实际利率、名义利率与物价上涨率之间的这种关系也叫**费雪效应**。

用 r_r 表示实际利率,r_n 表示名义利率,p 表示一般物价水平的上涨率,那么,实际利率为:

$$r_r = r_n - p \tag{3.1}$$

如果你在银行的存款利率为 10%，当前的物价上涨率为 10%，那么，你存款的实际利率就是 0。如果物价上涨率超过了名义利率，那么，实际利率就为负。反之，若物价水平下跌，实际利率就会高于名义利率。因此，在高通货膨胀时存钱就很不划算，而在通货紧缩时期，存钱并不吃亏。

除了通货膨胀外，利息所得税对名义利率的实际价值也会产生影响。比如，你在银行存款所得的利息必须缴纳 20% 的利息所得税。但是，在征收利息所得税时是按照名义利率来计征的，它并没有扣除通货膨胀因素的影响，即不是按照实际利率来计征的。因此，你在银行存入的 1 万元钱在第一年结束时得到了 1 000 元名义利息，就必须缴纳 200 元的利息所得税。如果通货膨胀率为 10%，那么，你在缴纳利息所得税后的实际利率就变成了 -2%。

以 r_{at} 表示税后实际利率，以 t 表示利息税税率，还是以 r_n 表示名义利率，p 表示一般物价水平的上涨率，则税后实际利率为：

$$r_{at} = r_n \cdot (1-t) - p \tag{3.2}$$

这种利息所得税对税后实际利率的影响叫**达比效应**，因为加州大学洛杉矶分校的达比教授首先发现了这一问题，因此而得名。

3.2 复利与终值的计算

3.2.1 复利与终值

继续以你在银行的那 1 万元存款为例，利率仍然为 10%。假定这一利率水平维持不变，我们计算在五年后，你的本息总额是多少。你初始在银行存入的这 1 万元，我们在金融学里将它称为**现值**，以符号 PV 表示。我们所要计算的这 1 万元初始存款（现值）在五年后的本息总额，在金融学上叫作**终值**，以 FV 表示。所谓终值，就是一定金额的初始投资（现值）按一定的复利利率计息后，在未来某一时期结束时它的本息总额。

我们在前面已经计算出，第一年结束时，现值 1 万元存款的终值为：

$$10\,000 \times (1+10\%) = 11\,000$$

在第二年结束时，本息余额，即第二年结束时的终值为：

$$10\,000 \times (1+10\%) \times (1+10\%) = 10\,000 \times (1+10\%)^2 = 12\,100$$

依此类推，到第五年结束时的终值为：

$$10\,000 \times (1+10\%)^5 = 16\,105.1$$

我们将这五年的终值变化列于下表：

表 3.1 终值的变化情况 （单位:元）

年　限	期初余额	新增利息	期末余额
1	10 000	1 000	11 000
2	11 000	1 100	12 100
3	12 100	1 210	13 310
4	13 310	1 331	14 641
5	14 641	1 464.1	16 105.1

为了更清楚地理解复利对总利息的贡献,我们将这五年中前四年的利息变化列于下表:

表 3.2 利息的变化情况 （单位:元）

年　限	本金新增单利	第一年所得单利的复利	第二年新增单利的复利	第三年新增单利的复利	第四年新增单利的复利	单利累积	复利总计	单利复利总计
1	1 000					1 000	0	
2	1 000	100				2 000	100	
3	1 000	110	100			3 000	310	
4	1 000	121	110	100		4 000	641	
5	1 000	133.1	121	110	100	5 000	1 105.1	
累计	5 000	464.1	331	210	100			6 105.1

我们从上表可以看出,虽然每年新增的单利都是固定的 1 000 元,但复利却以加速度在增长,第二年比第一年增加的复利额为 100 元,第三年结束时比第三年初的复利额增加了 210 元,而第四年和第五年结束时复利额分别增加了 331 元和 464.1 元。这是因为,每年复利计算的基础在不断地增加。

更一般地,我们设 PV 为现值,FV 为终值,r 为利率,n 为年数,在每年计息一次时,可以按照下列公式计算终值:

$$FV = PV \cdot (1+r)^n \tag{3.3}$$

例如,你存入的那 1 万元钱在 10% 的利率水平下,10 年后的终值就是:

$$10\ 000 \times (1+10\%)^{10} = 25\ 937$$

如果每年计息多次时,复利又如何计算呢? 我们假定你存入的那 1 万元每半年复利计息一次(年利率不变),这样,在第一年年中时,本利总额为:

$$10\ 000 + 10\ 000 \times \frac{10\%}{2} = 10\ 000 \times \left(1 + \frac{10\%}{2}\right) = 10\ 500$$

第一年结束时的本利总额为:

$$10\ 000 \times \left(1 + \frac{10\%}{2}\right) \times \left(1 + \frac{10\%}{2}\right) = 10\ 000 \times \left(1 + \frac{10\%}{2}\right)^2 = 11\ 025$$

在第二年年中时的本利总额为：

$$10\,000 \times \left(1 + \frac{10\%}{2}\right)^2 \times \left(1 + \frac{10\%}{2}\right) = 10\,000 \times \left(1 + \frac{10\%}{2}\right)^3 = 11\,576.3$$

第二年年末的本利总额为：

$$10\,000 \times \left(1 + \frac{10\%}{2}\right)^3 \times \left(1 + \frac{10\%}{2}\right) = 10\,000 \times \left(1 + \frac{10\%}{2}\right)^4 = 12\,155.1$$

依此类推，到第五年结束时的本利总额为：

$$10\,000 \times \left(1 + \frac{10\%}{2}\right)^{10} = 16\,288.9$$

与每年只计息一次的结果比较一下，你会发现，每年复利两次时，你的存款增值得更多，到第五年结束时，每年计息两次比每年只计息一次时的利息多出了183.8元。

一般地，我们再设每年计息 m 次，这样，在第 n 年结束时的终值计算公式就变成：

$$FV = PV \cdot \left(1 + \frac{r}{m}\right)^{m \cdot n} \tag{3.4}$$

我们将 $\left(1 + \frac{r}{m}\right)^{m \cdot n}$ 称作终值系数。

根据上面的公式，我们可以计算出，每年计息 4 次和 5 次时，到第五年结束时你这 1 万元存款的终值分别为：

$$FV_4 = 10\,000 \times \left(1 + \frac{10\%}{4}\right)^{4 \times 5} = 16\,386.2$$

$$FV_5 = 10\,000 \times \left(1 + \frac{10\%}{5}\right)^{5 \times 5} = 16\,406.1$$

在利率、现值、年限一定时，每年的计息次数越多，终值就会越高。在每年的计息次数不变时，终值会随着利率的增加而上升，也会随着存续期的加长而增长。我们下面以 1 元的现值计算出不同利率、不同年限时的终值变化表：

表 3.3　1 元现值在不同利率及不同年限下的终值变化表（终值表）

年限 n	利率 r							
	1%	2%	4%	6%	8%	9%	12%	18%
1	1.010 0	1.020 0	1.040 0	1.060 0	1.080 0	1.090 0	1.120 0	1.180 0
2	1.020 1	1.040 4	1.081 6	1.123 6	1.166 4	1.188 1	1.254 4	1.392 4
3	1.030 3	1.061 2	1.124 9	1.191 0	1.259 7	1.295 0	1.404 9	1.643 0
4	1.040 6	1.082 4	1.169 9	1.262 5	1.360 5	1.411 6	1.573 5	1.938 8
5	1.051 0	1.104 1	1.216 7	1.338 2	1.469 3	1.538 6	1.762 3	2.287 8

年限	利率 r							
n	1%	2%	4%	6%	8%	9%	12%	18%
6	1.061 5	1.126 2	1.265 3	1.418 5	1.586 9	1.677 1	1.973 8	2.699 6
7	1.072 1	1.148 7	1.315 9	1.503 6	1.713 8	1.828 0	2.210 7	3.185 5
8	1.082 9	1.171 7	1.368 6	1.593 8	1.850 9	1.992 6	2.476 0	3.758 9
9	1.093 7	1.195 1	1.423 3	1.689 5	1.999 0	2.171 9	2.773 0	4.435 5
10	1.104 6	1.219 0	1.480 2	1.790 8	2.158 9	2.367 4	3.105 8	5.233 8
11	1.115 7	1.243 4	1.539 5	1.898 3	2.331 6	2.580 4	3.478 5	6.175 9
12	1.126 8	1.268 2	1.601 0	2.012 2	2.518 2	2.812 7	3.896 0	7.287 6

上表实际上也是在不同利率水平和不同年限下的终值系数表。从上表可以一目了然地看出，当利率一定时，年限越长，终值越高，终值系数就越高；反之，当年限一定时，利率越高，则终值系数也会越高。

如果你在银行存入 5 000 元，年利率为 6%，存期五年，每年计息一次，它的终值是多少呢？从上表可查出，利率为 6%、五年期、每年复利一次的终值系数为 1.338 2。将 5 000 元的本金乘以终值系数，即可得到终值约为 6 691 元。

我们在投资时总希望自己的投资收益成倍地增长，或希望自己本金的终值翻倍。那么，在利率一定且不变时，你的投资需要多长时间才能翻倍呢？

我们查一查上面的终值系数表，你就会发现这样一个规律，当：

- 利率为 6% 时，第 12 年的终值系数为 2.012 2
- 利率为 8% 时，第 9 年的终值系数为 1.999 0
- 利率为 9% 时，第 8 年的终值系数为 1.992 6
- 利率为 12% 时，第 6 年的终值系数为 1.973 8
- 利率为 18% 时，第 4 年的终值系数为 1.938 8

这些终值系数都约为 2，即在对应的利率水平下，你的投资额实现翻倍所需时间分别为 12、9、8、6 和 4 年，它们对应的公倍数为 72。这就是终值计算中的 72 法则，该法则表明，在每年复利一次时，现值翻一倍的年限大致为 72 除以年利率的商再除以 100，即：

$$翻倍的年限 = \frac{72}{利率} \div 100$$

3.2.2　年金终值

1. 什么是年金

在银行的储蓄存款种类中，有一种叫作零存整取。**零存整取**就是存款者每个月按时存入一定金额的本金，到若干年后全部一次性提取所有的本息。举例来说，你每月在零存整取的账户上存入 500 元,存期为五年,即你要连续 60 个月每月存入 500 元,总共存入 3 万元的本金。到第五年结束时,一次性提取这 3 万元的本金,外加它的利息收入。

与零存整取相类似,你也许在购买养老保险。保险公司向你承诺,你现在每个月在你自己的养老保险账户中存入一定的金额,若干年后,你可以在若干年内每年享受一定的相等金额的养老金。这是自愿购买的养老保险。此外还有一种叫**固定缴款养老金计划**。在这种固定缴款计划中,每位员工都有一个自己的养老金账户,员工和公司都要按照员工本人工资的某一个百分比按月向该账户存入一笔资金。这笔资金是专款专用,只有到员工退休后才可以从这个账户中提取资金用于消费等方面的支出。假定你的月工资为 5 000 元,在固定缴款养老金计划中,要求按月从你的工资中扣除 5% 存入你的养老金账户,那么,你和你所在的单位都会分别按月向你的养老金账户存入 250 元,总共是 500 元。再假定你工作 30 年,且工资不变(这有点让人沮丧,不过仅仅是个假设),那么,总共就会存入 18 万元。你购买了养老保险,而且按月缴纳保险后,到你在 60 岁退休后,你就可以每月从养老金账户中提取一个固定金额的资金,用于养老消费等方面的支出。

在购买商品住宅时,你也许会申请按揭贷款。现在的住房抵押贷款大多为均付抵押贷款,就是说,借款者每个月给银行的偿付额是一样的。比方说,你得到了一笔 50 万元的抵押贷款,在一定期限和利率水平下,银行要求你每月偿付 3 000 元。每个月向银行偿付的固定金额通常也叫**月供**。

以上这些金融活动中,现金流量有一个共同的特点,即每个月的现金流量金额都是相等的。在金融学里,我们把这些一系列均等的现金流或付款称为**年金**。年金分为即时年金和普通年金两种。所谓**即时年金**,就是从即刻开始就发生一系列等额现金流,零存整取、购买养老保险等都是即时年金。如果是在现期的期末才开始一系列均等的现金流,就是**普通年金**。例如,假定今天是 3 月 1 日,你与某家银行签订了一份住房抵押贷款合同,银行要求你在以后每个月的 25 日偿还 3 000 元的贷款,这就是普通年金。

即时年金与普通年金的区别我们以一个时间轴来表示,如下图:

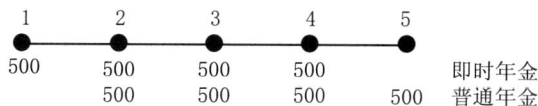

2. 年金终值

年金终值就是一系列均等的现金流在未来一段时期的本息总额。以你在银行的零存整取为例,假定你现在在招商银行开了一个零存整取的账户,存期五年,每年存入 1 万元,每年计息一次,利率为 6%,那么,到第五年结束时,你的这个账户上有多少钱呢?

这实际上就是求你的零存整取的年金终值,它等于你各年存入的 1 万元的终

值的和。根据前面的终值公式,我们可以得到各年存入账户的终值如下:

第一年:$10\,000 \times (1+6\%)^5$

第二年:$10\,000 \times (1+6\%)^4$

第三年:$10\,000 \times (1+6\%)^3$

第四年:$10\,000 \times (1+6\%)^2$

第五年:$10\,000 \times (1+6\%)^1$

将各年存入金额的终值相加,就得到第五年结束时你的账户上的余额:

$$10\,000 \times [(1+6\%)^1 + (1+6\%)^2 + (1+6\%)^3 + (1+6\%)^4 + (1+6\%)^5]$$

$$= 10\,000 \times \frac{1.06 \times (1-1.06^5)}{1-1.06} = 59\,753.97$$

一般地,设即时年金为 PMT,利率为 r,年限为 n,每年计息一次,则年金终值公式如下:

$$FV = PMT \cdot \frac{(1+r) \cdot [(1+r)^n - 1]}{r} \qquad (3.5)$$

例如,你现在开始购买一份养老保险,每年的年金支付为 6 000 元,共要支付 30 年,利率为 8%,那么,30 年后你所能享受的养老金总额为多少呢?

利用年金终值公式计算,30 年后你能享受的养老金总额为:

$$FV = 6\,000 \times \frac{(1+0.08) \times [(1+0.08)^{30} - 1]}{0.08} = 734\,075.21$$

这是否让你怦然心动? 每年只需缴 6 000 元,30 年总共缴 18 万元,最后账户总额居然能达到 73 万多元!

我们在前面的即时年金与普通年金的时间轴上看到,即时年金的每笔现金流比普通年金都要多获得 1 年的利息,所以,即时年金的终值为普通年金终值的 $(1+r)$ 倍。因此,普通年金的终值计算公式为:

$$FV = PMT \cdot \frac{(1+r)^n - 1}{r} \qquad (3.6)$$

假如你购买的是普通年金养老保险,那么,30 年后你所能享受的养老金总额就只有:

$$FV = 6\,000 \times \frac{(1+0.08)^{30} - 1}{0.08} = 679\,699.27$$

3.3 现值与年金现值

3.3.1 现值与贴现

假定你打算一年后到新马泰去旅游,预计要花 15 000 元。你想现在为该项旅游支出存入一笔资金,如果现在一年期存款利率为 5%,你应该存多少钱呢?

设你现在应该存的金额为 PV，根据终值计算公式，有等式：

$$PV \cdot (1+5\%) = 15\,000$$

解得：$PV = 14\,285.71$

即你现在存入 14 285.71 元就可满足你一年后 15 000 元的旅游支出了。

又假定你打算在三年后通过抵押贷款购买一套总价值为 50 万元的住房，银行要求的首付率为 20%，即你必须先支付 10 万元的现款，只能从银行得到 40 万元的贷款。设三年期存款利率为 6%，为了满足三年后你购房时的首付要求，你现在需要存入多少钱呢？

设你现在应该存的金额为 PV，10 万元的首付款实际上就是你现在存入的这笔钱在三年后的终值，根据终值计算公式，有等式：

$$PV \cdot (1+6\%)^3 = 100\,000$$

从而解得：$PV = 83\,961.93$

即你现在只需存入 83 961.93 元就可以满足购房时的首付要求了。

从上面的计算中可以看出，将终值除以终值系数就可以得到现值了，即现值是终值的逆运算。

一般地，设利率为 r，现值为 PV，终值为 FV，年限为 n，每年的复利次数为 m，则有：

$$PV = \frac{FV}{\left(1+\dfrac{r}{m}\right)^{n \cdot m}} \tag{3.7}$$

我们将 $\dfrac{1}{\left(1+\dfrac{r}{m}\right)^{n \cdot m}}$ 称为现值系数，它表示在未来若干年后，终值为 1 元，每年复利 m 次，利率为 r 时的现在的价值。

下表列出在不同利率水平和年限下，每年复利一次时的现值系数。

表 3.4　1 元终值在不同利率及不同年限下的现值变化表

（现值系数，四舍五入）

年限 n	利率：r							
	1%	2%	4%	6%	8%	9%	12%	18%
1	0.990 1	0.980 4	0.961 5	0.943 4	0.925 9	0.917 4	0.892 9	0.847 5
2	0.980 3	0.961 2	0.924 6	0.890 0	0.857 3	0.841 7	0.797 2	0.718 2
3	0.970 6	0.942 3	0.889 0	0.839 6	0.793 8	0.772 2	0.711 8	0.608 6
4	0.961 0	0.923 9	0.854 8	0.792 1	0.735 0	0.708 4	0.635 5	0.515 8
5	0.951 5	0.905 7	0.821 9	0.747 3	0.680 6	0.649 9	0.567 4	0.437 1
6	0.942 1	0.887 9	0.790 3	0.705 0	0.630 2	0.596 3	0.506 6	0.370 4
7	0.932 7	0.870 5	0.759 9	0.665 1	0.583 5	0.547 0	0.452 3	0.313 9
8	0.923 4	0.853 5	0.730 7	0.627 4	0.540 3	0.501 9	0.403 9	0.266 0
9	0.914 3	0.836 6	0.702 6	0.591 9	0.500 3	0.460 4	0.360 6	0.225 5

(续表)

年限	利率:r							
n	1%	2%	4%	6%	8%	9%	12%	18%
10	0.905 3	0.820 3	0.675 6	0.558 4	0.463 2	0.422 4	0.322 0	0.191 1
11	0.896 3	0.804 2	0.649 6	0.526 8	0.428 9	0.387 5	0.287 5	0.161 9
12	0.887 5	0.788 5	0.624 6	0.497 0	0.397 1	0.355 5	0.256 7	0.137 2

将终值乘以对应的现值系数,就可立即知道现值。查一下上表,在利率为6%,期限为三年时的现值系数为0.839 6,因此,三年后为了满足首付款10万元的要求,现在需要存入83 960元。这与我们前面计算的非常接近。

在金融学中,我们通常将现值的计算称为贴现,用于计算现值的利率称为**贴现率**。

现在假定,你为支付购房的首付款不是在第一年初时一次性存入,而是分三年在年初均匀地存款,利率同样是6%,那么,你每年应该存入多少钱才能满足这一要求呢?这实际上就是计算你为购房支付的首付款的年金现值。由于假定你是每年的年初存入的,这是即时年金。

设你每年年初存入的金额应为PVT,因此有:

$$PVT \cdot [(1+0.06)+(1+0.06)^2+(1+0.06)^3]=100\ 000$$

从而解得:$PVT=29\ 633.00$

即,要在三年后能支付10万元的首付房款,从现在起你必须连续三年在年初时存入29 633元。

3.3.2 年金现值

如果你有这样一个支出计划:在未来五年里,某一项支出每年为固定的2 000元,你打算现在就为未来五年中每年的这2 000元支出存入足够的金额,那么,你现在应该存多少呢?

假定利率为6%,且你是在存入这笔资金满一年后在每年的年末才支取的,因此,这是一种普通年金。设第i年年末支取的2 000元年金的现值为PV_i,根据终值公式,分别得到如下关系式:

$$PV_1 \cdot (1+6\%)=2\ 000$$
$$PV_2 \cdot (1+6\%)^2=2\ 000$$
$$PV_3 \cdot (1+6\%)^3=2\ 000$$
$$PV_4 \cdot (1+6\%)^4=2\ 000$$
$$PV_5 \cdot (1+6\%)^5=2\ 000$$

你现在所要存入的金额就是未来五年中每年支取的 2 000 元的现值的和,即:

$$PV = \sum_{I=1}^{5} PV_I = 2\ 000 \times \left(\frac{1}{1.06} + \frac{1}{1.06^2} + \frac{1}{1.06^3} + \frac{1}{1.06^4} + \frac{1}{1.06^5} \right)$$

$$= 2\ 000 \times \frac{\frac{1}{1.06} \times \left[1 - \left(\frac{1}{1.06} \right)^5 \right]}{1 - \frac{1}{1.06}}$$

$$= 8\ 424.73$$

一般地,我们设普通年金为 PMT,利率为 r,年限为 n,这一系列未来年金的现值为:

$$PV = PMT \cdot \left[\left(\frac{1}{1+r} \right) + \left(\frac{1}{1+r} \right)^2 + \left(\frac{1}{1+r} \right)^3 + \cdots + \left(\frac{1}{1+r} \right)^n \right]$$

按照等比数列求和公式得:

$$PV = PMT \cdot \frac{\frac{1}{1+r} \left[1 - \left(\frac{1}{1+r} \right)^n \right]}{1 - \frac{1}{1+r}} \tag{3.8}$$

化简后得到: $PV = PMT \cdot \dfrac{1 - (1+r)^{-n}}{r}$ (3.9)

3.3.3 永续年金的现值

当 n 为无穷大时,上面的普通年金就变成了**永续年金**,即永远持续下去没有最终日期的年金。在我们的日常生活中,类似于永续年金的是股票,它没有期限。我们无法计算永续年金的终值,但是,却可以计算它的现值。

永续年金的现值是多少呢? 将上式对 n 求无穷大的极限,就得到了永续年金的现值,即:

$$\text{永续年金的现值} \quad PV = \frac{PMT}{r} \tag{3.10}$$

假定你长生不老,银行无限期的利率为 10%,永远不变。你想以后每年都能从银行取得 5 000 元用于消费。但银行不会白给你送馅饼的,你要从银行取得 5 000 元的资金,你就必须存入一定初始资金,那么,你应该存入多少钱呢? 这实际上是你每年 5 000 元的永续年金的现值,利用上面的公式计算可得,你必须存入 5 万元。道理很简单,你在今年年初时存入 5 万元,到年底本利总额为 55 000 元,你取出 5 000 元后,还剩下 5 万元的本金,这样可以无限延续下去。实际上,你每年取出的 5 000 元都是你应得的利息,银行并没有真正给你"送"馅饼。

3.3.4　你的住房抵押贷款月供应该是多少

因此,如果知道年金现值,就可以根据上面的公式来推算未来若干年中的年金是多少,即:

$$PMT = \frac{PV}{\dfrac{1-(1+r)^{-n}}{r}} \tag{3.11}$$

这是我们在等额分期付款中经常用到的公式。

假定在这三年中,你存够了购房的首付款 10 万元,成功地从银行申请到了 40 万元的抵押贷款。又假定贷款年利率为 6%,期限为 30 年。那么,你的月供是多少呢?银行要求你在每个月的月末支付月供,因此,这是一种普通年金。

由于是每月还款,因此,我们必须将年利率换算成月利率,月利率为 0.5%(6% ÷ 12 = 0.5%)。由于偿还期有 30 年,所以共有 360 个月的还款期。即 $r = 0.005$,$n = 360$,因此,月供为:

$$月供额 = \frac{400\,000}{\dfrac{1-(1+0.005)^{-360}}{0.005}} = 2\,398.20$$

如果我们知道抵押贷款的年利率和抵押贷款的期限,那么就可以根据年金现值计算出月供额。设抵押贷款的年利率为 r,抵押贷款期限为 n 年,抵押贷款额为 PV,则月供额的计算公式如下:

$$月供额 = \frac{PV}{\dfrac{1-\left(1+\dfrac{r}{12}\right)^{-12 \times n}}{\dfrac{r}{12}}} = PV \cdot \frac{\dfrac{r}{12} \cdot \left(1+\dfrac{r}{12}\right)^{12 \times n}}{\left(1+\dfrac{r}{12}\right)^{12 \times n}-1} \tag{3.12}$$

我们将 $\dfrac{\dfrac{r}{12} \cdot \left(1+\dfrac{r}{12}\right)^{12 \times n}}{\left(1+\dfrac{r}{12}\right)^{12 \times n}-1}$ 称作月供系数,它表示在对应的抵押贷款利率和期限中,1 元抵押贷款的月偿付额。将你的抵押贷款总额乘以月供系数,就可以知道你每月的月供额是多少了。

3.4　年金现值与终值的结合:养老保险计划

有时候,我们在同一储蓄计划中,既要计算终值也要计算现值,养老保险计划就是典型的例子。假定你现在是 30 岁,保险公司在向你推销时,会向你承诺,如果购买了养老保险后,只要你连续若干年(比方说 30 年)在你的养老金账户上存入一定的金额,当你 60 岁退休后可以连续 20 年每月从该公司领取若干金额的养老金,如,每月领取 1 000 元。假定利率为 6%,那么,为了在退休后每月领取 1 000 元的养老金,保险公司会要求你在这 30 年中每月缴纳多少呢?

要计算每月应该缴纳多少养老保险金,必须分两步。第一步,计算出在你退休后每月 1 000 元的年金现值。这个年金现值实际上是你每月缴纳的养老保险金的年金终值,因此,第二步是根据这个终值计算出你每月的缴款额。

第一步:利用普通年金现值公式计算退休后每月 1 000 元的年金的现值。由于是按月领取,所以要将年利率换成月利率,月利率为 0.5%,同时还要将年换成月,共有 240 个月份。月利率 0.5%,连续 240 个月份 1 000 元的年金现值为:

$$PV = 1\,000 \times \frac{1 - (1 + 0.005)^{-240}}{0.005} = 139\,581$$

第二步,计算为了在 30 年后得到 139 581 元,从现在开始起每月应该存入多少钱。如果你购买的是即时年金养老保险,这实际上就是要计算你购买的年金终值必须要达到 139 581 元,因此利用公式 $FV = PMT \cdot \frac{(1 + r) \cdot \left[(1 + r)^n - 1\right]}{r}$ 可以计算出每月应该交多少钱。由于你是购买了 30 年的年金,年金期限为 360 个月份。将月利率、年金总的月份代入上式得:

$$139\,581 = PMT \cdot \frac{(1 + 0.005) \times \left[(1 + 0.005)^{360} - 1\right]}{0.005}$$

解上式,得:$PMT = 138.26$

即你连续 30 年每月缴纳的保险金只需 138.26 元,在 6% 的利率水平下,30 年后等你退休后即可每月领取 1 000 元的养老金。你退休后每月领取的养老金是你现在每月缴纳的养老保险金的 7 倍多,这不是很划算吗?

3.5 通货膨胀、利息税的影响

3.5.1 通货膨胀、利息税、终值与储蓄计划

我们在上面计算储蓄的终值时,暗含地假定了通货膨胀率为零,政府也没有征收利息税。但这只是我们一厢情愿的假定。事实上,不仅物价水平总是在或多或少地变动,政府也会对我们所得的利息征收所得税。通货膨胀和利息税对我们的储蓄计划的影响是很大的。

继续以你在银行的那 1 万元存款为例,名义利率依然为 10%,存期为五年,所不同的是,我们现在还要假定物价上涨率为 5%,利息所得税为 20%,那么,你在五年后所得到的税后实际利息是多少呢?

根据我们前面的税后实际利率公式可计算出你这笔存款的税后实际利率为:

$$10\% \times (1-20\%) - 5\% = 3\%$$

因此,五年后你的实际本息余额为:

$$10\,000 \times (1+3\%)^5 = 11\,592.74$$

即你实际得到的利息只有 1 592.74 元。与先前比较一下,你会发现它少了 4 512.36 元。这就是说,你现在存入的 1 万元,在五年后的本息总额只能买到实际价值为 11 592.74 元的东西。如果在五年后你想动用这笔储蓄购买的东西的实际价值为 16 000 元,那么,你现在存入 1 万元就不够了。因此,通货膨胀和利息税迫使你必须多存入一部分钱。

我们将名义利率换成实际利率,就可以得到现值的未来税后实际终值,将 $FV = PV \cdot (1+r)^n$ 中的 r 换成(3.2)式中的 r_r 就可以得到税后实际终值:

$$FV = PV \cdot [1 + r_n \cdot (1-t) - p]^n \tag{3.13}$$

同样的道理,即时年金的税后实际终值为:

$$FV = PMT \cdot \frac{[1 + r_n \cdot (1-t) - p] \cdot \{[1 + r_n \cdot (1-t) - p]^n - 1\}}{r_n \cdot (1-t) - p}$$

$$\tag{3.14}$$

普通年金的税后实际终值为:

$$FV = PMT \cdot \frac{[1 + r_n \cdot (1-t) - p]^n - 1}{r_n \cdot (1-t) - p} \tag{3.15}$$

例如,你在银行开了一个零存整取账户,每月向该账户存入 1 000 元的名义额,年利率为 6%,存期五年。在未来五年中,如果每月的物价上涨率为 0.3%,即年通货膨胀率为 3.6%,利息税率为 20%,求五年后你零存整取账户的实际终值。

这是求即时年金的实际终值,将年利率换算成月利率,月利率为 0.5%,五年存期共有 60 个月,利用公式(3.14)即可得到你的零存整取的年金实际终值为 61 866.52 元。

3.5.2 通货膨胀、利息税、现值与储蓄计划

假设你打算在三年后买一套面积 100 平方米的商品房,现在的房价为每平方米 5 000 元(在北京、上海等,这已很不切实际了),首付 20%,其余 80% 的房款从银行抵押贷款。如果你现在买这套房,首付款是 10 万元,现在的存款利率为 6%,为此,你每年需要存入 29 633 元。这一计算结果中暗含的假定是房价没有上涨。

可事实上,房价可能会不断地上涨,假定每年上涨 8%,三年后的房价为每平方米 6 298.56 元,这 100 平方米的房子在三年后总价值将变为 629 856 元,首付 20%,则共需 125 971.2 元。这样,原先每年存入 29 633 元,就不够用了。

那么,你每年应该存多少钱才够首付要求呢?这需要你用涨价后的首付额为

折算基础。因此,用 125 971.2 乘以现值系数就得:

$$PMT \cdot \frac{1.06 \times (1.06^3 - 1)}{0.06} = 125\ 971.2$$

解得:$PMT = 37\ 329$

比较一下,你会发现,当房价每年上涨 8% 时,要求你为购房的首付款每年要多储蓄 7 696 元。

如果政府征收 20% 的利息税,那么,税后名义利率就只有 4.8% 了。那么,在这一利率下,你每年应该存入的金额就是:

$$PMT \cdot \frac{1.048 \times (1.048^3 - 1)}{0.048} = 125\ 971.2$$

解得:$PMT = 38\ 204$

由此可见,在既定的实际付款计划下,如果存在通货膨胀,政府征收了利息所得税,那么,你为这项支出的名义储蓄额就会上升。

小　结

现在的 1 元钱比未来的 1 元钱更值钱,这就是货币具有的时间价值。

一般以利率来衡量货币的时间价值。对利息的计算有单利和复利、名义利率和实际利率。名义利率就是一种金融工具支付的票面利率,实际利率就是名义利率扣除通货膨胀率后的利率。

终值就是一定金额的初始投资按一定的复利利率计息后,在未来某一时期结束时它的本息总额,这个初始投资也就是终值的现值。设利率为 r,现值为 PV,终值为 FV,年限为 n,每年的复利次数为 m,则 $FV = PV \cdot \left(1 + \frac{r}{m}\right)^{m \cdot n}$,其中将 $\left(1 + \frac{r}{m}\right)^{m \cdot n}$ 称作终值系数;现值是终值的逆运算,即 $PV = \frac{FV}{\left(1 + \frac{r}{m}\right)^{n \cdot m}}$,其中 $\frac{1}{\left(1 + \frac{r}{m}\right)^{n \cdot m}}$ 为现值系数。将终值倒算为现值的过程叫贴现,其中的利率叫贴现率。

一系列均等的现金流或付款称为年金。年金分为即时年金和普通年金两种。所谓即时年金,就是从即刻开始就发生一系列等额现金流。如果是在现期的期末才开始发生一系列均等的现金流,那就是普通年金。永远持续下去没有最终日期的年金就是永续年金。

设即时年金为 PV,利率为 r,年限为 n,每年计息一次,则年金终值公式 $FV =$

$$PV \cdot \frac{(1+r) \cdot \left[(1+r)^n - 1\right]}{r}.$$ 普通年金的终值计算公式为 $FV = PV \cdot$

$\dfrac{(1+r)^n - 1}{r}$。年金现值是年金终值的逆运算,普通年金的现值计算公式为 $PV =$

$FV \cdot \dfrac{1-(1+r)^{-n}}{r}$。永续年金没有终值,但它的现值等于年金除以利率,即永续

年金的现值 $PV = \dfrac{FV}{r}$。

偿还住房抵押贷款的月供额是一种普通年金,每个月的月供额等于初始的贷款总量乘以月供系数。

通货膨胀和利息税对人们的储蓄计划有很大的影响,为了保证未来的实际支出,在有通货膨胀和利息税时,名义储蓄额必须高于没有通货膨胀和利息税时的名义储蓄额。

关键概念

货币的时间价值	单利	复利	名义利率	实际利率(费雪效应)
税后实际利率(达比效应)		终值	现值	年金
即时年金	普通年金	永续年金	年金终值	年金现值
终值系数	现值系数	实际终值	实际现值	

思考练习题

1. 什么是货币的时间价值?
2. 单利与复利有何区别?如何计算单利与复利?
3. 名义利率与税后实际利率有何区别?
4. 通货膨胀与利息税对人们的储蓄计划有什么影响?
5. 什么是终值与现值?
6. 什么是年金?年金有哪些类型?它们的终值和现值如何计算?
7. 假定你通过抵押贷款购买了一套住房,你如何计算你每个月的偿付额?
8. 假定你在银行有一笔存款总共 10 万元,存期为五年,年利率为 7.2%,每年复利一次,五年后,你的账上会有多少钱?设政府征收的利息所得税为 20%,今后五年中每年的通货膨胀率为 3%,你的这笔存款的税后实际利率为多少?
9. 假定你在银行开了一个零存整取的储蓄账户,每月存入 500 元,存期为五年,月利率为 5.25‰,五年后,你的账户上本息总额会有多少?

10. 在上题中,假定在这五年中,每个月的通货膨胀率为 2.5‰,政府征收的利息所得税为 20%,那么,五年后你账户上的实际余额是多少?

11. 假设你以 90 元购买了一张面值为 100 元的债券,该债券两年后按面值偿付,即两年后你能够得到 100 元,那么你购买这张债券的年利率是多少?

12. 假定你购买了一套住房,从银行得到了 20 万元的抵押贷款,偿还期为 20 年,贷款年利率为 8.4%,那么,你的月供是多少?

13. 设想你有一位宝贝女儿,今年 8 岁。她 18 岁上大学,你要为她上大学储蓄足够的学费。目前上大学每年的学费为 5 000 元,但今后 10 年中,大学学费会以每年 8% 的速度上涨。你打算在她上大学时一次全部交清四年的学费。假定现在 10 年期零存整取的年利率为 7.2%,利息税为 20%。为了减轻存款的压力,你打算在这 10 年中每年存入相等的金额,那么,你每年应该存多少钱呢?

14. 假设你今年 25 岁,购买了一份养老保险,每个月向保险公司缴纳 200 元的养老保险金,一直到你 45 岁时为止,即你要连续 20 年每月向保险公司缴纳 200 元的保险金。等你到 60 岁退休后,你就可以从保险公司领取养老金,保险公司承诺你可以享受养老金的时间为 20 年。再假定从你开始缴纳保险金时起,到你用完你的养老金账户上所有钱为止的这 55 年中,利率都为 7.2%,那么,你每个月应该领取多少钱的养老金?如果保险公司说在你退休后每个月给你 1 500 元的养老金,你是赚了还是亏了?

15. 天上真的掉下馅饼了!你购买了一张电脑体育彩票,刚好中了 500 万元的大奖(恭喜您!)。在扣除了 100 万元的所得税后,你还剩 400 万元。你留足了 200 万元用于未来的生活费支出,决定将其余 200 万元用于投资。有两种投资方案:一种方案是购买 10 年期的国债,国债利率为 8%(复利计息);另一种方案是用于实业投资,投资总额也刚好为 200 万元,投资第一年的现金流为 20 万元,以后每年按 10% 的速度递增。从第八年开始,投资的现金流就开始以每年 20% 的速度递减。在第 10 年时,项目就不能产生现金流了,但还有 20 万元的废品。再假定你在每年年末将投资回收的现金流存入一个银行账户,年利率为 7%。请计算:(1)10 年后你的国债投资本息余额是多少?(2)实业投资每年回收的现金流量各是多少?(3)10 年后,你的存款账户上的本息余额是多少?(4)在这两种方案中,你应该选择哪一种?

▶4

资源的时间配置：储蓄与消费的选择

学习目标

学完本章后，你将能够：

理解什么是储蓄

弄清人们储蓄有哪些目的

弄清影响绝对收入、恒久收入、相对收入对储蓄的
影响

理解储蓄与消费的生命周期理论及人口结构变化
对储蓄的影响

理解利率、消费信贷、财富与制度变化对储蓄的影响

我们从第 2 章中了解到，金融是沟通资金盈余与短缺之间的桥梁。因此，资金盈余是金融的基础。储蓄是资金盈余最原始的来源，同时，储蓄也是合理配置一生收入的重要方面。你在领取工资或奖金后，面临的第一个决策就是如何使用这些收入，即多少用于消费，多少用于预备未来之用的储蓄。这就是资源的时间配置。储蓄对宏观经济具有重要影响，也是我们个人理财的一个重要方面。本章主要介绍人们储蓄的动机以及影响人们储蓄的主要因素，还将介绍人们消费和储蓄决策的依据。

4.1 储蓄的性质及其形式

4.1.1 储蓄的性质

我们经常听到人们这样说："他有很多储蓄。"人们在日常生活中谈论的储蓄实际上是指在银行的储蓄存款，这与经济学分析的储蓄概念有很大的差别，在正规的经济分析里，两者之间是不能混同使用的。经济学家把你当期收入中未被消费的部分都叫作**储蓄**，不管你把这些未被消费的收入存入银行、购买证券，还是购买各种各样的基金或干脆就压在你的衣柜里。比如说，你这一个月挣得了 5 000 元的收入，其中，朋友聚会花了 200 元，日常生活支出花了 1 200 元，还为自己添了一件 400 元的 T 恤衫，电话费用去了 200 元，那么，你还剩下 3 000 元。经济学上把你这 3 000 元都叫作储蓄。可见，经济学中的储蓄概念实际上比我们日常交谈中所用的"储蓄"要宽泛得多。

储蓄可以分为正储蓄与负储蓄。如果你每个月的收入大于支出，那么，你就有正储蓄。正储蓄者就是资金盈余者；相反，如果你的收入小于支出，那么，你就是负储蓄。一般而言，在参加工作之前，你就是负储蓄者。或者，当你参加工作后，通过向银行抵押贷款购买了一套住宅和一辆奥迪轿车，那么，你也是负储蓄者。负储蓄者是资金短缺者。可见，正储蓄就是现在的收入延期到未来某一个时期进行消费，不管是你自己消费还是转移给他人消费（如为孩子上大学而进行的储蓄）。负储蓄实际上就是将未来的收入提前到现在来消费。金融的作用之一就是将正储蓄者的盈余资金转移给资金短缺的负储蓄者使用，然后再由后者的收入流量来偿还正储蓄者。在本书后面的分析中，除非特别说明，否则，以后所说的储蓄都是指正储蓄。

按照储蓄的主体不同,储蓄包括家庭储蓄、企业储蓄和政府储蓄。正如家庭储蓄是家庭收入和消费之间的差额一样,**企业储蓄**则是企业收入与其工资、税金、利息以及红利等支出的差额;**政府储蓄**是政府非债务收入和政府消费支出之间的差额。家庭储蓄和企业储蓄统称为**私人储蓄**,政府储蓄又叫**公共储蓄**。当然,储蓄还包括国外储蓄,中国改革开放后大量吸引外资的政策,就是要利用国外储蓄来弥补国内的资本不足和引进国外的技术与管理经验。

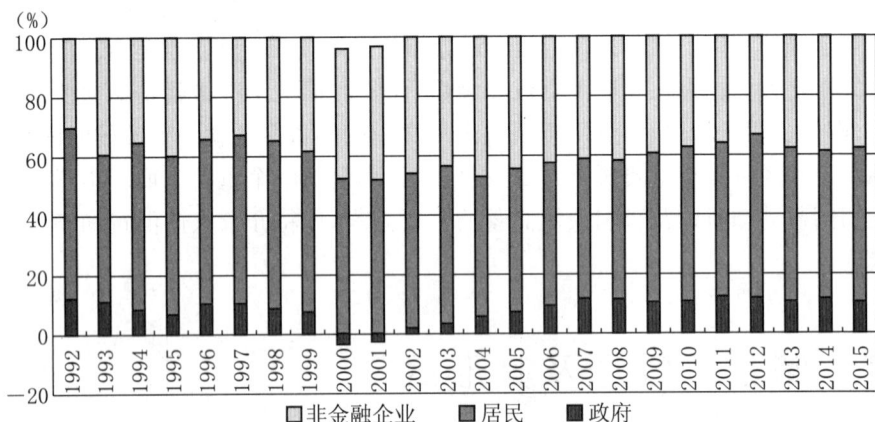

图 4.1　中国国民储蓄的主体结构

资料来源:《中国统计年鉴》,中国国家统计局网站。

4.1.2　储蓄的形式

储蓄分为金融储蓄和实物储蓄。**金融储蓄**就是以有价证券、银行存款、现金等金融资产形式而存在的储蓄。除了在银行的储蓄存款外,金融储蓄还有现金、国债、企业债券、股票、保险和基金等。**实物储蓄**就是诸如住房、耐用消费品和存货等形式的储蓄。农民在秋天收获谷物后,除了在市场上卖出一部分外,会将其余的部分留在自家仓库里,这也是典型的实物储蓄。

金融储蓄相对于实物储蓄而言有很多方面的优势。首先是金融储蓄的成本较低,你只需将收入中用于开支后的剩余部分存入银行或购买债券、股票就可以了,而实物储蓄的成本较高,有些实物储蓄也极为不便。如农民储存谷物就需要粮仓,如果以肉类来储蓄,你不仅需要冷藏设备,而且消耗大量的电源。此外,金融储蓄还可能获得一定的利息收入,只要通货膨胀率不超过名义利率,金融储蓄还会增值,实物储蓄则会受到物理折旧和精神折旧的影响而不断地贬值。更重要的是,从宏观上考虑,金融储蓄更有利于金融剩余在空间上的重新配置。例如,当某银行发行新股时,全国各地的投资者都可以在当地的证券营业部申购,如果你中签了,即使你身处中国北端的哈尔滨,也可以通过资金划转而将你的一部分储蓄余额转移给总部设在深圳的招商银行来使用。如果不是金融储蓄,招商银行通过发行新股来筹集全国分散的资金是无法想象的。此外,实物储蓄主要体现在耐用消费品和其他存货投资上,因此,金融储蓄更有利于资本形成和经济增长。

4.2 储蓄的动机

　　人们为什么要储蓄呢? 人们储蓄并不是简单地因为储蓄能够给他们带来什么精神上的快乐,实际上,储蓄的动机也是多元的。中国人民银行的调查[①]表明(如图 4.2 所示),人们储蓄的目的有用于生活零用的、有准备购买高档消费品的和为买房建房而储蓄的;也有为养老和意外事故而储蓄的;还有为子女或自己接受教育培训以及为赚取利息而储蓄的。尽管人们储蓄的目的千差万别,同一个人储蓄的目的也可能是多重的,但我们还是可以把储蓄的动机归纳为以下几类:交易动机、谨慎动机和投资动机。

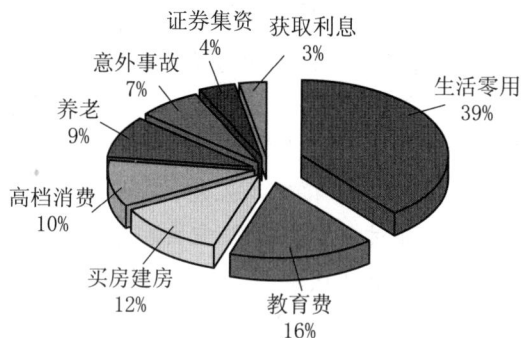

图 4.2　中国住户储蓄存款的动机

资料来源:《中国金融年鉴》(1998 年)。

4.2.1　交易动机

　　在人的一生中,某一个时期的收入会大于支出,而另一个时期的支出则会大于收入。工作之前、刚参加工作时以及退休以后的若干时期,我们的支出都会大于收入。为了平衡生命期内的收入与支出关系,在工作的黄金时代我们就应尽量地为未来的消费而储蓄;在结婚或购买住宅之前,我们都必须有一定的积蓄,这些为未来消费而进行的储蓄主要是出于未来交易方面的考虑。因此,交易动机就是为了应付未来消费支出而进行的储蓄,储蓄是延期的消费这一说法其实表达的就是储蓄的交易动机。在图 4.2 中,为生活零用、购买高档消费品也都属于交易性储蓄动机。可见,为交易而进行的储蓄的主要功能就是平滑我们生命期内的收入。

---

① 中国人民银行调查的实际上是指储蓄存款,虽然只是经济学分析储蓄的一部分,但这项调查也较好地反映了中国居民的储蓄动机。

4.2.2　谨慎动机

除了交易动机外，人们储蓄还有谨慎动机。未来是不确定的，碰上好年景与坏运气都有可能。总是碰上好年景固然是令人高兴的，但"天有不测风云"，如果刚好倒霉的事发生了，如得了一场重病，就会有一笔额外的支出。为预防未来不测之需而进行的储蓄就是谨慎性储蓄。

专栏

蝈蝈与蚂蚁的故事：预防性储蓄的重要性

有一则关于蝈蝈与蚂蚁的伊索寓言，其大意是：蝈蝈整个夏天每日愉快地欢歌劲舞，从不为过冬准备食物，到了冬天自然只有一死；而在夏天冒着酷暑劳作的蚂蚁，却因足够的储备而得以平安过冬。这则寓言给我们道出了预防性储蓄的重要性。

诺尔·威特克这样劝告人们："财富就好像一棵从一粒细小的种子长成参天大树一样，需要很长时间才能长得又高又大。如果你经常给它浇水和施肥，它会越长越快；相反，如果你对它置之不理，它会越长越慢。……积蓄如同'钱树'的种子一样，而复利则是它快速地、繁荣增长的肥料。如果你希望在财务独立之路上遨游，你应该从现在开始并且继续培育你的'钱树'。"

蝈蝈是一个极端，它是属于典型的"今朝有酒今朝醉"的那种消费观，这种极度消费的后果达不到李白诗句中"同销万古愁"的效果，自然是不可取的。然而，在我们的社会中，又有另一种储蓄观：将储蓄视为生命中几乎唯一的快乐。巴尔扎克笔下的守财奴葛朗台就是这种人的代表。

无节制地消费不可取，将储蓄视为命根子也同样不可取。重要的是，在人的一生中，要取得储蓄与消费之间的平衡。只有这样，才有真正的快乐，才能真正地享受生活。

4.2.3　投资动机

有些储蓄是为了使未来得到更多的消费和收入而进行的，这就是**投资型储蓄**。毕竟，不论是将钱存入银行还是购买国债都会有一定的利息收益；尽管购买股票的风险较高，人们无一例外都是冲着"赚一笔"入市的。这些都是金融投资型储蓄。人们选择国债或购买股票作为储蓄的方式，其主要目的就是为了获得更高的资本增值。

此外，人们储蓄的目的还可能是为了进行人力资本投资。在当今知识经济的时代里，接受教育的程度和知识水平在很大程度上决定了人们未来的就业和收入水平。统计显示,人们接受的教育越高,未来的收入总体上也会越高,生活也越稳定。而且,受到的教育越多,越有可能赢得人们的尊重,所以,现在人们越来越重视对教育的投资。为人父母者要为子女的上学而储蓄;由于知识日新月异,已受过正规大学教育的人也有接受再教育的需求。我们在图 4.2 中看到,在中国人的储蓄中,为教育进行的储蓄在人们的储蓄中所占的比重达到了 16%,仅次于生活零用。

4.3　储蓄与消费的选择

既然经济学把储蓄定义为当期收入中未被消费的部分,因此,对储蓄的分析就与消费有着不可分割的联系了,它们之间事实上是一枚硬币的两面。

4.3.1　可支配收入、消费和储蓄

决定消费与储蓄的最主要的经济变量就是可支配收入。**可支配收入**是总收入中扣除所得税后的余额。一般说来,可支配收入越高,消费支出越高,但同时储蓄总额也会越多。一个下岗工人每月只领取 300 元的救济金,他每月所能消费的也只能达到 300 元的水平,虽然他的消费额很低,但并不意味着他会有很多储蓄。相反,一位月收入达到上万元的白领人士每月的消费支出可能会达到 5 000 元。尽管如此,他还能剩下 5 000 元用于储蓄。

当期消费支出与收入之比叫作**消费倾向**。在我们上面的例子中,下岗工人每个月的收入刚好够他的支出,因此,他的消费倾向就是 100%;白领人士只将收入中的一半用于消费,因此他的消费倾向为 50%。

与消费倾向相对应,**储蓄倾向**则是当期收入中用于储蓄所占的比例。在上面的例子中,下岗工人的储蓄倾向是零,白领人士的储蓄倾向则为 50%。图 4.3 显示了中国居民部门的总体储蓄倾向,它是当年居民部门的新增储蓄与可支配收入之

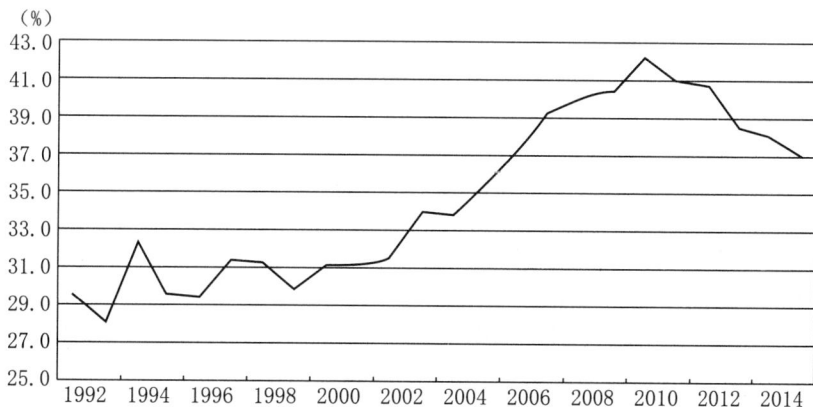

图 4.3　中国居民部门储蓄倾向(储蓄率)

资料来源:根据历年《中国统计年鉴》资金流量表相关数据计算而得。

间的比率。可以看出，在 1992 年至 2010 年，中国居民部门的储蓄倾向呈上升趋势，但在 2010 年之后，则出现了下降趋势。

更一般地，设 Y 为当期可支配收入，C 为消费，S 为储蓄，c 为消费倾向，s 为储蓄倾向，因此，按照定义，则有：

$$c = \frac{C}{Y} \tag{4.1}$$

$$s = \frac{S}{Y} \tag{4.2}$$

由于储蓄是当期收入中没被消费的部分，所以储蓄与消费之和等于当期收入，即：

$$C + S = Y \tag{4.3}$$

将两边同除以 Y 就可以得到：

$$\frac{C}{Y} + \frac{S}{Y} = \frac{Y}{Y} \Rightarrow c + s = 1 \tag{4.4}$$

这表明，消费倾向与储蓄倾向之和等于 1。

当可支配收入增加一个单位时，消费支出增加的数量就是**边际消费倾向**。假定你的收入增加 100 元，消费就会增加 60 元，那么，你的边际消费倾向就是 60%。类似地，当可支配收入增加一个单位时，储蓄增加的数量就是**边际储蓄倾向**。在这个例子中，增加的 100 元收入让你增加了 40 元的储蓄，因此，你的边际储蓄倾向就是 40%。

一般地，以 ΔY 为收入增加额，ΔC 为消费增加额，ΔS 为储蓄增加额，c' 为边际消费倾向，s' 为边际储蓄倾向，则有：

$$c' = \frac{\Delta C}{\Delta Y} \tag{4.5}$$

$$s' = \frac{\Delta S}{\Delta Y} \tag{4.6}$$

同样有：

$$\Delta C + \Delta S = \Delta Y \tag{4.7}$$

两边同除以 ΔY 得：

$$\frac{\Delta C}{\Delta Y} + \frac{\Delta S}{\Delta Y} = \frac{\Delta Y}{\Delta Y} \Rightarrow c' + s' = 1 \tag{4.8}$$

这就是说，边际消费倾向与边际储蓄倾向之和也等于 1。

一般说来，可支配收入越高，边际消费倾向越低，边际储蓄倾向则会越高；反之，可支配收入越低，边际消费倾向会越高，边际储蓄倾向则会越低。所以，当人们的可支配收入越高时,储蓄在收入中所占的比重就会越高。这就是凯恩斯的绝对收入储蓄理论,即人们的储蓄倾向取决于人们的绝对可支配收入水平。

4.3.2　恒久性收入与生命周期储蓄理论

米尔顿·弗里德曼提出了恒久性收入假说,强调对人们的消费与储蓄的选择具有重要影响的不是当期的绝对收入,而是一生中的恒久性收入。**恒久性收入**是指一个人在一生中每个时期的平均收入。一些意外的临时性收入不会使人们突然间增加他们的消费支出,人们会把临时性收入的主要部分用于储蓄。

假设有位下岗工人购买了一张电脑体育彩票,恰好中了 500 万元大奖。由于中奖的概率是极低的,因此,这位下岗工人不会指望每个月或每年都能中这样的大奖,也就是说,中大奖并不是他的恒久性收入,只是他的临时性收入。尽管这笔收入来得很突然,但他不会在中奖的当年就将它全部花光,可能还要为未来盘算一番,用这 500 万元中的一部分来改善现有的生活,将其余部分用于储蓄,以供未来生活之需。

绝对收入理论与恒久收入理论具有不同的政策含义。根据绝对收入理论,政府减少税收会引起消费者可支配收入增加,从而引起消费支出增加,但储蓄倾向会上升;反之,政府增加税收则会引起消费者可支配收入减少,从而引起消费支出减少,但储蓄倾向反而会下降。但是,根据恒久性收入理论,当政府减少税收时,只有减税被认为能够引起消费者长期可支配收入的提高,消费支出才会增加;反之,当政府增加税收时,只有增税被认为能够引起消费者长期可支配收入的下降,消费支出才会减少。

与绝对收入理论和恒久性收入理论不同,莫迪尼亚尼提出了储蓄的生命周期理论。对我们个人而言,在一生中所挣得的收入的时间分布是不均匀的,参加工作之前或退休以后,基本上没有收入或收入极低,但一生中无时不在发生支出,因此,在一生中收入的取得和支出的时间分布具有不一致性。在图 4.4 中,在时间 t_0 之前,我们的支出会大于收入,因此为负储蓄,在 t_0 到 t_1 这段时间里,储蓄余额会不断增加,但过了 t_1,储蓄余额会逐渐地减少,这相当于退休后动用自己工作时的积蓄作为养老支出,从而减少了以前的储蓄余额。

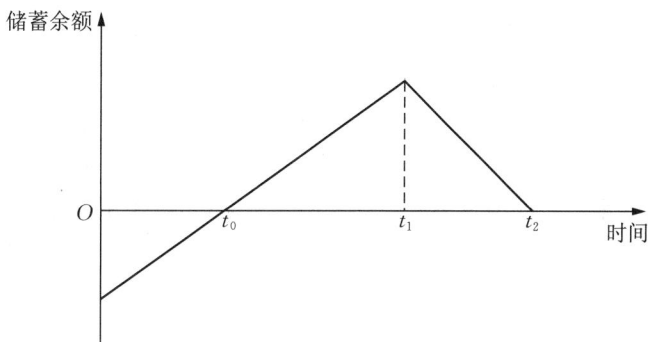

图 4.4　生命期内储蓄余额的变动

但是,个人的消费或储蓄行为并不仅仅与现期收入有关,人总是试图把自己一生的全部收入在各个时期作出消费和储蓄的最佳分配。一般来说,一个人在年轻时和年老时的收入水平相对较低,在中年时的收入水平相对较高。为实现一生消费的效用最大化,人们会尽可能使他一生中的消费保持恒定,以免在消费上"三十年河东,三十年河西"。因此,从总体上来说,在一生中,虽然收入是不稳定的,但消费却是稳定的。相应地,储蓄倾向却会随收入的波动而不断地变化。具体地说,年轻人在工作后的某一段时间里有较高的储蓄倾向,随着年岁的增长,退休后的储蓄率会相应地下降。由于人们在生命周期的不同阶段里有不同的储蓄倾向,年轻时的储蓄倾向较高,年老退休后的储蓄倾向会下降,这样,在宏观上,一国人口结构(适龄劳动人口与非适龄劳动人口之比)的变化,就对一个国家的总储蓄率有重要的影响。一般说来,在婴儿潮之后的三十年左右的时间里,适龄劳动人口比重会上升,非适龄劳动人口比重会相应地下降,这会在总体上提高一国的总储蓄率水平。但随着进入老龄化社会,总储蓄率会随之下降。经济学家对这种由适龄劳动人口比重和劳动参与率上升带来的总国民储蓄率的上升,取了一个好听的名字,叫"人口红利"。

4.3.3　棘轮效应

除了绝对收入和恒久性收入外,人们的相对收入也会影响消费与储蓄的选择。美国经济学家杜森贝里最早提出了**相对收入假说**。他认为,与绝对消费水平相比,人们更关心自己与他人相比的消费水平。只有个人的消费相对于周围其他人的平均消费上升时,自己的效用才会增加。有人爱"讲面子",喜欢与别人"攀比""讲排场"很通俗地阐明了消费与储蓄的相对收入的理论。一个人的消费在其收入中所占的比例,即消费倾向取决于他在收入分配中所处的位置。收入水平低于平均水平的人,其消费在收入中所占的比例就高,这是因为,他要用较低的收入维持既定的平均消费标准。收入水平高于平均收入水平的人,其消费在收入中所占的比例就较低,因为他只要用较少比例的收入就可以维持既定的平均消费标准。另外,现期消费不仅受现期相对收入的影响,而且还受以前曾经达到的最高消费水平的影响。杜森贝里认为,从已经达到的消费水平上降下来要比降低储蓄倾向困难得多,此即消费的不可逆性。我们中国人所说的"由奢入俭难",其实就是这个意思。这意味着,储蓄在收入中所占比例取决于现期收入与从前高峰收入之间的相对水平。现期收入相对于从前的高峰收入上升时,储蓄在收入中所占的比例会上升;反之,现期收入相对于从前的高峰收入下降时,储蓄在收入中所占的比例则会下降。这样,过去的短期消费对未来的长期消费倾向的下降具有一定的阻碍作用,这就是**棘轮效应**。

4.3.4　财富

财富是人们储蓄的结果,但财富也会影响人们的消费和未来储蓄的选择。设想一下下述两种情况。在第一种情况下,生活在三线城市的张三月收入是 1 万元,但同时还有包括股票、银行存款等方式保有的 100 万元财富;在另一种情况下,他的月收入也是 1 万元,但根本就没有存款等财产。尽管张三的月收入都是 1 万元,但由于以前积累的财富不同,他对消费和储蓄的选择肯定会有较大的差异。在第一种情况下,由于他拥有 100 万元的储蓄,所以,在当期 1 万元的收入中,他就可以支取较大的部分用于消费。在没有财富积累的情况下,他必须为未来生活作出周密安排,为了结婚、买房、买车等,他可能会尽量地压缩当期的消费,增加未来的消费。一般而言,如果收入水平相同但积累的财富不同,那么,财富较多的人的消费倾向会高些,储蓄倾向则会低些;反之,财富较少的人的消费倾向会低些,储蓄倾向则会高些。这种因财富差异而导致不同的消费倾向和储蓄倾向的现象,叫作**财富效应**。

财富效应影响消费倾向的原理是:当其他条件相同时,一个人的储蓄越多,他积累更多金钱的愿望就越小。一般说来,每年的财富变化不是很大,因此,财富效应也一般不会引起消费的剧烈波动。但是,资本收入、资本价值的变化会立即改变一个人的财富状况,当股票或不动产价格上升,并且人们预期这一变化将持续较长的时期时,拥有这些资产的人就会提高他们的消费水平。这样做是因为他们的总财富增加了,即使他们没有立即从财富价格的上升中得到任何实际收入,而仅仅是一种账面价值。所以,1997 年中国出现了通货紧缩以后,为了刺激消费增长,国内就有很多经济学家主张刺激股票等资产价格的上涨,从而增加人们资产的账面价值,使投资者"觉得"更富有了,让人们多消费少储蓄。其背后的理论就是消费和储蓄的财富效应。1929 年华尔街股票市场崩溃后,投资于股票上的财富顿时化为乌有,这迫使很多有钱人勒紧了裤腰带。

4.3.5 消费信用与储蓄

人们对消费与储蓄的选择还受到消费信贷的影响。消费信贷作为一种金融安排可以平滑消费者生命期内的收入,使消费者更合理地在生命期内配置自己的消费资源,这就是我们在第 2 章中分析金融系统的功能时强调的时间转换。金融对消费的平滑作用表现在两个层面上:

(1)当个人未来的预期收入比现期收入高时,就需要一种金融机制能够使他均等地安排其生命期内的收入,保证消费者将未来的收入提前在现期支取。这就是消费信贷的作用。

(2)个人未来的预期收入低于现期收入时,就需要储蓄来平滑生命期收入。退休后就没什么收入来源了,因此,我们都会在年轻时为养老而储蓄。

个人在生命期内不同的年龄阶段的消费储蓄行为是不同的,年轻人倾向于借款,人到中年以后,为退休后的养老而储蓄的动机增强了,这说明了消费信贷与储蓄在平滑个人生命期内收入的不同地位和作用。然而,由于消费信贷与储蓄对生命期收入的平滑作用所依存的条件不同,消费信贷市场的不完全就会影响人们的储蓄行为。当消费者的消费信贷受到约束时,消费者就会提高储蓄率。

消费信贷的约束主要有两个方面:

(1)由于信息不对称,在信贷市场上可能产生道德风险与逆向选择。银行为了尽可能地减少由此带来的信用风险,常常会进行信用配给,消费者的消费信贷需求只能得到部分的满足,有时甚至根本得不到满足。这种消费信贷不完全被称为金融约束型的消费信贷不完全。

(2)消费信贷的制度供给不足,即一些发展中国家在金融制度的安排上,并没有将消费信贷提到应有的地位予以重视,消费信贷没有纳入政府正规金融体系之中,消费者根本不可能从有组织的银行体系中得到消费信贷。这种消费信贷市场不完全被称为金融抑制型的消费信贷不完全。

如果得不到应有的消费信贷,那么,人们的选择就会受到极大限制。例如,在住房抵押贷款发展起来之前,没有足够的储蓄,要买一套住房就基本上是不可能的。在存在消费信贷配额时,人们的消费,尤其是对一些价值量特别大的耐用消费品的选择就严格地依赖于人们当前的收入和以前积累的财富。但消费信贷就可以改变这种状况。消费者获得信贷的增加,通常会降低消费者的储蓄率。图4.5显示了中国居民部门借款与储蓄率的变化趋势,可以看到,2010年以来,由于居民部门贷款占全部新增贷款的比重大幅上升,居民储蓄率随之而明显下降。

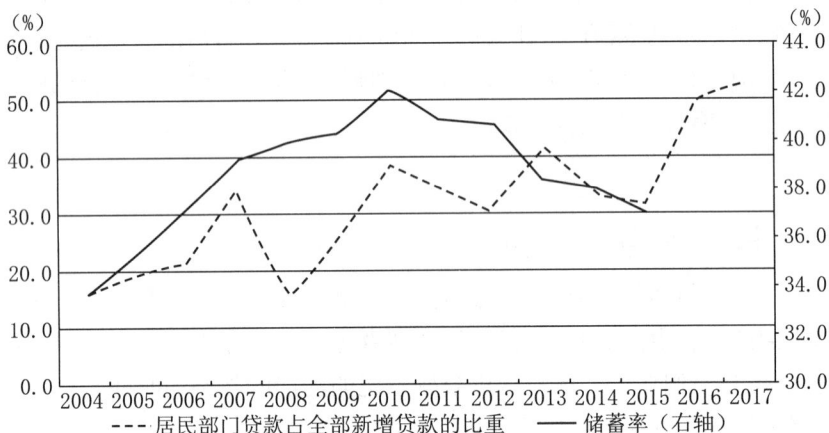

图4.5 中国居民储蓄率与居民部门新增贷款占全部新增贷款之比

4.3.6 制度变迁、不确定性与储蓄

中央集权的计划经济体制中,政府与居民、企业与居民之间的关系完全体现在一个"包"字上。就货币收入而言,由于有固定的工资增长表,就业岗位总是有保证的("铁饭碗"),所以人们对退休前的总收入和退休后的收入是可以预先计算的;在住房分配制度方面,职工从其所在单位得到住房,这种住房分配的实质是职工所在

的企业取代了金融中介的作用,使居民没有为住房消费而负债的必要,也没有为住房消费而储蓄的激励;在教育体制方面,进入高校后不仅用不着交学费,而且还可以得到固定的"助学金",在校的生活费用是有保障的。生病可以得到免费治疗,养老也用不着自己操心。由于这样的制度安排几乎完全排除了不确定性,因而就排斥了居民谨慎性储蓄的动机。所以,改革以前我国居民的平均储蓄率一直很低。从 1952 年至 1977 年期间,中国个人的平均储蓄率不到 2%。

由计划经济向市场经济的过渡,一方面是经济决策权力的分散化,另一方面也是风险由集中控制走向分散化的转变,从而使居民随时面临着不确定性的选择。首先是在居民收入分配中引入了激励机制,居民货币收入中不仅包括工资,而且包括奖金,这样把居民收入分配直接与其劳动成果和市场不确定状态结合起来了;而且,还有随时被解雇和"下岗"的危险,居民必须为下岗与再就业之间各项支出而储蓄。其次,在居民收入中,实物分配的比例越来越小,货币收入的比重越来越大,居民的自主性消费得到了增强。但与此同时,居民必须为某些消费而负债,也必须为某些消费而储蓄。住房制度的改革就迫使居民为住房这一最大的耐用消费品的消费而进行长时期的储蓄,在贷款首期付款要求比较高的情况下尤其如此。其三,居民必须为预防不测之需和退休后的生活而储蓄,这表现在居民购买保险的意识日益增强。最后,教育制度的改革使得父母必须为子女的教育而储蓄,这在居民储蓄中所占的比重还相当大。总之,由于市场化改革使居民面临着更高的不确定性,从而提高了人们谨慎性储蓄的动机。

为预防未来不确定性而进行的储蓄就是**预防性储蓄**。预防性储蓄就是指消费者为预防未来收入水平的不确定性导致消费水平的急剧下降,或意外支出的大量增加而进行的储蓄。如果有了较高的储蓄额,当人们面临这类冲击时,储蓄就起到了非常有用的缓冲作用。

但是,当社会保险与保障制度较发达时,人们依然面临收入减少或意外支出急剧增加的不确定性,但这时会降低人们的储蓄倾向,因为保险就是以较小的支出来弥补未来可能的较大支出。如果王小二购买了健康保险,当不幸的疾病真的降到他头上需要花 10 万元治疗费时,他就不必事先为这笔意外支出而储蓄 10 万元。美国现在较低的储蓄率就与保险和社会保障存在极大的关系。美国的一些经济学家就认为,社会保障的完善,如对工人的失业保险以及对贫困者的医疗服务等减少了人们为退休而储蓄的需要,这是导致 20 世纪 80 年代以来美国低储蓄率的重要原因之一。

4.3.7 降低利率一定会增加消费减少储蓄吗

利率是货币的时间价值,它也在一定程度上反映了人们在现期与未来消费之间的时间偏好,即它反映了人们为增加未来消费而不得不放弃现期消费的"忍欲"和"不耐"程度。若王小二偏爱于现期消费,那么,要让他增加储蓄牺牲当时的消费,就必须给他提供更高的利率。利率主要通过两条途径直接影响消费和储蓄:首先,当人们通过借款消费时,借款的成本越低,消费者就越愿意通过借款为消费进行融资。其次,消费者财富会对消费支出产生直接的影响。而利率的变化会影响消费者的财富。这是因为,债券价格与利率负相关。利率越低,债券价格越高。同理,利率下降,资产的现值或市场价格就会上升。因此,市场利率越低,财富的市场价值就越高,鼓励人们多消费。这就是财富效应。

但是,这样的分析只说明了问题的一半。利率的变动是否真的会提高人们的消费倾向呢? 这要取决于利率变动的收入效应和替代效应的相对大小。如果利率上升,那么,你现在放弃部分消费,未来就可以得到更多的消费。利率越高,增加的未来消费也就越多,就更倾向于鼓励储蓄,这就是提高利率的**替代效应**。但同时,较高的利率也增加了将来的利息收入,现在你只需要较小的本金储蓄,就能满足你未来特定的支出,因此,这又会鼓励你增加当期的消费,减少未来的储蓄,这就是提高利率的**收入效应**。综合起来,提高利率是否会使你的储蓄倾向更高要取决于替代效应和收入效应的相对大小。如果替代效应大于收入效应,那么,提高利率会使你的储蓄倾向上升;反之,如果替代效应小于收入效应,那么,提高利率反会使你的储蓄倾向下降,增加当期的消费。

4.3.8 经济之外的一些因素

人并不完全是“经济动物”,个人价值观对消费与储蓄具有很重要的影响。“今朝有酒今朝醉”和“行乐须及春”的享乐主义者,对储蓄就看得很淡薄;那些总是想把“一个铜钱掰成两半来使”的人,则更偏爱储蓄,不愿意多消费,他们似乎把存钱当成了最大的快乐之一。马克斯·韦伯等学者在探讨 19 世纪古典资本主义的发展动力问题时,曾强调过新教伦理对节俭和储蓄的重视所发挥的重要作用。

文明模式的变化降低了出于遗赠动机的储蓄水平。中国人自古喜欢为子女留下一笔遗产,但现代社会的变化已经使家庭成员之间的关系开始变得松散起来。此外,孩子自身的独立性也越来越强,有很多大学生通过自己的劳动解决了上大学的部分开支,这样,父母为子女接受教育而进行的储蓄就可相对减少了。此外,以前依靠子女来安度晚年的模式也正在发生变化,现在人们越来越多的是想通过自己工作期间的积蓄来独立地安排自己的老年生活,同时也可减少孩子的负担,“养儿防老”正在被“养老保险”所取代。这种观念的变化则会促使人们有更强的储蓄动力。

4.4 生命周期储蓄计划

我们分析了影响储蓄的各种因素,在上一章还分析了利率、通货膨胀率和利息税对养老金计划等储蓄的影响。但对不同的个人而言,对储蓄行为起主导作用的影响因素又有所差别,有的人天生爱节俭,所以即使他的绝对收入和相对收入都不高,但他的储蓄倾向却很高;有的人就是乐于"享受生活",花费很高,即便他有较高的收入,储蓄倾向却很低。实际上,过于节俭和过于奢侈都是不可取的,毕竟,"钱生不带来,死不带走",同时"人无远虑,必有近忧"。对一个理性的消费者来说,还是应该制订一个周全的生命期的储蓄计划。

在制订储蓄计划时,你至少要考虑以下几个方面的因素:

● 未来的收入。

● 未来的支出,包括结婚、买房、小孩教育、养老、买车等。除了这些支出外,还应留有一定的空间,以防不测之需。

由于每个人都有不同的情况,因此,在制订生命期的储蓄计划时,也应该视具体情况而定。对于有些储蓄,其时间不会很长,例如,为准备结婚而进行的储蓄、为购房首付款而进行的储蓄。另一些储蓄则具有一定的长期性,如为小孩上大学而准备的储蓄和为退休后的养老准备的储蓄。下面我们还是以养老金储蓄计划为例来说明储蓄计划的制订。

假定王二现在 30 岁,打算在 60 岁时退休。现在的年收入是 5 万元,以后各年的税后实际利率为 3%,预期寿命为 80 岁,即退休后还生活 20 年,那么,他应该把收入的多少用于现在的消费,把多少用于储蓄以备退休之用呢?

假定他退休后的生活目标是,退休后的消费至少和在工作期间一样多。这一目标表明,在未来的 50 年中,每年都有相同数量的持续消费,我们用 C 表示,从 30 岁到 60 岁时每年的储蓄金额为($50\,000-C$)。根据第 3 章的终值公式,我们可以计算出在工作的 30 年中每年储蓄的年金终值额为:

$$\text{工作期间储蓄的年金终值} = (50\,000-C) \cdot \frac{(1+3\%) \times [(1+3\%)^{30}-1]}{3\%}$$

$$= (50\,000-C) \times 49.002\,678$$

60 岁后,每年从退休账户中提取的数额为 C,将其折现为现值。根据第 3 章年金现值公式,可得:

$$\text{退休后消费的年金现值} = C \cdot \frac{1-(1+3\%)^{-20}}{3\%} = 14.877 \times C$$

因此有:$14.877 \times C = (50\,000-C) \times 49.002\,678$

从而解得:$C = 38\,355.45$ 元

因而每年的储蓄总额为 $S = 11\,644.55$ 元,即他每年只需储蓄 11 644.55 元就可以满足这一要求了。

当然,实际的储蓄计划没有这么精确,也要比这复杂得多。首先,正如我们在前面所指出的,储蓄的目的是多重的,除了养老外,还有为购房、孩子上学、预防不测之需等多方面的需求而储蓄。其次,未来充满了很多的变数,假如你的收入在未来会不断地大幅度增长,那么,你就不必过于压缩现在的开支,你预期在

退休后再享受 20 年的生活,但假如偏偏又成了百岁老人,那么,先前按照 80 岁的预期寿命而进行的储蓄就不够用了。另外,有些事件发生得太突然,也不可预知,为这些突发事件而进行的谨慎性储蓄也是无法精确度量的。因此,个人生命期内的储蓄计划,不可能做得像量自己的身高体重那么精确,只能像绘画艺术一样,有水彩画、素描和油画等许许多多,就看你喜欢什么和用什么样的眼光来欣赏了。

小 结

储蓄是指收入中未被消费的部分,分为金融储蓄和实物储蓄。相对于实物储蓄而言,金融储蓄对促进社会经济的发展具有更为重要的意义和作用。按照主体的不同,储蓄又可分为家庭储蓄、企业储蓄和政府储蓄。

人们储蓄的动机是多种多样的,但最基本的储蓄动机可以归结为交易动机、谨慎动机和投资动机。

影响人们储蓄倾向的主要因素有:可支配收入、恒久性收入、相对收入、财富、实际利率、消费信贷的可得性和流动性约束、文化与价值观等方面的诸多因素。

在我们的一生中,应该尽量制订一个比较周全的储蓄计划。在制订储蓄计划时,要充分考虑自己未来的收入和支出。但由于未来是不可预知的,因此,要制订一个十全十美的储蓄计划是不可能的。不管怎样,为未来而储蓄也相当于为自己购买了一份保险。

关键概念

储蓄	实物储蓄	金融储蓄	储蓄倾向	消费倾向
边际储蓄倾向	边际消费倾向	恒久性收入	相对收入假说	收入效应
替代效应	棘轮效应	谨慎性储蓄	人口红利	可支配收入

思考练习题

1. 什么是储蓄? 储蓄的本质是什么?
2. 人们储蓄的动机是什么?
3. 储蓄有哪些形式? 请结合第 1 章的内容,谈谈金融储蓄相对于实物储蓄而言,有什么好处。

4. 哪些因素会影响到人们的储蓄行为？

5. 亚当·斯密说："每个浪费者似乎都是公众的敌人，每个节俭者似乎都是公众的恩人。"你如何评价这句话？

6. 假定你今年25岁，打算在30岁结婚，你现在还没有属于自己的房子，现在的年收入是70 000元。你的女朋友执意要你买房后才跟你结婚，预计购房的首付款为15万元，其余分期付款；结婚请客、拍婚纱照、结婚旅游等要花费5万元。再假定现在的实际利率为6％，请问，为了这两桩大事，你每年至少应该存多少钱？

7. 俗语"打肿脸充胖子"描绘了部分人的消费心理，你认为这是一种理性的消费行为吗？ 对这类人而言，对他们的消费与储蓄起决定性作用的因素是什么？请用本章所学内容予以解释。

8. 1997年下半年开始，我国开始出现了通货紧缩。随后几年里，总需求不足成了制约我国经济增长的最大障碍，于是国内有经济学家建议给公务员加薪，提高收入水平；开征利息所得税，降低人们储蓄的积极性，鼓励多消费。你如何评价这些经济政策主张？

9. 20世纪70年代末，中国开始实行计划生育，随后，中国的人口自然增长率大幅下降，有效地控制了中国人口增长。试分析，计划生育政策对随后几十年里中国人口结构产生了什么样的影响，并结合生命周期储蓄理论简要分析中国未来储蓄率的变化趋势，你认为，中国的储蓄率大致在什么时候会开始下降？ 这对中国长期的经济增长又会产生什么影响？

10. 2008年美国次贷危机愈演愈烈，美国经济受到了很大的冲击。为了刺激消费，布什政府于是年2月推出了总额为1 680亿美元的减税计划。到2008年第四季度，中国也明显受到了危机的冲击，经济增长率和进出口增长率迅速下滑，为了"保增长"，中国政府实行了一系列的宏观调控，其中一项措施就是"家电下乡"，但中国并不是直接先给予农民现金补贴，然后再去购买家电产品，而是购买时按价格的13％给予补贴。利用绝对收入理论与恒久性收入理论，对布什减税和中国家电下乡政策的效果给予简要分析。

▶5

资产选择与定价

学习目标

学完本章后,你将能够:

了解影响资产选择的因素

理解什么是风险、系统性风险与非系统性风险

弄清资产多样化组合的好处

理解期望收益率、收益率的方差和标准差

理解最优投资组合与 CAPM 模型

理解有效市场理论

了解行为金融的基本内容

在作出储蓄与消费的选择之后,人们紧接着就又必须作出第二个选择,即如何在各种可供选择的资产之间来分配储蓄,这就是资产选择。在资产选择中,人们常常面临损失的不确定性,这就是风险。不确定性对人们的选择带来了极大的影响。如果未来完全是可预知或是完全确定的,那么,实际上人们的选择就要少很多。尽管不确定性带来了很多难以取舍的痛苦,但在大多数情况下,人们还是无法回避它。本章主要介绍影响资产选择的因素、风险资产定价、有效市场和行为金融理论。

5.1 资产选择的决定因素

在我们的金融生活中,可以有多种可供选择的金融工具,比如,股票、债券、基金、信托、黄金,甚至白酒和名人字画都可作为投资对象。你不可能对每一样资产都进行投资,必须进行选择。2013 年,当国际黄金期货价格大幅下挫之时,许多中国老百姓闻风而入,在各大商场抢购黄金商品,乃至坊间传说一两天的时间"中国大妈"抢购了 300 吨黄金,导致黄金价格随后出现了明显反弹,有人戏称"中国大妈"打败了"华尔街大鳄"。这不免夸张,但也说明,老百姓还是希望有某种实物资产能够较好地实现资产保值。实际上,除了保值增值外,影响资产选择主要因素还有财富或收入、资产的预期回报率、风险和流动性等。

5.1.1 财富或收入

当收入或财富增加时,我们就拥有更多的资源来购买资产。这时,我们对每种资产的需求是否会成相同比例地增加呢?答案是否定的。当你的收入或财富增加时,你对有些资产的需求增长幅度可能会大于对另一种资产的需求增长幅度。月收入只有 500 元的人对股票、债券的需求就比较小;如果你的月收入达到 30 000元,除了现金外,你可能会将很大一部分的收入用于股票投资,购买基金、债券或各类理财产品,甚至玩些收藏,投资于贵金属等。

我们可以用资产的收入/财富弹性来衡量收入或财富变动对你的资产需求的影响程度。**资产的收入/财富弹性**是指收入/财富变动 1%时所引起的资产需求变动的百分比。如果你的收入/财富增加 1%时,你对股票的需求会增加 5%,那么,你对股票的收入/财富弹性就是 5;反之,如果你的收入/财富增加了 1%时,你对现金的需求只增加了 0.5%，那么，你对现金需求的收入/财富弹性就是 0.5。

根据资产需求对收入/财富弹性的大小，我们可以将资产分为两类：必需品和奢侈品。如果一种资产的需求对收入/财富的弹性小于 1，即一种资产需求的增长速度低于收入/财富增长的速度时，这种资产就是**必需品**。我们上面的例子中，现金需求的收入/财富弹性只有 0.5，因此，现金是必需品。反之，如果资产需求的收入/财富弹性大于 1，即一种资产需求的增长速度高于收入/财富的增长速度，那么，这种资产就是**奢侈品**。

之所以作出必需品与奢侈品这样的区分，是因为它对我们的资产选择行为很有意义。这与我们日常消费中的必需品与奢侈品很类似。在我们的消费生活中，如果你对某种物品消费的增长速度快于你的收入增长速度，那么，这种消费品就是奢侈品，高档化妆品、名牌服装、金银首饰等都是奢侈品；反之，如果对某种物品需求的增长速度低于你的收入增长速度，那么，这种消费品就是必需品，油盐酱醋等都是必需品。如果不是"打肿脸充胖子"，我们在消费中对必需品和奢侈品的选择就严格依赖于我们的收入水平。收入低时，自然会把更多的收入用于必需品的消费；收入高时，则会将更高比例的收入用于高档的消费，或者是追求一种体验，如到异域去旅行。同样，我们在选择资产的必需品与奢侈品时，也要依我们的收入而定。当收入低时，选择更多的奢侈品可能就是对你的收入的不合理配置。

5.1.2 预期收益率

我们在选择资产时，首先考虑的可能就是该项资产能够给我们带来的预期回报，要对各种资产之间的预期回报率再三比较。预期回报率的高低对我们的资产选择有很大的影响。举个极端不现实的例子来说，如果国债的预期收益率提高到了 10%，存款的利率只有 5%，你是愿意持有国债还是持有存款呢？显然，你会愿意持有国债。同样地，若投资于股票或基金的预期年收益率能达 50%，大概预期收益率只有 10% 的国债也没什么吸引力了。

但是，在多数情况下，预期收益率并不是"有保证"或"铁定"的收益率。在选择资产时，如果仅仅只看它的预期回报率的高低，那么，我们在很多时候不仅得不到预期收益，反而可能"偷鸡不成，倒蚀一把米"。因为，风险是每一项资产都具有的特性。当你走进某家银行的营业厅，迎面走来一位热情周到的工作人员，向你夸夸其谈地推荐某种高预期收益的理财产品时，一定要三思：风险在哪里？风险有多高？

5.1.3 风险

风险即是一种资产潜在损失的可能性，或者说是未来预期收益的不确定性。我们假设国债的预期收益率是 10%，而且是固定的。有一家公司的股票现在的价格是 10 元。若该公司经营业绩有很大的提高,股票价格可能会上涨到 16 元,在这种情况下,它的收益率是 60%;反之,若经营很不好,该公司的股票价格可能会下跌到 6 元,即如果现在购买的话,会亏损 40%。再假定该公司经营很好和不好的概率各为 1/2,因此,投资于其股票的预期回报率也为 $10\%\left(=\frac{1}{2}\times 60\% -\frac{1}{2}\times 40\%\right)$。如果你购买了它的股票,运气好的话,会赚得 60% 的收益,这自然是很高兴的事;但如果倒霉的事恰好发生了,连老本还要亏掉 40%,因此,尽管预期收益也是 10%,但你面临着很大的不确定性。

如果两种资产的预期收益相同,但风险不同,那么,投资于哪种资产就取决于人们对待风险的态度和承受风险的能力了。一般来说,人们对待风险的态度有三种:风险规避型、风险中立型和风险偏好型。如果你只愿意获得那 10% 的有保障的收益,因而决定购买国债,不愿意冒风险去追求那可能得到的 60% 的股票投资收益,那么,你就是风险规避者。反之,如果你愿意冒风险去购买股票,指望获得 60% 的资本收益,那么,你就是一个风险偏好者。如果你对购买这两种资产中的哪一种无所谓,那么,你就是风险中立者。对风险规避者来说,一种资产相对于另一种资产的风险增加,虽然预期收益也会相应地增加,他对这种资产的需求还是会减少;反之,对风险偏好者来说,对这种资产的需求会增加。

最重要的一点,我们在资产选择时,要充分考虑到自己的风险承受能力。风险承受能力受到年龄、家庭状况、职位、收入水平、心理、阅历等多种因素的影响。从未来现金流来说,年轻人比老年人承受投资风险的能力要强,因为老年人未来的现金流时间比年轻人要短一些。但从另一个角度来看,老年人的阅历丰富,对金钱看得很淡了,有"穷则独善其身"的豁达,那么,他对风险的心理承受能力就较强。职位高、收入稳定的人承受风险的能力一般也会强些,这是因为他们在需要现金支出时,流动性不会成为大的问题。总之,除了自己的经济状况外,心态是影响承受风险的能力的不可忽视的重要因素。

5.1.4 流动性

影响资产选择的另一个因素是它的流动性。流动性就是在你需要现金时,将一种资产换成现金而不遭受损失的能力。想 想,如果你持有一种资产,你在急需现金想要脱手时却难于找到买主;或者有潜在买主,但条件很苛刻,卖出的价格还低于买进时的价格,你会很愿意持有这种资产吗?答案是,不会。中国在 20 世纪 80 年代,恢复发行国债后的很长一段时期里,缺乏有组织的国债流通转让市场,国债持有者要变现国债很困难,流动性很低,那时人们购买国债的积极性很低,结果政府只得用强制性的行政摊派手段来发行国债。后来,中国建立了国债流通市场,持有国债不仅流动性高,还有稳定的利息收入,发行国债时,再也不用全国上下政治动员,老百姓反而都急着在银行门口排起长龙去购买国债。同样地,人们之所以甘冒风险购买股票、企业债券或各类基金,除了心里面盘算着较高的预期收益外,还因为它们都有交易场所,从而提高了其流动性。

总之,在选择资产时,要根据收入、未来的支出计划、资产预期收益和流动性等各个方面,综合权衡,谨慎安排。

5.2 资产风险

5.2.1 风险概论

1. 什么是风险

风险就是未来的不确定性。但是,不确定性只是风险的必要条件而并不是充分条件,并不是所有的不确定性都是风险。赵钱购买股票后,股票的价格既可能会上涨,也可能会下跌。如果股票价格上涨了,他会很高兴;反之,如果股票价格下跌了,他就会"挨套"了。无论是赚大钱还是被套都是不确定的。但只有挨套才是风险。因此,人们通常是将损失而非收益增加的可能性看作风险。

在金融活动中,是否只有资产价格下跌才构成风险呢? 实际上,金融活动中面临的风险也是多种多样的。**信用风险**是指交易对手不能如期履约而带来本息或资本利得损失的风险,这也被称作违约风险;**流动性风险**是没有足够的高流动资产或无法获得外部流动性支持以满足即时现金需求而带来的风险。金融资产价格受市场环境的影响,可能会出现与自己原来预期相反的变动,从而给自己带来损失,这就是**市场风险**。赵钱本着致富的梦想买入股票,结果人算不如市场算,股价反而跌了,他就遭遇了市场风险带来的损失。**操作风险**是指由不完善或有问题的内部程序、不当操作或外部事件所造成损失的风险。操作风险虽不像市场风险那样频繁,不过一旦出现,也会给市场参与者带来极大的损失。

2. 系统性风险与非系统性风险

风险分为系统性风险和非系统性风险。**系统性风险**是一个经济体系中所有的资产都面临的风险,如货币贬值、金融危机、政局动荡等都会引发系统性风险。还有一些政策性因素也可能引起系统性风险。2001 年我国讨论国有股减持方案时,就曾加剧了股票市场的深幅下挫,这就是政策性的系统风险;2008 年美国次贷危机(见第 23 章)爆发后,引发了全球性的股市暴跌,没有哪个国家、哪家公司的股票幸免,这也是系统性风险。2018 年,美国总统特朗普宣布对中国产品征收高关税,引发中国股票市场大幅下挫,这也是系统性风险的表现。**非系统性风险**是单个资产特有的风险,如单个公司所面临的诉讼、市场和新产品开发的失败、火灾等使公司遭受巨额损失,减少了未来的现金流量和盈利能力。之所以要区分系统性风险和非系统性风险,因为这对风险管理具有重要的意义。非系统性风险可通过投资组合来分散,系统性风险则无法做到这一点。"覆巢之下,难有完卵"就是指系统性风险的不可分散性。

我们通常用 β 值来衡量系统性风险的大小,它是一种资产的回报率对整个市场价值变动的敏感性指标,等于一种资产价值变动的百分比除以整个市场价值变动的百分比。如果你购买了一种股票,在半年的时间里该种股票的价格上涨了80%,而整个市场指数只上涨了 10%,则你购买的这只股票的 β 值就是 8。相反,如果市场指数上涨了 10%,而你购买的另一只股票的价格只上涨了 5%,那么,它的 β 值就只有 0.5 了。

一般地,我们将 β 值大于 1 的资产称为"激进型"的资产,将 β 值小于 1 的资产称为"保守型"的资产。对于激进型的资产而言,它们的收益率的波动会放大投资组合的整体收益,在整个市场上涨时,会跑赢大市,但是,在市场下跌时,它又会跌得更惨。假设市场指数只跌了 10%,β 值为 4 的股票价格会下跌 40%。对保守型的资产而言,它的价格波动幅度小于市场整体的波动幅度。如果投资者购买了保守型的资产,虽然失去了市场指数上涨时赚取更高的收益的机会,但在市场下跌时,损失也会小得多。如果 β 值为 1,则意味着这种资产的收益率同市场整体同向同比例地波动。

如果投资者是风险规避型的,那么,由于 β 值越大的资产系统性风险就越大,因此,对 β 值较大的资产的需求就会较少;反之,β 值越小,资产的系统性风险就越小,因此,就越受投资者欢迎。

3. β 值与证券收益率线

证券 i 的收益分成两部分构成:证券收益=系统收益+非系统收益。系统收益完全与市场收益等比例相关;非系统收益独立于市场风险。由于系统收益与市场收益成比例,因此,它等于贝塔值 β 乘以市场收益 r_m。非系统收益,独立于市场收益,通常以 ε' 表示。

因此,证券收益

$$r_i = \beta_i r_m + \varepsilon' \tag{5.1}$$

若某证券的 β 值为 2,市场收益率为 10%,那么,它的系统性收益率为 20%。即,该证券的收益率等于 20% 加上非系统收益。非系统收益取决于发行证券的公司的特质。非系统收益由两部分构成,即,它等于非系统收益均值 α_i 与误差 ε_i 之和:

$$\varepsilon' = \alpha_i + \varepsilon_i \tag{5.2}$$

其中,ε 的均值为零,它表示公司特有的不可预期的因素的影响。若这些因素是随机且不可预期的,则它的总影响为 0。

因此有:

$$r_i = \alpha_i + \beta r_m + \varepsilon_i \tag{5.3}$$

可将(5.3)式以图形表示。在平面坐标图5.1中，β_i为市场敏感系数，是证券收益率线的斜率。α_i为非系统性收益的均值，为证券收益率线的截距。ε_i为非系统收益的残差，为实际收益率点到收益率的垂直距离。这就是证券收益的**市场模型**。

利用市场收益模型给出的证券收益的定义，就可界定证券的系统性与非系统性风险。系统风险等于β_i乘以市场收益的标准差σ_m，以σ_s表示系统性风险，即有：

$$\sigma_s = \beta_i \sigma_m \tag{5.4}$$

非系统风险等于非系统收益残差的标准差：非系统风险$= \sigma_\varepsilon$。

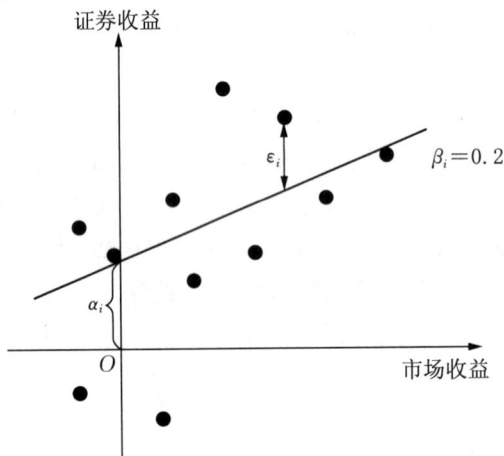

图 5.1 市场收益与单个证券收益的关系

5.3 资产多样化与风险管理

5.3.1 期望收益率及其统计特性

有两只股票 A 和 B，股票 A 现在的价格是 10 元，一个月后上涨到 16 元的可能性是 0.25，上涨到 12 元的可能性是 0.5，还是 10 元的可能性是 0.25。即是说，投资于股票 A，在一个月中获得 60% 收益的概率为 0.25，获得 20% 收益的概率为 0.5，不亏不赚的概率为 0.25。现在投资于股票 A 的期望收益率是：

$$[(0.25 \times 16 + 0.5 \times 12 + 0.25 \times 10) - 10] \div 10 = 25\%$$

再假设股票 B 现在的价格也是 10 元，但它出现了亏损，公司正在设法重组。如果重组很快，取得了成功，它的价格在一个月后上涨到 22 元，重组很快且获得成功的可能性是 0.25；如果重组进展很缓慢，一个月后价格上涨到 11 元，这种情况的可能性为 0.5；如果重组很快就失败了，扭亏无望，它的股票价格会在一个月后下跌到 6 元，这种情况的可能性为 0.25。这就是说，现在投资于股票 B 的话，在一个月后以 0.25 的概率获得 120% 的收益，以 0.5 的概率获得 10% 的收益和以 0.25 的概率亏损 40%。股票 B 的期望收益率为：

$$[(0.25 \times 22 + 0.5 \times 11 + 0.25 \times 6) - 10] \div 10 = 25\%$$

虽然股票 A 和股票 B 的期望收益率相同，但它们的风险相差很大。哪一个风险更大呢？我们一般以期望收益的方差或标准差来衡量风险的大小。方差就是各种可能收益的概率乘以可能的收益与期望收益之差的平方和。以 σ^2 表示方差，r_i 表示收益率，p_i 表示获得 r_i 的概率，$E(r)$ 表示期望收益，根据定义有：

$$\sigma^2 = \sum p_i \cdot [r_i - E(r)]^2 \qquad (5.5)$$

在上面的例子中，股票 A 和 B 期望收益的方差分别为：

$$\sigma_A^2 = 0.25 \times (0.6 - 0.25)^2 + 0.5 \times (0.2 - 0.25)^2$$
$$+ 0.25 \times (0 - 0.25)^2 = 0.047\ 5$$

$$\sigma_B^2 = 0.25 \times (1.2 - 0.25)^2 + 0.5 \times (0.1 - 0.25)^2$$
$$+ 0.25 \times (-0.4 - 0.25)^2 = 0.342\ 5$$

所谓标准差就是方差的平方根。以 σ 表示标准差，即：

$$\sigma = \sqrt{\sum p_i \cdot [r_i - E(r)]^2} \qquad (5.6)$$

股票 A 和 B 的收益率的标准差分别约为 0.218 0 和 0.585 2。股票 B 的标准差比股票 A 的标准差大得多，表明它的收益率的波动幅度要比股票 A 的收益率波动大得多。因此，投资于股票 A 要安全许多。在这种情况下，风险规避型的投资者会购买股票 A。由此可见，收益率的方差/标准差越大，风险也就越大，方差/标准差越大，则收益率波动的幅度就越大，一旦价格出现了自己不期望的变化，就可能出现大幅的亏损。

但是，在进行组合投资时，为了考察收益率的波动幅度，就要考虑协方差了。如果在投资组合中，只有这两种风险资产 A 和 B，风险资产 A 的期望收益率为 $E(r_A)$，B 的期望收益率为 $E(r_B)$，以 $\sigma_{A,B}$ 表示它们之间的协方差，则有：

$$\sigma_{A,B} = \sum_{i=1}^{n} p_i [r_{Ai} - E(r_A)] \cdot [r_{Bi} - E(r_B)] \qquad (5.7)$$

风险资产 A 和 B 的标准差分别为 σ_A 和 σ_B，则资产 A 和 B 的相关系数就等于它们的协方差除以 A 和 B 的标准差的乘积，以 ρ 表示相关系数，则：

$$\rho = \frac{\sigma_{A,B}}{\sigma_A \cdot \sigma_B} \qquad (5.8)$$

相关系数 ρ 介于 +1 和 -1 之间。如果相关系数 ρ 为 +1，则这两种资产之间完全正相关；如果它们之间的相关系数 ρ 为 -1，则这两种资产之间完全负相关，如果相关系数 ρ 为 0，那这两种资产之间是相互独立的，即不相关。

表 5.1 股票 A 和 B 组合投资时各自的离差及协方差的计算

概率	股票 A		股票 B		离差乘积
p_i	r_{Ai}	$r_{Ai}-E(r_A)$	r_{Bi}	$r_{Bi}-E(r_B)$	$[r_{Ai}-E(r_A)] \cdot [r_{Bi}-E(r_B)]$
25%	60%	35%	120%	95%	0.332 5
50%	20%	−5%	10%	−15%	0.007 5
25%	0%	−25%	−40%	−65%	0.162 5

计算得到股票 A 和 B 的协方差为：

$$\sigma_{A,B} = 25\% \times 0.332\,5 + 50\% \times 0.007\,5 + 25\% \times 0.162\,5 = 0.127\,5$$

股票 A 和 B 之间的相关系数 ρ 为：

$$\rho = \frac{0.127\,5}{0.218 \times 0.585\,2} = 0.999\,4$$

因此，股票 A 和 B 是高度相关的。

5.3.2 分散化

资产组合的**期望收益**是资产组合中各单项资产期望收益率的加权平均值。如果你购买了三只股票，总投资为 10 万元。这三只股票分别是 A、B、C。持仓比重为 A 股票 20%、B 股票 30%、C 股票 50%。即，你在这三只股票上的投资分别为 2 万、3 万和 5 万元。如果 A、B、C 的期望收益分别为 10%、30% 和 60%，那么，你这个投资组合总的期望收益就是：

$$投资组合的期望收益 = 20\% \times 10\% + 30\% \times 30\% + 50\% \times 60\%$$
$$= 41\%$$

更一般地，对 A_j 的投资在总投资中所占的比重为 w_j，资产 A_j 的期望回报率为 r_j，那么，总投资的期望回报率就是：

$$E(r) = \sum w_j \cdot r_j \tag{5.9}$$

在上面的例子中，乍一看，将这 10 万元全部用于购买 C 股票是最划算的，因为它的期望收益率为 60%，远远高于 41% 的组合期望收益率。但是，这仅仅是期望，不是现实的收益率。如果将所有的投资都购买 C 股票，在期望的时间内上涨了 60% 固然是很高兴的，但也有可能出现亏损。如果购买了 C 股后，它的价格下跌了 2%，而股票 A 和 B 的收益率却是 10% 和 30%，这时，全部购买了股票 C，就净亏了 2% 的本金，这还没算交易印花税和手续费。但是，如果按原来的比例在 A、B、C 之间进行投资组合时，所实现的收益率为：

$$20\% \times 10\% + 30\% \times 30\% - 50\% \times 2\% = 10\%$$

在这种情况下,即使股票 C 出现了 2% 的亏损,但进行了多样化的投资,股票 A 和 B 所实现的收益冲抵股票 C 的损失后,总共还有 10% 的毛收益率。"不要把鸡蛋放在一个篮子里",其实就是讲分散化的好处。一般来说,进入资产组合中的资产种类越多,分散的风险也就越多。但同时,所能获得的收益就越接近于平均化,即只能获得市场平均的收益率,失去了一些获得超额收益的机会。

图 5.2 展示了承担的风险与证券数量之间的关系。从图中可以看出,随着投资组合中证券数量的增加,投资组合承担的非系统性风险就会下降。当证券组合的数量足够多时,投资组合就只承担了系统性风险。

事实上,除了在资产的大类——现金、存款、债券和股票——上每样都投资一定的比例外,没有必要在每一种资产内部的各种资产上都分配一定的投资。这要根据个人所面临的收入、流动性、风险承受能力等多种因素综合决定。如果想获得更高的收益,愿意承受较高的风险,同时,在面临个人或家庭财务困境时,能够在不出售资产的情况下及时筹措到资金,将更大比例的资金用于股票或其他预期收益和风险都较高的投资可能是划算的。

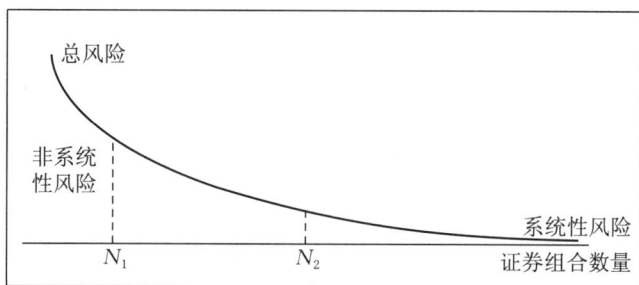

图 5.2　组合中证券数量(只)与风险的关系

5.3.3　相关性与分散化的有效性

从以上分析可以看到,投资组合中任意两只证券之间的相关性对分散投资的风险有很大的影响。相关性就是各种资产的变量之间的联动程度。如果你的情绪波动会影响你的朋友的情绪,那么,你和你的朋友的情绪之间就存在相关性。各种变量之间的相关性可以分为正相关、负相关和相互独立。**正相关**是一个变量与另一个变量发生同向变化;负相关是一个变量与另一个变量发生反向变化。"你快乐,所以我快乐"就是正相关;"穿连裆裤"再形象不过地表达了正相关关系。反之,如果你的朋友看到你的情绪很糟糕,他却为此而高兴,或者简直就是幸灾乐祸(这其实很不够"朋友"了),那么,你和这位朋友的情绪就是**负相关**。如果你朋友的情绪完全不受你的情绪波动的影响,那么,你这位朋友的情绪和你的情绪之间就是相互独立的。

各种资产的收益/风险之间的相关性也存在正相关、负相关和独立三种情况。资产之间的正相关关系就是一种资产的收益/风险的变化会与另一种资产的收益/风险同向变化;反之,如果一种资产收益/风险的变化会与另一种资产的收益/风险反向变化,那么,这两种资产之间就存在负相关关系;如果一种资产的收益/风险的变化与另一种资产的收益/风险没有任何关系,则这两种资产之间是**相互独立**的。在投资组合中,选择存在正相关关系的资产就达不到分散风险的目的。这是因为,存在正相关的资产收益之间会"一荣俱荣、一损俱损"。相互独立或存在负相关关系的资产才能较好地达到分散风险的目的,因为在相互独立的资产之间,它们的收益/风险互不影响;在存在负相关的资产之间,可以通过一种资产的盈利来弥补另一种资产的亏损。但是,在投资的时候,追求的主要目标就是盈利,投资于存在负相关的资产时,盈利机会就会大大地减少。尤其是,当投资于完全负相关的资产时,一种资产的盈利就会刚好被另一种资产的亏损所抵消,这恰恰是投资者所不希望看到的。所以,在投资组合时,既为了盈利,也要为了分散风险的双重目标,最好是选择完全独立的资产。

5.3.4 风险管理的其他方法

除了分散化,还有很多其他降低或规避风险的办法。主要有躲避风险、购买保险、对冲、期权。

1. 躲避风险

为了避免潜在的风险给自己造成实实在在的损失,办法之一就是躲避风险,即不参与任何不确定性的活动。为了防止自己患上病毒性流行感冒,可以不与患有此类病的人接触;有很多人对其他患有传染性疾病的人避而远之,就是有意识地在躲避风险。同样,在投资管理中,对不是十拿九稳的项目不进行投资,就是躲避风险的策略。

躲避风险固然可以较好地保存资产的价值,但风险越低,收益也就越低,因此,躲避风险也就意味着失去了赚钱的机会。所谓"不入虎穴,焉得虎子"就是这个意思。为了获取一定的收益,必须承担应该承担的风险。

2. 保险

保险就是支付一笔额外的费用将风险发生后的损失转移给保险公司的风险管理措施。现在的保险种类也很多,诸如财产险、医疗保险、寿险、人生意外险等等,不一而足。如果购买了这些保险,实质上就是将不确定的大额损失变成确定的小额支出,即保险费。

并非所有风险损失都可以通过保险转移给保险公司的。保险公司为了自己的利益,也会规定一些投保的条件。一般说来,只有在以下几种情况下所造成的损失保险公司才会予以补偿:(1)纯粹风险损失。对投机带来的风险,一般不予保险。比方说,保险公司不会对任何炒股票的收益保险。(2)风险的发生是偶然性的,不是必然性的。保险公司就不会为王小二长生不老保险。(3)非人为造成的损失。有一个人购买了一辆新车后投保了,他想试试这辆车的性能如何,故意往墙上撞,结果把车撞坏了。在这种情况下，保险公司是不会赔付的。

专栏

保险在风险管理中的作用：吴老板的故事

　　2002 年 8 月 8 日凌晨三点，地处湖南南部的永州市江华县水口镇发生山洪，整个水口镇顷刻间变成了汪洋大海。40 来岁的吴玉平在这个镇上有家五金门市部，吴老板从睡梦中醒来，睁眼看已是涨至床高的洪水，吴老板带着老婆孩子打开门就跑往镇上的高楼逃生。人算是平安无恙了，可店里的价值 18 万元的待售商品全没了。幸运的是，吴老板在过去五年里每年花 700 元购买了保险，洪灾发生后，在不到一个礼拜的时间里，吴老板就拿到了江华县人民保险公司赔付的 2.4 万多元的现金。与所损失的 18 万元相比，虽然保险公司的赔付是"杯水车薪"，但吴觉得这宗"买卖"非常划算，也让同样受灾惨重的街坊邻居艳羡不已。

——参阅《21 世纪经济报道》，2002 年 9 月 9 日。

---

3. 对冲

　　对冲交易就是对同一种资产采取两种方向相反的交易策略，以一个方向交易的盈利来抵补另一个交易的损失。对冲交易的目的纯粹是为了规避风险，并不是指望通过对冲交易资产增值，因为这样一种交易在规避了风险的同时，也放弃了赚取收益的机会。

　　1929 年大危机期间，丘吉尔到美国时访问了纽约证券交易所。当他看到股票市场下跌时，认为这是一个买入股票的绝好时机。他跃跃一试。于是，在纽约证券交易所总裁的陪同下，他开了一个股票账户，立即买了股票。可当他买入后，股票还是不断地下泻，他看得都有些傻眼了。到当天收盘时，他买入的股票损失惨重。可是，收盘后，他的账户总体处于平衡状态，没有亏钱，也没有赚钱。原因何在呢？因为那位总裁知道，丘吉尔十有八九会亏损。为了保住丘吉尔的面子，他吩咐交易所的一位工作人员，当丘吉尔买入股票时，同时在丘吉尔的账户上反向操作一笔，即如数卖空丘吉尔买入的股票。这样，丘吉尔股票现货多头的损失，刚好被交易所安排的空头的盈利所抵消。这是对冲风险的一个例子。

4. 购买期权

　　假定你要租房。今天你刚好在一个你较为满意的地段看了一套房，觉得还可以，租金每月 1 000 元，房东要求房租半年一付。但是，你还是想在同样的租金水平上租一套更好的房子，你心里盘算着想再花一周的时间找找。但是，如果你现在没拍板租下这套房，房东就很可能把它出租给别人。你该怎么办呢？如果你先交了半年的房租租下了，但在第三天就发现了一套更中意的房子，你就会很后悔当时太冲动了。也可能出现相反的情况,在这一周的时间里,没有在同样的租金水平上找到更为满意的房子,这套房又被房东租出去了,你又会后悔当时没有租下。因此,你在租房时存在这样的风险。

如何规避这种风险呢? 最理想的一个办法就是,你看完房后先给房东交付一定的定金,比方说 200 元。你和房东约定,在一周之内搬进来住,租金每月 1 000 元,搬进来住时支付房租。如果过了一个星期,你没有搬进来,房东就有权利将房租给他人,你就损失了这 200 元的定金。由于你交了定金,房东就有义务将这套房为你保留一星期的时间。这一套房在这一周内对你是有保障的。如果你在这一周的时间里没有找到更中意的房子,你还可以将这套房子租下。如果你在这一周内找到了更中意的房子,你就可以放弃 200 元的定金,租那套你更中意的房子。在这种情况下,你的损失只有 200 元。这个租房的例子,实质上就是在利用**期权**管理风险。所谓期权,就是未来的一种选择权,即期权的购买者(你——租房人)在支付一定的权利金(即定金)后,有权利要求期权的卖方(房东)在未来的一段时期内(一个星期)以事先约定的价格(每月 1 000 元的房租)卖出(出租房屋)或买入某种原生产品的权利。我们将在第 12 章中更为详细地介绍期权。

5.4 最优投资组合与 CAPM 模型

先考虑一种特殊情况,假定有两种资产,一种是无风险资产,另一种是风险资产。**无风险资产**是指在投资者决策区间内收益率是完全可以预测的资产,它的收益率的方差/标准差为零。**风险资产**就是指在投资者交易的时期内收益率是无法确定的资产,其收益率的方差/标准差为正。如果你购买了某一只股票,打算持有半年,你就不能确保在半年后能赚多少钱,所以说,股票是风险资产。

我们进一步假定,无风险资产的收益率为 r_f,风险资产的预期收益率为 $E(r_r)$。再假定总共要投资 1 元,其中投资于风险资产所占的比例为 a,另外 $(1-a)$ 投资于无风险资产,这样,投资组合的预期收益率就是:

$$E(r) = a \cdot E(r_r) + (1-a) \cdot r_f = r_f + a[E(r_r) - r_f] \qquad (5.10)$$

再设风险资产的标准差为 σ_r,由于无风险资产的标准差为零,因此,整个投资组合的标准差 σ 就等于风险资产的标准差 σ_r,与风险资产在投资组合中所占比重 ω 的乘积,即:

$$\sigma = \omega \cdot \sigma_r \qquad (5.11)$$

将等式两边同除以 σ_r 就得到:

$$\omega = \frac{\sigma}{\sigma_r} \qquad (5.12)$$

再将上式代入(5.10)式就得到:

$$E(r) = r_f + \frac{E(r_r) - r_f}{\sigma_r} \cdot \sigma \qquad (5.13)$$

上式表明,投资于风险资产和无风险资产时的预期收益率等于是整个投资组合标准差 σ 的线性函数,截距为 r_f,直线的斜率为

$$\frac{E(r_r) - r_f}{\sigma_r} \qquad (5.14)$$

该斜率表示的是对投资者愿意承担的每一单位额外风险所提供的额外预期收益,或称作**风险溢价**。一种资产的风险越高,那么,要鼓励人们持有这种资产,就必须向投资者提供更高的预期收益。中国有句俗话:"重赏之下,必有勇夫。"不应当把这话当作贬斥勇夫们财迷心窍,连老命都不要了。这样理解似乎更妥:中国"古代"指挥作战的将军们早就掌握了"现代"的金融学理论,为了将士们冲锋陷阵,冒更高生命危险而给予"风险溢价",能够达到战略决胜之功效。

为了更直观地分析,我们举一个简单的例子。假定有 100 万元要投资于无风险资产和风险资产。其中,无风险资产的收益率 r_f 为 8%,风险资产的预期收益率 r_r 为 20%,风险资产的标准差 σ_r 为 0.5。有以下几种投资方案:

表 5.2　投资组合预期收益率、标准差与投资组合的关系

投资组合方案	投资于风险资产的比例 ω(%)	投资于无风险资产的比例 $1-\omega$(%)	期望收益率(%) $r_f + \omega[E(r_r) - r_f]$	投资组合的标准差 $\omega \cdot \sigma_r$
A	0	100	8	0
B	25	75	11	0.125
C	50	50	14	0.25
D	75	25	17	0.375
E	100	0	20	0.5

将这种投资组合的期望收益率和标准差之间的关系描绘在同一坐标图上,就有图 5.3。图 5.3 是投资组合的预期收益率与投资组合标准差之间关系的曲线,称为**资本市场线**(CML)。它的截距是无风险资产的收益率 r_f,即为 8%,斜率为 $\frac{20\% - 8\%}{0.5} = 0.24$。只有在 CML 线上的投资组合才是最优的,在这条线上的投资组合,在风险一定时,期望收益能够达到最大;或者在期望收益一定时,风险最小。在该直线的上方,比如在 F 点,尽管期望收益率是 20%,但在 0.25 的风险下是不可能达到的。在这一风险度上,能达到的最高期望收益率只有 14%。在该直线的下方,比如在 G 点,所承受的风险是 0.5,但期望收益率却只有 14%,如果重新调整投资组合,在这一风险度上,完全可以获得更高的期望收益率,最高可以达到 E 点,这时的期望收益率为 20%,但风险度依然是 0.5。因此,只有在 CML 线上的投资组合才是有效投资组合,因为在这条线上,在风险程度既定的情况下,为投资者提供的期望收益率最高。

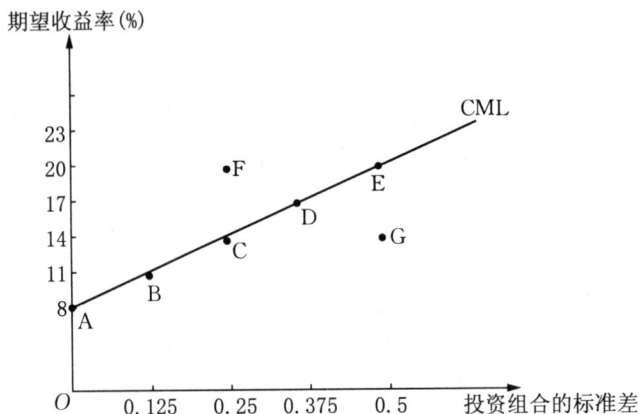

图 5.3　最优投资组合

5.5　预期与市场有效性

5.5.1　预期

你可能经常听朋友说,"买股票就是买预期"。这就说明了预期在资产定价中具有极端重要的影响。实际上,投资者在作出一项投资决策的时候,都是基于他对未来某项资产乐观或悲观的预期。人们有不同的预期形成方式。简单的预期就是**适应性预期**,即仅仅基于过去的经验而形成预期。中国的成语故事"守株待兔"就是一种适应性预期,它潜在的意思是,过去发生的事会简单地重复。当然,适应性预期意味着,以往的数据发生变化时,预期会随着时间的推移而缓慢地变化。若有一天,那位农民伯伯看到兔子从别的地方跑过去了,他就可能会到新的地方去等待兔子了。

在金融活动中,适应性预期也是存在的。2013 年,国际黄金价格因美联储讨论结束量化宽松而大幅下跌,引发了中国大妈抢购黄金,就是因为之前黄金价格持续了十年左右的上涨,她们据此认为接下来黄金价格仍会上涨,现今跌下来了,就是送上门的买卖,捞得了便宜。然而,根据适应性预期来判断证券未来的价格走势,这可能是危险的,甚至像守株待兔里的那位老农一样,终为宋人的笑柄。因此,另一种预期方式就是**理性预期**,它是利用所有可得的信息作出的最优预期相一致的预期。虽然理性预期等于基于所有可得信息的最优预测,但这一预期结果并非总是完全精确的,只不过,理性预期意味着不会出现系统性的偏离,预期误差的均值为零。同时,在理性预期中,预期的预测误差平均为零,且事先无法预知。

5.5.2　有效市场理论

金融市场效率可以分为内在效率和外在效率。内在效率是指证券市场的交易营运效率,即证券市场能否在最短的时间和以最低的交易费用为交易者完成一笔交易。它反映了证券市场的组织功能和服务的效率。外在效率则是指证券市场分配资金的效率,即市场上证券的价格是否能够根据有关的信息作出及时、快速反应,它反映了证券市场调节和分配资金的效率。

法玛根据证券价格所反映的信息量将证券市场分为**弱型有效市场**、**半强型有效市场和强型有效市场**。若有关证券的所有相关信息,包括公开资料和内部信息对证券价格没有任何影响,即证券价格已充分、及时地反映了所有公开信息和内部信息,则证券市场达到强型效率。若有关证券的公开资料对证券的价格变动没有任何影响,或者说证券价格已充分、及时地反映了公开资料信息,则证券市场达到了半强型效率。若公开的有关信息对证券价格仍有影响,说明证券价格未及时、充分反映公开信息,则证券市场是弱型有效的。

在强型有效市场中,不但所有已公开的消息,而且所有可能获知的信息都已在公司股价中反映出来了,即便是内幕消息也无助于投资者获取超额收益。在基于理性预期的有效市场中,证券价格反映了所有可得的信息。因此,所有未被利用的盈利机会都会被消除。

5.5.3 有效市场对资产选择的意义

在有效市场中,资产的价格等于其预期的基本价值,如,根据有效市场理论,在股票市场中,股票价格就是对其基本价值的合理预期。由于信息的出现是不可预测的,若证券的价格受信息的影响,那么,证券的价格也是不可预测的,它具有**随机游走**的特征,证券价格就像喝得酩酊大醉的人一样,不知道他迈出的下一步是向左、向右,抑或是向前、向后。这表明,在有效市场中,不管是利用历史数据进行技术分析,还是利用公开可获得的信息进行基本面分析,都不可能指望通过购买某一股票获得超额收益。

根据有效市场假说,投资分析师公开发表的分析报告是没有多大价值的。例如,若分析师预测,美国将对某产油国发动袭击,石油价格会上涨,据此判断石油类股票会大幅攀升,投资者是否应该大量买入石油类上市公司的股票呢?某公司开发出了一款新药品,将有益于患者的康复,投资者是否应该超配该公司股票,以期获得超额回报呢?有效市场理论认为,很多市场参与者都非常容易获得投资分析师公开发表的分析报告及市场的其他信息,而这些信息已经包含在股票价格中了,因此,平均而言,按照这些信息操作并不能获得超额回报。

有效市场假说还认为,好消息并不总能抬高股票价格。由于股票价格是不可预知的,若某消息已经在市场预期的范围内,当消息发布之后,股票价格会保持不变,这是因为该消息中不包含能够引起股票价格变动的新信息。否则,若发布消息导致了股价变动,就意味着股票价格变动是可以预期的。但有效市场理论排除了这种情况,因此,只有发布新的、且未被市场所预期的消息时,才会引起股价的变动。若消息已被预期,则股票价格就不会对新发布的利好信息作出反应。

有效市场理论认为,小道消息、投资分析师的分析报告利用的都是公开可得的信息,因此,不能帮助投资者战胜市场。事实上,任何一个投资者若不具备比其他市场参与者更好的信息,就不可能有超越整个市场的回报率。在有效市场中,没有高明的投资者与分析师。支持有效市场假说经常讲的故事是,将一只大猩猩放在电脑面前,它让敲一些字母构成一个投资组合,最后发现,华尔街的顶级投资分析师构造的投资组合竟然仅与大猩猩随机构造的投资组合的收益率相当。更有甚者,巴伯尔发现,华尔街的证券分析师"强烈推荐买入"的股票,后来给投资者带来的损失堪称是灾难性的。

由于市场是随机游走的,证券价格能充分地反映所有的信息,投资者不能获得超额收益,鉴于此,有效市场理论建议投资者不应当频繁地买卖证券以期在市场上超前行动而获利,应当采取"投资并持有"的策略,即购买股票后,长期持有。平均而言,这种策略的回报率与市场回报率相当,但可以减少支付给经纪人的佣金,因此可以获得更多的净利润。

5.5.4　有效市场假说的前提

有效市场建立在一些重要的假定前提之上的,它的关键假设有三个方面。投资者理性、误差不相关和无限制地套利。

市场有效性的第一个支柱是投资者总基于充分信息的完全理性。然而,有若干因素导致投资者并非完全理性。就信息而言,有效市场假定所有新出现的信息几乎在瞬间就会被恰当地捕捉、分析,并精确地反映到证券的价格上。然而,信息的传播可能是缓慢的,且信息传播的分布也会不均匀。在信息传播过程中,不同投资者对信息的获得和接收会先后有别。马尔基尔指出,有效市场假说的一个脆弱假设是信息会在瞬间完成传播,但并不是一切有用的内幕信息都被立即披露给每个人。即便投资者可以便利地获得所有相关的信息,但不愿意费力将自己的预期变成最好的估计,而是根据过去的信息形成预期,这就叫"信息粘性"。即便人们都能同等地获得相关信息,但人们对信息的处理能力是有差异的,这导致了,即便面临同样的信息,不同的投资者的预期也会千差万别,因此会做出迥然相异的投资决策。《列子》中有两小儿辩日的故事,面对早晨初升的太阳,一个小孩认为,早晨太阳看起来最大,他依据"近者大、远者小",认为早晨太阳离离球最近;另一个小孩则认为,早晨太阳看起虽然大,但在中午最热,因此,他的依据"近者热、远者凉",认为中午太阳离地球最近。他们俩各有理由,结果把孔圣人也弄得无所适从,不能断定太阳到底是早晨还是中午离地球最近。面对同样的信息,金融市场中的不同投资者对涨还是跌也有不同判断。此外,投资者也可能受情绪的影响做出偏离理性的投资行为。

市场有效性的第二个关键假设是投资者的错误是不相关的。在金融市场中，总会存在一些**噪声交易**。当投资者基于错误的信息或者与证券估值无关的信息而交易，就是噪声交易。若投资者的行为是随机而且无关的，那他们的行为结果会相互抵消，噪声交易的收益均值为零，不会影响市场效率。但是，投资者之间并非完全不相关的，随着信息技术的发展，众多投资者往往会在一起交流对证券市场的看法和判断，并相互影响。一个投资者可能会从另一位投资者那里打探"消息"。在后面的羊群效应中，一个投资者的决策就会受到其他众多投资者的决策影响，因此，投资者之间的交易和收益并非完全不相关的。希勒就强调了投资者之间的相关性。他说，投资是一种社会行为，他们在大部分空闲时间里讨论投资，投资者的行为及资产的价格都会受到整个社会力量的影响。因此，投资者之间是相互影响的，他们的投资收益并非互不相关。

有效市场理论的第三个关键假设是，可以无限制地套利。当金融市场出现不当定价时，即金融资产的现实价格与有效市场假说中的理性预期价格出现偏离时，就会出现套利机会。比方说，当现实价格低于理性预期价格时，套利者就会买入该资产，直到其现实价格与理性预期价格相等；反之，套利者就会卖出该资产，导致该资产下跌，并与理性预期价格趋于一致。但现实中，有种种因素会制约套利。例如，有效市场的理性预期价格本身就是无法计算出来的，因而现实价格与理性预期价格实际上也就无从比较；再比如，即便有投资者清楚，资产的现实价格高于理性预期价格，但并无相关资产的卖空机制，这样，其价格与理性预期价格的调整也将会经历较长时间；第三，金融市场的交易也涉及诸多的交易成本，每一次交易都会发生如印花税和佣金之类的成本，诸如此类的交易成本，也会制约套利交易。

5.6　行为金融

有效市场假说认为，只要市场价格偏离其理性价值，套利交易者就会进行套利交易，从中牟利。套利交易的结果，会使金融资产的市场价格与其理性价值相等。但是，投资者往往并非理性的，心理、情绪会在很大程度上左右投资者的判断和决策，进而影响资产的定价。凯恩斯早就指出："证券价格之崩溃，可以起因于投机信心之减低，也可以起因于信心状态之逆转。"行为金融学试图揭示金融市场的非理性行为和决策规律，认为投资者的情绪、心理等因素都会影响风险资产的定价，因此，人们的行为与理性在一些方面存在着系统性偏离，市场定价很不精确。

5.6.1　行为金融理论

在金融市场中，投资者的非理性市场行为主要有几种表现：过度自信、判断偏差、羊群效应、心理账户和厌恶损失等。

1. 过度自信

理性投资者试图在风险最小化的前提下达到收益最大化,但投资者的过度自信会使其违背这一原则,对风险做出错误的评判。过度自信有多种不同的表现形式。一些投资者认为自己有超乎寻常的控制能力,出现**控制幻觉**。同时,一些投资者在考虑历史经验或者合理分析后,过于高估(低估)有利(不利)结果的概率,这就是**过度乐观**。在心理学中,有"后见之明偏差",投资者会记得成功的投资,将过去的成功通过自我归因偏差而加强过度自信,而过去的失败则会降低过度自信。这即是说,过去的成功经历会使投资者更加地过度自信,因而,在牛市时期,投资者的过度自信往往比熊市中更多、更显著。过度自信也可能来源于知识错觉。人们倾向于认为,随着信息的丰富和积累,自己对未来的预测会更准确,因此,接收更多的信息会使人们在预测资产价格时,自信心爆棚。

过度自信的投资者会错误地确信,自己能够战胜市场获得超额收益,但结果往往可能出现**"规划谬误"**,即人们常常会认为自己可以完成的任务比实际已经完成的要多。过度自信会导致过度投机和过度交易,引起更大量的交易活动和更高的换手率。行为金融学认为,投资者过度自信有能力预测公司的未来增长性,这导致了所谓增长型股票普遍具有高估的倾向。过度自信还可能导致资产分散化不足,过度自信的投资者收到好消息会过高地预估证券价格,集中持仓。因此,过度自信的投资者由于分散化不足而承担过度的风险。

2. 判断偏差

理性预期与有效市场假定投资者可以轻松地获得所有相关信息并作出无偏估计。但人们对信息的处理往往会受到环境的影响。在信息大爆炸的时代,人们可以方便地获得海量信息,但过多信息又可能使许多人困惑而给决策带来麻烦。面对众多信息的时候,投资者会缩短决策路径或寻求捷径。一种决策就是,喜欢易于加工的信息,并且通常认为,越容易理解的信息就越有可能是更正确的。另一种是启发式决策,即基于信息集的某个子集进行决策的规则,启发式决策的目的在于,以使用最少的时间、知识和计算量在现实世界中作出决策者认为最合适的选择。在金融市场中,启发式决策表现为投资者会按照先前学到的经验或其他指引而缩短决策时间。但是,经验法则在决策过程中会产生系统偏差,行为金融学称为**认知偏差**。认知偏差会导致错误的投资决策。

金融市场中认知偏差的一个重要方面,就是"锚定",它是指,即便出现新的信息,人们常常不会很快改变依据先前的信息形成的判断,即坚持原来的判断。人们常常所说的"心理价位",就是锚定的生动表现。费雪在1929年股灾前曾断言,股市已达到了一个永不跌落的高位。由于有了这一判断,在接下来股票市场的大幅下跌中,他仍固执地拒绝承认股市下跌,进而断言这只是"投机的极端狂热分子造成的市场震荡",甚至宣称,经济繁荣时期的股票价格并未赶上股票的真实价值,因而还会上涨。结果可想而知,他几乎赔掉了自己原先积累的财富,不得不寓居于耶鲁大学为其提供的住房里，并在那里终老一生。

3. 羊群效应

一项心理学实验很好地描述了羊群效应。社会心理学家安排一个人站在街角，叫他抬头仰望天空，结果发现，街上只有很少一部分人停下脚步，想看看他在看什么。但是，当心理学家安排 5 个人一起站在街角同时仰望天空时，结果有 4 倍于上一次的行人停下脚步，跟着仰望天空。当安排 15 个在街角同时仰望天空时，几乎会有一半的过路人停下脚步跟着仰望天空。这就是羊群效应。在金融市场中，同样存在类似的羊群效应。市场作为一个整体在做定价决策时，并非一贯正确，市场时不时地出现疯狂的群体行为。在群体行为中，会存在"群体思维"，群体中的个体之间会相互影响。在金融市场中，羊群效应会驱使众多投资者去购买热门的有价证券。伟大的物理学家牛顿一度在股票投资中获得可观的收益，但在南海泡沫投资事件中损失惨重，乃至他不得不以伟大物理学家的身份对金融市场的狂热发出控诉："我可以计算天体的运行，但无法计算人类的疯狂。"相对于牛顿，凯恩斯更精明地看到了羊群效应对金融市场价格的影响。他断言："……所得市价，只是一群无知无识群众心理之产物，自会因群意之骤变而剧烈波动，……市场也会一时受乐观情绪所支配，一时又受悲观情绪所弥漫。"有这样的智识和对市场的理解，他在1929—1933 年大萧条中都还能获得很高的投资收益，也就不难理解了。

4. 厌恶损失

卡尼曼和特沃斯基创立了前景理论，描述人们在面临得与失、亏损和得益的不确定性时的行为表现，结果发现，人们的选择是由他们对得与失、亏损与得益的价值所驱动的。相对于合乎意愿的收益而言，等值的损失令人厌恶得多。而且，人们对风险的认知可能前后有所变化，在获得收益或利润之后，可能愿意承担更大的风险，而在遭受损失之后，则极有可能不愿意再去承担哪怕很小的风险。中国成语"一朝被蛇咬，十年怕井绳"，就有这个意思。

举个例子。有人告诉张三，抛掷一枚质地均匀的硬币，若正面朝上，他将获得 100 美元，若反面朝上，他将支付 100 美元。他乐意接受这样的赌局吗？该赌局的期望值为 0。卡尼曼和特沃斯基对这一实验反复修正，不断变换赌赢后的收益，以测试人们愿意接受这个赌局的金额。他们发现，当赌赢后的收益达到 250 美元、付出的成本为 100 美元时，人们才愿意接受这个赌局。这时，赌局的期望收益是 75 美元。他们认为，损失令人厌恶的程度是等值收益的 2.5 倍，即损失 1 美元的痛苦是获得过 1 美元的快乐的 2.5 倍。这意味着，对大多数人而言，损失造成的心理影响大于收益的影响。投资者厌恶损失的心理可能会导致他们避免卖出亏损股票的倾向。

5. 心理账户

行为金融学认为，个人投资者经常不按市场价值来对其股票组合进行交易，而是存在心理账户。理查德·塞勒将心理账户定义为,个人或家庭用来管理、评估、跟踪金融活动的一组认知活动。在心理账户的影响下,投资者对组合中的每种股票以买入价进行定价而不管市场价值的变化,不愿意承认所持股票有任何损失,原因在于,他们仍怀有希望,期待时来运转,最终能够将损失扭转为预期的收益。当他们最终卖出股票时,就会关闭心理账户,这时他们才会最终承认账面上的损失。因此,投资者的决策受这种心理账户的影响,而不是投资决策时的真实经济环境的影响,导致资产价格不一定反映资产的基础价值,因此,市场定价并不是有效的。这被行为金融理论称为"非有效市场"。

在金融市场中还存在赌场资金效应,即在投资获利之后,人们倾向于承担更多风险。也存在盈亏平衡效应,即投资者糟糕的结果也会激发他们承担更多的风险。这两种效应的共同点是,随着财富量的改变,人们会愿意承担更高的风险。金融市场的赌场资金效应意味着,价格上涨营造出欢乐的气氛,降低投资者的风险厌恶度,进而推高资产的价格。相反地,系统性悲观则会降低市场的整体估值水平。在股票市场上,赌场资金效应意味着,股价上涨后,投资者的赢利能够缓冲未来可能出现的损失,因而其风险规避意愿会下降;股价下跌后,投资者会更在意未来的损失,从而增强风险规避的倾向。因此,赌场资金效应会加剧金融市场波动。

5.6.2　行为金融理论对投资的建议

行为金融理论不仅解决了投资者风险偏好的变化、心理因素对金融市场的影响,也提出了一些相关的建议:投资者应当避免跟风、避免过度交易、不要相信万无一失的投资策略。

1. 避免跟风

行为金融理论解释了导致投资者随大流的反馈机制,如羊群效应。但这很容易使金融市场陷入群体性狂热。陷入群体性狂热之时,也往往是市场越来越危险的时候。群体性狂热固然可以推高资产价格,但这恰恰是危险的估值。当那些白领因股票市场上涨而心猿意马的时候,当街头巷尾的人们都在夸夸其谈股票的时候,就是群体性狂热将进入盛极而衰的时候。任何投资,只要变成人们交谈中热议的话题,都可能对财富造成特别的伤害。无一例外,在一个时段最热门的股票或基金,在接下来的时段往往是表现最差的。与之对应,对热门建议保持冷静。"永远不要从气喘吁吁的人那里购买任何东西。"

2. 避免过度交易

行为金融学家发现,投资者往往对自己的判断过于自信,并且为了追求自己的财务幸福感,总是过度交易。过度交易除了导致大量交易成本,以及支付更多税款外,投资者一般会一无所获。巴伯尔和奥迪恩对 1991—1996 年 66 000 个家庭交易数据研究发现,样本中的家庭年均平均收益率为 16.4％,而同期市场回报率为 17.9％,交易频繁的家庭投资年收益率只有 11.4％。所以,巴菲特建议:"近乎树獭似的无所作为,仍然是最好的投资风格。对股票投资来说,正确的持有期是永远。"但要做到这点,并非易事。连凯恩斯也感叹:"根据真正的长期预期而作投资,实在太难,几乎不可能。"他还进一步说:"人生有限,故人性喜欢有速效,对于即刻致富之道最感兴趣,而于遥远未来能够得到的好处,普通人都要大打折扣。"

3. 不要相信万无一失的投资策略

认知偏差、羊群效应都会让投资者缩短投资决策。但根据经验法则可能会产生系统偏差,所以,市场变化莫测,没有一成不变的投资策略。根据过去成功投资策略的经验,复制为下一阶段的投资策略服务,可能会对财富带来伤害。这正是行为金融学给投资者的另一条忠告:不要相信万无一失的投资策略。雷德曼甚至警告,股市中的相关性都变化莫测、很快会消失;在政策、经济、行业和竞争环境不断变化的动态经济中,无法用过去的趋势预测未来。

小　　结

在选择资产时,首先要考虑我们的收入流量的稳定性和大小;其次,预期回报率是我们考虑的主要因素。风险和流动性、对待风险的态度和风险的承受能力对资产选择的影响也很大。风险分为系统性风险和非系统性风险。系统性风险是同一组类所有资产共同面临的风险,不能通过投资组合来分散;非系统性风险是某种资产所面临的特有风险,可以通过组合投资来分散。证券收益等于系统性收益与非系统性收益之和。

分散化是规避风险的一种有用方法。此外,还有很多其他方法来进行风险管理,包括风险回避、购买保险、期权和对冲等等。回避风险虽然可以使风险减到最低程度,但同时也放弃了可能获取收益的机会。分散化、购买保险和期权等就在承担部分风险的情况下,还可以获得部分潜在的收益。在组合投资中,投资于风险资产和无风险资产时的预期收益率是整个投资组合标准差 σ 的线性函数,即 $E(r) = r_f + \dfrac{E(r_r) - r_f}{\sigma_r} \cdot \sigma$,将这种投资组合的期望收益率和标准差之间的关系描绘在同一坐标图上,就得到了资本市场线(CML)。

预期在金融市场中具有重要影响。预期分为适应性预期和理性预期。法玛根据证券价格所反映的信息量将证券市场分为弱型有效市场、半强型有效市场和强型有效市场。在强型有效市场中,不但所有已公开的消息,而且所有可能获知的信息都已在公司的股价中反映出来了,即便是内幕消息也无助于投资者获取超额收益。在有效市场中,所有未被利用的盈利机会都会被消除,资产的价格等于其预期的基本价值,证券的价格是不可预测的,它具有随机游走的特征。有效市场的关键假设有投资者理性、误差不相关和无限制地套利。

投资者往往并非完全理性的,心理、情绪会在很大程度上左右投资者的判断和决策,进而影响资产的定价。行为金融学就认为,存在大量障碍阻止有效套利的实现,无法指望套利行为会使金融资产价格与理性估值一致。在金融市场中,投资者的非理性市场行为主要表现在过度自信、判断偏差、羊群效应、心理账户和厌恶损失等诸多方面。由于投资者的决策受心理因素的影响,资产价格就不一定反映资产的基础价值,因此,市场定价并非是有效的。行为金融理论也提出了一些相关的建议:投资者应当避免跟风、避免过度交易、不要相信万无一失的投资策略。

关键概念

风险	系统性风险	非系统性风险	分散化
期望收益	相关性	标准差	有效投资组合
保险	对冲	期权	强型有效市场
弱型有效市场	半强型有效市场	噪声交易	认知偏差
心理账户	规划谬误	羊群效应	随机游走
适应性预期	理性预期	信用风险	流动性风险
市场风险	资产的收入弹性		

思考练习题

1. 你在选择资产时会考虑哪些因素?
2. 什么是资产的风险? 什么是系统性风险和非系统性风险?
3. 如何规避非系统性风险?
4. 你有比较好的办法来规避系统性风险吗?
5. 请解释有效市场理论。
6. 请解释风险资产与风险资产收益率之间的关系。
7. 有效市场理论对金融市场投资有何指导意义?
8. 行为金融理论的基本内容有哪些?
9. 小王换了一份收入更为丰厚的工作。他的工作的变动可能会对他的资产选择行为带来什么样的影响?
10. 假如你购买了两只股票,一只股票的预期收益率为 25%,另一只股票的预期收益率为 10%,且在两只股票上的投资各为 1 万元。试计算你的这一投资组合的期望收益率是多少。

11. 假设有两只股票 A 和 B。投资于股票 A,以 60% 的概率获得 15% 的收益,以 40% 的概率获得 5% 的收益;投资于股票 B,以 50% 的概率获得 10% 的收益,以 50% 的概率获得 8% 的收益。如果你在这两只股票上的投资金额相同,这一投资组合的期望收益率是多少? 如果你只想投资于其中的一只股票,A 和 B 的期望收益率各是多少? 哪个风险更大?

12. 2008 年,我国股票市场大幅下挫,很多投资者被深度套牢,股票市场交易量持续下降。为了阻止股票市场的进一步下跌,政府降低了股票交易的印花税。与此同时,各证券公司为了争夺有限的投资者,纷纷降低佣金。假如你是一位投资者,在这些"利好"消息刺激下,会大举买入股票吗? 为什么?

13. 前些年,中国股票市场行情大幅上涨的时候,人们对投资股票的热情高涨,于是在市场上流传着这么一种说法:"人们将买菜的钱也拿来买股票了。"你对这类人的资产选择行为有何评价?

14. 如果无风险资产的收益率为 5%,风险资产的预期收益率为 15%,它的标准差为 20%。一位投资经理在风险资产与无风险资产之间构造的投资组合的收益率标准差为 18%,请计算:(1)他在风险资产与无风险资产之间投资的比例;(2)该投资组合的预期收益率。

▶6

资金短缺者的融资选择

学习目标

学完本章后,你将能够:

区分内源融资与外源融资

比较债务融资与股权融资

了解财务杠杆的作用

理解 M-M 定理

了解税收和破产成本对企业价值的影响

理解优序融资

弄清政府融资的手段

理解李嘉图等价定理

资金盈余者与资金短缺者处于金融系统的两个终端。资金盈余者的选择是如何分配资产,资金短缺者的选择是通过何种最佳的途径获得盈余者的剩余资金。上一章我们分析了处于一个终端的盈余者的行为,本章我们将分析处于金融系统另一个终端的资金短缺者的行为,包括个人、企业和政府的融资选择。

6.1 内源融资与外源融资

6.1.1 什么是内源融资与外源融资

资金短缺者的融资来源首先可以分为内源融资与外源融资。**内源融资**是指资金使用者通过内部的积累为自己的支出融资。企业将留存收益、折旧、未分配利润用于建设新的厂房或购置新的机器设备;消费者在购买商品房前要积攒一定的积蓄等等,都是内源融资方式。**外源融资**则是指资金短缺者通过某种方式向其他资金盈余者筹措资金。企业向银行申请贷款、发行股票或企业债券等都是外源融资。现在越来越多的购房者都通过按揭来买房,就是在住房消费中采取了外源融资的方式。当我们遇到临时性的资金不足时,偶尔也会向朋友周转一下,这也是我们个人的一种外源融资。

内源融资与外源融资具有不同的经济意义和影响。假如王某月收入是 5 000元,如果我们不考虑货币的时间价值,有一套 60 万元的住宅,若要完全靠自己积蓄够了再来买房的话,按照他现在的收入水平,即使不吃不喝也得要等上十年的时间。但是,如果向银行申请住房抵押贷款,他现在就可以将这套房买下,以后按月向银行分期付款。可见,通过外源融资,可以将未来的收入用于现在来消费,平滑了生命期内的收入,提高了整个生命期内的效用水平。

对企业来说,通过外源融资使那些通过内源融资根本无法达到的投资项目得以开工和完成。三峡水电站建成后是世界上最大的水电站,但其建设耗资达 2 000多亿元,要依靠三峡建设总公司的内部积累,这一造福于人类的工程建设是无法想像的。可是,通过发行三峡建设债券、向银行贷款等多种外源融资,"高峡出平湖"就不再只是一个梦想了。

最后,正是有了外源融资,才有了金融中介机构、风险管理等等一系列的组织和制度安排。如果社会中所有的部门都靠自己的内源融资来满足支出的需要,也就没有真正意义上的金融活动了。因此,金融是随着外源融资的产生才得到实质性的发展的。在外源融资下,资金的供应者和资金的使用者是不同的组织或个人,由于信息不对称,就可能出现道德风险和逆向选择问题,而内源融资则弱化或消除了这方面的风险。在外源融资下,为了解决这些问题,又出现了许许多多的组织、制度和交易技术。这才使金融领域显得纷繁复杂,也才使对金融的研究和学习充满了更多"谜"样的色彩。

6.1.2 内源融资

内源融资有些是自愿的,有些则是强制的。假如你的月收入为 5 000 元,在初步计算了未来的支出后,你决定每月为购房储蓄 2 000 元,这是根据你的收入、支出和收益与风险等各方面权衡后作出的决策,是自愿的。但是政府常常通过法令要求必须从个人的收入中扣除一定比例,用作未来特定的支出,不管你愿意不愿意,发工资时,都会从工资单中强制扣除,存入到你的个人账户中。对个人来讲,这种强制性内源融资包括住房公积金、养老保险金等;对企业来说,则有风险准备金和各类法定公积金等。

养老保险分为固定受益计划和固定缴款计划两种。在**固定缴款养老金计划**中,每位员工都有一个自己的养老金账户,员工和公司都要按照员工工资的某一个百分比按月向该账户存入一笔资金,专款专用,只有到员工退休后才可以从该账户中提取资金用于消费等方面的支出。假如你的月工资收入为 5 000 元,那么,在固定缴款养老金计划中,比如说,要求按月从中扣除 5% 存入你的养老金账户,你和你所在的单位都会分别按月向你的养老金账户存入 250 元。在固定缴款计划中,你退休后能够享用的养老金的多少取决于你工资收入的高低、缴款的比率、缴款的年限和利率的高低。

固定受益养老金计划,就是事先确定未来若干年后员工所能享受的养老金总额。假如你现在 25 岁,60 岁退休,还会工作 35 年。在固定受益计划中,规定在你退休后能享受的养老金总额为 20 万元。那么,将 20 万元的未来值按一定的贴现率折算成年金现值,计算出你和你所在公司每年向你的养老金账户必须存入的固定的金额。在这种计划中,你和你所在的公司每年向你的养老金账户存入的金额就取决于在你退休后固定受益的多少、工作年限和贴现率的高低。很明显,固定缴款计划与固定受益计划最明显的区别就在于,前者在未来享受的养老金的多少事先是不确定的,而后者是确定的。

另一种强制性内源融资就是住房公积金。**住房公积金**类似于固定缴款型的养老金计划,员工和他所在的公司都必须每月按员工工资的某一个百分比在住房公积金账户中存入一定的金额,等到员工在需要购房时,可以动用自己的住房公积金,同时还可以从公积金总库中申请一定金额的贷款用于购房,一般而言,公积金贷款的利率比银行贷款的利率要低很多。

企业的内源融资方式主要有未分配利润、折旧、损失准备金、法定公积金和公益金等。企业在一个会计年度终了时,除了要缴纳一定的税收外,还要提取损失准备金、固定资产折旧、法定公积金和企业自主提留的公益金。企业在利润分配之前提留的这些资金就形成了内源融资的重要来源。其中,损失准备金、折旧和法定公积金都是会计制度所强制规定的,属于强制性内源融资。此外,企业一般也不会将税后利润全部分配给所有者,而会留下一部分利润用作再投资。未分配利润也是企业内源融资的重要形式。

6.2 外源融资

外源融资分为债务融资和权益融资。

6.2.1 债务融资

债务融资就是资金使用者承诺在未来按照一定的条件偿付贷款者的融资方式,主要有银行贷款、发行债券、票据融资和商业信用等。

1. 银行贷款

向银行申请贷款是资金使用者获取资金来源的主要外源融资方式之一。当企业的流动资金不足或需要固定资产或更新改造投资时,都可以向银行申请贷款。现在,商业银行又开办了消费贷款、住房抵押贷款和助学贷款等,因此,当我们个人需要购买汽车或住房时,也可以向银行申请住房和汽车消费贷款。

专栏

当心陷入借债的财务危机

通过负债这种外源融资来消费已经越来越普遍了,如住房抵押贷款、汽车消费贷款等都可以让我们将未来的钱提前到现在来消费,这自然提高了我们一生中的效用水平。但是,总的说来,借钱只能救急,不能救穷。在我们打算通过负债来消费时,一定要周密地考虑未来的偿还能力和风险。

罗某大学毕业不到两年,每月的收入4 000元左右,他决定买下一套价值70万元的商品房。他和家人凑足了21万元的首付款,余下的49万元则通过按揭从银行获得贷款。为此,他今后每月必须偿还2 800多元的债务,结果每月就只剩下不足1 200元的生活费了,日子过得非常紧张。他的朋友戏称他这样的负债族有几"不得":不得生病、不得上饭馆、不得打的、不得上电影院看电影、不得装修、不得出去旅游……罗某就几乎陷入了过度负债的财务危机之中。

因此，通过借债这种外源融资来消费时，应注意几个方面的问题：首先是要考虑自己未来的还款能力。一般而言，对于像住房抵押贷款这样的负债，每个月的还款额在个人收入的40％以内为佳。而罗某的偿还额已经超过了他收入的70％，显然是过度负债。其次，要考虑利率的风险。银行贷款利率一般是一年调整一次，如果未来贷款利率上升，还款的利息负担也会相应地上升，这就是借款的利率风险。在罗某的借款中，倘若来年利率上升，他的每个月还款额也许会超过3 000元，这就更加不堪重负了。第三，对未来其他方面的支出要留有余地，现在工作并不是铁饭碗，随着经济形势的变化，未来的收入也具有不确定性，加之随着年龄的增长，支出的负担也会相应地增加，为未来收入与支出的不确定性，应该未雨绸缪。借钱其实也是一门艺术。

但是，当向银行申请贷款时，并不是所有的贷款申请都能够得到满足的。银行向企业或个人发放贷款后，就要承担借款者违约的风险。为了减少贷款的风险，银行通常会要求借款者出具各种各样的材料，根据信用评估结果对借款者发放贷款。通常情况下，借款者的贷款申请只能得到部分满足，有时银行甚至会完全拒绝借款者的贷款申请，这就叫**信用配给**。

2. 发行债券

债券是资金使用者为筹集资金而向投资者发行、并约定在一定期限内按一定条件还本付息的证券，它是证明其持有人和发行人之间债权债务关系的法律凭证。国库券就是政府为筹集资金而发行的一种债务凭证。除了政府债券外，现在也有越来越多的企业通过发行企业债券来融资。企业发行债券融资有多种方式。常见的是普通债券或公司债券。此外，还有可转换公司债券、可分离交易债券和可交换债券等等。中国为了支持中小企业融资，还探索了中小企业集合债券、中小企业私募债券和中小企业集合票据等。这些债券融资工具，将在第9章进一步介绍。

发行债券和银行贷款都是债务融资。但它们之间存在着较大的差别：(1)发行债券是直接融资，资金的最终供应者要承担借款者的各种风险；银行贷款是间接融资，存款者并不直接承担借款者违约的风险。(2)从债权人来讲，债券的持有者可以是社会上任何个人和企业。银行贷款的发放者只能是银行金融机构。(3)债券是标准化的，所有债券投资者在购买企业或政府同一次发行的债券都具有相同的面额、偿还期和利率。这些偿还条件在债券发行后一般是不能更改的。银行贷款则没有相同的面额和固定的偿还期，是非标准化的。(4)一般来说，债券可以在二级市场上流通转让，银行贷款却不能流通转让，因此它们具有不同的流动性。(5)债券发行人(企业)要承担信息公开的义务，而向银行申请贷款则不必公开自己的信息，一般是在私下里协商完成的。

3. 商业信用

很多人都有过赊购的经历,赊购就是商业信用。一般而言,**商业信用**是企业之间在出售商品时,以延期付款方式所提供的信用。假如你所在的公司急需一批原材料,但又没有足够的现金或存款等其他流动资金,在这种情况下,如果拥有你们所需原材料的企业要求现款支付,那么,你们的生产就会陷于困境。但是,采用商业信用就迎刃而解了。你们承诺,在购买原材料之后三个月内付款。如果对方充分相信你们的承诺,他们就会把原材料赊销给你们。通过这样的商业信用,既满足了资金短缺者的周转需要,也可使售卖者及时地出售商品或服务。

商业信用的正常运转全仰赖于赊购方严格地遵守按期付款的承诺。如果赊购方到期时不能付款或拒绝付款,就会给赊销方带来很大的麻烦,最后就极有可能形成你欠我、我欠他的**三角债**局面。20 世纪 90 年代初,三角债曾是困扰我国经济发展的一个大难题。

4. 票据融资

在西方国家,一些知名的大企业还可以通过发行商业票据来融通资金。商业票据也叫**融通票据**,是指一些知名的大企业为筹措短期资金而发行的债务性凭证。发行商业票据虽然也是债务性融资,但它既不同于银行贷款,也不同于发行企业债券。相对于银行贷款而言,商业票据的购买者可以是任何工商企业,不仅限于商业银行;相对企业债券而言,商业票据是非标准化的,一张商业票据的面值可能达到上百万元,甚至几千万元。如果商业票据的持有者在购买商业票据后又急需资金,则可将它持有的商业票据拿到银行去贴现。关于票据贴现,我们在第 10 章中还将详细介绍。

6.2.2　权益融资

王小二想开一家餐馆,总投资需要 20 万元,但他自己只有 10 万元的积蓄。赵小三也想开一家餐馆,他也只有 10 万元的积蓄,也不能满足他开餐馆的资金需求。于是,他们俩达成协议,共同出资,刚好够 20 万元。他们商议,合伙开设的这家餐馆由他们共同经营,收益均分,也共同分担风险。如果每年赚了 10 万元,那么,王小二和赵小三就各自分得 5 万元。像王小二和赵小三俩合伙开餐馆就属于权益性融资,因为他们按照出资比例共同拥有对餐馆经营的投票权、剩余分享权,同时共同承担风险责任。

权益性融资不仅仅限于合伙的形式。现在,经常有公司在上海或深圳证券交易所公开发行股票并上市交易,这也是权益性融资方式。通过公开发行股票,可以将全社会分散的小额资金集中起来,进行大规模的投资。像中石化、中国联通和招商银行这样的大企业通过首次公开发行(IPO)就筹集到了上百亿元的外源资金。

2009年,中国设立了创业板市场,那些处于创业期、成长期的小企业,也有可能在创业板市场发行股票获取外源融资并上市。对那些还处于初创阶段或规模较小而达不到交易所公开发行股票要求的严格限制条件的公司,它们的权益融资可采取风险投资或私募股权融资的方式。在行内,风险投资常被简称为 VC;私募股权融资则被简称为 PE。

除了合伙、发行股票这样的外源融资方式外,权益性融资还包括留存收益、资本公积金等内源性融资。但最主要的权益性融资还是合伙、合资和公开发行股票这种外源融资。

6.2.3 债务融资与权益融资对公司的影响

1. 财务杠杆

如果王小二和赵小三合伙赚取了 10 万元的回报,总投资的回报率为 50%。他们俩按各自的出资比例每人分享 5 万元的利润后,王小二和赵小三投资的回报率都还是 50%。现在假定,王小二不是与赵小三合伙,而是通过债务融资向赵小三借了 10 万元,年利率为 10%,因此,王小二每年要从毛利中扣除 1 万元用于向赵小三支付利息。但在扣除利息后,王小二还剩 9 万元,其投资回报率就由原来的 50% 上升到了 90%。这就是**财务杠杆**的作用,即通过债务融资,在资产收益率一定的情况下,会增加权益性融资的回报率。

以 R 表示投资的总回报,A 表示总资产,r_a 表示资产回报率,因此有:

$$r_a = \frac{R}{A} \qquad (6.1)$$

即 $R = r_a \cdot A$。我们再设企业的负债为 B,权益为 E,按照会计恒等式有:

$$A = B + E \qquad (6.2)$$

所谓财务杠杆就是企业的负债与权益之比。以 l 表示杠杆比率,按照定义则有:

$$l = \frac{B}{E} \qquad (6.3)$$

因此,$B = l \cdot E$,将其代入会计恒等式,就得到:

$$A = (1 + l) \cdot E \qquad (6.4)$$

再设负债的利率为 i,所以负债的利息成本为:

$$C_b = l \cdot E \cdot i \qquad (6.5)$$

扣除利息成本后,权益投资的总回报为:

$$R_e = R - C_b = r_a \cdot (1+l) \cdot E - l \cdot E \cdot i \qquad (6.6)$$

以 r_e 表示权益投资的回报率,则:

$$r_e = \frac{R_e}{E} = r_a + l \cdot (r_a - i) \qquad (6.7)$$

上式表明,权益的回报率等于资产收益率加上财务杠杆比率与资产收益率减去借款利率的乘积。当资产回报率高于负债的利率时,通过债务融资就可提高权益的回报率。反之,如果资产回报率低于借款的利率,那么,债务融资就会降低权益的回报率。可见,财务杠杆是一把双刃剑,它既可能使借款者获得更高的回报,也可能降低借款者的回报率,这取决于借款者的资产回报率与债务融资利率的对比。王小二向赵小三借钱开餐馆,他的权益回报率之所以能够高达 90%,就是因为 50% 的资产回报率远远高于 10% 的借款利率。但是,如果王小二的资产回报率只有 8%,即一年只赚了 1.6 万元,这时,王小二向赵小三支付 10% 的利率借入 10 万元来开这家餐馆就划不来了。在扣除向赵小三支付 1 万元的利息后,王小二实际上就只剩 6 000 元了,即他的投资回报率下降到了 6%。

2. 对公司治理的影响

权益性融资和债务融资对企业治理结构的影响也是不同的。王小二和赵小三准备合伙开餐馆后,他们要就餐馆的选址、装修、经营模式等一系列问题共同商议。若在餐馆的经营上,王小二的想法遭到了赵小三的强烈反对,那么,王小二的想法就不能变成现实。可见,当王小二是通过权益融资与赵小三合伙开餐馆时,他就要受到赵小三的限制。通常,在股份公司中,企业的重大经营决策都要由股东大会共同决定,不是由哪一个股东说了算。

反之,如果王小二是向赵小三借款,承诺每年给他 10% 的利率,那么,在王小二能够按时向赵小三还本付息时,赵小三就无权过问或干涉王小二对餐馆的经营了。因此,通过债务融资,王小二就不会失去对餐馆经营的控制权。

另一方面,通过权益融资可能会产生广泛的内部人控制。**内部人控制**就是企业经理人员利用自己对企业经营上的信息优势或便利谋取自己的利益,损害股东的利益。例如,经理人员可能会侵吞公司的财产,或者大幅增加经理层的福利待遇。这些情况在债务融资下一般不会产生,当经营者又是所有者的时候更是如此。如果王小二和赵小三在合伙经营餐馆中都打自己的小算盘,那么,王小二在采购时就可能高报采购成本,将其中的差额卷入自己的腰包。但如果不是通过权益融资进行合伙,当王小二按照 10% 的利率向赵小三支付利息后,餐馆经营的所有盈余都归王小二所有,他转移餐馆的财产或隐瞒营业收入(除了逃税或怕别人向他借钱外)都没有任何意义。从这个角度来看,债务融资在一定程度上可以降低内部人控制。

6.2.4 外源融资方式:私募与公募

王小二为开餐馆与赵小三合伙,这是一种权益融资;招商银行为了充实自己的资本金,扩大营业规模发行了 15 亿股的普通股,这也是权益融资。同样是外源性权益融资,它们有何区别呢? 区别主要在于:前者是私募,后者是公募。

私募就是只向特定的少数投资者发行证券的融资方式。王小二要求与赵小三合伙就是特定地与赵小三,而不是与李四和王五等众多人合伙。向银行申请贷款也是私募融资方式。你向银行申请住房抵押贷款时就只是对某一特定的银行发出贷款要约,也只有某一家银行为你购买同一套住房提供抵押贷款。

与私募融资不同,**公募**就是向不特定的公众公开发行金融工具来筹集资金的融资方式。上面讲的招商银行发行 15 亿股普通股,只要你有上海证券交易所的股东账户和足够的资金,就可以申请认购招商银行发行的股票,并没有限定你或李四不能够购买它的股票。三峡建设总公司为建设三峡水电站而在上海证券交易所公开发行三峡债券,这也是公募式的外源融资方式。

总的来说,公募融资的条件比私募融资要严格得多,并不是所有的人或公司都可以公开发行有价证券来融资的。所以,在融资的时候还要考虑融资可得性与融资成本。

6.2.5 融资成本

上面分析了那么多的融资方式,但是,并不是每一种融资方式都对所有资金需求者是可行的。此外,在融资选择时还必须充分考虑到融资成本。融资成本就是为获取资金的各项费用支出,通常包括:

- 向股东支付的红利
- 向债权人支付的利息
- 在公开发行债券融资时所支付的承销费、律师费
- 接受信用评估等方面的支出
- 内源融资的机会成本,我们以银行存款利率或购买国债投资收益率来计算这种机会成本

人们往往将这些成本笼统地分为债务融资成本和股权融资成本。设债务融资的成本率为 r_d,股权融资的成本为 r_e,内源融资的机会成本率为 r_o,加权平均资金成本为:

$$c = w_d \cdot r_d + w_e \cdot r_e + w_o \cdot r_o \qquad (6.8)$$

其中 w_d、w_e 和 w_o 分别为债务融资、权益融资和内源融资在融资总量中各自所占的权重。

我们用例子来说明。假定债务融资的利率为 8%，存款利率为 6%，向股东支付的股息率为 10%，这三类融资在总投资中所占的权重分别为 20%、50% 和 30%，不考虑其他融资费用，那么，加权平均资金成本为：

$$8\% \times 20\% + 6\% \times 50\% + 30\% \times 10\% = 7.6\%$$

即加权平均资金成本为 7.6%。

当资产的回报率低于融资成本时，要进行这样一项投资就很不划算了。反之，如果资产的回报率高于融资成本，投资于这个项目就有利可图。记住，融资成本还包括自己的机会成本。在王小二开餐馆的那个例子中，如果银行存款利率也为 10%，那么，王小二自己的 10 万元投入的机会成本就是 10%。在 8% 的资产收益率下，他要投资这个项目就不合算了。

6.3　企业融资结构

6.3.1　M-M 定理

既然企业有多种融资选择，那么，不同的企业融资结构对企业的价值有何影响呢？**M-M 定理**（又称莫迪尼亚尼—米勒定理）表明，在无摩擦的市场环境下，企业的市场价值与它的融资结构无关，即企业不论是选择债务融资还是权益融资，都不会影响企业的市场价值，企业的价值是由它的实质资产决定的，不取决于这些实质资产的取得是以何种方式来融资的。

以下状态为 M-M 定理的无摩擦环境：

- 没有所得税
- 无破产成本
- 资本市场是完善的，没有交易成本，而且所有证券都是无限可分的
- 公司的股息政策不会影响企业的价值

在这些假设下，资金可以充分自由地流动，资本市场上存在着充分竞争的机制，各种投资的收益率应该相等，即不存在套利空间。在这样的无摩擦环境下，企业的市场价值与它的融资结构无关。

假定有两家保健品公司健强和康瑞，它们每年的现金流量和盈利能力完全一样。不同的是，健强是全部股权融资，康瑞除了股权融资外，还有债权融资。设每年的盈利为 P。这样，健强的市场价值 V_A 就等于其股票的市值 E_A；康瑞的市场价值 V_B 则等于其负债的市场价值 D_B 与股票的市场价值 E_B 之和，即：

$$V_B = D_B + E_B \tag{6.9}$$

假定你想在这两家公司间进行投资，有两种方案可供选择。

方案一：如果你购买健强公司 1% 的股份，那么，投资总支出就是 $0.01V_A$。由

于你拥有该公司1%的股份,因此,你就可以分得健强公司1%的利润,即0.01P,这就是你的投资收益。

方案二:分别购买康瑞1%的股份和债券。由于康瑞的股票市场价值和债券市场价值分别为E_B和D_B,因此,你购买康瑞1%的股票和债券的投资成本分别为$0.01E_B$和$0.01D_B$,投资总支出为:

$$0.01(E_B + D_B) = 0.01V_B \tag{6.10}$$

再设康瑞对债券支付的利率为i,则它对债券支付的利息总额为$i \cdot D_B$。由于你持有它1%的债券,因此,你所得的利息收益为$0.01i \cdot D_B$。可供股东分配的利润总额为$P - i \cdot D_B$。投资它1%的股份,能分得的红利为$0.01(P - i \cdot D_B)$。债券和股票的总收益为$0.01P$。两种投资方案的支出与收益的比较如表6.1。

你在这两种方案上所得到的投资收益完全一样,即企业总盈利的1%。由于假定市场是完善的,这两种投资方案的投资收益率相同,因此,具有同样收益的投资会有相同的投资支出,故有:

$$0.01V_A = 0.01V_B \tag{6.11}$$

从而得:$V_A = V_B$ $\tag{6.12}$

表6.1　两种投资方案的支出与收益的比较

投资方案	方案一 购买健强1%的股份	方案二 分别购买康瑞1%的股份和债券
投资支出	$0.01V_A$	$0.01V_B$
投资收益		
债券利息	0	$0.01i \cdot D_B$
股票红利	$0.01P$	$0.01(P - i \cdot D_B)$
投资总收益	$0.01P$	$0.01P$

这表明,无负债的健强与有部分债务融资的康瑞的市场价值完全相等。

尽管健强和康瑞两家公司的市场价值相同,但这两种投资方案中股权收益率和投资风险却不相同。我们已指出,当资产收益率既定且高于债务的利率时,杠杆比率的上升会提高股权收益率。但杠杆比率的上升,也增加了权益投资的风险。为了更清晰地分析这一点,我们假定健强和康瑞的融资结构分别如下:

健强:100%的股权融资,它发行了1 000万股股票,每股价格为10元。

康瑞:以8%的利率发行了5 000万元的债券,500万股股票,每股价格也是10元。即,它的杠杆比率为1。

假定在不同的宏观环境下,它们的总收益相同,都随着宏观经济的波动而波动。在不同的宏观经济状态下,它们的总资产收益、每股收益及每股收益方差如

表 6.2 所示：

表 6.2　不同宏观经济状态下的总资产收益、每股收益及每股收益方差

宏观经济状况	健强和康瑞盈利额（万元）	健强（100%股权）		杠杆比率为 1 的康瑞公司			
		流通股份（万股）	每股收益（元）	利息支出（万元）	可分配利润（万元）	流通股份（万股）	每股收益（元）
差	500	1 000	0.5	400	100	500	0.2
一　般	1 000	1 000	1.0	400	600	500	1.2
好	1 500	1 000	1.5	400	1 100	500	2.2
期望值	1 000		1.0	400	600		1.2
方　差			0.167				0.67
标准差			0.41				0.82

从表 6.2 中，可以清楚地看到杠杆对健强和康瑞每股收益的影响。在宏观经济状态比较好时，杠杆比率为 1 的康瑞每股收益为 2.2 元，而健强的每股收益只有 1.5 元，前者是后者的 147%。相反，当宏观经济比较糟糕时，健强的每股收益为 0.5 元，康瑞的每股收益只有 0.2 元，康瑞的每股收益又只有健强的 40% 了。因此，由于健强和康瑞的融资结构不同，使两公司的股权收益率的方差和标准差出现了较大的差异，有负债融资的康瑞的每股收益的标准差是健强的 2 倍，这表明购买负债率越高（杠杆比率越高）的公司的股票风险会更高。这是因为，健强的总风险是在 1 000 万股股份之间分担的，而康瑞发行的 500 万元 8% 的固定利率债券的利息是优先支付的，它的总风险又只能在 500 万股股份之间分担，因此，每股收益的波动幅度就更大。

6.3.2　有税收差异时的企业融资结构与企业价值

M-M 定理的重要假设之一就是没有所得税。实际上，除了债权人、股东参与公司盈余的分配外，政府通常还要对公司征税。政府征税主要有公司所得税和个人所得税。一般而言，政府在征收公司所得税时，债务的利息支出可以当作成本支出。债务利息支付、纳税和红利的分配顺序一般如下：

- 支付利息
- 纳税
- 红利分配

即公司首先支付借款的利息，盈余扣除利息的剩余作为税基，在支付税金后还有盈余才向全体股东分配红利。

政府征税对企业市场价值有何影响呢？设公司所得税税率为 t，其他条件都如

前所述一样。这样,健强和康瑞两公司的分配如表 6.3:

表 6.3　健强和康瑞两公司的分配结构

公　司	健强(没有负债)	康瑞(债务融资额为 D_B)
税前盈利	P	P
利息支出	0	$i \cdot D_B$
税　基	P	$P - i \cdot D_B$
税收支出	$t \cdot P$	$t \cdot (P - i \cdot D_B)$
可供股东分配利润	$(1-t) \cdot P$	$(1-t) \cdot P + t \cdot i \cdot D_B - i \cdot D_B$

再假定你还是有两种投资方案,方案一仍为购买健强 1% 的股票,方案二为购买康瑞 1% 的股票和债券。由于政府征收了公司所得税,两种不同投资方案的收益就发生了如下的变化,如表 6.4 所示:

表 6.4　两种投资方案的成本与收益比较

投资方案	方案一	方案二
	购买健强 1% 的股份	分别购买康瑞 1% 的股份和债券
投资成本	$0.01 V_A$	$0.01 V_B$
投资收益		
债券利息	0	$0.01 i \cdot D_B$
股票红利	$0.01(1-t) \cdot P$	$0.01[(1-t) \cdot P + t \cdot i \cdot D_B - i \cdot D_B]$
投资总收益	$0.01(1-t) \cdot P$	$0.01[(1-t) \cdot P + i \cdot t \cdot D_B]$

现在,你在方案二中的收益比方案一要高出 $0.01 \cdot i \cdot t \cdot D_B$。由于市场是完善的,两种投资方案的收益率应该相等,即:

$$\frac{0.01(1-t)P}{0.01 V_A} = \frac{0.01[(1-t)P + i \cdot t \cdot D_B]}{0.01 V_B} \tag{6.13}$$

从而得到:

$$\frac{V_B}{V_A} = 1 + \frac{i \cdot t \cdot D_B}{(1-t) \cdot P} > 1 \tag{6.14}$$

即有负债的康瑞的市场价值高于无负债的健强的市场价值。

为了使分析更直观,现在假定宏观经济处于正常状态,因此,健强和康瑞的税前盈利为 1 000 万元。设公司所得税税率为 30%,投资收益率为 10%。在这些条件下,两种方案中的投资成本和收益如表 6.5:

表 6.5　在两公司投资中的收益

投资方案	方案一	方案二
	购买健强 1% 的股份	分别购买康瑞 1% 的股份和债券
投资成本	$0.01V_A$	$0.01V_B$
公司总税前盈利	1 000	1 000
债券利息	0	$0.01 \times 8\% \times 5\,000 = 4$
公司税收支出	$30\% \times 1\,000 = 300$	$(1\,000 - 400) \times 30\% = 180$
股票红利	$0.01 \times (1 - 30\%) \times 1\,000 = 7$	$0.01 \times (1\,000 - 400 - 180) = 4.2$
投资总收益＝股票红利＋债券利息	$7 + 0 = 7$	$4.2 + 4 = 8.2$

由于两种方案的投资收益率都是 10%，两种方案的投资成本分别为 70 万元和 82 万元。由于你的投资只占健强和康瑞公司总市值的 1%，因此，健强和康瑞的市值分别为 7 000 万元和 8 200 万元。即有债务融资的康瑞市场价值高于无债务融资的健强的市场价值。因此，在有公司所得税时，公司增加杠杆比率会使公司的市场价值增加。

问题：假定其他条件都相同，在没有税收的情况下，两公司的市场价值分别是多少？

6.3.3　破产成本的影响

虽然增加公司债务可以带来抵税的好处，但这并非意味着杠杆比率越高越好。对债务融资构成约束的一个重要因素在于，随着杠杆比率的上升，公司的违约风险也会越来越大，从而使得债务融资的成本率会随着杠杆比率的上升而上升。成本率的上升主要来自以下四个方面：

首先，随着违约风险的上升，债券投资者购买债券要求的风险溢价会越来越高，因此，债务融资支付的边际利率也会随之而上升。

其次，当利率上升到一定程度时，由于信息不对称，投资者发生逆向选择的可能性会增大，这就是说，当杠杆比率达到一定程度后，投资者反而不会购买公司发行的债券；或银行为了避免贷款损失，会采取信用配给，或拒绝发放贷款。由于得不到外部债务融资的支持，公司就不得不放弃有利可图的投资机会。因而，随着财务杠杆比率的上升，公司的机会成本也会随之上升。

第三，随着财务杠杆比率的上升，公司发生资不抵债从而破产的可能性会增加。公司破产清算时会发生一些律师费和清算费用。

最后，由于破产风险的增加，现有股票投资者就会逐步丧失对公司的信心，股票价格会下跌，公司被收购的可能性会增大。现有经理人员为此要采取各种反收购策略，耗费大量本来可用来更好地开拓公司的精力。同时，员工又面临着裁员的风险，使他们被迫对自己的工作前景担忧。这一切都可能会降低公司的效率，使公司的现金流量减少。

因此,在财务杠杆增加的初始区间内,由于债务融资避税的效应大于债务融资成本上升的效应,企业的价值会随着财务杠杆比率的上升而上升。当超过了某一个临界值时,债务融资的各项成本和发生破产的可能性增大,反而会使公司的市场价值下跌。如图 6.1 所示。

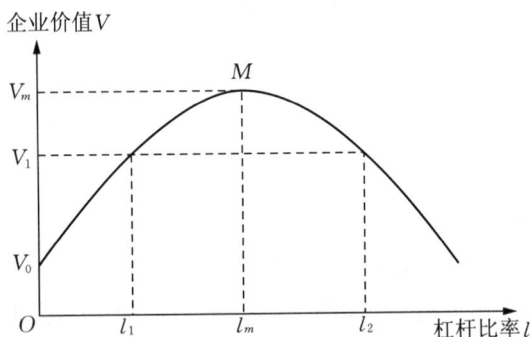

图 6.1　财务杠杆对企业价值的影响

在图 6.1 中,当财务杠杆比率为零时,该公司的价值为 V_0,随着财务杠杆比率的上升,由于避税效应,公司的价值也逐步上升。当财务杠杆比率上升到 l_1 时,公司价值为 V_1。当财务杠杆为 l_m,公司价值达到最大,为 V_m。超过了这一点时,财务杠杆比率的上升,反而会使公司的价值下降。当杠杆比率为 l_2 时,公司价值却下降到了 V_1。因此,M 点决定了最优杠杆比率,为 l_m。

6.3.4　企业优序融资

优序融资理论认为,公司经理人员对融资方式是有一定偏好的。一般来说,经理人员优先选择的融资顺序为:

- 内部融资
- 债务融资
- 股票

经理人员之所以首先会采用内部融资,原因在于它避免了外源融资可能会产生的过高的融资成本问题。此外,使用公司内源融资时,除了机会成本外,不会有额外的融资成本,管理者不会确定与长期投资机会相匹配的目标股息率,从而避免股息突然变动对公司的不利影响。例如,公司要向银行申请贷款,就必须向银行提供很多的信息,接受银行的信用调查。此外,银行为了降低道德风险和逆向选择效应,还会采取信用配给。在这种情况下,要采取外源融资来满足投资需求就存在诸多障碍。最后,在公开发行债券时,还要支付律师费、承销费等,会有额外的成本。内源融资就没有这些成本。因此,一般来说,内源融资的成本会比外源融资低,经理人员首先偏好内源融资。

当内源融资还满足不了投资需求时,公司就必须采取外源融资。在外源融资中,经理人员首先会考虑债务融资,因为债务融资不会使经理人员失去控制权。此外,如果财务杠杆不是太高,采用债务融资还不会稀释现有股东的权益。如果王小二确信每年能够赚 10 万元的收益,并能以 10% 的利率从赵小三处借款,他是不会考虑与赵小三合伙开餐馆的。因为在这种情况下,他的资本收益率为 90%,而与赵小三合伙时的收益率只有 50%。

当债务融资还不能满足投资需要时,经理人员才会考虑外部权益融资,即合伙或发行股票。经理人员之所以会在万不得已时才考虑外部权益融资,其主要原因在于我们前面分析的外部权益融资的增加,会导致经理人员控制权的部分损失。此外,外部权益融资的成本在所有融资方式中都是最高的。

同时,经理人员在选择融资方式时,还会考虑融资行为在资本市场中传递的信号。在较为有效的资本市场上,发行新股会给资本市场传递一个不好的信号,往往会导致股票价格的下跌;而通过适度的债务融资对股票价格的负面影响就较小。原因在于,经理人员和股东之间有不对称的公司信息,由于经理人员对公司拥有内幕信息,对公司经营状况很了解,外部投资者只能根据公司的行为来间接地获取公司的信息。经理人员会根据公司的内部信息来决定采取何种融资方式。如果公司股票价格被高估了,发行股票则有利于现有股东,损害新股东的利益。反之,如果公司的股票价格被低估了,发行新股反而会损害原有股东的利益,因此,在这种情况下,为了保护现有股东的利益,经理人员会采取债务融资方式。如果投资者根据这种逻辑来判断,那么,当公司发行新股时,外部投资者认为公司现有股票价格被高估了,因此,发行新股会向市场传递一个坏的信息,使股票价格下跌;反之,债务融资则会向市场传递公司好的消息,使公司股票价格上升。

6.4 政府融资

我们已经在第 2 章看到,政府也是最大的资金短缺部门之一。当政府的收入不足以抵补支出时,就出现了财政赤字。财政赤字最常见的融资方式有:向中央银行借款或透支、增加税收和发行政府债券。

6.4.1 向中央银行借款或透支

当财政出现赤字时,政府可以向中央银行借款或透支。1994 年之前,我国的财政赤字主要是通过向中央银行借款或透支来弥补的。向中央银行借款或透支会增加基础货币的发行,基础货币的供给与财政赤字同增同减(见第 13 章),以至于那时有财政同货币发行穿"连裆裤"的说法。过高的财政赤字导致过高的基础货币发行,会引发较高的通货膨胀。所以,向中央银行借款或透支并不是一种好的财政赤字融资方式。在发达市场经济国家里,是不采取这种融资方式的。1994 年,中国也规定,财政赤字再也不得向中央银行借款或透支。

6.4.2　增加税收

增税是政府融资的另一重要手段。税收实际上是以国家强制力为后盾的收入再分配。对政府来说,增税虽然可以较为方便地筹集到它所需要的资金,但是,增税也会带来一些不良影响。如果初始的税率很低,那么,政府适当地提高税率可以增加政府的税收总收入,但如果政府无节制地提高税率,政府的税收总额不但不会增加,反而还会减少。极端地,如果政府的税率为零,政府也自然没有什么税收收入了;但在另一个极端,如果税率为 100%,你辛辛苦苦挣得的收入全部被政府拿走了,你自然也就不会设法去赚钱了。政府税收收入会随着税率的提高而增加,但

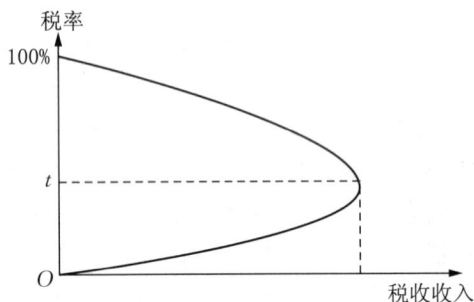

图 6.2　拉弗曲线

超过了某一临界值后,提高税率不仅无助于增加税收收入,反而还会使税收收入减少,这一关系被称为**拉弗曲线**。如图 6.2 所示:在税率为 0 至 t 的区间,政府提高税率会增加税收总水平;当税率越过了 t 时,提高税率反而会减少税收收入。此外,由于税收具有强制性、无返还性,政府提高税率还会受到公众的强烈抵制。

6.4.3　发行政府债务

除了上述两种途径外,政府还可以采取等价、有偿的金融机制,即面向社会公众和工商企业发行国债为赤字融资。由于人们购买政府债券是自愿的,而且政府债券还有一定的利息收入,因此,人们可以将政府债券当作一个投资品种来加以认购,这就消除了像增税那样的抵触情绪。其次,由一般公众购买政府发行的债券,而不强制中央银行购买国债,这实际上增强了中央银行制定和执行货币政策的独立性,便于中央银行的货币控制和稳定币值。

但是,对政府来说,发行政府债券需要支付一定的成本,包括支付的利息和承销国债的金融机构收取的手续费等。当然,发行国债也具有挤出效应,即政府发行国债会挤出民间投资。假定你有 5 万元的存款,本来打算开一家咖啡厅,如果你用它购买了国债,你就再也不能用它去开咖啡厅了,购买国债就这样挤出了你开咖啡厅的投资。发行国债可能产生较强的挤出效应,正是人们反对过高的政府债务的主要原因之一。

那么,发行政府债券对我们的消费与储蓄有何影响呢?**李嘉图等价定理**表明,政府采取征税或发行债券对我们的储蓄和消费选择的影响是相等的。为了说明这一点,我们举一个假想的例子。假定政府决定用公债来替代征税,在既定的预算支出下,增加政府债券就会减少相应的税收,即政府使每个人持有的政府债券增加

100元,就会相应地减少100元的税收。为了简单起见,假定政府债券在一年后还本付息,并且利率为5％,再假定这一年内人口总量不发生变化,为了在一年后还本付息,政府只有在第二年向每个公民增收105元的税。

面临税负在时间分布上的这种变化,个人会在消费上作出什么反应呢？为了使第二年的消费不会因增加105元的税收而减少,个人就得增加100元的当前储蓄。事实上,个人完全可以用第二年偿还的105元的债券本息来缴纳第二年政府增加的105元的税收。这样,到了第二年,当政府为还本付息而增收105元的新税时,家庭正好可以用第一年购买的100元债券的本金和利息来缴纳税款。这样,在税收变化之后(即第一年减少100元的税收,第二年增加105元的税收),消费者原先的消费计划仍能继续保持不变。由此可见,当政府为某一既定的支出项目筹措资金时,究竟是运用增税这一工具,还是运用发行政府债券这一工具,这种选择对消费者的行为来说是无所谓的,消费者行为不会因为政府债券对税收的替代而发生变化。

小　结

融资来源分为内源融资和外源融资。内源融资就是资金需求者通过自己的积累来满足对资金的需求,外源融资就是从其他资金盈余者那里获得资金。

外源融资包括债务融资和权益融资。债务融资的主要形式有银行贷款、发行债券、商业信用、票据贴现和租赁等。外源性权益融资包括合伙、合资和公开发行股票。债务融资和权益融资对企业的影响是不同的。债务融资具有杠杆效应。权益融资虽然没有期限约束,但它会稀释现有股东的利益,也会稀释经理人员的控制权。此外,在权益融资下,内部人控制可能比较严重。

外源融资方式主要有两种,即私募和公募。在选择融资方式时,还要考虑融资成本。加权平均资本成本就是各类融资在总投资中所占的比重与其单位成本乘积的和。

M-M定理表明,企业价值与融资结构无关。但当存在公司所得税时,提高公司的杠杆比率会相应地提高公司的价值。如果考虑负债比率上升所带来的财务危机和破产成本等方面的影响,可能会存在一个最佳资本结构。

优序融资理论表明,经理人员具有一定的融资偏好顺序:内源融资、债务融资和股权融资。同时,企业融资选择还会向市场传递公司不同的信息。公司发行债务,外部投资者认为公司股票价格是被低估了,股票价格会上涨;公司发行股票,外部投资者认为股票价格被高估了,股票价格会下跌。

政府融资的方式有三种:向中央银行借款或透支、增加税收和发行政府债券。向中央银行借款或透支不利于中央银行的货币控制,增加税收则又会遭到人们的抵制,最理想的办法是发行政府债券来融资。但是,无论是增税,还是增加政府债券,它们对消费者行为的影响是没有差别的,这一原理被称作李嘉图等价定理。

关键概念

内源融资	外源融资	固定缴款计划	固定受益计划	住房公积金
权益融资	票据	商业信用	债务融资	财务杠杆
控制权	融资结构	内部人控制	M-M 定理	融资成本
李嘉图等价定理		拉弗曲线		

思考练习题

1. 内源融资与外源融资有何区别?

2. 比较债务融资与权益融资。

3. 什么是 M-M 定理?

4. 税收和破产对企业价值有何影响?

5. 优序融资理论适合于我国企业的融资吗?

6. 政府融资方式有哪些? 它们各有什么优缺点?

7. 请阐述李嘉图等价定理的主要内容。

8. 假设你打算购买一套住房,但你现在自身的积蓄又不够支付房款,你会采取哪些方法来筹集购房款呢? 在筹集这些资金时,你会考虑哪些因素?

9. 假定你是一位财务经理,在选择企业的融资方式时,你会考虑哪些因素? 请拟定一份简单的融资计划,并计算加权平均成本。

10. 假定你们公司有一个投资项目,计划总投资 5 000 万元。你们投资自有资金 2 000 万元,另向银行借款 3 000 万元,银行贷款利率为 7%,存款利率为 5%,请计算杠杆比率和一年的融资总成本。假定总投资年收益率为 15%,你们公司的资本收益率是多少? 如果总投资的年收益率为 6%,你们公司的资本收益率又是多少? 这时,投资这样一个项目划算吗?

第二篇　机构与市场

银行的未来难以把握,但想把握它的却大有人在。

——马丁·迈耶

牛市使傻瓜变奇才,熊市又使奇才成傻瓜。

——加利·西林

货币的买卖成了一些大财东专门从事的贸易。

——托马斯·孟

▶7

金融机构与市场组织

学习目标

学完本章后，你将能够：

弄清什么是商业银行及其职能

了解我国的商业银行体系

理解什么是政策性银行

了解保险公司在金融体系中的作用

了解保险业务的种类及保险机构体系

明了金融资产管理公司的职责

了解资本市场中的金融机构

了解证券交易所等各类金融市场交易组织

了解中国的几大保护与保障基金

弄清金融体系中的政策与监管金融机构

了解主要的国际金融组织

金融机构是金融系统赖以正常运行的组织条件,无论是个人、企业还是政府,所享受的金融服务绝大部分都是由金融机构提供的。在现代经济中,金融机构的演化也越来越复杂。本章将介绍金融系统中最基本的金融机构及其相应的职能。

7.1 商业银行

7.1.1 什么是商业银行

对我们个人而言,平时与金融机构打交道最多的就莫过于商业银行了,大到申请住房抵押贷款、小到存取款或者交纳水电费、电话费等都需要与商业银行交往。**商业银行**就是以经营存款、贷款、办理转账结算为主要业务,以盈利为主要经营目标的金融企业。其经营范围极广,以至素有"金融百货公司"之称。中国工商银行、中国银行、中国建设银行、中国农业银行、招商银行等都是我们所熟悉的国内商业银行。

与其他金融机构相比,能够吸收活期存款、创造货币是商业银行最明显的特征,而其他金融机构,如证券公司和保险公司等都不能吸收活期存款和发放贷款。商业银行创造货币,并不是指它拥有开动印钞机的权利,仅因为企业取得银行的贷款后,一般不会直接提取现金,而是将它所获得的贷款存入它在银行的账户上。因而,企业在获得一笔贷款的同时就会增加一笔存款。商业银行通过发放贷款而创造的存款就叫**派生存款**。我们在第 1 章已经知道,存款是货币的重要构成部分,因而商业银行对企业发放贷款从而创造派生存款的过程也是**货币创造**。可见,如果你以为商业银行创造货币就是发行我们日常小额开销之用的现钞,那就不对了。正是商业银行具有创造货币的功能,使商业银行具有特殊的职能,它们的活期存款构成了货币供给或交换媒介的重要组成部分,也是信用扩张的重要源泉。因此,又称商业银行为存款货币银行。

7.1.2 商业银行的职能与作用

在现代经济活动中,商业银行有信用中介、支付中介、金融服务、信用创造和调节经济等多方面职能。信用中介是指商业银行充当将经济活动中的赤字单位与盈余单位联系起来的中介人的角色,这是商业银行最基本的功能,经由此,便将闲散货币转化为资本,使闲置资本得到充分利用,也将短期资金转化为长期资金。支付中介是商业银行借助如支票之类的信用流通工具,通过客户活期存款账户的资金转移,办理货币结算和收付、货币兑换和存款转移等业务活动。商业银行发挥支付中介功能节约了流通费用,也提高了流通的效率。信用创造是商业银行通过吸收活期存款、发放贷款,从而增加银行的资金来源、扩大社会货币供应量的过程。信用创造功能的作用主要在于,通过创造存款货币等流通工具和支付手段,既可以节省现金使用,减少社会流通费用,又能够满足社会经济发展对流通手段和支付手段的需要,是购买力的创造过程。金融服务是指商业银行利用在国民经济中联系面广、信息灵通等的特殊地位和优势,利用其在发挥信用中介和支付中介功能的过程中所获得的大量信息,为客户提供财务咨询、融资代理、信托租赁、代收代付等各种金融服务。通过金融服务功能,商业银行既提高了信息与信息技术的利用价值,加强了银行与社会联系,扩大了银行的市场份额;同时也获得了不少费用收入,提高了银行的盈利水平。

7.1.3　中国的商业银行体系

中国有比较独特的商业银行体系。中国的商业银行体系主要由三个层次构成:

- 国家控股的商业银行
- 其他股份制商业银行
- 城市商业银行与其他中小商业银行

1. 国家控股的商业银行

国家控股的商业银行原来叫国有商业银行,包括中国工商银行、中国银行、中国建设银行和中国农业银行。这四家银行是 1979 年以后陆续恢复、分设的。它们在设立之后相当长的一段时间里,具有严格的业务分工:中国工商银行主要承担城市工商信贷业务,主要是为满足企业的流动资金需要;中国银行主要经营外汇业务;中国建设银行主要承担中长期贷款业务,满足固定资产投资的需要;中国农业银行以开展农村信贷业务为主。正因为如此,那时人们将这四大国有银行称为"四大国有专业银行"是名副其实的。随着金融改革的不断深化,它们传统的业务界限已被打破,所有这四家银行现在都可以开展真正意义上的所有银行业务,外汇业务并不只是中国银行的专利了,中国工商银行也不再仅仅局限于流动资金贷款,在城市的霓虹灯下,也到处挂有中国农业银行醒目的招牌。现在,它们都具有商业银行的共同性质:逐利性。

在改革后的很长一段时间里,政府是它们的唯一所有者,其资本金全部由政府财政拨付,没有向社会公众和企业募集股本,因而它们也叫国有独资商业银行。由于政府是国有独资商业银行唯一的所有者,因此,国有独资商业银行高层管理人员的人事任免权还牢牢地掌握在政府的手中。实际上,很长一段时间,政府对国有商业银行的控制是超经济权力的行政控制,国有商业银行在很大程度上成了政府的钱袋子,这极不利于国有独资商业银行的发展。把国有商业银行办成能够自主经营、自负盈亏、具有良好治理结构的企业是国有商业银行改革的主要目标。国有银行改革的主要途径之一就是对其股份化改革。2003年底,政府动用了450亿美元的外汇储备分别对中国建设银行和中国银行注资225亿美元。2005年6月,又向中国工商银行注资150亿美元。2008年底,政府又向中国农业银行注资,它们在获得注资后,分别引进了战略投资者,另对组织结构进行了股份化改造。中国建设银行、中国银行和中国工商银行已经成为上市的、股权结构多元化的,但国家仍然处于绝对控股地位的股份制银行。中央汇金公司和财政部分别代表国家对它们行使所有权人的职责和权利。

虽然国家控股的商业银行的垄断局面正在逐步地被打破,在国有商业银行之外兴起了一些股份制商业银行,但国有商业银行仍然是我国金融体系的主体,我国城乡居民的储蓄存款和企业存款绝大部分都还集中在这四大国有独资商业银行手中。例如,2005年,国家控股的商业银行的资产在我国银行业总资产中所占的比重还高达70%多,到2018年中,该比率已下降至36.53%。

2. 股份制商业银行

股份制商业银行就是通过募集股本发起设立的商业银行。这些银行一开始就有多个出资人,与国家控股的商业银行的资本金原来都是由政府财政拨付的,不向社会募集股本,因此,政府是唯一的所有者有非常大的区别。有些股份制商业银行的股票还在上海和深圳证券交易所上市流通,如平安银行、浦东发展银行、民生银行、招商银行等都是我们所熟知的上市银行。这些股份制商业银行都采取总分行制,它们都在某一个中心城市设立总行,然后在全国其他大中城市设立分支机构。如交通银行的总行设在上海,但它在全国任何一个大城市都有分支行,你可以很方便地到它的分支机构去享受它的金融服务;招商银行的总行设在深圳,但你可以持有一卡通到武汉或成都去取款,因为这些城市都有它的分支行。

3. 城市商业银行与其他中小商业银行

我国城市商业银行的前身是城市合作银行。虽然冠以"合作"二字,但它实际上也属于股份制商业银行。我国原来大约有5 000家城市信用社,有相当多的城市信用社已失去合作性质,实际上已办成了小型商业银行。1995年中国在城市信用社清产核资的基础上,通过吸收地方财政、企业入股组建了城市合作银行。1998年,城市合作银行全部改名为城市商业银行。

城市商业银行的改革也在深入进行,一些资产质量较好的城市商业银行已经或正在准备成为上市银行。此外,一些省市也对城市商业银行正在(或即将)进行重组。安徽省将几家城商行和信用社合并,成立了区域性的徽商银行。为了推进中国银行业的发展,一些区域性的商业银行也已经成立了,如渤海银行。

股份制商业银行和城市商业银行是我国市场经济发展过程中的国有银行的异己力量。无论是在总资产还是在存贷款的总量方面,股份制商业银行和城市商业银行都远远落后于国有商业银行,但它们近年来保持了快速的发展势头,成为打破国有商业银行在我国银行业中的垄断地位的新兴力量,对于促进我国银行业结构的调整和银行竞争的加强都是大有裨益的。到 2018 年,股份制银行与城商行的资产在全部金融机构资产中的比重已达到 30% 有余。

与城市商业银行相对应的,还有农村商业银行。同城市商业银行基本上由原来的城市信用社改制而来一样,农村商业银行也主要由农村信用社改制而来,它是由农民、农村商户、企业等共同出资形成的股份制地方性金融机构。虽然它前面被贴上了"农村"的标签,但在北京、上海或深圳等这样的现代化大都市,也都有自己的农村商业银行。如北京农商银行、上海农村商业银行等等。

为了加强对小企业和"三农"的金融支持,中国在 2005 年后还设立了村镇银行。这是由境内金融机构、境内非金融企业和自然人出资,在农村地区设立、主要为当地农民、农业和农村经济发展提供金融服务的银行业金融机构。村镇银行"麻雀"虽小,但具有商业银行的所有基本特征和主要业务,同样受到中国银行保险监督管理委员会的监管。

7.2 政策性银行

7.2.1 什么是政策性银行

除了商业银行外,还有政策性银行。**政策性银行**主要是指由政府创立或担保,以贯彻国家产业政策和区域发展政策为目的,具有特殊的融资原则,不以盈利为目标的金融机构。

在经济发展过程中,有些领域对国民经济发展和社会稳定具有重要意义,但由于其投资规模大、周期长、直接经济效益低、资金回收时间长、风险高、回报率低等原因,以盈利为首要经营目标的商业银行通常不愿意为这样的项目提供贷款,即这些领域在融资上存在市场失败。如农业开发、重要基础设施建设项目等都具有这样的特点。但又鉴于它有良好的公共效益,政府往往设立政策性银行,专门对这些项目提供低息的补贴性融资。

政策性银行与普通商业银行相比,有以下几个方面的特殊性:

首先,政策性银行的资本金主要来自政府财政拨付,不能通过发行股票来筹集政策性银行的资本金。虽然我国四大国家独资商业银行的资本金原来也完全来自于财政拨付,但它们已经或即将被改造成向社会公开募集股本的股份制商业银行。

其次,政策性银行经营时主要考虑国家的整体利益、社会效益,不以自身财务上的盈利为主要目标,这是与普通商业银行之间的根本区别。但政策性银行的资金不是财政资金,政策性银行也必须考虑盈亏,坚持银行管理的基本原则,即"有借有还"、力争保本微利。

最后,政策性银行有其特定的资金来源,主要依靠发行金融债券或向中央银行借款,一般不面向公众吸收存款,也不向一般的工商企业发放贷款。同时,政策性银行也不会经营像代收电话费、水电费和汇兑等方面的中间业务。正因为如此,你可以在大街小巷看到商业银行的很多储蓄所,但你是绝对看不到挂着中国进出口银行招牌的储蓄所的。所以,政策性银行的业务范围要比商业银行狭窄得多。

7.2.2　中国的政策性银行体系

1994年以前,中国是没有专门的政策性银行的。尽管政府对一些项目有贴息的政策性贷款,但所有这些贷款都是委托给那时叫作四大专业银行的国有银行来办理的。由于政策性贷款的利率比商业性贷款要低很多,而且政策性贷款的资金也主要来自于国家财政,资金成本也要低很多,这就给四大银行提供了套取利差的机会。同时,政策性业务与商业性业务的混合也不利于它们的商业化发展,也无法准确地考核其经营的业绩,它们常常将商业性贷款的亏损说成是政策性原因引起的。1994年,中国成立了三家政策性银行,分别是:国家开发银行、中国进出口银行和中国农业发展银行。

1. 国家开发银行

国家开发银行成立于1994年3月,主要任务是筹集和引导境内外资金,重点向国家基础设施、基础产业和支柱产业项目以及重大技术改造和高新技术产业化项目发放贷款。国家开发银行的资金运用领域主要包括:制约经济发展的"瓶颈"项目;直接关系增强综合国力的支柱产业中的重大项目;重大高新技术在经济领域应用的项目;跨地区的重大政策性项目等。在资金来源上,国家开发银行主要靠以市场方式向国内外发行金融债券筹集资金,它发行的金融债券主要是由商业银行认购的,因此,相对于国债而言,这类金融债券也不被一般百姓所熟悉,一般个人投资者和企业也不能把这类金融债券当作一种资产加以认购和投资。

2. 中国进出口银行

中国进出口银行成立于1994年4月,实行自主、保本经营和企业化管理。其主要任务是执行国家产业政策和外贸政策,为扩大我国机电产品和成套设备等资本性货物出口提供政策性金融支持。

中国进出口银行依据国家有关法律、法规、外贸政策、产业政策和自行制定的有关制度,独立评审贷款项目。其资金主要靠以市场方式向国内外发行金融债券等筹集,业务范围主要是为成套设备、技术服务、船舶、工程承包、其他机电产品和非机电高新技术的出口提供卖方信贷和买方信贷支持。同时,该行还办理中国政府的援外贷款及外国政府贷款的转贷款业务。

3. 中国农业发展银行

中国农业发展银行成立于1994年4月,其主要任务是以国家信用为基础,筹集农业政策性信贷资金,承担国家规定的农业政策性金融业务,代理财政性支农资金的拨付。

中国农业发展银行的业务范围主要是向承担粮棉油收储任务的相关国有企业和供销社提供粮棉收购、储备和调销贷款。此外,还办理中央和省级政策财政支农资金的代理拨付,为各级政府设立的粮食风险基金开立专户并代理拨付。但是,中国农业发展银行有特殊的信贷原则,即"库贷挂钩,钱随粮走,购贷销还,封闭运行"。即发放的收购贷款额要与收购的粮棉油库存值一致,销售粮棉油收入中所含贷款要全部收回,真正按照"信用"的原理来管理资金,防止收购资金被挤占挪用,保证收购资金及时、足额供应,促进粮棉油生产和粮食购、销、调、存等方面的工作顺利开展。

7.3 保险公司

7.3.1 保险公司及其功能

俗话说:"天有不测风云,人有旦夕祸福。"人们在生产和生活过程中都可能遭受自然灾害和意外事故而蒙受损失。我们都生活在一个非常不确定的世界里,这就是风险。

管理风险的办法之一就是购买保险。**保险**是分摊意外损失的一种财务安排。第5章专栏里的那位吴老板就通过购买保险避免了自然灾害的较大损失。投保人购买保险,实质上是将其不确定的大额损失变成确定的小额支出,即保险费。虽然不确定性总是存在,但并不是每个不确定性都会转化为特定的损失,这样,保险公司通过向众多的投保人收取保费,以没有发生事故的投保人交纳的保费向发生了事故的不幸的投保人赔偿损失。可见,保险的基本特征就是"互助性",它体现了"一人为众,众人为   "的思想。

保险公司就是经营保险业务的金融机构。它与商业银行和证券公司主要在于促进储蓄向投资的转化的基本功能不同,保险公司的基本功能在于分担和管理风险,除此而外,保险公司在平滑我们生命期内的收入方面也有越来越重要的作用。一些保险公司也出售养老保险的保单,这就是商业养老保险,买保险的人定期向商业养老账户存入一定的金额,在若干年后,保险的受益人就可每月从该账户中领取一定的金额用于支出。

除了商业养老保险外,还有政府养老基金,即社会保障养老基金。全国社会保障基金是中央政府集中的社会保障基金,主要用于今后人口老龄化高峰时期的社会保障需要,它由全国社会保障保险基金理事会负责管理。因此,它具有其他金融机构不可替代的重要作用。

7.3.2　保险业务分类与保险机构体系

按保障范围来划分,保险公司的保险业务主要可以分为四大类:

- 财产保险
- 责任保险
- 保证保险
- 人身保险

财产保险是以财产及其相关利益为保险标的的保险,补偿因自然灾害或意外事故所造成的经济损失。比如,为防止你的汽车被盗而购买的保险、为防止发生火灾造成企业财产损失而购买的保险等都是财产保险。**责任保险**是以被保险人的民事损害赔偿责任为保险标的的保险,比如担心本公司生产的热水器对用户造成损害而购买的保险就属于责任保险。**保证保险**是指由保险人承保在信用借贷或销售合同关系中因一方违约而造成的经济损失而进行的保险,比如,出口一批工艺品,顾虑对方不及时付款而购买的保险,或银行因担心借款者不能履行借贷合同的义务而购买的保险都属于保证保险。在美国,有一种特殊的保证保险,那就是存款保险。存款保险就是担心银行经营不善或遇到流动性困境而无法满足存款者的提款需求而设立的一种保险制度,按照《联邦存款保险法》的规定,存款金额在 10 万美元以上的存款都必须进行存款保险,一旦发生银行无法满足存款者的取款要求,联邦存款保险公司就要替银行向存款者支付相应的金额。中国建立存款保险制度后,若一家银行机构破产倒闭而无力清偿存款人,50 万元以内的存款则由存款保险公司予以偿付。存款保险的购买者为商业银行,它的保险受益人却是银行的储户。

人身保险包括人寿保险、健康保险和意外伤害保险等。人寿保险是以人的寿命和身体为保险标的,以人的生存或死亡为给付条件的一种保险。健康保险是指对被保险人的疾病、分娩及由此所致的伤残、死亡的保险,又称疾病保险。意外伤害保险指被保险人在其遭受意外伤害及由此所致的伤残、死亡时给付保险金的保险,如乘坐飞机时购买的航空保险就属于意外伤害险。

还有一种保险机构之间的保险业务,叫作再保险,也称分保。**再保险**是保险人通过订立合约,将自己已经承保的风险,转移给另一个或几个保险人,以降低自己所面临的风险的保险行为。例如,中国《保险法》就规定,除了人寿保险业务外,保险公司应当将其承保的每笔保险业务的 20%办理再保险。

由于不同的险种具有不同的风险,因此,政府一般不允许同一家保险公司经营不同的保险业务。例如,人寿保险公司就不能同时经营财产保险,这样就形成了经营不同保险业务的保险机构体系。中国现在已经形成了人寿、财产和再保险的保险机构体系。

7.4　证券与期货市场机构和组织

7.4.1　证券公司

如果你想买卖股票，那么，你就必须在一家证券公司的营业部开户。证券公司是你进入资本市场从事股票、债券或基金交易的必要的组织。证券公司又称证券商，是在证券市场上经营证券业务的非银行金融机构。经纪、投资银行和自营是我国证券公司传统的三大业务，也是证券公司收入的主要来源。

投资银行业务就是协助政府或工商企业销售新发行证券、为企业提供财务顾问、帮助企业进行资产重组等。投资银行业务中最重要的一项就是证券的承销，这一过程将社会的金融剩余从盈余部门转移到短缺部门，促进储蓄向投资的转化，因此，承销是一级市场上完成的。证券公司承销证券，要收取承销费，通常是按照承销所筹集资金的一定比率收取的。经纪业务就是替客户买卖已发行证券，即经纪业务是一般投资者委托证券公司买卖证券的行为。如果证券公司代客理财盈利了，那么，除了收取一定的佣金外，其余所有的盈利都应归委托的投资者所有；反之，如果出现了亏损，则损失也应由投资者自己来承担。经纪业务与投资银行业务不同的是，它并没有促进储蓄向投资转化的功能，因为它主要是二级市场上的业务活动。自营业务就是证券公司在自己的账户上买卖证券，以获取投资收益的行为。与经纪业务不同的是，如果证券公司在自营业务中赚钱了，那么，所有的收益都归证券公司自己所有；反之，如果出现了亏损，则要由证券公司自己来承担。

随着金融自由化的深入，证券公司的业务正逐步扩展，参与金融市场的活动范围也越来越广泛。证券公司参与金融市场的两大新兴业务就是融资融券和资产管理。**融资融券**就是为客户贷出资金购买股票或债券、或者向客户贷出可供出售的股票或债券的信用活动。因此，券商也具备了信用中介的职能。当然，它们在提供融资融券的信用服务时，要向客户收取相当可观的利息费用，利息收入已占到很多券商营业收入和利润相当高的比重。**资产管理**就是负责受理客户委托资产的投资管理。资产管理服务对象包括机构投资者以及大额个人投资者，包括各类企业、养老基金、保险公司、教育机构和基金会等，其业务包括为单一客户办理定向资产管理业务、为多个客户办理集合资产管理业务、为客户办理特定目的专项资产管理业务。

目前，我国对证券公司业务进行分类管理，将证券公司分为了综合类券商、经纪类券商两类。所谓综合类券商就是指能够同时从事经纪、自营和投资银行业务的证券公司；经纪类券商，顾名思义就是只能从事经纪业务和自营业务而不能从事投资银行业务的证券公司。

中国有一家非常特殊的证券公司,它就是中国证券金融公司。它是成立于2011年10月的全国性证券类金融机构,在业内被简称为"证金公司",其核心业务是为证券公司融资融券提供转融资和转融券服务、运用市场化手段调节证券市场资金和证券的供给、管理证券公司提交的转融通担保品。**转融通**是指,证金公司将自有或者筹集的资金和证券出借给证券公司,以供后者办理融资融券业务的经营活动。转融通又包括转融资和转融券。**转融资**就是证金公司将自有资金或者通过发行债券等方式筹集的资金融出给证券公司,由后者提供给客户,供其买入上市证券。**转融券**则是指证券金融公司向上市公司股东等出借人借入流通证券,再融出给证券公司,由证券公司提供给客户供其卖出。转融通是融资融券的一个重要环节,其目的主要是解决证券公司在开展信用交易业务时自有资券不足的问题。在市场极度波动的时期,它也可能会大量地买入股票,以维护市场信心。例如,2015年中国"股灾"期间,它就大量地买入了一些上市公司的股票。

7.4.2 基金管理公司

除了证券公司外,还有一类越来越为我们所熟悉的资本市场机构,那就是基金管理公司。中国有越来越多的老百姓将他们的剩余资金交给基金管理公司来管理,从而更好地取得收益与风险之间的平衡。博时、华夏、易方达等都是我国资本市场上的基金管理公司。基金管理公司作为一个机构投资者,通过发行基金份额,将许多分散的闲散资金集中起来,进行组合投资,达到让基金持有人实现收益共享、风险共担的目的。一家基金管理公司旗下往往管理着多只不同的证券投资基金,如它可以同时管理着股票型基金、债券基金或者货币市场基金。基金管理公司是通过管理大量的证券投资基金,向基金持有人收取管理费用来盈利的。

7.4.3 证券交易所

1. 证券交易所的功能

当你需要投资于股票或债券时,你到哪里去购买呢?当你需要卖出股票或债券时,你又到哪里去出售呢?如果你是一位投资者,你可能通过电话委托就很方便地买进或卖出股票和债券了;也可能会到证券公司营业部的交易大厅通过电脑自助委托买卖股票。但无论是通过电话还是通过电脑自助委托的证券交易,最后都要通过证券营业部输送到证券交易所集合竞价和撮合交易。

证券交易所就是组织证券买卖的场所。国际上著名的证券交易所包括纽约证券交易所、东京证券交易所、香港联合交易所、伦敦证券交易所等。中国现在有两个证券交易所：上海证券交易所和深圳证券交易所。证券交易所为证券的买卖创造了一个有组织的经常性的连续交易市场。作为有价证券交易的公开场所，它主要有以下几个方面的功能：

首先，为交易双方提供一个完备、公开的证券交易场所，它通过组织众多的投资者，大大降低了证券买卖双方搜寻交易对方的时间和成本，从而提高了证券交易的效率。

其次，保证了证券交易的连续性，通过集合竞价和电脑撮合，可以实现在开市的时间里大规模地不间断交易。例如，现在即使是在行情低迷的时候，上海和深圳证券交易所的日交易量也会至少有几十亿元之巨，没有证券交易所这样有组织的交易场所和结算系统，如此大规模的交易是无法想象的。

第三，证券交易所随时公布市场成交数量、价格等行情信息，便于投资者进行投资决策。例如，你在证券公司营业部交易大厅的行情显示屏上就能看到当天所有股票成交的最高价、最低价、成交数量和当前买方的出价和卖方的要价等方面的行情信息。

最后，证券交易所是组织和调控证券交易活动的重要机构，它方便地监控证券交易行为，减少价格操纵等违法交易。

2. 交易所组织形式

世界各国证券交易所的组织形式大致可以分为两类：公司制证券交易所和会员制证券交易所。

公司制证券交易所就是由银行、证券公司、信托投资公司等共同投资入股组建起来的公司法人。公司制的证券交易所对本所内的证券交易员有担保责任，因此通常设有赔偿基金，或向国库交纳营业保证金，以赔偿因该所成员违约而遭受损失的投资者。公司制的证券交易所通常规定，证券商及其股东或经理人不得担任证券交易所的董事、监事或经理，以保证证券交易所经营者与交易参与者的分离。目前，加拿大、澳大利亚、日本、中国香港等国家和地区的证券交易所都实行公司制。

会员制证券交易所是以证券商为会员形式成立的不以盈利为目的的组织。在实行会员制的证券交易所，只有会员及享有特许权的经纪人才有资格在交易所中进行证券交易，会员对证券交易所的责任仅仅以其交纳的会员费为限。目前，美国和中国的上海和深圳证券交易所都实行会员制。

7.4.4　期货交易所与期货经纪公司

期货交易所是专门进行期货合约买卖的场所，一般实行会员制，即由会员共同出资联合组建，每个会员享有同等的权利与义务，交易所会员有权在交易所交易大厅内直接参加交易，同时必须遵守交易所的规则，交纳会费，履行应尽的义务。期货交易所是不以盈利为目的的经济组织,它的宗旨就是为期货交易提供设施和服务,不拥有任何商品,不买卖期货合约,也不参与期货价格的形成。期货交易所向会员收取保证金,用于担保期货合约的履行。芝加哥商品交易所、纽约期货交易所、纽约商品交易所都是国际著名的期货交易所,提供货币、利率和股指期货与期权等金融期货。2006年9月,中国金融期货交易所在上海成立。其主要提供组织安排金融期货等金融衍生品上市交易、结算和交割等服务。它采用电子化交易方式,金融期货产品的交易均通过交易所计算机系统进行竞价,由交易系统按照价格优先、时间优先的原则自动撮合成交。

由于期货交易所实行会员制,只有期货交易所的会员才能在交易所拥有交易席位,因此,大部分期货交易都要通过期货经纪公司来进行。期货经纪公司主要是指那些代表不具有期货交易所会员资格的客户进行期货交易的公司,它是介于期货交易所与非会员客户之间的中介组织。期货经纪公司就是专门从事期货经纪业务的公司。期货经纪公司可以从事诸如铜、铝、黄金等金属期货和大豆、玉米等农产品期货交易,也可以从事股指期货、国债期货(利率期货)等金融期货交易。期货经纪公司代表客户下达买卖指令,同时为了控制交易风险,期货经纪公司还要向各户征收履约保证金,它们主要是通过向客户收取期货交易佣金来盈利的。

7.5　其他金融机构

7.5.1　金融资产管理公司

金融资产管理公司是专门收购国有独资商业银行不良贷款,管理和处置因收购国有独资商业银行不良贷款形成的国有独资非银行金融机构。1999年,我国成立了四家金融资产管理公司,即:中国华融资产管理公司、中国长城资产管理公司、中国东方资产管理公司和中国信达资产管理公司,分别接收从中国工商银行、中国农业银行、中国银行和中国建设银行剥离出来的不良资产。可见,早期的金融资产管理公司是专为处置国家控股的银行不良资产而设立的。2016年,中国银行业不良资产又一次大幅攀升,为了化解银行业风险,中国又开始实施新一轮的"债转股",为此,政府还鼓励各地方成立专门的金融资产管理公司,以收购大大小小的银行不良资产,而不是像之前的四家金融资产管理公司,囿于收购和处置四大国有银行的不良资产。资产管理公司运用其特殊的法律地位和专业化优势,通过建立资产回收责任制和专业化经营,实现不良贷款价值回收最大化。它们的业务活动包括追偿债务、对所收购的不良贷款形成的资产进行租赁或者以其他形式转让、重组、债权转股权,并对企业阶段性持股等。

金融资产管理公司在其收购的国有独资商业银行不良贷款范围内,管理和处置因收购国有独资商业银行不良贷款形成的资产时,可以从事下列业务活动:

（1）追偿债务。（2）对所收购的不良贷款形成的资产进行租赁或者以其他形式转让、重组。（3）债权转股权，并对企业实行阶段性持股。（4）资产管理范围内公司的上市推荐及债券、股票的承销。（5）财务及法律咨询，资产及项目评估。

金融资产管理公司处理不良债权的重要方式之一就是债权转股权，简称为**"债转股"**，即：金融资产管理公司收购国有独资商业银行不良贷款后，将其转为对借款企业的股权。债转股后，金融资产管理公司就成了企业的股东，依法享有股东的一切权利。金融资产管理公司实施债权转股权后，作为企业的股东，可以派员参加企业董事会、监事会，依法行使股东权力。金融资产管理公司持有的企业股权，可以按照国家有关规定向境内外投资者转让，也可以由债权转股权企业依法收购。

7.5.2　金融控股公司

金融控股公司是指以银行、证券和保险等金融机构作为子公司的一种纯粹型控股公司。所谓纯粹型控股公司是指母公司没有自己特有的事业领域，而仅仅是一个公司经营战略的决策部门。与此相对应的是事业型控股公司。事业型控股公司是母公司拥有自己的事业领域，除此之外，还通过控有其他事业领域的子公司的股份来支配、管理子公司的经营活动。在金融控股公司中，以银行作为子公司的称作银行控股公司；以证券公司作为子公司的称作证券控股公司；以保险公司作为子公司的称作保险控股公司，而同时拥有银行、证券和保险两种以上子公司的称作金融服务控股公司。中国现在比较典型的金融控股公司主要有光大控股和中信控股公司，前者是光大证券、光大银行的控股股东，后者是中信证券、中信银行、信诚人寿、中信信托等的控股或主要股东。

金融控股公司最早产生于西方发达国家，它是商业银行为了规避不得跨州设立分支机构，或者是在银行、证券与保险分业经营体制下，为了规避法律限制一家金融机构不能同时从事银行、证券与保险业务而采取的一种金融创新。美国原来基于对垄断的恐惧和对自由竞争的崇尚，法律规定商业银行不得跨州设立分支机构，为了规避这一法律管制，一些银行就通过设立控股公司，由控股公司出资，在不同的州注册设立独立的商业银行，银行控股公司便应运而生了。后来，一些机构如法炮制，通过金融控股公司的形式，把业务范围扩展到银行、证券、保险等所有或大部分金融领域，从而实现了混业经营。在中国，金融控股公司的产生的动因同样是基于分业管制。例如，中信控股就通过设立中信实业银行和中信证券这样的子公司而同时从事银行、证券与保险业务。

金融控股公司具有以下几个方面的优势：（1）可以充分利用其有限资源，实现金融业的规模效益，降低成本，提高盈利水平；（2）金融各业的结合有益于降低金融业务自身的风险，一种业务收益的下降，可以用另一种业务的收益来弥补，从而保障利润的稳定性；（3）在金融控股公司中，商业银行在贷款时和投资银行在办理证券承销时可以充分掌握企业的经营状况,从而降低贷款的呆账率和投资银行承销业务的风险;(4)金融控股公司中的"一条龙"金融服务的竞争,有利于优胜劣汰,有利于提高效益和促进社会总效用的提高。

当然,金融控股公司也使证券市场、商业银行和保险等各种金融子系统之间的风险传播更为迅速,也使发生于一个方面的风险影响面更广,更具破坏性。因此,一般而言,在同一控股公司下分别从事证券、保险与银行业务之间的子公司之间都设有防火墙。例如,银行子公司不能向证券子公司提供过多的贷款用于证券的买卖,以便控制风险。

7.5.3　信托投资公司

要理解信托投资公司,首先要弄清什么是信托。信托是一种财产管理制度,是指委托人基于对受托人的信任,将其财产权委托给受托人,受托人按委托人的意愿,为受益人的利益或者特定目的,对信托财产进行管理的行为。现代信托已成为一种以财产为核心,信用为基础,委托、受托为主要方式的财产运用和管理制度。因此,顾名思义,信托投资公司就是"受人之托,代人理财"的非银行金融机构。

信托投资公司的主要业务内容有信托业务、委托业务、代理业务、租赁业务和咨询业务等。其中,代理业务、租赁业务和咨询业务与一般金融机构的这类业务没有实质上的区别。信托业务主要包括信托存款、信托贷款、信托投资和财产信托。委托业务包括委托存款、委托贷款和委托投资等。到2018年,中国共有70余家信托投资公司,管理着1.2万亿左右的信托资产。

7.5.4　信用合作社

商业银行出于风险与成本方面的考虑,一般是不愿意对处于创业期的个体私营企业或小企业发放小额贷款的。而这样的企业或个人又不可能从资本市场融资,那么,当他们需要资金融通时该怎么办呢?信用合作社可以解决他们的燃眉之需。信用合作社是由个人集资联合组成,以互助为主要宗旨、以简便的手续和适当的利率向社会提供金融服务的合作金融组织。

信用合作社的资金主要来源于其成员交纳的股金和吸收的存款,贷款则主要用于解决其成员的资金需要。按照地域不同,信用合作社可以分为农村信用社和城市信用社。农村信用社主要由农户、农村集体经济组织和农村信用社职工入股;城市信用社则是城市居民集资建立的合作金融组织,旨在为城市小集体经济和个体工商户服务,通过信贷活动帮助他们解决资金困难。虽然在繁华的城市已很少看到信用合作社的身影了,但在广大的农村地区,信用合作社几乎是唯一的金融组织。

7.5.5　小额贷款公司

小额贷款公司是由个人、企业与其他社会组织投资设立,不吸收公众存款,经营小额贷款业务的有限责任公司或股份有限公司。小额贷款公司的主要资金来源为股东缴纳的资本金、捐赠资金,以及来自不超过两个银行业金融机构的融入资金。它们可以从银行业金融机构融入资金,但融入资金的余额不得超过资本净额的50%。小额贷款公司的业务范围受到了严格的限制,坚持为农民、农业和农村经济发展服务,它在发放贷款时,要坚持"小额、分散"的原则,鼓励小额贷款公司面向农户和微型企业提供信贷服务。为了控制其风险,监管要求它对同一借款人的贷款余额不得超过其资本净额的5%。同时,小额贷款公司的贷款利率同样受人民银行利率政策的约束。虽然小额贷款公司不能吸收存款、不能办理支付和清算等服务,不属于银行业的范畴,但它是中国向民间资本更大规模地开放金融的重要举措。自从允许成立以来的短短数年间,小额贷款公司就得到了迅猛发展,这对促进中国金融业的竞争有着积极的效果。

7.5.6　保护与保障基金

中国还有三类并不以盈利为目的,而是为特定的市场参与者提供保护与保障的特殊金融机构,它们是证券投资者保护基金公司、保险保障基金管理公司和存款保险公司,它们共同组成了中国金融体系中的三大公共安全网。

1. 证券投资者保护基金公司

证券投资者保护基金公司是由国务院出资,财政部一次性拨付注册资金63亿元于2005年成立的金融机构。在那之前,中国股票市场历经了长达4年左右的熊市,不少证券公司因挪用客户保证金投资于股票而亏损累累,以致无法偿还客户的保证金。在此背景下,证券投资者保护基金便应运而生了。其主要职责就是筹集、管理和运作证券投资者保护基金;监测证券公司风险,参与证券公司风险处置;证券公司被撤销、关闭和破产或被证监会采取行政接管、托管经营等强制性监管措施时,对债权人予以偿付;组织、参与被撤销、关闭或破产证券公司的清算工作;管理和处分受偿资产,维护基金权益;发现证券公司经营管理中出现可能危及投资者利益和证券市场安全的重大风险时,向证监会提出监管、处置建议;对证券公司运营中存在的风险隐患会同有关部门建立纠正机制。

2. 保险保障基金管理公司

保险保障基金是由保险公司缴纳形成,集中管理,统筹使用,用于救助保单持有人、保单受让公司或者处置保险业风险的非政府性行业风险救助基金。保险保障基金管理公司业务范围:筹集、管理、运作保险保障基金;监测保险业风险,发现保险公司经营管理中出现可能危及保单持有人和保险行业的重大风险时,向保监会提出监管处置建议;对保单持有人、保单受让公司等个人和机构提供救助或者参与对保险业的风险处置工作;在保险公司被依法撤销或者依法实施破产等情形下,参与保险公司的清算工作;管理和处分受偿资产。

3. 存款保险公司

存款保险作为一种金融保障制度,是指由符合条件的各类存款性金融机构集中起来建立一个保险机构。其经营的目的不在于盈利,而在于通过存款保护建立一种保障机制,提高存款人对银行业的信心,保护存款人的利益。存款保险是 20 世纪 30 年代大危机的产物,那次危机导致全美先后有 9 755 家银行倒闭,信贷紧缩紧随而至,加剧了危机和经济衰退。为了应对危机,罗斯福总统实施了一系列新政,其成果之一便是 1933 年成立的联邦存款保险公司(FDIC)。之后,越来越多的国家加入了存款保险的行列。中国于 2015 年正式建立了存款保险制度,并设立了存款保险公司,在国内设立且在国内经营的所有吸收存款的银行业金融机构都需按差别化费率缴纳存款保险费,存款保险公司对 50 万元以内的居民银行储蓄存款提供保护,即一旦有银行破产倒闭无力清偿存款,则由存款保险公司予以相应的支付。当然,存款保险公司有权对投保的银行进行必要的监督,一旦发现风险预警,它就会要求银行采取早期校正措施,防患于未然。

7.6 政策与监管金融机构

在不同的国家和地区、金融监管体制的差异导致了中央银行的职责、相应的监管机构的设置存在一定的差异,我国金融系统的政策与监管机构包括中国人民银行、中国银行保险监督管理委员会、中国证券监督管理委员会和中国国家外汇管理局。

7.6.1 中国人民银行

1. 中国人民银行的性质:中央银行

中国人民银行是我国的中央银行。在任何一个国家,中央银行都具有非常特殊的超然地位。中央银行的特殊地位主要表现在以下几个方面:

中央银行享有货币发行的垄断权,是发行的银行。这里的货币就是我们通常所说的现金,而不是在前面所指的存款货币了。所以,你从你的钱包里拿出任何一张钞票,在它的正面都印有"中国人民银行"的字样,而不是印着"中国工商银行"或"中国招商银行"这类商业银行的名称。

中央银行代表政府管理全国的商业和政策性银行业、经理国库、代表政府参与像国际清算银行和国际货币基金组织这样的国际金融机构组织的会议和活动,同时它还代表政府制定和执行货币政策,所以,通常把它称为政府的银行。

中央银行作为最后贷款人,在商业银行资金不足时,尤其是当商业银行遇到存款者挤提,有可能陷入严重的流动性困境时,中央银行为了防止发生银行挤提的危机,通常会发挥最后贷款人的作用,向这类商业银行发放贷款,因而又称它为银行的银行。当然,除了向商业银行提供再贷款外,出于维护金融稳定的考虑,它也可能向其他非银行金融机构提供再贷款。例如,2000年中国人民银行向四大金融资产管理公司提供5 500亿元的再贷款,用于收购原国有银行的不良贷款;2005年为了维护证券市场的稳定,中国人民银行又向申银万国等证券公司提供了数百亿元的再贷款以满足它们的流动性要求。2007年至2009年,美国的中央银行——美联储就向陷入困境的一些金融机构和金融市场提供了总额超过2万亿美元的贷款和流动性援助。

2. 中国人民银行的职责

中国的中央银行是中国人民银行。它大体有以下几个方面的职责:

首先,制定和执行货币政策,保持币值的稳定。中国人民银行为执行货币政策,可以运用存款准备金率、中央银行基准利率、再贴现、向商业银行提供再贷款、公开市场业务等货币政策工具,调节货币供应量,保持币值稳定,并以此促进经济增长。中国人民银行是中国大陆唯一可以制定和执行货币政策的金融机构。

第二,持有、管理、经营国家外汇储备和黄金储备,经理国库和负责金融统计业务。包括代理国库收支、代理国务院财政部门组织金融机构发行、兑付国债和其他政府债券;负责金融业的统计、调查、分析和预测。例如,中国人民银行每个季度都要编制一本《中国人民银行统计季报》,公布有关货币供应、货币市场利率、存款货币银行资产负债的变动情况等方面的信息。

第三,维护金融稳定。当某家金融机构出现流动性困境或偿付能力不足,或金融市场陷于流动性枯竭之时,若没有中央银行及时地提供流动性,就可能引发更严重的金融动荡和经济衰退。2015年中国的"股灾"期间,中国人民银行就曾宣布,无限量地向中国证券金融公司提供贷款,以缓解股票市场的恐慌情绪。中央银行维护金融稳定的重要途径就是,向陷于困境的金融机构或混乱的金融市场提供贷款,以保证它们及时地获得外部流动性支持,这就是中央银行在金融市场中的**最后贷款人职责**。

为了防范系统性风险,中国人民银行还承担着宏观审慎政策的职能。**宏观审慎政策**是限制金融系统范围内风险过度积聚和传染的政策,旨在缓解过度的金融和信贷周期,防范系统性危机。在时间维度方面,宏观审慎政策旨在缓解金融体系的顺周期性,即在金融周期的高涨阶段具有增加风险敞口的倾向,助长经济的过度繁荣;衰退时则会过度地厌恶风险,又加剧了信用紧缩和经济衰退。由于金融机构之间存在着千丝万缕的联系,一家金融机构的风险暴露可能导致系统性挤兑或流动性螺旋,在横截面维度方面,宏观审慎则旨在降低风险在金融体系内的相互传染。

第四,承担着部分金融监管的职能。中国在"三会"(即原来的中国银行业监督管理委员会、中国证券监督管理委员会和中国保险监督管理委员会)成立之前,中国人民银行集货币政策制定和执行者、金融监管权力于一身;"三会"成立后,中国人民银行的监管职能被极大地弱化了,但它仍然承担着维护金融体系稳定的职责,监管职责只限于对银行间市场和外汇市场、反洗钱等的范围内。2018年的机构改革中,又将一些重要的金融法规草案和审慎监管基本制度的职责划入中国人民银行,因此,中国人民银行的监管职能又得到了强化。

最后,代表我国政府参与国际金融活动。我国于1980年恢复了在国际货币基金组织和世界银行的席位,1985年正式加入了非洲开发银行集团,1986年加入了亚洲开发银行,1996年加入了国际清算银行,1998年参加了加勒比开发银行。中国人民银行在国际货币基金组织还派有常驻代表。此外,中国人民银行还在境外设立了东京代表处、欧洲代表处和美洲代表处等。

3. 中国人民银行组织机构和管理体制

中国人民银行总行设在北京,设有相应的职能部门,如货币政策司、统计司、国库司、金融稳定局、征信局和反洗钱局等。1998年,中国人民银行根据地域关联性、经济金融总量等方面的需求,在全国设立了九个跨省(区)分行,作为中国人民银行的派出机构。九个分行分别是天津分行(管辖天津、河北、山西、内蒙古)、沈阳分行(管辖辽宁、吉林、黑龙江)、上海分行(管辖上海、浙江、福建)、南京分行(管辖江苏、安徽)、济南分行(管辖山东、河南)、武汉分行(管辖湖北、湖南、江西)、广州分行(管辖广东、广西、海南)、成都分行(管辖四川、贵州、云南、西藏)、西安分行(管辖陕西、甘肃、宁夏、青海、新疆)。此外在北京和重庆市分别设总行营业管理部和重庆营业管理部。

除了这些职能部门外,中国人民银行有一个非常设的机构,那就是货币政策委员会。它是中国人民银行制定货币政策的议事机构,在综合分析宏观经济形势的基础上,依据国家宏观经济调控目标,讨论货币政策的制定、调整、一定时期内的货币政策控制目标、货币政策工具的运用及货币政策与其他经济政策的协调等。货币政策委员会一般在每季度第一个月下旬召开一次例会,货币政策委员会主席或者三分之一以上委员联名,可以提议召开临时会议。货币政策委员会在我国的货币政策制定和执行过程中发挥着越来越大的作用和影响力。

7.6.2 中国银行保险监督管理委员会

金融市场是受到政府严格监管的领域之一。为了实施金融监管,政府就会设立相应的监管机构。中国就设立了中国人民银行、中国银行业监督管理委员会(银监会)、中国证券业监督管理委员会(证监会)和中国保险业监督管理委员会(保监会)的分离监管机构。这就是被行话简称为"一行三会"监管体制。2018年的机构改革中,原来的银监会和保监会被合并为中国银行保险监督管理委员会。它的主要职责是统一监督管理银行业和保险业,维护银行、保险业的合法稳健运行,防范和化解金融风险,保护金融消费者合法权益,维护金融稳定。举凡银行、保险等金融机构的设立、合并、分立、变更和终止都要由它审批和管理;参与、组织银行、保险等机构的破产和清算。同时还对银行和保险等机构的日常业务进行监督管理,敦促这些机构谨慎经营。监管银行和保险公司的资本充足率、流动性、偿付能力和市场行为。为了及时化解潜在的金融风险,它会对银行、保险和信托等金融机构的经营活动进行定期和不定期的稽核、检查,审查它们的财务状况,查处违法违规行为。

7.6.3　中国证券监督管理委员会

中国证券监督管理委员会,简称中国证监会,是对中国证券市场进行集中统一监管的金融机构。中国证监会依法对证券、期货业实施监督管理,其职责大致可以归纳为四个方面:(1)研究和拟定证券、期货市场的方针政策和发展规划,起草证券、期货市场有关法律法规。(2)统一监管证券、期货机构。监管各类证券、期货机构和证券交易所,负责证券、期货机构高级管理人员任职资格和从业人员的资格管理,依法对证券、期货违法行为进行调查、处罚。(3)负责对有价证券的发行和交易进行监督管理。审批和监督股票、可转换债券、证券投资基金的发行、交易、托管和清算;批准和审查企业股票上市,监管上市国债和企业债券的交易活动,监管境内期货合约市场的交易和清算。(4)负责对上市公司及其信息披露的监管,提高信息披露的质量。

为了履行这些方面的职责,中国证监会内部设有发行监管部、市场监管部、机构监管部、上市公司监管部、基金监管部等职能部门,分别对股票和基金等有价证券的发行、二级市场上的违规操作、证券公司、在上海和深圳证券交易所公开上市的公司、基金管理公司等进行审批、监督和管理。此外,还在各省、自治区和直辖市设有证管办,中国证监会对各地的证管办实行垂直领导。

7.6.4　中国国家外汇管理局

国家外汇管理局成立于1979年,历经多次演变,现在是国务院直属、归口中国人民银行管理的、实施国家外汇管理的职能机构。它主要有以下几个方面的职责:(1)负责国际收支的统计与管理,拟定并组织实施国际收支统计申报制度,负责国际收支统计数据的采集,编制国际收支平衡表,提出维护国际收支平衡的政策建议。(2)负责外汇市场的管理,监督管理外汇市场的运作秩序,培育和发展外汇市场。(3)负责外汇外债管理,制定经常项目下的汇兑管理办法,依法监督经常项目下的汇兑行为;规范外汇账户管理,依法监督管理资本项目下的交易和外汇的汇入、汇出及兑付。(4)受中国人民银行的委托,经营国家外汇储备。

7.7 国际金融组织

除了前面介绍的中国国内主要金融机构外,还有一些重要的国际性金融组织值得关注。这些国际金融组织可分为全球性组织和区域性组织。

7.7.1 全球性国际金融组织

全球最著名的国际金融组织有三家,即国际货币基金组织(IMF)、世界银行和国际清算银行。

国际货币基金组织成立于1947年,总部设在美国华盛顿。IMF围绕三个方面来展开它的业务活动。首先,汇率监督与政策协调。IMF促使其会员国与IMF和其他会员国之间的合作,建立并维持稳定的汇率制度,保证金融秩序的稳定和世界经济的增长。其次,创造储备资产。1969年,IMF年会决定创设特别提款权,以补充会员国国际储备的不足。特别提款权是由IMF按会员国缴纳的份额分配给会员国,分配后即成为会员国的储备资产。当会员国出现国际收支赤字时,可以动用特别提款权,将其划给另一个会员国,偿付收支差额,或用于偿还IMF的贷款。第三,向会员国提供贷款。当会员国出现国际收支暂时性不平衡时,IMF向会员国的财政部、中央银行等政府机构提供短期信贷,用于贸易与非贸易的经常性支付。自IMF成立以来,它在维持国际汇率稳定、消除外汇管制、平衡国际收支和促进国际货币合作等方面做了大量的工作。

世界银行,即国际复兴开发银行,成立于1945年,总部设在美国华盛顿,只有IMF的会员国才能够加入世界银行。目前,世界银行主要是向发展中国家提供开发性贷款,资助发展中国家兴办特定的长期建设项目,以促进其经济增长与资源开发,这些贷款主要用于基础设施、环境保护等具有公共产品性质的投资。

世界银行还有两个附属机构,即国际开发协会和国际金融公司,它们的总部都设在华盛顿。国际开发协会成立于1960年。作为世界银行活动的补充,国际开发协会向欠发达地区的会员国提供期限较长、利率较低等条件优惠的贷款,以解决它们在重要发展方面的需要。世界银行和国际开发协会的贷款主要是以会员国政府为对象。为了促进对私人企业的国际贷款,世界银行于1956年成立了国际金融公司,其宗旨是对发展中国家会员国私人企业的新建、改建和扩建提供贷款,促进发展中国家私营经济的增长和资本市场的发展。

国际清算银行成立于1930年,总部设在瑞士巴塞尔。其最初设立是为了便利第一次世界大战所造成的国际债务的支付和转移。现在,它的宗旨是促进各国中央银行的合作,为国际金融活动提供更多的清算便利,在国际金融清算中充当受托人或代理人。在某种意义上,它是各国中央银行的银行。此外,它还是各国中央银行进行合作的理想场所。每年它都要举行年会,各国中央银行行长们都要在巴塞尔会面,讨论世界经济与金融形势等重大问题。

7.7.2　区域性国际金融组织

除了上述三家全球性国际金融组织外,还有一些区域性国际金融组织。与中国最密切相关的有亚洲开发银行、金砖银行和亚洲基础设施投资银行。

亚洲开发银行(简称"亚行"或 ADB)创建于 1966 年,总部位于菲律宾首都马尼拉,是一个致力于促进亚洲及太平洋地区发展中成员经济和社会发展的区域性政府间金融开发机构,它的宗旨是通过发展援助帮助亚太地区发展中成员消除贫困,促进亚太地区的经济和社会发展。它对成员国的援助形式包括贷款、股本融资、技术援助和联合融资和担保等。

金砖国家开发银行,简称金砖银行。2008 年美国次贷危机爆发后,包括巴西、俄罗斯、印度等在内的新兴经济体货币大幅动荡,而 IMF 对新兴经济体的货币动荡力不从心,于是,为了解决金砖国家未来可能出现的金融危机,金砖国家开发银行也随之应运而生。它的宗旨就是,为金砖国家、其他新兴经济体和发展中国家基础设施建设和可持续发展项目提供资源,促进全球增长与发展。它的总部设在中国上海,初始资本为 1 000 亿美元,由巴西、印度、俄罗斯、中国和南非五个创始成员国各自认购 20%。

亚洲基础设施投资银行,简称"亚投行",是首个由中国倡议设立的政府间性质的亚洲区域多边开发金融机构,总部设在北京,共有亚洲、欧洲、美洲、非洲的 80 余个正式成员国。其初始资本为 1 000 亿美元,其中中国出资 50%。它的宗旨是为了促进亚洲区域的建设互联互通化和经济一体化进程,并加强中国及其他亚洲国家和地区的合作,重点支持基础设施建设。

小　　结

金融体系中的金融机构包括间接金融机构、风险管理金融机构、直接金融机构和政策与监管金融机构。

间接金融机构主要有商业银行和政策性银行。商业银行就是经营存贷款业务和表外业务的金融中介机构,它素有"金融百货公司"之称。中国的商业银行体系主要由国家控股的商业银行、股份制商业银行和城市商业银行、村镇银行及其他区域性银行等构成。

政策性银行就是按照国家产业政策对那些风险高收益低、但又具有较好社会效益的项目发放贷款的银行。政策性银行的经营不以盈利为目的，但要以"有借有还"的信用原则来经营。中国有三家政策性银行，即国家开发银行、中国进出口银行和中国农业发展银行。

保险公司就是以保险为主要经营业务的金融机构。保险公司的基本职责就是进行风险管理。保险业务分为人寿保险、财产保险、责任保险和保证保险等几大类。保险公司的承保人，还要按一定的比例进行再保险，以便分散风险。

资本市场金融机构主要有证券公司、基金管理公司和证券交易所等。证券公司的主要业务有三大类，即经纪、投资银行和自营，融资融券和资产管理业务也日益重要。我国对证券公司实行分类管理，即证券公司分为经纪类和综合类证券公司。基金管理公司就是代理基金持有人进行有价证券组合投资的资本市场金融机构。证券交易所就是组织证券的发行和流动转让的金融机构，其组织形式主要有公司制和会员制两种。中国目前采取的是会员制证券交易所。

此外，金融资产管理公司、金融控股公司、信托投资公司、信用社和小额贷款公司等都是经济体系中非常重要的金融机构。

除了以上这些金融机构外，还有政策与监管金融机构，这些金融机构主要负责制定和执行相关的法律法规，依法对金融体系进行监督管理。我国主要有四家政策与监管金融机构，即中国人民银行、中国银行保监督管理委员会、中国证券监督管理委员会和国家外汇管理局。

国际货币基金组织、世界银行和国际清算银行是著名的全球性国际金融组织。此外还有一些区域性国际金融组织，与中国关系最为密切的包括亚洲开发银行、金砖银行和亚洲基础设施投资银行。

关键概念

商业银行	存款货币银行	政策性银行	人身保险	财产保险
责任保险	保证保险	再保险	证券公司	经纪业务
投资银行业务	自营业务	融资融券	转融通	转融券
综合类券商	经纪类券商	基金管理公司	证券交易所	中央银行
金融控股公司	最后贷款人			

思考练习题

1. 商业银行有哪些职责？

2. 为什么商业银行又叫存款货币银行?

3. 简要描述中国的商业银行体系,你认为中国商业银行体系未来会朝着什么方向发展?

4. 政策性银行在一国经济当中有什么样的作用?

6. 保险公司的保险业务可以分为哪几种类型?

6. 证券公司有何作用? 证券公司的主要业务有哪些?

7. 证券交易所有何作用? 证券交易所的组织形式有哪些类型?

8. 中央银行与商业银行之间有何重要区别?

9. 什么是金融控股公司,它有哪几种类型? 金融控股公司与一般的金融机构相比,有何优点?

10. 中国有哪几类保护与保障基金,它们发挥什么样的作用?

11. 中国银行保险监督管理委员会的职责是什么?

12. 中国证券监督管理委员会的主要职责是什么?

13. 中国国家外汇管理局的职责是什么?

14. 全球性国际金融组织主要有哪些?

15. 与中国关系最密切的区域性国际金融组织有哪些?

16. 案例分析:2003年,招商银行针对它的贵宾客户"金葵花"(存款金额在50万元以上的)客户提供"招商受托理财计划"。这是一项新的个人资产增值服务,类似于基金,每份10万元人民币,客户只能购买10万元的整数倍。客户与招商银行、招商证券签订三方合同后,客户把自己的储蓄存款转入招商证券在招商银行开立的账户,由招商证券负责理财,公开的收益预测是1.98%—5%。招商银行保证支付最低1.98%的收益。这个产品有点类似一年定期存款和开放式基金的双重特点,但与开放式基金相比,这个计划的投资成本低,没有委托费用,没有提前终止委托费用,不收转账汇款手续费。正是因为这些方面的优点,在10天之内便以极低的成本归拢了数十亿元的资金。招商银行与招商证券都属于招商集团的子公司。请利用"招商受托理财计划"说明,金融控股公司对客户和公司带来了什么样的收益? 其中又潜伏着什么样的风险?

中国金融机构与市场组织结构图

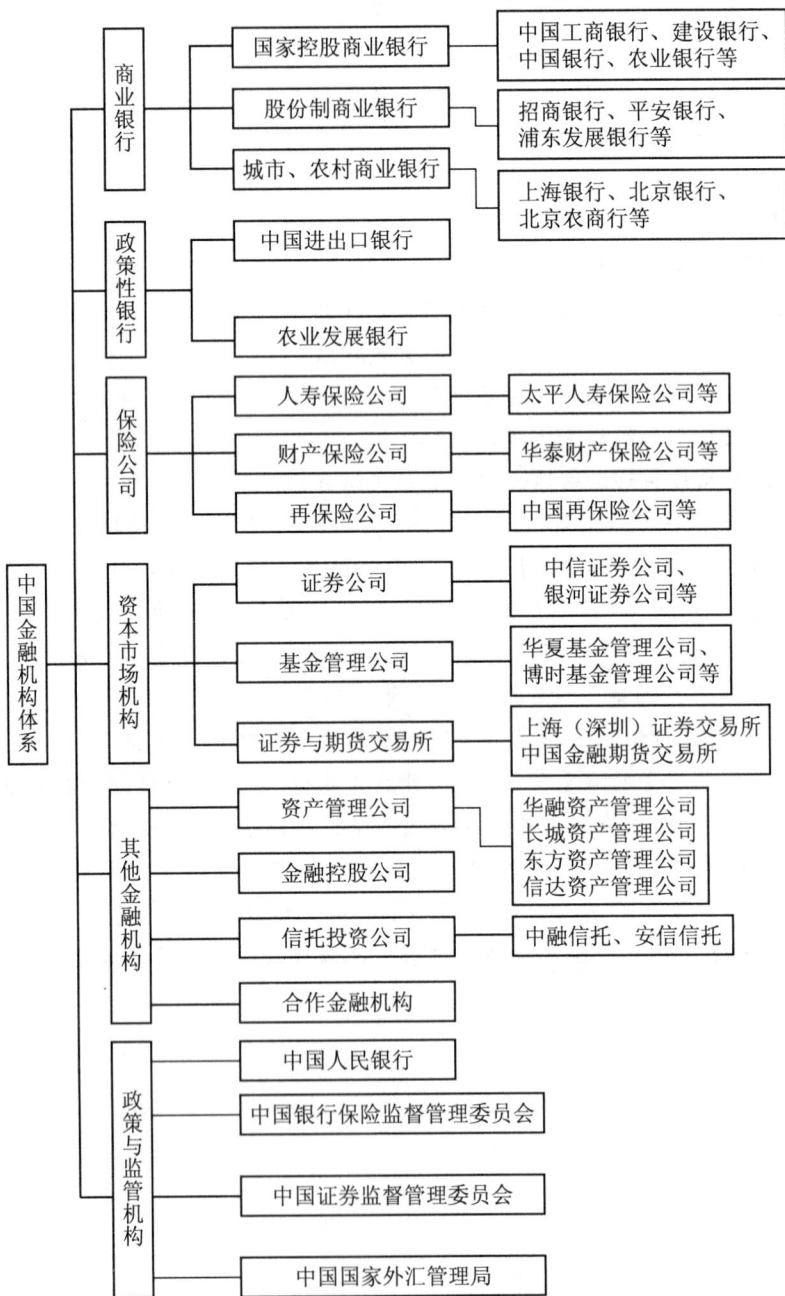

中国金融机构体系

商业银行
- 国家控股商业银行 → 中国工商银行、建设银行、中国银行、农业银行等
- 股份制商业银行 → 招商银行、平安银行、浦东发展银行等
- 城市、农村商业银行 → 上海银行、北京银行、北京农商行等

政策性银行
- 中国进出口银行
- 农业发展银行

保险公司
- 人寿保险公司 → 太平人寿保险公司等
- 财产保险公司 → 华泰财产保险公司等
- 再保险公司 → 中国再保险公司等

资本市场机构
- 证券公司 → 中信证券公司、银河证券公司等
- 基金管理公司 → 华夏基金管理公司、博时基金管理公司等
- 证券与期货交易所 → 上海（深圳）证券交易所 中国金融期货交易所

其他金融机构
- 资产管理公司 → 华融资产管理公司 长城资产管理公司 东方资产管理公司 信达资产管理公司
- 金融控股公司
- 信托投资公司 → 中融信托、安信信托
- 合作金融机构

政策与监管机构
- 中国人民银行
- 中国银行保险监督管理委员会
- 中国证券监督管理委员会
- 中国国家外汇管理局

▶ 8

商业银行业务与管理

学习目标

学完本章后,你将能够:

了解商业银行有哪些主要的资产负债活动

理解什么是商业银行的表外业务及其构成

了解商业银行的资产管理和负债管理

弄清商业银行的流动性管理方法

了解商业银行信用风险管理的手段

掌握商业银行利率风险管理的方法

了解资产证券化对商业银行风险管理的意义

商业银行是金融体系中最古老,也是最重要的金融机构。在对普通人以及整个经济体系的影响方面,迄今为止,没有哪一种金融机构的活动能像商业银行那样大,这是由商业银行的业务活动及其在经济中的渗透性所决定的。本章将全面介绍商业银行的业务及其管理。

8.1 商业银行业务

你到某银行去办理存款、申请贷款或去交纳水电费、电话费的时候,它就在开展银行业务了。实际上,商业银行业务活动的种类繁多,素有"金融百货公司"之称,远不止存贷款或代收水电、电话费这类业务。大体上,可以将商业银行的所有业务分为两个基本的类型:表内业务与表外业务。

8.1.1 表内业务

表内业务就是在资产负债表上所反映出来的业务,主要包括资产业务和负债业务两大类。

1. 资产业务

所谓**资产业务**就是商业银行如何使用通过负债而获得的资金。商业银行的资产业务主要有以下三大类:贷款、投资和票据贴现。有关票据贴现的具体内容,我们将在第 10 章介绍。

(1) 贷款。

贷款是商业银行最基本的资产业务,贷款与存款利差是我国商业银行最基本的利润来源。所以,为了获得更多的利润,它们总有扩张贷款的愿望。按贷款用途来分,商业银行贷款分为生产性贷款和消费贷款。生产性贷款一般是面向企业发放的贷款,以保证企业生产发展之需。生产性贷款又包括固定资产贷款和流动资金贷款。企业在取得固定资产贷款后,用所获得的贷款资金购买机器设备、建置厂房等,从而形成物质资本。固定资产贷款是使储蓄转化为资本的重要一环。有时候,企业也会遇到一些季节性的资金不足。例如,在圣诞节或春节来临之前,一些商业企业为迎接节日消费高峰的到来,会提前准备商品,而依靠自身的剩余闲置资金来备置这些货物会有很大的困难,这时,它们就会向银行申请流动资金贷款。又如,假设你们公司出售了一批价值 5 000 万元的货物,但要等到三个月以后才能收到货款,而公司现在又需要购买原材料投入品,否则会面临停工的危险。解决这一难题的办法之一,就是向银行申请流动资金贷款。商业银行在对资本需求量很大的企业或项目发行贷款时,往往会组织银团贷款,即一家商业银行做牵头银行,联合其他几家商业银行对该企业/项目一起发放贷款。银团贷款可以有效地分散风险,由多家银行共同承担企业或项目的信贷风险。此外,由于监管要求对一家企业的贷款不能超过商业银行资本金的 10%,这往往限制了那些资本金非常有限的中小商业银行对大企业的信贷业务,通过银团贷款就克服了这一障碍。

消费贷款,顾名思义,就是发放贷款的主要目的是用于购买消费品。住房抵押贷款和汽车消费贷款是最主要的消费贷款。如果你获得了中国工商银行一定的信用额度,且持有牡丹信用卡,即使你在卡上没有足额的存款,依然可以在工商银行的特约商户购物或在高档宾馆住宿,这就是信用卡消费贷款。与住房和汽车消费贷款不同,信用卡消费贷款没有特定的贷款用途,它主要是满足零星的消费支出之用。通过取得银行的消费贷款,我们就不必非得等到有了足够的积蓄才能购买属于我们自己的住房和汽车,有了消费信贷,我们就可以提前花费我们未来的收入。

改革以来相当长的一段时间里,中国一直是一个资本短缺的国家,因此,在金融剩余的配置上,一直以资本形成和生产为中心,银行贷款以生产性贷款为主。但是,由于不合理的企业治理结构,商业银行给企业发放的贷款相当部分形成了不良资产。随着商业银行主体利益的自我强化,以及对商业银行贷款风险管理制度的改革,促使商业银行在发放贷款时变得谨慎起来,商业银行正努力寻求风险较低的贷款领域。消费贷款就成了商业银行开拓低风险贷款的良好渠道。正是在这两个因素的作用下,在 1997 年以后,在商业银行的新增贷款中,对消费者个人贷款比重迅速上升了。到 2018 年 9 月末,对居民的消费贷款余额达到了 36 万亿余元。

除了生产性贷款和消费贷款外,还有一类特殊的贷款业务,它既不直接用于固定资产投资,也不用作流动资金,更不用于购买大宗消费品,这就是同业拆放业务。在一个营业日内,有的商业银行的资金流入额多于它的资金流出额,这时,它就有了剩余的头寸;相反,别的商业银行的资金流入额不足以抵补它的流出额,这时它的头寸就不足了。为了平衡商业银行之间的头寸,有剩余头寸的商业银行就向头寸不足的商业银行进行同业拆放。有多余头寸的商业银行通过同业拆放就充分利用了剩余的资金,可以取得相应的利息收入。

（2）投资。

投资业务就是商业银行购买有价证券或投资于其他实物资本的业务活动。如商业银行购买股票、政府债券或投资于房地产、自己经办实业等。但是,商业银行在从事投资业务时,会受到一些法律上的限制,并不是所有国家的商业银行都可从事这些方面的投资的。一般来说,商业银行投资于政府债券受到的限制较小,而投资于股票、基金或非自用房地产等在不同的国家有较大的差异。在实行**分业经营**的国家,法律禁止商业银行购买股票、企业债券或投资于房地产。但在实行银行与证券业**混业经营**的国家,商业银行在投资于这些资产时,受到的限制就很少。在实行全能银行制的德国,它们的银行除了吸收存款、发放贷款外,还可以直接投资于新兴企业、大量持有企业的股票和包销证券。因此,德国式银行是集商业银行与投资银行于一身的。现在,全球都有走向混业经营的趋势,银行与证券业之间的经营壁垒正在逐步打破,商业银行从事直接资本市场的投资活动空间越来越大。中国目前还是实行较为严格的分业管理,即商业银行不得从事股票等有价证券业务,也不得投资于非自用房地产,但购买政府债券、金融债券和一些非金融企业债券则不受限制。目前,中国商业银行的资产业务中,有相当一部分投资于各类债券。

即便在实行分业经营的国家,禁止商业银行持有和/或承销股票之类风险较高的有价证券,但还是允许它们持有一些如国债之类低风险的有价证券。事实上,有价证券是商业银行的一项重要资产,商业银行持有的有价证券包括由财政部发行的政府债券和由政策性银行发行的金融债券等。它不仅可以给银行带来一定的收益,而且流动性极高,尤其是,商业银行在需要现金时可以很方便地在公开市场上将它卖掉,因此,这些低风险的债券构成了商业银行的**二级准备**。这与由法定准备金和超额准备金一起构成的**一级准备**有一定的差异。

相对于贷款而言,银行持有政府债券之类的有价证券所承担的风险要低得多。其原因包括几个方面。首先有价证券的发行者要么是财政部,要么是中央银行或是有国家财政支持的政策性银行,其信用风险很低。其次,这些标准化的有价证券一般都有可以流通转让的市场,当商业银行不想持有这些有价证券时,可以很方便地在二级市场上将它们卖掉,不必非得将其持有到到期日为止。正是因为持有有价证券的风险较低,持有贷款的风险较高,所以,增加有价证券的持有量成了我国商业银行实行资产结构优化、提高资产质量、降低资产组合风险的主要措施。同时,商业银行持有一定的有价证券,也便利了中央银行通过公开市场操作来提高对基础货币的调控能力。

2. 负债业务

所谓**负债业务**,就是商业银行通过一定渠道获得他人的剩余资金。商业银行的负债业务主要有以下几类:吸收存款、借款、发行金融债券和增加资本金。

(1) 吸收存款。

吸收存款是商业银行最基本的负债业务,存款在商业银行的资金来源中所占的比重一般都在80%以上。如果没有了存款,商业银行的贷款活动也就成了无源之水。在某种程度上,商业银行吸收存款就相当于借鸡生蛋。除了资本金不可替代外,借款和发行金融债券都只是存款负债业务的补充。

(2) 借款。

当商业银行出现了资金短缺或头寸不足,而又不能及时地获得存款来补足这一差额时,它可以通过借款来弥补这一资金缺口。商业银行的借款包括同业拆借和向中央银行借款。同业拆借就是头寸不足的商业银行从有多余头寸的商业银行借入资金的活动,它是同业拆放的对立面。有时候,商业银行也可以直接从中央银行借款来弥补它的头寸缺口,从中央银行的角度来讲,它被称作**再贷款**。无论是通过同业拆借还是从中央银行借款,商业银行都是要支付一定利息的。有时候,商业银行从中央银行借款还会受到一定的限制,因为再贷款的增加会同时增加基础货币供应量(见第13章),而这首先必须服从中央银行货币控制的目标。

(3)发行金融债券。

商业银行获得资金的另一个来源是发行金融债券。金融债券就是金融机构为了筹集资金或为补充资本而发行的债券。发行金融债券与吸收存款所不同的是,金融债券是标准化的,在同一次发行的金融债券应当有相同的面额、期限和利率等。比较而言,吸收存款则比较灵活,利息成本相对较低。发行金融债券的另一个好处在于,它在定义上不属于存款,因而不需要向中国人民银行缴存法定存款准备金。但发行金融债券的限制性条件较多,比如信息公开、受到证券监管部门的监管等。不过,商业银行极少通过发行债券来为贷款筹集资金,倒是为补充资本金而发行的金融债券越来越普遍。

(4)筹集与补充资本金。

商业银行为了正常地开展各项业务活动,也需要一定的资本金。《巴塞尔协议》还要求商业银行风险加权的资本充足率不得低于8%。以前,我国国有商业银行的资本金全部来自于国家财政的拨付或国家注资,它们不通过资本市场增加资本金。现在,它们已经或即将变成公开上市的股份公司,公开发行股票就是其筹集和补充资本金的重要渠道。同样地对其他中小股份制商业银行而言,包括首次公开发行(IPO)或公开/定向增发股票是筹集补充资本金最重要的方式之一。除了发行股票外,商业银行还可以发行次级债务、混合资本债券和可转换债券作为附属资本(见8.2.2)。

决定银行资本的主要因素是银行的规模、资产的分散情况和资产的风险等。银行的资产越高,它所要求的资本也就越多。银行资本还取决于银行资产的分散情况。如果贷款高度集中在少数几个企业,那么,只要有一家企业破产就可能给银行带来很大比例的不良资产。在这种情况下,银行就需要较多的资本作为贷款损失的缓冲。影响银行资本量的第三个因素是它的资产的风险状况。资产风险越高,就需要有更多的资本来缓冲风险暴露所产生的损失。如果银行主要是持有政府债券,它所需要的资本就比主要是持有对企业贷款债权的银行的资本量要少。

8.1.2 表外业务

表外业务是指没有反映在银行资产负债表中,但会影响银行的营业收入和利润的业务。在西方发达国家,表外业务对银行利润的贡献达到40%—50%甚至更高,中国商业银行表外业务收入占比也在逐渐提高。表外业务将是中国银行业未来竞争的业务重点领域。表外业务分为广义的表外业务和狭义的表外业务。广义表外业务包括中间业务和狭义表外业务。

1. 中间业务

中间业务是指银行利用自己的便利而不动用自己的资产为顾客办理的服务，包括汇兑业务、信托业务、代理业务、租赁业务和信用卡业务等。中间业务收入主要是手续费。

（1）汇兑业务。

汇兑业务是银行代理客户把现款汇给异地收款人的业务。这种业务要使用特殊的汇兑凭证：银行汇票或支付委托书。这些凭证是承汇银行向另一银行或分支行发出的命令，命令后者向第三者支付一定数额的货币，银行汇票由银行交给客户，客户再将它寄给收款人，由收款人到汇票指定的银行取款。支付委托书是承兑银行用电信或电报直接通知另一银行，再由后者通知第三者取款。因此，汇兑业务中包含着两个阶段的行为，首先是汇款，然后是兑现，故称为汇兑。银行在为客户办理汇款时，一般要收取一定金额的手续费。汇兑业务为商业银行创造了没有风险的收益机会，而且，银行还可以利用汇兑业务占用客户的一部分资金。随着电子信息技术的发展，虽然汇出银行不像过去那样较长时期地占用汇款的资金，但对于汇入的银行而言，从款项的汇入到客户取现，也往往有一定的时间间隔，在此期间，该银行可以将其另作他用。

（2）信托与代理业务。

信托业务是银行受客户的委托，代为管理、营运、处理有关钱财的业务，包括对个人和企业的信托业务。对个人的信托业务主要包括代保管财产、代保管有价证券和贵重物品和代办人寿保险。对企业的信托业务主要包括代办投资、代办筹资事宜，如股票或债券的发行、股票或红利的分发、偿还债券的本息、代办合并或接管其他企业、代管员工福利账户、退休养老金的发放、业务咨询、代理国债的发行和还本付息等。你到银行的储蓄所存取钱时，或许就能经常看到它们代为出售保险、基金等产品的广告。商业银行经营信托业务一般也只按一定比例收取手续费或佣金，至于营运中获得的收入则归委托人所有。同时，银行在办理这项业务时，同汇兑业务一样，也可将部分信托资金用于投资业务或临时性的流动性管理。

对许多大众投资者而言，所接触的商业银行的信托业务之一，就是日益广泛的商业理财业务。所谓**理财业务**，是指商业银行利用自身的优势，向企业和个人提供的财务分析、财务规划、投资顾问、资产管理等专业化服务活动。按照管理运作方式不同，商业银行理财业务分为理财顾问服务和综合理财服务。理财顾问服务是商业银行向客户提供的财务分析与规划、投资建议、个人投资产品推介等专业化服务。综合理财服务是商业银行在向客户提供理财顾问服务的基础上，接受客户的委托和授权，按照与客户事先约定的投资计划和方式进行投资和资产管理的业务活动。在综合理财服务活动中，客户授权银行代表客户按照合同约定的投资方向和方式，进行投资和资产管理，投资收益与风险由客户或客户与银行按照约定方式承担。

私人银行业务也是商业银行最重要的信托业务之一。人们的收入和财富水平的差异,决定了他们对商业银行的服务需求也存在差异。私人银行业务就是商业银行根据客户细分而提供的差异化金融业务,它是商业银行专门为富裕的、具有高净值(总资产减总负债的差额)的人群提供的以资产管理为核心的个人投资与资产管理服务。随着经济的发展和社会财富总量的增长,富裕阶层的专门化、专业化的资产管理需求日渐增长,商业银行为迎合他们资产管理的需求,广泛地开始了私人银行服务。当然,不同的银行在私人银行业务方面存在一些明显的差异,服务的种类也多种多样。

(3) 信用卡业务。

信用卡是一种消费者信贷,持卡人可以用卡支付物品或劳务的费用,商家每天将持卡人签发的发票副本送交发卡银行,然后由发卡银行按月向持卡人收账。信用卡实际上把银行的两项基本功能——支付与信贷结合起来了。

各种信用卡的发行,不仅为银行,也为顾客和商家提供了便利。对银行来说,它可以吸收商家在银行的存款,并可收取一定的佣金或因不能按期付款的罚息,同时还加强了银行与客户的往来合作关系,或提高用户粘性。对顾客来说,借助信用卡,可以获得购买东西或享受的方便,不用随身携带现金,也减少了自己存款账户余额不足的尴尬。对商家来说,它们赊销后可以立即从银行收回货款,资金可免于积压,又扩大了它的销售面。

(4) 租赁。

所谓租赁,是指所有者与使用者之间的一种借贷关系,由出租人按照契约规定,将财产租给承租人使用,承租人则按期交纳一定的租金给出租人。这种业务一般由银行所控制的分公司经营,如银行系租赁公司。租赁的范围包括飞机、船只、车辆、电子计算机、各种同电设备等。

2. 狭义表外业务

狭义表外业务包括贷款承诺、担保、衍生金融工具和投资银行业务四大类。

(1) 贷款承诺。

贷款承诺是银行在未来特定时期内向客户按事先约定的条件发放一定数额贷款的承诺,分为可撤销承诺和不可撤销承诺。可撤销贷款承诺附有客户在取得贷款前必须履行的特定条款,一旦在银行承诺期间及实际贷款期间发生客户信用级别降低,或客户没有履行特定条款,则银行可以撤销为其提供贷款的承诺。不可撤销的贷款承诺则是不经客户同意银行不得私自撤销的承诺,它具有法律效力。

(2) 担保。

担保是商业银行以证人或保人的身份接受客户的委托,对国内外的企业提供信用担保服务的业务,即商业银行为交易活动双方中的其中一方(委托人)向另一方出具书面担保,以保证委托人届时履行合同义务。一旦委托人不履行合同义务,则银行负有连带赔偿责任。因此,担保形成了银行的或有负债。银行担保业务包括银行承兑汇票、信用证、企业融资担保等。例如,银行为企业发行债券提供担保。

（3）衍生金融工具。

衍生金融工具是指以股票、债券或货币等资产为基础而派生出来的金融工具,它们依附于原生金融工具的交易而存在。衍生金融工具包括远期外汇合约、货币与利率互换、金融期货和金融期权等。在金融市场波动性越来越大的环境下,不仅商业银行自身需要通过衍生金融工具来规避和管理风险,而且也通过这一手段来帮助客户更好地取得收益与风险的平衡。我们将在第 12 章中详细介绍衍生金融工具。

（4）投资银行业务。

投资银行业务就是由投资银行和证券公司经营的各种业务,包括证券的承销、代理和证券做市等。自 20 世纪 70 年代末期以来,西方金融监管当局逐渐放松或取消了对金融机构业务活动范围的限制,商业银行与投资银行以及其他金融机构之间的业务进行了相互渗透,其业务分工界限变得越来越模糊了。我国的商业银行现在不仅可以承销政府债券,还可以承销地方政府、企业债券等等;它们也为企业的并购、重组提供服务。随着金融市场的发展越来越多的企业会更多地依赖于发行股票和债券来筹资,对银行信贷的依赖性会趋于下降,投资银行业务会逐渐成为商业银行竞争大企业客户的重要领域。

8.2　资产与负债管理

为了提高资产和负债业务的效率,降低风险,商业银行就要加强资产负债业务的管理。

8.2.1　资产管理

1. 资产管理的"三性"原则

资产业务是银行取得收益的主要来源。银行在开展资产业务时,要追求收益性、流动性和安全性的统一,这就是资产管理的"三性"原则。为了使收益更高,赚取的利润更多,它就要寻找愿意支付较高利率的借款者,发放收益较高、风险较低的贷款;其次是购买收益较高、风险较低的有价证券,在收益与风险之间取得平衡。要做到银行所有资产平均风险最小化,它就必须寻找最佳的资产组合。最后,银行还要注意资产的流动性,避免用很高的成本来获得资金以满足中央银行的法定存款准备金的要求或是满足存款者取款的要求,因此,银行必须持有一定的库存现金或超额准备金。但是,收益性、流动性和安全性之间又存在着矛盾(回想一下第 2 章介绍的金融工具的特性及其相互之间的关系),如果收益率较高,其风险也相应会高一些,流动性则又相应会低一些;反之,要想风险最小,流动性最高,但又必须以低收益为代价。例如,如果银行主要以持有库存现金或超额准备金为其资产形式,它的流动性固然极高,也不存在违约风险,但银行又失去了将它用于发放贷款或购买有价证券获取更多收益的机会。因此,银行的资产管理就是在资产的收益性、流动性和风险之间取得平衡的艺术。

2. 资产管理中的贷款质量管理

除此之外,资产管理另一个重要方面就是贷款质量管理。银行贷款分为正常贷款和不良贷款两类。正常贷款是借款人完全按照借款合同的承诺还本付息的贷款,否则就是不良贷款。

为了区分正常贷款和不良贷款,银行在管理贷款质量时,要实行以风险为基础的**贷款五级分类法**,即把贷款分为正常、关注、次级、可疑和损失五类,后三类称为不良贷款。正常是指借款人能够履行合同,没有足够理由怀疑贷款本息不能按时足额偿还。关注是指借款人目前有能力偿还贷款本息,但存在一些可能对偿还贷款本息产生不利影响的因素。次级是指借款人的偿还能力出现了明显问题,完全依靠其正常营业收入无法足额偿还贷款本息,即使执行担保,也可能造成一定损失。可疑是指借款者无法足额偿还贷款本息,即使执行担保,肯定会造成较大损失。损失是指在采取所有可能的措施或一切必要的法律程序之后,本息仍无法收回,或只能收回极少部分。图 8.1 表明,新世纪以来,中国银行业的不良资产率大幅下降,资产质量得到了明显改善。

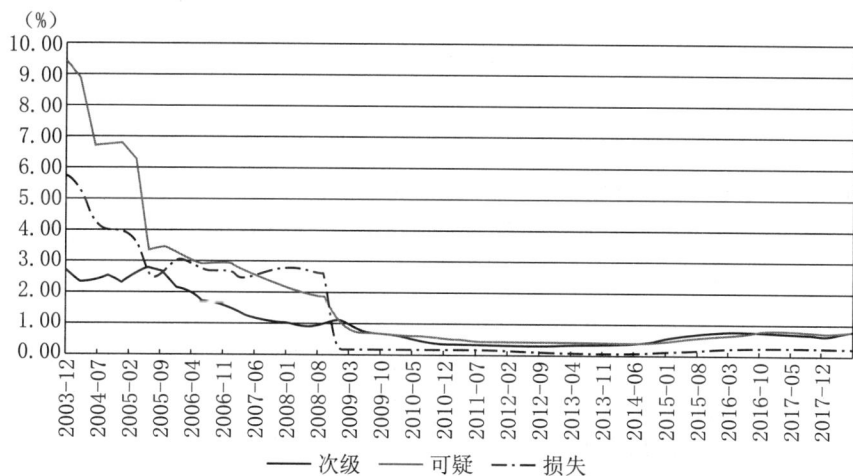

图 8.1　中国银行业五级分类中的不良贷款占比
资料来源:根据中国银监会网站数据整理绘制。

在对贷款质量分类后,银行应当按照谨慎会计原则,合理估计贷款可能发生的损失,及时计提贷款损失准备,俗称"拨备"。贷款损失准备对不良贷款的比率叫**拨备覆盖率**,这是衡量一家银行应对贷款损失能力的良好指标。对于五级分类贷款,不同类别的贷款有不同的拨备要求。关注类贷款计提比例为 2%;次级类贷款计提比例为 25%;可疑类贷款计提比例为 50%;损失类贷款计提比例为 100%。次级和可疑类贷款的损失准备,计提比例可以上下浮动 20%。贷款损失准备由银行总行统一计提,及时对损失类贷款或贷款的损失部分进行核销。根据监管要求,贷款损失准备必须根据贷款的风险程度足额提取,损失准备提取不足的,不得进行税后利润分配。商业银行贷款损失计提不足,一方面可能会高估银行的利润,误导投资者,另一方面,一旦发生借款者违约或其他资产损失,就要消耗其自有资本,直接影响银行的稳定性。图 8.2 显示,自 2008 年以来,中国银行业的拨备覆盖率已大幅提高,银行业自身化解资产损失的能力显著增强,不过,2013 年以来的拨备覆盖率已明显下降。

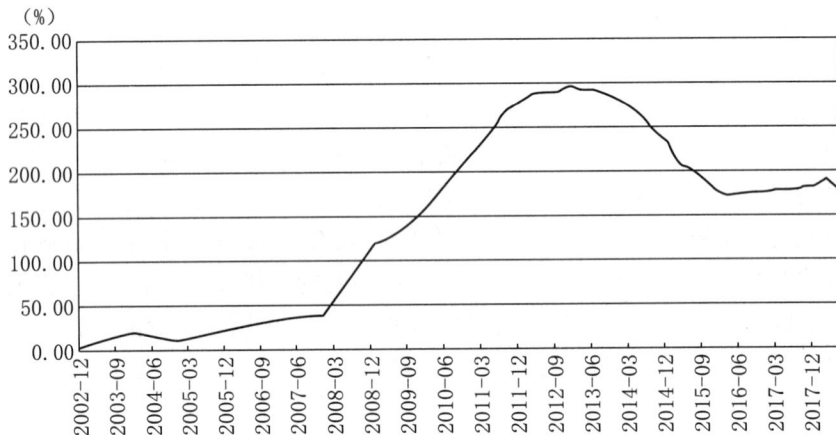

图 8.2　中国银行业拨备覆盖率

资料来源:根据中国银监会网站数据整理绘制。

3. 商业银行资产管理理论

在商业银行发展的历史中,逐渐形成了不同的资产管理理论。真实票据论又称为商业贷款理论,它是在 17 世纪英国银行实践的基础上发展起来的。根据这一理论,商业银行不宜发放证券贷款、不动产贷款、消费者与个人贷款和长期农业贷款。即使发放这些贷款,也应将其限定在银行自有资本和现有储蓄存款水平范围内。该理论认为:在银行发展初期,因为银行的主要资金来源是流动性很高的活期存款,商业银行在分配资金时应着重考虑保持高度的流动性。由于存款决定是外在的,因此,商业银行的资产业务主要集中于短期自偿性贷款,不发放长期贷款和消费者贷款,因而该理论又被称为自偿性贷款理论。

银行业的危机表明,流动性并不取决于发放贷款的种类,而取决于银行持有资产的可转换性或出售性。基于人们对保持商业银行流动性的新认识,**转换能力理论**认为商业银行资产不一定局限于短期自偿性贷款,其相当一部分还可投资于能够迅速出售的证券资产。这就扩大了商业银行资产范围,使商业银行在保证了一定流动性和安全性的基础上增加了盈利能力。

预期收入理论的基本思想是,商业银行的流动性状态归根结底是以未来收入为基础的,并与其收入成正相关。只要预期的未来收入有保障,通过分期偿还,长期项目贷款和消费信贷同样可保障银行的流动性;反之,如果未来收入没有保障,即使短期贷款也有违约的风险。因此,该理论认为,商业银行应把借款人的预期收入作为衡量其贷款偿还能力的标准,并以此来协调盈利性、流动性和安全性之间的关系。预期收入理论还认为,借款人收入的多少和时间是可以预期的,如果用每期收入的一部分归还贷款,不仅贷款的归还有了保证,而且贷款归还的数量和时间也同样是可以预期的。另外,如果分期归还贷款,即使是长期贷款,在贷款期限内也能够经常带来流动性。

8.2.2 负债管理

1. 负债管理的主要内容

负债业务是银行资产业务的基础。因此,对银行来讲,对负债业务管理要比一般工商业企业对负债业务的管理要重要得多。银行对负债业务管理的基本内容就是如何以较低的成本获得比较稳定的资金来源。吸收存款、从中央银行借款、从同业拆借市场借入资金和发行金融债券都是银行取得资金来源的主要途径,但商业银行负债资金绝大部分来自于存款。因此,如何吸收更多的存款是银行进行负债业务管理的关键。

资本管理是现代银行负债管理的一项重要内容。银行资本的作用主要体现在三个方面:吸收包括风险损失在内的经营亏损,保护银行的正常运营,使银行的管理者能有一定的时间解决存在的问题,为银行避免破产提供缓冲的余地;充足的资本有助于树立公众对银行的信心,向银行的债权人显示其实力,银行资本实力越雄厚,存款者对其信心会越强;以监管资本为基础计算的资本充足率,是监管当局限制银行风险承担行为、保障市场稳定运行的重要工具,因为,银行资产风险越高,监管者会要求与其相匹配的更高的资本,从而资本充足性要求可在一定程度上约束商业银行资产选择中冒过度风险的行为。

银行管理中的资本分为三个层次,即:

● **权益资本**:银行财务报表中显示的所有者权益,它包括实收资本、资本公积、盈余公积和未分配利润等。

● **监管资本**:它是按监管当局的要求计算的资本,包括核心资本和附属资本。

● **经济资本**:银行的经济资本,是基于银行全部风险之上的资本,因此又称为风险资本。

经济资本是一种虚拟的、与银行风险的非预期损失等额的资本。经济资本不是真正的银行资本,它是一个"算出来的"数字。在数额上与非预期损失相等,即,银行的经济资本等于信用风险的非预期损失、市场风险的非预期损失和操作风险的非预期损失之和。预期损失以准备金的形式被计入银行经营成本,并在银行提供的产品的价格如贷款利率中得到了补偿,已不构成真正的风险。非预期损失是真正的风险,它需由银行的资本来消化,这是由资本的功能和非预期损失的波动性所决定的。经济资本成为银行确定其风险控制边界的基础:经济资本作为一种虚拟资本,当它在数量上接近或超过银行的实际资本(即监管资本)时,说明银行的风险水平接近或超过其实际承受能力,这时银行要么通过一些途径增加实际资本,要么控制或收缩其风险承担行为,否则其安全性将受到威胁。如果某项业务的风险过大,则该项业务为消化其风险损失所占用的资本就较多,这时即便该项业务能带来较大的利润,与其所占用的资本相比,其资本利润率就不见得很高。因此,银行应在一个适当的风险水平上实现股东价值的最大化。

监管资本是由银行业监管机构为提高银行经营的稳健性而设置的资本要求,包括核心资本和附属资本。**核心资本**由实收资本和公开储备构成。实收资本包括已发行和缴足的普通股和永久性非累积性优先股。公开储备是指通过保留盈余或其他盈余的方式在资产负债表上明确反映的储备,如股票发行溢价、未分配利润等。

附属资本包括:(1)未公开储备,又称隐蔽储备。构成与公开储备大体相同,只是未公开储备缺乏透明度。资产重估储备,如银行自身房产的正式重估。(2)普通准备金或一般贷款损失准备等。(3)次级债务。是指固定期限不低于5年(包括5年),除非银行倒闭或清算,不用于弥补银行日常经营损失,且该项债务的索偿权排在存款和其他负债之后的商业银行长期债务。(4)混合资本债。是指期限不低于15年,且在10年内不得赎回的、可用于弥补商业银行经营损失、可暂停索偿权或吸收损失,且在偿还顺序上位于次级债之后、先于股本资本的债券。(5)可转换债券。即在特定时间、按特定条件转换为普通股票的债券。

商业银行风险加权的资本充足率不得低于8%,其中,核心资本充足率不得低于4%,附属资本充足率不得超过4%。当商业银行资本充足率接近或低于8%时,就要通过吸收新的资本(获得政府注资、IPO及增发)或发行次级债、混合资本债或可转换债等方式来补充资本金,以达到监管者的监管要求,并提高银行承受风险的能力。

2. 负债管理理论

最古老的负债管理理论是"银行券理论"。在商业银行发展的早期,银行券是其基本的负债,但那时发行银行券都有贵金属作为支付准备,然而,银行家们发现,银行券的持有者一般不会同时要求将其换成贵金属,因此,发行银行券不必以十足的贵金属作为准备。在拥有的贵金属的量固定时,尽可能多地发行银行券成为一些商业银行牟利的主要手段。但银行券的过多发行带来了通货膨胀,在建立了中央银行后,商业银行就不再发行银行券了。于是,吸收存款便成为商业银行最基本的负债,"存款理论"便应运而生。

存款理论认为,存款是银行最重要的资金来源,是银行的被动负债和主要的成本支出渠道。对存款者而言,最关注的是存款能够兑现和保值;对银行而言,最关注的是存款的稳定性和流动性问题。因此,商业银行应从安全性和流动性出发,按客户意愿组织存款,并根据所吸收的存款状况来安排商业银行的贷款等资产业务,保持资产较高的流动性,防止出现挤兑,不能盲目扩大贷款和支付高额利息。存款理论是在牺牲商业银行资产盈利性的前提下保持资产的流动性。

进入 20 世纪 60 年代,由于利率管制和金融创新使商业银行深感其吸收资金的能力被削弱,流动性的巨大压力,因此,在商业银行经营管理中又出现了新的负债管理理论。新理论主张商业银行变过去单纯依靠吸收存款的被动型负债为向外借款的主动型负债,从而找到一种保持商业银行流动性的新方法,提高商业银行竞争力。其中,影响较大的是购买理论和销售理论。

购买理论认为,银行对负债并不是消极被动和无能为力的,通过加强资产管理,银行固然可以获得流动性,但银行也完全可以采取主动地负债、主动地购买外部资金等手段获得流动性。因此,银行没有必要保持大量高流动性资产,应将资金投入高盈利性的贷款或其他投资之中;一旦出现流动性需要,随时可通过购买资金管理来提供必要的流动性。通过主动购买负债而获得流动性,商业银行的资产业务就摆脱了存款数额的限制。传统的负债管理理论着眼于资金来源,销售理论着眼于通过多样化的金融创新,为客户提供形式多样的金融服务。该理论认为,银行是制造金融产品的企业,其主要任务就是推销这些产品而获得所需的资金和必要的利润,同时将负债业务与资产业务进行整体设计,从负债管理角度统筹安排资产分布,通过对金融产品的设计、销售来达到吸收和运用资金的目的。

8.3   流动性管理

8.3.1   商业银行准备金

流动性是银行管理的一个基本内容。要理解商业银行的流动性管理,首先要弄清商业银行的**准备金**,它是商业银行为了应付存款者取款需要而保留的一部分资产,包括法定存款准备金、在中央银行存款和库存现金。其中,在中央银行存款和库存现金之和为**超额准备金**。**法定准备金**是中央银行要求商业银行必须缴存的准备金。如果法定存款准备金比率为 10%,那么,商业银行每吸收 100 元存款,就必须在中央银行存放 10 元。超额准备金为商业银行总储备资产减去法定存款准备金的余额,它与存款总额的比率就是超额准备金比率。

商业银行用于准备金的资产越多,用于购买有价证券或发放贷款的资产就越少,而且准备金的收益很低。绝大多数国家的中央银行是不对商业银行的准备金存款支付利息的。商业银行为什么还愿意持有准备金呢? 一个原因是,法定存款准备金是商业银行必须依法向中央银行缴存的;另一个原因是,超额准备金的流动性最高。在面临存款者提取现金时,商业银行就可以很自如地应付潜在的流动性困境。除了在中央银行的存款和库存现金外,我们在前面还介绍了商业银行通过投资活动而持有一部分流动性较高、风险较低的政府债券等证券资产。由于这些债券有较发达的二级市场,当商业银行需要现金时,也可以方便地出售一部分有价证券。与法定准备和超额准备构成的一级准备相对应,商业银行持有的政府债券就成了二级准备。

8.3.2　商业银行流动性管理方法

厘清了什么是准备金之后,现在就来看看商业银行的流动性管理方法。

一般而言,银行可以从资产和负债两方面来管理流动性。假定某商业银行初始的资产负债表如下:

某商业银行初始的资产负债表

资产(万元)		负债(万元)	
准备金	2 000	存款	18 000
有价证券	5 000	从中央银行借款	1 000
贷款	15 000	同业拆借	1 000
		所有者权益	2 000
资产总额	22 000	负债总额	22 000

再假定法定存款准备金比率为 10%。由于该行吸收了 1.8 亿元存款,因此应按照 10% 的法定存款准备金比率提取 1 800 万元的法定存款准备金,由于该行的实际准备金为 2 000 万元,因此有 200 万元的超额准备金。

现在假定有一位客户在当天提取了 1 000 万元的存款,这时,该银行的资产负债表变为:

客户提取 1 000 万元存款后该银行的资产负债表

资产(万元)		负债(万元)	
准备金	1 000	存款	17 000
有价证券	5 000	从中央银行借款	1 000
贷款	15 000	同业拆借	1 000
		所有者权益	2 000
资产总额	21 000	负债总额	21 000

由于客户提走了 1 000 万元的存款,这对该商业银行资产负债表的影响是:在资产方,准备金从原来的 2 000 万元减少到了 1 000 万元;在负债方,存款从原来的 1.8 亿元减少到了 1.7 亿元。由于法定存款准备金率为 10%,1.7 亿元的存款应该提取 1 700 万元的法定准备金,因此,该银行还差 700 万元的法定准备金。如何来弥补这一差额呢? 可从资产和负债两个方面来解决这一问题。

1. 资产方 1：出售有价证券

由于该银行持有 5 000 万元的有价证券，当面临存款者取款的需求时，它就可在公开市场上出售 700 万元的有价证券来弥补准备金缺口。该银行出售 700 万元的有价证券后，资产负债表变为：

出售有价证券后该银行的资产负债表

资产（万元）		负债（万元）	
准备金	1 700	存款	17 000
有价证券	4 300	从中央银行借款	1 000
贷款	15 000	同业拆借	1 000
		所有者权益	2 000
资产总额	21 000	负债总额	21 000

出售有价证券弥补法定准备金缺口对资产负债表的影响是只调整了该银行的资产结构，对其负债没有影响，即准备金增加到了 1 700 万元，有价证券却从原来的 5 000 万元减少到了 4 300 万元。商业银行通常会持有一定数额的政府债券等有价证券，这些有价证券有公开交易的市场，每天的交易量都比较大，因此，当商业银行面临流动性冲击时，它就可以出售其持有的一部分有价证券，调整资产负债表的资产方，获得相应的流动性。同时，持有一定的有价证券还可以获得相应的收益，有价证券可充当二级准备。

2. 资产方 2：收回贷款

贷款是银行最大的资产项，比如，该银行的 2.1 亿元的资产中，贷款就占了 1.5 亿元。假如该银行能够成功地通过收回贷款来弥补 700 万元的准备金缺口，这时，它的资产负债表变为：

收回 700 万元贷款后该银行的资产负债表

资产（万元）		负债（万元）	
准备金	1 700	存款	17 000
有价证券	5 000	从中央银行借款	1 000
贷款	14 300	同业拆借	1 000
		所有者权益	2 000
资产总额	21 000	负债总额	21 000

可见，通过收回贷款来弥补准备金缺口同出售有价证券一样，只是影响资产结构，对负债没有影响。它的资产方调整为准备金 1 700 万元，满足了 10% 的法定存款准备金率的要求，贷款余额相应地下降到了 14 300 万元。我们可以在书本上这样轻而易举地调整该银行的资产结构，满足流动性的要求。但实际上，银行真正面临流动性的冲击时，要通过收回贷款来弥补准备金缺口会有诸多的不便。银行在贷款合同到期前收回贷款，会打乱借款者原来的资金支出计划，甚至会中断它原来

的投资项目,这就使银行丧失了保持流动性和投资的连续性这一金融系统的功能。

除了出售有价证券和收回贷款以调整资产结构外,商业银行还可以通过负债来进行流动性管理。

3. 负债方1:吸收现金存款

如果该商业银行在当天吸收到了800万元的现金存款,商业银行将它存入库存款现金中,这时,它的资产负债表为:

将800万元新存款当作准备金时该银行的资产负债表

资产(万元)		负债(万元)	
准备金	1 800	存款	17 800
有价证券	5 000	从中央银行借款	1 000
贷款	15 000	同业拆借	1 000
		所有者权益	2 000
资产总额	21 800	负债总额	21 800

由于增加了800万元的现金存款,其资产和负债总额都增加到了2.18亿元。在资产方,准备金从原来的1 000万元增加到了1 800万元;在负债方,存款额从原来的1.7亿元增加到了1.78亿元。按照10%的法定准备金率,它应提取的法定准备金总额为1 780万元。由于它实际的准备金共有1 800万元,因此,除了能够满足法定准备金率的要求外,还有20万元的超额准备金。但是,银行要单纯依靠现金存款的流入来进行流动性管理是很危险的,在存在大量的取款时,要靠这种方法可能无法满足其流动性的需求。

4. 负债方2:从中央银行借款

假定在存款者提取1 000万元现金后,该银行既不愿意出售有价证券,也不愿意收回贷款来弥补准备金缺口,同时现金存款的流入又很少,那么,它还可从中央银行借款。中央银行的作用之一就是充当最后贷款人,在商业银行面临流动性困境时,向它提供再贷款,满足其流动性需要。我国中央银行向商业银行等金融机构提供的贷款统称为**再贷款**。如该商业银行从中央银行借了700万元,那么,其资产负债表就变为:

从中央银行借入700万元后该银行的资产负债表

资产(万元)		负债(万元)	
准备金	1 700	存款	17 000
有价证券	5 000	从中央银行借款	1 700
贷款	15 000	同业拆借	1 000
		所有者权益	2 000
资产总额	21 700	负债总额	21 700

从中央银行借入700万元对该银行资产负债表的影响是:资产和负债总额都增加了700万元。在资产方,准备金从1000万元增加到了1700万元;在负债方,存款还是1.7亿元,但从中央银行的借款从原来的1000万元增加到了1700万元。1700万元的准备金满足了1.7亿元存款10%的法定准备金率要求。

5. 负债方3:同业拆借

该银行从负债方来获得流动性的第三个办法就是进入银行间同业拆借市场借入700万元的资金。银行间同业拆借市场就是供银行间相互调剂资金余缺的短期货币市场,它为商业银行进行流动性管理提供了极大的便利,同时,也为那些有剩余资金的银行提供了收益机会。该银行从同业拆借市场借入700万元的资金后,其资产负债表变为:

从同业拆借市场借入700万元后该银行的资产负债表

资产(万元)		负债(万元)	
准备金	1 700	存款	17 000
有价证券	5 000	从中央银行借款	1 000
贷款	15 000	同业拆借	1 700
		所有者权益	2 000
资产总额	21 700	负债总额	21 700

可见,从同业拆借市场借入700万元后,同从中央银行借入700万元一样,都使资产和负债总额增加了700万元。在资产方,同样使准备金从原来的1000万元增加到了1700万元;在负债方,则使同业拆借项从原来的1000万元增加到了1700万元,对负债方的其他项目没有影响。1700万元的准备金刚好满足了1.7亿元存款10%的法定存款准备金率的要求。

商业银行从中央银行借款或从同业拆借市场拆入资金形成的准备金就是**借入准备金**。从总准备金中扣除借入准备金后的余额就是商业银行的**自有准备金**。借入准备金到期时必须归还,商业银行并不能用借入准备金来扩张贷款,商业银行实际上能够自由支配用于扩大贷款的准备金为超额准备金减去借入准备金的余额,这个余额就是商业银行的**自由准备金**。

上述无论是从资产方出售有价证券或收回贷款,还是从负债方吸收现金存款、从中央银行借款或是同业拆借等方面来管理流动性,都会对银行带来一些不便。所以,一般来说,银行在法定存款准备金之外,通常会持有足量的超额准备金来应付存款者的取款需求。

6. 资产方3:超额准备金

现在假定,最初始时,该银行的资产结构为:准备金为3000万元,持有的有价证券为4500万元,贷款为1.45亿元,其负债结构不变,这时,其资产负债表为:

持有 1 200 万元的超额准备金时该银行的资产负债表

资产(万元)		负债(万元)	
准备金	3 000	存款	18 000
有价证券	4 500	从中央银行借款	1 000
贷款	14 500	同业拆借	1 000
		所有者权益	2 000
资产总额	22 000	负债总额	22 000

在存款者提取 1 000 万元的现金后,它的资产负债表变为:

存款者提取 1 000 万元后该银行的资产负债表

资产(万元)		负债(万元)	
准备金	2 000	存款	17 000
有价证券	4 500	从中央银行借款	1 000
贷款	14 500	同业拆借	1 000
		所有者权益	2 000
资产总额	21 000	负债总额	21 000

提取 1 000 万元的现金后,该银行的总资产和总负债都减少到了 2.1 亿元。在资产方,准备金从原来的 3 000 万元减少到了 2 000 万元;负债方,除了存款减少了 1 000 万元外,其他负债结构没有变。可见,即使提取了 1 000 万元现金后,剩余的 2 000 万元准备金还足以满足 1.7 亿元存款按 10% 的法定存款准备金率提取 1 700 万元的法定准备金要求。

但是,持有足量的超额准备金固然可以很方便地满足该银行应付流动性的要求,但也并不是没有代价的。由于该银行增加了 1 000 万元的超额准备金,使其有价证券和贷款都相应减少了 500 万元,而持有超额准备金就会减少银行持有的其他生利资产的数额。因此,不管是哪种方法进行流动性管理,都有各自的利弊,这应了孟夫子的那句话:鱼与熊掌不可兼得。

8.4 信用风险管理

1999 年,我国商业银行开始探索助学贷款业务。有一家银行准备向我所在学校的学生提供一项助学贷款计划,该计划的最高额度为 5 万元。随后,我的一些同学向该银行递交了助学贷款申请。申请助学贷款要办理很多烦琐的事项,银行不仅要求贷款申请者提供担保人,还要求学校开具学籍、学习成绩、科研成果等相关证明。该银行根据申请者的材料评分,然后将各项分值加总,根据总分决定对贷款申请者发放多少贷款。如果担保人有教授或研究员职称,该项评分就比担保人只有助教或助理研究员职称的高;学习成绩越好,科研成果越多,所得的评分也越高。经各方面审查后,在申请贷款的学生中,有相当多的部分被该银行拒绝提供助学贷款;

虽然最高可以获得 5 万元的贷款额度,但实际上获得贷款的最多也只有 2 万元。

上面的助学贷款例子说明了商业银行信贷风险管理的一些措施。商业银行进行信贷风险管理的基本措施主要有:筛选与监控、与客户建立长期关系、贷款承诺、抵押和担保、补偿余额、信用配给和自偿性贷款等。关于抵押和贷款承诺,我们已在第 2 章介绍了,这里只介绍其他几种信用风险管理战略。

8.4.1 筛选

银行在发放贷款前,要对借款者各方面进行评估,以判断借款者还款意愿和还款的能力,区分借款者的风险。银行不会对所有的贷款申请者都提供信贷。我们上面讲的助学贷款的例子中,银行在对学生发放助学贷款前,要对学生学习成绩、科研成果等方面进行评估,就是考察学生的还款能力,从而对申请贷款的学生进行筛选。

更具体地说,银行信贷审查有 5C 或 5P 方面的内容。5C 是指:(1)借款能力(capacity to borrow)。银行放款时,不仅关心借款者的偿还能力,而且还要关心其法定的借款能力,如对合伙企业放款时,一般会要求所有合伙人同意借款。(2)借款人的品质(character),指借款人要诚实、可靠和讲信用,有强烈归还借款的愿望。(3)资本(capital),自有资本越多,银行在放款时发生逆向选择和借款者借款后发生道德风险的可能性就越低。(4)放款时的担保(collateral),担保弱化了发生逆向选择和借款者道德风险和不良后果。(5)经营情况(condition of business),指借款者的经营管理和盈利能力。在上述助学贷款的例子中,银行要审查学生的主业——学习成绩和科研成果——"经营"的好坏。在审查企业的经营时,一般要对借款者的一系列财务指标进行分析,必要时还要对借款者与该行业中其他企业的财务指标进行比较。

所谓 5P 包括:(1)借款者个人因素(personal factor),即借款者的信誉和偿还贷款的能力。(2)目的(purpose factor),即借款者有无增加生产的积极意愿。如果借款者借款是用于买彩票或赌博,银行是不会给他放款的。(3)偿债因素(payment factor),即偿还资金是否具有自偿性和如何安排最好的偿还时间。(4)债权保证因素(protect factor),即放款的抵押品和收回贷款的保障措施,如要求借款者提供第三方担保。(5)前景因素(prospective factor),即对盈利风险的评价,银行会要求借款者对项目前景进行分析,提供未来现金流量的估计。如对学生成绩的审查,其潜意识就是学习成绩越好,越有可能找到一份好工作,还贷不会成问题,这都是对前景因素的分析。

5C 和 5P 并没有实质性的区别,它们考察的很多因素其实是相同的。比如,5C 中的借款能力、借款人品质其实就是 5P 中借款者的个人因素,而 5C 中的经营情况考察实际上就是 5P 中的前景因素。

8.4.2 贷款专业化

所谓贷款专业化,是指银行集中于当地企业或某一个特定行业的企业发放贷款。从风险管理的角度来看,专业化有悖于分散化原则。如果一家银行专门集中于石油能源企业的贷款,那么,国际石油价格大幅度下跌时,贷款就会面临很高的风险。但是,从另一个角度来看,贷款专业化又是非常有利的,因为这样可以利用专业化分工的好处。银行集中在某一特定的行业发放贷款,能更好地对行业内的各个企业比较分析,筛选出信用较好的企业。

8.4.3　信用配给

信用配给是指银行拒绝向贷款申请者提供全部或部分的贷款,使借款者的借款需求只能得到部分的满足,或根本得不到满足。在助学贷款的例子中,就有很大一部分同学被银行拒绝提供贷款;得到贷款的,最高信贷额度也只有 2 万元,这是典型的信用配给。银行拒绝向贷款申请者提供所有的贷款,目的就是为了防止逆向选择。那些风险最高的借款者通常更积极地用较高的利率来寻求贷款,对银行来说,尽管有较高的合同利率,但由于借款者的风险极高,银行不仅可能收不到利息,甚至可能连本金也难以收回。因此,银行宁可拒绝较高利率的诱惑,不对这样的借款者提供任何贷款。

8.4.4　补偿余额

补偿余额是指借款者必须在发放贷款的银行开立的账户上保留贷款总额某一个百分比的资金,比如说是贷款总额的 10%。如果一家银行向某企业发放了 5 000 万元的贷款,它就可能要求该企业在这家银行的账户上存入 500 万元的补偿余额。一旦借款者违约,银行就可以利用这 500 万元的补偿余额来弥补部分的贷款损失。

补偿余额部分地发挥着抵押的功能,此外,它还有助于银行对借款者进行监控,特别是,银行可以通过观察借款者补偿余额账户上资金流量的变化来获得借款者的支付活动和财务状况的信息。如果借款者补偿余额账户上的金额在持续减少,说明借款者的现金流量可能遇到了麻烦,或者在从事高风险的业务。银行可以根据这一信息及时地进一步了解企业的信息,以免发生重大损失。

补偿余额在一定程度上提高了贷款的利率。如果贷款利率是 8%,补偿余额是活期存款账户,利率很低,我们假定它为零。由于 5 000 万元的贷款中有 500 万元的补偿余额,企业实际得到的贷款就只有 4 500 万元,但它每年还是要按 5 000 万元的贷款支付 400 万元的利息,因此,实际的贷款利率为 8.89%。

8.4.5　首付要求

个人在向银行申请住房抵押贷款时,银行通常会要求一定比例的首付款。如果首付率是 20％，那么，王小二为购买一套价值 200 万元的住房而向银行申请贷款时，银行就会要求他先付 40 万元，然后为他提供 160 万元的贷款支付余下的房款。这样，一旦他违约，银行就会有足够的空间来变卖抵押的住房，弥补未偿还的贷款余额。首付要求越高，弱化逆向选择和道德风险的功能就越强。如果王小二购买价值 200 万元的住房时，首付了 40 万元，他大概是不会在第一年就违约的，因为这时银行变卖他抵押的住房弥补贷款余额的余地就很大，而他可能就要损失 40 万元了。除了弱化了借款者发生道德风险的后果外，首付要求还可以对借款者起到一种自动筛选的作用，没有一定收入的人因为无法支付必要的首付款，也就自然被排斥到了银行信贷市场之外。

8.4.6　与客户建立长期关系

　　银行可以与企业建立长期的信用关系来获得企业的相关信息，从而有利于银行加强对借款者的监控和信用风险管理。如果某一家企业在某银行开立了活期存款账户和定期存款账户，那么，此银行就可观察该企业的现金流量的变动状况，通过为该企业结算和货款的收付，可了解该企业的上游供货商和下游分销商。如该企业以前曾在此银行借过款，那么，此银行就可通过了解该企业过去的还贷活动来了解其信用状况。因此，与客户建立长期关系，能减少银行收集该企业信息的成本。

　　与银行建立了长期关系的企业在借款后发生道德风险时，银行就会停止对它发放贷款，它要寻找新的贷款成本就可能极高，有时甚至在需要资金时根本得不到贷款。因此，对借款者来说，与银行建立长期关系可以降低申请贷款的成本。对银行来说，与客户保持长期关系，可以通过提高借款者违约的机会成本而自动地降低借款者发生出乎银行预料的道德风险。

8.4.7　自偿性贷款

　　银行控制贷款风险的另一办法是贸易链上的自偿性贷款。**自偿性贷款**就是基于商业行为而能自动清偿的贷款，是银行对借款企业物流、资金流的控制而提供的授信，以借款者的销售收入作为第一还款来源，当借款者收到销售货款时，就自动地清偿了银行的贷款。自偿性贸易贷款的偿还期短，流动性较高，加之银行对贸易链资金流的控制，对银行而言，这是一种比较安全的放款方式。

　　尽管自偿性贸易融资对单个银行降低信用风险具有非常重要的作用，但其自身也有很多的不足之处，难以成为银行授信的主要方式。第一，由于自偿性贸易融资是以真实交易为基础的短期授信，如果商业银行一味地坚持对工商企业只能作短期性的自偿性贷款，那么，对没有真实贸易为基础的长期贷款的借款需求就被排斥在了信贷市场之外，这样，自偿性贸易贷款就会极大地限制推动经济增长的资本形成。第二,由于消费信贷不具有自偿性的特点,按照自偿性原则,消费信贷也无从发展,这就极大地弱化了金融在平滑消费者生命期内收入的功效。第三,按照自偿性原则,银行只会对有真实销售的供货企业提供贷款,购买企业因没有自偿性而得不到贷款,这使金融丧失了调剂资金余缺的功能。第四,自偿性贸易贷款具有"合成谬误",即从单个银行而论,自偿性贷款表面上具有低风险的特点,但从整个银行体系而论,却并非如此。例如,在经济不景气时,若银行坚持短期贷款必须如期偿还,借款人可能会无力偿还而宣告破产。在此情况下,短期资产或放款未必比长期资产或放款安全。第五,虽然自偿性贷款具有依贸易需要而自动伸缩,对货币和信用量也有自动调节作用,但这种调节作用是顺循环的,反而可能加剧经济的周期波动。如银行放款依商业需要而自动伸缩,那么,当经济景气上升时,贸易增加,银行根据自偿性原则发放的信贷会自动膨胀,从而刺激经济过热和物价上涨;反之,如果景气下降,银行依据自偿性贸易原则发放的信贷会自动收缩,从而加速物价下跌和经济紧缩,使原本陷入萧条的经济雪上加霜。最后,自偿性贸易融资还将那些创业期的中小企业和高科技企业排斥在了信贷市场之外。由于处于创业期的中小企业和高科技企业由于没有真实交易基础,经营前景的不确定性较大,风险较高,显然不符合自偿性贷款的原则。

8.5　利率风险管理

商业银行面临的另一种风险就是利率风险。**利率风险**就是指市场利率的波动给银行带来损失的可能性。银行要管理利率风险,首先就要对利率风险进行分析。分析利率风险的主要方法有敏感型分析和缺口与存续期分析。

8.5.1　敏感型分析

敏感型分析,就是将银行的资产和负债分为利率敏感型资产和利率敏感型负债。敏感型资产或负债就是指收益或成本受利率波动影响较大的资产或负债。

假定某银行的资产负债表如下:

某银行的资产负债表

资产(亿元)		负债(亿元)	
利率敏感型资产 　浮动利率贷款 　证券	1 500	利率敏感型负债 　浮动利率存款	3 500
固定利率资产 　准备金 　长期贷款 　长期证券	6 500	固定利率负债 　储蓄存款 　股权资本	4 500

该银行在资产方有1 500亿元属于利率敏感型资产，它的利率会不断地变动，其余的6 500亿元是固定利率资产，不管未来经济形势发生什么样的变化，其利率都不会变化。在负债方，该银行有3 500亿元的利率敏感型负债，或者说是浮动利率负债，其余的4 500亿元则是固定利率负债。现在假定，原来敏感型资产和固定利率资产的年利率都为5%，敏感型负债和固定利率负债的利率都为4%，即有一个百分点的利差。如果现在敏感型资产和负债的利率都上升了2个百分点，那么，对该银行的收益有什么影响呢？

在利率没有上升之前，该银行的利润为：

$$(1\,500 + 6\,500) \times 5\% - (3\,500 + 4\,500) \times 4\% = 80\,亿元$$

现在由于利率的变化，所以该银行资产的收益为：

$$6\,500 \times 5\% + 1\,500 \times 7\% = 325 + 105 = 430\,亿元$$

利率变化后的负债成本为：

$$4\,500 \times 4\% + 3\,500 \times 6\% = 180 + 210 = 390\,亿元$$

利率上升后的利润为：

$$430\,亿 - 390\,亿 = 40\,亿元$$

由于利率的变化使该银行的利润从原来的80亿元减少到了40亿元。

相反，如果是敏感型资产和负债的利率都下降了2个百分点，即从原来的5%下降到了3%，对该银行盈利的影响又是怎么样的呢？

在这种情况下，利率变化后的资产收益为：

$$6\,500 \times 5\% + 1\,500 \times 3\% = 325 + 45 = 370\,亿元$$

利率变化后的负债成本为：

$$4\,500 \times 4\% + 3\,500 \times 2\% = 180 + 70 = 250\,亿元$$

所以利率下降后的利润为：

$$370\,亿 - 250\,亿 = 120\,亿元$$

即利率下降后，利润反而增加了40亿元。

可见，当利率敏感型负债高于利率敏感型资产时，利率的下降会增加银行的盈利；相反，利率的上升，会减少银行的利润。

反之，当利率敏感型资产多于利率敏感型负债时，利率的变化对银行的盈利能力有何影响呢？假定上面这家银行的资产负债结构是这样的：

某银行的(简化)资产负债表

资产(亿元)		负债(亿元)	
利率敏感型资产 　浮动利率贷款 　证券	3 500	利率敏感型负债 　浮动利率存款	1 500
固定利率资产 　准备金 　长期贷款 　长期证券	4 500	固定利率负债 　储蓄存款 　股权资本	6 500

在这样的资产负债结构下,如果利率不发生变化,该银行的利润总额依然为80亿元。

如果敏感型资产和负债的利率都上升了2个百分点,该银行的资产收益和负债成本分别变为:

$$3\,500 \times 7\% + 4\,500 \times 5\% = 245 + 225 = 470 \text{ 亿元}$$

$$\text{和 } 1\,500 \times 6\% + 6\,500 \times 4\% = 90 + 260 = 350 \text{ 亿元}$$

这时的利润为470−350=120亿元,相对于原来的利润增加了40亿元。

反之,如果是利率下降了2个百分点,该银行的资产收益和负债成本分别为:

$$3\,500 \times 3\% + 4\,500 \times 5\% = 105 + 225 = 330 \text{ 亿元}$$

$$\text{和 } 1\,500 \times 2\% + 6\,500 \times 4\% = 30 + 260 = 290 \text{ 亿元}$$

这时的利润为:330−290=40亿元,相对于利率下降前减少了40亿元。

可见,当银行的利率敏感型资产多于利率敏感型负债时,市场利率的上升会增加银行的利润;反之,则会减少银行的利润。当银行的利率敏感型资产少于利率敏感型负债时,利率的上升会减少银行的利润;反之,利率的下降则会相对地增加银行的利润。

弄清了敏感型资产和敏感型负债后,便可进行缺口分析了。**缺口**是利率敏感型资产与利率敏感型负债之间的差额。在上面的第一个例子中,利率敏感型资产为1 500亿元,利率敏感型负债为3 500亿元,其缺口总额为−2 000亿元。用缺口乘以利率的变动幅度即可知道利率的变动对银行利润的影响。如资产和负债的利率都上升2个百分点,该银行的利润便减少了40亿元,即−2 000×2%=−40;反之,如果是利率下降2个百分点,我们也可立即知道该银行的利润会相应地增加40亿元。

8.5.2　存续期分析

度量利率风险的另一方法就是资产和负债的**存续期分析**。存续期分析就是考虑银行资产和负债的平均存续期在利率变化时对银行利润的影响程度。**存续期**实际上是投资人收回其债券投资资金所需的平均时间。需要注意的是,存续期与债券的到期期限是完全不同的概念。为了说明存续期这一概念,我们先考虑这样一个例子。假定银行发放的一笔贷款期限为五年,每年的利率为 8%,每年付息一次,贷款面值为 1 000 元,贷款到期时一次性支付本金,该笔贷款目前的市场价格与其面值相等,因此,市场利率也为 8%。根据这些条件,我们可以得到该笔贷款未来的现金流如下表:

现金流性质	时期(1)	贷款预期现金流(2)	(2)在 8% 的市场利率的现值 PV_t(3)	收到现金流时间 n(4)	预期现金流现值×时期(5)
利　息	1	80	74.07	1	74.07
	2	80	69.58	2	139.16
	3	80	63.51	3	190.53
	4	80	58.80	4	235.2
	5	80	54.44	5	272.2
本　金	5	1 000	680.58	5	3 402.9
小　计	—		≈1 000		4 314.06

由于现在购买这笔贷款的市场价格为 1 000 元,因此,未来收回购买这笔贷款投资的平均时间约为 4.314 年 $\left(=\dfrac{4\ 314}{1\ 000}\right)$。

更一般地,设某一债券(贷款、存款也可视为一种债券)的市场价格为 P,存续期为 D,未来现金流期数为 $t(t=1,2,\cdots,n)$,各期现金流的现值为 PV_n。根据上表,可以得到计算存续期的一般公式:

$$D=\frac{\sum\limits_{t=1}^{n}PV_n\cdot t}{P} \tag{8.1}$$

这就是麦考利存续期计算公式。再设债券票面利率为 r,市场利率为 i,票面面值为 V,根据第 3 章所学知识,上式可变为:

$$D=\frac{\sum\limits_{t=1}^{n}\dfrac{V\cdot r}{(1+i)^t}\cdot t+\dfrac{V}{(1+i)^n}\cdot n}{P} \tag{8.2}$$

实际上,根据将在第 9 章债券价值评估的内容,对附息债券而言,其价格 P 就是:

$$P=\sum\limits_{t=1}^{n}\frac{V\cdot r}{(1+i)^t}+\frac{V}{(1+i)^n} \tag{8.3}$$

现在的问题是,市场利率变动 1% 时,债券价格会变动多少呢? 即债券价格的利率弹性是多少呢?

债券价格的利率弹性为 $\varepsilon = \dfrac{\mathrm{d}P}{\mathrm{d}i} \cdot \dfrac{i}{P}$ \hfill (8.4)

$$\frac{\mathrm{d}P}{\mathrm{d}i} = -\left[\sum_{t=1}^{n} \frac{V \cdot r}{(1+i)^{t+1}} \cdot t + \frac{V}{(1+i)^{n+1}} \cdot n\right] = -D \cdot \frac{P}{1+i} \tag{8.5}$$

$$\varepsilon = \frac{\mathrm{d}P}{\mathrm{d}i} \cdot \frac{i}{P} = -D \cdot \frac{i}{1+i} \tag{8.6}$$

由上式进一步得到债券价格变动的百分比为:

$$\frac{\mathrm{d}P}{P} = -D \cdot \frac{\mathrm{d}i}{1+i} \tag{8.7}$$

$\dfrac{\mathrm{d}P}{P}$ 表示债券市场价格变动的百分比,$\dfrac{\mathrm{d}i}{1+i}$ 表示市场利率的相对变化率。该式表示,市场利率变化后,债券价格变动与利率变动呈负相关,变动的百分比等于存续期与利率相对变化率之积。而且,存续期越长,债券价格对利率的变动越敏感,债券价格随市场利率变动而波动的幅度就越大。

例:如果某一债券的平均存续期为 5 年,当市场利率从 5% 上升到 6% 时,该债券的市场价格变动率是多少呢?

根据上式可得:$\dfrac{\mathrm{d}P}{P} = -5 \cdot \dfrac{(6\% - 5\%)}{1 + 5\%} \approx -4.762\%$

有了上面的知识,我们就可以将银行的资产和负债结合起来,考虑利率变化如何影响银行的净值。假定某银行的资产为 1 000 亿元,资产的平均存续期为 5 年,负债总额为 900 亿元,负债的平均存续期为 3 年,并假定,银行资产原来的市场利率为 5%,负债的市场利率为 4.5%,现在资产市场利率上升到了 7%,负债的市场利率上升到了 6%,市场利率的这一变化对银行的净值有何影响呢?

银行净值=资产市场价值-负债市场价值

由这一等式可知,在利率变化前,该银行的净值为 100 亿元。

根据债券价格变动与存续期、利率变动之间的关系,可以得到,市场利率从 5% 上升到 7% 后,其资产的价值变动幅度为:

$$-5 \cdot \frac{(7\% - 5\%)}{1 + 5\%} \approx -9.523\,8\%$$

其负债的市场价值变动幅度是:

$$-3 \cdot \frac{(6\% - 4.5\%)}{1 + 4.5\%} \approx -4.306\,2\%$$

因此,利率变动后,该银行总资产市场价值分别为 904.762 亿元,总负债的市场价值为 861.244 2 亿元,净值为 43.517 8 亿元,比原来减少了近 57 亿元。

存续期分析表明,利率变动对银行净值有很大的影响。

8.5.3 商业银行利率风险管理策略

通过敏感型、缺口和存续期分析后,预期未来利率变化可能给银行带来损失时,银行管理者就要采取相应的战略来管理或规避利率风险。利率风险管理战略之一就是调整敏感型资产和负债的存续期。在上面的例子中,由于利率敏感型负债的平均存续期从四年下降到了一年,就使该银行的利润由原来的减少 130 亿元变为净增 80 亿元。利率风险管理的第二种办法是利率套期。利率套期是利率敏感型资产多于利率敏感型负债的商业银行的支付流与利率敏感型负债多于利率敏感型资产的商业银行的支付流相互套换,从而降低双方的利率风险,这实际上是一种利率的互换安排。利率风险管理的第三种办法是利用远期市场进行掉期交易或利用期权进行套期保值。它们的优点在于,交易的成本比利率套期低,其相对的缺点则在于这些交易的合约一般是标准化的,因而难以被精确地分割或组合来满足银行的需要。关于互换、掉期和期权等方面的内容我们将在衍生金融工具市场中详细讨论,更详细的介绍则可参阅笔者所著的《金融市场学》。

8.6 资产证券化与银行风险管理

资产证券化就是商业银行将非标准化的贷款资产集中起来,组成资产集合,然后再将集合的资产细分为标准化的可以转让的证券资产。比如,某家银行发放了很多笔的住房抵押贷款,每笔贷款的期限、金额和利率都不尽相同,但它可以将所有这些抵押贷款集中起来,标准化为期限为 10 年、每张面值为 100 元和利率都为 6% 的证券资产,然后再将这些标准化的证券销售出去。这样,通过贷款资产的证券化就提前收回了贷款的本金,而随着债权的转让,借款者违约和利率波动的风险也一同转让给了证券化资产的持有者。

资产证券化最早起源于美国的住房抵押贷款在 20 世纪 70 年代的证券化。到 20 世纪 80 年代,汽车贷款、信用卡应收款、商业性租赁和计算机租赁等也都开始了证券化的过程。中国的资产证券化也迈出了重要一步。2005 年,中国建设银行将上海、江苏和福建三地分行 15 162 笔个人住房抵押贷款组成资产池,发行了 30.17 亿元的住房抵押贷款支持证券。国家开发银行则将 12 个行业、19 个地区的 51 笔贷款组成资产池,发行了 41.77 亿元的资产支持证券。到 2008 年底,中国发行的资产支持债券总量为 551 亿元。2014 年以来,中国资产证券化得到进一步快速发展,它成为银行转移信用风险、利率风险和提高资产流动性的重要方法之一了。

小　结

　　商业银行业务包括表内业务和表外业务。表内业务包括资产和负债业务。商业银行的资产业务主要有贷款、投资、购买外汇等;负债业务主要有吸收存款、向中央银行或同业借款、发行金融债券和增加资本金。表外业务主要由中间业务和狭义表外业务构成,包括汇兑、租赁、信托、投资银行业务、衍生金融工具和贷款承诺等等。

　　商业银行业务管理的基本内容有资产管理、负债管理、流动性管理和信用与利率风险管理等。资产管理要取得收益性、流动性和安全性的平衡;负债管理就是商业银行要及时、便利地获得它所需要的资金,负债管理的重要内容之一就是资本充足性管理。商业银行可以通过收回贷款、出售有价证券、向中央银行借款、同业拆借、吸收存款或保留一定的超额准备金满足流动性的要求,但最好的办法是同业拆借、持有一定的超额准备金和政府有价证券作为二级准备。

　　商业银行可采取以下措施控制信用风险:筛选与监控、与客户建立长期关系、贷款承诺、抵押和担保、补偿余额、信用配给和自偿性贷款。管理利率风险的基本方法有两种,即缺口分析法和存续期分析法。此外,为了转移信用风险和利率风险,贷款证券化是一种比较好的方法,信贷资产证券化在中国方兴未艾。

关键概念

准备金	超额准备金	掉期交易	套期保值	证券化
短借长贷	存续期分析	缺口分析	贷款承诺	5C 和 5P
补偿余额	贷款专业化	信用配给	二级准备	借入准备
自有准备金	表外业务	中间业务	信用卡	贷款
存款	消费者贷款	首付款	自偿性贷款	借入准备金
再贷款	一级准备	自由准备金	贷款五级分类法	混合资本债
次级债务	核心资本	经济资本	监管资本	

思考练习题

1. 商业银行有哪些资产负债业务?
2. 商业银行的表外业务有哪些?
3. 商业银行资产负债管理的内容是什么?
4. 商业银行如何进行流动性管理?
5. 什么是信用风险? 商业银行如何管理信用风险?

6. 什么是利率风险？商业银行管理利率风险的方法和渠道有哪些？贷款证券化对商业银行有何意义？

7. 假定一家银行拥有 5 000 万元的固定利率资产和 3 000 万元的利率敏感型资产、4 500 万元的固定利率负债和 3 500 万元的利率敏感型负债。请对这家银行作一缺口分析，并说明，如果利率上升 3 个百分点，该银行的利润将受到什么样的影响？可采取何种措施来减少银行的利率风险？

8. 假定一家银行拥有 8 000 万元平均存续期为五年的资产和 7 000 万元平均存续期为四年的负债，当利率从 3％上升到 5％（资产负债利率相同）时，对该银行的净值有何影响？

9. 近十几年来，我国商业银行持有的国债量不断增加，为什么会出现这种趋势？在其他因素不变的情况下，若国债市场利率不断走低，这给商业银行带来了什么样的收益？一旦国债利率上升，商业银行又会遇到何种风险？如何管理这种风险呢？

10. 到某家上市商业银行网站下载一份某年的年报，看看年报中有关风险及其管理方法的陈述，并作一个简要的总结。

长期资本市场

学习目标

学完本章后,你将能够:

了解长期资本市场及其作用

了解各种长期债券

了解各类股票市场的工具

了解各类证券投资基金工具

理解股票与债券发行中的承销

了解什么是债券到期收益率及其计算方法

理解股利对股票价格的影响

理解证券投资基金净值在绩效评价中的作用

资金盈余者的资金去向之一就是在资本市场上购买债券或股票,而资金短缺者获取资金的渠道之一则是发行债券或股票。因此,资本市场是现代金融体系中最重要的组成部分之一,与个人、企业和政府的关系都极为密切,自然地,资本市场也对企业的创立和发展、产业和宏观经济具有重要的影响。

9.1 什么是长期资本市场

资本市场是金融工具的期限在一年以上的金融市场。股票市场、中长期政府债券市场等都是长期资本市场。为什么只将期限在一年以上的金融工具的市场称为资本市场呢? 这是因为,从总体来说,在一年的时间之内,资金短缺者难以通过它来改变固定资本总量和结构,一般也不可能改变使用的生产技术,难以形成有效的供给能力。只有在一年以上,企业才可能用在金融市场筹措到的资金建立起新的厂房和购置机器设备等。

长期资本市场分为一级市场和二级市场。**一级市场**是发行市场,它最基本的功能是将社会剩余资本从盈余者手中转移到短缺者手中,促进储蓄向投资的转化。公司发行股票和企业债券,政府发行长期国债,这些都是在一级市场上完成的。**二级市场**就是供一级市场上发行后的金融工具流通和转让的市场,它的存在提高了这些金融工具的流动性。正是二级市场提高了金融工具的流动性,才极大地增强了人们持有这些资产的意愿。如果没有高流动性的二级市场,一级市场的发行也很困难。在 20 世纪 80 年代,中国发行的政府债券就因没有二级市场,变现很困难,人们购买政府债券的积极性就很低。为了完成政府债券的发行计划,政府不得不采取行政摊派这种低效率的发行方式。在 80 年代股票市场萌芽之初,企业发行股票也非常窘迫。例如,1987 年,深发展发行近 40 万股股票,领导率先示范,积极认购,但也只卖了 20 万股;万科发行 2 800 万股,公司领导亲自带队上街推销,在深圳闹市区摆摊设点,走街串巷,甚至跑到菜市场里和大白菜摆在一起叫卖。当时股票遇冷不仅与人们对股票的认识有关,也因为那时没有股票交易的场所。同时,一级市场是二级市场的基础,如果没有一级市场发行的金融工具,二级市场也就成了无源之水,无本之木;二级市场的行情也会反过来影响一级市场的发行定价。例如,在股票市场行情好(牛市)的时候,一级市场新股的发行定价就会高些,反之,企业就只好以较低的价格发行新股了。

长期资本市场当然也可以分为股票市场和中长期债券市场。股票市场又可进一步分为主板市场、创业板和科创板市场等。主板市场就是供那些企业规模相对较大、已进入成长期或成熟期的企业发行股票并进行二级市场交易的市场。创业板股票市场就是专门为那些仍然处于创业期的、规模较小的企业发行股票并进行交易的市场。国际上最著名的创业板市场就是美国的纳斯达克,许多企业通过在纳斯达克上市筹集资本,逐步成长为知名的大公司。像美国的微软、IBM 等等,中国的新浪、搜狐、百度等公司也是在纳斯达克上市并进行股票交易的。2009 年中国也设立了创业板市场,2019 年又设立了科创板,促进了中国多层次资本市场的发展。除此之外,中国还有三板市场,其全称是"代办股份转让系统",给一些不能在上海和深圳证券交易所上市的公司股票提供的流通转让场所,在那里挂牌的公司达到了 1 万多家。除了以上这些可公开交易的股票市场外,还有私募股权资本市场,一些私募股权基金向特定的人群发售基金份额,然后专门投资于那些尚未公开上市的企业,以待日后企业上市或其他途径转让获利。

中长期债券市场也是资本市场的重要组成部分,因此,当我们谈到直接融资与间接融资协调发展时,不要狭隘地理解为只需大力发展股票市场,实际上,中长期债券市场与股票市场的协调发展是功能健全的金融体系的必要条件之一。按照债券发行人的不同,中长期债券市场可以分为中长期国债市场、企业债券或公司债券市场、金融债券市场等。按照债券合约条款的差异,债券市场又可以分为普通债券市场、可转换债券市场、混合资本债券市场等等。

9.2　长期资本市场工具

长期资本市场上交易的金融工具主要有:债券、公司股票和证券投资基金等。

9.2.1　债券

债券是代表债权债务关系的一种凭证,债券的持有者称为债权人,债券的发行者称为债务人。假设你购买了 10 万元的政府债券,那么,你就是政府的债权人,政府就是你的债务人。

按照债券发行人的不同,资本市场上的债券主要包括政府发行的中长期政府债券、金融机构发行的金融债券和企业发行的企业债券。对个人而言,现在最熟悉的债券莫过于政府债券了。政府每隔一段时间都要发行一定规模的政府债券,政府债券包括由财政部发行的国债和地方政府发行的地方政府债券。金融债券,顾名思义,就是由金融机构发行的债券,包括由三家政策性银行、商业银行、保险公司、证券公司等金融机构发行的债券。尤其是,为了提高资本充足率,越来越多的商业银行和保险公司等开始发行资本补充债券。

一些比较大的企业,如三峡建设总公司、宝钢股份有限公司、中国电力总公司和中国联通等都发行过一些企业债券。为了促进中小企业融资,中国在中小债券融资方面也进行了大胆创新,如中小企业集合债券、中小企业集合票据和中小企业私募债券等。中小企业集合债券是由多家(通常10家以上)中小企业集体发行但分别承担偿还责任、具有统一名称和票面利率、各企业分别还本付息并在上海(或深圳)证券交易所交易的债券。中小企业集合票据与中小企业集合债券很相似,它是由两家以上中小企业集体发行、具有统一名称和票据利率但各企业分别还本付息并在中国银行间债券市场交易的债券。中小企业私募债券则是中小企业向特定投资者发行的债券。

有的企业债券还含有认股期权,附认股权证公司债券是指,公司发行债券时,让债券持有人持有一定份额的认股权证,持有人依法享有在一定期间内按约定价格(执行价格)认购公司股票的权利,因此,它是债券加上认股权证的产品组合。附认股权证公司债券与上面讲的可转债都属于混合型证券,它们介于股票与债券之间,是股票与债券以一定的方式结合的融资工具,兼具债券和股票融资特性。此类债券可以分为可转换债券、可分离交易债券与可交换债券。

可转换债券是可以按照一定的条件和比例、在一定的时间内转换成该公司普通股的债券。可转换债券与普通债券所不同的是,如果投资者认为公司前景良好,那么,这类债券的投资者就可以不要求公司到期时偿付本金,而是将债券本金按照一定的比率转换成公司的普通股。可转换债券转换成普通股后,原来的债券持有人就变成了公司的普通股股东。因此,可转换债券实际上为投资者提供了一种选择权。

可分离交易债券指发行人在发行债券时,赋予债券投资者一定的本公司股票的认股权凭证,且权证与公司债券相互分离,单独在流通市场上自由买卖。非分离交易附认股权证债券则是指认股权无法与公司债券分开,两者存续期限一致,同时流通转让,自发行至交易均合二为一,不得分开转让。可转换债券与可交换债券就属于非分离交易债券。与可转换公司债券不同,可分离交易债券具有二次融资的功能,即公司在发行该债券时,实现了一次债券融资,若在日后,认股权证的持有者按约定的价格认购公司的股票,公司即实现了二次股票融资。江西铜业就曾发行过附认股权证的公司债券,通过发行债券,它筹集到68亿元的资金。同时,给予债券持有人总共176 120万份的权证,每4份权证可认购1股江西铜业的股份,每股的认购价格为15.44元。在权证到期时,其持有人基本行使了认购权,即按约定的价格购买江西铜业的股票,江西铜业又通过权证融得了67.43亿元的资金。

可交换债券全称为可交换他公司股票的债券,是指甲公司将其持有的乙公司股份抵押给托管机构而发行公司债券,且在未来某个时期内,投资者可以按照约定的条件,将持有的债券换取乙公司股权。可见,可交换债券实际上是以债券发行人持有的另一家公司的股票作为质押而发行的债券,但它赋予了债券持有人按约定的价格将其持有的债券转换为发行人所持有的第三方公司股票的权利。与可转换公司债券一样,可交换债券中的认股期权是内嵌于债券之中的,并不像可分离交易债券那样具有独立交易的债券和认股权证;与可转债和可分离交易债券的认股期权的价格取决于债券发行人自己发行的股票价格不同,可交换债券内嵌的认股期权价格取决于第三方发行的股票在二级市场上的价格。

9.2.2 股票与存托凭证

股票是由股份有限公司发行的,由投资者持有、代表对该公司所有者权益的一种有价证券。中国企业发行的股票被分为 A 股、B 股、H 股和 N 股。A 股就是在中国境内发行、由中国公民持有的且在上海或深圳证券交易所交易的公司股票;B 股则是向境外投资者发行的,在上海和深圳证券交易所交易的股票;H 股则是由大陆公司在香港发行并在香港证券交易所上市的股票;N 股就是中国的企业在纽约证券交易所发行的股票。通过发行 B 股、H 股和 N 股,中国大陆以外的非中国公民也可以直接投资于中国的企业。

股票还有普通股和优先股之分。**普通股**是代表股东享有平等的权利,不加以特别限制,并随着股份有限公司利润的大小而分取相应股息的股票。普通股股东享有经营决策的参与权、公司盈余的分配权和剩余资产索取权。**优先股**是相对于普通股而言的,是指优先于普通股分取公司收益和剩余资产的股票。优先股按规定方式领取股息,优先按面额清偿,但限制参与经营决策,一般不享有公司利润增长的收益。优先股通常也会在固定日期向投资者按约定的股息率支付股息,当然,优先股的约定票面股息率是可以调整的。2015 年 3 月浦发银行发行的优先股初始票面股息率就为 5.5%,然后以五年为一个股息率调整周期,在每个股息率周期内,每年以固定股息率支付优先股股息。

假设中国的上市公司想到美国纽约证券交易所去发行股票,另一种方法就是发行存托凭证。**存托凭证**是指在一国证券市场上流通的、代表外国公司的股票。发展中国家为了筹集资金,一般希望自己国家的公司到发达国家证券市场去发行股票。但是,有些发达国家为了保护本国投资者的利益和股票市场的正常运行,规定国外公司不能直接入市,必须先将股票存托于上市国的一家银行或信托公司(这家银行或信托公司就是存托机构),并由存托机构发行与股票面值相等的存托凭证,然后在上市国的股票交易所挂牌交易存托凭证。全球最著名的存托凭证是 ADR,即美国存托凭证。中国曾在 2018 试图采取存托凭证的方式,吸引独角兽和创新型企业回归国内股票市场,这就是**中国存托凭证**,简称为 CDR。不过,因股票市场持续下行而被搁浅了。

9.2.3 投资基金

基金是将集合分散的资金,然后投向特定领域的资本集合方式。作为将储蓄转化为投资的方式之一,基金包括产业投资基金和证券投资基金。产业投资基金一般是指向具有高增长潜力的未上市企业进行股权投资,并参与被投资企业的经营管理,以期所投资企业发育成熟后通过股权转让实现资本增值。与产业投资基金密切相关的是**政府引导基金**,它又称为创业引导基金,是由政府出资,并吸引其他社会资本,以股权等方式,投资于新设创业、支持创业企业发展的专项资金。不过,在这里,我们要着重介绍的是证券投资基金。

证券投资基金是将分散的小额资金集中起来,组成规模较大的资金,然后投资于各类有价证券。其最大的特点就是收益共享,风险共担。所谓收益共享,是指证券投资基金赚得的利润要由所有的基金持有人一起分享;风险共担是指证券投资基金投资遭受损失时也要由所有基金持有人一起承担。

按照在存续期内基金份额是否可以变动,证券投资基金主要分为两类:封闭式证券投资基金和开放式证券投资基金。

封闭式基金是指在存续期内,基金规模不能扩大和减少的证券投资基金。例如,华夏基金管理公司发行了 30 亿份的封闭式开元基金,存续期为 15 年。在这 15 年内,基金持有人只能在证券交易所交易的时间内转让开元基金,但开元基金的总份额是不变的,在这 15 年内总是 30 亿份。由于在存续期内,基金持有人不能赎回基金份额,基金管理公司面临的流动性压力就大大地减少了。

开放式基金是指基金证券的规模在其存续期内可以变动的投资基金。假设你购买了南方成长开放式基金,你现在就可以到它的托管银行去要求赎回。如果你赎回了 10 万份,那么,基金份额也减少了 10 万份。相反,如果你原来没有购买该基金,你也可以到它的托管银行去购买。如果你购买了 10 万份,基金份额也就增加了 10 万份。与封闭式基金不同的是,绝大部分开放式基金不能在证券交易所交易,需要变现时,只能到托管银行的柜台上去按照当天的净值赎回。有一类特殊的开放式基金,既可以像封闭式基金那样在交易所交易,也可以向基金管理公司申购或赎回份额,这就是交易型开放式指数基金,简称 ETF。**ETF** 是一种指数化的投资工具,完全复制某一指数的成分股作为投资组合。例如,上证 50ETF 对应的投资组合就是上证 50 指数的股票,且各种股票所占比重与计算指数的权重相同。相对而言,ETF 的投资组合比较透明。另一种上式开放式基金叫 LOF,投资者既可以在指定的营业网点申购和赎回基金份额,也可以在交易所买卖基金份额。

按照证券投资基金投资目标的差异,证券投资基金又分为股权基金、债券基金、混合基金等。

股权基金就是指将发行基金份额募集的资金专门投资于公司股票的基金。**债券基金**则是指只将发行基金份额募集的资金投资于企业债券或政府债券的基金。**混合基金**,即同时投资于股票与债券的互助基金,混合基金的风险较股票基金小,收益较债券基金高。相对而言,债券基金的收益较稳定,风险较小;股票型基金的收益率波动较大,风险较高,所以,当股票市场行情低迷之时,许多股票基金的投资者会遭受巨大的本金损失。

按照基金投资所承担的风险差异,共同基金又分为成长型基金、收益型基金和平衡基金等。

成长型基金，即以追求长期资本利得为主要目标的互助基金，为了达到这个目的，它主要投资于未来具有潜在高速增长前景的公司的股票。由于这类公司处于高速发展的时期，因此，它们很少支付红利，同时，未来具有很大的不确定性，也难以判断公司高速成长的持续性如何，因此，这类基金的风险也相对高一些。**收益型基金**则是以追求固定收益为主要目标的共同基金，它强调的是追求固定、稳定的收入，因此主要投资于政府债券、企业债券和金融债券。此类基金最大的优点为：损失本金风险很低，报酬率也略优于银行定期存款。**平衡基金**则是分散投资于股票又投资于债券的基金，希望在资本成长与固定收益间求取平衡。通常地，当基金经理人看淡后市时，会增加抗跌性较强的债券投资比例；而当市场预期比较好时，则会增加投资于股票的比例。理论上，这类基金在股市大跌时，表现应优于成长型基金；而在多头行情中，涨幅则不如成长型基金。

此外，还有指数基金与分级基金。**指数基金**，就是跟踪和复制某一特定的指数进行投资组合，以期获得长期稳定收益的基金。该类基金是以较低成本拟合目标指数，将资金完全按照某个指数的构成去投资该指数的所有股票或债券，以构建指数基金的投资组合、追求与指数相同的表现为主要目的。与其他基金跑赢大市、追求更高于市场回报率的"主动管理"投资策略相比，指数基金属于被动型的投资模式，因此也称为被动管理型基金。交易型开放式指数基金（ETF）就是可以交易的开放式指数基金，买卖方式和封闭式基金一致，申购赎回和开放式基金类似。ETF是开放式基金的一种特殊类型，综合了封闭式基金和开放式基金的优点，投资者既可以在二级市场买卖 ETF 份额，又可向基金管理公司申购或赎回 ETF 份额。

分级基金又叫"结构型基金"，是指在一个投资组合下，通过对基金收益或净资产的分解，形成两级（或多级）风险收益表现有明显差异的基金份额的基金品种，它又包括分级股票基金和分级债券基金等。该基金的主要特点（一般）是将基金产品分为两类份额，如份额 A 和份额 B，并分别给予不同的收益分配和风险承担机制。分级基金的净值收益其实都来源于母基金，只是把母基金的总收益，按照一定规则分配给旗下的子基金。简单地说，分级基金只是利益或者损失再分配的过程。根据收益分配机制，A 份额一般都获得某一数额的约定收益，母基金的剩余收益（损失）全部由 B 份额享有（承担）。因此，可看成 A 份额持有人将钱"借"给 B 份额持有人，A份额持有人获得"利息"，B 份额持有人利用自有资金及"借入"资金投资，在支付 A 份额"利息"后，获取剩余投资收益。在这个意义上，份额 B 是一种杠杆基金。

9.3 长期资本市场工具的发行与交易

9.3.1 长期资本市场工具的发行：股票与债券

企业要在股票或债券市场上筹集中长期资金，就需要发行股票或中长期债券。企业发行股票主要有首次公开发行（俗称 IPO）和增资发行。尽管公开的股票与债券发行场所、发行机制会存在一些明显的差异,但它们一般都需要金融中介机构承销;也需要投资者认购。

按照委托程度及承销商所承担的责任不同,承销可以分为全额包销、余额包销和代销三种方式。

全额包销是资本市场工具发行中最常见的承销方式,是指承销商接受发行人的全权委托,承担将本次发行的相应金融工具全部销售给投资者的职责。在这种方式中,承销商一般从发行者那里以自己的名义一次性将所发行的债券或股票全部买入,然后再将它们向社会公众出售。若向社会公众出售的数量少于公司委托发行的数量,则余额就由承销商全部承购。

在全额包销中,承销商从发行者那里购入资本市场工具时的价格一般低于其向社会公开发售的价格,其差额就是发行者付给承销商的费用。在全额包销方式中,承销商实际上是为发行者事先预支付了发行所能筹集的全部资本。对发行者而言,由此可以及时地获得所需的资金。对承销商而言,全额包销的潜在收益可能较高,但一遇发行失败,它就要承担发行失败的全部风险。

余额包销是指承销商接受发行人的委托,代理发行人发行本次相应的金融工具,如果在规定的时间内,还有剩余没有销售出去,则由承销商认购全部未销售出去的余额。余额包销与全额包销不同的是,承销商事先并不用自己的资金从发行者那里一次性全部买入股票或债券,只有在规定的时间内向社会公开出售后,发行者才能获得它所需的资金。由于只是在向社会公开发售后还有剩余时,承销商才会购买未销售出去的股票或债券,因此,对承销商而言,就不必像全额包销那样要向发行者垫付所筹集的全部资金。

代销就是承销商接受公司的委托,承担发行人发售债券或股票的职责。在这种方式中,承销商只是以发行人的名义按既定的发行价格代理发行公司债券或股票,不承担任何发行失败的风险。当发行失败时,发行者就不能足额地获得它所需的资金了,这种发行方式对承销商而言是风险最小的。

为了控制承销失败的风险,当一次发行的数量超过了某一界限时,就要由承销团来共同承销。**承销团**就是由若干家具有承销资格的证券公司或投资银行组成一个团体来共同承销某一只股票或债券。由承销团来承销股票或债券时,还要有一个主承销商。**主承销商**就是负责组织其他参与承销的证券公司或投资银行,同时,在股票或债券发行前,对发行者的信息服务、财务顾问等各方面的工作也都是由主承销商负责的。承销团是一个非常松散的组织,当一只股票或债券发行完毕后,承销团也就自动解散了。需要由承销团来发行另一只股票或债券时,就要由另一家证券公司充当主承销商来组织承销团承销。

承销商或承销团发行某公司的股票或债券时,要由投资者来认购。认购就是投资者表示愿意购买某种新发行的资本市场工具的过程。当中国银行发行新股时,如果你不参与认购,那么,你就不能在中国银行发行股票时获得它的股票。这样,若你打算持有中国银行的股票,就只有在二级市场上购买了。投资者购买首次公开发行的股票的活动,被行话称为"打新股"。

一般而言,新发行的股票在上市后的若干时日里会相对于其发行价格有较高涨幅,认购者甚众。为了公平起见,在发行新股时就采取了摇号抽签的方式,包括全额预缴款和按市值配售两种方式。**全额预缴款**就是要认购某只新股时,你首先必须在自己的资金账户上有足额的资金,交易所按你所预缴的金额分配一个号码。若分配给你的号码刚好与摇号结果相同,那你每个号码就可以购买相应数量的该新股。**市值配售**就是按每个申购新股的投资者账户中股票市值分配号码,然后再通过摇号抽签产生中签号,中签者就可以按照每个号码认购相应的新股。

9.3.2 股票与债券的二级市场交易

当投资者需要将手持的股票或债券变为现金,或需要购买别的股票或债券时,就要通过二级市场交易来完成。二级市场交易包括交易所交易和场外交易。交易所交易就是在像上海和深圳证券交易所进行的股票或债券的买卖。中国的股票基本上是在交易所交易的。在交易所交易中,投资者不仅可以用自有资金买进某种证券或者卖出原来已买入的证券,还可以进行**融资融券**交易。融资融券是有价证券的信用交易形式,即它是以投资者取得其所开立信用交易账户的证券公司的授信为基础的证券买卖活动。所谓**融资交易**,就是当投资者看涨某一证券而手头又没有足够的资金时,向上海或深圳证券交易所具有会员资格的证券公司提供担保物,借入资金买入该证券的行为。所谓**融券交易**,即投资者看跌某种有价证券时,从其开立信用交易账户的证券公司借入该证券并卖出的行为。融资融券交易相当于国外的买空卖空交易。

除了交易所交易,也还有很多的**场外交易**。场外交易就是证券交易所交易大厅以外进行的各种证券交易活动的总称。在上海和深圳证券交易所建立以前,我国一些企业发行的股票的交易都是场外交易的。像上面提到的中国股票"三板市场",实际上就是场外交易市场,在那里,股票转让采取的是协议或做市交易。协议转让,就是由买卖双方就交易的股票价格、数量协商一致时才达成交易;做市交易则由主办券商同时报出股票的买入价与卖出价,投资者可根据该价格决定是否买入或卖出。场外交易解决了那些投资者购买了不能在交易所上市的公司股票的流动性问题,由于它极大地提高了这些证券的流动性,就便利了那些没有达到交易所交易要求的公司通过发行股票来筹集资本的要求。现在,全球最著名的场外交易就是美国的纳斯达克(NASDAQ)市场。很多还处于创业期的公司都在纳斯达克上市。由于在创业期,公司的发展前景还不明朗,资产规模也相对较小,满足不了在交易所上市的要求。但通过在纳斯达克市场上发行股票和上市,满足了这些创业公司的资本要求。这些公司中,有很多后来都发展成了全球赫赫有名的大企业。微软、英特尔等最初都是在纳斯达克上市的。

中国的债券交易也有交易所交易和场外交易。交易所债券交易,就是在上海和深圳证券交易所进行的国债、企业债等债券的买卖。在开市的时间里,投资者都可以在交易所买卖在交易所挂牌交易的债券。中国的场外债券交易市场又分为银行间债券市场和柜台交易市场。银行间债券市场是只有金融机构参与其中的债券交易市场。最初,这一市场与其名称是完全对应的,只有商业银行才能参与。但现在,虽然还被冠以"银行间"的名称,但自 2000 年起,证券公司、基金管理公司和保险公司等只要满足一定的条件也可以进入银行间市场参与债券交易。从交易规模来看,银行间债券市场的交易比交易所交易的量要大得多。当然,并不是所有的债券不是在交易所交易,就是在银行间市场交易的。有些债券既可以在银行间市场交易,也可在交易所交易,这被叫做**跨市场交易**。还有一些债券只能在柜台交易。**柜台交易**是指在证券公司或银行开设的柜台上进行的证券交易活动。在柜台市场上交易的证券主要是依照证券交易法公开发行但未在证券交易所上市的证券,其交易价格以议价方式确定,而且交易方式仅限于现货交易。由于银行和证券公司的营业网点较多,你只需找一个离你的住处较近的具有柜台交易资格的储蓄所或证券公司营业部就可以从事某些债券的柜台交易了。

9.3.3 资本市场价格指数

在一个交易日内,资本市场上所交易的各种金融工具,既会有上涨的,也会有下跌的,还有一些平盘的(平盘就是当前的成交价格与上一个交易日的收盘价相同的情况)。那么,人们如何来判断股票市场或债券市场总体上是在上涨还是在下跌呢? 资本市场价格指数就提供了一个方便的判别依据。资本市场价格指数是反映资本市场工具二级市场价格总体变动的一个统计指标,主要包括股票价格指数、债券价格指数和基金指数等;这些指数又可以进一步细分,如债券指数就又可分为国债指数、企债指数等等。我们在这里以股票价格指数来说明资本市场价格指数。

股票价格指数有综合指数和成分指数之分。综合指数就是将所有上市公司的股票价格都纳入统计范围而得出的指数,中国就有上海证券交易所综合指数和深圳证券交易所综合指数。成分指数则是指选择一些具有代表性的样本公司的股票价格来计算股票价格指数,上海和深圳证券交易所也都有成分指数。2002 年上海证券交易所推出的上证 180 指数就是典型的成分指数。上证 180 指数就是选择在上海证券交易所上市的 180 家有代表性的上市公司的股票价格变动的指数。此外,还有一些行业股票价格指数,如地产股指数、商业零售股指数、制造业股票指数等等,不一而足。

股票价格指数无论是对投资者还是对政府而言都具有非常重要的意义。股票价格指数素有国民经济"晴雨表"之称。一般而言,当宏观经济形势向好时,股票价格指数会不断上涨,反之,则会不断下跌。股票价格指数的变化被行话称为"大势",即股票市场的总体走势。如果股票价格指数持续走低,且股票交易的成交量逐步萎缩,人们将这种状况称为"熊市"。熊市即大势很不妙的市场状况。在熊市中,投资者要在二级市场上获得股票现货买卖的差价收益是很困难的。反之,如果股票价格指数持续上升,且股票交易量较大,这种状况就叫"牛市"。如果股票价格指数上升很快,幅度很大且成交非常活跃,这种市场状况就被叫作"大牛市"。无论对于投资者还是对于管理者,牛市都是皆大欢喜的事。

9.3.4 证券投资基金的购买与变现

假设你手头有 10 万元闲钱,想购买基金,利用"专家理财"来获得一定的收益。你如何用你的钱来换得互助基金呢? 或者反过来,你持有 10 万份的互助基金,但想把它变为现钱,你又该如何办呢?

这取决于你想购买或持有的是封闭式基金还是开放式基金。封闭式基金像股票一样,是在交易所交易的,只要是在上海和深圳证券交易所开市的时间里,你就可以将你的 10 万元闲钱用于购买某只封闭式基金,或者将你的 10 万份的封闭式基金卖出,换取现钱。

但开放式基金则不同。除了上市开放式基金外,大部分开放式基金是不能交易的。当你需要将 10 万元闲钱投资于某只开放式基金时,你就可以到它的代销点去购买;反之,如果你要将你 10 万份的开放式基金变为现钱,你也可以到它的代销点去赎回。一般而言,开放式基金是按金额申购、按份额赎回的。所谓**金额申购**,就是指投资者在买基金时是按购买的金额提出申请,而不是按购买的份额提出申请。譬如,你提出购买 10 万元的开放式基金,而不是买 10 万份的开放式基金。如果今天股票或债券市场收市后,你想购买的基金净值是每份 2 元,不考虑申购费用,那么,你总共可以申购 5 万份该开放式基金。**份额赎回**则是指投资者在卖基金时是按卖出的份额提出,而不是按卖出的金额提出,例如你提出卖出 10 万份开放式基金,而不是卖出 10 万元的开放式基金。同样,假如在今天交易所闭市后,你持有的该开放式基金的净值为每份 2 元,那么,不考虑赎回费,你总共就可以得到 20 万元的资金。但实际上,无论是申购还是赎回开放式基金,一般都是要交纳一定的费用的。

对于上市开放式基金而言,投资者既可以选择在银行等代销机构按当日收市的基金份额净值申购或赎回,也可以选择在交易所按撮合成交价买卖这种基金份额。对于 ETF 而言,投资者既可以通过二级市场买卖基金份额,也可以向基金管理公司申购或赎回基金。需要指出的是,ETF 的申购、赎回是基金份额与一揽子股票的交易,这与 LOF 很不同,LOF 的申购和赎回都是基金份额与现金之间的交易。

9.4 资本市场债券价值评估

股票、债券和基金三类基本的资本市场工具的价值评估方法,是存在明显的差异的,因此,有必要分别予以介绍。先从债券开始。债券估值的核心,是判断其收益率。至于债券的价格,它与(到期)收益率之间是可以相互倒算的。

9.4.1　贴现债券与附息债券

按照付息方式的不同,可将债券分为贴现债券和附息债券。**贴现债券**是债券发行者在债券到期后按照债券票面金额向债券持有人兑付,但在债券到期前,债券的市场价格是低于其面值的。如某债券发行人以 90 元的价格发行了面值为 100 元的贴现债券,期限为两年,那么,两年后它就向债券持有者支付 100 元,其中债券面值与发行价格之间的差额就是发行者向投资者支付的债券利息。

附息债券就是债券发行者在发行债券时承诺未来按一定利率向债券持有者支付利息并偿还本金的债券,附息债券规定了票面利率,一般每年付息一次。若某公司发行了一期五年期的附息债券,面值为 100 元,票面利率为 5%,每年付息一次,那么,在这五年中,债券持有人每年都可以获得 5 元的利息。五年后,该债券到期时,债券持有者还能得到 100 元本金偿付。

该附息债券持有人在这五年中的现金流如下:

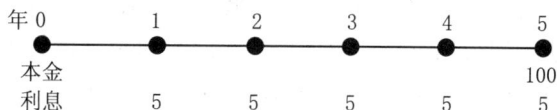

9.4.2　贴现债券的价值评估

贴现债券的价格是由市场竞争决定的。一般来说,贴现债券的市场价格会低于它的面值,低于面值的部分就是贴现债券的利息。因此,债券投资者可以通过贴现债券的市场价格、剩余期限和票面价值来计算贴现债券的年利率。

我们先来看两个例子。

例 1:假设某公司发行了一种一年期的贴现债券,面值为 100 元,发行价格为 95 元,那么,该债券的利率是多少呢?

该贴现债券的年利率计算如下:

$$一年期贴现债券的年利率 = \frac{面值 - 价格}{价格} \times 100\% = \frac{100 - 95}{95} \times 100\% = 5.26\%$$

即该贴现债券的年利率为 5.26%。

例 2:假设某公司发行了一种三年期的贴现债券,面值为 100 元,发行价格为 80 元,那么,该债券的年利率是多少呢?

设该债券的年利率为 i,这样,该债券在这三年中的现金流如下:

第一年结束时的本息总额为:$80 \times (1 + i)$

第二年结束时的本息总额为:$80 \times (1 + i)^2$

第三年结束时的本息总额为:$80 \times (1 + i)^3$

由于贴现债券是按面值偿付的,因此,三年后的本息总额应等于面值,即:

$$80 \times (1+i)^3 = 100$$

解得:$i = 7.72\%$

更一般地,我们设 P 为贴现债券当前的市场价格,V 为它的面值,n 为该债券到期的剩余年限,i 为剩余年限中的年利率,则:

$$i = \sqrt[n]{\frac{V}{P}} - 1 \qquad\qquad (9.1)$$

9.4.3 附息债券的价值评估

一般情况下,贴现债券的市场价格都会低于它的面值,因为如果它的市场价格高于面值的话,债券持有者不仅得不到利息,反而还要向发行者支付费用。但附息债券的市场价格可能等于它的面值,也可能高于或低于它的面值。当附息债券的面值与其市场价格相等时,我们称其为**平价债券**;当附息债券的市场价格高于其面值时,我们称它为**溢价债券**;反之,当附息债券的市场价格低于其面值时,我们称它为**折价债券**。

为什么附息债券的市场价格与它的面值之间会出现这样的关系呢? 这是由附息债券的票面利率与市场利率之间的关系决定的。当市场利率与附息债券的票面利率相等时,它的市场价格就会等于它的面值;当市场利率高于附息债券的票面利率时,它的市场价格就会低于它的面值;反之,当市场利率低于它的票面利率时,它的市场价格就会高于其面值。

举一个简单的例子。假设某公司发行了一年期的面值 100 元的附息债券,票面利率为 6%,即你持有一张该债券一年后可以换回 106 元。再假设现在的市场利率为 5%,那么,它的价格应该是多少呢? 根据第 3 章所学的知识,它的价格按照 5% 的利率计息后,本息总额应该为 106 元。设该债券的价格为 P,则有:

$$P(1+5\%) = 106$$

从而解得:$P \approx 100.95$ 元。

问题:当市场利率分别为 6% 和 8% 时,该债券的价格分别应该是多少呢?

但是,通常情况下,我们购买债券后都要计算它的收益率,以比较这种投资是否划算。设某公司去年发行了一种五年期的附息债券,面值为 100 元,票面利率为 6%,它当前的市场价格为 102 元,那么,如何评估它的价值或计算收益率呢?

在评估附息债券的价值时,主要利用两个指标,即:

● 本期收益率

● 到期收益率

本期收益率就是每年支付给债券持有人的利息除以债券当前的市场价格,上面这种附息债券的本期收益率为:

$$\text{本期收益率} = \frac{\text{本期利息额}}{\text{当前市场价格}} \times 100\% = \frac{6}{102} \times 100\% = 5.88\%$$

到期收益率就是使债券剩余期限内各年所付的利息额和面值的现值等于当前的市场价格的年贴现率。剩余期限就是当前离债券到期还本时的时间间隔,一般以年表示。上面例子中的这种债券的剩余期限就是 4 年。

如何计算上面这种附息债券的到期收益率呢?

设该债券的到期收益率为 r,未来四年中所得到的利息额为 6 元,其面值为 100 元,因此,在贴现率为 r 时,该债券未来的利息与面值的现值为:

$$\frac{6}{1+r} + \frac{6}{(1+r)^2} + \frac{6}{(1+r)^3} + \frac{6}{(1+r)^4} + \frac{100}{(1+r)^4} = \sum_{t=1}^{4} \frac{6}{(1+r)^t} + \frac{100}{(1+r)^4}$$

按照到期收益率的定义有:

$$102 = \sum_{t=1}^{4} \frac{6}{(1+r)^t} + \frac{100}{(1+r)^4}$$

解得该债券的到期收益率 r 为 5.85%。

一般地,设:

n:为债券的剩余期限

r:附息债券的到期收益率

V:附息债券的面值

i:附息债券的票面利率

P:附息债券当前的市场价格

则可根据下列公式求解该债券的到期收益率:

$$\sum_{t=1}^{n} \frac{V \cdot i}{(1+r)^t} + \frac{V}{(1+r)^n} = P \tag{9.2}$$

在上面的例子中,这种附息债券的票面利率、本期收益率和到期收益率之间有如下关系:

到期收益率(5.85%)<本期收益率(5.88%)<票面利率(6%)

这是一种很偶然的现象吗? 不是,任何溢价附息债券的到期收益率、本期收益率和票面利率之间都有这种关系。

问题:折价债券与平价债券的到期收益率、本期收益率和票面利率之间的关系如何?

9.4.4 债券到期收益率曲线

将同一个债券发行者发行的不同期限的到期收益率绘制在同一坐标轴上,就可以得到**到期收益率曲线**,在这个坐标轴上,纵轴表示不同剩余期限内附息债券的到期收益率,横轴表示附息债券的剩余期限。一般而言,到期收益率曲线会向上倾斜,这表明,剩余期限越长,到期收益率越高。债券市场中把一个斜率为正的收益率曲线看成正常收益率曲线。然而,也可能出现倒转的收益率曲线,即随着剩余期延长,到期收益率反而会下降。虽然这种情况并不多见,但在某些特定情况下也会出现。另一种情形是,到期收益主曲线呈水平状,即不管剩余期限多长,它们的收益率都非常接近。当然,也可能出现另一种收益率曲线,即在某个时间区间内,收益率的斜率为正,而在另一个时间区间为负的到期收益率。

随着环境的变化,债券的收益率曲线可能出现种种不同的变化。一种情况是,收益率曲线斜率不变,但收益率曲线发生平行的整体位移,即所有剩余期债的债券收益率出现相同点的变动。第二种情况是,收益率曲线某一端的收益率变化显著大于另一端的收益率变化,导致长短期之间利差发生变化,若长期的收益率上升幅度大于短端收益率的上升,或者长端收益率下降得没有短端的多,那么,期限利差就会扩大;反之,若短端收益率上升得比长端的多,或者短端收益率较长端下降得少,都会导致收益率曲线的斜率变得更加平坦。一个相对平坦化的收益率曲线意味着期限利差缩小。

图 9.1 就是三个不同日期对应的中国国债收益率曲线。2015 年 1 月 4 日,国债收益率曲线处在最小端,表明这一天的利率水平在这三天中最高。同时,这一天中的国债收益曲线的形状很不一样。2015 年 1 月 4 日的收益率曲线就是非正常的,1 至 6 个月期的收益率是逐渐下降的,然后才随着剩余期限的延长而有所上升。这使得该日的收益率曲线出现了一个"凹陷"。但至 6 月 1 日,收益率曲线出现了非常大的变化,尽管长端收益率基本没什么变化,但短端收益率大幅下降,因此收益率曲线出现了以长端为固定点的向下大幅摆动,收益率曲线的斜率变得更陡峭了,表明长期利率显著高于短期利率。而到了 10 月 19 日,收益率曲线再次发生了较大变化,短端收益率相对于 6 月 1 日有所上升(但仍明显低于 1 月 4 日的水平),而长端收益率有所下行,收益率曲线变得相对平缓,长短期利差缩小。

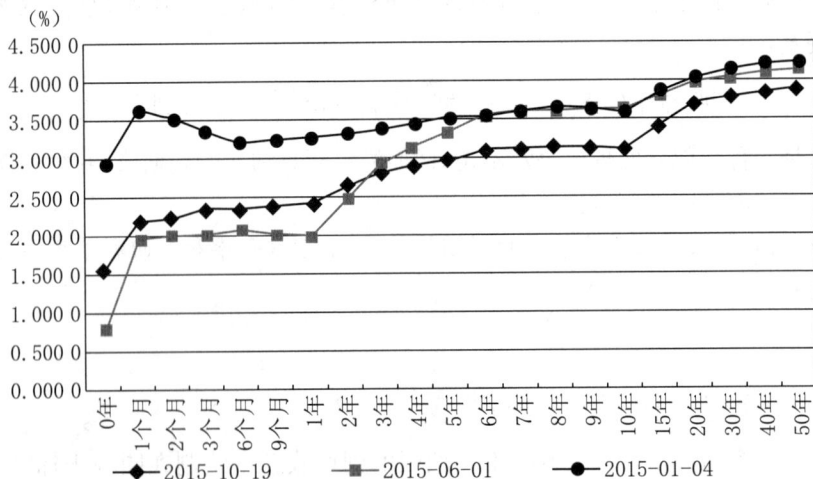

图 9.1 国债收益率曲线的变化

资料来源:根据 WIND 整理。

9.5 股票价值评估

9.5.1 市盈率与市净率

人们在评估股票时,常常使用的一个指标就是**市盈率**。市盈率是指股票的市场价格与当期的(年化)每股收益之比。例如,4 月初某只股票的收盘价为 12 元,它在一季度每股收益是 0.1 元,当天的市盈率就是 30 倍。市盈率有静态市场盈率和动态市盈率之分。静态市盈率就是以当前的股价与已实现的(年度)每股收益之比,它简单地假定公司在接下来的几个季度里实现的每股收益相同。在上面的例子中,以一季度的每股收益简单地外推年度的每股收益为 0.4 元,所以静态市盈率为 30 倍。但若该公司公告称,预期半年度业绩会大幅增长,每股收益将达 0.3 元,以此类推其年度每股收益可能为 0.6 元,以当前的股价计算,其动态市盈率为 20倍。由此可见,**动态市盈率**是考虑上市公司利润变化后的市盈率。当然,这样计算市盈率也相当粗糙,它简单地假定,往后每个季度或下半年得到的每股收益与过去得到的季度收益相同,这显然并不是事实。

市盈率之所以是衡量一只股票价值的重要指标,是因为当每股收益不变时,它在静态上反映了投资者完全靠现金股利来收回投资本金所需的时间。市盈率越高,投资者收回投入的本金所花的时间就越长;反之,市盈率越低,收回投资所花费的时间就越短。过高的市盈率表明股票市场价格严重背离其内在价值,股票市场形成了泡沫。当上市公司的每股收益不能得到有效提高时,要消除股票市场的泡沫,就只有通过股票市场价格强制性地向下调整来实现。这种调整的成本无论对直接投资者还是对整个国民经济来说都是非常高昂的。对市场参与者而言,市场价格的财富再分配功能使其股票财富不断地贬值。这种微观结构的变化进而会波及宏观经济的整体运行,比如,财富效应会减少总消费。

市净率是股票价格与每股净资产之间的比率。企业破产时,必须在偿还所有债务之后的剩余才按股份成比例地将剩余资产分配给股东。因此,每股净资产是企业在破产清算时,股东每一股份所能得到的最大补偿。市净率越高,意味着投资者花了更高的成本获得了既定的净资产,也意味着,投资者给予较高市净率的公司股票更高的估值。但也有些股票的市净率较低,有时候,有些公司的市净率还不到 1,即公司股票价格低于其每股净资产,这种现象被行话称为"破净"。在股票市场行情极度低迷的时期,"破净"的股票并不少见。市净率很低,意味着投资者给予股票的估值很低。事实上,低市盈率和低市净率的股票,在股市下跌的环境里,相对于高市盈率和高市净率的股票,下跌的空间要小得多,即它们安全边际相对较高。比如,2015 年"股灾"前,银行股的市盈率和市净率都很低,结果,当"股灾"发生后,它们的股价跌幅,就较指数下跌得小很多。

9.5.2　股利贴现模型

对股票价格进行评估的另一种方法是股利贴现模型。这也有多个版本,我们先从无股利增长的基本股利贴现模型开始。

1. 无股利增长时的股利贴现模型

设:P 表示现在购入股票的价格;

n 表示持有股票的期限,以年表示;

E_1, E_2, …, E_n 为未来各期公司分配的每股收益;

P_n 为 n 年后卖出股票的价格;

i 表示市场利率,且大于零。

现在购买股票的价格就是未来各期中每股收益和第 n 年卖出股票时的价格的现值,即有:

$$P = \frac{E_1}{(1+i)} + \frac{E_2}{(1+i)^2} + \cdots + \frac{E_n}{(1+i)^n} + \frac{P_n}{(1+i)^n} \tag{9.3}$$

为了方便,我们再假设每年所分得的每股收益都是相同的,即:

$$E_1 = E_2 = \cdots = E_n$$

因此有: $P = \dfrac{E}{(1+i)} + \dfrac{E}{(1+i)^2} + \cdots + \dfrac{E}{(1+i)^n} + \dfrac{P_n}{(1+i)^n} \tag{9.4}$

(9.4)式中的前半部分是以 $\dfrac{1}{1+i}$ 为公比的等比数列,按照等比数列的求和公式得到:

$$P = \frac{E}{i} \cdot \left[1 - \frac{1}{(1+i)^n} \right] + \frac{P_n}{(1+i)^n} \tag{9.5}$$

如果 n 为无穷大,那么,对上式求极限就得到:

$$P = \frac{E}{i} \tag{9.6}$$

即股票价格等于公司每股收益除以市场利率。这就是无股利增长的股利贴现模型。从(9.6)式中可以看到,影响股票价格的基本因素无非是每股收益和市场利率。股票价格与每股收益正相关,与市场利率负相关。由于股票收益来源于上市公司的利润,市场利率受中央银行货币政策左右,所以股票市场中有一种说法是,投资者要么赚上市公司的钱,要么赚央行的钱。这是对股利贴现模型的一种通俗表达。

我们用具体的例子来说明。设天创公司当前的每股收益为 1 元,且未来的每股收益都一直保持在这一水平上,现在的市场利率为 8%,那么,该公司的股票价格应该是多少呢?

利用无增长的股利贴现模型可以计算出该公司的股票价格为:

$$P = \frac{1}{8\%} = 12.5$$

即,天创公司股票的价格应当为 12.5 元。

2. 股利稳定增长时的股利贴现模型

现在,我们假设公司的每股收益每年都按一定比率递增。设每股收益的年增长率为 g,每股收益增长时的股票价格为 P_g,这样就有:

$$P_g = \frac{E}{(1+i)} + \frac{E(1+g)}{(1+i)^2} + \cdots + \frac{E(1+g)^{n-1}}{(1+i)^n} + \frac{P_n}{(1+i)^n} \qquad (9.7)$$

按照等比数列求和公式,得到:

$$P_g = E \cdot \frac{1 - \left(\frac{1+g}{1+i}\right)^n}{i-g} + \frac{P_n}{(1+i)^n} \qquad (9.8)$$

如果 $g > i$,即每股收益的年增长率高于市场利率时,$\frac{1+g}{1+i} > 1$,因此当 n 为无穷大时,$\left(\frac{1+g}{1+i}\right)^n$ 也会趋于无穷大,这样股票的价格也会趋于无穷大。如果真是这样,即使你最初投资 1 分钱,由于该股票价格无限地上涨,你也会成为腰缠万贯的超级大富翁。可惜,这样的机会像大海捞针一样。但在某一段时期,每股收益保持较高的增长从而带动股票价格大幅增长的机会,在市场中虽然并不处处都有,但总还是有的;盈利能无限期地保持相对较高的增长,这样的公司到现在也还没有出现过一家。

当 $g < i$,即每股收益的年增长率低于市场利率,且当 n 为无穷大时,就有:

$$P_g = \frac{E}{i-g} \qquad (9.9)$$

即股票的价格等于每股收益除以市场利率与每股收益的年增长率之差。

比较一下,你就会发现,当每股收益增长时,股票的价格也会上升。上涨的幅度是多少呢?

$$\frac{P_g - P}{P} = \frac{\frac{E}{i-g} - \frac{E}{i}}{\frac{E}{i}} = \frac{g}{i-g} \qquad (9.10)$$

(9.10)式表明,即使每股收益的年增长率低于市场利率,但只要 g 逐渐地逼近于市场利率 i,股票价格的增长率也会是无限的。这就是为什么很多公司在进行业务重组后其股票价格成倍上涨的原因所在,因为人们会预期公司重组后每股收益会大幅度地提高。

我们还是用例子来说明。设天创公司当前的每股收益为 1 元,且预计公司未来每股收益的年增长率为 6%,现在的市场利率为 8%,那么,该公司的股票价格应该是多少呢?

利用股利增长贴现模型就可以计算出该公司的股票价格应当为:

$$P_{天创} = \frac{1}{8\% - 6\%} = 50 \text{ 元}$$

3. 公司盈余用于再投资时的股票价格

上市公司并不会把所有的盈利都分配给股东。在股利分配前,管理层可能会将所赚取的利润提取部分用于扩大公司的生产规模。设在每股收益 E 中,管理层决定将其中的 h 部分以留存利润的形式保留下来用于再投资,因此,股东实际上得到的每股收益为 $E \cdot (1-h)$。再设再投资的收益率为 r,市场利率为 i。根据这些条件,得到:

分配给股东的初始每股收益为:$E \cdot (1-h)$

每股收益的增长率为:$g = h \cdot r$

将这些变量代入增长股利贴现模型就得到上市公司将一部分利润用于再投资时的股票价格:

$$P_h = \frac{E \cdot (1-h)}{i - h \cdot r} \tag{9.11}$$

我们假设上例中的天创公司管理层决定将每股收益的 30% 用于扩大公司物质资本的投资,另外 70% 分配给股东。用于再投资的资本收益率为 20%。同时假定市场利率还是 8%。这样就有:

第一年分配给股东的每股收益 $E = 1 \times 0.7 = 0.7$

股利增长率 $g = 0.3 \times 20\% = 6\%$

因此,在这种情况下该公司的股票价格就是:

$$P_h = \frac{0.7}{8\% - 6\%} = 35$$

即在这种情况下,天创公司的股票价格应为 35 元。与第一种情况相比,当天创公司将它的每股收益的一部分用于再投资并获得一定的投资回报率时,它的股票价格比将利润全部分配给股东时要高。尽管在这种情况下,天创公司最初分配给股东的每股收益只有 0.7 元。这种情况下的股票价格之所以高于将利润全部分配给股东时的股票价格,并不是因为天创公司未来的每股收益的增长,而是因为它将每股收益中的一部分用于再投资时所获得的收益率高于市场利率而引起的。

4. 你真的应该用股利贴现模型来计算股票未来的价值吗?

在现实当中,我们在投资时可以获得很多的信息。例如,你可以知道当前的市场利率是多少,也可以知道某家上市公司的每股收益及其当前的股票价格。我们将这种股票的当前市场价格称为现实价格,将利用股利贴现模型计算出的股票价格称为理论价格。由于你知道这些变量,因此,这就似乎为你提供了一个进行投资决策的便利工具。比方说,你用某家上市公司当前的每股收益除以当前的市场利率,就可以得到该公司股票的理论价格,然后将这个价格与现实价格相比较。譬如说,天创公司的每股收益为 1 元,现在的市场利率为 8%,因此,按照股利贴现模型计算出来的股票价格应为 12.5 元。但如果你观察到它现在的价格实际上只有 10 元,你是否可以得出结论,以现实价格买入该公司的股票,等到若干时日后,你一定能赚到 2.5 元的钱呢?

答案是:投资决策并非如此简单。实际上,在对股票的价格评估时,最适用的是股利增长贴现模型,而不是每股收益不变时的股利贴现模型。在股利增长贴现模型中,影响股票价格的基本因素有三个:每股收益未来的增长率 g、市场利率 i 和当前分配的每股收益 E。在这三个基本因素中,只有当前的每股收益是确知的,未来的每股收益增长率和市场利率都不确定。天创公司未来的每股收益都会保持 6% 的增长率吗? 未来的市场利率也一定会保持在 8% 的水平吗? 谁都无法保证。

所以,一切影响到天创公司未来每股收益增长率和市场利率的因素都会影响到天创公司的股票价格。宏观经济环境、市场对天创产品的需求、天创公司的供应商和分销商、它的新产品的开发能力、政府的产业政策、货币和财政政策、投资的市场利率本身等等因素都会影响天创未来的每股收益的增长。宏观经济环境、政府的各项经济政策、项目的回报率、企业家对未来的预期等都会影响到未来利率的趋势。有了这些众多的不确定因素,股票价格就是投资者根据各种可能影响每股收益增长率和市场利率的因素进行预期而评估的。所以,费雪说:"估价是人为的过程,含有预期在内,因为未来事件投下了它们的影子。我们的估价总是含有预期的性质。"

9.6 证券投资基金的价值

对于证券投资基金而言,通常用净值来评判它的价值。**基金净值**,一般也叫基金单位资产净值,简称基金净值(NAV),即每份基金单位的净值,等于基金的总资产减去总负债后的余额,再除以基金的单位份额总数。以 TA 表示基金总资产,TL 表示基金总负债,N 表示基金总份额(即当时发行在外的基金总份额),则基金的单位净值为:

$$NAV = \frac{TA - TL}{N}$$

其中,总资产是指基金拥有的所有资产,包括股票、债券、银行存款和其他有价证券等;总负债是指基金运作及融资时所形成的负债,包括应付给他人的各项费用、应付利息等。开放式基金的份额总数每天都在变化,因此,须以当日交易结束后的计数为准。在每个交易日收市后,将当日基金资产净值除以当日确认的基金份额总数,就得到当日单位净值。在相同时期内,基金单位净值增长得越快,表明基金经理的投资组合管理能力越高,基金投资者所获得的收益就越高。

与单位净值相关的是累计净值,**累计净值**等于单位净值与基金成立以来累计分红派息之和。举例来说,例如,2018 年 9 月 30 日某基金单位净值是 1.056 元,它在过去的三年里总先后三次总共向每份基金派发了 0.6 元的红利,则它的累计净值＝1.048 6＋0.025＝1.656 元。累计净值并不能用来直接比较两只同类型的证券投资基金的业绩。因为,除了基金经理的投资组合管理能力外,基金成立时间长短也是影响累计净值的重要因素。若一只成立了 10 年的基金累计单位净值为 3 元,与一只成立 3 年、累计单位净值为 2 元的基金相比,它的累计单位净值明显要高很多,但实际上,它获得的年化投资收益要远远低于后者。不过,对于两只成立时间相当的同类型基金而言,累计净值越高,则表明其基金经理的投资组合管理能力越强,当然也意味着基金持有人获得了更高的回报。

小　　结

资本市场就是金融工具的期限在一年以上的金融市场,它分为一级市场和二级市场。一级市场就是发行金融工具的市场,它主要是将储蓄转化为投资;二级市场是为在一级市场上发行的金融工具进行变现的场所,它提高了金融工具的流动性。

资本市场工具主要包括债券、股票和投资基金三大类。股票包括普通股和优先股;债券的种类则多种多样,既有政府债券,也有金融债券和非金融企业债券,一些公司发行的债券可能还含有认股期权,包括可转债、可分离交易债券和可交换债券。投资基金有产业投资基金、政府引导基金和证券投资基金等等。证券投资基金又包括股票基金、混合基金和债券基金、指数基金和分级基金等等。

资本市场最重要的市场组织之一就是证券交易所。此外,场外交易市场也是很重要的资本市场组织。资本市场工具的发行方式主要有全额包销、余额包销和代销三类。承销商在承销股票或债券时,需要有投资者申购。

贴现债券与附息债券的价值即是将未来值按一定的市场利率贴现为现值。但实际上在对债券的价值进行评估时,是计算它的收益率。债券的收益率分为本期收益率、持有期收益率和到期收益率。对溢价附息债券而言,它的票面利率高于其本期收益率,本期收益率高于到期收益率。到期收益率曲线是一种有用的投资分析工具。

市盈率和市净率是股票估值的基本方法。股利贴现模型是将未来若干年内每股收益按市场利率贴现为现值。在增长股利贴现模型中,影响股票价格的主要因素包括市场利率、每股收益和股利增长率。一切影响到市场利率和股利增长率的因素都会影响到股票的市场价格,估值并不是精确的计算过程。证券投资基金的价值通常用基金单位净值来衡量,也用累计净值来考察基金管理人的长期管理绩效。

关键概念

资本市场	一级市场	二级市场	可转换公司债券
证券投资基金	封闭式基金	开放式基金	普通股
优先股	存托凭证	贴现债券	附息债券
本期收益率	到期收益率	到期收益率曲线	平价债券
折价债券	溢价债券	股权基金	债券基金
平衡基金	指数基金	ETF	分级基金
市盈率	市净率	基金单位净值	基金累计净值
政府引导基金	可交换债券	成长型基金	全额包销
融资交易	融券交易	跨市场交易	柜台交易
金融申购	份额赎回	动态市盈率	场外交易
余额包销			

思考练习题

1. 什么是资本市场？资本市场有什么样的作用？

2. 试比较普通股和优先股。

3. 试比较可转债、可分离交易债和可交换债。

4. 开放式基金与封闭式基金有何区别？

5. 贴现债券与附息债券有何区别？它们的价值评估原则有本质上的差异吗？

6. 如何计算债券的到期收益率，到期收益率曲线的形状可能有哪些？

7. 按承销者承担的责任与义务来划分，股票或债券的发行方式有哪些？

8. 什么是市盈率和市净率，它们在股票估值中有何作用？

9. 试根据股利贴现模型，分析影响股票价格的主要因素。

10. 在网络股泡沫时期，很多网络公司一直在亏损，但它们的股票价格却高得惊人，请简要评析这种现象。

11. 某公司发行了一种两年期的附息公司债券，面值为 100 元，票面利率为 4%，剩余期限还有一年，现在的市场价格为 98 元。请问，它的本期收益率和到期收益率是多少？比较本期收益率、到期收益率和票面利率，结果如何呢？

12. 某公司发行了一种五年期的贴现债券，面值为 100 元，发行价格是 80 元，现在的市场价格为 85 元，剩余期限四年。请计算：(1)该债券发行时的年利率；(2)以现在市场价格计算的未来的年利率。如果其他条件不变，该公司打算现在发行面值为 100 元四年期的附息债券，票面利率 5.25%，是在市场上购买它一年前发行的贴现债券划算，还是购买新发行的附息债券划算？

13. 某公司现在的每股收益是 1 元，公司董事会决定，将每股收益的 60% 分配给股东,其余 40% 用于再投资。预计再投资的收益率为 15%,当前的市场利率为 6.75%。如果这些条件在未来一直不变,请计算该公司股票现在的价格应该是多少。如果该公司股票当前的市场价格是 18 元,它的市盈率是多少? 在这种情况下,你在作投资决策时该怎么办呢?

14. 有这样一则故事:为了比较股评专家选择股票对投资者有多大的指导作用,人们想了这样一个办法,年初请了 8 位股票分析专家选择了 5 只股票,同时让一只生活在动物园里的猩猩也选择了 5 只股票。到年末再考核股票分析专家所选股票的收益率与猩猩选择的股票的收益率,结果发现,收益率不相上下。这样看来,在股票投资上,股票分析专家并不比猩猩聪明多少。请运用本章的相关内容,对这则故事作一简要评析。

15. 假设你是一位股票投资者,在学完了有关证券市场过度反应原理之后,你会运用它来进行一些短线操作吗?

16. 你应该根据模型计算出来的股票价格或债券价格来作投资决策吗?

17. 案例分析 1:2012 年,酒鬼酒(000799)是深圳证券交易所的一家以经营白酒为主的上市公司,2012 年 10 月下旬,其股价一度上涨到每股 62 元左右。是年 11 月,有媒体报道,酒鬼酒中的塑华剂超标。另外,2012 年 11 月中共十八大之后,中国政府传达了惩治腐败的决心,严格限制公款消费。试根据以上材料分析,有关酒鬼酒的塑化剂报道,对酒鬼酒的市场需求、酒鬼酒公司未来的盈利预期会产生什么样的影响? 其公司股价会做出什么样的反应? 政府惩治腐败、限制公款消费,对高端白酒类公司股价会产生什么样的影响?

18. 案例分析 2:无锡尚德电力是一家光伏产业企业,它于 2005 年在纽约上市。2005—2007 年,无锡尚德销售收入从 2.26 亿美元增长到 13.48 亿美元,年复合增长率达 144.2%;净利润从 3 060 万美元增长到 1.71 亿美元,年复合增长率为 136.5%;在那几年里,尚德电子大举在全球扩张,并快速地获得了当地的较大市场份额。但随着欧债危机的蔓延和恶化,光伏产业经营的外部环境迅速变化。下图反映了 2010 年至 2012 年尚德电力营业收入和每股收益(季度)的变化。根据以上资料分析,从 2005 年到 2012 年,无锡尚德的股票价格会经历怎样的变化?

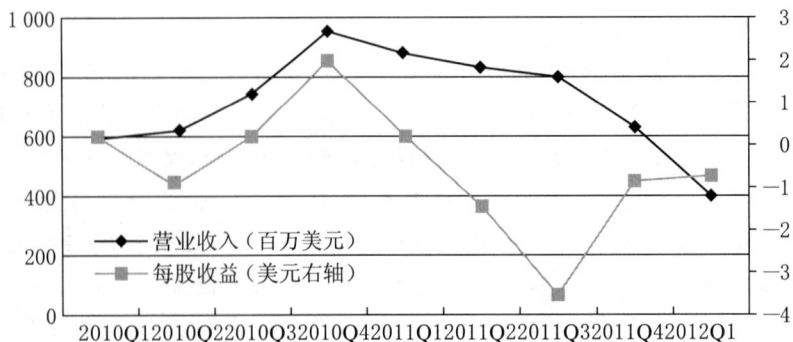

图　江苏无锡尚德电力营业收入与每股收益

▶10

货币市场

学习目标

学完本章后,你将能够:

理解货币市场及其功能

弄清同业拆借市场及其作用

了解同业拆借市场利率

弄清票据市场及其作用

了解票据贴现与银行贷款之间的区别

了解短期债券市场

弄清什么是债券回购市场及回购交易的种类

了解存单市场

了解货币市场基金

货币市场是短期资金借贷的市场,包括同业拆借市场、短期债券与债券回购市场、票据市场、存单市场等。它不同于资本市场的首要功能在于将储蓄转化为投资,其为企业、政府投资支出筹集中长期资金;也不同于金融衍生品市场在于转移和交易风险,其首要功能是为金融机构和企业提供流动性管理。中央银行货币政策操作,要经由货币市场传导到资本市场和金融衍生品市场,并进而影响就业、物价等实体经济变量。熊彼特说,"货币市场是经济体系的总部,一道命令从这里下达到经济的各个部门",恰是对货币市场入木三分的刻画。

10.1 同业拆借市场

10.1.1 什么是同业拆借市场

同业拆借市场就是金融机构之间为调剂临时性的头寸以及满足流动性需要而进行的短期资金信用借贷市场。它起源于中央银行对商业银行的法定准备金要求。现在世界上很多国家都实行了部分法定存款准备金制度。在这些国家,所有商业银行都必须按照法定准备金比率的要求,向中央银行缴纳法定存款准备金。在每一个营业日终了时,商业银行在准备金账户中的余额必须达到法定要求的准备金比率。如果法定准备金比率是8%,那么,对拥有1亿元存款的商业银行来说,它就必须在准备金账户中有800万元的准备余额。

但由于清算业务和日常收付数额的变化,有的商业银行会出现多余的准备金,而有的商业银行却缺乏足够的存款准备金。例如,在一个营业日中,有的商业银行当天流出的资金大于当天存入的资金,它就可能出现头寸的短缺;相反,另一家商业银行当天吸收的存款多于流出的资金,它就出现了多余的头寸。有多余准备金的银行和准备金不足的商业银行之间就可相互调剂。流动性和头寸不足的商业银行从有多余流动性和头寸的商业银行拆入资金,弥补了头寸的缺口和流动性的不足;有多余流动性和头寸的银行则通过拆出资金,减少了闲置的头寸,还可获取相应的利息收入。

有了高流动性的同业市场,银行就能恰如其分地缩减其流动性头寸,将其资金投放于有利可图的贷款,并通过银行同业市场弥补其资金缺口。同时,商业银行也可以通过银行同业市场将短期贷款有效地转变为长期贷款,提高资金的使用效率。

虽然同业拆借市场起源于商业银行的法定存款准备金和为了调剂商业银行的流动性和头寸,但现在,在中国的同业拆借市场上,除了商业银行外,证券公司、基金管理公司、财务公司和保险公司等只要满足一定的条件也可进入全国同业拆借市场融通短期资金。有了这些非银行机构的参与,中国的同业拆借需求并不完全是基于法定存款准备金缺口而产生的。例如,当股票市场看涨时,证券公司和基金公司就可能从同业拆借市场借入更多的资金,以抓住有利的市场机会。这些机构参与了同业拆借市场活动以后,就在资本市场与货币市场之间架起了一座资金流通的桥梁,从而有效地沟通了资本市场与货币市场之间的资金流动。

10.1.2 同业拆借市场的特征

一般来说,银行同业拆借市场具有如下特征:

首先,短期货币的借贷。同业拆借市场的资金交易期限都很短,甚至头一个营业日结束时拆入,第二个营业日开始时就归还了,这种拆借叫隔夜拆借。虽然也有一个月、两个月甚至更长期限的同业拆借,但实际上超过一个月的交易量只占极小的一部分。如图 10.1 所示,自 2007 年以来,隔夜拆借占了同业拆借总量的 80% 左右。

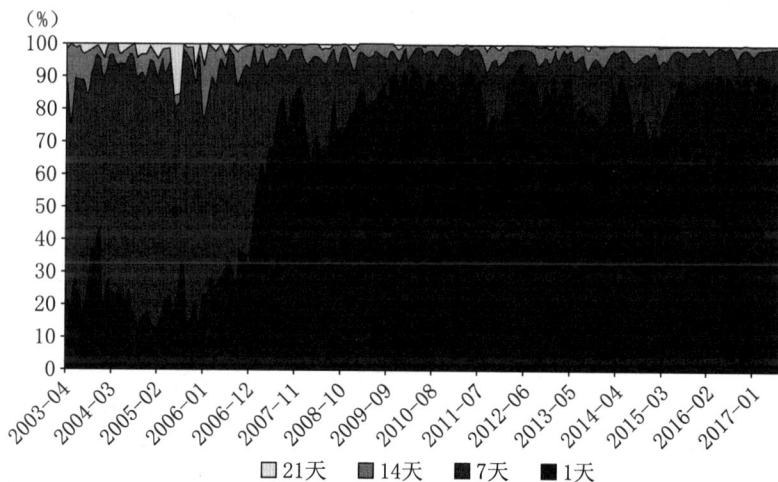

图 10.1 同业拆借交易量的期结构分布

资料来源:根据 WIND 整理。

其次,主要功能是为银行提供流动性和调剂临时性的头寸,不是促进储蓄向投资的转化和推动物质资本的形成。

最后,无担保的信用贷款。头寸不足的商业银行向有多余头寸的商业银行借入资金时,一般不需要提供抵押品,也无需第三方担保。这与商业银行对工商企业或消费者个人发放贷款时的严格筛选程序和抵押担保等有很大的区别。

10.1.3 同业拆借的种类

同业拆借市场的交易可分为两种类型:头寸拆借和同业借贷。

头寸拆借是指金融机构之间为了轧平头寸、补足存款准备金和票据清算资金而在拆借市场上融通短期资金的活动。当头寸拆借用于补足存款准备金时,一般为隔夜拆借,即当天拆入,第二个营业日就归还了。

与以补充存款准备金为目的的头寸拆借相比,以调整清算头寸为目的的头寸拆借则更具有普遍性和经常性。银行在每个营业日终了时,都要进行清算。有的银行当天流入的资金大于当天流出的资金,对这类银行来说,就有多余的头寸;相反,有的银行当天流出的资金多于流入的资金,这些银行就出现了头寸的不足。为了弥补资金清算时头寸的缺口,头寸不足的银行就可以通过同业拆借市场从有多余头寸的银行借入资金,及时地补足头寸,保证清算顺利进行。这种拆借方式较之向中央银行再贴现或再贷款来取得资金,要便利、快捷得多,因此,它是商业银行管理头寸的主要方式。

同业借贷以调剂临时性、季节性的资金融通为目的,其作用不在于弥补准备金或者头寸的不足,而在于获得更多的短期负债。对于拆入的金融机构来说,同业借贷可使其及时获得足额的短期资金,拓展负债业务。对拆出的金融机构来说,同业借贷盘活了短期闲置资金,可以增加经营收益。由于这两种拆借方式融通的资金在用途上与头寸拆借存在差别,所以它比头寸拆借的期限要长。

10.1.4 同业拆借结算方式

金融机构同业拆借后,都要进行资金的清算。同业拆借的清算方式有实时总额结算和净额结算两种。

实时总额结算是对同业拆借交易的及时结算,完成一笔结算一笔。实时总额结算由各国中央银行经营,并由中央银行担保及时结算。实时总额结算最大的好处是安全、快捷。由于有中央银行担保付款,即使有银行破产,资金的支付也是不会成问题的。这相当于将结算风险转移到了中央银行。为了控制风险,中央银行采取了以下两种措施:第一,排队管理,即调整结算时间,将那些无足够准备金的银行支付推迟,直到准备金增加后再支付;第二,给予银行在日间准备金透支的便利,即允许银行有"日间透支",但要求在营业日结束时弥补透支额。

净额结算与实时总额结算不同,它是参与者之间首先对债权债务相互冲销,冲销后仍有余额时再进行结算。净额结算最大的特点在于,它只是对相互冲销后的余额进行结算,不会产生各银行之间大量的资金转账,对银行的准备金头寸影响较小。但是,与实时总额结算不同,净额结算仅仅是一个支付承诺,在没有中央银行担保的情况下,到营业日终了时,如果有一家银行不能兑现付款承诺的话,将带来连锁反应,使整个资金链发生断裂,导致系统性风险。

10.1.5 同业拆借市场利率

同业拆借利率作为拆借市场上的资金价格,是货币市场的核心利率。在不同的国家,同业拆借利率有不同的称呼。最著名的同业拆借利率有伦敦银行间同业拆借利率(LIBOR)、美国联邦基金利率、新加坡银行同业拆借利率(SIBOR)等。

为进一步推动利率市场化,培育中国货币市场基准利率体系,提高金融机构自主定价能力,指导货币市场产品定价,完善货币政策传导机制,上海银行间同业拆放利率(简称 Shibor)自 2007 年 1 月开始运行。该利率是以上海全国银行间同业拆借中心为技术平台计算、发布并命名,是由信用等级较高的银行组成报价团自主报出的人民币同业拆出利率计算的算术平均利率,是单利、无担保、批发性利率。报价行是中国人民银行公开市场一级交易商或外汇市场做市商,在中国货币市场上人民币交易相对活跃、信息披露比较充分的银行。全国银行间同业拆借中心受权 Shibor 的报价计算和信息发布。每个交易日根据各报价行的报价,剔除最高、最低各 2 家报价,对其余报价进行算术平均计算后,得出每一期限品种的 Shibor,并于 11:30 通过上海银行间同业拆放利率网(www.shibor.org)对外发布。

同业拆借利率是整个金融市场上具有代表性的利率,因此,同业拆借利率在金融体系中有着非常重要的作用。例如,伦敦银行间同业拆借利率的变化会引起其他国际金融市场利率的相应变化。在国际金融市场上,许多机构发行的浮动利率债券,也以它作为利率基准。美国的同业拆借利率——联邦基金利率,还是美国中央银行美联储的货币政策操作目标。在远期利率协定、利率互换等金融衍生品中,同业拆借利率是重要的参考利率,因而它对利率衍生品市场有很大影响。

同业拆借利率构成了流动性和头寸不足的银行的资金成本。但是,不同的商业银行在同业拆借市场融入短期资金所支付的利率是有所差别的。这主要是由不同商业银行的信用状况并不完全一样所致,信用稍差一些的商业银行自然要支付较高的利率,信用较好的金融机构所支付的利率就要低一些。此外,拆借的期限不同,利率也会有所差异。一般来说,拆借的期限越长,利率就越高;反之,期限越短,利率也就越低。

在中国,同业拆借利率是市场化程度最高的利率之一,即同业拆借利率基本上是由拆借市场上资金的供给与需求决定的,因此,同业拆借利率的变化能够更为及时地反映银行的流动性和整个社会的资金供求状况,这样,同业拆借市场利率就成了中央银行制定和执行货币政策的先行指标。例如,如果同业拆借市场利率持续上升,表明市场资金供给紧张,而市场资金的紧张可能源于企业的投资需求大量增加,这就可能潜伏着由需求拉动的通货膨胀。反之,如果同业拆借利率持续下跌,表明银行的流动性充足,可能存在过多的闲置资金。如果银行过多的流动性是由于企业投资需求不足,企业发展前景不太乐观而使银行"惜贷",那就意味着可能存在经济增长率下滑和通货紧缩的迹象。

但是,由于中国人民银行对商业银行准备金支付利率的存在,所以这一准备金利率就构成了中国银行同业拆借利率的下限。例如,当中央银行向商业银行的准备金支付的利率为1.62%时,同业拆借利率是不会低于这一水平的。这是套利的结果。当同业拆借利率低于这一水平时,有多余流动性和头寸的商业银行就会将剩余的资金存入到其在中央银行的准备金账户上。为了使同业拆借利率能够更好地反映货币市场资金供求状况和宏观经济的运行态势,我国应当逐步取消对商业银行的准备金支付利率的制度。

10.2　短期债券与债券回购市场

短期债券与债券回购市场是重要的货币市场。无论是财政部还是一般的工商企业,都可能会发行短期债券来满足流动资金的需求。同时,若某家企业或金融机构持有若干债券,那它也可以用该债券作为质押借取短期资金,这便构成了债券回购市场。发行短期债券和债券回购交易,在政府、企业和金融机构的流动性管理中发挥着重要的作用,债券回购还是中央银行公开市场操作的重要方式。

10.2.1　短期债券

短期债券,是指期限在一年以内的债券。短期债券是货币市场最重要的金融工具,按照发行人的不同,货币市场上的短期债券主要有国库券、工商企业与非银行金融机构发行的短期融资券和中央银行发行的中央银行债券。

1. 国库券

国库券是政府为满足短期融资需要而发行的期限低于一年的可流通有价证券。虽然有很多债券都是由政府发行的,但它们的期限都较长,期限超过一年的政府债券叫政府公债。公债是资本市场工具,只有国库券才是货币市场工具。在英国和美国,国库券的期限一般为91天和182天。中国过去发行的国债期限都较长,在一年以内的几乎没有。随着金融市场发展,尤其是为了满足人民币国际化之需,中国财政部也越来越多地发行短期国债。

在一个完善的金融市场体制下,国库券可充当**基准债券**。在美国,政府经常发行期限特别短的国库券,这并不是因为出现了财政赤字,而是因为,在金融市场体系中,需要有一种基准债券。基准债券的期限特别短,且没有信用风险。由于没有期限升水和风险溢价,它的利率就成了无风险利率,成为其他债券利率的基础。国库券是由中央政府发行的,几乎没有信用风险,流动性强;购买国库券所获得的投资收益还可免交所得税,故有"金边债券"之美誉。这类国库券最能满足基准债券的要求,其利率可起到基准利率的作用。中央银行在货币政策操作中,首先影响的就是短期国库券利率,经由它影响中长期国债利率,进而影响其他债券或贷款利率,并最终影响投资和消费等宏观经济。

国库券市场的发展需要国债的管理体制从"赤字管理"转向"余额管理"。赤字管理就是财政部每年发行的国债规模,应当等于财政预算的赤字额度与当年到期国债需要还本付息的额度的总和。这个额度一经确定,不能轻易改变。但是,在赤字管理的体制下,财政部几乎没有发行短期国债的积极性。因为,发行短期国库券也需要占用当年的国债发行额度,短期国库券的发行当年就需还本付息,这就会影响财政预算支出。赤字管理不能满足短期国债滚动发行所需要的制度条件。

国债余额管理就可以改变这种制约因素。所谓**国债余额管理**,是指控制国债的余额,而不管当年的发行额度。就中国而言,在国债余额管理体制下,需要全国人大审批的不再是一年间国债的发行额度,而是一个适当的国债余额,当财政部出现季节性或临时性资金短缺,或央行公开市场操作需要时,它就可以通过发行短期债券,获得短期资金以满足支付和为公开市场操作提供良好的金融工具。短期国库券当年兑付,年末轧账时,国债市场存量不会因短期国库券发行量的增加而扩大,它赋予了财政部发行国债较大的灵活性。

2. 短期融资券

货币市场的另一种金融工具就是短期融资券,它是指一般工商企业或者证券公司等机构,在银行间债券市场发行和交易、并约定在一年期内还本付息的有价证券。短期融资券作为企业的主动负债工具,为企业进入货币市场融资提供了渠道。与短期贷款相比,它有明显的优点。首先,利率完全由市场供需双方确定,一般比银行贷款利率低,因此,企业发行短期融资券能够有效地拓宽融资渠道、降低财务成本。其次,信息透明度高,发行及完全兑付前有严格的信息披露和信用评级,市场约束力较强,有利于降低约束不足导致恶意违约,减少企业风险向银行风险转化。最后,短期融资券分散了社会金融风险,它是由众多投资者共同承担风险的,再加上短期融资券可在二级市场流通,发行者信用状况的变化,可通过二级市场价格变化和债券在不同投资者间转手,有较多时间和较多投资者加以消化,降低了单一投资者的风险,减少了风险积聚并向系统性风险转化,有利于金融稳定。

3. 央行票据

央行票据是中国人民银行为冲销外汇占款而发行的一种短期债券,期限大多为三个月和一年期,也曾经发行过六个月和三年期的央行票据。央行票据构成人民银行的一种负债。与短期融资不同,发行央行票据并不是因为人民银行有融资需求,它只是公开市场操作的方式之一。中国人民银行发行央行票据,商业银行资产方的准备金会减少,同时增加了等额的央行票据;这反映在中国人民银行的资产负债表上,则是负债方商业银行准备金减少了,同时在负债方增加了央行票据。因此,发行央行票据会减少基础货币供给。当中央银行需要收缩货币供给或提高市场利率时,便可通过发行央行票据帮助实现这一目标。反之,商业银行赎回央行票据,又会使原来人民银行回收的基础货币再次投放到银行体系中去。

发行央行票据曾是中国人民银行最重要的公开市场操作方式,它曾经是央行冲销外汇占款和宏观流动性管理的重要工具。但随着中国外汇储备的减少,以发行央行票据来冲销外汇占款再也没有必要了,到期央行票据被赎回后,再也不发行新的央行票据,到 2016 年 11 月已经基本被"清零",完全退出了中国债券市场。在中国债券市场发展滞后、尤其是缺乏短期债券的时代,央行票据不仅是中国公开市场操作的重要手段,也丰富了债券市场结构,提供了债券市场短端收益率基准。虽然历史短暂,但在特定条件下的地位还是应当值得肯定。

10.2.2 债券回购市场

1. 什么是债券回购

债券的交易分为现券交易和回购交易。**现券交易**是根据合同商定的付款方式买卖债券,在一定时期内进行券款的交割,实现债券所有权的转让。**回购交易**是指债券一方以协议价格在双方约定的日期向另一方卖出债券,同时约定在未来的某一天按约定的价格从后者那里买回这些债券的协议。

假设康瑞公司现有 5 000 万元的债券,债券离到期日还有一年半的时间。健强公司有 5 000 万元的现金。现在康瑞公司急需一笔 5 000 万元的流动资金,半年后就可以获得相应的现金。为了简便起见,我们不考虑利息,那么,康瑞公司和健强公司就可以进行这样一笔债券回购交易:

第一步:康瑞、健强两公司签署一个回购协议,康瑞公司现在将 5 000 万元的债券出让给健强公司,同时,健强公司将 5 000 万元的现金转让给康瑞公司使用。

第二步:半年后,康瑞、健强两公司再进行回购交易的第二步,即回购/返售阶段。康瑞公司偿还给健强公司 5 000 万元的现金,同时取回原来出售给健强公司的 5 000 万元债券,这对康瑞公司而言就是回购。与此同时,健强公司则将原来的 5 000 万元债券按双方原来约定的价格还给康瑞公司,收取贷放给康瑞公司的 5 000 万元的现金,这对健强公司而言,就是将债券返售给康瑞公司。实际上,对同一债券而言,回购和返售是同时进行的,它就如同手背和手心一样,有回购就必有返售。由此可见,债券回购交易实质上是以债券为质押的资金拆借活动。

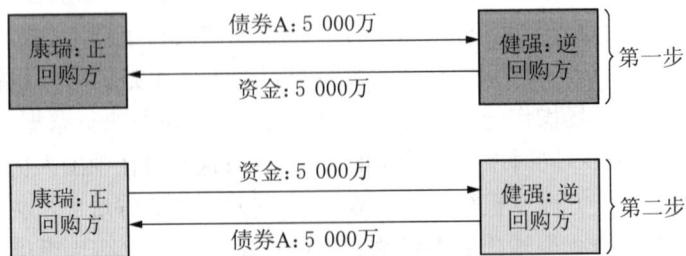

图 10.2　回购交易中的债券与资金流动过程

从上图可以看到,在同一次回购交易中,有债券的融出方和资金的融入方,同时也必有债券的融入方和资金的融出方。按照债券和资金流向的不同,回购交易有正回购和逆回购之分。**正回购**是指,康瑞在向健强出售债券,以从健强那里获得资金的同时,双方约定,在未来某一日期康瑞再以约定的价格从健强手中如数买回这些债券。**逆回购**就是在购买某一债券的同时,签订协议在将来某一个日期以约定的价格将该债券如数卖给原来的出售者。可见,在同一次回购交易中对交易的双方而言,必有一方是正回购方,另一方则必为逆回购方,正回购方就是资金的融入方和债券的融出方;逆回购方则是债券的融入方和资金的流出方,或者说正回购方是资金短缺者,逆回购方是资金盈余者。

按照在回购合约有效期内对债券的处置权利的不同,回购交易有封闭式回购和开放式回购之分。如果康瑞和健强是签署**封闭式回购**,那么,在回购协议有效期内,作为债券融入方的健强所持有的康瑞临时让渡给它的债券被冻结,不得随意支配。**开放式回购**则不同。

以下两个方面的特点体现了它的“开放性”:首先,回购交易的债券允许自由替换券种。如果康瑞在回购协议有效期内急需使用抵押给健强的债券 A,在开放式回购下,康瑞就可与健强商议以债券 B 更换,甚至可商定变更回购的期限和价格;其次,康瑞将债券 A 过户到健强后,债券 A 并没有被冻结,健强在回购协议有效期内具有对债券 A 的买卖处置权,只要回购到期时能够买回来偿还对方即可,也可将债券进行再回购交易。可见,开放式回购是一种更加灵活,调剂资金余缺和机构进行流动性管理更为有效的回购方式,也为回购交易双方提供了更多的盈利机会。例如,如果健强预测手持的质押债券 A 在回购期间价格会下跌,它就可先卖出,以后在低价位买回获取市场差价。

债券回购还分为**协议回购**和**标准化回购**。债券协议回购交易是指回购双方自主协商约定,由资金融入方(“正回购方”)将债券出质给资金融出方(“逆回购方”)融入资金,并在未来返还资金和支付回购利息,同时解除债券质押登记的交易。协议回购的期限不得超过 365 天,且不得超过质押券的存续期间。为了控制和管理债券回购中的风险,标准券回购制度应运而生。所谓**标准券**,是指在债券回购交易中,由交易所或同业拆借中心按照不同券种、根据各自的折合比率计算的、用于回购抵押的标准化综合债券。标准券是一种虚拟的回购综合债券,是由各种债券根据一定的折算率折合相加而成的。因此,回购标准品种是指不分券种,只分回购期限,统一按面值计算持券量的标准化债券回购交易品种。

2. 债券回购市场的特点

债券回购交易市场具有以下几个特点:

首先,与同业拆借市场一样,债券回购交易的期限都非常短,虽然政府许可半年或一年的债券回购交易,但真正超过一个月的回购交易只占回购交易总量的极小一部分,绝大部分都是一个月以内的短期交易,因而债券回购市场的流动性很高。如图 10.3 所示,2009 年以来,中国债券隔夜回购交易占了交易总量的 70%以上。

其次,与同业拆借市场上是完全凭信用交易不同,债券回购交易实际上是以债券为担保品的资金贷放活动,因而债券回购交易的风险要比同业拆借的信用风险低很多。

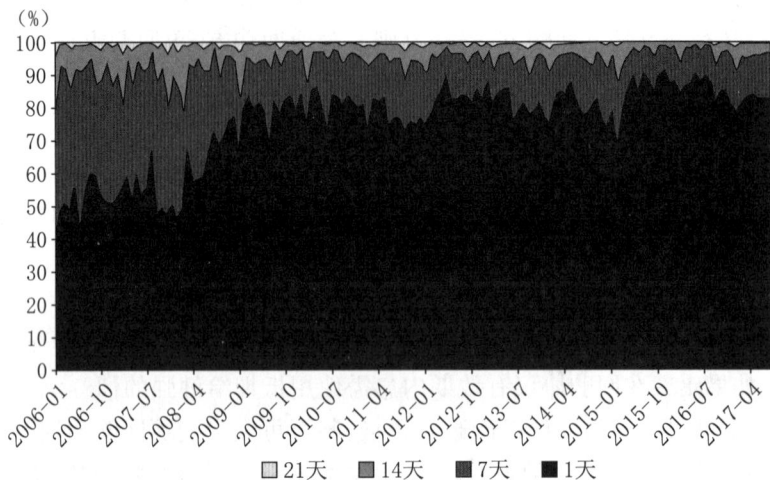

图 10.3　中国债券回购成交额期限分布
资料来源:根据 WIND 整理。

第三,正是因为上面第二个方面的特点,债券回购交易的利率一般要比同期限的同业拆借利率要低一些。

最后,同所有货币市场一样,债券回购市场的基本功能在于满足资金短缺者的流动性需要,而不是为了筹集长期资本。

3. 债券回购交易市场的功能

我们已经看到,债券回购交易实际上是一种以债券为抵押的借贷活动。债券回购交易合约的出售者可获得它所需的资金,在回购交易期满后,如果有足够的资金,还可将原来的债券如数地买回来,这样又可获得以后债券的利息收入。对债券回购合约的购买者来说,在回购期间,可以享有债券相应的利息收入,在债券回购期满后,通过返售又即时地收回了现金。对金融机构来说,通过回购交易得以最大限度地保持资产的流动性、收益性和安全性的统一,实现资产结构多元化和合理化。对于各类非金融机构(主要是企业)来说,它们可以在这个市场上对自己的短期资金作最有效的安排。

另外,债券回购交易不仅为企业和金融机构解决了流动性问题,而且,由于债券回购的利率相对较低,因此,与其他方法相比,通过债券回购来解决流动性问题的综合成本要低很多,这对商业银行的流动性管理具有非常重要的意义。是故,债券回购的交易量要远远超过同业拆借的交易量。正因为债券回购在市场参与者的流动性管理或者获取短期资金方面,具有同业拆借不可替代的优势,虽然它的发展历史并不长,但自 2000 年以来,其发展可谓非常迅猛,债券回购的交易量不断攀升,且远远高于同业拆借的成交额。2016 年,债券回购成交 601.3 万亿元,而同业拆借量虽也达到 20.8 万亿元,但只有回购交易的约三十分之一。这一反差足以说明,债券回购在中国货币市场中的地位和作用。

最后,中央银行的公开市场操作主要是通过债券回购交易来进行的。根据中央银行扩大或收缩流动性的需求,它可以实施正回购或逆回购的公开市场操作。当中央银行认为市场流动性过于宽松时,它就可以对公开市场实施债券正回购操作。反之,当节假日临近之时,老百姓对现金的需求会大量增加;在金融市场中,也常常因一些意外的因素导致市场流动性的短时间内大量减少,市场利率同步攀升。为了满足短期的流动性需求或平抑市场利率,央行就可以通过逆回购的公开市场操作。在逆回购中,商业银行将它持有的国债让渡给中央银行,中央银行资产负债表的资产方就增加了政府债券,负债方则增加了商业银行的准备金。所以毫不奇怪,每逢春节前的一段时间,中国人民银行往往会进行大量的逆回购操作。

4. 债券回购利率

回购利率是衡量回购协议交易中借款人(证券出售者)向贷款人(证券购买者)所支付的报酬比例。在中国债券回购市场上,有一个重要的利率,那就是**回购定盘利率**,它是人民银行授权同业拆借中心发布的全国银行间债券市场具有基准性质的市场利率之一,是银行间市场指标体系的重要组成部分。银行间回购定盘利率是以银行间市场每天上午 9:00—11:00 间的回购交易利率为基础,同时借鉴国际经验编制而成的利率基准参考指标,每天上午 11:00 起对外发布。回购定盘利率的编制方法如下:先选定隔夜回购(R001)、七天回购(R007)两个品种每个交易日上午 9:00—11:00 之间的全部成交数据,然后分别进行紧排序,所谓紧排序是指回购利率数值相同的排序序号相同,取该序列的中位数就是当日的定盘利率。

由于回购协议利率反映了交易中债券的返售者所承担的各种风险,因此,它的决定因素取决于证券的种类、交易对手的信誉和回购协议的期限等。证券的信用风险越高,回购协议的利率也就越高。同样,回购协议的期限也与其利率的变化成正比,即期限越长,利率就越高,反之,利率就越低。

一般说来,当期限相同时,债券回购利率要低于银行间同业拆借利率。之所以如此,主要是因为债券回购交易实际上是以债券为担保的贷款,而银行间的同业拆借主要是信用拆借,没有担保品。尤其是,国债回购交易的利率优势更为明显,国债是政府发行的,政府债券的信用风险本身较低,而同业拆借者自身的信用也不及政府那么高。所以,债券回购利率一般会低于银行间同业信用拆借的利率。回购协议的利率与同业拆借市场利率可以相差几个基点以至上百个基点,这要取决于证券市场的供求状况。当证券供给短缺时,回购协议与同业拆借市场的利差就会扩大。反之,当证券供给充足(如中央银行卖出政府证券)时,回购协议与同业拆借市场之间的利差就会缩小。

与同业拆借市场一样,虽然中国目前的债券回购利率是市场化程度最高的利率之一,但同样受到了商业银行在中央银行缴纳的存款准备金利率的制约。准备金利率成了回购市场利率的底线,这是因为,当回购市场利率低于准备金利率时,就产生了无风险的套利空间。这时,商业银行会宁可将剩余资金存入中央银行的准备金账户,而不会用于回购交易。所以,无论是同业拆借市场,还是债券回购市场,都有改革我国存款准备金利率的要求。

10.3 票据市场

另一种货币市场就是票据市场。相对于同业拆借市场、银行间债券回购而言,票据市场则将金融机构与非金融机构更紧密地联系起来,非金融企业也更多地利用票据市场来管理销售或采购,也会利用票据市场来获取流动性资金。

10.3.1 什么是票据

票据就是在商品或资金流通过程中,反映债权债务关系的设立、转让和清偿的一种信用工具。票据有本票、支票和汇票之分。

汇票是出票人签发的,委托付款人在见票时或者在指定日期无条件向持票人或者收款人支付确定金额的票据。我们个人常见的汇票是邮政汇款时填写的汇款单,当你在外地求学时,你妈妈按月从邮局给你寄去 500 元的生活费,当你收到汇票后到指定的邮局去取款时,它就不能拒绝你的请求。**本票**是出票人签发的,承诺自己在见票时无条件支付确定的金额给收款人或者持票人的票据。**支票**是出票人签发的,委托办理支票存款业务的银行或者其他金融机构在见票时无条件支付确定金额给收款人或者持票人的票据。支票分为现金支票和转账支票。现金支票只能支取现金,不能用于转账;转账支票则只能用于资金的划转,不能支取现金。对于像美国这样的国家,即便是普通居民在银行开立支票账户时,银行都会附赠支票本。当在商场购物,或需要交房租、水电费时,只需填写一张支票就可以完成,省去了支取现金的麻烦。在如今有了微信、支付宝,"一机在手、中华随意走"的中国老百姓看来,美国那种签发个人支票的支付方式简直是"弱爆"了,但当中国人还夹在拇食指间点钞票付款时,美国的个人支票还是体现了它在那个时代的便利性。

票据按照其发生的基础,分为真实票据和融通票据。

真实票据是指为结清贸易价款而使用的票据,它是伴随商品流通而发生的,如商业发票、货运输单等都是典型的真实票据。假设有一家钢铁企业甲,需要从煤炭生产企业乙那里购入价值 1 亿元的煤炭用于炼钢。但甲的银行账户上并无 1 亿元的现金。解决办法之一就是,甲向乙开出一张商业汇票,承诺半年后收到钢材销售款后立即支付给乙。**融通票据**是指不以真实商品交易为基础,而是专为融通资金发行的票据,融通票据又称为商业票据。商业票据是没有担保的,即使在到期时出票人不能偿付,一般也没有资产为抵押赎回本金。这表明,投资者仅以发行人的信誉做出投资决策。实际上,并不是所有的企业都能发行商业票据,通常只有那些信誉卓著的大企业才能发行商业票据。例如,在美国,大约有数万家公司,但仅有1500多家公司发行过商业票据。相反,任何一个企业,不论大小,只要它有真实的商品或服务交易,都可以取得真实票据。受监管方面的约束,我国企业尚未发行商业票据。

在上面的例子中,乙企业如何相信甲企业半年后一定会兑现承诺,按时付款呢? 为了取得乙企业的信任,甲企业就可能要求它的开户行丙为它提供担保。银行丙承诺,届时,若甲企业无法支付货款,则由丙银行支付。这就是银行**承兑**,即承诺付款的行为,经承兑后的票据就叫承兑票据。按承兑人的不同,商业票据又可分为**商业承兑票据**和**银行承兑票据**。商业承兑汇票是由收款人或付款人签发,经作为付款人的企业承兑的票据。银行承兑汇票则是由收款人或付款人出票,经付款人委托其开户银行承兑的票据。由于银行的信誉较之企业更高,因而银行承兑汇票的安全性、流动性要比商业承兑汇票更好。由于我国企业还不能发行商业票据,故所交易的票据都是真实票据。

10.3.2 票据流通与转让

假如煤炭企业乙持有钢铁企业甲开出的银行承兑汇票三个月后急需短期资金,那它是否可以利用这账票据来融资呢? 实际上,它有多种途径。途径之一就是**票据贴现**,即票据的持有人在需要资金时,将其持有的未到期票据转让给银行,银行扣除利息后将余款支付给持票人的票据行为。一般来说,能够到银行办理贴现的只能是经过承兑的票据。在票据贴现之前,票据所体现的是出票人和持票人这两个企业之间的债权债务关系。票据贴现之后,体现的是出票人与贴现银行之间的债权债务关系。由于票据贴现意味着票据所有权的转移,因此,票据贴现也叫**票据买断**,其实质是,贴现企业将体现在承兑汇票中的应收账款的变现过程。

再比如,假设你们公司向天创公司出售一批价值5 000万元的设备,但要到三个月以后才能收到货款,天创公司已经向你们出具了承诺三个月后付款的真实票据。由于你们公司现在急需4 500万元的流动资金,这样,你作为你们公司的财务经理,就可以将这张票据拿到某家商业银行,比如说中信银行去申请贴现。贴现后,你们公司就不再持有这张票据了,相应地,与这张票据相关的债权也就转移到了中信银行手中,之后,债权债务关系就只存在于天创公司与中信实业银行之间了。

煤炭企业乙利用该票据融资的另一种方式就是**票据回购**。其原理与债券回购完全一样,同样有正回购和逆回购之分,是以票据为质押的短期资金借贷活动。限于篇幅,不再赘述。

按照贴现的环节,票据贴现分为**贴现、转贴现和再贴现**。一般工商企业将票据拿到银行去变现的这一过程就是贴现。所谓转贴现,则是指贴现银行在需要资金时,将已贴现的票据再向同业其他银行办理贴现的票据转让行为。例如,当你们公司将天创开具的票据从中信银行贴现后,若中信银行也急需资金,那么,它就可以将这张票据拿到另一家商业银行,比如说到招商银行去贴现,这就是转贴现。再贴现则是贴现商业银行在需要资金时,将已贴现的未到期的票据向中央银行贴现的票据转让行为。在上面的例子中,若中信银行不是将该票据拿到招商银行去贴现,而是拿到中国人民银行去贴现以融通资金,这就是再贴现。

厘清了什么是票据贴现,我们就清楚什么是票据贴现市场了。顾名思义,**票据贴现市场**就是供票据持有人和贴现银行之间进行票据交易的市场。与股票等金融市场不同,它是场外市场,不在上海和深圳证券交易所交易。票据贴现时,贴现银行要根据当时的贴现利率扣除相应的利息,贴现利率一般被称为**贴现率**。商业银行将其持有的票据拿去再贴现时,中央银行收取的利率就叫**再贴现率**。一般说来,在同一时期,同一种票据的再贴现率会低于贴现率。

10.3.3 票据市场的功能

从上面的分析中,我们可以发现票据市场具有以下几个方面的作用:

首先,对销售企业而言,通过接受以真实商品交易为基础的真实票据,取得对产品购买者的债权,可及时地将生产出来的产品销售出去,减少库存。对购货企业而言,通过开具承兑汇票,可及时获得生产所需的原料或设备,保证了生产的正常运行。企业甲正是利用承兑汇票,保证了高炉的正常运转。企业乙也正是因为同意接受承兑汇票,才将煤炭顺利地销售了出去,实现"商品到货币的惊险一跃"。在真实票据到期前,如果有应急之需,通过贴现能解决短期的流动性需要,并及时地收回资金。

其次,对商业银行而言,票据贴现是一项重要的资产业务。由于相对于一般贷款而言,票据贴现的风险相对较小,这样,可以较好地调整商业银行的资产结构,同时又为银行增加新的营业收入和利润来源开辟了新渠道。而且,在票据贴现之时,银行就扣除了利息,它是收息在前,放款在后。这与普通贷款中放款在前、收息在后完全不同。

最后,票据贴现市场还是中央银行执行货币政策的一个重要场所和机制。由于中央银行通过向商业银行再贴现票据会增加基础货币的供给,而中央银行减少对商业银行的再贴现额则会减少基础货币,因此,中央银行可以通过再贴现来控制基础货币。再贴现量受到再贴现率的影响,因为再贴现率是商业银行用它贴现的票据从中央银行融资的成本。再贴现率越高,商业银行的成本也越高,降低商业银行向中央银行再贴现的意愿。这样,票据贴现市场不仅可以解决票据持有人的流动性需求,而且也成了中央银行控制货币供给的重要机制,再贴现政策是中央银行间接货币调控工具的"三大法宝"之一。

10.4 存单市场

存单就是由商业银行发行的存款凭证,存单可分为向居民个人发行的可转让大额存单和向金融机构发行的存单。前者通常被简称为CD,后者则被称为同业存单。与此对应,便形成了可转让大额存单市场和同业存单市场。

10.4.1 可转让大额存单(CD)市场

大额存单是指由银行业金融机构面向非金融机构投资者发行的、以人民币计价的记账式大额存款凭证,是银行存款类金融产品,属一般性存款。因此,银行发行大额存单吸收的存款,同样需要向中央银行缴纳法定存款准备金。大额存单市场实行备案制。商业银行发行大额存单,应当于每年首期大额存单发行前,向中国人民银行备案年度发行计划。如需调整年度发行计划,应当向中国人民银行重新备案。备案后,存单发行机构可以采用电子化的方式在它的营业网点、电子银行、第三方平台以及其他渠道发行。

大单存单采用标准面额与期限,这完全不同于存折式的存款。大额存单期限包括1个月、3个月、6个月、9个月、1年、18个月、2年、3年和5年共9个品种。个人投资者认购大额存单起点金额不低于30万元,机构投资人认购大额存单起点金额不低于1 000万元。可见,大额存单有较高的进入门槛。

大额存单发行利率以市场化方式确定,不受中国人民银行存款基准利率的限制。它可以采取固定利率,也可以是浮动利率。固定利率存单采用票面年化收益率的形式计息,浮动利率存单以上海银行间同业拆借利率(Shibor)为浮动利率基准计息。这一规范确立了Shibor在大额存单中的基准利率地位。面向非金融机构及个人投资者的大额存单正式推出,标志着中国利率市场化再进一步,大额存款已经基本实现市场化定价。

大额存单的流通转让则由发行人约定。发行人应当于每期大额存单发行前在发行条款中明确是否允许转让、提前支取和赎回;大额存单的转让可以通过第三方平台开展,转让范围限于非金融机构投资者;对于通过发行人营业网点、电子银行等自有渠道发行的大额存单,可以根据发行条款通过自有渠道办理提前支取和赎回。

对于在发行人营业网点、电子银行发行的大额存单,发行人为投资者提供大额存单的登记、结算、兑付等服务;银行间市场清算所股份有限公司(上海清算所)对每期大额存单的日终余额进行总量登记。对于通过第三方平台发行的大额存单,上海清算所提供登记、托管、结算和兑付服务。

10.4.2　同业存单市场

同业存单是指由银行业存款类金融机构在全国银行间市场上发行的记账式定期存款凭证,是一种货币市场工具。同业存单的投资和交易主体为全国银行间同业拆借市场成员、基金管理公司及基金类产品。存款类金融机构发行同业存单,应当于每年首只同业存单发行前,向中国人民银行备案年度发行计划。

存款类金融机构可以在当年发行备案额度内,自行确定每期同业存单的发行金额、期限,但单期发行金额不得低于5 000万元人民币。发行备案额度实行余额管理,发行人年度内任何时点的同业存单余额均不得超过当年备案额度。同业存单发行采取电子化的方式,在全国银行间市场上公开发行或定向发行。全国银行间同业拆借中心(同业拆借中心)提供同业存单的发行、交易和信息服务。

同业存单的发行利率、发行价格等以市场化方式确定。其中,固定利率存单期限原则上不超过1年,为1个月、3个月、6个月、9个月和1年,参考同期限上海银行间同业拆借利率定价。浮动利率存单以上海银行间同业拆借利率为浮动利率基准计息,期限原则上在1年以上,包括1年、2年和3年。

同业存单在银行间市场清算所股份有限公司登记、托管、结算。公开发行的同业存单可以进行交易流通,并可作为回购交易的标的物。但定向发行的同业存单只能在该只同业存单初始投资人范围内流通转让。它的二级市场交易通过同业拆借中心的电子交易系统进行。

同业存单市场实行做市商制度,同业存单做市商由市场利率定价自律机制核心成员担任,根据同业存单市场的发展变化,中国人民银行将适时调整做市商范围。做市商应当通过同业拆借中心交易系统连续报出相应同业存单的买、卖双边价格,并按其报价与其他市场参与者达成交易。

10.5　货币市场基金

货币市场是一个批发市场,单笔的交易量一般都非常之大,动辄上千万元,甚至是上亿元的交易量。这样大的单笔交易量,储蓄存款只有几万、几十万元的个人存款者,是难以望其项背的。即便你是一位腰缠万贯的大富豪,拥有上亿元的个人净资产,由于有些货币市场只允许金融机构参与,你也仍然无法直接进行货币市场交易。然而,货币市场交易的收益率又常常高于相同期限的银行存款利率。你是否只能望着货币市场较高的收益而兴叹呢?货币市场基金就可以帮助个人投资者解决这些方面的难题。

10.5.1　什么是货币市场基金

货币市场基金,就是由基金管理公司通过发行基金份额,将分散的众多小额资金集中起来,积沙成塔,汇成一个数额大的资金库,然后专门投资于货币市场工具的开放式基金。货币市场基金的投资范围主要包括:剩余期限在 397 天以内(含 397 天)的债券、期限在一年以内(含一年)的债券回购、中央银行票据、银行背书的商业汇票、银行承兑汇票、银行定期存单和大额可转让存单以及期限在一年内的回购等货币市场工具。但是,它们不得投资于股票、可转换债券、剩余期限超过 397 天的债券和信用级别在 AAA 级以下的企业债券等。

货币市场基金投资的范围都是一些安全性很高、风险低和收益稳定的品种。对于很多希望回避证券市场风险的企业和个人来说,货币市场基金是一个天然的避风港,在通常情况下既能获得高于银行存款利息的收益,又保障了本金的安全。我们中国人偏好银行储蓄存款,若遇到存款利率不断下降,又苦于投资股票的风险太高,货币市场基金就为我们开辟了一条良好的投资渠道。

10.5.2 货币市场基金的特点

货币市场基金是不同于银行存款和股票、债券的一个新型理财工具,它具有以下特点:

(1) 基金单位是 1 元。基金货币市场基金的单位资产净值是固定不变的,通常是每个基金单位 1 元。投资该基金后,投资者可利用收益再投资,投资收益就不断累积,增加投资者所拥有的基金份额。比如某投资者以 100 元投资于某货币市场基金,可拥有 100 个基金单位,一年后,若投资报酬是 8%,那么该投资者就多了 8 个基金单位,总共为 108 个基金单位,价值 108 元。

(2) 流动性好、安全性高。这些特点主要源于货币市场是一个风险低、流动性高的市场。同时,投资者可以不受到期日限制,随时可根据需要赎回基金单位。相应的风险性低。货币市场工具的到期日通常很短,货币市场基金投资组合的平均期限一般为 4—6 个月,因此风险较低,其价格通常只受市场利率的影响。

(3) 投资成本低。货币市场基金通常不收取赎回费用,并且其管理费用也较低,货币市场基金的年管理费用大约为基金资产净值的 0.25%—1%,比传统 1%—2.5% 的基金年管理费率低。货币市场基金一般都为开放式基金,这意味着,当你需要将手头的闲钱用于投资货币市场基金时,你都可以购买;而当你需要现钱时,又可以赎回你所持有的货币市场基金。货币市场基金的开放性,提高了它的流动性。

(4) 税收优惠。除了国债和地方债券外,其他债券的利率都是要缴纳所得税的,有一段时间,连我国的存款利息收入曾经要缴纳 20% 的利息税。股票所支付的股利、股票基金分配的红利,都要缴纳相应的所得税。但持有货币市场基金所获得的收入可享受免税政策。

10.5.3 货币市场基金的收益与风险

货币市场基金可以为投资者提供较为稳定的投资收益,而且投资的货币市场工具期限非常短,一般没有违约的信用风险。但是,货币市场基金相对于股票型等资本市场证券投资基金而言,它的优势也正是它的劣势所在。由于货币市场基金主要投资于货币市场工具,它们的期限很短、风险低,因而其收益的总水平一般也较低。如果遇上了股票市场的大牛市,持有货币市场基金所获得的收益就会低于股票、债券基金等所能获得的收益,投资于货币基金的幸福感就会大打折扣。反过来说,正是货币市场工具收益率的绝对水平较低、期限较短,它们的价格下跌幅度也非常有限,相对于股票、债券基金而言,在宏观经济形势不好、股票和债券市场大跌的时候,货币市场基金就是一个良好的避风港。总的来看,货币市场基金对那些只是追求一个较为稳定的收益、同时风险又较低的投资者来说,无疑是一个较好的选择。

货币市场基金的收益率受货币政策和可投资的货币市场工具收益率等综合因素的影响,而银行利率一般会同向地、直接或间接地影响货币市场工具的收益率。当银行利率上升时,货币市场基金的投资对象如短期债券、债券回购、同业存款等产品的利率,也会随之升高,这就使得货币基金收益率随着利率的提高而上升。货币市场基金收益率的变动受到剩余期限长短、杠杆运用比例以及计算方法的影响。剩余期限较长,则收益率较高。某货币基金全部持有 6 个月期的政府债券,它的收益率自然高于全部持有 3 个月期国库券的收益率。

通常,人们主要用两个指数来考察和比较货币市场基金收益率高低,即,7 日年化收益率和每万份基金单位收益。作为短期指标,7 日年化收益率仅是基金过去 7 天的盈利水平信息,并不意味着未来收益水平。投资者真正要关心的是每万份基金单位收益,它反映的是投资人每天获得的真实收益。这个指标越高,投资者获得真实收益就越高,7 日年化收益率与投资者的真正收益仍有一定的距离。

货币市场基金的低风险并不意味着它没有任何风险。首先,由于货币市场基金主要投资于短期政府债券、央行票据、银行承兑汇票等短期货币市场工具,因而货币市场基金的收益就会受到这些货币市场工具利率波动的影响。其次,货币市场基金是由基金公司来经营的,也不排除基金经理人为了追求更高的收益而投资于期限较长、风险较高的证券的可能性。当证券市场行情不好的时候,众多基金持有人要求赎回基金时,持有的货币市场基金的流动性也会下降,货币市场基金同样也存在着流动性风险。

最后,虽然货币市场基金不用缴纳利息所得税,一般没有赎回费,但仍然要给基金管理公司交纳管理费。这是我们投资于货币市场基金的一项重要成本,它会降低我们投资于货币市场基金的实际收益率。管理费用越高,投资于货币市场基金的潜在预期收益就会越低。基金公司依靠对所管理资产收取管理费获得收入,目前货币市场基金的管理费按基金资产净值的 0.33％年费率计提,这部分费用基金公司按日计提、按月支取。

小　　结

货币市场是短期资金借贷市场,它的首要功能在于为金融机构和企业提供流动性管理。货币市场主要有同业拆借市场、票据贴现市场和国库券及其回购市场等。同业拆借市场就是金融机构相互之间为调剂临时性的短期资金需要的金融市场。同业拆借可分为头寸拆借和同业借贷。同业拆借的清算方式实时总额结算和净额结算。同业拆借利率作为拆借市场上的资金价格,是货币市场的核心利率。中国设立了上海银行间同业拆放利率,它是由信用等级较高的银行组成报价团自主报出的人民币同业拆出利率计算的算术平均利率,是单利、无担保、批发性利率。

短期债券与债券回购市场是重要的货币市场。短期债券是期限在一年以内的债券,主要有国库券、短期融资券和中央银行债券。债券回购是指债券一方以协议价格在双方约定的日期向另一方卖出债券,同时约定在未来的某一天按约定的价格从后者那里买回这些债券的协议。回购交易有正回购和逆回购之分,也有封闭式回购和开放式回购之别,还分为协议回购和标准化回购。对金融机构来说,通过回购交易得以最大限度地保持资产的流动性、收益性和安全性的统一,实现资产结构多元化和合理化;对于各类非金融机构(主要是企业),它们可以在这个市场上对自己的短期资金做最有效的安排,中央银行公开市场操作也主要通过回购来完成。回购利率是衡量回购协议交易中借款人(证券出售者)向贷款人(证券购买者)所支付的报酬比例;回购定盘利率是全国银行间债券市场具有基准性质的市场利率之一。

票据就是在商品流通过程中,反映债权债务关系的设立、转让和清偿的一种信用工具。票据也有不同的种类,能够到银行办理贴现的只能是经过承兑票据。票据贴现分为贴现、转贴现和再贴现。票据不仅是企业的融资工具,也是货币政策的重要载体。另外两类货币市场就是大额可转让存单市场和同业存单市场。货币市场基金,就是由基金管理公司通过发行基金份额,将分散的众多小额资金集中起来,专门投资于货币市场工具的开放式基金。货币市场基金流动性好、安全性高,当然,收益率相对较低,但并不意味着它没有任何风险。

关键概念

同业拆借	债券回购	现券交易	正回购	逆回购
基准债券	国债余额管理	封闭式回购	开放式回购	协议回购
标准化回购	标准券	SHIBOR	回购定盘利率	短期融资券
国库券	超短期融资券	票据	银行承兑汇票	贴现
票据买断	转贴现	再贴现	票据回购	同业存单
CD	货币市场基金			

思考练习题

1. 货币市场有哪些作用？
2. 短期债券有哪些品种？
3. 有哪些主要的债券回购交易方式？
4. 中央银行如何通过债券回购进行公开市场操作？
5. 企业如何利用票据市场进行融资？
6. 请比较大额可转让存单和同业存单。
7. 投资于货币市场基金有何优势？又有哪些不足？
8. 货币市场利率持续大幅攀升意味着什么？它可能有什么样的影响？面临这种情况，中央银行该采取什么样的措施？
9. **案例分析**：2013 年 6 月 6 日，有市场传闻称，GD 银行对 XY 银行的同业拆借资本金本应到期，但因为头寸紧张，GD 银行选择违约，导致 XY 银行的千亿到期资金未能收回。两大银行资金面齐齐告急，不得不向四大行要求支援。2013 年 6 月 20 日，市场上曝出央行向某大型国有银行注资 500 亿元、另外一家国有银行由于流动性紧张发生资金违约等诸多传闻，银行间市场被迫延迟半小时收市，震动整个金融市场，引发国内外投资者对中国银行业流动性的广泛关注。结果，2013 年 6 月 20 日，隔夜回购利率达到史无前例的 30%，7 天回购利率达到 28%，乃至在圈内流传着"没有经历 30% 回利率的交易员，人生是不完整的"。这就是震惊金融市场的"钱荒"事件。下两两图分别反映了"钱荒"前后回购利率的变化。

　　出现"钱荒"后，央行被迫发表声明："当前，我国经济金融运行总体平稳……5 月末，金融机构备付率为 1.7%，截至 6 月 21 日，全部金融机构备付金约为 1.5 万亿元。通常情况下，全部金融机构备付金保持在六七千亿元左右即

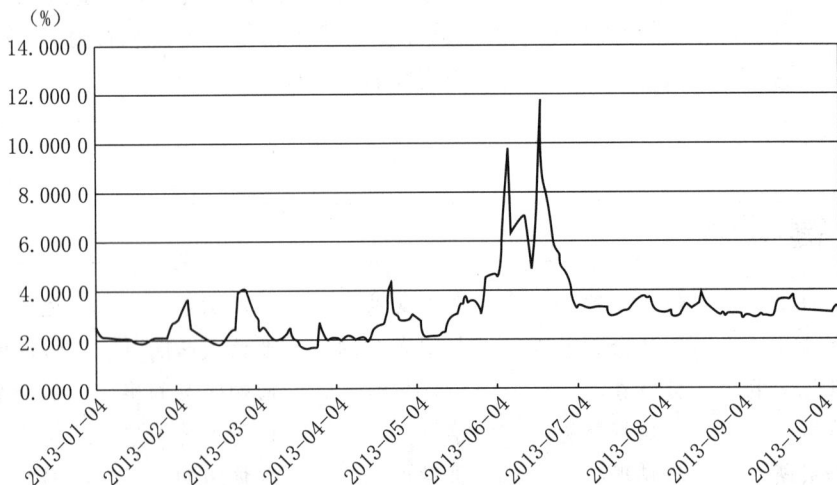

图 10.4　钱荒前后回购利率

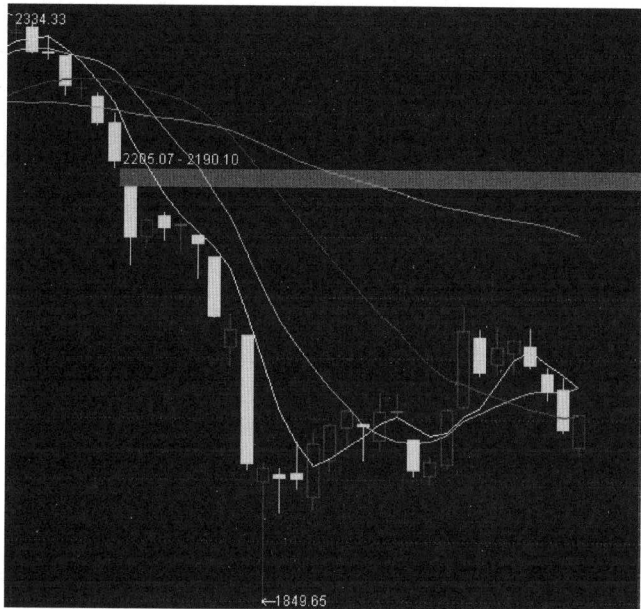

图 10.5　钱荒时的上证综指

可满足正常的支付清算需求,若保持在 1 万亿元左右则比较充足,所以总体看,当前流动性总量并不短缺。受贷款增长较快、企业所得税集中清缴、端午节假期现金需求、外汇市场变化、补缴法定准备金等多种因素叠加影响,近期货币市场利率仍出现上升和波动。""为保持货币市场平稳运行,近日央行已向一些符合宏观审慎要求的金融机构提供了流动性支持,一些自身流动性充足的银行也开始发挥稳定器作用向市场融出资金,货币市场利率已回稳。"

请分析,钱荒作了造成货币市场利率大幅上升,还会对其他金融市场造成什么样的影响?央行为何要干预?请进一步查阅资料,中国人民银行在钱荒前后采用了哪些相关措施,并予以简要评价。

▶11

外汇市场

学习目标

学完本章后,你将能够:

理解什么是外汇与外汇市场

弄清汇率的标价方法

弄清什么是买入汇率与卖出汇率

了解什么是即期汇率与远期汇率

了解什么是基本汇率与套算汇率

弄清外汇即期交易与远期交易

理解如何套汇和套利

弄清什么是汇率风险

了解外汇风险的管理措施

货币的职能之一是充当交易的媒介,但是,自从具有不同主权货币的国家之间产生贸易以后,货币本身又成了被交易的对象,不同货币之间的交易就形成了外汇市场。如果你要到异国他乡去旅行,或出国去学习深造,那么,你也要参与外汇市场的买卖。在介绍了资本市场与货币市场之后,本章将介绍外汇市场。

11.1　外汇与外汇市场

11.1.1　外汇

外汇是国外汇兑的简称。它有动态和静态之分。静态上的外汇概念还进一步有广义和狭义之分。动态意义上的外汇是指货币的兑换,即人们将一种货币兑换成另一种货币的行为。例如,你要去欧洲旅行,将你持有的一部分人民币换成欧元就是动态的外汇概念。

广义的静态外汇是泛指一切以外国货币表示的资产,包括:

- 国外现钞,如持有的美元或欧元。
- 外币有价证券,如以外币为面值的外国政府债券、公司债券、股票等。
- 以外币表示的支付凭证,如票据、银行存款凭证等。

狭义的外汇是指以外币表示的、可用于国际结算的支付手段。根据狭义外汇的定义,由于以外币表示的有价证券不能直接用于国际的支付,它就不能算作外汇。那么,我们持有的外币现钞是不是外汇呢? 由于外币现钞并不能用于国际结算,它也不属于狭义的外汇范畴。就狭义的外汇概念而言,只有存放在银行的外币资金,以及外币票据才是外汇。更具体地说,狭义的外汇只包括银行汇票、支票、本票和外币存款等。但在日常生活中,我们所说的外汇更多的是广义的外汇。例如,你到中国银行去将美元现钞兑换成人民币也被称为外汇兑换。

11.1.2　外汇市场

外汇市场就是外汇交易的场所。一提起交易场所,你可能马上就会想到商品批发市场、农贸市场这样的有组织的有形市场。在这些市场上,各种叫卖声、讨价还价声不绝于耳。你也可能马上会联想到证券公司营业厅中的投资者,他们正目不转睛地盯着电脑显示屏,关注股票价格的走势。在那里,行情好时,人声鼎沸,投资者脸上会绽放出灿烂的笑容;行情大跌时,投资者会神情沮丧,证券营业部门可罗雀。但是,你在外汇市场上是看不到这种景象的,因为外汇市场主要是一个无形市场,即它是一个有组织的场外交易市场,而不是集中交易市场。外汇交易者是通过电话或计算机等现代通信工具进行联系和交易的。

不要把外汇的买卖想像成是在商场购物那样一手交钱一手交货的交易。其实,银行、企业和政府部门等在外汇市场上买卖外汇时,并不是像你个人拿着美元到银行去兑换成人民币那样的外汇现钞交易。在大多数情况下,外汇市场上的交易只是不同货币计值的银行存款之间的交易。此外,外汇市场主要是批发市场,单笔交易的数额一般都比较大。个人为出国旅行、留学或探亲而买卖外币与企业、银行间的外汇买卖有些不同。在外汇的批发买卖中,汇率会比我们个人零售买卖的汇率要低一些。

伦敦、纽约和新加坡、东京等是全球最大的外汇交易中心。虽然这些外汇交易中心处于不同的地区,但由于通讯技术的发展,现在的外汇市场是全球性的,全球各地的外汇市场能够按时区的差异相互衔接,在星期一至星期五每天 24 小时可以在全球实现不间断的交易。当亚洲的外汇交易中心闭市时,伦敦外汇交易中心又刚好开市;当伦敦闭市时,纽约外汇交易中心又刚好开市。如果你有朋友在从事外汇交易,你在半夜时分给他打电话,而他正在进行一笔外汇交易,这会儿很忙,叫你改时间找他,对此你不必感到奇怪或以为他是在找拒绝你的托辞。

11.1.3　中国银行间外汇市场

银行间外汇市场是中国最大的外汇市场,当然还有一些场外的分散市场,比如,在外汇黑市和地下钱庄中也有外汇交易。银行间外汇市场实行会员制,中国外汇交易中心为会员之间的外汇交易提供电子交易系统。银行间外汇市场有询价交易和竞价交易,交易会员可自主决定采取询价交易或竞价交易方式。竞价交易采取分别报价、撮合成交方式,交易系统对买入报价和卖出报价分别排序,按照价格优先、时间优先的原则撮合成交。当买入报价和卖出报价相同时,成交价即为买入价或卖出价。当买入价高于卖出价时,成交价为买入价和卖出价中报价时间较早的一方所报的价格。当两笔报价中一笔为市价时,以有价格的一方的报价为成交价;当两笔报价均为市价时,以前一笔最新成交价为成交价。当一笔报价成交了部分金额,剩余的金额继续参加撮合排序。竞价交易通过交易中心集中清算,外汇资金清算通过境外商业银行办理,人民币资金清算通过中国人民银行的"中国现代化支付系统"进行。

询价交易就是银行间市场交易主体在原有集中授信、集中竞价交易方式的基础上,自主选择双边授信、双边清算的询价交易方式,按照汇价浮动幅度,在询价交易系统上进行双边询价的外汇交易。采取询价交易时,应当在双边授信基础上,通过交易中心询价交易系统进行交易,交易的币种、汇率、金额等由交易双方协商议定。交易双方在交易系统中已确认的成交单等同于成交合同,不得擅自变更或者解除。交易双方也可视实际情况需要,就违约条款、债权债务抵消、不可抗力条款以及其他需进一步明确的事项签订补充合同。询价交易的交割与结算由交易双方协商议定。

银行间外汇市场也实行做市商制度。外汇做市商是指经国家外汇管理局核准,在我国银行间外汇市场进行人民币与外币交易时,承担向市场会员持续提供买、卖价格义务的银行间外汇市场会员。外汇做市商制度有利于进一步发展银行间外汇市场,完善人民币汇率形成机制,有利于活跃外汇市场交易,提高外汇市场流动性,增强中央银行调控的灵活性。做市商享有一些权利,如,适度扩大结售汇综合头寸区间,实行较灵活的头寸管理;享有向中国人民银行申请外汇一级交易商的资格;具有参与外汇市场新业务试点的优先权。

当然,它也应履行一些义务。在银行间即期竞价和询价外汇市场上,在规定的交易时间内,连续提供人民币对主要交易货币(含美元)的买、卖双向价格。其中,在即期竞价市场所报价格应是有效的可成交价格,在即期询价市场所报价格可以是参考价格,做市商可根据交易对手的授信情况、资金实力等,以所报价格为基础与交易对手议定成交价。在银行间即期竞价和询价外汇市场上,报价不得超过中国人民银行规定的银行间市场交易汇价的浮动幅度;不得利用非法或其他不当手段操纵市场价格,严格遵守外汇市场交易和结售汇综合头寸的相关管理规定,及时报送结售汇综合头寸日报表;每月向外汇局提交本机构交易情况报告,包括本机构交易量、交易笔数、做市交易情况,及时报告做市报价和交易情况中的重大事件及本机构和境外母行的重大事件(如资信评级调整)。每季度报告本机构的业务经营情况、外汇敞口头寸、资本充足率、交易情况、国际外汇市场走势分析及其他有关资料。做市商应通过银行间外汇市场的询价交易系统和竞价交易系统进行交易。

11.2 汇率

假如你想去美国,但在美国是不能使用人民币的,因此,你在出国之前必须将你持有的一部分人民币换成美元。如果你想将 10 万元人民币换成美元,那么,你可以换得多少美元呢? 这就要取决于人民币与美元之间的汇率了。**汇率**就是将一种货币兑换成另一种货币的比价关系,即以一国货币表示另一国货币的价格,它又称汇价、外汇牌价或外汇行市。汇率有多种不同的形式。

11.2.1 汇率的标价方法

折算两种货币之间的比率,首先要确定以哪一国货币作为标准,这就是汇率的标价方法。一般来说,有两种不同的汇率标价方法:直接标价法和间接标价法。

直接标价法是指以一定单位的外国货币作为标准,折算成若干单位的本国货币来表示两种货币之间的汇率。即,在直接标价法下,以本国货币来表示每一单位外国货币的价格。上面的例子中,美元与人民币之间的汇率为1∶6.28,就是用人民币来表示美元与人民币之间的汇率,因此,对人民币来说,这就是直接标价法。在直接标价法下,汇率越高,说明一单位的外国货币所能换成的本国货币就越多,因此,外国货币就越昂贵,本国货币就越便宜;反之,汇率越低,则外国货币就贬值了,而本币则升值了。例如,如果美元与人民币之间的汇率为1∶6.20,即表示1美元只能换成6.20元的人民币了,你10万元的人民币就可以换成约16 129美元,而汇率为1∶6.28时,却只能换回约15 924美元,由此可见,相对于1∶6.28的汇率而言,当汇率为1∶6.20时,人民币升值了。

间接标价法是以一定单位的本国货币为标准,折算成若干单位的外国货币来表示汇率的方法。在间接标价法下,汇率是以外国货币来表示每一单位本国货币的价格。例如,美元与人民币之间的汇率为1∶6.28,对美元来说,这就是间接标价法。与直接标价法相反,在间接标价法下,汇率越高,就表示单位本币所能换回的外国货币就越多;反之,汇率越低,说明本币所能换回的外币就越少。所以,在间接标价法下,汇率的上升说明本币升值了;反之,本币则贬值了。

如果要用间接标价法来表示人民币与美元之间的汇率,就是要将1元的人民币折算成若干单位的美元,因此,在间接标价法下,人民币与美元之间的汇率是直接标价法下汇率的倒数。如果在直接标价法下,人民币与美元之间的汇率为1∶6.20,那么,在间接标价法下人民币与美元之间的汇率就约为1∶0.161 29。

11.2.2 汇率的种类

按照一定的标准,我们可以将汇率分为:

- 买入汇率与卖出汇率
- 即期汇率和远期汇率
- 基本汇率和交叉汇率
- 名义汇率与实际汇率

买入汇率与卖出汇率是从银行的角度来考虑的。**买入汇率**是指银行在买入外汇时所使用的汇率。比如,假如你持有1 000欧元到银行去兑换,虽然你是卖出欧元,但银行跟你结算时所使用的却是买入汇率。**卖出汇率**则是指银行在卖出外汇时所使用的汇率。例如,如果你需要到欧洲旅行,那么你就需要用人民币去购买欧元,银行向你卖出欧元时所使用的汇率就是卖出汇率。一般来说,买入汇率与卖出汇率之间有一个差额,叫汇差,汇差就是银行买卖外汇的收益。

在外汇市场上,银行一般会同时报出买入汇率和卖出汇率,这就是**双向报价**。在双向报价的两个汇率中,前一汇率比后一汇率低。因此,在直接标价法下,前一汇率表示买入汇率,后面相对较高的汇率为卖出汇率。在间接标价法下,双向报价中的前一汇率表示卖出汇率,而后一较高的汇率为买入汇率。买入汇率与卖出汇率的平均值为中间汇率,其计算公式为:中间汇率＝(买入汇率＋卖出汇率)÷2。

表 11.1　各种汇率标价法之间的对照

双向报价	直接标价法	间接标价法
前一汇率	买入汇率	卖出汇率
后一汇率	卖出汇率	买入汇率

　　以买卖外汇的交割时日为标准,汇率可以分为即期汇率与远期汇率。交割就是买卖双方履行交易契约、钱货两清的授受行为。无论是在商品交易还是在金融交易中,完整的交易程序都必须包括交割这一阶段。外汇买卖中的交割则是指外汇的买方付出本国货币、收进所要购买的外汇,同时,卖方付出外汇、收入本国货币的行为。外汇买卖中的交割日分为即期交割和远期交割。**即期交割**就是在双方达成交易协议后的两个交易日内进行交割,而**远期交割**则是在双方达成交易协议后的两个交易日后进行交割。

　　由于交割日不同,汇率就有差异。即期交割时所使用的汇率就是**即期汇率**,它是买卖双方成交后,在两个营业日内办理外汇交割时所使用的汇率,即期汇率又叫现汇汇率。**远期汇率**则是买卖双方事先约定的,据以在未来一定日期进行外汇交易的汇率,远期汇率又叫期汇汇率。一般来说,远期汇率的报价方式主要有两种:直接报价和远期差价。**直接报价**就是直接将各种不同交割期限的买入汇率和卖出汇率显示在报价牌上,这种报价方法与即期报价没什么两样。远期差价就是报出远期汇率比即期汇率高或低若干点来表示远期汇率。1 点就是万分之一,即 0.000 1。远期汇率与即期汇率之间的差额就是**远期差价**,即远期差价等于远期汇率减去即期汇率。远期汇率与即期汇率之间在数量上有三种情况:

- 远期汇率高于即期汇率,远期差价为正,这叫**远期升水**。
- 远期汇率低于即期汇率,远期差价为负,这叫**远期贴水**。
- 远期汇率与即期汇率相等,远期差价为零,这叫**平价**。

　　如果银行报出了远期差价,你如何根据即期汇率来计算远期汇率呢?在不同的汇率报价方法下,通过远期差价来计算远期汇率的原则是不一样的。在直接标价法下,如果远期差价为升水,那么,远期汇率就等于即期汇率加上升水额;如果远期差价为贴水,那么,远期汇率就等于即期汇率减去贴水额。在间接标价法下,如果远期差价为升水,那么,远期汇率就等于即期汇率减去升水额;如果远期差价为贴水,则远期汇率等于即期汇率加上贴水额。如果需要你自己根据报出的即期汇率和远期差价来计算远期汇率,你如何知道你的计算结果是否正确?这里有一个简单而实用的判断标准,那就是远期汇率的买卖汇差大于即期汇率的买卖汇差。

　　世界上有两百多个国家和地区,现在,除了欧盟外,每个国家都有自己的货币,那么,是否要将本国货币与每一种外国货币的汇率都标示出来呢?这既很麻烦,也没有这个必要。一般来说,一个国家会选定一种在本国对外经济交往中使用最多的货币作为基本货币,本国货币与基本货币之间的汇率就是**基本汇率**。世界各国一般都将美元作为本国货币汇率的基本货币,这是因为美元是世界上最主要的储备货币。这样,本国货币与美元之间的汇率就是基本汇率。在各国的外汇市场上,一般只报出基本汇率,而其他国家的货币与本国货币之间的汇率就可以根据基本汇率计算出来,通过这种方法计算出来的汇率就是**交叉汇率**。交叉汇率也叫套算汇率。

名义汇率是指在社会经济生活中被直接公布、使用的、表示两国货币之间比价关系的汇率。我们在银行、机场、宾馆以及外汇交易场所电子屏幕上看到的各种货币间的汇率就是名义汇率。名义汇率是随外汇市场上外汇供求变化而变动的外汇买卖价格,它不能完全真实地反映两国货币的实际购买力。**实际汇率**是用两国价格水平对名义汇率进行调整后的汇率。设:e 表示直接标价法的名义汇率,即用本币表示的外币价格,e_r 表示实际汇率,p^* 为以外币表示的外国商品价格水平,p 为以本币表示的本国商品价格水平,则实际汇率为:

$$e_r = \frac{e \cdot p^*}{p}$$

实际汇率反映了以同种货币表示的两国商品的相对价格水平,从而反映了本国商品的国际竞争力。如果中国的通胀率较美国的通胀率上升,则人民币与美元之间的实际汇率就会下降;反之,则会上升。

11.2.3　汇率指数

汇率只是两种货币之间的比价关系。正如股票市场中需要有股票价格指数来反映市场的总体状况一样,外汇市场也需要有一种指数来表征一种货币对其他所有货币的汇率变动的综合状况,这就是汇率指数,它通常也被称为**有效汇率**。一国货币与不同货币之间均有汇率,那么,计算汇率指数时是否把它们等同看待呢?由于汇率与进出口密切相关,因此,在计算汇率指数时,主要根据两国间的贸易在本国对外经济关系中的重要性而定,这就是**贸易加权汇率指数**。有效汇率是一个非常重要的指数,比如,贸易加权汇率所反映的一国货币汇率在国际贸易中的总体竞争力和总体波动。有效汇率分为名义有效汇率和实际有效汇率。**名义有效汇率**就是没有考虑通货膨胀因素而计算的加权汇率,从名义有效汇率中剔除通货膨胀的影响,就得到了**实际有效汇率**,因此,它能更恰当地反映本币的对外价值和相对购买力。从图 11.1 可以看到,1994 年以来,人民币汇率指数已大幅上升,尤其是 2005 年至 2015 年的 10 年左右时间里,人民币汇率指数上升了 40% 以上。

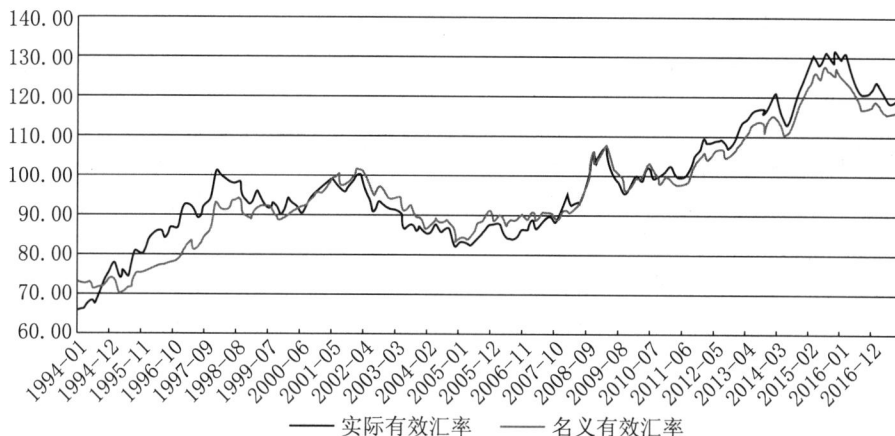

图 11.1　BIS 人民币实际有效汇率与名义有效汇率指数

资料来源：根据 WIND 整理。

　　在计算汇率指数中，不同货币样本的选择得到的汇率指数是有差别的。中国现在发布的人民币汇率指数就有三种，它们均以当日样本货币的中间价为计算依据，指数基期均为 2014 年 12 月 31 日，基期指数是 100 点。一种是中国外汇交易中心编制的 CFETS 人民币汇率指数，它是参考 CFETS 货币篮子（具体包括中国外汇交易中心挂牌的各人民币对外汇交易币种）、采用考虑转口贸易因素的贸易权重法计算而得的。篮子货币取价是当日人民币外汇汇率中间价和交易参考价。另一个是国际清算银行（BIS）货币篮子人民币汇率指数，它主要参考 BIS 货币篮子、样本货币权重采用 BIS 货币篮子权重，在中国外汇交易中心挂牌交易的人民币汇率，样本货币汇率为当时中间价和交易参考价，对非挂牌交易货币的汇率，则根据人民币（中间价）和该货币与美元汇率套算形成，指数基期同样是 2014 年 12 月 31 日，基点为 100。SDR 篮子货币人民币汇率指数是参考 SDR 货币篮子计算的人民币汇率指数，样本货币权重由各样本货币在 SDR 货币篮子中的相对权重计算而得。

11.3　外汇交易

11.3.1　即期交易与远期交易

　　在外汇交易中，根据交易后交割的时间不同，可以将外汇交易分为：

- 即期交易

- 远期交易

　　即期外汇交易就是在买卖双方成交后，在两个营业日内进行交割的外汇交易，即期外汇交易又被称为现汇交易。在即期外汇交易中，交割日一般是在成交后的第二个营业日。例如，假定今天是星期一，你作为公司财务经理同一家银行之间成交了一笔即期外汇交易,那么,你们这笔现汇交易的交割日就是明天。如果在现汇交易中,成交后马上碰上了法定节假日,那么,交割日就是在节假日结束后的第一个交易日。

远期交易是指买卖双方在成交后,按照签订的远期合同规定,在未来约定的某个日期进行交割的外汇交易。远期外汇交易也叫期汇交易。一般而言,凡是在成交后的两个营业日以后进行交割的外汇交易都是远期交易。远期外汇交易的交割期限通常为一个月、两个月、三个月和六个月等。当然,交割期限也可能短到只有几天的时间,也可能长到一年的时间。

人们进行远期外汇交易的目的一般有两个:

● 套期保值

● 投机

套期保值是指卖出或买入金额相等的一笔外币资产或负债的外汇,使这笔外币资产或负债以本币表示的价值避免受汇率波动的影响。设想一家美国进口商与德国的一家出口商签订了一笔购买合同,合同金额为 5 000 万欧元,三个月后交货付款。现在欧元与美元之间的汇率为€1= \$0.800 0,因此,按照现在的汇率计算,美国这家进口商需要支付的货款为 4 000 万美元。但是,如果三个月后,欧元兑美元的汇率上升了,比如说上升到了€1= \$1.000 0,那么,这家美国进口商就需要支付 5 000 万美元了。为了避免欧元汇率的上升可能带来的损失,美国的这家进口商就可以在三个月的远期市场上买入欧元,三个月后履行买入远期欧元的义务,将所获欧元用于支付货款,从而避免了欧元汇率的上升所带来的损失。假设欧元兑美元的三个月远期汇率为升水 50 点,那么,这家美国进口商实际上只付出 25 万美元就避免了 1 000 万美元的损失。

与套期保值不同,**外汇投机**则是指根据对汇率变动的预期,持有外汇的多头或空头,希望利用汇率的波动来获取汇差收益。外汇投机又包括现汇投机和期汇投机。**现汇投机**是投机者根据自己对汇率走势的预期,买进或卖出某种现汇,指望这种货币的汇率在他期望的时间内出现他所预期的上升或下降的外汇交易。例如,假定你现在有 100 万美元,现在欧元与美元之间的汇率为€1= \$0.800 0,你预期欧元兑美元的汇率在未来三个月会大幅度地上升,那么,你现在就可能会将这 100 万美元换回 125 万欧元。如果在三个月后,欧元兑美元的汇率真的如你妙算的那样,大幅度地上升了,比如说上升到了€1= \$1.000 0,那么,这时你再将 125 万欧元可换回美元,你就大赚约 25 万美元了。其实,这种外汇投机方式与我们个人在股票市场上炒股票如出一辙,没什么新鲜的。

期汇投机与现汇投机不同,它可以充分发挥杠杆的作用,即可以用少量的资金进行一大笔的交易,而在现汇投机中,你所能交易数量的多少就取决于你持有的现汇的多少。例如,假定你预期欧元兑美元的汇率在三个月后会大幅度地上升,那么,在期汇投机中,你可以先买进三个月的欧元。到三个月后,你再卖出欧元。如果欧元的汇率真的大幅度上升了,那么,你就又发财了;反之,如果三个月后欧元兑美元的汇率与你预期的相反,你可就有点不走财运了。

套期保值的一种特殊交易方式就是掉期交易。**掉期交易**是指在买进某种外汇的同时,卖出金额相同、但买入和卖出的交割日期不同的同一种外汇。进行掉期交易的目的也在于规避汇率波动的风险。

11.3.2　套利与套汇

1. 套利

设想这样一种情况,美国现在三个月期的利率为 2%,而人民币三个月利率为 4%,你有一笔资金(且假定你可以自由选择人民币存款或美元存款),是选择三个月的人民币存款,还是三个月的美元存款呢? 你可能会不假思索地回答愿意持有人民币存款,因为人民币利率高嘛。实际上,在国际上,当两个国家间同期的利率水平出现较大的差异时,就会出现套利的行为。**套利**是指在两国之间的短期利率出现差异时,将资金从低利率的国家调入到高利率的国家,以获取其中的利差的行为。

例如,假定现在美国三个月期的存款年利率为 2%,而欧盟欧元三个月期的存款年利率为 3%,即欧元的利率比美元的利率要高 1 个百分点。在这种情况下,美国的投资者就会将资金转移到欧盟。如果你在美国有 100 万美元,在美国存款三个月所得到的利息总额为:

$$1\ 000\ 000 \times 2\% \times \frac{3}{12} = 5\ 000\ \text{美元}$$

如果现在和三个月后欧元与美元之间的汇率都为 1∶1.200 0,那么,你将 100 万美元换成 83.333 3(100÷1.2)万欧元后,到欧盟的商业银行存款三个月,可以得到的利息为:

$$833\ 333.33 \times 3\% \times \frac{3}{12} = 6\ 250\ \text{欧元}$$

由于美元与欧元之间的汇率没有发生变化,三个月后你又按 1 欧元兑换 1.200 0 美元的汇率将本息换成美元后总共为:

$$(833\ 333.33 + 6\ 250) \times 1.2 = 1\ 007\ 500\ \text{美元}$$

其中利息为 7 500 美元,比在美国存款多得了 2 500 美元的利息。

我们在上面计算你这次套利活动所多得的利息收入时,其前提条件是在这三个月中美元与欧元之间的汇率没有发生变化。如果美元与欧元之间的汇率发生了变化,这样的套利活动是否划算就不确定了。如果三个月后美元相对于欧元贬值了,你就会比 2 500 美元的利息赚得更多。比方说,在三个月后,欧元兑美元的汇率上升到了 1∶1.440,那么,你将本息全部换成美元后,总额就会达到 120.9 万美元,你就会大赚一笔。

反之,如果三个月后美元兑欧元的汇率不是 1∶1.440,而是 1 欧元兑 1 美元,情况又会怎样呢？简单地算一下，你就会发现，三个月后，你将总额为 839 583.33 欧元的本利换成美元后只有 839 583.33 美元了，比你在美国存款的 100.5 万美元的本利总额少了 16 余万美元，显然你就不划算了。

你在进行套利活动时，如何避免汇率波动可能带来的损失呢？最好的办法之一就是将套利交易与掉期交易结合起来。例如，你现在用 100 万美元买入欧元存入欧元区商业银行的同时，在三个月的远期外汇市场上卖出欧元。这种在进行套利活动的同时，在远期外汇市场上卖出外汇以防止汇率波动的风险的套利就叫**抛补套利**。反之，如果在套利时，没有在远期外汇市场上卖出外汇的纯套利行为称作**非抛补套利**。

2. 套汇

当在两个不同的外汇市场上，同一货币的汇率存在差异时，就出现了套汇机会。所谓**套汇**，就是利用同一时刻不同外汇市场上的两种货币间的汇率差异，买进和卖出外汇而获取汇差收益的行为。套汇分为：

- 直接套汇
- 间接套汇

直接套汇是指，当同一货币在两个外汇市场上的汇率存在差异时，人们同时在这两个外汇市场上一边买进而另一边卖出这种货币，以获取汇差收益的行为。这是最简单的套汇方式。

例如，假设现在纽约外汇市场上，美元与欧元之间的汇率为：

$$\$1 = €1.150\ 0$$

而在德国法兰克福外汇市场上，欧元与美元之间的汇率为：

$$€1 = \$0.950\ 0$$

我们将德国法兰克福外汇市场上欧元与美元之间的汇率换算成欧元的直接标价法，即是：

$$\$1 = €1.052\ 63$$

比较一下，你会发现在纽约外汇市场上，美元兑欧元的汇率较高，因为在这里，1 美元可以换回 1.150 0 欧元，而在法兰克福外汇市场上，1 美元只能换回 1.052 63 欧元。这就出现了套汇机会，你可以利用这个套汇机会获取汇差收益。

假设你有 100 万美元，你就可以通过以下程序来套汇：

第一步：你在纽约外汇市场上将它们全部换成欧元。按照纽约外汇市场上的汇率，你总共可以换回 115 万欧元，即 100 × 1.150 0 ＝ 115 万欧元。

第二步：将你所换回的 115 万欧元拿到法兰克福外汇市场上，按照 $1 ＝ €1.052 63 的汇率再兑换成美元，你总共可以兑换成 109.251 2 万美元。

算一下，扣除你原来 100 万美元的初始本金投入，你净赚了 9.251 2 万美元。

是不是很划算呢？

但是，在外汇市场上，真正直接套汇的极其稀少，更多的套汇是间接套汇。**间接套汇**就是利用三个不同外汇市场上同一货币的汇率差异，同时在三个市场上贱买贵卖，从中获取汇差收益的行为。

例如，在纽约外汇市场上，美元与欧元之间现在的汇率为：

$$\$1 = €1.150\,0$$

在英国伦敦外汇市场上，英镑与美元之间的汇率为：

$$£1 = \$1.412\,0$$

与此同时，在法兰克福外汇市场上，欧元与英镑之间的汇率为：

$$€1 = £0.500\,0$$

在这些汇率水平上，是否存在套汇的机会呢？假设你有 100 万美元，看看你经过如下程序是否能有额外的收获呢？

第一步：在纽约外汇市场上，将你的 100 万美元换成欧元，按照 $\$1 = €1.150\,0$ 的汇率，你总共可以换回 115 万欧元；

第二步：在法兰克福外汇市场上，将你持有的 115 万欧元按 $€1 = £0.500\,0$ 的汇率换成英镑，你总共可以换回 57.5 万英镑；

第三步：在伦敦外汇市场上，将你持有的 57.5 万英镑按 $£1 = \$1.412\,0$ 的汇率换回美元，你总共可以换回 81.19 万美元。

这一结果真让人垂头丧气，转了一圈，到头来还亏了差不多 19 万美元。这是否意味着不存在套汇机会呢？

现在，你不按照上述程序买卖外汇，而是按如下程序分别在三个外汇市场上活动：

第一步：你在伦敦外汇市场上将你的 100 万美元按 $£1 = \$1.412\,0$ 的汇率换成英镑，你总共可以换回 70.821\,5 万英镑；

第二步：在法兰克福外汇市场上按 $€1 = £0.500\,0$ 的汇率，将 70.821\,5 万英镑换成欧元，你总共可以换回 141.643\,1 万欧元；

第三步：到纽约外汇市场上，按 $\$1 = €1.150\,0$ 的汇率将 141.643\,1 万欧元换成美元，你总共可以换回 123.167\,9 万美元。

你原来投入 100 万美元，现在变成了 123.167\,9 万美元，净赚 23.167\,9 万美元。你通过这样的程序来套汇，结果大获成功。

如何判断是否存在套汇机会呢？在直接套汇中，只要将两种货币之间在两个不同的外汇市场上的汇率直接进行比较就可一目了然了。但是，在间接套汇中，判断是否存在套汇机会就稍麻烦一些。这里有一个很实用的标准，那就是将三种货币在三个不同外汇市场上的汇率换成同一标价方法（即同为直接标价法或同为间接标价法），然后将各个汇率相乘，如果乘积为 1，则不存在套汇机会,反之,如果乘积不等于1,则存在套汇机会。在我们上面的例子中,在纽约、伦敦和法兰克福外汇市场上,汇率都是采用了间接标价法,因此,将它们直接相乘有:

$$1.150\,0 \times 1.412\,0 \times 0.500\,0 = 0.811\,9$$

乘积的结果不等于1,所以,存在套汇机会。

我们在上面看到,你对套汇程序的选择差之毫厘,会使套汇的结果失之千里。尽管是同样的套汇机会,但在第一种套汇程序中,你不但赚不到汇差收益,反而会出现近19万美元的亏损。这显然是你所不希望看到的结果。那么,在间接套汇中,如何选择正确的套汇程序呢?

注意,套汇的基本原则是贱买贵卖,因此,你首先要比较两种货币之间在不同外汇市场上的汇率差异。在间接套汇中,你首先要将另外两种货币之间的汇率进行套算。例如,在上例中,你首先要将英国伦敦外汇市场上英镑与美元之间£1=$1.412\,0$的汇率与法兰克福外汇市场上欧元与英镑之间€1=£0.500\,0$的汇率相乘,得到欧元与美元之间的汇率为:

$$€1 = \$0.706\,0,即 \ \$1 = €1.416\,4$$

显然,美元在纽约外汇市场上较便宜,因此,这样确定你套汇程序的最后一步应该是在纽约外汇市场上买进美元。确定了套汇的最后一道程序,就可以倒推同一次套汇的其他程序了。在纽约外汇市场上买美元时,需要用欧元,因此,套汇的倒数第二步就是要买进欧元;要买入欧元,就必须在法兰克福外汇市场上卖出英镑。在法兰克福外汇市场上卖出的英镑从何而来呢?为此,你必须在伦敦外汇市场上买进英镑。这样就确定了在这次套汇中的第一个程序,将你持有的美元拿到伦敦外汇市场上换成英镑。

11.4　汇率风险及其管理

11.4.1　什么是汇率风险

现在的经济全球化程度越来越高,企业要更加广泛地参与国际竞争,同时资本的流动也越来越国际化,要从事国际贸易、投资和借贷活动的企业、银行等,在它们的国际经济活动中不可避免地收付大量的外汇,或持有外币计值的债权债务。当汇率发生变化时,一定数量的某种外汇兑换或折算成本币或另一种别的外汇的金额就会发生变化。例如,我们在前面的例子中看到,当那家美国企业与德国企业签订了进口合同后,如果欧元汇率在三个月后大幅上升了,这家美国企业可能要多支付1 000万美元的货款。这就是**汇率风险**,即企业、个人等在持有或运用外汇的经济活动中,因汇率的变化而蒙受损失的可能性。

当存在汇率风险时,我们就要想方设法来规避或减少这种风险。实际上,我们在前面已经介绍了汇率风险管理的部分策略,如套期保值、掉期交易等。下面我们略为详细地介绍一下基本的汇率风险管理策略。归纳起来,主要有以下几个方面的策略:签订合同时的汇率风险管理策略和金融市场操作手段。

11.4.2　签订合同时的管理策略

在签订合同时,选择好计值货币对汇率风险管理是至关重要的。在选择合同货币或计值货币时,可以遵循以下几个方面的原则:

首先,争取使用本国货币作为计值货币/合同货币。这样,由于是以本币进行结算,在清偿时不会要求本币与外币之间的兑换,外汇风险也就无从产生,但它同时也将汇率波动的风险转嫁到了对方承担。在上面那个例子中,那家美国的企业在进口后,当欧元汇率上升后,它之所以要多支付 1 000 万美元,就是因为在我们假想的这个例子中欧元是强势货币,而美元则处于相对的弱势地位。但如果它们在合同中规定,采用美元结算,则对这家美国公司来说,就不会产生这样的汇率风险。但是,这种方法并不是对所有国家的企业、组织或个人都适用的,因为这种风险管理策略要求本国货币必须可以自由兑换。但实际上,世界上很多国家的货币都不是可自由兑换的。

其次,出口、资本输出时争取使用强势货币,进口或资本输入时则取用弱势货币。**强势货币**就是指在外汇市场汇率具有上升势头的货币;相反,**弱势货币**则是指在外汇市场上汇率具有贬值趋势的货币。当出口商品或资本输出时,如果以强势货币作为计值货币,那么,当计值货币的汇率在结算或清偿时升值,那么,就可以换回更多的本国货币或其他外币。同样,当进口商或债务人如果争取以弱势货币作为计值货币,那么,当这种货币的汇率贬值时,就可以少支付一些本国货币或其他外汇。因此,这同在选择合同货币时尽量用本币计值一样,实际上是将汇率波动的风险转移给交易的对方来承担。

由于选择不同的合同货币会将汇率波动的风险转嫁给交易对手来承担,但对方也不是傻瓜,选择合同的计值货币来规避汇率风险只是一厢情愿的想法。现在,规避汇率风险更多的是采用金融市场操作。

11.4.3　金融市场操作

除了我们在前面介绍的套期保值、掉期交易外,还可以利用现汇交易、期权交易、互换交易、借款—投资和借款—现汇交易—投资等方式来规避和降低汇率波动的风险。有关外汇期权、互换交易我们将在下一章中详细介绍。在这里,我们只介绍现汇交易、借款—投资等外汇风险管理策略。

现汇交易主要是指外汇银行利用现汇市场买卖外汇,来轧平每日对一般客户买卖外汇所带来的多头或空头外汇头寸,从而避免汇率波动给它带来的风险。

借款—投资则是通过创造与未来外汇收入或支出相同币种、相同金额、相同期限的债权债务来达到规避汇率波动的风险的目的。例如,假设你是公司的财务经理,你们公司刚出口了一批货物,合同金额总共为 1 000 万美元,现在美元与人民币之间的汇率为 $1=¥6.250 0。但这笔货款要在三个月以后才能到账。如果在三个月后,人民币贬值了,人民币汇率下跌到了 $1=¥6.500 0,那么,你们将 1 000 万美元的货款换成人民币时,就比原先的汇率多出了 250 万元,这自然是很高兴的事情。但是,如果人民币升值了,比方说,在你们收到货款时,人民币与美元之间的汇率变成了 $1=¥6.000 0,那么,你们就亏了 250 万元人民币。为了防止汇率的这种波动给你们公司带来损失,作为财务经理的你,可以在签订合同时,借入 1 000万美元,期限为三个月。借入 1 000 万美元后马上在现汇市场上将它按照现在 $1=¥6.250 0 的汇率换成人民币,共可换回 6 250 万元人民币。当你们公司在三个月后收到 1 000 万美元的货款时,就将它用于偿还原来的借款。这样,除了借款所支付的利息外,你们公司就没有更大的损失了。

相反,如果你们公司是从国外进口了一笔价值 1 000 万美元的设备,而且三个月后,人民币与美元之间的汇率变成了 $1=¥6.000 0,那么,你们就比原先少支付了 250 万元人民币。但是,如果人民币贬值了,人民币汇率下跌到了 $1=¥6.500 0,那么,你们支付的总价款就会达到 6 500 万元,比原先多出了 250 万元人民币。为了防止这种汇率波动的损失,你作为财务经理,现在可以买入 1 000 万美元,总共支付 6 250 万元人民币。等到三个月后,就用现在买入的这 1 000 万美元偿付货款。通过这样的操作,你就可以将你们公司的出口收益或进口成本锁定在你们所期望的水平上。但是,必须注意不同的操作方向,否则,不仅锁不定收益或成本,反而会带来更大的损失。

小　　结

外汇是国外汇兑的简称。外汇市场就是外汇买卖的场所,而且是一个无形的场外交易市场。现在的外汇市场是全球 24 小时连续不断交易的市场。银行间外汇市场是中国最大的外汇市场,它实行会员制,有询价交易和竞价交易两种机制。汇率就是将一种货币换成另一种货币的比价关系。汇率的标价方法有两种:直接标价法和间接标价法。汇率分为买入汇率与卖出汇率;即期汇率和远期汇率;基本汇率和交叉汇率。外汇市场有一种指数来表征一种货币对其他所有货币的汇率变动的综合状况,这就是汇率指数,它也被称为有效汇率。

根据交割的时间不同,可将外汇交易分为即期交易和远期交易。远期外汇交易的目的一般是套期保值或投机。在外汇市场上,人们还可能套利和套汇。为了防范和规避汇率风险,可以选择好合同货币或计值货币,也可以进行金融市场操作,包括用现汇交易、借款—投资、套期保值、掉期交易和互换等。

关键概念

外汇	外汇市场	汇率	直接标价法	间接标价法
买入汇率	卖出汇率	即期汇率	远期汇率	基本汇率
套算汇率	名义汇率	实际汇率	即期交易	远期交易
套期保值	掉期交易	远期差价	远期升水	远期贴水
远期平价	套利	抛补套利	未抛补套利	贸易加权汇率指数
名义有效汇率	实际有效汇率	外汇投机	汇率风险	

思考练习题

1. 什么是外汇?

2. 什么是外汇市场?

3. 什么是汇率?

4. 汇率有哪些标价方法?

5. 什么是即期汇率与远期汇率?

6. 什么是基本汇率与套算汇率?

7. 什么是名义汇率和实际汇率?

8. 什么是套利和套汇?

9. 什么是远期外汇交易?人们进行远期外汇交易的目的是什么?

10. 什么是汇率风险?有些什么样的汇率风险管理的基本措施?

11. 如果你是公司的财务经理,你公司与美国一家公司签订了金额高达2 500万美元的设备进口合同,三个月后到货付款。现在人民币与美元之间的汇率为 $1＝¥6.255 0,为了防止汇率波动给你们公司带来财务上的损失,你作为财务经理该如何办呢?

12. 假设现在东京、纽约和伦敦外汇市场上,有如下的外汇行情:

在东京外汇市场上:1美元＝120.000 0日元

在纽约外汇市场上:1美元＝0.750 0英镑

在伦敦外汇市场上:1英镑＝160.000 0日元

在这三个市场上,是否存在套汇机会?如存在套汇机会,假设你有100万英镑,如何套汇呢?通过套汇,可获利多少?如果你持有100万美元,又该如何套汇呢?

13. 设想在美国南部和墨西哥北部交界的地方有一个绝妙的套汇机会。在美国境内,美元与墨西哥比索的汇率为 1 美元＝1.1 比索;在墨西哥境内,美元与墨西哥比索的汇率为 1 美元＝1.0 比索。有一位穷困的墨西哥酒鬼身上只有 1.1 比索,在墨境内的一瓶啤酒只卖 0.1 比索。请问,如没有其他交易成本,且这位穷困的墨西哥酒鬼可在两国边境间自由地出入并兑换货币,那么,他用身上最初的 1.1 比索一共能够买到多少瓶啤酒喝? 是谁在为他喝啤酒付款呢?

14. 假设现在美国半年的国债利率为 2.5%,而英国同期的国债利率为 3.5%,现在英镑与美元之间的汇率为 1 英镑＝1.200 0 美元,你持有 100 万英镑,你如何进行套利呢? 假设三个月后英镑与美元之间的汇率发生了变化,变成了 1 英镑＝1.220 0 美元,那么,你这次套利活动还有利可图吗? 如何防范这种风险?

15. 下图是中国金融机构外汇贷款增长率及人民币与美元之间汇率的变化。请分析:(1)人民币与美元汇率、外汇贷款增长率在图形时间区间中的变动趋势;(2)外汇贷款与人民币汇率变动之间有何关系? (3)外汇贷款增长率的变化可能是借款者基于何种预期和动机?

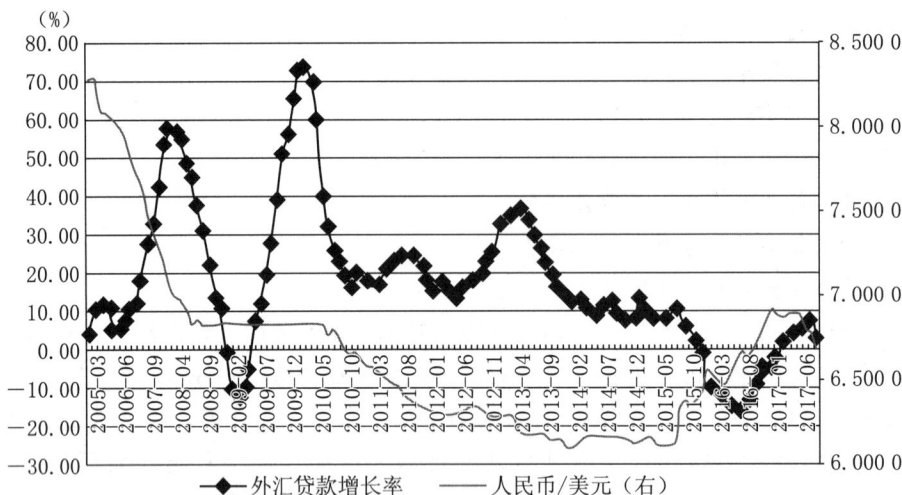

图 1　中国外汇贷款增长率及人民币/美元汇率

资料来源:根据中国人民银行网站数据整理绘制。

▶12

金融衍生品市场

学习目标

学完本章后,你将能够:

弄清什么是远期利率协定

了解什么是远期外汇交易

了解什么是期货交易及金融期货的主要品种

弄清利用期货进行对冲交易的基本方法和原则

了解期权及其种类

弄清期权在风险管理中的作用

理解期权的价值

理解互换及其在风险管理中的作用

理解信用衍生品

前面介绍过的股票、债券、存款等都是**原生金融工具**,或叫基础金融工具,它们的主要职能是媒介储蓄向投资转化,或者是用于债权债务清偿的凭证。与此对应的是衍生金融工具。**衍生金融工具**是在原生金融工具基础上派生出来的金融产品,包括期货、期权等,它们的价值取决于相关的原生产品(又称标的产品)的价格,其主要功能不在于调剂资金的余缺和直接促进储蓄向投资的转化,而是管理与原生金融工具相关的风险。当然,同股票、债券等具有二级市场的原生金融工具一样,既然衍生金融工具也是在市场上交易的,它就有由供求关系决定的价格,市场环境变化了,其价格也会相应地波动,从而衍生金融工具便为一些专门利用价格波动而逐利的人提供了赚钱的机会。不过,需要注意的是,衍生金融工具利用不当,则会遭受无法承受的损失。

衍生品分为远期交易、期货、期权、互换和信用衍生品等。本章将全面介绍金融衍生品的基本知识。

12.1 远期交易

远期交易是 20 世纪 80 年代初兴起的一种保值工具,它是交易双方约定在未来某个时期按照预先签订的协议交易某一特定产品的合约,该合约规定双方交易的资产、交换日期、交换价格等,其具体条款可由交易双方协商确定。

远期协议主要有远期利率协定、远期债券交易、远期货币协定等。

12.1.1 远期利率协定

先从一个具体的例子入手。假定你是甲公司的财务经理,打算在三个月后为公司借款 5 000 万元,现在市场利率为 5.25%。但你预计三个月后市场利率可能会上升到 5.75%,同时,有 A 银行预计三个月后市场利率可能会下降到 5.00%。为了规避市场利上升的风险,你就可与 A 银行签订一份远期利率协定,约定三个月后以 5.25% 的利率从该银行借入 5 000 万元的资金。若三个月后,市场利率真的上升到了 5.75%,那么,由于事先与该银行签订了远期利率协定,你就可以5.25% 的利率为公司借入资金,成功地通过远期利率协定规避了利率上升的风险。反之,若市场利率没有像你预期的那样上升,而是下跌到了 5.00%,那你们公司也必须以 5.25% 的利率借入 5 000 万元,该银行就通过远期利率协定而规避了利率下降的风险。

根据这个例子，可以发现，**远期利率协定**是交易双方对未来固定利率的合约，不管未来市场利率如何变化，交易双方都要按约定的远期利率，支付或收到约定承诺的利息。远期利率协定可以锁定利率。若未来利率下降了，远期利率协定的买方必须补偿卖方，他就得不到利率下降带来的任何好处。同样地，若未来利率上升了，卖方就必须给买方以补偿。

当然，真正的远期利率协定中并没有本金的交换，交换的只是名义上的资金，买方/卖方没有义务在市场上实际地贷出或存入他们约定的本金额。概言之，远期利率协定中的本金，只是为了计算买卖双方履行利息支付总额所依据的观念上的本金，所以被称为**名义本金**。在远期利率协定中并不会发生与合约金额同等数量的资金转移，名义本金只是用于在结算日根据合约利率和参考利率，计算交易一方向另一方的净利息支付额。由于没有本金交换，远期利率协定是一种资产负债表外的工具，它所涉及的风险只是利率风险或交易对手在支付利息时的违约风险，不会对协议中的本金安全构成威胁。例如，你作为财务经理，即使你们公司在三个月后不需要 5 000 万元的资金，但你预期利率会上升到 5.75%，也可与该银行签订一份远期利率协定，名义本金为 5 000 万元或甚至更多。但是，这 5 000 万元名义借款并不进入你们公司的资产负债表，银行也没有实实在在地将 5 000 万元合约本金划转给你们公司，因此，对银行而言，没有贷出本金的信用风险。

远期利率协定中还涉及参考利率，即，双方在合约交割时所参考的利率。参考利率通常是某种货币市场利率。在国际上，伦敦同业拆借利率（Libor）或者美国联邦基金利率等常被用作参考利率。在中国，人民币远期利率协定的参考利率一般是上海银行间同业拆放利率（即 Shibor）。若参考利率高于合约利率，协定的卖方就要向买方按照名义本金额和参考利率与合约利率之差，支付相应的利息差。反之，若参考利率低于合约利率，则协定的买方就要向卖方按照名义金额和参考利率与合利率之差，支付相应的利息差。若参考利率上升到了合约利率之上，合约卖方就要向买方支付一笔现金。因此，若借款者预期借款成本会上升，为了规避这种风险，他就会买进远期利率协定。若参考利率降到合约利率之下，合约的买方就要向卖方支付一笔现金，以补偿这其中的差额，因此，希望规避未来利率下降风险的贷款者会卖出远期利率协定。

12.1.2　远期外汇交易

同样从一个具体的例子入手。某年 7 月 10 日，一家德国公司从美国进口了一批机器零部件，在三个月后用美元付款，总额为 5 000 万美元，但公司现在只有欧元，没有美元。是日，欧元与美元之间的汇率为 1.25，即，1 欧元可以兑换 1.25 美元。按照当时的汇率，该德国公司为了在 10 月 10 日向美国公司支付 5 000 万美元，需要 4 000 万欧元。三个月后美元与欧元之间的汇率可能会发生变化，比如说,欧元兑美元的汇率贬值到了 1.1,届时,为了支付 5 000 万美元,该公司实际需要 4 546 万欧元,该公司的进口成本因欧元贬值而上升了。于是,该公司财务经理与某银行进行了一笔远期外汇交易,约定 7 月 10 日按约定汇率 1.225 0 买进三个月远期美元,卖出欧元。三个月后的 10 月 10 日清算时,不管这一天的美元兑欧元的汇率是多少,都必须按照最初约定的远期汇率交换美元和欧元。

可见,**远期外汇交易**是以当前约定的汇率并在未来某一个日期进行交割的外汇交易协定。远期外汇交易以当前确定的汇率锁定了未来不确定的汇率,规避了汇率风险。

中国外汇交易中心建立了远期外汇交易机制,交易双方通过外汇交易中心询价交易系统进行交易,交易的外币币种、金额、期限、汇率、交割安排等由交易双方协商议定。中国远期外汇交易的一种形式就是远期结售汇,它是指,与银行协商签订远期结售汇合同,约定未来某一特定日期或时期,依交易当时所约定的外汇币种、金额、汇率进行交割的结售汇交易。若某企业刚刚签订了一份出口合同,合同金额为 2 000 万美元,但要在六个月之后才能收到货款。现在美元与人民币之间的汇率为 1∶6.25。但如果六个月后美元兑人民币的汇率贬值到 1∶6.000 0,该公司出口所获得的 2 000 万美元就只能换回 1.2 亿元人民币了,相对于原来的汇率 6.250 0 而言,就减少了 500 万元人民币的出口收入。为了规避这种风险,该公司可与某一银行——比如说,中国银行——签订一份远期结汇合约。双方约定,该公司六个月后以 1∶6.250 0 的汇率卖给中国银行 2 000 万美元,不管六个月后美元与人民币之间的汇率发生什么变化,双方都是按照事先约定的汇率结算的。相反,该公司签订了 2 000 万美元的进口合同,在六个月后付款,如它担心人民币在六个月后与美元之间的汇率会下跌到 1∶6.500 0,那么,它同样可与中国银行签订远期外汇交易合约,约定在六个月后以 1∶6.250 0 的汇率从中国银行购买 2 000 万美元的外汇。这对中国银行而言就是远期售汇。可见,通过远期结售汇,就锁定了外汇交易的汇率,避免了汇率波动的风险。

12.2 金融期货

12.2.1 什么是期货与期货交易

在远期交易基础上发展起来的一种衍生产品就是期货。期货是买卖双方约定的,在将来的某一天,以合约约定的价格、数量,买入或者卖出某项特定商品的一种标准化合同。期货交易就是在期货交易市场内买卖各种商品标准化合同的行为。

期货按照其原生产品的不同可以分为商品期货和金融期货。商品期货就是以实物商品为原生产品的期货,例如铜、绿豆、谷物、小麦、石油等期货交易。金融期货,顾名思义就是金融原生产品为交易对象的期货交易。金融期货主要包括利率期货、股指期货与货币期货等。

利率期货是指在期货市场上所进行的标准化的以债券利率为主要原生产品的期货合约。由于债券的价格与利率水平密切相关,因此被称为利率期货。1994—1995 年间,中国开展的国债期货实际上就是一种利率期货。随着中国债券市场发展、交易规模的扩大,以及利率市场化的深入,中国又重新推出利率期货合约,也就是在中国金融期货交易所交易的国债期货合约,目前包括 2 年、5 年和 10 年期国债期货合约三个品种。国债期货的标的是**名义标准券**,它是指票面利率标准化、具有固定期限的假想债券(虚拟券)。名义标准券设计的最大好处在于,可以扩大可交割国债的范围,增强价格的抗操纵性,减小交割时的逼仓风险。中国 5 年期和 10 年期国债期货合约的标的分别为面值 100 万元人民币、票面利率为 3% 的国债。

股指期货是股票价格指数期货的简称,即是指以股票价格指数为交易对象的标准化期货合约。由于股指本身没有自然单位,就需要通过合约乘数将股指的点数转化为以货币计量的合约价值。**合约乘数**就是每一指数点代表的价格。合约价值等于合约指数报价乘以合约乘数。如,上证 50 股指期货的合约乘数为 300 元,若当下上证 50 指数为 2 500 点,则合约价值就 75 万元。由于股票指数是当期股票价格平均值与基期价格平均值之间的比率,并不是实在性的金融资产,其本身无法进行交割,所以,这种交易通常采用的是现金交割方式。中国金融期货交易所的上证 50、沪深 300 和中证 500 指数期货合约就是标准化的、采用现金交割的金融期货。

外汇期货是以各种可以自由兑换的外国货币作为交易对象的标准化期货合约,在最终交易日按照当时的汇率将一种货币兑换成另外一种货币的期货合约。外汇期货是国际上出现最早的金融期货。目前,较为活跃的外汇期货主要有美元、英镑、欧元、日元等。

12.2.2　期货交易的特点

期货交易有以下几个方面的基本特征:

首先,场内交易与公开竞价。金融期货交易是在有组织的交易所进行的,属于场内交易。不同期货交易所都买卖不同商品的期货合约。中国的股指期货、国债期货都是在中国金融期货交易所买卖。期货交易是集中在期货交易所以公开竞价的方式进行,不是一对一私下签订契约,只有交易所会员或其委托的代表才有资格直接进入交易所进行期货交易,投资者只能委托经纪公司代理交易。

其次,标准化合约。期货交易合约是标准化的,每一份期货合约都有固定的金额、交割时间、交割期限等,期货投资者无法自行决定。当然,不同品种的期货合约既有共同之处,也有自身的特点。比如,所有期货合约都有固定的交割月份和确定的交割日期,最小交易单位则因产品属性而有所差别。股指期货与国债期货合约的最小交易单位同样为"一手",但国债期货合约的一手为 100 万元,而股指期货"一手"的金额则为指数点与合约乘数的乘积。沪深 300 股指期货的合约乘数为

300,如现在沪深300指数为3 000点,则每一手沪深300股指期货的价值就是90万元。

第三,保证金交易。投资者在进行期货交易时,只需交纳少量的保证金和佣金即可。用少量的资本做成大量的交易,是期货交易的一大特点。一般情况下,保证金金额约占合约价格5%—18%,大多数期货交易的保证金甚至不超过15%。如果保证金为5%,也就意味着自己用5万块就可以实现总额达100万元的期货交易。所以,期货交易是一种"以小搏大"的杠杆交易。期货保证金分为初始保证金和追加保证金,保证金比率会随着风险的变化而调整。风险越高,要求的保证金比率就会越高。初始保证金就是在开始买卖某种期货合约时,按照交易所规定的保证金比率而交纳的保证金数额。但是,期货的市场价格是每天都在变化的,为了保证买卖双方的履约,期货买卖实施逐日盯市结算与零负债制度。具体说来是依据每天的成交、平仓、持仓以及盈亏状况,来调整保证金数额,这就是追加保证金。如果期货价格的变化与交易者原来的预期完全相反,经盯市结算后,交易者保证金账户的权益出现了负值,这种情形就叫**爆仓**。

最后,风险管理或赚取差价收益。交易目的不是为了获得实物商品,而是为了转移有关商品的价格风险,或赚取期货合约的买卖差价收益。若某机构持有大量的股票投资组合,由于不利的事件冲击导致市场流动性下降,价格下跌,若没有采取风险对冲,它就会遭受很大的损失。利用股指期货的卖空机制,则可以进行风险对冲,这也叫做套期保值。当然,同样可以利用国债期货来对冲负债或债券投资的利率风险。

12.2.3 期货市场上的套期保值与投机

人们购买期货的目的有套期保值、套利和投机。

1. 套期保值

套期保值是指交易者在现货市场买卖某种原生产品的同时,在期货市场中设立与现货市场相反的头寸,从而将现货市场价格波动的风险通过期货市场上的交易转嫁给第三方的一种交易行为。

以股指期货为例。假定你持有一股票组合,其 β 值为1.5,现在市值1.8亿元。假若市场指数下跌了5%,由于投资组合 β 值为1.5,这就意味着,你的投资组合市值将下跌7.5%,即市值净减少1 350万元(18 000 000×7.5%)。若你预计股票市场还会下跌,但受流动性限制又不能及时卖出所持股票,于是,你利用股指货对冲。若期货合约指数为3 000点,合约乘数为300,即每一份合约对应的价值为90万元(3 000×300),而该股票组合 β 系数乘以组合市场价值为1.5×1.8亿元=2.7亿元。这时你就需要卖空 $300\left(=\dfrac{270\ 000\ 000}{900\ 000}\right)$ 份股指期货合约。

若股指下跌 5%，其股票组合市值下跌 $1.5 \times 5\% = 7.5\%$，即 1 350 万元。股指期货亦会跟随股票市值波动而下跌 5%，即股指期货下跌 150 点至 2 850 点。这意味着，每张合约价格下跌 150×300 元 $= 45\ 000$ 元。由于股指期货下跌至了 2 850 点，此时，你在股指期货市场中以 2 850 点的价格买入 300 份合约，平仓原来卖空的所有合约。这样，你在股指期货中的获利总额为：$(3\ 000 - 2\ 850) \times 300$ 元（合约乘数）$\times 300$（合约份数）$= 1\ 350$ 万元。这刚好抵消了现货股票组合的损失。

套期保值交易可以较好地规避财务风险，但要进行有效的套期保值，必须遵循以下四个原则：

交易方向相反，即在现货和期货市场上同时或先后采取相反的买卖行为，从而建立起一种互相冲销的机制。具体地说，在现货市场上买进（或卖出）的同时，在期货市场上卖出（或买进）该原生产品的期货合约。这样，套期保值才能取得在一个市场上亏损的同时，而在另一个市场上必定会盈利的结果，两者相抵，才能达到保值的目的。

原生产品相同是指套期保值所选择的期货产品必须与现货市场上买卖的原生产品种类相同。例如，你在现货市场上买进股票，但在期货市场上卖出外汇，或者现货市场上买入的是 A 股票，而在期货市场上卖出的却是 B 股票，这样就达不到套期保值的目的。

交易的数量相等指在做套期保值时，选择的期货合约的数量要与在现货市场上买进或者卖出的实际数量相等，只有这样才能达到套期保值的效果。

月份相同指所选用的期货合约的交割月份最后与交易者将来在现货市场上实际买进或卖出的现货商品的时间相同或相近。这是因为相同或相近的期货价格与现货价格会互相趋同，才能到交割月份进行对冲，完成套期保值交易。

2. 套利和投机

套利交易是指利用相关市场或相关合约之间价格变化，在买入一种期货合约的同时，卖出另一种不同期货合约，以期在价格发生有利变化时而获利的交易行为。这里所指的期货合约，既可以是同一种商品的不同交割月份，也可以是两种不同产品，或在不同期货交易所交易的同一种产品。套利交易是在两个相关期货合约之间，同时建立多头与空头仓位，比单纯的投机风险要小一些。

与套期保值不同，期货投机交易的目的不是为了对冲风险，而是投机者通过预测未来价格的变化，利用自己的资金买卖期货合约，以期在价格出现对自己有利的变动时对冲平仓获取利润的行为。平仓是指期货交易者买入或者卖出与其所持期货合约的品种、数量及交割月份相同但交易方向相反的期货合约，了结期货交易的行为。

期货投机纯粹是一种买空卖空行为，即实际上是对期货合约的买卖，并不需要拥有实际的原生产品。当投机者预测期货价格会上涨时，他就进行多头交易，买入期货合约，并在涨势过程中适时地卖出手中的期货合约，从而获得价差利润。当他认为期货价格会下跌时,他就进行空头交易,卖出期货合约,在价格下跌过程中以较低的价格买入相同数量的合约,以补足先前卖出的合约,即通过空头回补在高价卖出低价买入的差价中获得利润。

12.2.4　期货交易风险

虽说期货市场的产生的初衷主要是为了规避原生产品价格波动的风险,但由于期货交易特征的交易制度的安排,期货交易本身也具有很高的风险性。

首先是市场风险。在期货交易中,最大的风险来源于市场价格的波动。期货价格波动会给期货交易带来交易盈利或损失。由于期货交易是保证金交易,具有杠杆效应,期货交易者的损益会与保证金比率相一致地被放大。当期货价格与预料的相反时,由于杠杆效应,就可能出现巨额亏损。因期货价格市场风险而招致巨额损失的机构并不在少数,有的甚至遭受灭顶之灾。

其次,流动性风险。这是指期货交易难以迅速、及时、方便地成交所产生的风险。流动性风险在建仓与平仓时表现得尤为突出。如建仓时,交易者难以在理想的时机和价位入市建仓,难以按预期进行期货交易;平仓时则难以用对冲方式进行平仓,尤其是在期货价格呈连续单边走势,或临近交割时期,市场流动性降低,交易者不能及时平仓可能会遭受惨重损失。

第三,强行平仓风险。期货交易一般都有每日结算制度。期货交易所每天都要对交易者的盈亏状况进行结算,并根据结算结果决定交易者是否追加保证金。当期货价格波动较大、保证金不能在规定时间内补足的话,交易者可能面临强行平仓风险。除了保证金不足造成的强行平仓外,如持仓总量超出一定限量时,也会被强行平仓。因此,在交易时,要时刻注意自己的资金状况,防止因保证金不足而被强行平仓。

最后,交割风险。期货合约都有期限,当合约到期时,所有未平仓合约都必须进行实物交割。若不准备进行实物交割,应在合约到期之前将持有的未平仓合约及时平仓,以免承担交割责任。在交割时,若现货市场价格与原来的期货价格不一致,就会产生交割的风险。

专栏

长眠于衍生品下的巴林银行

巴林银行原本是英国的一家老牌商业银行,由弗朗西斯•巴林爵士于1763年创建于伦敦。它是世界首家"商业银行"。由于善于变通、富于创新,巴林银行很快就在国际金融领域获得了巨大的成功。

后来,巴林银行主要从事投资银行业务和证券交易业务,投资银行业务集中在欧洲,证券业务则集中于亚洲及南美。在下属的17个证券公司中,以日本、中国香港、新加坡及菲律宾的业务为主,其中在新加坡的分支机构工作尤为出色。负责期货交易的经理尼克·里森当时年仅 28 岁,因其工作成绩突出,不仅被委任为新加坡巴林期货有限公司的总经理,而且权力极大,几乎不受什么监督。

里森从日本大阪和新加坡的股票交易所买卖在两地市场上市的日经 225 种股票指数的期货,利用两地不时出现的差价从中牟利。如果买进和卖出是等量的,就没有多少风险。但是期货属于"衍生证券",投资者在购买期货合同时只需按合同金额较小的比例付一笔保证金,到合同期满时再按合同所定的金额进行交割,这类衍生交易有着巨大的利润诱惑,也潜伏着巨大的风险。1993 年,里森为巴林银行赚了 1 400 万美元,自己也因此而获得 100 万美元的奖金。从 1994 年秋天开始,里森在上司和同行的溢美声中大肆投机,一发不可收拾。结果,1995 年 2 月,里森在日本股票和利率期货交易中发生巨额亏损,初步估计达 4 亿英镑之巨。关键时刻里森一逃了之,巴林银行得知讯息时为时已晚,经过两天多的昼夜努力,仍回天无术,只得宣布破产。

一家具有 233 年悠久历史的英国老字号银行,就这样毁于一旦。这实在是一个代价巨大的惨痛教训。

——参阅马丁·迈耶:《大银行家》,海南出版社 2000 年版。

243

12.3 期权

12.3.1 什么是期权

我们在第 5 章中租房的例子就是与我们的实际生活离得最近的一例期权。在金融领域,也存在类似广泛的期权交易,只不过,它比我们在一般买卖中交定金的期权要正式得多。**期权**就是事先以较小的代价购买一种在未来规定的时间内以某一确定价格买入或卖出某种金融工具的权利。其中,购买这种权利所费的代价就是权利金,未来买入或卖出某种金融工具时的价格就是履约价格。

按照履约的时间的不同,期权分为美式期权和欧式期权。**美式期权**是指期权的购买者可以在期权到期日以及到期日之前的任何时间里执行权利的期权。与美式期权不同,**欧式期权**只能在期权的到期日执行期权。实际上,美式期权与欧式期权的差别与地理名称没有任何联系。在美国期权市场上交易的也有不少欧式期权,在欧洲期权市场上也有不少美式期权。

12.3.2 金融期权

上面介绍的股票期权实际上就是一种金融期权。除此而言,还有以下几种金融期权:股票与股指期权、货币期权、利率期权和期货期权。

1. 股票与股指期权

股票期权是指由合约买方在支付一定的权利金后,有权在将来某一时间以特定价格买入或者卖出约定标的股票的合约。股票期权的表现形式也多种多样,既有标准化的可在交易所交易的个股期权,也有嵌入式股票期权和不可交易的股票期权。嵌入式股票期权就是将股票期权内嵌于其他金融工具的合约。可转换公司债券、可交换公司债券都属于嵌入式股票期权。此外,还有雇员股票期权和 ETF期权。

雇员股票期权是公司提供给本公司部分雇员在未来某一时期按约定的价格买入本公司约定数量股票的权利,因此,它是对本公司股票的看涨期权。雇员股票期权通常被赋予本公司的管理层,通常也被称为管理层股票期权激励。他们在获得公司股票期权时,往往并不需要支付期权费,其行使期权的权利通常取决于设定的业绩标准,比如,在未来若干年里,若各年的利润增长达到了设定的目标,那他们就有权利以约定的价格买入既定数量的本公司股票。若业绩不达标,则无权行使买入本公司股票的权利。

ETF 期权就是以开放式指数证券投资基金作为合约标的金融期权。由于 ETF 是指数化投资,因此,ETF 期权实际上是一揽子股票期权。目前,中国 ETF 期权的标的产品有上证 50 交易型开放式指数证券投资基金("50ETF")。

股票指数期权是指期权的购买者在支付一定的权利金后,持有者可以在约定的时期内或到期日,要求期权出售者按实际股票指数与约定的股票指数之间的差值,以支付现金的方式履约的选择权。利用股票指数期权可以较好地管理股票价格波动的风险。股票指数期权是一种特殊的金融期权。一般的金融期权是以某种特定的原生金融产品为标的物,而股票指数期权则是以股票的价格指数作为标的物。

2. 利率期权

利率期权是买方向卖方支付一笔权利金后,有权利但没有义务在约定的日期或在此之前以约定的价格买进或者卖出特定数量利率期货的一种合约。一般而言,利率期权的原生品就是国库券、中长期政府债券等,利率期权是规避利率风险的一种有效手段。

利率期权包括买入期权和卖出期权。买入利率期权就是期权的购买者在支付权利金后,在未来以事先确定的利率借入货币的权利。卖出利率期权则是期权的购买者在支付权利金后,在未来以事先确定的利率贷出货币的权利。

依然假定你是公司的财务经理,公司三个月后需要借入 5 000 万元的流动资金,现在的市场利率为 5.25%。你预计,三个月后的市场利率会上升到 5.75%。为了规避利率上升的风险,你可以和甲银行签订一份远期利率协定,约定三个月后公司可以 5.25％的利率借入 5 000 万元资金。如果利率真的如你所预料的那样上升了，那么，通过远期利率协定就有效地规避了利率风险。但是，如果利率下降到了 5.00％，由于远期利率协定是不可撤销的，所以，按照远期利率协定中约定的利率借款，你们公司就要多支付 0.25％的利率。

为了更有效地规避利率波动的风险，你最好买入利率买入期权。由于买入期权是一种选择权，当利率出现了与预期相反的波动时，你就可以放弃执行期权的权利，转而从市场上以更低的利率融资；反之，若市场利率出现了预料中的变化，你就执行买入期权，以 5.25％的利率替公司借入资金。即使加上购买期权的权利金，实际的融资成本也会低于按市场利率借入资金的融资成本。

3. 货币期权

货币期权就是期权的购买者在向期权的出售者交纳权利金后，在未来约定的时间内，可以以双方交易时事先确定的汇率买入或卖出某种货币的权利。货币期权是防范汇率风险的一种有效手段。

例如，假定英镑与美元之间当前的汇率为 1.350 0，即 1 英镑可以换回 1.35 美元。你预计三个月后英镑与美元的汇率会上升到 1.400 0。于是，你以 0.01 美元的权利金购买了英镑买入期权，约定的英镑与美元汇率为 1.370 0。如果在三个月后，正如你所预料的那样，英镑与美元的汇率上升到了 1.400 0，那么，你就执行买入英镑期权。以约定的汇率 1 英镑兑 1.370 0 美元购买英镑，加上 0.01 的权利金成本，你的总成本为每英镑 1.380 0 美元。但由于三个月后英镑与美元之间的现汇汇率为 1.400 0 美元，因此，每英镑你就赚了 0.02 美元。

12.3.3 买入期权与卖出期权

按照购买者的权利来划分，期权分为两种，即买入期权和卖出期权。

1. 买入期权

买入期权也叫看涨期权，是指期权的购买者预期某种产品的价格将会上涨时，就以一定的权利金购买在未来约定的时期内以约定的价格购买该种产品的权利。

例如，假设益智公司股票当前的价格为 15 元，你预计它在六个月后会上涨到 22 元，但你又不敢肯定。于是，你以每股 1 元的价格从王小二手里购买了这样一份买入期权，约定在六个月后你有权利从王小二手里以每股 17 元的价格购买 1 万股益智股票的权利。如果六个月后股票的价格真的上涨到了 22 元，那么，你就执行以每股 17 元的价格从王小二手里买入 1 万股益智股票的权利，然后以每股 22 元的价格将其在现货市场上卖掉。执行这一权利并在现货市场上变现益智股票后，你的收益表如下：

卖出 1 万股益智股票的总收益：	1 万股×22 元＝22 万元
减:买入 1 万股益智股票的成本：	1 万股×17 元＝17 万元
减:买入买入期权的总权利金：	1 万股×1 元＝1 万元
总盈利	＝4 万元

因此,在你执行期权后,你就可以赚回 4 万元的毛利润。

六个月后,只要益智公司股票的市场价格高于你和王小二事先约定的价格,你执行买入期权都是有利的。当益智股票的市场价格高于 18 元(约定价格＋权利金),你执行买入期权就能赚取一定的利润。益智股票价格上涨得越多,作为买入期权的买方,赚得越多;相反,王小二作为买入期权的卖方,则会亏得越多。

如果六个月后益智公司股票的市场价格出乎你所料,低于 17 元,比如说,跌到了每股 15 元,你就不必执行买入期权了,这时,你所损失的也就只是购买期权时的 1 万元的支出。

2. 卖出期权

卖出期权也叫看跌期权,是指期权的购买者预期某种产品的价格将会下跌时,就以一定的权利金购买在未来约定的时期内以约定的价格卖出该种产品的权利。

在上面的例子中,如果你认为益智公司的股票价格在六个月后不是上涨到 22 元,而是会下跌到 13 元,那么,你就可以购买卖出期权。假设你和王小二的这份期权合约的主要条款为:你购买卖出期权的每股权利金为 1 元,约定的履约价格为 15 元,期限为六个月。即当你付出 1 万元的权利金给王小二后,在未来 6 个月,你可以每股 15 元的价格卖给王小二 1 万股益智公司的股票。若六个月后,正如你所预料的那样,益智公司股票价格真的下跌到了 13 元,那么,你就可以执行卖出期权,以 13 元的价格在现货市场上买入 1 万股益智股票,同时以约定的每股 15 元的价格卖出 1 万股给王小二。你执行卖出期权后,你的损益表如下:

执行卖出期权卖出 1 万股益智股票的总收益：	1 万股×15 元＝15 万元
减:买入 1 万股益智股票的成本：	1 万股×13 元＝13 万元
减:买入卖出期权的总权利金：	1 万股×1 元＝1 万元
总盈利	1 万元

由于六个月后益智公司股票价格跌到了 13 元,你通过执行卖出期权,你就净赚了 1 万元。实际上,只要益智股票价格下跌到了约定的履约价格,即每股 15 元以下时,你执行卖出期权就是合算的。

从上面两个例子中可以看出,期权的主要功能就是以较小的代价达到规避风险的目的。但是,它与远期交易不同,它不是通过"锁定"未来的价格,而是通过执行或放弃行使权利的选择来达到规避风险的目的。如果市场的未来变动使得握有权利的一方有利可图,这一方便可选择行使期权。由此,他可获得一定的收益,但如果市场的变化与预测相反,握有权利的一方则可选择放弃权利。

12.3.4 期权交易平衡点

在期权交易中,什么时候不赚不赔呢? 或者说未来原生产品的市场价格为多少时,买入期权的购买者才不至于亏损呢? 这就需要计算平衡点。买入期权和卖出期权的平衡点的计算方法并不一样。

买入期权的平衡点为:

$$平衡点＝履约价格＋权利金$$

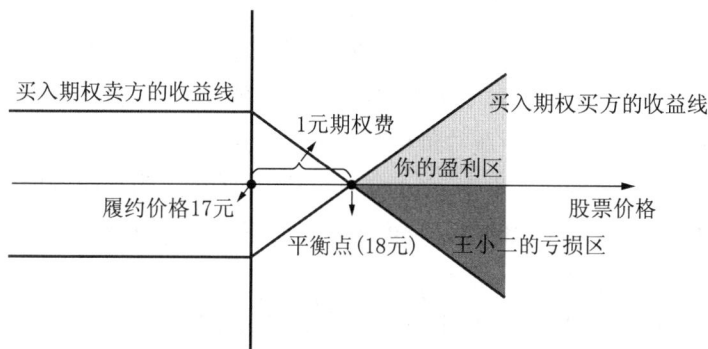

图 12.1　买入期权买方的盈亏平衡点

当买入期权的原生产品未来的市场价格高于平衡点时,期权的购买者就有利可图;反之,如果未来原生产品的价格低于平衡点,那么,期权购买者执行期权就会亏损,因此,他会放弃执行期权。在上面益智股票的买入期权中,平衡点为 18 元即履约价格 17 元加上 1 元的权利金,因此,当未来益智公司股票的价格高于 18 元时,期权购买者就可以执行期权,不但可以收回权利金成本,而且还可以获得一定的利润。

卖出期权的平衡点为:

$$平衡点＝履约价格－权利金$$

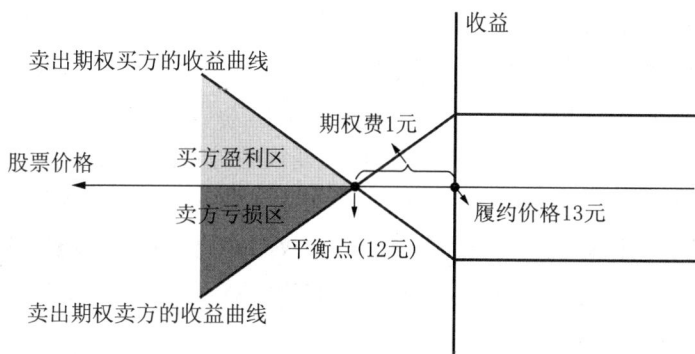

图 12.2　卖出期权的盈亏平衡点

当卖出期权的原生产品未来市场价格低于平衡点时,期权的购买者就有利可图;反之,如果未来原生产品的价格高于平衡点,期权购买者执行卖出期权就会亏损,因此,他会放弃执行期权。上面益智公司股票卖出期权的平衡点为 12 元即履约价格 13 元减去 1 元的权利金。只要益智股票的市场价格低于 12 元,卖出期权的购买者执行期权就不仅可以收回权利金成本,而且还可以赚取一定的利润。

12.3.5　期权的价值

一般而言,期权价格等于期权的内在价值与时间价值之和。期权的内在价值是指期权的溢价部分,即原生金融工具(或者标的金融工具、基础金融工具)市场价格与履约价格之间的差额。对于买入期权,内在价值等于市场价格减去履约价格;对于卖出期权,内在价值等于履约价格减去市场价格。

期权的内在价值可能大于零、小于零,也可能等于零。当期权的内在价值大于零时,就叫实值期权;当期权的内在价值小于零时,就叫虚值期权;当期权的内在价值等于零时,则叫平值期权。

下表归纳了买入期权和卖出期权内在价值的几种情况:

期权内在价值	买　入　期　权	卖　出　期　权
实　值	期货价格＞期权履约价格	期货价格＜期权履约价格
虚　值	期货价格＜期权履约价格	期货价格＞期权履约价格
平　值	期货价格＝期权履约价格	期货价格＝期权履约价格

从理论上说,在期权交易中,一个期权是绝不会以低于其内在价值的价格出售的。如果以低于内在价值的价格出售,套利者立刻买进所有他可能买到的期权,并执行期权。他所得的利润就是溢价部分与低于内在价值的期权价格之间的差额。套利者频繁套利的结果会使期权的内在价值趋于零。

期权的时间价值是指期权的买入期权随着时间的延长,相关期货价格的变动有可能在期权增值时乐意为这一期权所付出的权利金金额,同时它也反映出期权的卖方所愿意接受的期权售价。一个期权通常是以高于其内在价值出售的,高于内在价值的这一部分权利金就是时间价值。期权的时间价值取决于期权剩余有效期的长短。剩余有效期越长,期权的时间价值也就越大,因为对买方而言,期权有效期越长,获利的机会就越大;对卖方而言,期权的有效期越长,被要求履约的风险也就越大,期权的售价也就越高。期权的时间价值随着到期日的临近而减少,到到期日时,时间价值为零。

期权在中国的运用：货币期权——"两得宝"

在中国，实际上已经有了货币期权。2002 年底，中国某银行上海分行推出的个人外汇投资产品"两得宝"实际上就是一种货币期权。之后，其他一些银行也纷纷推出了类似的货币期权的外汇投资产品。我们就以这种金融产品来详细、直观地介绍货币期权。

假设你在 2003 年 6 月 1 日用 10 万美元的存款购买了"两得宝"，并选择挂钩日元，期限一个月，期权费用 0.5%（换算成年率为 6%），协定汇率（履约价格）为 120 日元/美元，到期日为 2003 年 7 月 1 日。你在完成交易后的第二个交易日，也就是 2003 年 6 月 3 日就可以拿到银行支付的 500 美元（100 000 ×0.5%）的期权费。银行会将这笔期权费存入你的账户。假设美元存款的年利率为 6%。

在这一个月中，本金存款及期权费的利息为：

利息：（100 000＋500）×6%÷12＝502.5 美元

＋期权费：	500 美元
总收益为：	1 002.5 美元
＋本金	100 000 美元
本息总额为：	101 002.5 美元

在"两得宝"到期日 2003 年 7 月 1 日，该银行会将当时的国际市场美元与日元间的汇率与此 120 的协定汇率进行比较，以决定是以美元还是以日元来支付你的存款本金。

如果在 2003 年 7 月 1 日美元与日元间的汇率高于 120，比如说，美元与日元间的汇率上升到了 1 美元兑 125 日元。这时银行将会以日元给你支付本金，即你的账户上变为：

$$101\,002.5 \times 120 = 12\,120\,300 \text{ 日元}$$

由于银行用 12 120 300 日元换得了你的 101 002.5 美元，将其按 1 美元兑换 125 日元的汇率折算成日元后，银行得到：

$$101\,002.5 \times 125 = 12\,625\,312.5 \text{ 日元}$$

银行的毛利：12 625 312.5－12 120 300＝505 012.5 日元

合为：505 012.5÷125＝4 040.1 美元

净赚：
－期权费：500 美元
——————————
3 540.1 美元

如果该日美元与日元之间的汇率低于120,则该银行就会仍然以美元偿付你的本金,即你得到10万美元,再加500美元的期权费和502.5美元的利息:

利息:$(100\,000+500)\times 6\% \div 12 = 502.5$ 美元

$$\underline{+\text{期权费}:500\text{ 美元}}$$
$$=1\,002.5\text{ 美元}$$

在这种情况下,该银行的损失为支付给你的500美元的期权费。

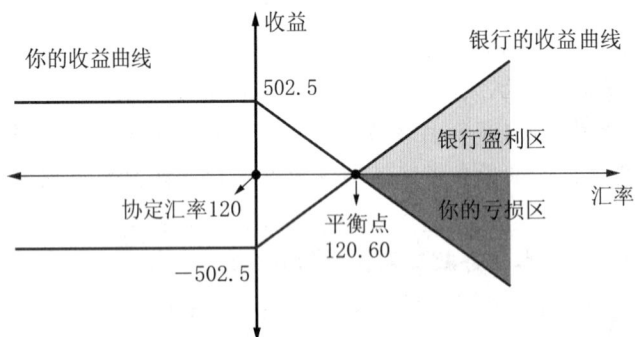

图 12.3 "两得宝"的"平衡点"

由此可见,在所谓"两得宝"或"两头利"的外汇期权中,一旦汇率出现了与银行预期相反的变化,它的损失是确定的;而一旦汇率出现了对银行有利的方面的变化,"两得宝"的购买者的损失可能相当巨大,银行的潜在收益却很可观。

12.4 互换

12.4.1 什么是互换

互换是一种将不同的债务、不同利率的债务或交割期不同的货币的债务、由交易双方按照市场行情签订预约,在约定期限内相互交换,并进行一系列支付的金融交易行为。20世纪70年代后,主要国家最终都取消了外汇管制,随着汇率制度更加灵活化,汇率波动更加频繁,汇率风险日益突出。为了消除汇率风险,发展了种种规避汇率风险的金融衍生品,在80年代早期创新的货币互换,就是其中之一。后来又逐渐产生了利率互换和总收益互换等其他多种形式的互换产品。

12.4.2 货币互换

货币互换指两个独立的借款人各自以固定利率筹资,借取一笔到期日相同,计

息方法相同,但币种不同的贷款资金,然后双方直接或通过中介机构签订互换协议,按期以对方借入的货币偿还本金和利息。常见的货币互换结构包括三个相互关联的步骤。首先是本金的初始交换;其次是互换存续期内的利息交换,按照互换的本金数量和初始交易日的汇率计算各自应向对方支付的利息;最后是在到期日按照相同的汇率再交换本金。

假设中国康瑞因在美国投资,需要借入总额 5 000 万美元的 5 年期贷款,它既可以按现行汇率借入人民币,在国内的人民币贷款利率为 8%,也可以直接在美国借入美元,但美元贷款利率为 7%。美国公司米蒂则打算在中国开厂,它需要借入总额为 3.25 亿人民币的贷款,它既可以在美国借入美元,利率为 5%,也可以在中国借入人民币,利率为 7.6%,它的借款期限同样 5 年。无论是美元借款还是人民币借款,都是每年付息一次。假设人民币与美元之间的汇率为 6.5,即 1 美元兑换人民币 6.5 元。不考虑其他换汇成本,显然,以同一种货币计,它们的借款总额是等值的。

虽然米蒂无论是借入美元还是借入人民币,它的利率都要比康瑞的利率低。但是,两个公司的美元借款利差为 2 个百分点,而人民币贷款利差为 0.4 个百分点。因此,米蒂在美元借款利率上有比较优势,而康瑞则在人民币借款利率上有比较优势。这为它们之间的货币互换创造了条件。于是,(1)它们各自从其往来行借入具有利率比较优势的贷款,即康瑞从一家名叫盛隆的银行借入 3.25 亿元人民币,利率为 8%;米蒂则在美国从米西银行借入 5 000 万美元,利率为 5%。(2)在一家名叫宇宙行的金融机构丙的安排下,康瑞与米蒂签订货币互换协议,康瑞将人民币借款转移给米蒂,米蒂则将所借美元转给康瑞。同时,宇宙行向康瑞支付 8% 的人民币利率,康瑞则向宇宙行支付 6.9% 的美元利率;米蒂则向宇宙行支付 6.3% 的人民币利率,宇宙行向米蒂支付 5% 的美元利率。此次货币互换的交易结构如图 12.4 所示。

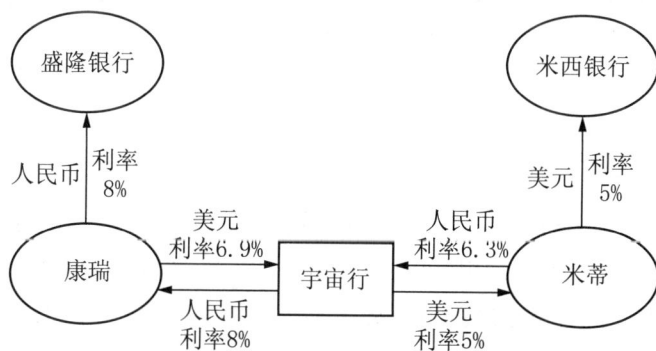

图 12.4　康瑞和米蒂的货币互换交易结构

可以看出,通过此次货币互换,康瑞就将人民币贷款转化成了美元贷款,米蒂则将美元贷款转化成了人民币贷款。康瑞将年利率为 8% 的人民币贷款转化成了年利率为 6.3% 的美元贷款。对于米蒂而言,相当于将 5% 的美元贷款转换成了利

表 12.1 货币互换参与各方的利息收入和支出流

	康 瑞	
	利息收入	利息支出
贷　款		8%
货币互换	8%	6.9%
净利率支出	6.9%	
	米 蒂	
贷　款		5%
货币互换	5%	6.3%
净利率支出	6.3%	

率为 6.9% 的人民币贷款。因此,相对于直接借入人民币而言,它可以节省 0.7 个百分点的利息成本。同样地,与直接在美元市场借款相比,利率也下降了 0.7 个百分点。宇宙行每年在美元现金流上可以获得 1.3 个百分点的收益,同时,人民币现金流上,它有了 1.1 个百分点的流失,不考虑其他因素,它的净收益为 0.2 个百分点。三方的总收益率 1.6 个百分点,均节省了利息成本。由于康瑞和米蒂的美元贷款利差为 2%,人民币贷款利差为 0.4%。因此,这笔货币互换交易的所有参与方总共获得的年收益率等于 1.6%(2%−0.4%)。因此,货币互换可以降低参与者筹集资金的成本。企业通过发行债券或从金融机构获得借款后,再通过货币互换获得自己所需要的货币,可以有效地降低资金成本。

互换交易不仅可以降低互换双方的筹资成本,而且使有关企业、政府机构等得以利用外国资本市场,获得本来不易获得的某种外币的资金,另外,它还有助于规避外汇风险。

12.4.3　利率互换

利率互换是指交易双方在两笔同种货币、金额相同、期限一样,但付息方法不同的资产或债务之间进行的相互交换利率的活动。它以交易双方协商的本金为计算利息的基础,在同种货币之间进行固定利率与浮动利率、固定利率与固定利率、浮动利率与浮动利率的互换。在交易中,双方只结清其互换的利率差额,在整个交易过程中,均不发生资金的实际转移。

假设康瑞和宝泰因信用级别差异,导致它们在金融市场借款的利率也有明显差异。它们均可分别借入固定利率或浮动利率贷款。它们拟借款所支付的固定利率和浮动利率如表 12.2。

表 12.2　康瑞、宝泰两公司借款利率比较

	康瑞	宝泰
固定利率借款	4.25%	5.55%
浮动利率借款	Shibor+1.25%	Shibor+1.75%

从表 12.2 可以看出,无论是固定利率还是浮动利率,康瑞的借款利率明显低于宝泰。但在固定利率借款和浮动利率借款方面,康瑞的利率优势并不相同。在固定利率借款方面,康瑞利率较宝泰的要低 1.3 个百分点;在浮动利率借款方面,康瑞利率较宝泰的仅低 0.5 个百分点,可见,康瑞在固定利率借款中的利率优势更为明显。从另一方面来说,宝泰在浮动利率借款方面有比较优势。

它们是否可以通过一种交易而节约利息成本呢? 由于康瑞借入固定利率具有更明显的优势,宝泰借入浮动利率具有相对优势(相对于固定利率而言,与康瑞的利差缩小了)。设想:(1)由康瑞以 4.25% 的固定利率借款,而宝泰则以 Shibor+1.75% 借入具有相对优势的浮动利率借款。(2)然后它们进行利率互换,分别向对方支付相应利息,即,康瑞向宝泰以 Shibor+1.25% 支付浮动利率,宝泰向康瑞支付 4.65% 的固定利率。其交易结构如图 12.5 所示。

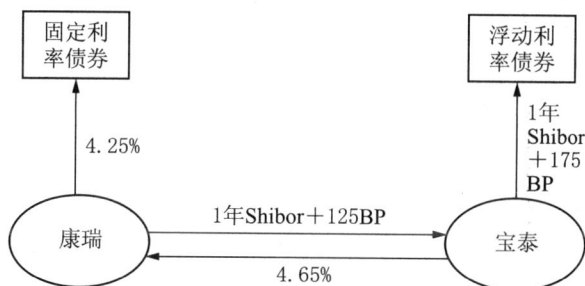

图 12.5　康瑞和宝泰的利率互换

通过这个交易,它们各自支付和收到的利率如表 12.3。

表 12.3　康瑞、宝泰两公司的利率收付

康瑞和宝泰按各自的比较优势借款支付的利率	
康瑞借入固定利率(支付)	4.25%
宝泰借入浮动利率(支付)	Shibor+1.75%
康瑞收到宝泰向其支付的利率	4.65%
康瑞支付浮动利率给宝泰	Shibor+1.25%
宝泰收到康瑞支付的浮动利率	Shibor+1.25%
宝泰支付固定利率给康瑞	4.65%

康瑞支付的总利率为:4.25%+(Shibor+1.25%)=Shibor+5.5%

康瑞收到的利率为:4.65%

因此,康瑞净利息支出为:Shibor+5.5%-4.65%=Shibor+0.85%

这对康瑞而言,相当于以 Shibor+0.85% 的浮动利率借款。可见,相对于它直接从银行以浮动利率借款支付的利率(Shibor+1.25%)而言,利率下降了 0.4 个百分点。

宝泰支付的总利率为:4.65%+(Shibor+1.75%)=Shibor+6.4%

宝泰收到的利率为:Shibor+1.25%

宝泰的净利息支出为:Shibor+6.4%-(Shibor+1.25%)=5.15%

这对宝泰而言,相当于它以 5.15% 的固定利率借入了相应的资金,相较于它直接以 5.55% 的利率从银行借入资金而言,利率成本节约了 0.4 个百分点。

可见,通过这样一笔利率互换,康瑞和宝泰均获得了节约利息成本的益处。

在利率互换中,双方交换的现金流是按某一本金额计算的不同特征的利息,而计算利息的本金仅以一定数量的货币形式存在,它只是计息的基础但并不发生实际的交换,因而也只是名义本金。在典型的利率互换中,双方所付的款项为同一货币,协议的一方为固定利息支付方,固定利率在互换开始时即已确定,协议的另一方为浮动利息支付方,浮动利率在互换协议期间参考某一特定市场利率而定,在国际上,通常是以伦敦同业拆借利率(Libor)作为参考利率。在利率互换中,由于没有本金的交换,交换双方的风险仅仅限于对方应该支付的利息。

12.5　信用衍生品

信用风险是最古老的金融风险,但信用风险管理领域一直缺乏与利率和汇率风险管理工具类似的风险对冲工具。1992 年,国际互换与衍生品协会(ISDA)正式提出了一种可以用作分散、转移、对冲信用风险的创新产品——信用衍生产品。**信用衍生产品**是一系列从基础资产上剥离、转移信用风险的金融工程技术的总称。交易双方通过签署有法律约束力的契约,使信用风险从依附于贷款、债券上的众多风险中独立出来,并在交易中从一方转移到另一方。信用衍生品的种类也非常多,这里介绍信用违约互换和信用连接票据。

12.5.1　信用违约互换

信用违约互换是将参照资产的信用风险从信用保障买方转移给信用卖方的一种信用风险交易形式,简称为 CDS。在信用违约互换交易中,信用保障的买方向愿意承担风险保护的保障卖方,在合同期限内支付一笔固定的费用(相当于保险费);信用保障卖方在接受费用的同时,则承诺在合同期限内,当对应信用违约时,向信用保障的买方赔付违约的损失。信用违约互换的买方实际上是做空信用风险,卖方则是做多信用风险。可以将信用违约互换的基本交易结构表示如图 12.6。

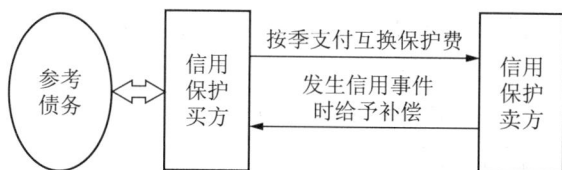

图 12.6　CDS简化的交易结构

信用违约互换的核心要素有包括参考实体/参考债务、信用事件、结算或交割方式。

参考实体就是债务工具的发行者,也被称为参考发行人,它可以是企业或政府。参考债务就是希望得到信用保护的某种特定债务或债券。信用事件包括,破产、合并产生的信用事件、债务加速、交叉违约、信用降级、不能如期或拒绝还本付息、重组等等。债务加速清偿是指,当违约事件发生时,债务就成立即支付的现金流,这早于参考实体没有违约时现金流计划偿付日期。**交叉违约**是指,当同一债务人的某一项债务出现违约后,其他未到期债务也被视为出现了违约。重组是指债务条款发生变化,尤其是变化后的条款不如原来的对债权人有利,例如,重组后降低利率、减少(部分偿还)本金、重新设置本金偿还日期、改变债务在参考实体债务结构中的优先等级等等。

信用违约互换可以采用现金交割结算,也可以采用实物交割结算。实物交割时,一旦发生约定的信用事件,违约互换的购买方就要把参考(可交割)债务交付给它的卖方,并换回相应的现金。当发生信用事件时,信用保护卖方需要支付的金额,可能是预先约定的固定金额,也可能是参考债务价值下降部分的金额。在实物交割时,参考实体可能有许多未清偿债务合约,因此,违约互换的买方可以向卖方交割参考实体的其他多只债券(务)。这些债券被称为**可交割债务(券)**。若没有发生信用事件,在互换的整个期限内,违约互换买方每个季度都要向卖方支付互换保费。若发生信用事件,违约互换买方可能不再继续向卖方支付互换保费,同时确定该互换的**解约价值**。解约价值的计算取决于互换合约的结算条款。

信用违约互换是转移信用风险的重要工具。例如,银行贷款或债券投资者面临着借款者违约的信用风险。在通常的债券市场上,若某只或某些债券的发行人受到信用事件的困扰,债券持有者要把它们以合意的价格卖出,并不是件容易的事。有了信用违约互换,除了设法卖出其所持债券外,投资者也可购买信用违约互换,为其持有的债券提供相应的信用保护。若债券持有者预计某发行者将会陷入困难,他便可卖空该发行者的债券。但是,在缺乏直接卖空债券的机制时,那就可买入违约互换,获得与卖空债券完全等价的效果。

12.5.2　信用连接票据

信用连接票据(CLN)是由投资银行或另一发行者(通常为特殊目的公司)发行的、与参考发行者的信用联系起来的一种信用衍生工具。在标准信用联接票据合约中,保障买方或由保障买方设立的特定目的机构(SPV),根据参照资产发行票据,其收益取决于参考标的发行人的信用表现。一旦信用联接票据的标的资产出现违约,信用联接票据的买方就要承担违约所造成的损失,因此,信用连接票据的投资者实际上是信用保护的卖方。

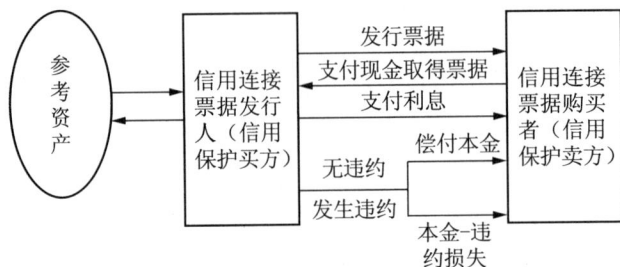

图 12.7　简化的信用连接票据交易结构

信用连接票据的发行者是信用保护的买方,他向信用联接票据的买方支付一定的利率后,获得了对标的债务的保险。若未发生违约,信用连接票据的卖方有义务在信用联接票据到期时归还全部本金;若发生违约,则信用连接票据的卖方只须向它的买方支付信用资产的残留价值。标准信用连接票据与标准债券一样,有票面利率、到期日、到期价值。但信用连接票据本金的偿还和支付的利息,取决于约定参考资产的信用状况。当参考标的发生信用事件时,就要偿还信用连接票据,且会向下调整其剩余金额。可见,信用连结票据是普通固定收益证券和一个信用衍生产品的混合产品。

例如,假设宇宙行下属的信用卡公司民安为筹集资金发行了一笔债券。民安向众多消费者发放信用卡贷款后,可能面临违约风险,为此,它可用信用联接票据来降低信用风险。假设该信用连接票据合约的主要内容是,当全国信用卡平均违约率低于2%时,偿还票据投资者本金并给付4%的利息;当违约率超过3%时,则偿付给投资者本金并给付2%的利息。若信用卡平均违约率低于2%,则该公司的信用卡收益足以使其支付4%的利息;但当信用卡平均违约率高于2%时,则信用卡收益很可能降低,它就可能向信用连接票据的持有者支付较少的利息。因此,这相当于,民安从信用连接票据投资者那里购买了信用保险。

小　　结

衍生金融工具是在原生金融工具基础上派生出来的金融产品,它们的价值取决于相关的原生产品的价格,其主要功能在于管理与原生金融工具相关的风险暴露。衍生品分为远期交易、期货、期权和互换等四种。

远期交易是交易双方约定在未来某个时期按照预先签订的协议交易某一特定

资产的合约,主要有远期利率协定和远期外汇交易。远期交易的作用在于锁定未来的价格,较有效地规避风险。

期货交易是买卖双方事先就交易的商品数量、质量等级、交割日期、交易价格和交割地点等达成协议,在未来某一日期实际交割的交易。金融期货交易主要有股指期货、利率期货(国债期权)和外汇期货。人们在期货市场从事期货交易的目的是套期保值、套利和投机。有效的套期保值必须交易方向相反、期限和原生产品相同、数量相等。

期权就是事先以较小的代价购买一种在未来规定的时间内以某一确定价格买入或卖出某种金融工具的权利。利用期权可以更好地规避风险。按照履约时间的不同,期权分为美式期权和欧式期权。按照交易的方向不同,可分为买入期权和卖出期权。金融期权主要有指数期权、利率期权和外汇期权等。

互换是一种将不同的债务、不同利率的债务或交割期不同的货币的债务、由交易双方按照市场行情签订预约,在约定期限内相互交换,并进行一系列支付的金融交易行为。互换交易主要有利率互换和货币互换,它可以较有效地规避利率和汇率波动的风险。

信用衍生产品是一系列从基础资产上剥离、转移信用风险的金融工程技术的总称。交易双方通过签署有法律约束力的契约,使信用风险从依附在贷款、债券上的众多风险中独立出来,并在交易中从一方转移到另一方。信用违约互换是将参照资产的信用风险从信用保障买方转移给信用卖方的一种信用风险交易形式。信用连接票据是由投资银行或另一发行者(通常为特殊目的公司)发行的、与参考发行者的信用联系起来的一种信用衍生工具。

关键概念

期货	期权	互换	货币互换	利率互换
实值期权	虚值期权	平值期权	美式期权	欧式期权
远期交易	衍生金融工具	原生金融工具	买入期权	卖出期权
利率期权	外汇期权	金融期货	信用衍生品	信用违约互换
信用连接票据	远期利率协定	远期外汇交易	名义标准券	合约乘数
股指期货	利率期货	爆仓	可交割债务	交叉违约

思考练习题

1. 金融原生产品与衍生产品有何区别?

2. 远期交易在风险管理中有何作用?

3. 金融期货主要有哪些？

4. 利用期货进行套期保值的基本原则是什么？

5. 请描述期权的价值。

6. 请描述买入期权和卖出期权的平衡点。

7. 请描述互换交易的基本原理。

8. 请说明信用违约互换的基本原理。

9. 请说明信用连接票据的基本原理。

10. 假定你们公司在三个月后要借入一笔资金，为了规避利率波动的风险，请分别运用远期利率协定和利率期权的原理，简要说明如何规避利率风险。

11. 请利用期货交易原理，分析期货交易会给投资者的交易带来哪些方面的影响。如果在股票市场持续下跌时，投资者依然想获利，他在期货市场上该如何操作？

12. 假设某公司要进口一批设备，合同金额 1 000 万美元，六个月后付款。现在美元与人民币之间的汇率为 1∶6.270 0。该公司担心六个月后美元与人民币之间的汇率波动带来汇率风险，于是决定采取远期结售来锁定汇率风险。假定它与某银行签订的六个月远期结售汇汇率为 1∶6.270 0。若六个月后，美元与人民币之间的汇率为 1∶6.300 0，那么，该进口企业从远期结售汇中获得了什么样的好处呢？若六个月后，美元与人民币之间的汇率为 1∶6.200 0，结果又如何呢？

13. 在上例中，若该公司购买的是六个月后的外汇买入期权，履约汇率为 1∶6.270 0，支付的权利金总额为 50 万元。计算平衡点的汇率应是多少？若美元与人民币之间的汇率为 1∶6.300 0，该公司该不该执行买入期权呢？若六个月后美元与人民币之间的汇率分别为 1∶6.200 0 和 1∶6.271 0，结果又如何呢？

14. 2008 年，国际原油价格大涨，最高时一度涨到 147 美元/桶。在这种背景下，国内一些航空公司，如中国国际航空公司和上海东方航空公司，试图利用期权来规避原油价格上涨的风险。其中，某航空公司先是与包括高盛等在内的国际投行签订了这样一份原油期权协议：该航空公司从这些国际投行手中买入了买入期权，合约内容大致是每桶原油期权的权利金为 14 美元，最高履约价格约为 150 美元/桶，合约数量大约 1 000 万桶。签订合约时原油价格大致在 120 美元/桶。不过，该航空公司担心它购买的买入期权如果不能行权，则白白地损失了 1.4 亿美元的权利金，同时，该航空公司与这些投行签订了卖出期权合约。在卖出期权合约中，该航空公司是卖方，包括高盛在内的投行则是卖出期权的买方，履约价格为 62.5 美元/桶，合约数量同样为 1 000 万桶，期权费为 14 美元/桶。该公司认为，按照当时的油价，是不可能跌到 60 美元以下的，通过既买入买入期权，又卖出期权，既规避了原油价格上涨的风险，又不承担什么风险管理的财务费用，真是很好的风险管理办法。不过，航空公司万万没有想到，受国际金融危机的影响，国际原油价格在 2008 年第四季度大幅下跌，在很短的时间内就从最高时的 147 元/桶跌到了 35 美元/桶。试分析，当原油价格跌到 35 美元/桶时,该航空公司将会面临什么样的结果? 你认为,该航空公司采取的这种期权组合,是规避原油价格波动风险的好方法吗? 如果该公司这种策略失败了,失败的原因又是什么?

15. 设某机构持有大量的非金融企业债券,现因宏观经济下行,企业信用违约将呈上升趋势,请为该企业设计一个利用信用衍生品规避信用风险的方案。

第三篇　金融调控

唯一比爱情更能使人发狂的是货币。

——本杰明·狄斯赖利

假设一码定为国王腰带那样长，如果国王这时还是一个孩童，那么，人人都知道，"码"的长度将随国王的年龄而一同增长。

——费雪

中央银行的首要任务是实现稳步的、最大程度的经济增长，同时又不让通货膨胀恶魔从魔瓶里冒出来。

——格林斯潘

货币供给

学习目标

学完本章后,你将能够:

理解什么是基础货币

弄清基础货币方程式及基础货币供给渠道

了解中央银行资产和负债变动对基础货币的影响

弄清商业银行体系是如何创造存款货币的

理解什么是货币乘数及影响货币乘数的主要因素

了解影响通货与存款比率的主要因素

弄清影响商业银行持有超额准备金比率的因素

了解货币供给的内生性与外生性

在阅读各类财经报章时,你经常会发现有关货币供应方面的新闻报道。那么,在经济体系中,货币是如何供应的呢?或者,货币供给是否真的完全由中央银行操控印钞机来完成的?个人和企业在全社会的货币供应过程中发挥着什么样的作用呢?学完本章后,对这些问题你将拥有一个较为清晰的认识。

13.1 基础货币与基础货币方程式

13.1.1 什么是基础货币?

基础货币又叫高能货币,是指在部分准备金制度下能够通过银行体系创造出多倍的存款货币,它等于流通中的现金 C 加上银行体系的准备金总额 R。以 MB 表示基础货币,则有:

$$MB = C + R \tag{13.1}$$

图 13.1 反映了中国基础货币余额的变化。2001 年初,中国基础货币为 3.5 万亿元左右,到 2018 年末,就上升至 33.1 万亿元。

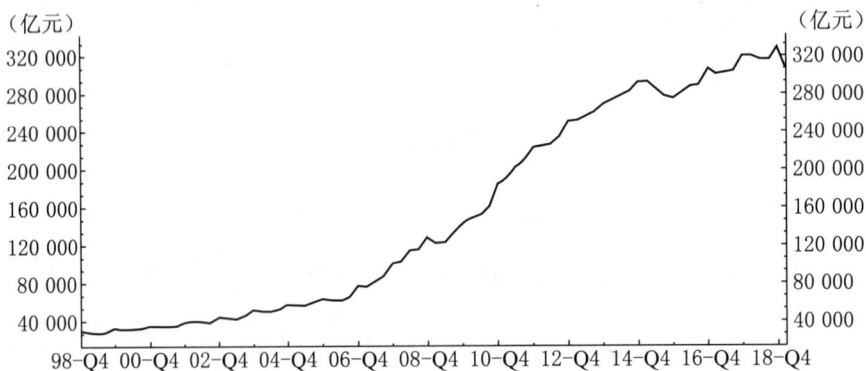

图 13.1 中国基础货币余额

资料来源:根据各年《中国人民银行统计季报》整理。

弄清了什么是基础货币,那么,基础货币又是如何供给的呢?影响基础货币供给的主要因素有哪些?这就要从基础货币方程式谈起。

13.1.2 基础货币方程式

考察基础货币方程式,应首先从中央银行资产负债表着手。在不同的国家,中央银行资产负债表的内容有较大的差异,因而影响基础货币供给的因素也不尽相同。下面是一个简化的中央银行资产负债表,它反映了中国人民银行资产负债表的主要项目。在资产方,主要有国外资产、对政府债权和对金融机构债权。其中,国外资产又包括外汇占款和黄金,对政府债权则包括中央财政过去从央行借入而未偿还的款项、中央银行购买的政府债券,对金融机构债权又包括对存款性金融机构的债权和对其他金融机构的债权。在负债方,主要包括流通中现金、金融机构存款(即准备金)、中央银行债券、政府存款、国外存款和其他项,当然,在负债方,还有少量的自有资本。在这里,负债方只考察中央银行债券和政府存款。

根据资产负债表平衡关系,有:

$$A_1 + A_2 + A_3 = C + R + L_1 + L_2 \tag{13.2}$$

从而得:

$$C + R = A_1 + A_2 + A_3 - (L_1 + L_2) \tag{13.3}$$

进一步有:

$$MB = \sum_{I=1}^{3} A_I - \sum_{i=1}^{2} L_i \tag{13.4}$$

中央银行资产负债表

资产	负债
A_1:国外资产	C:流通中现金
A_2:对政府债权	R:金融机构存款(准备金)
A_3:对金融机构再贷款	L_1:中央银行债券
	L_2:政府存款

等式两边各项都会影响基础货币的供给。具体而言,中央银行资产负债表的资产方——对金融机构的再贷款(债权)、对政府债权、国外资产增加,都会引起基础货币的等额扩张;反之,这些资产项目的减少又会相应地减少基础货币的供应。等式右边的中央银行债券、政府存款增加则会减少基础货币的供给;反之,它们的减少则会增加基础货币的供给。

13.1.3 中央银行资产对基础货币的影响

下面具体分析影响基础货币的主要因素。

1. 国外资产

国外资产是指中央银行持有的外汇储备、黄金和在国际货币基金组织的特别提款权。由于黄金储备和特别提款权是较稳定的,所以它们对基础货币的影响很少。在国外资产中,对基础货币的影响几乎唯一地来自于外汇储备。

外汇储备之所以影响基础货币商业,是由于我国实行了结售汇制。在**结售汇**制下,企业所得出口收入要卖给商业银行,这叫结汇;当企业需要外汇进口商品或设备时,可以申请购买外汇,这对银行来说叫售汇。商业银行结汇后,又要将外汇卖给中央银行,这就直接影响到了中央银行的资产负债表。假定有一家企业出口获得了 1 000 万美元的收入,它收到外汇款项后,必须卖给它的往来银行,比如说中国银行。假定当时汇率为 1 美元兑 6.28 元人民币,那么,中国银行在收到 1 000 万美元的外汇后,其 T 形账户为:

资产(元)		负债(元)	
外汇	6 280 万	存款	6 280 万

中国银行结汇后,又要将它卖给中国人民银行。为方便起见,我们还是假定汇率为 1 美元兑 6.28 元人民币。这时,中央银行和中国银行的 T 形账户分别为:

中央银行的 T 形账户

资产(元)		负债(元)	
外汇	6 280 万	中国银行在央行存款	6 280 万

中国银行的 T 形账户

资产(元)		负债(元)	
在中国人民银行存款	6 280 万		
外汇	−6 280 万		

这样,中国银行将 6 280 万元的外汇资产卖给中国人民银行后,资产方减少了 6 280 万元的外汇,但同时在中央银行的储备资产则增加了 6 280 万元,因此,基础货币增加了 6 280 万元。

2. 中央银行购买政府债券

中央银行资产负债表中的"对政府债权"包括政府过去从中央银行的借款和中央银行购买的政府债券。鉴于 1994 年之后,中国政府不能从中央银行借款或透支,这里便只分析中央银行购买政府债券的情形。

中央银行购买政府债券是公开市场操作的一种形式,在公开市场操作中,能够作为央行交易对手方的金融机构叫做公开市场一级交易商。其他金融机构和企业、社会公众都不能作为中央银行公开市场的交易对手方。

假定中央银行从中国银行购买了 1 000 万元政府债券,且用 1 000 万元的支票支付。中国银行在得到 1 000 万元的支票后,可以将它存在其在中央银行的账户上,也可以兑现,将现金纳入库存。但无论是存入中央银行,还是提现,都将使中国银行的储备资产增加 1 000 万元。这一交易完成后,对中央银行和中国银行的 T 形资产负债表的影响如下:

中央银行从中国银行购买 1 000 万元政府债券后的 T 形账户

资产(元)		负债(元)	
政府债券	+1 000 万	中国银行在央行存款	+1 000 万

或者：

中国银行提现时中央银行的 T 形账户

资产(元)		负债(元)	
政府债券	+1 000 万	通货	+1 000 万

即中央银行从中国银行购买 1 000 万元的政府债券后,使中央银行的资产负债表的资产方增加了 1 000 万元的政府债券,在负债方,增加了 1 000 万元的中国银行在中央银行存款,或增加了 1 000 万元的通货,即基础货币增加了 1 000 万元。

3. 对金融机构贷款

对金融机构贷款是我国投放基础货币的主要渠道之一。假定在上面的例子中,中央银行不是向中国银行购买 1 000 万元政府债券,而是直接给中国银行提供 1 000 万元贷款,这对中央银行和中国银行的 T 形账户的影响分别是:

中央银行向中国银行提供 1 000 万元贷款时的 T 形账户

资产(元)		负债(元)	
对金融机构贷款	+1 000 万	储备	+1 000 万

中国银行的 T 形账户

资产(元)		负债(元)	
储备(准备金)	+1 000 万	从中央银行借款	+1 000 万

这一行动的结果是使中国银行的储备增加了 1 000 万元。若中国银行将这 1 000万元变换成了现金,同它出售政府债券后,将支票变成了现金一样,使 T 形账户的库存现金增加 1 000 万元,负债方没有变化;对中央银行的 T 形账户的影响是,在负债方流通中现金增加了 1 000 万元,资产方仍是对金融机构再贷款增加了 1 000 万元。中央银行和中国银行的 T 形账户分别如下:

中央银行的 T 形账户

资产(元)		负债(元)	
对金融机构再贷款	+1 000 万	流通中的现金	+1 000 万

中国银行的 T 形账户

资产(元)		负债(元)	
库存现金	+1 000 万	从中央银行借款	+1 000 万

尽管存在这样的差别,但不管是增加了中国银行的储备,还是增加了中国银行的库存现金,都使基础货币增加了 1 000 万元。

13.1.4　中央银行负债对基础货币的影响

从中央银行资产负债表和基础货币方程式中,我们看到,中央银行负债项目增加会减少基础货币,反之则反是。这里主要讨论政府存款和央行票据(债券)对基础货币的影响。

1. 政府存款

政府通过征税和出售政府债券所得的资金,先是存入在商业银行的账户,然后再从商业银行转入中央银行账户。现在假定,财政部发行了 1 亿元国债,国债发行完后所得资金最初存在商业银行,然后再转入中央银行账户,这时,财政部的 T 形账户就会发生如下变动:

财政部的 T 形账户

资产(元)		负债(元)
在商业银行存款	−1 亿	
在中央银行存款	+1 亿	

现在商业银行失去了 1 亿元的存款,准备金减少了 1 亿元,因而商业银行 T 形账户会发生如下变动:

商业银行的 T 形账户

资产(元)		负债(元)	
准备金	−1 亿	财政存款	−1 亿

由于财政部和商业银行的 T 形账户的变动,使中央银行 T 形账户也发生了如下变动:

中央银行的 T 形账户

资产(元)	负债(元)	
	银行准备金	−1 亿
	政府存款	+1 亿

由此可见,政府存款增加的结果,使银行系统准备金减少了 1 亿元,即基础货币减少了 1 亿元。

2. 央行债券:央行自己创造负债

除了政府存款外,中央银行还可自己创造负债,即发行中央银行债券(又称央行票据)来调控基础货币。**央行票据**是中央银行为了调控基础货币而发行的债务凭证,在中央银行的资产负债表上反映为中央银行债券。

假设中国人民银行发行了100亿元的中央银行票据,全部由A商业银行购买。这一交易对A银行和中央银行的T形账户影响如下:

A 银行的 T 形账户

资产		负债
央行债券	+100 亿元	
准备金	−100 亿元	

中央银行的 T 形账户

资产	负债	
	银行准备金	−100 亿元
	央行票据	+100 亿元

即中央银行发行100亿元的央行票据,使其T形账户负债方银行准备金减少了100亿元,同时负债方增加了100亿元央行债券。而A银行的T形账户资产方增加了100亿元央行债券,但资产方减少了100亿元准备金存款。因而,发行央行票据会等额地减少基础货币供给。反之,中央银行赎回央行票据,则会等额地增加基础货币供给。

13.1.5 中国基础货币的供给与调控

以上从中央银行的资产和负债两个方面分析了基础货币变动的途径。下面我们就具体地看一看中国人民银行资产和负债的变动对基础货币的影响,分析的基础依然是基础货币方程式。

先看看中国人民银行资产方的变动。

1. 国外资产

中国人民银行资产负债表中的国外资产,主要是外汇占款。1994年,我国外汇管理体制改革后,实行了强制结售汇制;同年,还实行了人民币汇率的并轨,实行了有管理的浮动汇率制,在汇率并轨的同时,人民币汇率还贬值了60%左右,随后贸易顺差不断增长。自此之后,外汇占款便成了我国基础货币投放的主渠道。2001年底中国如愿加入WTO,中国的贸易顺差进一步持续大幅增长。加之利率长期高于美国、日本等发达经济体,又出现了人民币升值的强烈预期,这些因素导致了大量资本进入中国套利,使中国外汇占款持续不断地增大。尤其是,2002年西方七国财长会议之后,美国、日本等国的财长纷纷向中国施压,要求人民币汇率升值,更进一步导致了市场对人民币升值的预期空前高涨,国际投机资本的大量涌入,再加上中国持续增长的贸易顺差,使得2003年之后的几年里,中国的外汇占款出现急剧扩张之势(如图13.2a所示)。中国人民银行持有的国外资产大幅增加,直接导致了我国基础货币被动地扩张。由图 13.2b 可以看到,国外资产占中国人民银行总资产的比重,由 1994 年前后的 12% 左右,上升到了 2012 年的 80% 左右。由此可见,在 1994 年之后,国外资产增加是中国投放基础货币的主渠道,因而,结售汇制使得人民银行的资产并进而使基础货币供给很大程度上受制于外部因素。

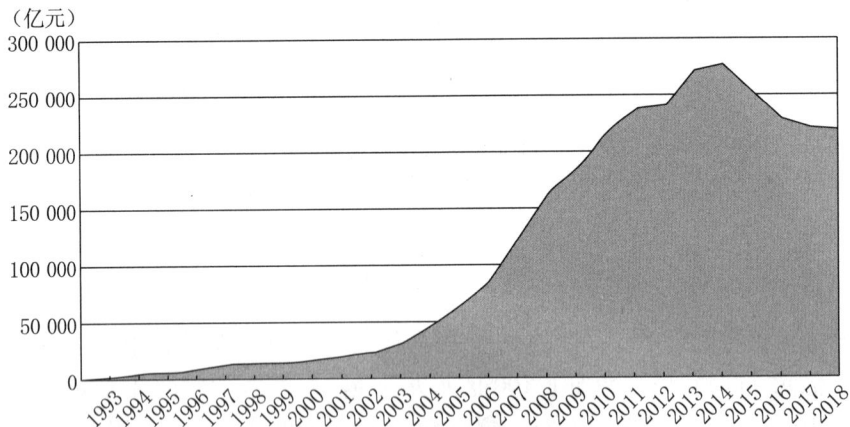

图 13.2a　央行持有的国外资产

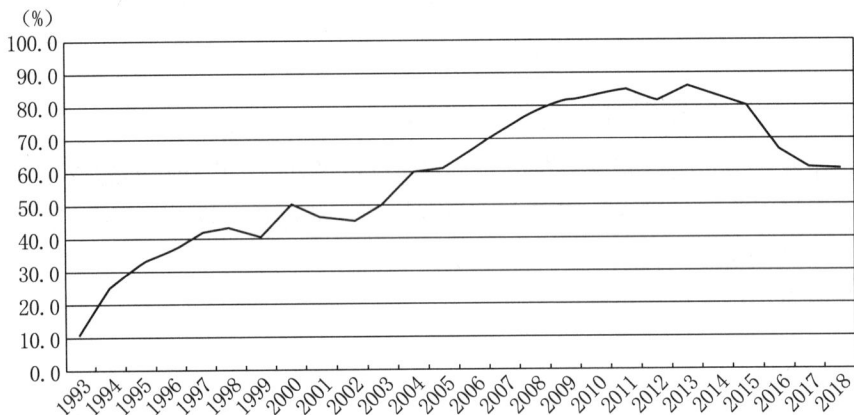

图 13.2b　国外资产占央行总资产的比重

资料来源:根据各年《中国人民银行统计季报》整理。

但 2014 年后,受中国资本外流的影响,人民银行所持国外资产开始大幅下降。2014 年一季度末,国外资产一度逾 28 万亿元,但到 2018 年末,就已经下降至了 21.76 万亿元。正如过去国外资产扩张带来了国内货币供给扩张一样,这几年国外资产下降,也导致了国内基础货币收缩。为了应对这种局面,人民银行不得不通过增加对金融机构的贷款,以补充基础货币的供给。

2. 对金融机构再贷款

中国人民银行对金融机构的再贷款反映在资产负债表的对存款性金融机构的

债权和对非存款性金融机构的债权中。对非存款性金融机构的债权包括金融资产管理公司、证券公司在内的其他金融机构的再贷款等。首先,对存款性金融机构的债权。与外汇占款在 1993 年之后呈不断增长之势不同,对此类机构的再贷款有增有减。1999 年对商业银行的再贷款余额达到了 15 373.9 亿元,这表明,在这段时间里,对存款性金融机构的债权增加同样是供给基础货币的一个重要渠道。但在 2000 年至 2007 年,对存款性金融机构的债权不断减少,因而对基础货币的供给起到了收缩的作用。外汇占款使得基础货币出现刚性的扩张,对金融资产管理公司的再贷款又对基础货币的供给造成了一次性的冲击,对商业银行的再贷款便是应付这些对基础货币冲击的一个有力工具。在 2009 年至 2012 年,对存款性金融机构的债权又大幅上升了,因而对基础货币起到了扩张的效果。但这几年里,此类贷款增长还相对缓慢。进入 2014 年后,中国资本外流出乎意料地大幅增加,央行所持国外资产大幅减少,这对基础货币起到了收缩的作用,这迫使人民银行大幅增加了对存款性机构的债权。2018 年末,此类债权已达到了 11.15 万亿元之巨,此类贷款工具之多,将在本书"货币政策:目标与工具"一章中介绍。

其次,对非存款性金融机构的债权。这其中,重要的变化有两个。其一,2000 年,为了支持金融资产管理公司收购国有商业银行的不良资产,央行对它们的贷款就增加了 5 000 亿元左右,这是当年基础货币供给的一个主要渠道。2000 年之后,对非货币金融机构债权并没有明显地变化,这一因素对基础货币的冲击已经减弱。其二,在 2005 年至 2006 年,对非存款性金融机构的债权有一个跳跃性的增加,最高达到了约 2.2 万亿元,这主要是对一些证券公司在内的金融机构的流动性救助造成的,因而,对金融机构的流动性救助会造成基础货币的扩张。随后十余年里,对非存款类机构的债权就一直在减少,构成了基础货币供给的减项。

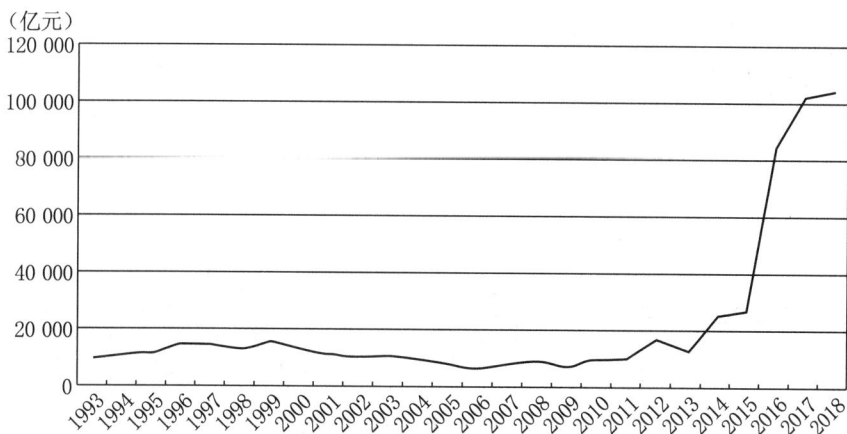

图 13.3a　央行对存款机构债权

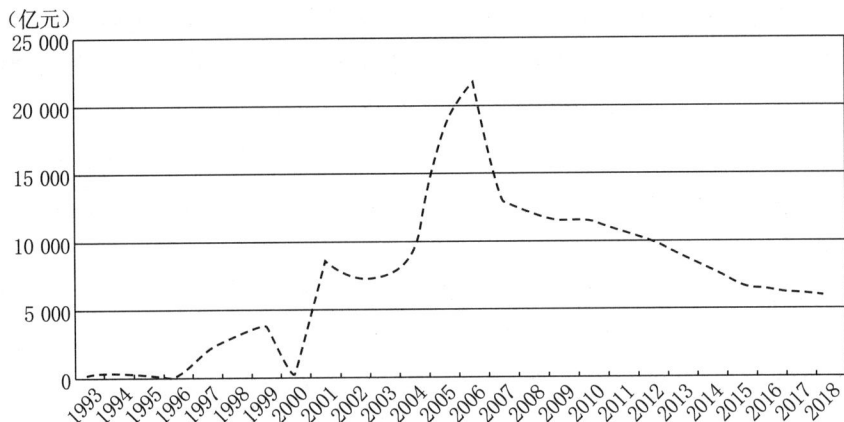

图 13.3b　对其他金融机构债权

资料来源:根据各年《中国人民银行统计季报》整理。

3. 对政府债权

1994 年以前,财政赤字基本上是通过向中央银行借款或透支来弥补的。1994年之后,财政赤字只能通过发行政府债券来弥补,割断了财政赤字与基础货币发行之间的脐带关系。这一变化,使中央银行对基础货币控制的独立性增强了。现在,中央银行资产中对政府债权的变化主要是由中央银行公开市场操作买卖政府债券而引起的。当中央银行需要回笼基础货币时,便可以出售政府债券,这会使中央银行的资产中对政府债权减少;反之,当中央银行需要投放基础货币时,便可以通过公开市场操作购买政府债券,这会使中央银行对政府债权增加。2001 年,中央银行对政府债权增加了 1 238.5 亿元,相应地造成了基础货币增加了 1 238.5 亿元;2002 年之后,中央银行对政府债权较为稳定,这是因为,央行主动调整了负债结构来控制基础货币。2007 年,对政府债权也有一次跳跃性增长,这是因为,当年设立了国家外汇投资公司,财政部发行了约 15 500 亿元债券,为中投公司筹集资本金。

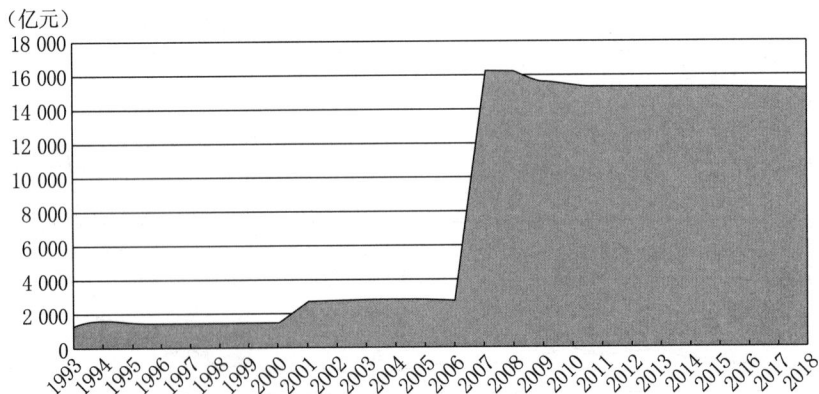

图 13.4　央行对政府债权

资料来源:《中国人民银行统计季报》各期。

这些债券,先由中国农业银行购买,为了避免对市场资金供给造成较大的不利影响,紧接着,央行就从农业银行悉数买入了这些债券。后来,人民银行对政府债权一直没有显著变化。

其次,看看中国人民银行负债方的央行债券与政府存款的变动。

4. 中央银行债券

中央银行债券也叫中央银行票据,在中国的财经媒体中,通常使用"央行票据"而不是"央行债券"。从图 13.5 可以看到,1993 年至 2001 年,央行债券几乎可以忽略,在那个时期,央行债券在基础货币的调控中没有发挥什么作用。2002 年中央银行开始大规模发行中央银行票据回笼基础货币,以应对外汇占款造成的基础货币的扩张。接下来的几年里,发行中央银行票据成了中国人民银行对销外汇占款(国外资产)的基本手段。由于外汇占款的大量增加,为了稳定基础货币的供给,央行也不得不大量发行央行票据。从 2002 年至 2009 年,央行债券余额大幅上升,最

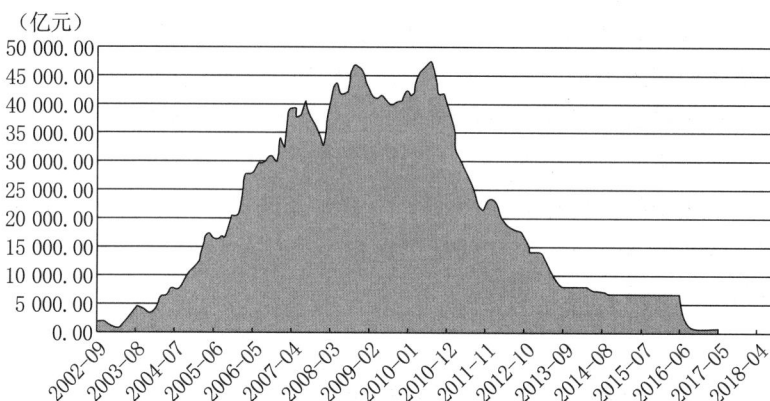

图 13.5 央行债券(票据)余额

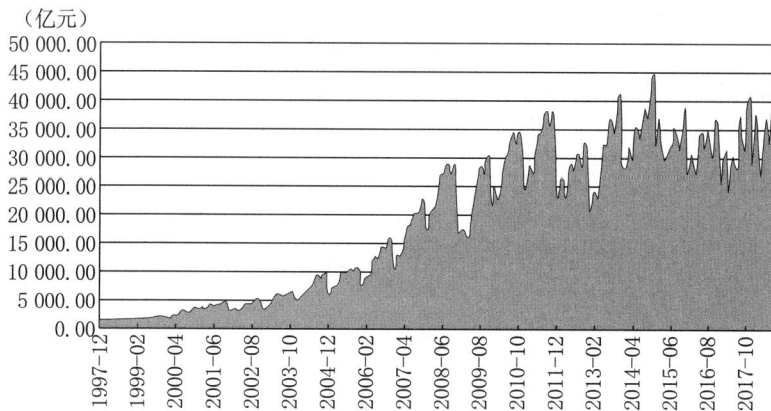

图 13.6 政府存款余额

资料来源:《中国人民银行统计季报》各期。

高时曾达到 4.7 万亿元左右。中央银行票据是中央银行主动创造的一种负债,通过它可比较主动地调节基础货币,可以根据需要确定中央银行票据的发行规模。但是,在 2010 年之后,央行债券余额不断下降,这表明,央行债券冲销国外资产扩张的作用日趋式微。尤其是,随着资本外流加剧,中国再无发行央行票据对销外汇占款的需要,且由于到期央行票据的兑付,到 2017 年中,央行票据就被"清零"了。

5. 政府存款

政府存款增加会起到收缩基础货币的作用,反之,政府存款减少则会增加基础货币。从图 13.6 可以看出,自 1994 年以来,政府存款总体上呈增加趋势,这对中央银行回笼基础货币发挥了一定的积极作用。政府存款变化的另一个显著特点,就是它呈锯齿状地波动,通常而言,每年第四季度时,政府存款都会大幅度地下降,因而年底时,政府存款变化通常会增加基础货币。从图中还可以看出,2010 年之后,政府存款有下降趋势。这一变化,实际上与国库现金管理密不可分。所谓**国库现金管理**,即财政部把原来由央行代理的国库资金,委托央行进行利率招标,将部分财政存款转而存入出价(利率)最高的商业银行。因此,国库现金管理会减少央行负债方的政府存款。尽管政府存款的增加可以起到回笼基础货币的作用,但是,政府存款的变化主要取决于财政收支的变化,国库现金管理体制的改革也会影响央行资产负债表中的政府存款,中央银行无法控制政府存款的变动。更确切地说,央行负债方的政府存款反映了基础货币的被动投放或收缩,它并不是中央银行调控基础货币的一个工具。

13.2　银行体系派生存款的创造

你在银行存入 100 块钱,会变成几百块钱吗? 乍看起来,这样的问题似乎很荒唐。我在银行存入 100 块钱,到明年来取时,还是只有 100 元钱,顶多再获得一点利息,在我的账户上不可能变成几百元钱的,如果真是那样,岂不是真有摇钱树了?

这倒一点没错,你今天在银行存入 100 元钱,一年以后,在你的存款账户上,这 100 元不会变成 500 元。但是,如果你理解了银行体系放款的功能及其放款结算的方式后,便会豁然开朗:原来,我在银行存入 100 元钱,在整个银行体系可能会被放大至数百块钱,尽管我自己账户上的钱没有增加。这一过程就是存款货币或派生存款的创造。所谓**派生存款**,就是指商业银行体系通过发放贷款而创造的存款。下面我们就分析派生存款的创造过程。

13.2.1　100%的法定存款准备金与 100%提取现金

我们先看两个特殊的情况。第一是中央银行要求商业银行缴存 100%的法定存款准备金,即商业银行所吸收的存款必须如数存入其在中央银行的准备金账户。如果你在某银行存入了100元,该银行的资产负债表为:

资产(元)		负债(元)	
库存现金	100	存款	100

该银行收到你的100元存款后,由于必须缴纳100%的准备金,因此,在缴存中央银行法定存款准备金后,该银行的T形账户变为:

资产(元)		负债(元)	
库存现金	0	存款	100
法定准备金	100		

该银行在缴存中央银行法定存款准备金后,就没有剩余资金可用于发放贷款了,因此,这种情况下不可能创造出派生存款来。

第二是100%提取现金。现在假定法定存款准备金比率为10%,但借款者得到贷款后提取了100%的现金。当你在该银行存入100元后,该银行按照10%的法定准备金比率的要求提取10元法定准备金后,其资产负债表的初始状态为:

资产(元)		负债(元)	
库存现金	90	存款	100
法定准备金	10		

该银行在缴存10元的法定准备金后,还有90元剩余现金。与100%的法定准备金要求不同,它还可利用剩余的90元现金放款。假定借款者A从该银行获得了90元的贷款,并全部以现金提取,这时,该银行资产负债表变为:

资产(元)		负债(元)	
库存现金	0	存款	100
法定准备金	10		
贷款	90		

如果借款者A提取现金后并没有存入其银行账户中,因此你最初存入的100元,在整个银行系统中现在还是只有100元存款。

13.2.2 部分准备金与不提取通货时的存款创造

100%的法定存款准备金和100%的提取现金都是不现实的假定。在很多情况下,借款者获得贷款后,钱会直接存入到他的银行账户。

该银行在吸收你的100元存款后,按照10%法定准备金比率的要求提取10元准备金后,还剩90元可用于发放贷款。借款者A获得该银行贷款后,存入到其往来银行(如银行甲)。银行甲在收到90元存款后,其T形账户为:

资产(元)		负债(元)	
储备	90	存款	90

银行甲也必须按照 10％准备金比率提取 9 元的法定准备金。于是,银行甲的 T 形账户变为:

资产(元)		负债(元)	
储备	81	存款	90
法定准备金	9		

因此,提取 9 元的法定准备金后,该银行还有 81 元可用于发放贷款。假定它将这 81 元钱全部贷给了借款者 B,这时,银行甲的 T 形账户又变为:

资产(元)		负债(元)	
法定准备金	9	存款	90
贷款	81		

借款者 B 又将他从银行甲取得的 81 元借款存入到他往来的银行,如银行乙。银行乙收到 81 元的存款后,同样按照 10％的法定准备金比率提取 8.1 元准备金,将剩余的 72.9 元发放贷款。在整个银行系统中如此循环下去,最后就形成了如下所示的情况:

银　　行	存款(元)	法定准备金(元)
某银行	100	10
银行甲	90	9
银行乙	81	8.1
银行丙	72.9	7.29
银行丁	65.61	6.651
⋮	⋮	⋮
银行体系合计	1 000	100

这样,你最初在某银行中存入 100 块钱,在提取 10％的法定准备金后,就在银行系统中创造出了 1 000 块钱,它是原来你存入 100 元钱的 10 倍,这就是**存款乘数**,它等于法定存款准备金比率的倒数。由于我们还没有考虑其他因素,它也被称为简单存款乘数。相反,如果你是从银行提取 100 元的存款,又会引起存款货币的多倍收缩,收缩的倍数也仍然是法定存款准备金比率的倒数。

13.2.3　货币创造中的漏损

1. 存款货币创造中的漏损之一:超额准备

一般来说,除了法定存款准备金要求外,为了应付存款者的取款和流动性管理,商业银行会保留一些超额准备金。商业银行提取超额准备金后,它创造存款货币的能力就受到了削弱。假定,所有商业银行体系提取的超额准备金比率都是10%,现在看看商业银行体系的货币创造受到了什么样的影响。

当你在银行存入100元钱后,这家银行首先按照10%的法定准备金比率要求提取10元的法定准备金,然后又根据流动性需要提取了10元超额准备金,最后,就将剩余的80元全部贷给了A企业,这时,其T形账户如下:

存在超额准备时某银行的T形账户

资产(元)		负债(元)	
法定准备金	10	存款	100
超额准备金	10		
贷款	80		

A企业获得这家银行给它的贷款后,将支票又存入到它的往来银行,如银行甲。银行甲在得到A企业的80元支票存款后,同样先提取10%的法定存款准备金8元,然后又提取10%的超额准备金8元,最后又将余下的64元全部贷给B企业。这时,银行甲的T形账户就是:

存在超额准备时银行甲的T形账户

资产(元)		负债(元)	
法定准备金	8	存款	80
超额准备金	8		
贷款	64		

以此类推,最后就得到了如下的存款货币创造过程:

存在超额准备时的存款创造

银　　行	存款(元)	法定准备金(元)	超额准备金(元)	总准备金(元)
某银行	100	10	10	20
银行甲	80	8	8	16
银行乙	64	6.4	6.4	12.8
银行丙	51.2	5.12	5.12	10.24
⋮	⋮	⋮	⋮	⋮
银行体系合计	500	50	50	100

因此,由于商业银行体系提取了超额准备金,银行体系创造存款货币的能力削弱了。在商业银行体系提取了10%的超额准备金后,你最初存入100元钱,现在最后创造出来的总存款就由原来的1 000元减少到了500元。

2. 存款货币创造中的漏损之二:现金漏损

企业得到银行的贷款后,并不一定是将所有贷款都存入到它的银行账户,而会提取一部分现金,然后再将剩余部分存入银行。现在假定,法定准备金比率和超额准备金比率都还是 10%,但 A 企业在得到贷款后提取了 10% 的现金,即提取了 8 元现金,然后再将剩下的 72 元存入银行甲,银行甲收到 A 企业的存款后,同样分别提取 10% 的法定准备金和超额准备金,然后将剩下的 57.6 元贷给了 B 企业,这时银行甲的 T 形账户就变成了:

资产(元)		负债(元)	
法定准备金	7.2	存款	72
超额准备金	7.2		
贷款	57.6		

B 企业在得到银行甲给它 57.6 元的贷款后,同样也提取了 10% 的现金,然后再将剩余的存入了与之往来的银行乙,银行乙收到存款后,又同样分别提取了 10% 的法定准备金和超额准备金,最后将剩下的贷给了 C 企业……这样在经济体系和银行体系中循环下去,最后就形成了下面这样的存款货币创造过程:

存在超额准备和现金漏损时的存款货币创造

银　行	存款(元)	法定准备金(元)	超额准备金(元)	总准备金(元)
某银行	100	10	10	20
银行甲	72	7.2	7.2	14.4
银行乙	51.84	5.184	5.184	10.368
┊	┊	┊	┊	┊
银行体系合计	333	33.3	33.3	66.6

因此,当存在现金漏损时,存款货币的创造就进一步地受到了削弱。

13.3　货币乘数

13.3.1　货币乘数值模型的推导

明白了存款货币创造后,我们以一个数学公式来表示基础货币与货币供应量之间的关系,即:

$$M = k \cdot MB \tag{13.5}$$

k 就是**货币乘数**,表示基础货币的变动会引起货币供应量变动的倍数,但这个倍数值是多少呢? 这要看是 M_1 还是 M_2 而定了。

设 C 为流通中的现金,R 为准备金总额,R_r 为法定存款准备金,R_e 为超额准备金,则有:

$$R = R_r + R_e \tag{13.6}$$
$$MB = C + R = C + R_r + R_e \tag{13.7}$$

再设法定存款准备金比率为 r，超额准备金比率为 e，活期存款总额为 D_d，定期存款为 D_t，存款总量为 D，则有：

$$D = D_d + D_t \qquad\qquad (13.8)$$

$$R_r + R_e = D \cdot r + D \cdot e = D(r+e) \qquad\qquad (13.9)$$

流通的现金比率为 c，则：

$$C = c \cdot D \qquad\qquad (13.10)$$

所以有：

$$MB = D(c+r+e) \qquad\qquad (13.11)$$

根据货币层次的划分，M_1 等于流通中现金与银行活期存款之和，即：

$$M_1 = C + D_d = D \cdot c + D_d \qquad\qquad (13.12)$$

再设定期存款在存款总额中所占的比率为 t，则 $D_d = D \cdot (1-t)$ $\qquad$ (13.13)

因此：$\qquad M_1 = C + D_d = D(1+c-t) = k_1 \cdot D(c+r+e) \qquad$ (13.14)

从而得到 M_1 的乘数值 $\qquad k_1 = \dfrac{1+c-t}{c+r+e} \qquad\qquad$ (13.15)

而 $\qquad M_2 = M_1 + D_t = D(1+c) = k_2 \cdot D(c+r+e) \qquad$ (13.16)

从而得到 M_2 的货币乘数值 $k_2 = \dfrac{1+c}{c+r+e} \qquad\qquad$ (13.17)

假定法定存款准备金比率为 8%，流通中的现金总量为 2 000 亿元，存款总量为 10 000 亿元，其中活期存款和定期存款各为 5 000 亿元，商业银行持有的超额准备金为 1 000 亿元。

根据以上数据计算得：

$$流通中的通货比率为 \ c = \frac{2\ 000}{10\ 000} = 0.2$$

$$超额准备金比率 \ e = \frac{1\ 000}{10\ 000} = 0.1$$

$$定期存款占存款总额的比率 \ t = \frac{5\ 000}{10\ 000} = 0.5$$

因此，计算得 M_1 和 M_2 的乘数值分别为：

$$k_1 = \frac{1+0.2-0.5}{0.2+0.08+0.1} \approx 1.84$$

$$k_2 = \frac{1+0.2}{0.2+0.08+0.1} \approx 3.16$$

13.3.2 影响货币乘数的因素

现在我们分析一下，在其他变量不变时，货币乘数中各个因素值的变化会对货币乘数值带来什么样的影响。

1. 法定准备金比率 r 的变动

假定其他变量保持不变,如果提高法定准备金比率,就需要商业银行提取更多的储备,可用于发放贷款的资金减少了,相应地减少了存款货币的创造,使货币乘数值会趋于下降。如果基础货币没有变化,货币供应总量就会减少。反之,如果降低法定准备金比率,则商业银行可用于发放贷款的储备会增加,提高了商业银行创造存款货币的能力,货币乘数值会上升。

假定在上面的例子中,法定存款准备金比率从原来的 8% 提高到了 10%,其他因素不变,这时 M_1 和 M_2 的货币乘数值分别为:

$$k_1 = \frac{1 + 0.2 - 0.5}{0.2 + 0.1 + 0.1} = 1.75$$

$$k_2 = \frac{1 + 0.2}{0.2 + 0.1 + 0.1} = 3.0$$

即中央银行将法定存款准备金比率提高后,M_1 和 M_2 的货币乘数值分别降低到了 1.75 和 3.0。

如果法定存款准备金比率从原来的 8% 降低到了 6%,其他因素也没有变化,这时 M_1 和 M_2 的货币乘数值分别变为:

$$k_1 = \frac{1 + 0.2 - 0.5}{0.2 + 0.06 + 0.1} \approx 1.94$$

$$k_2 = \frac{1 + 0.2}{0.2 + 0.06 + 0.1} \approx 3.33$$

即降低法定存款准备金比率后,M_1 和 M_2 的货币乘数值分别提高到了 1.94 和 3.33。

由此可以得到结论:提高法定准备金比率会降低货币乘数;相反,降低法定存款准备金比率,则会提高货币乘数。

2. 通货比率 c 的变化

我们在前面分析存款货币的创造时已经看到,如果在存款货币创造的每一个环节,借款者都要提取一定比率的现金,商业银行体系创造存款货币的能力就会降低,这又会进一步影响到整个货币的乘数值。

在上面的例子中,如果流通中的通货总量不是 2 000 亿元,而是 3 000 亿元,法定存款准备金比率和超额准备金比率依然为 0.08 和 0.1,那么,M_1 和 M_2 的乘数值分别为:

$$k_1 = \frac{1 + 0.3 - 0.5}{0.3 + 0.08 + 0.1} = 1.67$$

$$k_2 = \frac{1+0.3}{0.3+0.08+0.1} = 2.71$$

即流通中通货比率提高到 0.3 以后,M_1 和 M_2 的乘数值分别降低到了 1.67 和 2.71。相反,如果流通中的通货从原来的 2 000 亿元减少到了 1 000 亿元,同样可以计算出 M_1 和 M_2 的乘数值分别为:

$$k_1 = \frac{1+0.1-0.5}{0.1+0.08+0.1} = 2.14$$

$$k_2 = \frac{1+0.1}{0.1+0.08+0.1} \approx 3.93$$

即通货比率降低到 0.1 后,M_1 和 M_2 的乘数值分别提高到了 2.14 和 3.93。

可见,货币乘数值随通货比率的上升而下降,随通货比率的下降而上升。

3. 超额准备金比率的变动

银行增加超额准备金比率使可用于创造贷款的储备减少了,从而削弱了银行体系创造存款货币的能力。这同流通中通货比率的上升一样,会降低货币的乘数值,当基础货币不变时,货币供应总量就会减少。相反,如果商业银行降低超额准备金比率,那么,用于创造贷款的储备就会增多,从而提高银行体系创造存款货币的能力,并进一步提高货币乘数值,当基础货币不变时,货币供应总量就会增加。

若其他条件不变,商业银行体系的超额准备金从原来的 1 000 亿元增加到了 2 000亿元,那么,超额准备金比率 e 就变为 0.2 了,这时,M_1 和 M_2 的乘数值分别为:

$$k_1 = \frac{1+0.2-0.5}{0.2+0.08+0.2} \approx 1.46$$

$$k_2 = \frac{1+0.2}{0.2+0.08+0.2} = 2.5$$

可见,超额准备金比率从 0.1 提高到 0.2 后,M_1 和 M_2 的乘数值分别降低到了 1.46 和 2.5。

相反,如果超额准备金比率从 0.1 降低到了 0.05,则 M_1 和 M_2 的乘数值会分别增加到 2.12 和 3.64。

因此,货币乘数值会随超额准备比率增加而下降,随超额准备比率下降而上升。

13.4 决定货币乘数值因子的背后因素

上面我们分析了通货比率和超额准备金比率的变动对货币乘数值的影响。现在要进一步分析影响通货比率和超额准备比率的诸多因素。先来看看近年来中国货币乘数值的波动。

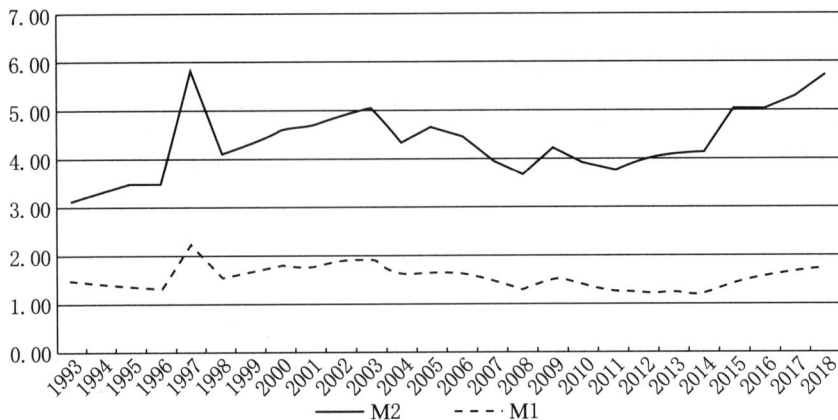

图 13.7　中国货币供给乘数值的变化

资料来源：根据《中国人民银行统计季报》及中国人民银行网站相关数据计算而得。

　　我们从上图中可以看到，自改革开放以来，中国的货币乘数并不是常量，而是处于不断波动之中的。当然，世界其他各国的货币乘数值也一样，各年都有一些变化。之所以如此，是因为，除了法定存款准备率的变化外，更重要的是，通货比率和超额准备率也是在不断变化的，而决定通货比率和超额准备金比率的因素众多，也很复杂。

13.4.1　影响通货比率的因素

　　流通中的现金比率是一个常量吗？答案是否定的。这一比率经常会发生变化。图 13.8 显示：在 20 世纪 80 年代初期，中国流通中的通货与存款之间的比率曾有过轻微的下降；1983—1988 年间，这一比率又呈上升趋势，1988 年的通货与存款之间的比率曾经达到了 25％以上；1989—1992 年间又相对下降了，但 1993 年和

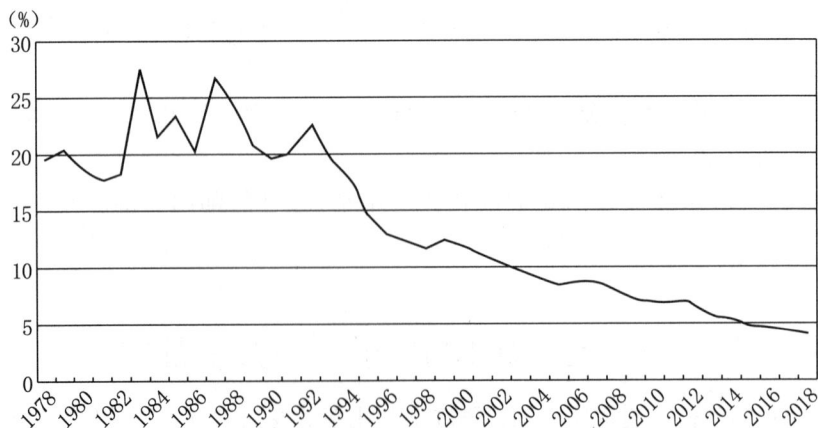

图 13.8　改革开放以来中国通货比率的变化

资料来源：根据《中国人民银行统计季报》相关数据计算而得。

1994 年又有较大幅度的上升；1994 年之后，就一直呈下降趋势，到 1999 年下降到了 15％以下，新世纪以来的十余年里，通货与存款之比进一步下降到了 10％以下，到 2018 年，该比率已经降至了 4％以下。可见，通货与存款之间的比率在这 30 年间波动较大，但总体趋势是下降的。

是些什么因素促成了通货比率的这些变动及其趋势呢？

1. 收入水平或财富

通常而言，随着收入水平的提高和财富的增长，尽管对通货总的需求会增加，但通货与存款之间的比率会相应地下降。若你的月收入为 10 000 元，那么，你可能将每个月 10 000 元收入中的 7 000 元存入银行，将剩下的 3 000 元留在腰包里供平时花销，这时，你持有的通货与你的存款之比就约为 42.86％。在另一个极端，一个下岗工人每月只能领取 300 元的失业救济金。这 300 元的收入供他每月油盐酱醋的支出都还捉襟见肘，根本就没有剩余来存款，因此，他的通货与存款之间的比率近于无穷大。随着收入水平的提高和人们财富的积累，通货与存款之间的比率会趋于下降。因此，国民收入水平越高，经济越发达，通货比率有下降的趋势，进而货币乘数值有随经济增长而上升的趋势。

2. 通货膨胀率

通货膨胀相当于对存款征收了税收，若年通胀率为 10％，年初在银行存入 10 000 元钱，你到明年年初就只能购买到 9 000 元的东西了，通胀使你无辜地损失了 1 000 元。通胀率越高，存款就越不划算。在高通胀时期，人们会提取存款，手持现金购买实物资产用以保值，使通货与存款的比率上升。反之，在通货紧缩时期，货币的价值储藏功能就可以得到较好发挥，存款就很划算了，通货比率就会下降。1993、1994 年通货比率的急剧上升与这两年的高通胀率有关，而 1994 年之后通货比率的下降在很大程度上与我国没有发生明显严重的通账有关。

3. 存款的名义收益

存款是一项金融投资，人们存款的目的之一就是要获取一定的收益。存款的名义收益就是银行支付给的利率。2009 年 1 月 1 日一年期存款的利率为 2.25％，它就是你在银行一年期定期存款的名义收益率。若你在当天存入 10 000 元，到 2010 年 1 月 1 日时，连本带利共 10 225 元。若银行支付的不是 2.25％，而是 −2.25％，即你还要向银行倒贴钱，你现在存入 10 000 元钱到银行，一年后只能取出 9 775 元钱，你会觉得这还不如把钱压在枕头底下划得来，自然就不会到银行去存款了。显然，存款利率越高，我们到银行去存款的动机就越强；反之，存款利率越低，我们到银行去存款的动机就会相应减弱。

当然，银行的名义存款利率只是影响我们是否到银行去存款的重要因素之一。名义存款利率的下降是否一定会减少银行存款呢？不一定。比如，2008 年

9月和第四季度,政府为了应对金融危机,大幅降低了存款利率,但到2012年底,中国的存款余额已达到91万亿元。这说明,存款利率的下降,甚至是零利率,也不一定意味着我们不需要银行存款了。如果你有几百万元的现金,将它存在家里的话,一定会提心吊胆,很不安宁。将它存在银行就安全多了。所以,财富量越大,通货比率会越低;反之,则会越高。

4. 享受银行服务的便利程度

银行提供的服务是否方便也会影响人们持有现金的意愿。现在生活在大城市里的人,不多远就能找到一家银行的营业网点,还有24小时的自助银行,存款取钱所花的时间并不太多。在偏远的农村可就不一样了,在方圆几十公里的一个乡就一家信用社,交通又极不便利。在这些山区里,对现金需求就会高些,自然会提高通货比率,故城市化会降低通货比率。

更为明显的例子是银行卡极大地降低了我们对现钞的需求。现在,商场购物或在宾馆享受住宿服务很多都可以用银行卡取代传统的现金支付方式。这就极大地降低了通货比率。我国1994年的通货膨胀率比1988年还要高,但通货存款比率却相对下降了,这与我国1988年之后银行卡的大量推行有着较大的关系。尤其是,2008以来,通货比率的进一步大幅下降,主要得益于支付方式的新一轮变革。随着基于现代互联网技术的支付宝和微信等移动支付的兴起,极大地减少了老百姓在日常生活、出行和购物中对现金的需求,现在不用随身携带现金,只要"一机在手",大抵可以"天下随意走"了,我们正在向无现金社会过渡。

5. 银行恐慌

银行恐慌是指存款者因对银行失去了信心,纷纷到银行挤提存款而导致银行流动性严重不足,进一步导致银行大量倒闭的现象。发生银行恐慌时,人们担心在银行的存款血本无归,就会聚集在银行的门口排起长龙提取存款,导致银行存款的急剧下降,通货比率急剧上升。想象一下,假如某家银行要倒闭了,它的大门口排起了急着取款的长龙,你在该银行又存有数额巨大的一笔钱,当你听到这个传言后,你还会安心地坐在办公室上班吗?大概不会。例如,1930—1933年的大萧条期间爆发的银行恐慌就导致了美国的通货比率在该时期的急剧上升。

6. 地下交易

在我们的周围还存在大量的地下交易。**地下交易**是指违反现行法律或规章制度的交易,如贩毒、黄色交易、赌博、黑市、拐卖等都属地下交易。在这些地下交易中,都会采用现金结算的办法。此外,交易者为了逃避税收义务也会用现金支付,而不会采取支票转账的办法。所有这些交易中,如果用支票进行结算,很容易被监管者进行监控,就会大大提高他们进行地下交易的风险。因此,地下交易活动越猖獗,对现金的需求也越高,这会提高通货比率。

13.4.2 影响商业银行超额准备金比率的因素

图 13.9 反映了 1993 年以来我国商业银行超额准备金比率的变动,超额准备金比率都起伏不定,但还是可以从图 13.8 中发现一些基本规律和趋势:

● 超额准备金比率呈锯齿状波动,在一年之中,第四季度的一级超额准备金比率最高;

● 新世纪以来,超额准备金比率的波动大幅减少,且呈明显下降趋势。

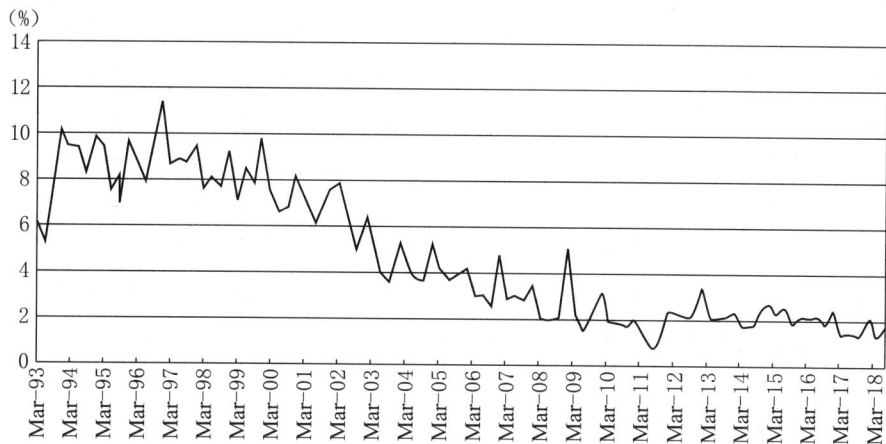

图 13.9　中国银行业金融机构超额准备金比率

资料来源:WIND 资讯。

商业银行可以酌情调整超额准备金比率,这与法定存款准备金比率不同。是哪些因素在影响商业银行的超额准备金比率呢?

1. 银行投资工具的收益率

商业银行用于超额准备的金额越多,可用于发放贷款或购买其他收益证券的金额就越少,因此,除了向存款者支付存款利息外,商业银行持有超额准备金还有机会成本。如果机会成本越高,商业银行持有超额准备的收益损失也就越大。比如,如果银行每年贷款的收益率为 5%,那么,商业银行持有 1 000 万元的超额准备金就失去了每年赚取 50 万元收益的机会。因此,银行投资工具的收益率越高,持有超额准备金的机会成本也越高,这样,商业银行持有超额准备的动机也越弱。反之,商业银行可用于投资的工具的收益率越低,那么,它持有超额准备的收益损失则越小,机会成本也越低,因而,持有超额准备的动机可能会越强。

2. 贷款的风险

银行贷款会面临很多的风险。商业银行面临的最大风险就是借款者的信用风险,如果借款者到期不能偿还贷款,银行贷放出去的本金就极有可能颗粒无收。因此,借款者的信用风险越高,银行发放贷款的意愿就越弱,因为在这时发放贷款,不仅得不到利息,而且还要连老本都亏进去。经济衰退,企业的存货普遍增加,资金周转缓慢时,商业银行面临的信用风险增加,它的超额准备金比率也会大幅度地上升。反之,当经济繁荣,资产价格上升和企业销售前景良好时,银行放贷活动面临的因信息不对称导致的逆向选择和道德风险问题就会弱化,信用风险降低,因而银行会积极地放贷。这时,银行就会减少超额准备金。

3. 预期存款外流

超额准备的主要功用之一就是便于银行进行流动性管理,即当商业银行面临存款者大量取款的需求时,不必出售有价证券、收回贷款或从中央银行和同业拆借市场借入资金来满足这一需求。如果商业银行预期存款可能大量外流,它就必须提高超额准备,以应付存款者的取款需求。例如,我们在图 13.3 中看到,中国的商业银行的超额准备率在每一年的第四季度较其他三个季度要高,其重要原因就在于第四季度有国庆长假,圣诞节,又临近春节,在年末各单位都会发年终奖,节日消费支出也会较平时大量增加,这时,人们取款的需求也会增加,故在第四季度是一年当中商业银行超额准备金比率最高的季节。

4. 存款流量的稳定性

如果在某一时期存款和取款的变动在统计上没有规律可循,商业银行就无法预测某一天取款额与存款额之间的差额的统计区间,为了应付突发性的存款外流,它也要随时持有更多的超额准备金。想象一下,假如你每个月的收入都稳定在10 000元,你的收入流量很稳定,你就可以很好地安排持有多少现金,拿多少钱去买股票或国债了。但是,如果你的收入流量很不稳定,好的时候,一个月可以有15 000元的收入,差的时候则不足 1 000 元,这样你就可能将好月份的收入中的6 000元留作现金之用,将剩下的 9 000 元用于金融投资了。同样的道理也完全适用于银行对超额准备金比率的选择。存款和取款流量越稳定,银行面临突发性的流动性冲击的可能性越小,从而对超额准备金比率的需求也越低。

5. 借入准备的难易程度

我们在前面也分析了银行可以通过借入准备来进行流动性管理。当商业银行面临流动性冲击时,如果它能很容易地从中央银行或同业拆借市场上借入资金,而且借入准备的成本又较低,那么,它所需要的超额准备就较少;反之,如果从中央银行或同业拆借市场借入准备越麻烦,成本越高,那么,它所需要的超额准备就越多。因此,商业银行对超额准备的需求与借入准备的难易程度呈反方向变化。这一点解释了我国商业银行超额准备金比率变动态势的第三个方面,我国在 1996 年正式经中央银行组织建立了全国统一的银行间同业拆借市场,商业银行可以自由地在该市场上拆借资金满足它的流动性需求,因此,可以有效地应付临时性取款需求的流动性冲击,从而商业银行的一级超额准备金比率相对较为稳定,可以将更多的资金用作二级准备,即购买政府有价证券,赚取投资收益。

13.5 货币供给的内生性与外生性

13.5.1 什么是货币供给的内生性与外生性

货币供给是由中央银行能够独立控制得了的吗? 这就涉及货币供给的内生性与外生性问题。如果中央银行能够对货币供给量加以独立控制,则货币供给是**外生**的;反之,如果中央银行不能够对货币供给量加以控制,货币供应是在经济体系运行之中决定的,那么,它就是**内生**的。

实际上,在讨论货币供给是内生性与外生性时,可以沿着基础货币与货币乘数两个方面的思路来展开。基础货币的供给是由中央银行的资产和负债来决定的,我们在前面已经看到,在中央银行资产负债表的多个项目中,只有中央银行债券是完全能够由中央银行控制的。在结售汇制下,央行持有的外汇资产是贸易顺差、资本流入与流出的结果。中央银行对政府的债权,现在主要是公开市场买卖政府债券的结果,大体可以由中央银行控制。对金融机构的债权,中央银行给它贷多少、贷给谁,似乎也是中央银行可以说了算的,但是事实并不如此。比如,在遇到金融危机,金融机构陷入流动性困境时,中央银行不得不向金融机构提供贷款,这时,对金融机构的债权在相当程度上依赖于金融体系的稳健性。在负债方,政府存款取决于财政收支的变化和国库管理体制,也不是由中央银行所能决定的。就影响货币乘数值的因素而言,我们在前面也看到,只有法定存款准备金比率是由央行能够决定和调整的,超额准备金比率和流通中的现金比率都是由多种因素决定,它们既会影响经济的运行,但又是经济运行的结果。从这几个方面来看,货币供给具有很强的内生性。

围绕货币供给是内生的还是外生的,形成了两种不同的理论主张。

13.5.2 货币供给外生性理论

凯恩斯将货币供给的外生性作为宏观经济研究的一个重要前提,即中央银行可以完全控制货币供应量,中央银行可以根据经济运行的变化自主地变动货币供给量和调节利率,没有中央银行的决策,流动性的货币供应量不会变动,因此,货币供给是独立于实体经济运行的外生变量。

货币供给的外生性得到了货币学派的推崇。弗里德曼认为,货币供给量主要是由货币当局决定的,具有外生性,货币当局可以通过发行货币、规定存款准备比率等来控制货币供给量。在弗里德曼的货币供给模型中,货币供给量的决定因素主要有基础货币、准备金比率、通货比率。在这三项决定因素中,基础货币反映中央银行的行为,准备金比率反映商业银行的行为,通货比率反映非银行部门的行为。假定准备金比率和通货比率为一常数,或者变化较为稳定,则货币供给量就完全取决于基础货币的变动;而基础货币变动本身又处于中央银行的控制之下,因而中央银行可以控制货币供给量;可以说,货币供给量是由货币当局在经济货币体系以外决定的,是外生的、可控的变量。在下一章将会看到,货币主义认为,货币需求函数在长期内是极为稳定的,名义收入的变动主要由货币供给量的变动引起的。而货币又是由货币当局直接控制的外生变量,货币供给量的变动就成为影响经济活动变动的根本原因,货币当局完全可以通过控制货币供给量的变动来控制产出和价格的波动。

13.5.3　货币供给内生性理论

1. 货币供给的新观点

1959 年英国《拉德克利夫报告》的中心论点认为,对经济有真正影响的不是传统意义上的货币供给,而是整个社会的流动性;决定货币供给的是包括商业银行和非银行金融机构在内的整个金融系统;货币当局所应控制的是包括货币供给在内的整个社会的流动性。后来,格利和肖提出了两个支持货币供给内生性的结论:一是私人部门发行的"初级证券"可以向金融机构换取存款单、基金股份等"间接证券",在发达金融市场上,间接证券很多与通货一样具有支付手段的职能;二是当货币当局承担了买进一些私人初级证券的义务,初级证券的发行可直接导致货币供应的增加。商业银行在货币创造过程中,会受到其他金融机构的竞争,因而,货币供给不仅决定于商业银行本身,还取决于其他金融机构和社会公众的行为。货币统计的口径越大,货币供给的内生性越大。

托宾认为,中央银行与一般银行不是可以任意创造货币与信用的,也不是每新增一笔准备金就会相应地增加贷款,其信用创造受贷款边际收益与存款边际成本的制约。除了本身的价格和收益外,货币的供给和需求还决定于其他所有资产的价格和收益。若各经济主体根据收入、利率、风险等选择资产结构的结果增加了货币需求,则利率会提高,这时,银行就会想法解决准备金问题,以更多的货币供给来满足额外的货币需求;若货币需求减少,则多余的货币供给会被公众以还债等方式回笼到银行体系之中。货币供给受到货币需求的制约而有内生性。同时,随着金融体系的发展及竞争的加剧,使得各类金融机构在资产与负债上相互交叉,彼此融合,冲淡了货币与其他金融资产、商业银行与其他金融机构的传统区别。结果,公众可选择的资产持有形式的多样化及其相互替代性的增强,商业银行的存款和资产规模要受人们的资产偏好、银行贷款、投资机会的影响,其他非银行金融机构的存款创造能力也会随其贷款融资活动的增加而提高。就货币创造能力而言,它们并无本质上的区别。公众资产结构调整又是实际经济活动变动的结果,这就使货币供给的变动是内生的,而不是游离于经济活动之外的外生货币,货币供应量是由货币当局、商业银行和非银行部门在经济体系以内共同决定的。

托宾虽然力主货币供给的内生性,但他并不否认货币当局控制货币供应量的有效性。他指出,商业银行的存在,即便它不受控制,也并不意味着通过基础货币供给所实行的货币控制对经济没有影响;非银行金融机构的存在也并不意味着对商业银行的货币控制形同虚设。即使不受控制的非银行金融机构的资产和债务的增减完全能够抵消受控制的商业银行的货币资产强制性的反向变动,货币当局对货币供应量的控制仍然起作用。问题只是在于货币资产与其他金融资产之间、商业银行的货币创造能力与非银行金融机构的货币创造能力之间的替代性,会大大降低货币当局对货币供应量的控制效果。

2. 其他内生性货币供给理论

温特劳布认为,假定劳动生产率是相对稳定的,若名义工资率增长率超过平均劳动生产率的提高,那么,物价就会上升,名义收入会因此而增加,这会进一步导致货币需求的增加。在此情况下,若中央银行不相应地增加货币供给,利率就会上升,投资、实际收入以及就业量就会缩减,但这并不是中央银行和政府当局愿意看到的结果。因此,只要货币工资在谈判桌上外生地决定,货币当局就只能保证货币的充分供给,以消除充分就业和经济增长的障碍,这样货币供给就具有内生性。卡尔多认为,中央银行的基本职责是作为最后的贷款人,通过贴现窗口,保证金融部门的偿付能力。为了防止信贷紧缩导致灾难性的债务紧缩,中央银行就会提供大量的货币供给,否则,整个金融系统都将面临流动性不足的困难。换言之,金融体系的不稳定往往会"倒逼"货币供应量的增加,货币供给是内生的。

莫尔又将上述理论进一步深化,他从以下几个方面来考察货币供给的内生性:

(1) 信用货币的供给内生。莫尔把货币分为三种,商品货币、政府货币和信用货币。商品货币是从各种实物演变而来,并最终体现在黄金上的货币;政府货币是由政府发行债券而沉淀在流通中的货币。他认为,商品货币和政府货币都是外生的。信用货币是商业银行发行的各种流通和存款凭证,它们是商业银行发放的贷款形成的,而这又取决于公众对贷款的需求和贷款的期限,信用货币的供给并不能脱离于贷款的需求,因而,具有内生性。

(2) 基础货币的内生性。中央银行买卖有价证券的对象是商业银行,但商业银行通常已经将其资产用于有价证券或者商业贷款,商业贷款有规定的偿还日期,很难提前收回。商业银行是否出售其持有的有价证券,取决于其自身的成本与收益的比较,中央银行不能通过公开市场操作随心所欲地决定基础货币量。就再贴现而言,中央银行处于更加被动的地位,提高再贴现率虽可遏制商业银行的贷款需求,但它却不能阻止商业银行通过贴现窗口获得新的准备金。中央银行虽然拥有拒绝贴现的权力,但这会形成沉重的政治压力,甚至危及银行系统的流动性。反过来,中央银行希望降低贴现率增加货币供给应量时,商业银行是否愿意获取更多的再贴现,也要取决于商业银行对成本、收益及贷款或投资风险的判断。

(3) 负债管理使货币有内生性。莫尔指出,金融创新使商业银行可以直接在金融市场上筹集资金,无需等待中央银行注入基础货币。商业银行已由原来的资产管理转向负债管理,主要资金来源已由吸引存款为主,转变为直接在金融市场上发行融资工具为主。由于所有可上市的金融工具几乎都不受中央银行直接控制,因而商业银行对中央银行的依赖性越来越弱。商业银行负债管理的变化也使得货币供给具有内生性。

(4) 银行角色转换传导的内生性。莫尔把金融市场分成批发市场和零售市场,前者是商业银行筹集资金的市场,后者是商业银行发放贷款的市场。在批发市场上,商业银行是贷款条件的接受者和贷款数量的决定者;在零售市场上,商业银行则是贷款条件的决定者和贷款数量的接受者。这就是说,公众在零售市场上对于资金的需求将通过商业银行直接传导至包括中央银行在内的批发市场予以满足,货币供给因而由货币需求决定。此外,莫尔还否定货币乘数的意义,认为它不能解释创造货币过程中的因素及其创造的过程,以往的货币供给等于基础货币乘以乘数的等式仅仅是对现象的描述,而不是对现象的解释。因而,政府无法控制信用货币的供给。

小　结

基础货币是指在部分准备金制度下能够通过银行体系而创造出多倍存款货币的货币,它等于流通中的现金加上银行体系的准备金总额。增加基础货币的主要因素有:国外资产、中央银行购买政府债券、对金融机构的再贷款等。而减少基础货币的主要因素有:政府存款和央行票据增加。

在部分准备金制度下,商业银行贷款可以创造出多倍的存款货币来,但是,超额准备金和提取现金会削弱商业银行创造存款货币的能力。

货币供应总量等于基础货币与货币乘数的乘积。影响货币乘数的主要因素包括法定存款准备金比率、商业银行持有的超额准备金比率和通货与存款之间的比率。这三个比率的上升会降低货币乘数值;反之,它们的下降则会提高货币乘数值。

收入或财富、通货膨胀率、存款的名义收益率、享受银行服务的便利程度、银行恐慌、地下交易等都会影响通货比率,因而它们也都直接会影响货币乘数值。

商业银行投资的收益率、贷款风险、预期存款外流、存款流量的稳定性和借入准备的难易程度等都会影响到超额准备率,因而也会直接影响货币乘数值。

货币供给还有外生性与内生性之争。若中央银行能够对货币供给量加以独立控制,则货币供给是外生的;反之,若中央银行不能够对货币供应量加以控制,货币供应是在经济体系运行之中决定的,那它就是内生的。

关键概念

基础货币	货币乘数	通货比率	超额准备金比率
地下交易	原始存款	派生存款	银行恐慌

思考练习题

1. 什么是基础货币?

2. 通过基础货币方程式说明增加和减少基础货币的主要因素有哪些?

3. 简要说明在部分准备金制度下,商业银行体系是如何创造存款货币的?

4. 影响货币乘数的主要因素有哪些?

5. 请分析,支付宝、微信等支付方式的新起,对通货比率有何影响?

6. 1994 年起,我国政府不得从中央银行借款或透支,只能通过发行政府债券来弥补财政赤字,这一变化对中央银行基础货币的控制会有什么样的影响?

7. 1994 年,我国实行了强制性结售汇制。在强制性结售汇制下,企业出口所获得的外汇收入必须足额地卖给外汇指定银行,外汇指定银行在结汇后又必须将余额出售给中央银行。这一政策对我国的基础货币供给有何影响? 如果遇到外贸的连年大幅度顺差,这又会给中央银行的基础货币控制带来什么样的影响?

8. 请分析工商企业和居民个人在货币供应过程中发挥着什么样的作用,由于它们的存在,对中央银行的货币控制将会产生什么样的影响?

9. 2008 年,中国对外汇管理体制进行了一项改革,按照新的外汇管理条例,境内机构和个人所得的外汇收入可以调回境外或存放境外,这相对于过去强制要求调回境内的政策要求是一个重大变化。试分析,这一变化对中国基础货币的供给可能带来什么样的影响?

10. 2007 年,中国开始推行国库现金管理,财政部委托中国人民银行公开市场操作,通过公开招标的方式,将原来存放在中国人民银行的一定金额的国库资金存入到投标利率较高的商业银行去管理。试分析,国库现金管理的推行如何影响到中国人民银行资产负债表中的政府存款及中国的基础货币供给?

11. 如图 13.2 所示,2013 年至 2018 年,中国人民银行持有的国外资产出现了持续下降的趋势,这对中国的基础货币供给产生了什么样的影响? 人民银行通过什么样的手段来应对这一局面呢?

▶14

货币需求

学习目标

学完本章后,你将能够:

弄清什么是费雪方程式

弄清什么是剑桥方程式

了解凯恩斯货币需求理论的主要内容

理解凯恩斯主义对凯恩斯货币需求理论的发展

弄清现代货币数量论的货币需求理论

弄清凯恩斯货币需求理论与现代货币数量论之间
有何区别

理解开放经济条件下的货币替代与资产替代

了解"货币迷失"现象及引起"货币迷失"的原因

与货币供应相对应的是货币需求。在经济体系中,影响货币需求的因素很多,而货币需求对物价、利率乃至整个宏观经济的运行都会产生重要影响。本章将全面介绍有关货币需求的基本知识。

14.1 古典货币数量论

14.1.1 费雪方程式

费雪在 1911 年出版的《货币购买力》一书中提出了货币需求的费雪方程。若以 P 表示价格水平,T 表示实物总产出,V 为货币流通速度,M 为货币总量,则有如下等式关系:

$$M \cdot V = P \cdot T \tag{14.1}$$

上式就是著名的**费雪方程式**。在这一等式中,$P \cdot T$ 表示名义总收入,或通常所说的名义 GDP,货币流通速度 V 是同一货币在既定时期内媒介商品交换的次数,也就是货币的周转率。比如,同一货币在一年中媒介了三次商品交易,那么,该货币在这一年的流通速度就是三次。当然,在费雪方程式中,货币流通速度 V 是全社会所有货币存量的平均值。费雪方程式表明,货币存量与货币流通速度之积必与名义总收入相等。

但是,费雪方程式只是一个恒等关系而已,它并没有说明货币存量 M 的变动是否会引起名义收入的等量同向变动,也没有说明货币存量增加后,货币流通速度 V 是否会自然地下降,从而使名义收入保持不变。比如,假定原来的货币存量为 5 000 亿元,货币流通速度为 4 次,物价水平为 2,实际产出为 10 000 亿元,因此有费雪的恒等关系:$5000(M) \times 4(V) = 2(P) \times 10000(T)$。当货币存量增加到了 10 000 亿元后,名义收入是增加到 40 000 亿元还是依然为 20 000 亿元,但货币流通速度下降到了 2 次呢? 上面的等式本身并不能回答这样的问题。

费雪认为,货币流通速度 V 是由习惯、制度、技术等因素决定的,但由于制度和技术的变迁极其缓慢,因此,只有在长时间内它们才会对货币流通速度产生影响,所以在短期内可以将货币流通速度视为一个常量。即,在我们上面的例子中,货币流通速度不会在短时间内一下子从 4 次降低到 2 次。

由于货币流通速度 V 在短时间内不会发生较大的变动,因此,当货币存量 M 发生变化后,名义收入 $P \times T$ 就会同向等比例地发生变动,即:当货币存量增加一倍时，名义收入也会增加一倍；当货币存量减少一半时，名义收入也会减少一半。在我们上面的例子中，货币存量从原来的 5 000 亿元增加到 10 000 亿元时，名义收入会增加到 40 000 亿元，而不会保持在原来的 20 000 亿元。

但是，名义收入 $P \times T$ 的增加是由物价水平 P 增加了一倍引起的还是由实物总产出 T 增加了一倍引起的呢？古典经济学家认为，工资和价格具有完全灵活性，只要有过剩的劳动力，工资就会下降，促使对劳动力的需求增加，从而降低失业率，直到达到充分就业为止。这样，在价格和工资具有完全灵活性时，经济总能保持在充分就业状态下，既不会有劳动力的过剩（失业），也不会有对劳动力的过度需求。由于经济始终处于充分就业状态，所以实际产出 T 的变动也很小。这样，当货币存量从 5 000 亿元增加到 10 000 亿元后，实际产出 T 是不会从 10 000 亿元猛增到 20 000 亿元的。可以想一下，当货币存量翻了一番以后，全国上下生产的彩电、电脑、汽车、服装、食品等都会在很短的时间内跟着翻一番吗？不会！既然货币流通速度 V 和实际产出 T 都不会在短时间内发生较大变动，那么，要保持等式的平衡就只有依靠物价水平 P 的变动了。也就是说，在上面的例子中，当货币存量从 5 000 亿元增加到 10 000 亿元后，物价水平会从原来的 2 上涨到 4。这样，在费雪方程式看来，货币数量的变动会引起物价总水平的等比例同向变动。

14.1.2 剑桥方程式

剑桥大学的马歇尔和庇古等经济学家认为，人们之所以愿意持有货币，是由于货币具有交易媒介和价值储藏的职能。人们在买卖商品和服务时，需要以货币为媒介。与费雪一样，马歇尔等经济学家认为，货币需求与交易水平正相关，即交易的商品和服务越多，对货币的需求也越高；反之则反是。此外，马歇尔等人还认为，财富水平也会影响人们的货币需求。财富越多，人们就会持有更多的货币来储藏财富，因而，随着财富的增长，对货币的需求也会增加。同时，他们还认为，财富水平与名义收入之间也呈正相关关系，从而货币需求也与名义收入之间存在一种正相关的比例关系。

以 M_d 表示货币需求量，P 和 T 分别表示物价水平和真实产出，K 为货币需求比例，则**剑桥方程式**可表示为：

$$M_d = K \cdot P \cdot T \tag{14.2}$$

将上式两边同除以 K 就得到一个与费雪方程式很接近的等式：

$$\frac{M_d}{K} = P \cdot T \tag{14.3}$$

很明显，剑桥方程式中的货币需求系数 K 的倒数与费雪方程式中的货币流通速度相同。虽然两个方程式在形式上很相近，但背后各自的经济含义却相差极大。在剑桥方程式中，货币需求系数 K 并不像费雪方程式中的货币流通速度 V 那样是假定不变的。马歇尔等人认为，人们用多少货币来储藏财富受到财富的预期回报率的绝对水平，以及相对于其他财富储藏手段的相对回报率的影响。如果其他资产的回报率上升，而货币储藏财富的回报率没有什么变化，那么，作为财富储藏的货币需求就会减少；反之，则会增加。因此，剑桥方程式中的货币持有系数实际上也同时是人们的资产选择系数，即意味着人们有选择货币数量的自由。

14.2　凯恩斯的货币需求理论

14.2.1　货币需求动机

　　马歇尔等剑桥大学的经济学家虽然在剑桥方程式中同时强调了货币的交易媒介功能和价值储藏职能，并且认为作为财富储藏的货币需求要取决于它的绝对回报率和相对回报率，但他们没有进一步分析。1929—1933 年的经济大危机后，凯恩斯在 1936 年出版了《就业、利息和货币通论》，提出了流动性偏好货币需求理论，更深入地研究了个人持有货币需求的原因。他认为，人们持有货币的动机有三个，即：

- 交易动机
- 谨慎动机
- 投机动机

1. 交易动机

　　费雪方程式和剑桥方程式都认为人们之所以持有货币，是因为可以用货币购买到人们所需的商品和服务，即人们是出于交易动机才持有货币的。凯恩斯也承袭了这一传统。但他又将交易动机区分为个人的收入动机和企业的营业动机。从个人收入的获得到支出的发生，或从企业销售收入的获得到生产和销售费用的支出，总有一段时间间隔。为了应付这种日常交易，人们就必须在这一段时间内持有一定数量的货币。凯恩斯与古典经济学家相一致，认为交易性货币需求与收入水平成正相关关系，即收入越高，交易性货币需求就越大；收入越低，交易性货币需求就越少。

2. 谨慎动机

　　谨慎动机是指人们为应付始料未及的意外支出或为不失去突然来到的机会而持有一定的货币。譬如，你多年未见的老朋友突然出现在你面前，"有朋自远方来"，自然是"不亦乐乎"。于是，你想找一家上档次的咖啡厅去喝咖啡，聊聊天，叙叙旧。你朋友的出现给了你意外的惊喜，但同时，也给你带来了"意外"的支出。再如，在季节变换的时候，你不幸患上了病毒性感冒，咳嗽、发烧，痛苦不堪。为了早日恢复健康，就必须到医院去接受治疗，这笔花销也是始料未及的。在这种时候，为预防不测之需而持有的货币就派上大用场了。

凯恩斯认为，预防性货币量也与人们的收入水平成正比，收入水平越高，预防性货币需求也就越多；反之，预防性货币需求就越少。这一点其实不难理解。就拿上面来了朋友的例子来说，如果你的收入特别高，除了到咖啡馆喝咖啡叙旧外，你可能还会请他去打高尔夫球，甚至一拍胸脯把人家的返程机票也包了，你的"意外"支出可能会高达好几千元。但如果你的收入并不高，把你朋友请到你的陋室里，两人开怀畅饮，也其乐融融，这时的"意外"支出也不过几十元就打发了。

基于交易动机和谨慎动机的货币需求都是交易性货币需求，它们都与收入水平呈正相关关系。以 M_t 表示交易性货币需求，Y 表示收入水平，则交易性货币需求可以写作：

$$M_t = f(Y) \tag{14.4}$$

3. 投机动机

投机动机是指为了在未来某一恰当时机进行投机活动而保持一定数量的货币，典型的投机活动就是买卖债券。债券不仅能给其持有者带来一定的利息收入，还可因债券价格的波动获得资本收益。但是，债券价格的波动依赖于市场利率的波动：利率上升，债券价格就会下跌；利率下降，债券价格就会上升。若利率大幅上升，债券价格急剧地下跌，投资于债券的资本损失超过了所得的利息收入时，投资债券不仅不能增值，反而还要亏本。这时，人们大概不会持有债券，虽然持有货币不能得到资本增值和利息收入，但至少本钱还是保住了。

凯恩斯认为，每个人心中都有一个正常的利率水平。若利率低于这一正常值，那么，预期利率就会上升，债券的价格就会下跌。为了避免债券价格下跌造成的损失，人们就会愿意持有更多的货币，减少债券的持有量，导致货币需求增加。反之，当利率超过了人们认为的正常利率时，预期利率就会下降，债券价格则会上升，因而人们在目前购进债券将会获得一定的资本收益。利率越高，预期持有债券的资本收益就越高，人们就会愿意持有更多的债券，减少对货币的需求。因此，投机性货币需求与利率水平呈负相关关系，即利率水平越高，投机性货币需求越少；反之，利率水平越低，投机性货币需求会越多。

以 M_s 表示投机性货币需求，i 表示利率水平，投机性货币需求函数可写作：

$$M_s = f(i) \tag{14.5}$$

14.2.2 完整的凯恩斯货币需求函数

将交易性货币需求与投机性货币需求结合在一起，就得到了完整的凯恩斯货币需求函数：

$$M_d = M_s + M_t = f(Y, i) \tag{14.6}$$

这就是凯恩斯的流动性偏好货币需求函数。它表明，货币需求与利率反向变动，与收入水平正向变动。可见，凯恩斯的流动性偏好货币需求与费雪认为货币需求与利率水平没有什么相关性的观点，存在很大的差别。

根据凯恩斯的货币需求函数，货币流通速度并不是不变的量，即使是在短期内，技术条件没有发生变化，货币流通速度也将是不稳定的。为了看到这一点，将凯恩斯货币需求函数代入费雪方程式就可以得到：

$$f(Y, i) \cdot V = P \cdot Y \tag{14.7}$$

从上式可以进一步得到货币流通：

$$V = \frac{P \cdot Y}{f(Y, i)} \tag{14.8}$$

由于利率上升时，投机性货币需求减少，使 $f(Y, i)$ 下降，这样，货币流通速度就会加快；反之，利率水平下降时，由于对投机性货币需求增加，因此，货币流通速度也会下降。由于利率水平是经常变动的，所以货币流通速度也会经常变动。显然，这就与费雪认为在短时间内是不变的观点存在天壤之别。

此外，凯恩斯还认为，人们是持有更多的货币还是持有更多的债券，取决于现实利率与人们心目中的正常利率水平之间的差距。如果现实利率低于人们心目中的正常利率，预期利率就会上升，债券价格则会下跌，因此会持有更多的货币；反之，则会持有较少的货币和更多的债券。因此，当人们心目中的正常利率水平发生变化时，就会改变现实的利率与主观的"正常"利率之间的差距，从而改变人们对未来现实利率的预期。如果人们心目中的正常利率下降，则预期利率也会下跌，债券价格就会上升。在这种情况下，人们就会持有更多的债券，投机性货币需求会减少，即 $f(Y, i)$ 下降，货币流通速度加快。反之，如果人们心目中的正常利率上升，则预期利率就会上升，债券价格会下跌。为了避免资本损失，人们就会持有更多的货币和更少的债券，即 $f(Y, i)$ 上升，货币流通速度减慢。由于货币流通速度还取决于人们心目中的正常利率，而且还会随人们的预期而不断地变化，因此，投机性货币需求也是不稳定的，这就导致了货币流通速度的起伏波动。

14.3　凯恩斯主义对凯恩斯货币需求理论的发展

凯恩斯的流动性偏好货币需求理论认为交易性货币需求不受利率的影响，只与收入水平正相关，投机性货币需求只取决于货币与债券的相对回报率。这些都受到了鲍莫尔、托宾等人的质疑，他们对凯恩斯货币需求理论进行了发展和完善。

14.3.1　交易需求

鲍莫尔认为，交易性货币需求不仅与收入水平相关，而且利率和交易成本也会影响对交易性货币的需求。假定你每月的工资是 2 000 元,每月的 1 日领取工资。你觉得自己应该好好地享受生活,决定将 2 000 元的收入全部用于泡吧喝咖啡或约朋友去听音乐会等消费上。假定这 2 000 元是你在每个月当中的必要支出,而且每月都一样多,因此,你在月初领取工资后,手头的现金为 2 000 元,到该月最后一天,这 2 000 元就花得精光,就等明天领取下个月的工资了。这样,你每月的平均现金持有额为 1 000 元。你每月的现金余额变动情况就如图 14.1 所示:

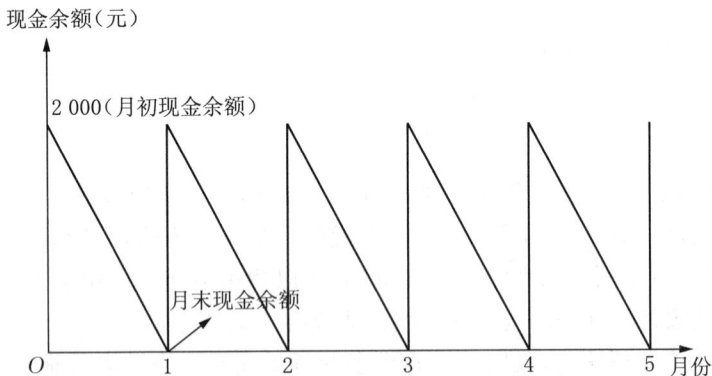

图 14.1 均匀支出时的现金余额变动

现在假定,存款的月利率为 1%。如果你在月初收到 2 000 元的工资收入后,将其中的 1 000 元用于存款,手头只留 1 000 元的现金,但支出流量还是如往常一样,而你在月中时手头的现金余额就为零了。为了应付接下来的支出,就必须到银行去将月初存入的 1 000 元取出来接济接下来半个月的开销,月末又将这 1 000 元花光了。等到下月 1 日发工资后,又作出一样的决策,月初存入 1 000 块钱,手头留余 1 000 元,月中时再去提取另外 1 000 元。这样的话,你每月持有的平均现金余额为 500 元。这样对你有什么好处呢?你在每个月初存入的 1 000 元,可以得到 5 元钱的利息收入($1\,000 \times 1\% \div 2 = 5$)。

但是,如果你在月初收到 2 000 元的工资后,将 1 500 元存入银行,手头只留 500 元的现金。若每月是 30 天,过了七天半你就将这 500 元花光了,然后再到银行从月初存入的 1 500 元中提取 500 元。又过了七天半后,你提的这 500 元又用光了,半个月后,你又必须去提取 500 元,如此循环下去。这样,你在这个月里持有的现金余额平均就只有 250 元了。在月初存入 1 500 元,并在这个月里频繁地取款,所得利息收入总共有多少呢?计算一下,总利息收入为:

$$1\,500 \times 1\% \times \frac{7.5}{30} + 1\,000 \times 1\% \times \frac{7.5}{30} + 500 \times 1\% \times \frac{7.5}{30} = 3.75 + 2.5 + 1.25$$
$$= 7.5 \ 元$$

这比在月初时只存入 1 000 元多赚了 2.5 元的利息收入,可以买一只冰淇淋了。推而广之,如果你在月初持有的现金余额越少,存入的钱越多,你所得的利息收入就越多。

　　既然有这样的好处,你会在月初收到 2 000 元工资后,手头只留 66.67 元的现金而将其余 1 933.33 元存入银行,又每天早晨再去取 66.67 元现金吗?显然不会这样做。这样固然可多得一点利息,但也会很麻烦,你取款会有交易成本,包括你往返于银行和排队取款所浪费的时间。如果你这笔钱不是用于存款,而是用于购买可公开交易的债券,买卖债券时还要缴纳佣金。若遇到行情不好,债券价格下跌,你还会不幸地遭到资本损失。

　　总之,如果每个月持有的平均现金余额越少,那么,就可将更多的现金用于存款或购买债券,赚取更多的利息,但同时,你取款或卖出债券的次数也会越多,交易所花费的成本也越高。总之,利率越高,你手持交易性货币需求的动机就会减弱;反之,则会增强。但是,随着取款次数的增多和交易成本的增加,你持有交易性货币的动机也会增强;反之,则会减弱。所以,交易性货币需求不仅与收入水平正相关,而且也与利率水平负相关,与交易成本正相关。

14.3.2　惠伦的谨慎性货币需求

　　凯恩斯认为谨慎性货币需求也只与收入水平有关,但后来惠伦等人认为,影响谨慎性货币需求的因素主要有非流动性成本、持有谨慎性货币余额的机会成本以及收入支出波动的方差。

　　假设你是一位正处在热恋之中的小伙子,你很爱你的女朋友。有一天,你们俩一起逛商场时,你那位漂亮的女朋友看上了一套服装。你心里很清楚,她是很想要这套服装的。可这套服装实在价格不菲,要花 2 800 元!为了取悦于她,你决定花血本为她买下这套服装,原来没有想到的"意外"货币需求就来了。可是,你身上并没有带这么多钱,你已将钱买了股票或债券,这时,你就遇到了非流动性问题。为了不让你的女朋友失望,你有两种办法:第一,卖出部分债券或股票,取回部分现金;第二,向亲朋好友借钱。在第一种情况下,卖出债券或股票要缴纳一定的佣金和印花税,如果应了那句"情场得意、赌场失意",卖出时的价格比买进时还要低,你就又要遭受资本损失。在第二种情况下,如果借给你钱的那位朋友很不够义气,趁机宰你一把,要求 3% 的利率,你又要发生一笔额外的支出了。虽然你的目的达到了,女朋友也很高兴,可你心里难免会为遭受的非流动性成本之痛而闷闷不乐。

　　在这一次教训之后,你学精了。为了在与女朋友一起逛商场时,应付上述突发性的意外货币支出,你决定随身揣上 6 000 元钱,够买它个一两套高档服装的。但是,这 6 000 元钱在你的钱包里闲置了三个月后,你女朋友才又再次突发购买高档服装的欲望。如果年利率为 3%,在这三个月里又损失了 45 元利息,你又遇到了机会成本。虽然不多,但也足够你们俩来回两趟出租车钱的。这里的机会成本就是指因持有这些货币余额而放弃一定的利息收益。

　　非流动性成本和持有预防性货币余额的机会成本构成了持有谨慎性货币余额

的总成本。如果你为预防不测而持有较多的货币,你就减少了非流动性的预期成本,但同时却增加了持有谨慎性货币余额的机会成本;反之,你持有较少的谨慎性货币余额,固然降低了持有谨慎性货币余额的机会成本,但又提高了非流动性成本。因此,你必须在这两者之间权衡。如果在急需资金时,你的朋友能够解囊相助,或者如果债券或股票交易的佣金和印花税都很低,且行情一直看好,那么,你为了应付这种突发性的支出而持有这么多的货币余额的动机就会弱些。同时,利率越高,你持有这么多的货币余额的动机也会减弱。因此,根据惠伦的分析,谨慎性货币需求随着非流动性成本的上升而增加,随着机会成本的上升而下降;反之,则随着非流动性成本的下降而减弱,随着机会成本的下降而增强。

上面分析的只是一次购买的情形。下面我们再来看看多次遇到突发支出的情况。这也可以分为两种情况。第一,你的女朋友虽然要买什么东西并不确定,有时买化妆品,有时买服装,有时则是听音乐会或去现场听演唱会,但是,每次支出都只有 1 000 元,即突发性支出额没有什么波动。这时,为了应付突发性支出,你只需持有 1 000 元的谨慎性货币余额就足以打发了。第二,她每次的突发支出额并不确定,有时兴致所至,要求你跟她一起去肯德基,支出只不过 100 元左右;但有时候你得为她花上 2 800 元买一套高档服装。这样,尽管每次的平均支出还是只有 1 000 元,但你每次在她身上的突发性支出数额波动很大。显然,在这种情况下,如果你还是只持有 1 000 元的货币余额,当你的女朋友要买那套 2 800 元的高档服装时,就要陷入窘迫的境地了。这样,你就会暗暗盘算,钱包里随时带上 3 000 元可能更为妥当。这表明,随着你在她身上突发性支出波动方差的增大,你为她而持有的谨慎性货币余额需求也会增大;反之,则会减少。

14.3.3 托宾的投机性货币需求

凯恩斯对投机性货币需求的分析也有其不完善之处。他认为,当债券的预期回报率低于货币的预期回报率时,人们会只持有货币来储藏财富;反之,当债券的预期回报率高于货币的预期回报率时,人们会只持有债券,而不持有货币;只有货币和债券的预期回报率相同时,人们才会同时持有货币和债券。很明显,凯恩斯的投机性货币需求实际上暗地里排除了人们同时持有债券和货币作为财富储藏手段的可能性,这与现实存在很大的出入。

为了弥补凯恩斯投机性货币需求的这一缺陷,托宾发展了新的投机性货币需求理论。托宾的基本观点是,人们在作持有哪种资产的决策时,不仅会比较各种资产之间的相对预期回报率,而且还要考虑持有各种不同的资产所面临的风险。我们在前面已经分析,所谓风险是指未来遭受损失的可能性。而且,我们在金融工具的特性中也已经看到,一项金融工具的收益率与它的风险之间是正相关的,即收益率越高,风险也越高。譬如,你投资于某种股票,买进和卖出的时机都恰到好处,那么,你可能在很短的时间里就赚取了很高的收益;但是,如果你运气欠佳,购买股票后价格马上下挫,甚至连你解套的机会也不给,你就不仅赚不了钱,反而还要亏本。因此,你在选择是持有股票还是持有货币时,你不仅要考虑它们各自给你带来的预期收益,而且还要考虑它的风险。

人们对待风险的态度有三种,即风险偏好者、风险中立者和风险规避者。风险偏好者就是那些愿意承担较大的风险,以期获得异乎寻常的收益的人。赌徒是典型的风险爱好者。风险规避者则是愿意持有风险较低、同时预期回报率也相对较低的资产的人。保守者就是风险规避者。风险中立者则介于这两者之间,他们对于风险与收益之间的评价是无差异的,即对是冒更高的风险以获得更高收益还是宁愿少获得一点收益,也不愿意去冒险这两种选择,他们觉得无所谓。

托宾认为,大多数人都是风险规避者,他们不会冒风险去追求"蝇头小利"。与货币相比,债券价格波动剧烈,因而风险较大。因此,即使债券的预期回报率超过货币的预期回报率,人们也还是愿意将货币作为财富储藏的手段,这仅仅是因为持有货币的风险较小。因此,根据托宾的资产选择的货币需求理论,人们对投机性货币的需求不仅取决于利率的高低,而且还取决于各种金融资产的相对收益率和风险状况。这样,资产选择理论就解释了凯恩斯的流动性偏好理论所无法说明的人们同时持有货币、债券以及其他多种资产的现象。

14.4 现代货币数量论

14.4.1 现代货币数量论的基本内容

米尔顿·弗里德曼于 1956 年发表了《货币数量论:一种新的解释》一文,提出了"现代货币数量论"。弗里德曼把货币当作一种资产,或财富的持有方式,因此,弗里德曼的货币需求理论实际上是一种资产选择理论。

以 M_d/P 表示实际货币余额的需求,Y_p 表示人们的恒久性收入,w 表示非人力财富对人力财富的比重,r_m 表示货币的预期回报率,r_b 表示债券的预期回报率,r_e 为股票的预期回报率,π^e 表示预期通货膨胀率,弗里德曼将他的货币需求函数表达如下:

$$\frac{M_d}{P} = f(Y_p, w, r_b - r_m, r_e - r_m, \pi^e - r_m) \tag{14.9}$$

在弗里德曼看来,恒久性收入也会对货币需求有正向的影响,即恒久性收入越高,货币需求也越高。恒久性收入是长期收入预期的平均值,它在短期内的波动非常小。例如,在经济周期的扩张阶段,收入增长很快,由于收入增长中有些是临时性的,所以长期收入的平均值变动不大。因此,在经济繁荣时期,恒久性收入比此时的收入增加要小得多。相反,在经济衰退时,收入的减少中也有一部分是暂时性的,所以长期收入的平均值比当时收入的减少也要小得多。由于恒久性收入的波动较小,它又是货币需求的一个主要决定因素,因此,货币需求在很大程度上并不随经济周期的波动而波动。

此外,弗里德曼认为,个人财富总额是决定货币需求的主要因素。财富总额包括收入或消费与劳动的所有来源。财富分为人力财富和非人力财富。人力财富就是指个人赚钱的能力,非人力财富则主要是指持有债券、股票和其他实物财富等。只有将人力财富转化为非人力财富后,才能给人们带来具有实质意义的效用。假如你具有一技之长,这时你拥有的只是人力财富,但只有把你的一技之长用之于实践,才能获得你所需要的收入。但是,由于受到制度和劳动力市场方面的约束,人力财富向非人力财富的转化会受到很大的限制。尽管“天生我材必有用”,但也常常有“英雄无用武之地”的无奈,人力财富的市场是很不完全的,尤其是当经济不景气时,更难以把人力财富转变为可以支配的货币收入。相反,非人力财富之间具有较高的替代性,你可以很方便地在证券交易所卖出你所持有的股票,购入国债或将钱转存到银行。所以,人力财富在总财富中所占的比重越高,对货币的需求也就越大;反之,则对货币的需求会减少。

人们持有非人力财富的意愿取决于它们相对于货币的回报率。其中,货币的回报率受两个因素的影响。其一,货币的利息收入。持有货币(现金和存款)的利息收益越高,持有货币的预期回报率也就越高,因而持有货币的动机也越强。第二,银行服务的便利。如果银行服务质量很好,就会提高你持有货币的隐含回报率,因而会降低你持有现金的意愿。

$r_d - r_m$ 和 $r_e - r_m$ 分别表示债券和股票与货币回报率之差,这一差值越大,说明债券和股票相对于货币的回报率越高。我们已经知道,债券的回报由持有期内所得的利息收入和债券价格波动而引起的损益两部分构成;持有股票的回报则包括在持有期内所得的股息收入和股票价格变动而引起的资本损益。它们一旦提高,则货币相对的预期回报率就会减少,从而会降低人们持有货币的意愿。相反,则货币的需求会增加。譬如说,如果国债的年收益率达到了 10%,银行存款的利率只有 2%,你是购买国债还是将钱存入银行,抑或是持有现金呢?如果不是急着用钱,大概你会将收入中用于消费后所节余下的大部分都用来购买国债的。

总之,在弗里德曼的现代货币数量论中,影响货币需求的主要因素是恒久性收入、人力财富在人们总财富中所占的比重和货币相对于债券、股票等其他非人力财富的相对回报率。恒久性收入越高,对货币的需求量也会越高。恒久性收入的波动很小,因此,货币需求量也不会有太大的波动。人力财富在总财富中所占的比重越高,则对货币的需求量也会越高。货币相对于股票或债券等其他非人力财富的回报率越低,则对货币的需求量越少。

14.4.2 现代货币数量论与凯恩斯货币需求理论的差异

如果仅从弗里德曼货币需求函数中的变量来看,现代货币数量论似乎只是凯恩斯学派资产选择分析的一种沿袭,只是将更多的变量纳入到了影响货币需求的函数之中。弗里德曼与凯恩斯或凯恩斯主义者的货币需求理论似乎并没有实质性的区别。但是,弗里德曼为什么又要将他的货币需求理论冠之以"货币数量论"之名呢? 这主要是因为这两种货币需求理论之间其实还是有很大区别的。

第一,在凯恩斯的流动性偏好需求中,将货币之外的其他一切金融资产都统归为债券。他之所以这样做,是因为,他认为,这些资产的回报率通常会一起波动,债券的预期回报率就足以代表其他金融资产预期回报率的变动,其他金融资产不必在货币需求函数中列出来。相反,弗里德曼在现代货币数量论中,债券和股票,甚至实物商品都被当作了货币的替代品,因此,除了利率外,还有其他很多因素能对货币需求产生重要的影响。

第二,由于弗里德曼将货币和实物商品视为替代品,货币需求量的变动就可能对总支出产生直接的影响。在凯恩斯的流动性偏好理论中,影响货币需求的只有收入和利率两个因素,货币需求的变动不会直接影响总支出。

第三,与凯恩斯不同,弗里德曼认为货币的预期回报率并不是一个常数。利率上升时,银行可从贷款中获得更高的利润,它们将设法吸收更多的存款,扩大贷款,赚取更多的利润。若没有利率管制,银行将会支付更高的利率吸收存款,银行存款的回报率将随着债券和贷款利率的上升而上升,银行对存款的竞争一直会持续到没有超额利润为止。因此,$r_b - r_m$ 会保持相当的稳定。若存在利率管制,虽然银行不能通过提高存款利率来争夺存款,但可通过改善服务质量来提高隐含的货币回报率,从而使 $r_b - r_m$ 保持相当的稳定。所以,弗里德曼认为利率对货币需求的影响很小;相反,在凯恩斯的偏好货币需求中,利率是决定货币需求的重要因素。

在弗里德曼看来,货币需求之所以对利率不敏感,不是因为货币需求对其他资产相对于货币的机会成本的变动不敏感,而是因为利率变动对货币需求函数中各项机会成本影响很小。因此,当利率的上升引起其他资产的预期回报率增加时,货币的预期回报率也会相应上升,二者抵消后,货币需求函数中各项机会成本保持相对不变,所以,利率变动对货币需求的影响甚微。

第四,虽然凯恩斯与弗里德曼的货币需求函数中都有收入变量,但弗里德曼强调的是恒久性收入,即未来长期收入预测值的平均值,它的波动很小。加之,利率变动对货币需求的影响也很小,因此,他认为货币需求的随机波动很小,可以通过货币需求函数准确地预测货币需求。由于货币需求是可以预测和相对稳定的,因此,货币流通速度也是可以预测和相对稳定的。这样,货币供应量的变化就只会影响总支出和物价水平的变动,从而得出了与古典货币数量论一样的结论。正因为如此,弗里德曼才将他的货币需求称为"货币数量论的重新表述"。

14.5 开放经济中的货币需求:货币替代与资产替代

我们需要在此强调一点,以上部分我们是在封闭经济条件下讨论货币需求的。事实上，开放经济条件下的货币需求更为复杂，因为在开放经济条件下，有更多的资产可供人们选择。分析开放经济中的货币需求，必须弄清货币替代与资产替代。

14.5.1　什么是货币替代与资产替代

货币替代，简单地说就是指在本国的居民持有外国或其他地区货币，作为价值尺度、交易媒介或价值储藏的手段。例如，在深圳购物时，很多人都直接使用港币，这就出现了交易媒介上的货币替代。当人们取得外币和支出外币在时间上不一致时，外币就成了购买力的暂栖所，这时，就出现了价值储藏功能上的货币替代。同样地，到香港的内地游客越来越多，在香港花钱采购一番是"旅行"必不可少的内容，许多香港商场的收银员也是乐于接受内地客人用人民币购物的。人们持有的外币增加额与当年本国货币的增加额之间的比率被称为**货币替代率**。图 14.2 显示了中国的货币替代率。从中可以看到，在 1997—1999 年亚洲金融危机期间，由于担心人民币贬值，中国的货币替代率大幅上升。随着亚洲金融危机的影响消退，人民币升值预期不断加强，居民纷纷将美元存款兑换成了人民币存款，导致 2003 年至 2013 年的货币替代率为负或极低。但在 2013 年至 2014 年因人民币汇率贬值，货币替代率又出现了一定程度的上升。

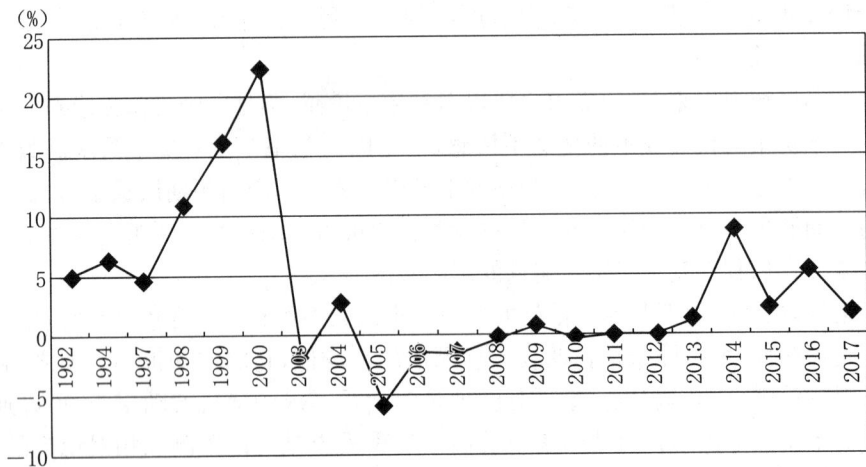

图 14.2　中国的货币替代率

资料来源：《中国人民银行统计季报》信贷收支表相关数据计算。

随着金融工具的日益多样化，除单纯的货币替代外，又产生了**资产替代**，即本国居民持有境外发行、以外币计值的金融资产。比如，日本的居民和企业持有美国的政府债券就属于资产替代，中国居民购买在纽约证券交易所上市的美国公司的股票也属于资产替代。资产替代是人们对国内外资产的风险和收益比较后作出的全球性资产分配组合。从本质上说，除了像债券、股票这些标准化的金融资产外，持有的外币现钞和存款也可以算作是资产替代的一部分,只不过人们持有它们的主要目的不是为了资产的增值,而是真正意义上的"购买力的暂栖所",所以,本国居民持有现钞和外币存款被单独当作货币替代来看待。再比如,中国现在有 QFII(境外合格投资者),它们不仅可以在中国购买股票,也可以购买一些债券;与之对应的 QDII(境内合格投资者),就可以在中国内地以外的其他国家或地区(至少部分资本账户开放)购买金融资产。

资产替代的一个隐性表现就是资本外逃。**资本外逃**也称资本转移或资本逃避,是指那种为了规避风险或当局管制而出现的非正常资本外流。根据权威人士统计,1992—1996 年的五年时间里,中国资本外逃的总规模达 875.3 亿美元;2014年至 2016 年,中国发生的资本外逃更是超过 2 万亿美元。这实际上加剧了中国的资产替代。当存在本币的强烈贬值预期(尤其是在本币汇率急剧贬值或货币危机)时,资本外逃就更加严重。

14.5.2　货币替代与货币需求

货币替代会影响对本国货币的需求。一般来说,货币替代程度越强,对本国的货币需求越少;反之,如果货币替代越弱,则对本国的货币需求量会相对增加。这是因为,当经济体系中可供人们购买的商品量一定时,用外币作为交易媒介的商品量越多,则用本币媒介的商品交易量就会越少,因而这会减少对本币的交易性货币需求。当人们的储蓄总量一定时,外币存款总量越多,则对本币的存款需求会越少。总之,货币替代与本国货币的需求之间存在着此消彼长的关系。

这样,一切影响到货币替代率的因素都会影响对本币的需求。因此,要弄清货币替代与本币需求的关系,就必须对货币替代作更深入的分析。一般而言,影响货币替代的主要因素有以下几个方面:国内外的利率水平、预期的汇率变动、国内外其他资产的预期回报率的差异与货币兑换的成本等。

我们在第 11 章中已经看到,当国内外的利率出现高低差别时,就会产生套利机会。人们将利率较低的国内的货币资产换成利率较高的外国货币资产,就可以获得更高的收益。因此,当国外的利率越高于国内利率时,人们进行货币替代的动机会越强,货币替代率可能会越高。

汇率的波动会带来资本的损益。如果人们预期本币的汇率会大幅度贬值,那么,为了避免本币贬值带来的损失,人们就会事先将本币资产换成外币资产,从而产生货币替代。当本币汇率贬值到足够程度时,人们再将外币资产转换成本币资产。因此,预期本币贬值的幅度越大,人们进行货币替代的动机就越强。由于对汇率的预期会影响到货币替代率,因此,一切影响汇率波动的因素都会影响到货币替代率,并进而影响到对本国货币的需求。

最后,货币替代率还会受到货币兑换成本的影响。货币兑换的成本越高,在将本国货币兑换成外国货币或者将外国货币换回本国货币所花费的支出就越高。货币兑换的成本包括兑换货币的便利程度,比如,很多国家的货币并不是可自由兑换的,在这种情况下,要将本国货币换成外国货币会很麻烦。此外,货币兑换的成本还包括买入汇率与卖出汇率之间的差异,这一差异越大,在货币兑换时的损失也会越高。总之,货币兑换的成本越高,货币替代的动机就会相应减弱。

这样,收入水平、收入与支出波动状况、利率、其他资产的相对回报率、人力财富与非人力财富之比、国外的利率水平与资产的回报率、预期汇率和货币兑换的成本等因素对货币需求都有很大的影响。

14.6 货币流通速度与货币的迷失

14.6.1 货币的迷失

我们将费雪方程式两边同时取自然对数,得:

$$\ln M + \ln V = \ln P + \ln T \tag{14.10}$$

再对上式两边求微分得到:

$$m' + v' = p' + t' \tag{14.11}$$

其中 m' 为货币需求增长率,v' 为货币流通速度增长率,p' 为物价上涨率,t' 为经济增长率。又由于当货币市场处于均衡时,货币需求等于货币供给,所以 m' 为货币供给的增长率。

根据(14.11)式我们可以得出这样的结论:当货币流通速度不变时,货币供给的增长率等于物价上涨率与经济增长率之和。

但是,从图14.3中看到,改革开放以来,中国的货币供给增长率远远超过了物价上涨率与经济增长率之和。人们把超过的这一部分货币称作**迷失的货币**。

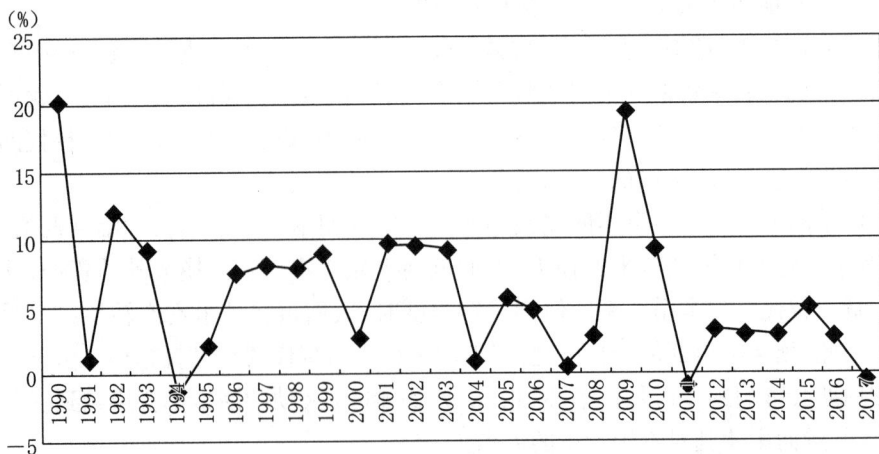

图14.3　中国迷失的货币(货币供应量增长率－经济增长率－通胀率)
资料来源:根据国家统计局、中国人民银行网站数据计算。

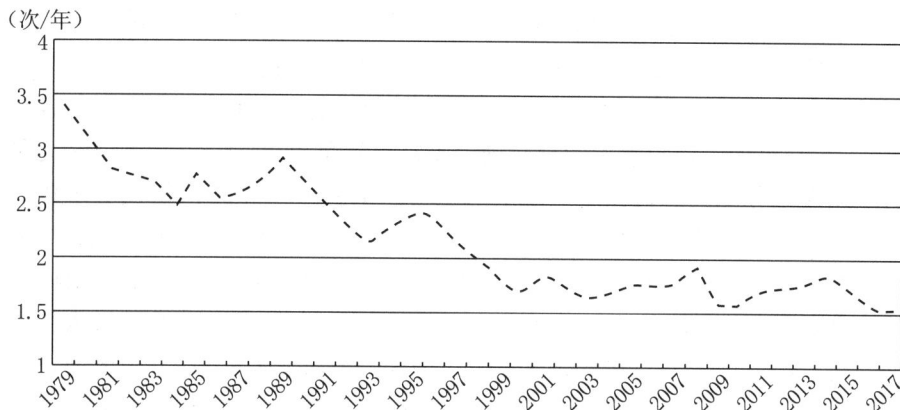

（次/年）

图 14.4　中国货币(M1)流通速度
资料来源：根据相关数据计算而得。

是什么原因导致了货币的迷失呢？关键在于，我们在推导上述恒等式时有一个极强的假定：货币的流通速度是不变的。但货币流通速度是一个常数吗？费雪认为货币流通速度在短时间内是稳定的。可事实上，货币流通速度是经常变化的，无论是在发达国家还是发展中国家都是如此。譬如，在图 14.4 中我们可以看到，改革开放以来，除了个别年份的货币流通速度较其上一年有所上升外，中国的货币流通速度的基本变动趋势是连续下降的。其中，M0 较之于 M1 的下降速度尤甚。因此，要分析货币的迷失，我们就必须探讨导致货币流通速度下降的原因。

14.6.2　货币迷失探源：货币流通速度的下降

仔细分析起来，导致中国货币流通速度下降，并进而导致货币迷失的原因主要有以下几个方面：

- 货币化
- 货币价值储蓄职能更充分的发挥
- 金融市场的快速发展
- 资本外流

1. 解释之一：货币化

改革开放以来，中国货币流通速度下降的首要原因是货币化的加深。根据货币的职能，**货币化**的基本含义有两层：首先是交易媒介的货币化，即在国民收入中以货币为媒介的商品交易量所占比重上升的过程。譬如，在计划经济下，住房就是福利性分配的，基本上没有通过在商品房市场上进行交易，而现在取消了住房的福利分配，要住房就得买房；原来企业的投入品，大多都是通过计划调拨的，而现在企业需要什么投入品都得到要素市场上去购买。这些都说明，中国的货币化加深了。其次是价值储藏职能的货币化，即金融储蓄取代实物储蓄的过程（见第 4 章）。交易媒介的货币化程度的加深要求吸收更多的货币,即使在实际的货币流通速度没有下降的情况下,它也会使计算的名义货币流通速度下降。

举例来说。假定原来的国民收入总额为 10 000 亿元,货币化的比率只有 0.4,即只有 4 000 亿元是通过货币为媒介进行交易和分配的,而其余的 6 000 亿元是通过行政调拨来分配的。再假定经济中的货币总量为 2 000 亿元,按照货币化比率计算的真实货币流通速度为 2 次(4 000 ÷ 2 000 = 2),可按照名义总收入计算的货币流通速度却达到了 5 次(10 000 ÷ 2 000 = 5)。现在进一步假定货币化加深了,货币化上升到了 0.8,实际货币流通速度依然没有变化,还是 2 次,名义总收入依然是 10 000 亿元,其中有 8 000 亿元是通过货币为媒介进行交换的,在货币流通速度还是 2 次时,货币总量增加到了 4 000 亿元,这时,按照名义总收入计算的货币流通速度就下降到了 2.5 次(10 000 ÷ 4 000 = 2.5)。

2. 解释之二:价值储藏职能更充分发挥

除了交易的媒介外,货币的另一个重要职能就是价值储藏,也就是所谓的"购买力的暂栖所"。货币执行价值储藏的职能越强,货币流通速度就会下降。由剑桥方程式 $M_d = kPY$ 有:

$$\frac{M_d}{kY} = P \tag{14.12}$$

其中 M_d 代表货币需求量,k 代表货币持有系数,Y 表示国民收入,P 表示物价水平。在均衡时,货币需求量 M_d 等于货币供给量 M_s。将 M_s 代入(14.12)式后,两边同时取对数有:

$$m' - k' - y' = p' \tag{14.13}$$

上式中 m' 表示货币供应增长率,k' 表示货币持有系数增长率,y' 表示国民收入增长率,p' 表示物价上涨率。在上式中,我们可以看到,货币持有系数的提高和国民收入的增长,可以减轻货币供给增长对物价水平的冲击。货币供应的增长,并不一定导致物价水平的上升。进一步地,货币供应量的增长是否会引起物价水平的上涨,取决于经济增长率和货币持有系数之和是否大于货币供应的增长率。当经济增长率一定时,货币持有系数提高,就减轻了货币供应的增长对物价水平的冲击。我们在第 4 章已经看到,改革开放以来,中国居民的金融储蓄不断上升,表明价值储藏职能的货币化增强了。价值储藏职能的强化,相应减少了作为交易媒介的流通中的货币,增加了非流通中的货币。而只有流通中的货币才会影响物价水平,所以货币价值储藏职能更充分地发挥,会降低货币的平均流通速度。

3. 解释之三:金融市场的快速发展

在费雪方程中,货币只是媒介实物商品的交换,如购买彩电、冰箱乃至方便面和一杯可乐都是用货币为媒介的。但是,除了这些我们耳熟能详的实物商品外,现在的金融市场已很发达,每天都有数额巨大的金融资产的交易,如股票、债券的交易成了很多人的职业,这些金融资产的交易也都是以货币为媒介的。因此,凯恩斯提出了一个修正的费雪方程式:

以 P 表示价格水平,T 表示实物总产出,V 为货币流通速度,M 为货币总量,A 和 P_a 分别表示金融资产总量和价格。因此,修正后的费雪方程式为:

$$M \times V = P \times T + P_a \times A \tag{14.14}$$

假设名义国民收入为 10 000 亿元,货币总量为 5 000 亿元,但其中有 2 500 亿元的货币在媒介金融资产的交易,这样,媒介实物产品和服务的货币量就只有 2 500 亿元了。这 2 500 亿元货币的真实商品和服务交易流通速度为 4 次(10 000÷2 500＝4),不剔除媒介金融资产交易的货币来计算的平均流通速度却只有 2 次(10 000÷5 000＝2)。因此,根据上述修正后的费雪方程来计算的货币流通速度比真实的货币流通速度可能要低。

4. 解释之四:资本外流

货币资本的外逃也会降低货币的平均流通速度,这是因为流入到国外土地上的国内资本并不媒介国内的商品和服务的交换。因此,资本的外流使本国流通中的货币减少了,从而降低了货币的平均流通速度。而近十年来,中国的货币替代率和资本外逃都曾不断增加,这降低了中国的货币平均流通速度。

小　结

费雪方程式表明,货币量与货币流通速度的乘积等于实际产出与价格的乘积。由于货币流通速度在短期内是不变的,因此,货币供给量的增加就会导致物价总水平的等比例上升。

剑桥方程式可表示为 $M_d = K \cdot P \cdot T$。它是从资产选择的角度来研究货币需求的。

凯恩斯首先区分了人们货币需求的交易动机、谨慎动机和投机动机,前两种动机的货币需求叫交易性货币需求,后一种动机的货币需求叫投机性货币需求。交易性货币需求只与收入呈正相关关系,投机性货币需求则与利率负相关。

凯恩斯主义对凯恩斯的货币需求理论进行了发展。鲍莫尔认为,交易性货币需求不仅与收入水平有关,而且交易成本与利率也会影响人们的交易性货币需求。惠伦则认为,除了交易成本和利率外,人们收入和支出波动的方差也会影响人们的货币需求。托宾从收益和风险对资产选择影响的角度发展了凯恩斯的投机性货币需求理论。

弗里德曼认为影响货币需求的主要因素有恒久性收入、人力财富与非人力财富在人们的总财富中所占的比重、债券、股票的回报率等。由于恒久性收入是相对稳定的,利率对货币需求的影响又相对较小,因此,货币流通速度也是相对稳定的,这样,货币供应量的变化就只会引起物价水平的同比例上升。

在开放经济中,货币替代和资产替代也会影响对本币的需求,一切影响货币替代和资产替代的因素都会影响对货币的需求。汇率的预期波动、国内外的资产回报率、货币兑换成本等诸多因素都会影响货币替代,因此它们也会影响货币需求。

若货币流通速度不变,货币供应量的增长率就应该等于经济增长率与物价上涨率之和。但在许多国家,货币供应增长率都远远超过了经济增长率和物价上涨率之和,于是人们将超过的这一部分货币称作迷失的货币。货币之所以"迷失",主要是因为货币流通速度并不是不变的。经济货币化、货币价值储藏职能更充分的发挥、金融市场的快速发展和资本外流(逃)等都促使了货币流通速度的下降。

关键概念

费雪方程式	剑桥方程式	流动性偏好理论	交易性货币需求
投机性货币需求	恒久性收入	货币替代	资产替代
货币的迷失	资本外逃		

思考练习题

1. 什么是费雪方程式和剑桥方程式,它们之间有何异同之处?
2. 凯恩斯货币需求理论的主要内容是什么?
3. 凯恩斯主义经济学家对凯恩斯货币需求理论进行了哪些发展?
4. 现代货币数量论与凯恩斯货币需求理论之间有何区别?
5. 什么是货币替代与资产替代? 影响货币替代的主要因素有哪些?
6. 货币替代对宏观经济会产生哪些方面的影响? 政府可采取哪些措施来降低货币替代率?
7. 什么是迷失的货币? 中国产生货币迷失的原因有哪些?
8. 为什么货币流通速度是不稳定的? 假设现在投资低迷,失业率较高,政府为了刺激经济增长和降低失业率,打算增加货币供应量,降低利率,试分析这一政策在短期内对货币流通速度将会带来什么样的影响?
9. 试分析交通与信息技术的发展会对货币需求带来哪些方面的影响。
10. 为什么现代货币数量论认为货币流通速度是可以预测的,而凯恩斯的流动性偏好理论却认为货币流通速度是不可预测的？

11. 货币供应量增长 10%，若实际产出不变，物价水平一定会上涨 10%吗？

12. 设想你有这样两种情况：一种情况是，你是一个自由职业者，每个月的收入并不确定，好的时候每个月可以挣上万元，境况不好的时候，只有 1 000 元左右的收入；另一种情况是你供职于政府机关，每个月的收入都是 3 000 元。在这两种情况下，你每个月平均货币需求会有什么样的不同？

▶15

利率水平与利率结构

学习目标

学完本章后,你将能够:

了解马克思的利率理论

懂得古典利率决定理论

弄清凯恩斯的流动性偏好利率决定理论

了解利率决定的可贷资金分析

理解为什么通货膨胀率与利率同向变化

理解为什么不同借款者发行的债券利率存在差异

理解长期利率与短期利率之间的关系

在进入本章的正式分析之前,让我们先看看有关利率的以下几个现象。首先,所有国家,各种不同的利率都随时间变化而波动。如图 15.1 和图 15.2 所示,美国和中国的国债利率都处于波动之中。其次,在同一时点上,10 年期的国债利率总是高于一年期的国债利率。其他同一债券发行人发行的不同期限的债券利率大抵类似。第三,在同一天,相同期限的国债利率又总是低于企业债券的利率(如图15.12)。在这一章里,我们就要分析以下几个问题:

- 为什么同一种金融工具的利率在不同的时期可能是不同的?
- 为什么具有相同期限的不同债券的利率在同一时期会存在差别?
- 为什么债券的同一发行人发行的不同期限的债券的利率也是不同的,即长期利率会比短期利率高?

15.1　利率总水平如何决定

利率总水平是如何决定的? 实际上,有关利率的第一个重要现象就是,利率水平并非一成不变,它总随宏观经济环境的变化而变化。图 15.1 和图 15.2 就分别显示了美国一年期国债和企业债收益率和中国一年期国债收益率的变化,可以看到,利率的波动性非常明显。不单国债如此,其他所有金融产品的收益率都会在不同时期而有所起伏。

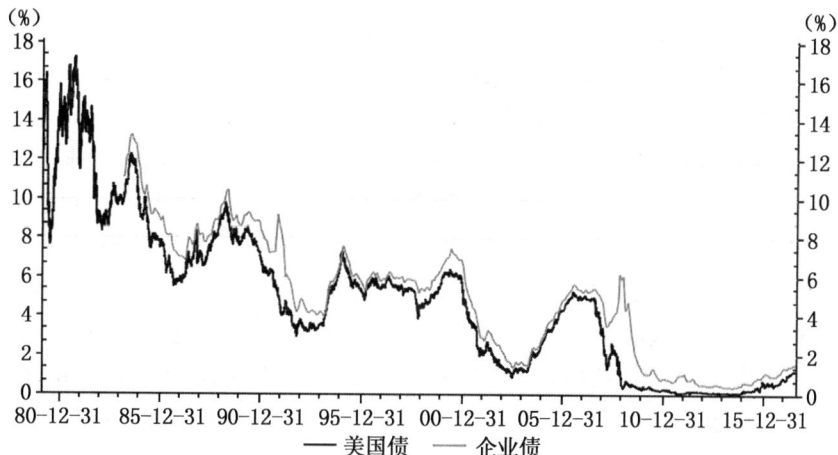

图 15.1　美国一年期国债与企业债收益率

资料来源:WIND。

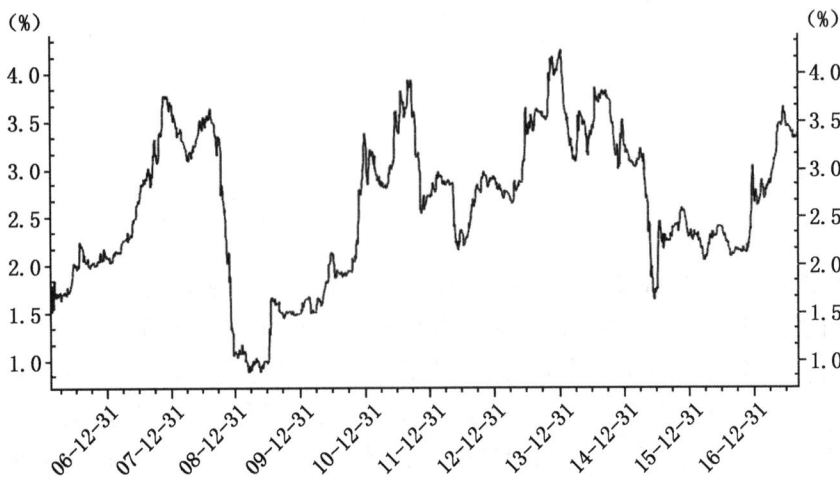

图 15.2　中国一年期国债收益率

资料来源：WIND。

　　围绕利率总水平的决定，产生了许多不同的理论。在这里，依次介绍马克思的利率理论、古典储蓄与投资理论、利率的货币供求决定、可贷资金理论和现代利率模型等。

15.1.1　马克思的利率决定理论

　　马克思主义认为利息实质是利润的一部分，是剩余价值的转化形式。货币本身并不能创造货币，不会自行增值，只有当职能资本家用货币购买到生产资料和劳动力，才能在生产过程中通过雇佣工人的劳动，创造出剩余价值。货币资本家凭借对资本的所有权，与职能资本家共同瓜分剩余价值。因此，资本所有权与资本使用权的分离是利息产生的内在前提。当货币被资本家占有，用来充当剥削雇佣工人的剩余价值的手段时，它就成为资本，从而获得一种追加的使用价值，即生产平均利润的能力。平均利润分割成利息和企业主收入，分别归不同的资本家所占有。因此，利息在本质上与利润一样，是剩余价值的转化形式，反映了借贷资本家和职能资本家共同剥削工人的关系。利息是贷出资本的资本家从借入资本的资本家那里瓜分出来的一部分剩余价值，而利润是剩余价值的转化形式。利息的这种质的规定性决定了它的量的规定性，利息量的多少取决于利润总额，利息率取决于平均利润率，介于平均利润率与零之间。利息率的高低取决于两个因素，即利润率和总利润在贷款人和借款人之间的分配比例。这一比例的确定主要取决于借贷双方的供求关系及其竞争，一般来说，供大于求，则利率下降；供不应求，则利率上升。马克思的利率理论对于说明社会化大生产条件下的利率决定问题具有指导意义。

15.1.2 古典利率理论

1. 储蓄、投资与利率

古典利率决定理论认为,利率是由储蓄与投资共同决定的。当利率上升时,会提高投资的成本,因此,投资需求会下降;反之,当利率下降时,投资需求会上升。图 15.3 中曲线 I 表示投资需求曲线,它从左上方向右下方倾斜,表示投资需求随着利率的下降而上升。比如,当利率为 10% 时,投资需求为 100 亿元,但是当利率下降到 5% 时,投资需求就上升到了 200 亿元。储蓄曲线 S 从左下方向右上方倾斜,表示随着利率的上升,储蓄会增加。例如,当利率为 5% 时,储蓄为 110 亿元,当利率上升到 10% 的水平时,储蓄会增加到 180 亿元。

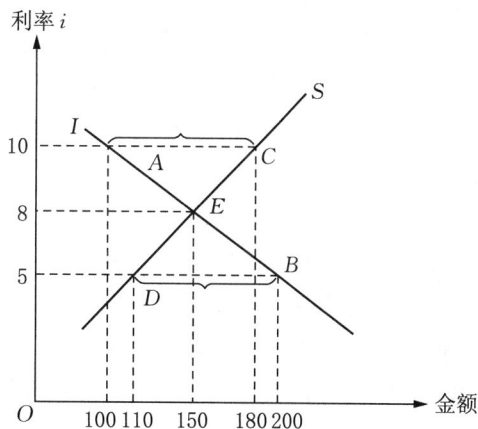

图 15.3　利率的决定:储蓄与投资

但是,在图 15.3 中,5% 和 10% 的利率都不是均衡利率水平。当利率为 5% 时,投资需求量为 200 亿元。在这样的利率水平下,储蓄量只有 110 亿元,因此,有 90 亿元的投资需求得不到满足。反之,当利率为 10% 时,投资需求会下降到 100 亿元的水平,但在这个利率水平下,储蓄又上升到了 180 亿元,这就出现了 80 亿元的过量储蓄。当投资需求大于储蓄时,就会促使利率上升;反之,当投资小于储蓄时,就会促使利率水平下降。最终,投资曲线 I 与储蓄曲线 S 的交点 E 决定的均衡利率为 8%。在这个利率水平下,投资与储蓄相等,都为 150 亿元,既没有过量的投资,也没有过量的储蓄。

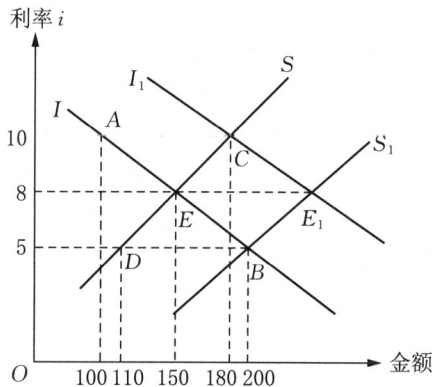

图 15.4　均衡利率的变动——投资需求曲线与储蓄曲线的位移

当投资需求曲线和储蓄供给曲线发生位移时,均衡利率可能会发生相应的变化。在图 15.4 中,当储蓄曲线没有发生位移时,如果投资需求曲线从原来的 I 向右移动到了 I_1,则均衡利率就会从原来的 8% 上升到 10%。反之,如果投资曲线没有发生位移,但储蓄曲线却从原来的 S 向右移动到了 S_1,则均衡利率会从原来的 8% 下降到 5%。如果投资需求曲线和储蓄曲线都同时向右移动到了 I_1 和 S_1,则均衡利率会仍然维持在原来8%的水平上。

引起投资需求曲线发生位移的最主要的因素就是资本边际生产力。所谓**资本边际生产力**,是指增加一个单位的资本投入,所引起的产出的增加额。当资本边际生产力提高时,同样的投资会给企业带来更多的产出,因此,在同样的利率水平上,投资需求会增加,投资曲线向右移;反之,如果资本的边际生产力降低了,投资需求曲线会向左移,投资需求会减少。因此,均衡利率水平与资本的边际生产力同向变动。

引起储蓄曲线移动的主要因素是边际消费倾向或边际储蓄倾向。边际消费倾向降低,储蓄倾向提高,储蓄供给曲线就会向右移动,若投资需求曲线没有发生位移,则均衡利率就会下降;反之,边际消费倾向提高,边际储蓄倾向下降,储蓄供给曲线就会向左移,如果投资需求曲线没有发生位移,则均衡利率会上升。

2. 利率变动的累积循环效应

利率变动有什么样的影响呢?维克塞尔提出了著名的累积过程理论。维克塞尔把利率分为货币利率和自然利率。货币利率是现实金融市场上存在的市场利率或银行放贷时收取的利率;自然利率是使用货币或贷款时所预期获得的利润率。他认为,当货币利率等于自然利率时,增减投资既不增加利润,也不减少利润,于是投资就不会发生变动,生产和投入保持不变,因而物价稳定,出现均衡。当货币利率低于自然利率时,企业家有利可图,于是增加借款,扩大投资,增加生产,结果,利润和工资均趋于上升。反之,当实际利率高于自然利率,即预期利润率时,企业家无利可图,会减少借款和投资,降低生产,结果利润和工资减少。收入的下降会使人们对生产资料和消费品的支付能力,即需求下降,从而使物价下降。

维克塞尔认为,利率的变动而引起的物价向上或向下的变动过程均带有累积性质。当货币利率低于自然利率时,投资、生产、收入、物价向上变动时,企业家因投资前景良好,不断地增加借款,扩大投资,生产和物价日益上升。反之,当货币利率低于自然利率,投资、生产、收入、物价向下变动时,企业家因前景暗淡,不断地减少借款,减少投资,使生产和物价日益下降。

这一累积过程会不断地持续下去吗?维克塞尔认为不会,因为存在利率这一"制动器"。当投资、物价向上变动时,银行存款会不断减少,投资有增无减。当储蓄低于投资需求量时,银行便会提高利率,缩小货币利率与自然利率之间的差额。这时,企业的投资动力就会减弱,从而降低投资、物价向上变动的速率。随着货币利率越来越接近自然利率,生产、价格向上变动的速度会日渐减弱,且越来越接近于均衡状态。反之,当投资、物价下跌时,银行储蓄越来越大于投资需求,被迫降低货币利率,从而对投资、物价向下变动产生遏制作用。

15.1.3 货币供给与利率

与古典利率决定理论不同,凯恩斯提出的流动性偏好理论从货币的供求角度来分析利率的决定。凯恩斯认为,利率水平是由货币的供给曲线与需求曲线的交点决定的。

1. 货币供给、需求与均衡利率

　　货币需求与利率呈负相关关系。债券的利率构成了持有货币的机会成本,你持有货币就不能得到持有债券所能带来的利息收入。因此,利率上升时,货币的需求会减少。所以,在图15.5中,货币需求曲线是从左上方向右下方倾斜的。这表明,利率越高,对货币的需求越少。例如,当利率为10%时,货币的需求量为200个单位,而当利率下降到6%时,持有货币的机会成本下降,因而货币需求量就增加到了600个单位。

　　假定货币供给是由中央银行控制的,始终保持在400个单位,因此,货币供给量不随利率的变化而变化,那么,货币供给曲线就是一条垂直的直线。货币供给曲线与需求曲线的交点E决定的均衡利率为8%,这时的货币需求量为400个单位。

　　通过图15.5我们还可以分析均衡利率的变动趋势。假定最初时利率在10%,在这样的利率水平下,货币的需求为200个单位,但货币供给却为400个单位,因此,实际的货币供应量超过了人们意愿的货币需求量200个单位。人们为了减少手中持有的超额货币余额,就会相应地购买一些债券,从而使债券的需求增加,债券价格上升。债券价格上升时,利率就会向下调整。反之,如果初始利率为6%,在这样的利率水平下,人们对货币的需求为600个单位,而货币的供给却只有400个单位,即出现了200个单位的超额货币需求。由于人们实际持有的货币余额低于他们的意愿持有量,为了弥补这个缺口,他们就会出售一部分债券,从而使债券价格下跌。随着债券价格的下跌,利率将不断地上升,直到达到均衡点E为止。

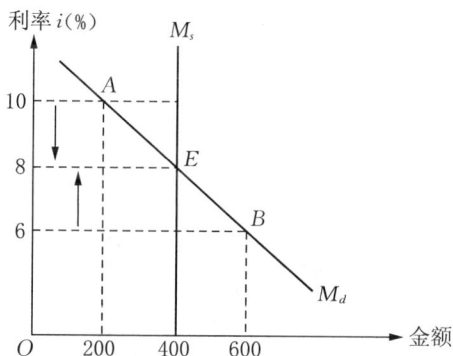

图15.5　利率的决定:货币供求分析

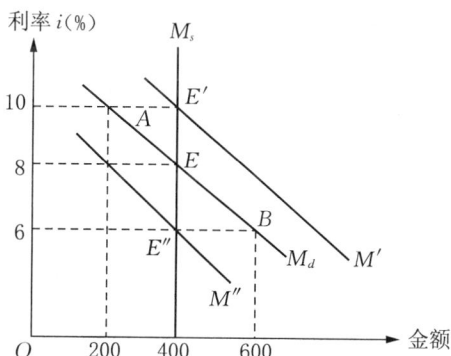

图15.6　均衡利率的变动——货币需求的变动

2. 均衡利率的变动

　　货币供给曲线和需求曲线的位移会导致利率的变化。在图15.6中,如果货币需求曲线从原来的 M_d 向右上方移动到了 M',同时货币供给曲线并没有发生变化,那么,由货币供给曲线 M_s 与需求曲线 M' 决定的新的均衡点即为 E',此时的均衡利率为 10%。反之,如果货币需求曲线从原来的 M_d 向左下方移动到了 M'',而货币供给曲线仍然没有变化,则新的均衡点为 E'',这样,6% 的利率水平就成了均衡利率水平。在这个利率水平上,货币供给与需求刚好相等,都为 400 个单位。

那么,影响货币需求曲线和货币供给曲线移动的因素有哪些呢?

(1) 货币需求曲线的移动。

收入和价格水平的变化会影响人们对实际货币余额的需求。

收入通过两个途径影响人们的货币需求。首先,随着人们收入水平的提高,人们的财富也会相应地增加,因此,人们会希望持有更多的货币作为价值储藏的手段。其次,我们还记得,当人们的收入水平提高时,对货币的交易余额需求会增加,因此,收入水平增加时,也会希望持有更多的货币。在经济扩张或高速增长时期,人们的收入水平大量提高,因此,对货币的需求也大量增加。这时,如果货币供给的增长跟不上货币需求的增长,利率就会上升。由此可见,经济扩张、收入水平提高时,会导致货币需求曲线向右上方移动,利率有上升的趋势。

价格水平是影响货币需求曲线的另一个重要因素。人们关心的是持有的实际货币余额。当价格水平上升时,同样的名义货币量的实际价值会下降,它所能购买的商品和劳务就要比涨价前所能购买的少。为了使所持实际货币余额不致因价格水平的上涨而减少,人们就会持有更多的名义货币量。因此,价格水平上升时,对名义货币的需求会增加,从而使货币需求曲线向右上方移动,利率上升。反之,如果价格水平下降,则人们原来持有的名义货币量的实际价值上升了,这表示人们持有了多余的实际货币余额。为了减少这部分多余的实际货币余额,人们就会将它用来购买债券,从而使货币需求曲线向左下方移动,促使利率下降。

(2) 货币供给曲线的移动。

假定货币供给是由中央银行控制的,因此,中央银行增加货币供给时,货币供给曲线向右移动;反之,减少货币供给时,货币供给曲线则向左移动。例如,当中央银行将货币供给从原来的 400 个单位扩张到 600 个单位时(见图 15.7),最初的货币供给曲线 M_s 就右移到了 M''_s,由于货币需求曲线没有发生位移,因此,均衡利率也从原来的 8% 下降到了 6%。反之,当中央银行将货币供给从原来的 400 个单位缩减到 200 个单位时,货币供给曲线就从 M_s 向左移动到了 M'_s,由于货币需求曲线没有发生位移,因此,均衡利率也从原来的 8% 上升到了 10%。

货币供给增加导致利率水平下降,反之,则会使利率水平上升,这是由于**流动性效应**发挥作用的结果。当中央

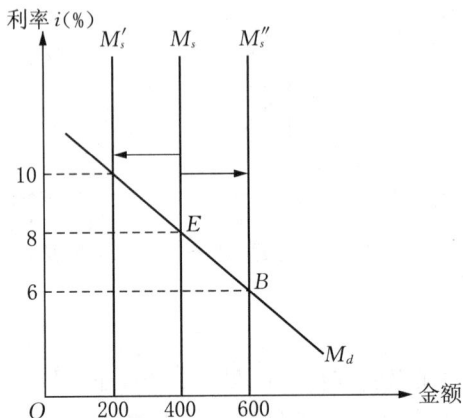

图 15.7　货币供给曲线的移动对均衡利率的影响

银行调整货币供给时,会改变人们手持的货币余额和流动性。例如,当中央银行增加货币供给时,人们手持的货币增多了,从而超过了他们意愿持有的货币量,他们发现手头有多余的流动性。这时,选择之一就是将手头多余的货币余额用于购买债券,这会使债券价格上升,利率下降。反之,中央银行缩减货币供给时,人们手头的流动性会减少,货币余额低于他们意愿持有的货币余额,为了补足这一差额,他们就会卖掉一部分债券,从而使债券价格下跌,利率上升。因此,流动性效应使利率水平同货币供应量呈反向变化,即货币供给增加时,流动性效应会使利率下降;反之,当货币供给减少时,流动性效应会使利率上升。

3. 吉布逊谜团

如果只看到了流动性效应,根据流动性偏好的利率决定理论,你可能会得出结论,货币供给的增加一定会导致利率水平的下降;反之,则一定会导致利率水平的上升。同时,由于货币供给的增加会使物价水平上升;反之,货币供应的减少则会使物价水平下降。根据这样的逻辑,物价水平与利率之间也会存在反向关系,即物价水平越高,利率也就会越低;反之,如果物价水平越低,则利率水平会越高。

其实,这样简单的逻辑分析与我们观察到的现实状况并不相符。英国经济学家吉布逊在对 1791 年至 1928 年长达 137 年的名义利率与物价水平的统计中发现,物价水平与利率之间基本上呈同向变化,即物价水平越高时,利率水平也会越高;反之,物价水平越低,利率水平也会越低。图 15.8 显示了中国债券回购利率与 CPI 之间的关系;图 15.9 则显示了美国的 CPI 与联邦基金利率之间的关系,从两幅图中明显地看到 CPI 与利率之间的变化趋势是基本一致的:通胀率高时利率水平也相应较高。反之,利率水平下降的时期,通胀率也是在下降的。物价水平与利率之间的这种正向关系与理论上的分析相去甚远,这种物价水平同名义利率之间同向变化的现象被称作"**吉布逊谜团**"。

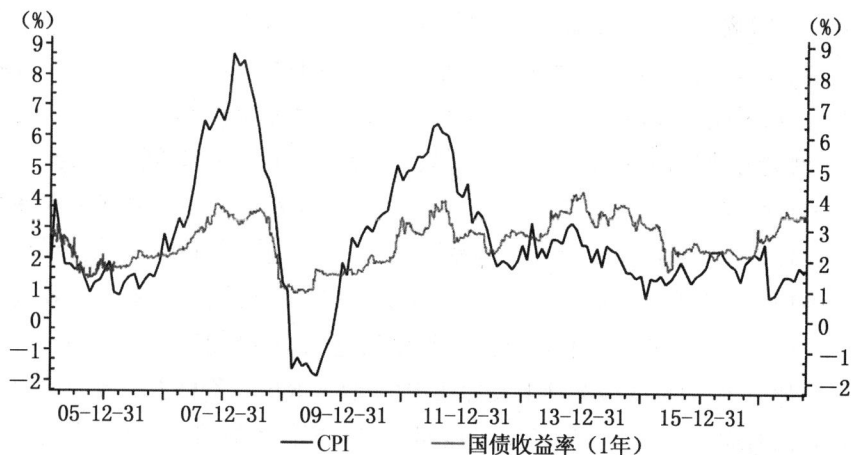

图 15.8　中国 CPI 与国债收益率(1 年)

资料来源:国家统计局与中国人民银行网站。

图 15.9　美国国债收益率与 CPI

资料来源:根据 WIND 整理。

　　之所以会产生吉布逊谜团,是因为除了流动性效应外,货币供应量的变化还存在收入效应、价格水平效应和通货膨胀预期效应,后三种效应会导致利率水平的上升。收入效应是指货币供给增加对经济会产生扩张性的影响,能提高国民收入水平和财富。我们在第 14 章中看到,收入水平和财富的增加,会增加对货币的需求,因而,中央银行在增加货币供应量时,也会自动地促使人们增加对货币的需求,从而使利率水平因收入水平的增加而上升。

　　此外,一般而言,当中央银行增加了货币供应量时,价格水平会上升,而物价水平的上升也会提高对货币的需求,而货币需求的增加又会有使利率上升的动力。因此,流动性偏好理论认为,物价水平的上升会导致利率的上升,这就是货币供给增加对利率影响的价格水平效应。最后,货币供给增加,也可能使人们预期未来价格水平会更高,预期通货膨胀率的上升也会提高人们对货币的需求,从而导致利率水平的上升,因此,货币供给增加的通货膨胀效应,就是指利率因货币供给增加带来的通货膨胀预期的上升而上升。收入效应、价格水平效应和通货膨胀预期效应都使利率水平与货币供应量呈同向变化,即货币供应量增加会导致利率水平的上升;反之,货币供应量的减少会导致利率水平的下降。将这四种效应结合起来,中央银行增加货币供给时,利率水平并不一定会下降。这要取决于流动性效应相对于其他三种效应的大小以及货币供应量调整后它们的反应时滞。一般说来,货币供应量增加后,流动性效应会马上发挥作用,而收入效应和价格水平效应则要经过一段较长的时期才会产生。通货膨胀预期效应发挥作用时滞的长短,取决于人们对通货膨胀预期调整的快慢。

　　图 15.10 分别表示了利率对货币供应量变化的反应的三种情况。

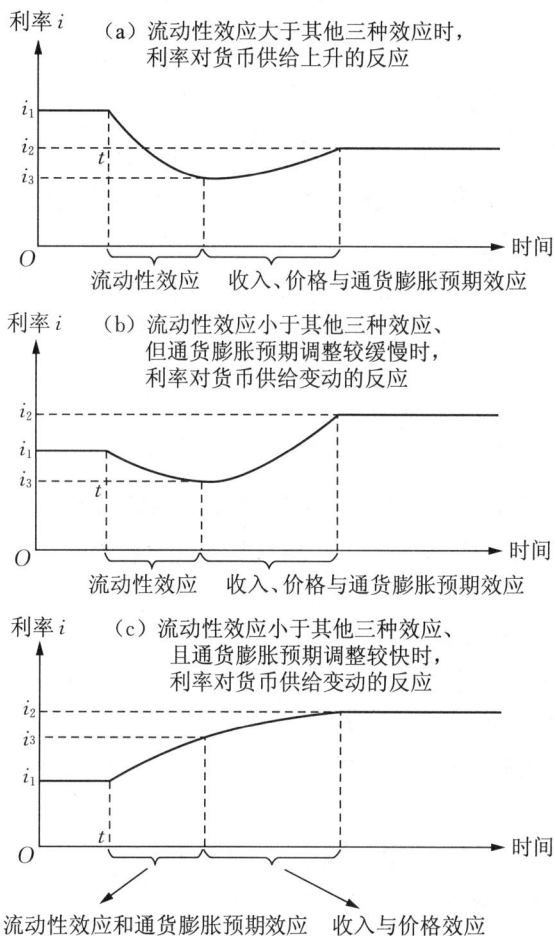

图 15.10　货币供应的变化对利率水平的影响：完整的分析

（a）图描述的流动性效应大于收入、价格和通货膨胀预期效应时,利率对货币供应变化的反应方式。当中央银行在 t 时增加货币供应时,由于流动性效应反应很快,利率也很快地从原来的 i_1 下降到了 i_3。但在此之后,其他三种效应开始发挥作用,因此,利率又开始缓慢地上升。但最终由于流动性效应较强,所以,这种情况下,利率只能上涨到 i_2 为止,不能再回到原来 i_1 的水平。

（b）图描绘了流动性效应小于其他三种效应、但通货膨胀预期调整较缓慢时,利率对货币供应变化的反应。当中央银行增加货币供应量后,由于流动性效应很快发挥作用,所以利率水平从最初的 i_1 下降到了 i_3。之后,由于其他三种效应开始发挥作用,利率又开始上升。同时,由于流动性效应相对于其他三种效应较弱,因此,利率会最终上升至比最初的 i_1 还要高的 i_2。

（c）图描绘了通货膨胀预期迅速发挥作用、且流动性效应低于通货膨胀预期时,利率对货币供应量变化的反应。由于通货膨胀预期比流动性效应强,且迅速发挥作用,所以,中央银行提高货币供给后,利率就开始上升。之后,收入和价格水平效应又开始发挥作用,利率继续上升,一直上升到 i_2 为止。

15.1.4 可贷资金分析

我们从对古典利率决定和流动性偏好的利率决定的分析中可以发现,古典学派在分析利率的决定时,完全忽视了货币的因素;但是,流动性偏好的分析却走向了另一个极端,即忽视了实质性因素在利率决定中的作用。将实质因素和货币因素综合在一起来分析利率的决定,就形成了可贷资金利率决定理论。

可贷资金理论分析的基本工具还是供给与需求曲线。可贷资金的供给来源于以下几个方面:

● 当前储蓄。例如,当你将当期收入的一部分存入银行时,就形成了可贷资金供给。

● 开放经济中国外资本的流入。现在,资本在国际间的流动越来越频繁,规模也越来越大,国外资本的流入也增加了国内可贷资金的供给。

● 银行体系创造的新增货币。

● 固定资本折旧或出售所得。

● 窖藏现金的启用。

可贷资金的需求包括:

● 当前投资。例如,企业要新建厂房或购买新的机器设备生产新的产品时,就会增加借款的需求。

● 固定资本的重置及折旧的补偿。例如,企业购置新的机器设备来替代原来旧的机器设备时,也会增加对资金的需求。

● 新增的货币需求。

利率由可贷资金的总需求与总供给之间的交点所决定。在图 15.11 中,ΔM_d 为新增货币需求曲线,I 为新增投资与折旧补偿,F_d 为可贷资金需求,因此,按照定义,$F_d = \Delta M_d + I$。在图中,新增货币需求 ΔM_d 为 70 亿元,新增投资与折旧补

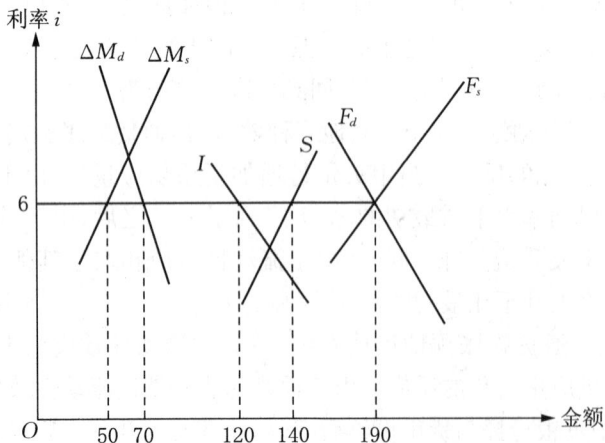

图 15.11 利率决定的可贷资金分析

偿为 120 亿元,因此,可贷资金总需求 F_d 为 190 亿元。ΔM_s 为新增货币供给,S 为储蓄和国外资本的流入,F_s 为可贷资金供给,按照定义,有 $F_s = \Delta M_s + S$。在图中,新增货币供给 ΔM_s 为 50 亿元,储蓄与国外资本流入 S 为 140 亿元,因此,可贷资金供给量 F_s 为 190 亿元。这时,可贷资金需求 F_d 与可贷资金供给 F_s 相等,决定的均衡利率水平为 6%。

对图 15.11 的进一步分析会发现,由可贷资金的供给与需求决定均衡利率时,新增货币供给与新增货币需求、储蓄与投资并不一定相等。在我们的例子中,在 6% 的均衡利率水平上,货币供给量为 50 亿元,货币需求量却为 70 亿元,因此有 20 亿元的超额货币需求。另一方面,在 6% 的均衡利率水平上,投资为 120 亿元,但储蓄却有 140 亿元,因此,储蓄又多于投资 20 亿元。但是,不管怎样,当可贷资金的供给与需求相等时,货币需求与货币供给之间的缺口必然会与投资与储蓄之间的缺口相等,在我们的例子中,即缺口都为 20 亿元。

15.2 利率的风险结构

我们购买任何一种债券都要承担一定的系统性风险和非系统性风险。为引导投资者接受市场投资组合的风险,必须向他们提供超过无风险利率的预期收益率。这就是风险溢价。人们对风险厌恶的程度越高,风险溢价就越高。因此,有关利率的第二个重要现象就是,即便在同一个时点上,不同信用级别的债券发行人所发行的相同期限的债券收益率也存在相当大的差异。同时,同样信用评级的企业,因债券合约结构的差异,也可能存在非常大的差异。这就是利率的风险结构。

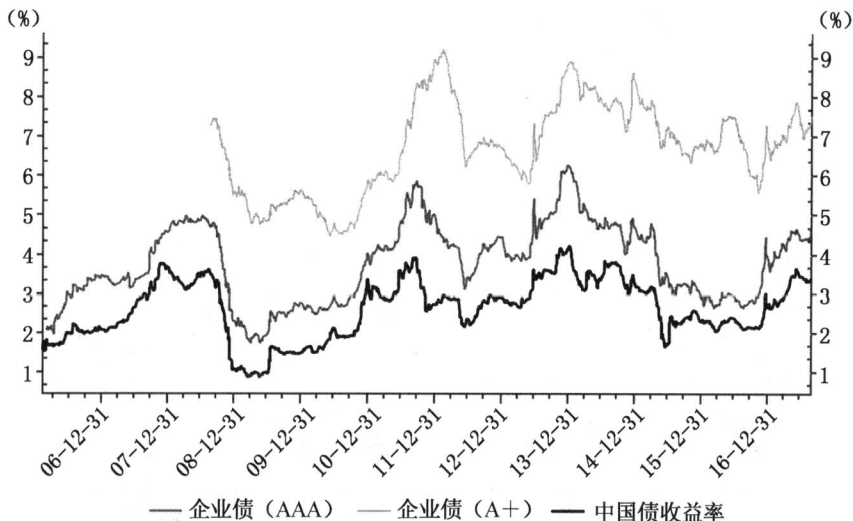

图 15.12 一年期中国国债、AAA 与 A+企业债的收益率

资料来源:WIND。

影响不同发行者发行债券的利率差的主要风险是非系统性风险,即违约风险和流动性风险,当然,税收差异、债券的内含选择权对其利率也有重要影响。

15.2.1 违约风险与利率

违约风险也叫信用风险,即指借款者到期时不能还本付息的可能性。它包括两个层面。第一,借款者因经营不善,没有足够的现金流来偿付到期的债务;第二,借款者有足够的现金流,但它没有到期还本付息的意愿。与一般的企业不同,中央政府有税收和货币发行的权力做后盾,因此,你购买国债就不会承担什么信用风险。所以,政府债券享有"金边债券"的美誉。相反,企业发行的债券,经常会出现一些违约。违约风险较高的债券,对它的需求就会相对少一些,因此,若一种债券的违约风险上升,市场上抛售它的投资者就会增加,从而导致其价格下跌,收益率上升;或者,对两种剩余期限相同的债券而言,违约风险相对更高的债券的需求就会相对少一些,因而其价格总是高于违约风险相对较低的债券,其利率也自然会更高一些。一般而言,有违约风险的债券总是存在正的风险溢价,且其风险溢价随违约风险的增加而上升。不同发行者发行的相同期限的债券,其利率之所以有差异就主要是其信用风险差别之故。这种因违约风险或信用差异而导致不同信用级别的债券之间的利率差,通常叫**信用利差**。

信用利差总会随着宏观经济环境的变化而变化。在宏观经济景气或繁荣时期,企业经营状况改善,盈利能力上升,经营现金流相对充裕,这时,违约风险会相对下降,因而信用利差往往会下降。相反,在宏观经济下滑或衰退期,企业经营状况总体恶化,不同企业间的经营状况也会更加分化,这时,信用利差往往会扩大。如图 15.13 所示,在 2008 年美国次贷危机期间,美国企业债券的信用利差就因宏观经济恶化而像火山喷发一样飙升。

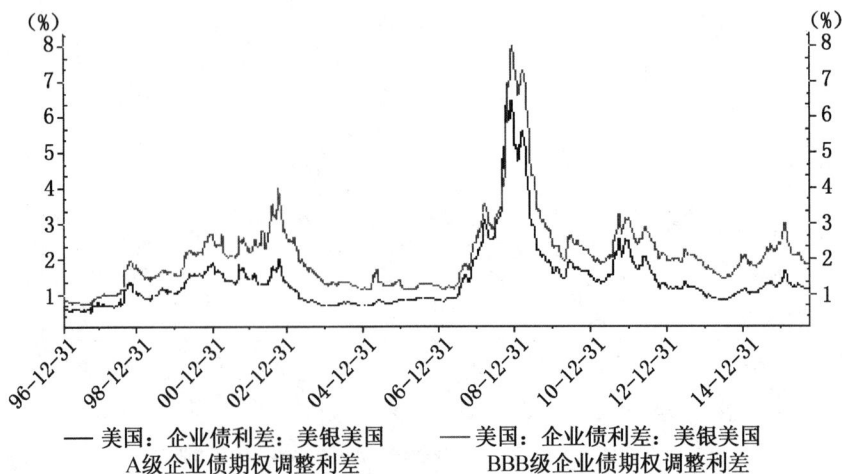

— 美国:企业债利差:美银美国　　　— 美国:企业债利差:美银美国
A级企业债期权调整利差　　　　　BBB级企业债期权调整利差

图 15.13　美国企业债券的信用利差

资料来源:WIND。

15.2.2　流动性与利率

除了信用风险外,影响债券利率的另一个重要因素就是它的流动性。资产的流动性越高,将它变成现金时所受的损失就越小。因此,一般而言,流动性越高的资产,就更受人们欢迎。但是,流动性越高,收益率会越低;反之,如果要求收益率越高,就得放弃部分流动性。

流动性是如何影响利率的呢?考虑这样一种情况,假定有一家公司现在要发行 10 年期的债券,但是该种债券没有二级市场。也就是说,如果你购买了该公司发行的债券的话,你就必须持有到 10 年以后才能兑付本息。由于你不能转手卖给他人,因此,该企业发行的这种债券是完全没有流动性的。在这种情况下,如果你购买该债券五年后要急着用现金,又没有别的法子,那你就会很后悔当初买了债券,而没有去银行存款。一旦这样考虑了,你购买该企业发行的债券的愿望就不强烈了。

因此,流动性会影响人们对债券的需求意愿。债券的流动性恶化了,如果你购买了它会很难脱手,或者要转让给他人的话,会带来很多损失,但政府债券的流动性没有发行变化,这样,投资者会减少对流动性低的债券需求,而增加对高流动性债券的需求。债券需求的这一变化,将使低流动性债券的价格下跌,利率上升,而高流动性债券的价格相对上升,利率下跌,从而使高流动性和低流动性债券之间的利差扩大。这种因流动性的差异而导致债券的利率的差异叫**流动性升水**。

中国国债市场的发展,就很好地说明了流动性对利率的影响。国债素有"金边债券"之称,在所有金融工具中,国债的利率应该最低。但是,我国恢复国债发行后的相当长的时间里,以三年期为例,国债的利率一直远远高于同期银行存款利率(表所示),出现了所谓利率"倒挂"现象。理论界对此非议颇多。

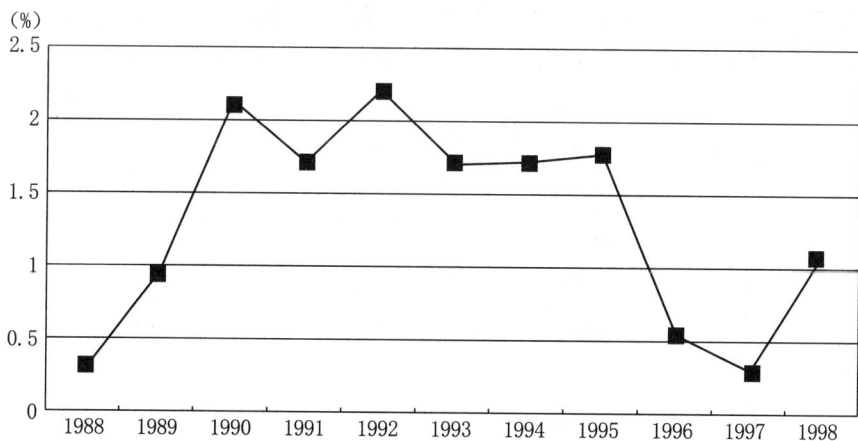

图 15.14　三年期国债与存款的利差(国债－存款)

资料来源:根据《中国金融年鉴》整理。

中国国债利率与银行存款利率水平的倒挂有其深厚的历史背景和制度背景。

在恢复国债发行的初期,中国实际上并没有全国统一的国债流通市场。即便有一些"黄牛"在媒介国债交易,但这在当时是"非法"的,国债交易面临较高的风险。第二,由于"黄牛"无法形成全国统一的国债交易市场,其交易的规模和交易中所反映的信息量非常有限,国债交易的地域分割相当强,从而在各个地区之间实际形成了差别极大的国债交易价格和利率水平。这样,国债流动性就被打了较大的折扣,远不像市场经济国家那样是流动性最高的金边债券。从另一个角度来看,国有商业银行一直是受到政府严格保护的,它们实际上是准财政机构,无破产风险之虞。在这种情况下,国债发行利率高于同期银行存款利率水平,并无不妥。

但后来,中国建立了统一的国债交易市场,国债交易采用了现代信息技术,国债价格随行就市,交易成本也大大降低。况且,在经历十多年的发展后,商业银行逐渐暴露出越来越多的问题,其中最主要的就是银行不良债权的累积,国债与银行存款之间的流动性结构和风险结构已经逆转,国债流动性已经比银行存款高,风险又相对低,国债利率比同期银行存款利率高的基础不复存在,所以,现在国债利率比同期银行存款利率低。

15.2.3 税收差异

不同债券的税收待遇是不同的。有的是免税债券,即该类债券支付的利息不用缴纳个人所得税。而另一些债券则是含税债券,即债券支付的利息需要缴纳个人所得税。国债通常是免税债券,在中国,地方政府债券也是免税债券。而一般工商企业、金融机构发行的债券,则是含税债券,它们向债券投资者支付的利息,则要缴纳20%的利息所得税。人们关心的是税后实际利率。利息税税率越高,税前的名义利率也应该越高。

假定有债券 A 和 B,它们的违约风险和流动性风险相同,A 为免税债券,B 为应税债券。它们的税前利率分别为 i_A 和 i_B。若债券的利息所得税税率为 t_B。若在两种债券中各投资 1 元,且期限均为 1 年,那么,投资于债券 A 的得到的本息总额为$(1+i_A)$,投资于债券 B 的税后本息总额则为 $1+i_B(1-t_B)$。投资者在购买这两种债券时,总希望得到的税后回报相等。因此有:

$$(1+i_A)=1+i_B(1-t_B) \tag{15.1}$$

即 $i_A=i_B(1-t_B)$,从而有: $i_B=\dfrac{i_A}{1-t_B}$ (15.2)

由于税收不会小于零,所以,i_B 大于 i_A,即应税债券的利率总是高于免税债券的利率。

15.2.4 内含选择权

债券发行时,通常赋予债券持有者或发行人一定的选择权。债券发行中包含的选择权称为**内含选择权**,债券合约中是否有内含选择权,对债券的发行利率有很大的影响。债券的内含选择权形式多种多样,常见的选择权包括:赎回条款、回售条款、附认股权。

赎回条款给出发行人在到期日前全额或部分赎回债券的权利。发行人从赎回条款中得到的好处在于,当市场利率下时,可以先将原来以较高利率发行的债券赎回,然后用相对较低的利率发行新的债券筹集资金,这就可以为发行人节约相应利息成本。但是,在市场利率下行的环境中,债券发行人提前赎回债券会给债券投资者带来再投资风险,即债券投资不得不再花时间去寻找收益率更低的债券投资、调整资产组合,由于不能确定到期期限,附有赎回条款也给债券投资者的流动性管理带来了难度,因此,附有此类选择权的债券会给持有人带来额外的风险,自然地,其票面利率在发行时应相对地高一些。

回售条款是给予债券持有人在指定的时期将债券以面值出售给发行人的权利,即便债券尚未到期,债券发行人也应当赎回。如果在债券发行中约定的回售条款,基在发行后市场利率上升,使债券价格就会下跌,继续持有债券就可能遭受资本损失。在此情况下,为了获得更高的市场收益,投资者就可以要求发行人以面值赎回债券。可见,与赎回条款相反,回售条款是对债券投资者的一种保护,降低了债券投资者面临市场利率上升时的市场风险。正因为这一特点,附有回售条款的债券,发行的票面利率就会相对较低。

债券附认股权也对其利率有极大的影响。债券可以有两种形式的附认股权。一种是内含认股权证,另一种是可分离交易认股权证。内含认股权证的债券包括可转换公司债券(简称可转债)和可交换公司债券。可转债允许其持有人在约定的期限和转股价格将其持有的债券转换成债券发行人的普通股。当债券行人的股票价格持续上涨时,就会给可转债的持有人带来很高的收益。可交换债券则是指,债券持有人可以在约定的期限内,以约定的价格将其持有的债券转换其债券发行人持有的另一家公司公开发行的股票。可分离交易债券就是债券发行人在发行债券时附送给债券认购人若干份认股权证,权证的持有人可在未来约定的期限内以约定的价格购买债券发行人新发行的股票。附有认股权证的债券,当标的股票价格在认股权的行权期内显著高于约定的价格时,就会给债券投资者带来超乎预期的回报。

需要指出的是,附认股权证和赎回条款或回售条款,是可以同时存在于某一只债券中的。例如,可转债就可能同时附有赎回或回售条款,有利于投资者的内含选择权债券利率,会显著地低十同期其他信用级别相似、但没有此类选择权债券的利率,甚至会大大低于信用级别最高的国债利率。但对于含有利于发行人的内含选择权的债券,市场参与者会要求更高的利率。因债券的嵌入式期权而导致它与纯债券之间的利率差异,叫**期权调整利差**。

15.3   利率期限结构

有关利率的第三个重要现象就是,同一个债券发行人所发行的债券,在同一个时期,它们的收益率会因不同剩余期限而有明显的差异,剩余期限越长,收益率会越高,所有国家的利率均是如此。图 15.15 和图 15.16 分别显示了美国和中国的 10 年期和 1 年期国债收率的差异。为什么同样是政府发行的债券,或在同一家银行的存款,不同期限的债券或存款的利率水平存在差异呢? 这就是利率期限结构理论所要解释的。

15.3.1 预期假说

预期假说认为,长期债券的利率等于长期债券到期之前人们对短期利率预期的平均值。例如,如果人们预期在未来 5 年里,短期利率的平均值是 10%,则预期假说预测 5 年期债券的利率也将是 10%。如果人们认为未来 10 年中短期利率的平均值为 12%,那么,10 年期的长期债券的利率也应当为 12%。

预期假说有一个关键假设,即:债券购买者对某种期限的债券并无特殊的偏好,他是否持有该债券,完全取决于该债券相对于其他债券的相对回报率。因此,当某种债券的预期回报率低于期限不同的另一债券的回报率时,人们将不再持有这种债券,会立即购买回报率较高的债券。所以,这些债券就是可以完全替代的。如果债券之间可以完全替代,那么,通过套利活动,这些债券的预期回报率也必须相等。

为了简化分析,我们假定你有一块钱要投资,总投资期限为两年。你有两种投资方案可供选择。

方案一:购买一张两年期的债券,并持有到到期日为止。这张两年期的债券每年按复利计息一次。假设它的年利率为 i_{2t}。

方案二:今年购买一张一年期的债券,这张债券的年利率为 i_t。一年后,你取回本息后再继续购买另一张期限为一年的债券,这张新债券的预期年利率为 i_{t+1}^e。

在第一种方案中,两年后,连本带利总额为:

$$(1+i_{2t}) \cdot (1+i_{2t}) = 1+2i_{2t}+(i_{2t})^2 \qquad (15.3)$$

扣除本金后,实际的回报率为:

$$1+2i_{2t}+(i_{2t})^2-1=2i_{2t}+(i_{2t})^2 \qquad (15.4)$$

在第二种方案中,第一次投资一年后的本利总额为:$(1+i_t)$

第二年,继续以第一年投资的本利进行再投资,由于预期第二次投资一年期债券的利率为 i_{t+1}^e,因此,第二次购买一年期债券期满后的本利总额为:

$$(1+i_t) \cdot (1+i_{t+1}^e) = 1+i_t+i_{t+1}^e+i_t \cdot i_{t+1}^e \qquad (15.5)$$

在第二种方案下,所得的总回报为:

$$1+i_t+i_{t+1}^e+i_t \cdot i_{t+1}^e-1=i_t+i_{t+1}^e+i_t \cdot i_{t+1}^e \qquad (15.6)$$

如果这两种投资方案是可以完全替代的,那就意味着它们的回报率应该完全一致,否则,就会引起新的套利行为,从而促使这两种投资方案的回报率相等。因此有:

$$2i_{2t} + (i_{2t})^2 = i_t + i_{t+1}^e + i_t \cdot i_{t+1}^e \qquad (15.7)$$

一般而言,利率很少高于10%,因此,$(i_{2t})^2$ 和 $i_t \cdot i_{t+1}^e$ 的值都很小。例如,如果 i_{2t} 为5%,那么,$(i_{2t})^2$ 就只有0.002 5。因此,我们可以将上式近似地表示为:

$$2i_{2t} = i_t + i_{t+1}^e \qquad (15.8)$$

从而得到:

$$i_{2t} = \frac{i_t + i_{t+1}^e}{2} \qquad (15.9)$$

它表明,两年期债券的利率应等于连续两个一年期债券利率的算术平均值。

更一般地,如果有一种债券的期限为 n 年,它的利率为 i_{nt}。如果在这 n 年中,期限为一年的短期债券的利率系列分别为 i_t, i_{t+1}^e, i_{t+2}^e, $\cdots$, i_{t+n-1}^e,则有:

$$i_{nt} = \frac{i_t + i_{t+1}^e + i_{t+2}^e + \cdots + i_{t+n-1}^e}{n} \qquad (15.10)$$

上式表明,期限为 n 年的长期债券等于在这期间短期利率系列的算术平均值。

因此,根据预期假说,短期利率的上升将提高人们对未来短期利率的预期,这样,又会进一步使长期利率上升。反之,如果短期利率下降,那么,人们对未来短期利率的预期也会相应地下降,并进一步使长期利率下降。

15.3.2 分割市场理论

分割市场理论认为,不同期限的债券市场是完全独立和分割的,因此,每种债券的利率只受自身供求状况的影响,其他期限债券回报率的变化不会影响对该种债券的需求。比如,根据分割市场理论,三年期国债利率的变化就不会影响对一年期国债的需求。可见,分割市场理论与预期假说完全相反,处于另一个极端,即假定不同期限的债券之间根本没有替代性。

不同期限的债券之间之所以不会相互替代,原因在于,投资者对一种期限的债券具有强烈的偏好,而对其他期限的债券根本不喜欢。所以,投资者一般只会关心他所喜欢的期限债券的预期回报率。这就像我们日常生活中,王小二认为赵小三有缺点,就对赵小三避而远之,不予理会。按照分割市场理论假说,如果你偏好一年期的债券,那么,即便是两年期债券的回报率有很大幅度的上升,你也还是持有一年期的债券,而不会购买两年期债券的。

根据分割市场理论,不同期限的债券的回报率之间之所以有所差异,是由不同期限债券的供求差异所决定的。一般来说,投资者更偏好期限较短、风险较小的债券,所以,对短期债券的需求会比对长期债券的需求更大。根据我们前面分析的可贷资金利率决定理论,可以知道短期债券的价格会高于长期债券的价格,因此,它的利率也比长期债券的利率低。

但是,分割市场理论的关键假设是很极端的,也与现实相去甚远。实际上,各种期限的债券之间还是有一定的替代性,长期债券回报率的变化会对短期债券的需求带来一定的影响,即各个市场之间还是会产生一些套利行为的。事实上,当两年期债券的回报率大幅上升时,你也极有可能卖掉一部分原来持有的一年期债券,而购买两年期债券,以获得更高的回报率。由于投资者的套利活动,各种不同期限债券的利率就会一起波动。这也正是我们经常看到的现象。显然,分割市场理论对此无法解释。

15.3.3　期限选择与流动性升水理论

期限选择理论认为,长期债券的利率等于该种债券到期之前短期债券利率预期的平均值,加上该种债券随供求条件变化而变化的期限升水。同预期假说一样,期限选择理论也假定不同期限的债券之间是可以互相替代的,这样,一种债券回报率的变化会对其他期限债券的回报率产生较大的影响。但是,它又同分割市场理论一样,假定投资者对不同期限的债券的偏好存在差异,只不过不像分割市场理论那样极端罢了。这样,各种债券之间的相互替代又是不完全的。

比如,你可能喜欢一年期的债券,但是也非常关注两年期债券的回报率的变化。如果两年期债券的回报率太高,那么,你也会购买一些两年期的债券。但由于你更喜欢一年期的债券,因此,只有购买两年期债券能够得到更高的回报率时,你才会愿意购买你本不太喜欢的两年期债券。高出的这一部分回报率就是期限升水。以 P_{nt} 表示期限升水,则期限选择理论可表示为:

$$i_{nt} = \frac{i_t + i_{t+1}^e + i_{t+2}^e + \cdots + i_{t+n-1}^e}{n} = P_{nt} \tag{15.11}$$

与期限选择理论类似的是流动性升水理论。我们在学习金融工具的特征时,了解到金融工具具有收益性、流动性和期限性。一般而言,金融工具的期限越长,流动性就越低;反之,期限越短,流动性就越高。由于长期债券的流动性较短期债券低,因此,持有长期债券就要承担更高的流动性风险。因此,要使投资者持有长期债券,就必须向他们支付正值的流动性升水,以补偿他们所承担的更高的风险。以 l_{nt} 表示流动性升水,则流动性升水理论可以表示为:

$$i_{nt} = \frac{i_t + i_{t+1}^e + i_{t+2}^e + \cdots + i_{t+n-1}^e}{n} + l_{nt} \tag{15.12}$$

由于期限升水或流动性升水一般都为正值,所以,长期债券的利率比短期债券的利率要高。

假定在今后五年里，一年期债券的预期利率系列分别为 1.8%、2.0%、2.5%、2.7% 和 3.0%，两年期和三年期债券的期限升水（或流动性升水）分别为 0.2% 和 0.25%，那么，现在的两年期、三年期债券的利率应当分别为 2.1%[即（1.8%＋2.0%）÷2＋0.2%＝2.1%]，2.35%[即（1.8%＋2.0%＋2.5%）÷3＋0.25%＝2.35%]。

15.3.4　利率期限结构变动的现象

以上介绍了有关利率期限结构的一些基本理论。那么，在金融市场中，我们观察到的利率期限结构变动的主要特征是什么？它又有着什么样的经济信息呢？

虽然长期利率一般是高于短期利率，但长短期债券之间的利差并不是不变的。在不同的利率变动周期中，长短期债券的并不会同比例、同基点地变动，这就会导致长短期之间的利差变化。在长短期利率变化的历史统计中，你会发现，当利率处于上升周期时，短期利率往往较长期利率上升得更多，从而导致长短期之间的利差缩小。但是，在利率处于下行周期时，短期利率又往往比长期利率下降得更多，从而导致期限利差扩大。图 15.15 和图 15.16 分别是美国和中国 10 年期与 1 年期国债收益率的对比，从中可以明显地看到，利率周期变动中的利差变化这一规律。

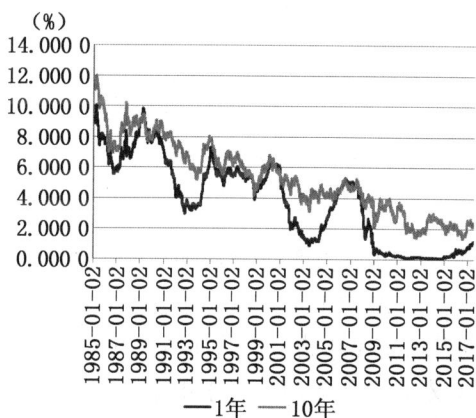

图 15.15　美国国债收益率

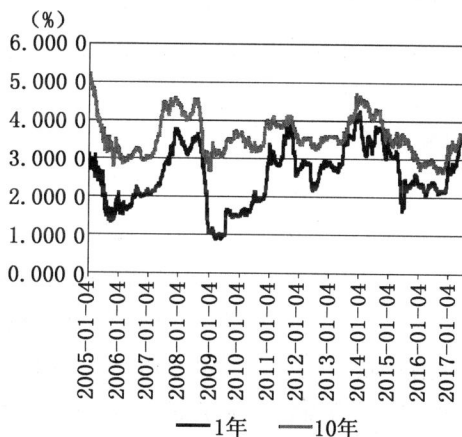

图 15.16　中国国债收益率

资料来源：根据 WIND 整理。

反映在债券的收益率曲线上（第 9 章），就是债券收益率曲线斜率的变化。若长短期之间的利差扩大，就意味着一个更加陡峭化的收益率曲线，因此，在利率上升周期，收益率曲线会变得相对陡峭；反之，若长短期利差缩小，则表明收益率曲线的斜率越平坦。由于在宏观经济的运行中，对投资和消费影响更大的是长期利率，而不是短期利率。中央银行在货币政策操作中，能够直接影响的恰恰是短期利率。

例如,美联储就是通过调节联邦基金利率来影响长期利率的。假若中央银行认为,经济过热、通胀上升,因此希望提高利率来抑制投资和消费,从而达到稳定价格水平的目的。格林斯潘在 2004 年至 2006 年连续十多次提高联邦基金利率,尽管美国一年期国债收益率随联邦基金利率而大幅上升了,但长期利率上升得很少,于是,利率上升周期中,这种长期利率不能随短期利率上升而一同升的现象,就被叫**格林斯潘之谜**。这给通过提高短期利率并进而试图提升长期利率以抑制通胀的货币政策带来了很大的麻烦。与之相反,当短期利率下降时,长期利率可能没有短期利率下降得多,这时,若中央银行已大幅下调短期利率,但长期利率没有它所期望的那样下降,那它降低短期利率刺激经济的效果就可能被打折扣。这正是 2008 年次贷危机后的几年里美国所面临的问题。为了使长期利率随短期利率而下降,进而降低失业率,当时的联储主席伯南克就采取了**扭转操作**,即卖出短期国债而买入长期国债,增加对长期国债的需求,从而改变美国长短期国债的利率结构。

实际上,根据预期假说,若长短期之间的利差缩小,收益率曲线变得十分平坦,意味着未来的短期利率会较低,即不存在较高的通货膨胀预期;或者说,收益率曲线平坦化意味着未来经济可能出现衰退。在美国过去的几个利率周期中,每当短期利率(如 1 年国债利率)上升到接近于长期(如 10 年国债)利率时,恰恰是经济处于向下转折的前夜。例如,2006 年,当美国 1 年期国债收益率接近 10 年期国债收益率之时,正是次贷危机即将爆发之时。反之,收益率曲线越陡峭,意味着未来的短期利率可能会上升,通胀预期可能逐步上升,宏观经济也可能将因此而进入复苏阶段。2011 年后,美国的长期国债收益率就不及短期债券收益率下降得多,随后几年里也正是美国经济出现复苏的时期。

小　结

马克思认为,利息是对剩余价值的分割,利率由社会平均利润率决定。古典利率理论认为,当储蓄与投资相等时,就决定了均衡利率水平。资本边际生产力和边际消费倾向、边际储蓄倾向的变化会使投资需求曲线和储蓄供给曲线发生位移,因而会引起均衡利率水平的变动。利率变动对宏观经济活动具有累积循环效应。流动性偏好理论认为,当货币供给与需求相等时,就决定了均衡利率水平。当货币供给曲线和货币需求曲线发生位移后,均衡利率水平也可能会发生变化。收入、价格水平都会使货币需求曲线发生位移,因此,它们都会影响利率水平。可贷资金理论认为均衡利率是由可贷资金的供给与需求决定的。在可贷资金的需求与供给相等决定的均衡利率水平上,货币供给与需求、储蓄与投资却并不一定相等。

货币供给量增加会导致物价水平上升,也会降低利率,因此,物价与利率之间理应呈反方向变化。但在现实中,物价水平与利率之间却呈正向变化,这被称作"吉布逊谜团"。造成这种现象的原因在于,货币供给增加后,通过流动性效应、收入效应、价格水平效应和通货膨胀预期效应来影响利率水平。在这四种效应中，只有流动性效应会降低利率，而其他三种效应会使利率水平上升。

　　不同的借款者发行的债券的利率存在一些差异，主要是因为它们存在不同的风险结构。违约风险（信用风险）、流动性风险、税收差异和债券赋予持有人不同的选择权对利率结构有重要影响。不同信用级别之间的债券利率差异，被称为信用利差。

　　对于利率期限结构，预期假说认为，长期债券的利率是在它的存续期内各个短期债券预期利率的平均值。分割市场理论认为，不同债券之间没有替代性，投资者更偏好于短期债券，不偏好于长期债券，为了鼓励投资者持有长期债券，就必须向他们支付更高的利率。期限选择理论和流动性升水理论认为，长期债券的利率是连续短期债券利率预期值的平均值加上期限升水或流动性升水。在金融市场的现实中，长短期利率在不断的周期变化中有明显的差异。过去观察到的现象是，在利率上升周期，长短期利差会缩小；在利率下行的周期中，长短期利差往往会扩大。长短期利差变化以及与之相对应的收益率曲线的变化，可能有比较明显的宏观经济信息。

关键概念

可贷资金理论	流动性偏好理论	利率风险结构	利率期限结构
风险升水	流动性升水	预期假说	分割市场理论
期限升水	流动性效应	吉布逊谜团	内含选择权
格林斯潘之谜	扭转操作	信用利差	资本边际生产力

思考练习题

1. 请简要阐释马克思的利率理论。
2. 解释流动性偏好利率决定理论的主要内容。
3. 可贷资金理论的主要内容是什么？
4. 什么是吉布逊谜团？为什么出现吉布逊谜团？
5. 为什么企业债券的利率要比同期限的国债利率高？
6. 为什么在同一时期相同期限的同类金融工具的利率存在差异？
7. 利率期限结构的预期理论基本内容是什么？它有什么样的含义？
8. 如何理解格林斯之谜？
9. 中央银行在公开市场上买入政府债券，增加了货币供应量，这一政策对利率总水平有何影响？

10. 请阐释利率决定的储蓄—投资理论。

11. 请解释维克塞尔的累积循环理论。

12. 如果储蓄与利率之间的关系式为：$S = 500 + 600i$（其中 S 为储蓄，i 为利率）；投资与利率之间的关系式为：$I = 600 - 400i$（其中 I 表示投资，i 为利率）；货币需求与利率之间的关系式为：$M_d = 300 - 200i$（其中 M_d 表示货币需求）；货币供给量为 700。试根据古典利率决定理论、流动性偏好理论和可贷资金理论计算均衡利率水平，并对它们进行比较。

13. 假设某企业发行了一期五年期的附息债券，票面利率为 8%。有一天，该公司突然宣布，经营状况远远低于预期的水平。这一消息对该公司债券的市场利率和市场价格会有何影响？如果该公司宣布开发了一种具有较大市场潜力的新产品，并已得到专利保护，这对该公司债券的市场价格和利率的影响又如何呢？

14. 如果一、二、三和五年期政府债券的市场利率分别为 2.5%、2.75%、3.0% 和 3.5%，根据预期假说理论，四年期政府债券的利率应该是多少？

15. 2008 年的美国金融危机中，美国金融机构，企业发行的债券价格大幅下跌，流动性迅速下降，利率大幅上升，相反，美国政府发行的短期债券利率下跌。其价格有所上升，甚至一度出现了美国短期政府债券为负的情况。试结合本章利率风险结构的主要内容，对这一现象做一简要分析。

16. 马丁·梅耶在《联储岁月》一书中写道："长期利率取决于当前的短期利率和预期的未来短期利率及期限升水。（联储）工作人员强调，没有什么证据表明货币政策能够影响期限升水。在这种情况下，降低利率的唯一办法是鼓励市场预期，短期利率将在较长期内保持在较低水平。"根据利率期限结构理论，请对这段话予以解释。

17. 请就最近两年中国利率期限结构的变化及其宏观经济信息展开讨论。

18. 中国人民银行降低法定存款准备金比率、增加对金融机构的贷款、公开市场中进行逆回购等货币政策操作会增加货币供给或向市场提供流动性，反之，则有收缩货币供给的意图。请结合近两年中国人民银行的货币政策操作，对中国市场利率做简要分析。

▶ 16

物价水平:通货膨胀与通货紧缩

学习目标

学完本章后,你将能够:

弄清什么是物价指数及其主要类别

了解什么是通货膨胀和通货紧缩

弄清通货膨胀或通货紧缩的社会经济影响

了解通货膨胀或通货紧缩形成的原因

弄清物价水平与失业率之间的关系

弄清政府为稳定物价所能采取的政策措施

无论是购买大宗的家用电器,还是日常生活用品,我们都希望价廉物美。物价不仅对个人的购买决策具有重要的影响,也会影响到人们的生活境况。对个人如此,对企业、对整个国家的经济运行也都具有重要的影响。在上一章,我们也看到,利率水平也受到价格水平的影响,因此,当物价水平不稳定时,政府一般都会采取相应的措施来予以治理。物价水平的波动既是一个宏观经济学的研究课题,又与货币和金融息息相关。

16.1 物价总水平及其衡量

16.1.1 物价指数

什么是通货膨胀或通货紧缩呢?在理解这两个概念之前,我们要先弄清另一个概念,即一般物价水平(或物价总水平)。**一般物价水平**就是全社会所有商品和服务的价格总水平。但是,在实际的经济生活中,并不以绝对值来衡量一般物价总水平,而是以物价指数来衡量物价总水平的变动。根据统计所选择的范围的不同,衡量一般物价水平变动的指标有以下几个:

- 消费价格指数
- 生产者价格指数
- 国民生产总值平减指数

消费价格指数是根据具有代表性的家庭的消费开支所编制的物价指数。举个简单的例子来说,假设你今天到超市去购买了5瓶可口可乐,单价为2元,4盒德芙巧克力,每盒的价格为18元,3袋喜之郎果冻,每袋的价格为14元,你购买这些东西的总支出为124元。而在去年的今天你购买了同样多的可口可乐、德芙巧克力和喜之郎果冻,支出为115元,那么,相对于去年的今天而言,你购买这些消费品的价格指数就是:$\frac{124}{115} \times 100\% = 107.8\%$。这即表明,相对于去年的今天而言,购买同样多的消费品,你今天的支出就多了7.8%。当然,这只是一个极其简单的例子。在统计上,计算消费价格指数时所选择的消费品种类要多得多。

消费价格指数综合地反映了物价水平的变动对消费者支出及消费者生活水平的影响。如果消费价格指数较上一年上涨了,说明消费与去年同样多的商品或服务,就要支出更多的货币;反之,如果消费价格指数下降了,则以相对较少的货币支出就可以消费同样多的实物商品或服务。因此,消费价格指数是与人们的日常生活关系最为密切的物价指数。

生产者价格指数,顾名思义,就是企业购买原材料等投入品的价格指数,它反映的是企业生产成本的变化。因此,生产者价格指数对企业的利润有着很大的影响。如果生产者价格指数上涨了,则企业要购买同样多的投入品,就需要更多的货币支出,这表明生产同样多的产品或服务的成本上升了;反之,如果生产者价格指数下降了,则表明生产同样多的产品或服务的投入成本会下降。

国民生产总值平减指数是按当年价格计算的国民生产总值对按固定价格计算的国民生产总值之间的比率。例如,假定按照去年各类商品价格计算的国民生产总值为 10 万亿元,而同样数量的这些商品按今年价格计算的国民生产总值为 11 万亿元,那么,今年对去年的国民生产总值平减指数为 10%,这就是说,今年与去年相比,物价总水平上涨了 10%。相对于消费价格指数和生产者价格指数而言,国民生产总值平减指数的优点在于,在统计上它包含了消费品、资本品和原材料等价格的变动,因此,它能够更为综合、全面地反映全社会所有商品和服务的价格的变动。

16.1.2 物价指数的波动形态:通货膨胀与通货紧缩

按照一般物价水平的变动方向,可以分为通货膨胀和通货紧缩。**通货膨胀**就是指一般物价水平的持续上涨的过程。首先,通货膨胀是指物价总水平的上涨,如果只是个别商品或服务的价格上涨则不是通货膨胀,这就是说,在通货膨胀时,物价指数一定会大于零;其次,一般物价水平的上涨必须持续一段时间,如果一般物价水平是季节性或临时性的上涨,这也不是通货膨胀,例如,在春节前后消费品价格总水平的上涨就不属于通货膨胀;最后,一般物价水平的上涨必须超过一定的幅度,如果物价总水平只是持续温和地上涨,比如说,每年的上涨率不超过 1%,那

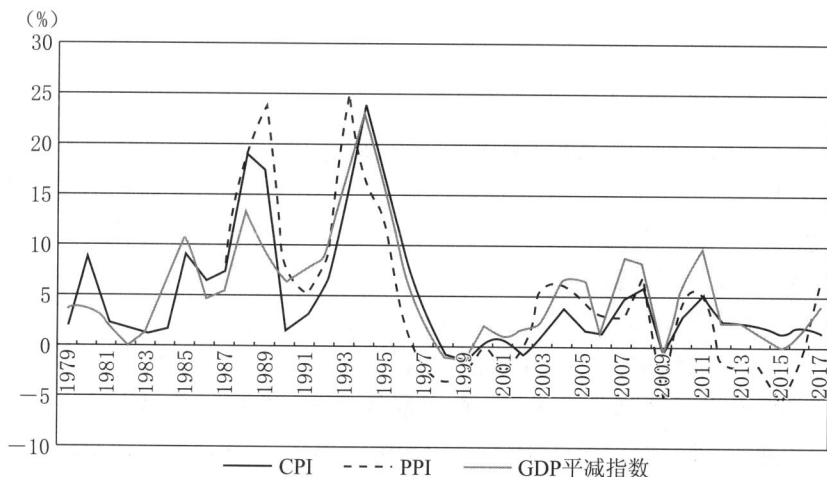

图 16.1 中国 GDP 平减指数、CPI 与 PPI

资料来源:《中国统计年鉴》各年,中国统计出版社,及根据相关数据计算而得。

么,这也不叫通货膨胀。至于物价总水平的上涨率要超过多少,才算通货膨胀,则没有一个非常明确的界限。根据这些标准,20世纪90年代以前的几十年全世界一直处于通货膨胀状态。

与通货膨胀相反,**通货紧缩**则是指物价水平持续下降的过程。与通货膨胀一样,只有当物价总水平下降时才构成通货紧缩,如果只是某些商品或服务的价格水平的下降就不是通货紧缩,另外,物价总水平的下降也必须持续一段时间,临时性的或季节性的下降也不属于通货紧缩。"双十一"期间,电商都会打折大力促销,但过了十天半月,所有商品价格又会恢复到平日的水平,这就不属通货紧缩。

在实际考察通货膨胀或通货紧缩时,要将一般物价水平的变动和物价指数的变动区别开来。一般物价水平是绝对量,而物价指数则是指相对量。通货膨胀不是指物价指数的持续上升,同样,通货紧缩也不是物价指数的下降。因为物价指数反映的只是一般物价水平的变动方向和变动幅度,所以,物价指数的上升并不意味着一般物价水平的上涨;反之,物价指数的下降也不表示一般物价水平的下跌。例如,1994—1996年,我国的消费价格指数和生产者价格指数都呈下降趋势,但都一直大于100,这说明物价总水平还是在上涨,只是上涨的速率在下降,因此,这几年还是处于通货膨胀状态。在通货膨胀时期,物价指数的下降只表明通货膨胀率的下降。反之,在通货紧缩时期,物价指数的上升也只是表明通货紧缩在好转,并不一定是发生了通货膨胀。

16.2 物价水平波动的经济影响

物价水平波动的影响是多方面的,小到我们个人的日常生活,大到整个国家的宏观经济状况,都会受到物价水平波动的影响。一般来说,物价水平的波动具有以下几个方面的影响。

16.2.1 财富再分配效应

物价水平的波动会引起财富的再分配。通货膨胀会产生有利于债务人而不利于债权人的财富再分配;反之,通货紧缩则会产生有利于债权人而不利于债务人的财富再分配。之所以会产生这样的财富再分配,是因为借款者在偿还借款时,通常是按照借款本金的名义额来计算的。

假如你的表兄向你借了1万元,他向你保证在一年后给你还清,你也不向他收取利息。(借1万块钱给亲友,还向他收取利息,会被嗤以不够"义气"的。)尽管你够"义气"的,但你遭受通货膨胀损失的可能性总是存在的。如果在这一年中发生了10%的通货膨胀,即物价总水平上涨了10%,那么,一年以后他还给你的1万元钱,实际上就只值现在的9 000元了。因此,你作为你表兄的债权人,通货膨胀给你带来了损失。但是,如果不是出现了10%的通货膨胀,而是出现了10%的通货紧缩,即一般物价水平下降了10%,那么,一年后你表兄还你的钱,实际上值11 000元。

我们再来看一个更具体的事例。假设现在一台春兰空调的价格为2 500元,一台长虹彩电的价格为3 000元,一套简单组合家具的价格为4 500元,那么,你用这1万元刚好可以买到一台春兰空调、一台长虹彩电和一套简单组合家具。如果出现了10%的通货膨胀,我们简单假定它们的价格都上涨了10%,那么,一年后你购买一台春兰空调的价格为2 750元,一台长虹彩电的价格为3 300元,一套简单组合家具的价格为4 950元,因此,你购买这些总的花费将是11 000元。因此,一年后你用你表兄还给你的1万元来购买这些耐用消费品时,还有1 000元的亏空。反之,如果它们的价格都下降了10%,那么,一年后,你用这1万元购买这些家电和家具,你还会有1 000元的剩余。

由于物价水平的波动会引起财富再分配效应,因此,在通货膨胀时期,货币作为价值储藏的职能就被削弱了;反之,在通货紧缩时期,货币的价值储藏职能则被增强了。在通货膨胀时期,由于货币的价值储藏职能被削弱了,通货膨胀会降低人们利用货币来进行价值储藏的积极性。尤其是在通货膨胀率较高的时期,人们的金融储蓄率会大大地降低,取而代之的是抢购耐用品或实物资产作为价值储藏的手段。我身边的例子是,1988年,我放暑假回家,看到家乡的农民风闻物价还会大幅上涨,于是纷纷抢购食盐来储藏价值,尽管一顿饭也吃不了半斤盐。

16.2.2　收入再分配效应

除了财富再分配效应外,物价水平的波动还会产生收入再分配效应。一般而言,工资的调整要隔一段时日,人们的工资收入并不能随着物价水平的波动而同步调整,因此,物价水平的波动就会对人们的以实物来衡量的实际收入水平产生很大的影响。具体而言,如果工资上涨率赶不上物价上涨率,通货膨胀会使工资收入者的实际收入下降,进而会降低工资收入者的实际生活水平。由于老板并不是月月给你涨工资,在通货膨胀时期,物价却一天天地涨,所以通货膨胀总会遭到人们的怨言。通货膨胀对那些领取固定退休金的老人或依靠政府救济勉强度日的贫穷者产生更为严重的影响,使他们的生活更加捉襟见肘。随之而来的往往是人们心情的压抑、不满或犯罪的增加。反之,如果名义工资的调整速度较慢,或者名义工资不会随着通货紧缩而下降,那么,通货紧缩则会使工资收入者的实际收入上升,从而会提高他们的实际生活水平。假如你今年跟去年挣得一样多——10万元,但相对于去年而言,房价、汽车、家用电器、柴、米、油盐的价格都下跌了,虽然以货币衡量的收入没有增长,若你在去年没买房买车的话,你一定会很开心的。这是因为,通货紧缩使你的实际收入上升了。

16.2.3　物价波动与资源配置效率

物价水平的频繁波动会使人们的选择更为困难,降低资源配置的效率。在我们上面的例子中,春兰空调、长虹彩电和组合家具的价格都上涨或下降了10%,实际上,各种商品或服务的价格并不是与一般物价水平的变动相一致的。要记住,一般物价水平是全社会商品或服务价格的加权平均值。物价指数也是各种商品或服务的价格变动的加权平均值。实际上,在通货膨胀时期,有的商品或服务的价格就上涨得多些,另外一些商品或服务的价格上涨得少些,因此,相对价格就因通货膨胀而发生了改变。如果物价水平的频繁波动扭曲了相对价格体系,那么就会相应地扭曲社会资源的配置。

例如,假设一家企业现在想在彩电和冰箱之间选择一项总额为10亿元的投资。现在一台29寸纯平彩电的价格是2 500元,而一台冰箱的价格为3 000元。在10亿元的投资规模下,彩电的年生产能力为20万台,冰箱的年生产能力为16万台。这样,投资于彩电的话,按照2 500元的价格计算,每年可为该公司带来5亿元的现金流;而投资于冰箱所能带来的现金流则为4.8亿元。如果不考虑其他成本的影响,显然,在目前的相对价格水平下,该企业投资于彩电比投资于冰箱更划算。

再假定在该企业进行项目投资期间,发生了10%的通货膨胀。但是,彩电和冰箱的价格上涨的幅度都不是10%,彩电的价格上涨率为8%,而冰箱的价格上涨了15%。即该企业的这个项目投入生产后,彩电的价格上升到了2 700元,而冰箱的价格却上升到了3 450元。如果生产能力没有受到通货膨胀的影响,也不考虑其他成本,那么,投产后,投资于彩电每年的现金流为5.4亿元,而投资于冰箱的现金流为5.52亿元。显然,投资于冰箱更为划算了。这样,由于通货膨胀改变了彩电与冰箱之间的相对价格,使得原来在项目评估时有利的项目反而变得相对不利了。

此外,物价水平的频繁波动也会使人们在选择储蓄时变得更为困难。回想一下我们在第3章中所分析的通货膨胀对储蓄的影响你就很清楚了。在那个为购房的首付款而储蓄的例子中,按照目前的房价水平,你购房的首付款为10万元。在这个首付额和6%的利率水平下,你每年存入29 633元就可以了。但如果在这三年中,房价每年上涨了8%,在20%的首付率下,共需要125 971.2元的首付款。在6%的利率水平下,每年应该存入37 329元才能满足这一要求。这样,你按照10万元的首付每年存入29 633元的话,到时就不够了,若不"啃老",或没有其他资金来补足这一差额,即便房子在你眼前,它离你也越来越远了。

16.2.4 对金融体系的影响

物价水平的剧烈波动还会对金融体系带来冲击。我们在第2章中看到,借款者的净值增加时,发生道德风险和逆向选择的可能性会降低。在通货膨胀时期,各种资产,尤其是房地产的价格上涨,从而企业的净值不断增加。这时,银行等贷款者发放贷款的道德风险和逆向选择降低了,因而贷款会大量增加。但是,当价格水平出现逆转,出现通货紧缩,尤其是资产价格不断下跌时,借款者的净值降低了,发生道德风险和逆向选择的可能性增加了。此外,由于价格水平的下跌,企业产品或服务的价格下降了,因而盈利能力会下降,没有足够的现金流,使它们无力偿还在通货膨胀时期的借款。这样,银行就会产生大量的不良债权。2001 年至 2005 年,在美国低利率以及房价上涨预期的刺激下,美国银行业发放了大量的次级抵押贷款。但随后,由于利率上升,房价下跌,许多借款人违约,引发了自 1933 年后美国最严重的金融危机,乃至于华尔街五大投资银行之中的贝尔斯登和雷曼兄弟不是被收购就是破产了。

16.2.5 菜单成本

最后,物价水平的频繁波动还会引起菜单成本。**菜单成本**就是因物价水平的波动而改变价格标签引起的成本。菜单成本包括与印刷价格标签相关的所有费用,如纸张、印刷费等,也包括重新填写价格标签而投入的劳动成本,为新价格做广告宣传的成本等。单个产品的菜单成本对于其价格而言虽然微不足道,但如果将全社会的所有商品的菜单成本都集中起来,也是不菲的。

16.3 物价水平与就业：菲利普斯曲线

新西兰经济学家菲利普斯从英国的统计数据中发现,在失业率与物价水平的变动率之间存在着一种交替关系,即:物价水平的上涨率越低,失业率会越高;反之,物价水平的上涨率越高,则失业率会越低。例如,在图 16.2 中,当物价上涨率为 6% 时,失业率为 2%;而当物价上涨率为 2%,失业率就上升到了 4%。失业率与物价上涨率之间的这种交替关系被称为**菲利普斯曲线**。

为什么在物价上涨率(或通货膨胀率)与失业率之间存在这种交替关系呢?原因在于,当失业率降低时,劳动力市场上的供给会减少,这样会提高货币工资的增长率,并进而推动物价水平的上涨;反之,当失业率很高时,劳动力市场存在过度的劳动供给,这会使工资增长率下降,从而使物价上涨率下降。

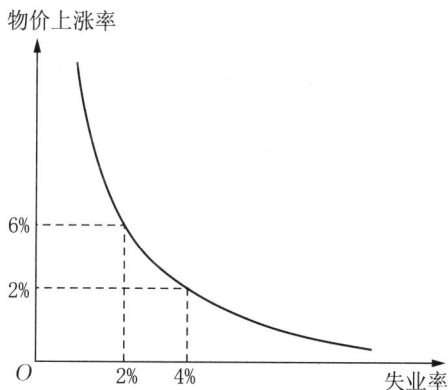

图 16.2 物价上涨率与失业率之间的
交替——菲利普斯曲线

菲利普斯曲线为政府提供了一个政策选择的菜单。由于在稳定物价与失业率之间不可两全,因此,政府要选择一个可以容忍的通货膨胀率和失业率。例如,假定政府认为 2%—6% 的通货膨胀率和 2%—4% 的失业率是可以容忍的,那么,政府就会采取各种政策措施使通货膨胀率和失业率限于这个区间之内。政府依据菲利普斯曲线为降低通货膨胀率而带来的失业率的上升,也会降低经济增长率。为使通货膨胀率下降1％而失去的产出增长率被概括为"牺牲率"。换言之,牺牲率是产出下降对通胀率下降的弹性。

但是,上述关于物价上涨率与失业率之间的这种交替关系只有在没有预期的情况下才会成立。实际上,人们所关心的不是名义工资,而是实际工资,因此,当物价水平上涨时,工人会要求提高工资,以使他们的实际工资不会因通货膨胀而下降。当存在通货膨胀预期时,通货膨胀率与失业率之间的这种交替关系就不复存在了。因为,在经济中存在一个自然失业率。**自然失业率**就是劳动力市场上供给与需求相等时的失业率,或者说自然失业率是使通货膨胀率为零的失业率。当失业率等于自然失业率时,工资和物价水平就是稳定的。当失业率降到低于自然失业率时,就会产生通货膨胀。这是因为,在这种状态下,劳动力市场的需求大于劳动力的供给,工资会上升,从而推动物价总水平的上涨。反之,若失业率高于自然失业率,则物价总水平会下降。

现在假定政府认为失业率太高,它想采取经济政策来降低失业率。为了分析方便,我们假定目前的自然失业率为4％,如图16.3。在这一失业率下,物价上涨率为零。但是,尽管这样,政府想通过轻微的通货膨胀来将失业率降低到它合意的水平,比方说,企图将失业率降低到2.5％。设在最初的4％自然失业率和零通货膨胀率下的菲利普斯曲线为c'。在这条菲利普斯曲线下,如果政府要将失业率从4％降低到2.5％,就要忍受2％的通货膨胀率。政府第一次成功地将失业率降低到了它合意的水平。但是,由于它产生了2％的通货膨胀率,因此,人们会要求将工资至少提高2％,以保证他们的实际工资不变,这就会使原来的菲利普斯曲线c'向右上方移动到c''。在c''的菲利普斯曲线下,与2％的通货膨胀率对应的失业率依然为自然失业率4％。如果政府又采取措施将失业率从4％降低到2.5％,那么,通货膨胀率就会进一步上升到4％。由于有4％的通货膨胀率,工人又会要求将工资

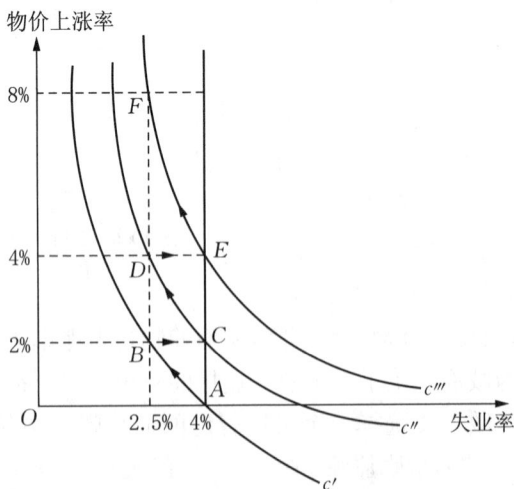

图16.3 存在预期时的菲利普斯曲线

提高 4%,这又进一步使菲利普斯曲线向右上方移动到 c'''。如果政府硬要采取政策措施来将失业率降到自然失业率水平之下,则只会使物价水平呈螺旋式地加速上升,而失业率最后还会回到自然失业率的水平。因此,当存在通货膨胀预期时,政府企图将失业率降到自然失业率之下是徒劳的,这样,长期的菲利普斯曲线就变成垂直的了。垂直的菲利普斯曲线表明,失业率与货币供应量和通货膨胀率无关。因此,货币供应量的增加,并不会降低失业率和提高实际的产出,它只会使物价总水平上升。这种现象被称作**货币中性**。

货币中性论有一些基本的假定前提,其中主要的有完美预期和价格与工资的完全灵活性。完美预期意味着,所有企业和个人都能够准确地预见到中央银行的货币政策及其影响,并能够根据这一预见调整自己的行为;由于价格与工资是完全灵活的,当货币供应量增加后,人们预期物价也会上涨,为了保持真实工资不变,它们就会要求工资相应地上涨。但现实是,价格和工资并不是完全灵活的,价格或工资不能随外部环境的变化而及时调整时的现象,通常叫**价格粘性**或**工资粘性**。另外,即便获取、加工和处理信息也是有成本的,企业或个人在经济决策时,也可能不会完全地利用已有的信息,这叫**粘性信息**。当存在价格或信息粘性的时候,人们并不能对货币政策的调整做出充分地反应,因而,货币政策依然能够影响真实经济活动,通货膨胀(波动性)与失业率(波动性)之间依然存在某种程度的交替关系。

16.4 物价水平波动的原因:总需求与总供给分析

16.4.1 总需求曲线与总供给曲线

我们利用总需求曲线和总供给曲线这一工具来分析物价水平为什么会发生波动。**总需求曲线**是描述不同的物价总水平与总需求量之间的关系的曲线;**总供给曲线**是描述不同的物价总水平与总供给量之间的关系的曲线。一般而言,总需求曲线从左上方向右下方倾斜,而总供给曲线从左下方向右上方倾斜(见图 16.4)。

在图 16.4 中,D 为总需求曲线,S 为总供给曲线。当一般物价水平为 105 时,总需求为 600,而总供给为 1 100;当物价总水平下降到 90 时,总需求增加到了 1 100,而总供给会减少到 500。只有当物价总水平为 100 时,总需求和总供给才相等,即都为 800。只有在这一点上,物价总水平和产出才是均衡的。

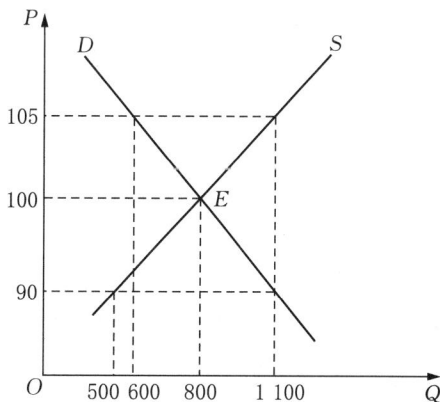

图 16.4 总需求曲线与总供给曲线

为什么总需求曲线会向下倾斜呢？原因在于,当名义货币量不变时,物价总水平下降会使实际货币余额增加。实际货币余额的增加会促使利率下降,从而使购买新的资本品的融资成本下降了,刺激投资支出的增加。同时利率的下降还会鼓励人们的当前消费,减少储蓄,因此,物价总水平的下降,会通过利率的作用而促使消费需求和投资需求都增加。此外,在开放经济条件下,利率下降会鼓励国内的资本流出,从而使本币贬值,出口增加,这也增加了总需求。

那么,总供给曲线又为什么会向上倾斜呢？这是因为企业的目标是利润最大化,产出供给量取决于每一单位产品能获得的利润。如果利润增加,产出也会增加;反之,如果利润下降,产出量也会相应地减少。由于生产成本在短期里是固定的,当物价总水平上升时,产出的价格相对于生产成本就会上升,这会导致企业的利润在短期里增加,从而刺激企业增加生产,总供给曲线向上倾斜。

16.4.2　物价水平的波动:总需求曲线的移动

当总需求曲线或总供给曲线发生位移时,物价总水平和产出量就可能会发生变化。我们先分析总需求曲线的位移。为了分析的方便,在分析总需求曲线的位移时,假定总供给曲线是不变的。

在图 16.5 中,最初的总需求曲线和总供给曲线分别为 D' 和 S,它们的交点决定的均衡物价总水平为 100。现在由于某些原因,总需求曲线发生了位移,但总供给曲线没有变化,还是为 S。先假定总需求曲线向右移动到了 D'',它与总供给曲线的交点决定的均衡物价总水平为 105,因而,当总供给曲线没有发生位移时,总需求曲线向右移动会使物价总水平上升。反之,如果总需求曲线是向左移动,比如说移动到了 D''',它与总供给曲线的交点决定的均衡物价总水平为 95,因此,当总供给曲线没有发生位移时,总需求曲线的左移会使物价总水平下跌。

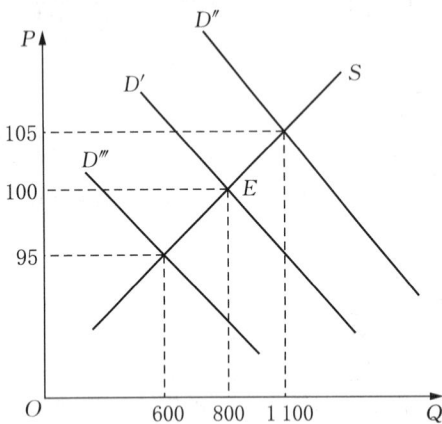

图 16.5　物价水平的波动:总需求曲线的移动

什么因素会促使总需求曲线发生位移呢？答案是,凡是影响总需求的因素的变化都会使总需求曲线发生位移。具体而言,货币供应量、政府支出、净出口、消费者的消费倾向和企业对经济前景的信心等都会使总需求曲线发生位移。当货币供应量、政府支出、净出口增加和消费者的消费倾向提高时,当企业对经济前景的预期比较乐观时,总需求曲线都会向右移动。反之,当货币供应量减少,净出口和政府支出降低,消费者和企业都对未来不太乐观时,总需求曲线则会向左移动,从而使物价总水平发生变化。这其中,货币供应量(与信贷)的变化对总需求和物价水平的影响又甚为直接。尤其是,高通胀和恶性通胀往往都是由货币供应量的大幅(或急剧)扩张而引起的。第 14 章所讲的货币数量论认为,货币供应量增加的结果,就是物价总水平以等比例地上升,米尔顿·弗里德曼更是断言,无论何时何地,通胀都是一种货币现象。实践中,1993 年和 1994 年中国货币供应量(M1)的增长率达到了 38%,结果,那两年中国的通胀率(CPI)在 20% 以上;2000 年以来有 18年左右时间里,中国房地产价格的上涨幅度就几乎与货币供应量的上涨幅度相当。货币数量的变化确实是影响通胀率的一个重要因素。

16.4.3　物价水平的波动:总供给曲线的移动

现在我们来分析总供给曲线的位移对物价水平的影响。为了分析上的方便,我们在分析总供给曲线的移动时,假定总需求曲线没有发生变化。在图 16.6 中,最初的总供给曲线为 S,它与总需求曲线 D 的交点决定的均衡物价总水平为 100。现在假定总供给曲线由 S 向左移动到了 S'。S' 与总需求曲线 D 的交点决定的均衡物价总水平为 105。可见,当总需求曲线没有移动,而总供给曲线向左移动时,物价总水平会上升。

如果总供给曲线 S 不是向左移动,而是向右移动,情况又如何呢? 设总供给曲线向右移动到了 S'',它与总需求曲线 D 的

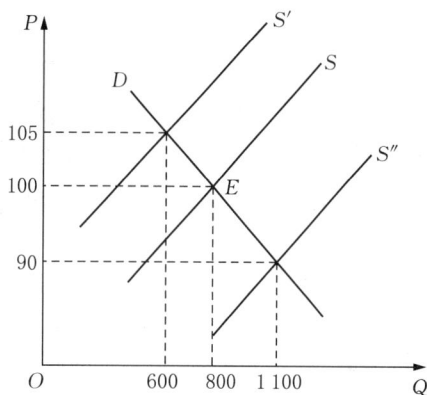

图 16.6　物价水平的波动:总供给曲线的移动

交点决定的均衡物价总水平为 90。可见,当总需求曲线不变时,总供给曲线向右移动会使物价总水平下降。

那么,促使总供给曲线移动的因素主要有哪些呢? 概括地说,使总供给曲线发生位移的因素主要有以下几个方面:

- 生产成本的变化
- 预期价格
- 技术变革
- 制度变迁

1. 生产成本的变化

生产成本会给企业的盈利能力带来很大的影响。当生产成本上升使企业利润下降时,企业就会减少投入,从而使总供给曲线向左移动;反之,当生产成本下降时,总供给曲线就会向右移动。因此,原材料和资本品投入价格的变化都会使总供

给曲线发生位移。例如,当发生石油危机时,石油价格的大幅度上升就提高了企业的能源成本,这就会使总供给曲线向左移动,从而使物价总水平上涨。这正是西方国家在 20 世纪 70 年代初所发生的情形。当成本上升而使总供给曲线向左移动,并进而引起的通货膨胀,叫作**成本推动型通货膨胀**。

生产成本的重要构成部分就是工资。当劳动力市场供大于求,工资成本就会下降;反之,当劳动力市场供给不足时,就会推动工资成本的上升。因此,在其他条件不变时,工资成本的上升会使总供给曲线向左移动;反之,工资成本的下降会使总供给曲线向右移动。在经济学上,对由工资上升而使总供给曲线向左移动,从而引起的通货膨胀有一个特定的称谓,叫作**工资推动型通货膨胀**。

2. 预期

预期也会对工资产生很大的影响,因为人们关心的是实际工资,而不是以货币来衡量的名义工资。在名义工资不变时,物价总水平上升,一定的名义工资就只能购买到较少的商品和服务。在存在通货膨胀预期时,为了不使实际工资因物价的上升而下降,工人们就会要求提高工资。如果企业迫于工人们的压力而被迫提高了工资,生产成本就会上升,使企业单位产出的利润下降,这就会使总供给曲线向左移动。预期通货膨胀率越高,要求提高工资的幅度就越大,从而总供给曲线向左移动的幅度也会越大,这样,物价总水平上涨的幅度也就更大了。

3. 技术变革

现代社会是一个技术高度发达的社会,几乎每天都有各种各样的新技术在不断涌现。技术变革既会改善企业生产工艺流程,也可能开发出新的产品和市场。在“慈母手中线、临行密密缝”的手工业时代,技术就相当落后,产出水平相当低。技术进步则极大地提高了产出水平,在当今社会,几乎没有人自己缝制衣服但依然有穿不完的衣服。改善生产流程的技术变革会提高企业的劳动生产率,使企业在同样的原材料和资本投入下能够产生更多的产出,也能提高单位时间里的产出。亨利·福特发明的流水线作业方式就极大地提高了汽车的生产率。信息技术的发展也改变了企业组织生产作业的方式,从而极大地降低了企业的管理成本。开发新产品或新市场的技术变革又给企业带来新的利润增长点,从而刺激总供给增加。例如,移动通信技术和全球互联网技术的发展就极大地改变了信息技术结构。因此,技术变革会使总供给曲线向右移动,推动物价水平下降。

4. 制度变迁

除了技术变革会提高劳动生产率外,有效的制度改革也会提高劳动生产率,使总供给曲线向右移动。一项制度变迁改善了人们从事经济活动的收益与风险结构,或建立了更为良好的业绩评估、报偿与激励机制,则人们的劳动积极性和创造性会得到更为充分的发挥。中国向市场经济的过渡就改善了人们工作中的激励与约束,使我国在改革后的工作效率得到了极大的提高。因此,制度变迁会使总供给曲线向右移动,并进而使物价水平下降。

16.4.4 物价水平的波动:总需求曲线与总供给曲线的综合

总需求曲线向右移动是否一定会导致物价水平的上涨呢?总供给曲线的向右移动又一定会导致物价水平的下跌吗?答案都是不肯定的。当总需求曲线和总供给曲线都发生位移时,物价水平上升还是下降,则要取决于总需求曲线与总供给曲线移动的相对幅度。

图 16.7 描述了总需求曲线和总供给曲线同时发生位移时物价总水平的变动。图(a)描述的是总需求曲线和总供给曲线都向右移动,物价水平下跌的情形。在该图中,最初的总需求曲线和总供给曲线分别为 D 和 S,它们的交点决定的均衡物价为 100,均衡产出为 800。现在由于发生了总需求冲击和总供给冲击,使总需求曲线和总供给曲线分别向右移到了 D' 和 S'。但总需求曲线向右移动的幅度不及总供给曲线移动的幅度大,所以,新的总需求曲线与供给曲线决定的均衡物价水平下降到了 97,产出却上升到了 1 300。在图(a)中,如果在总供给曲线向右移动的同时,总需求曲线却向左移动了,比如说向左移动到了 D'',那么,D'' 和 S' 的交点决定的均衡物价水平就下降到了 80,而总产出只增加到了 950。

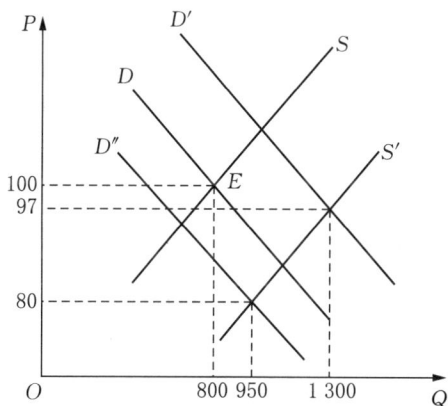

图 16.7(a) 物价水平的波动:总需求曲线和总供给曲线的综合——物价下跌的情形

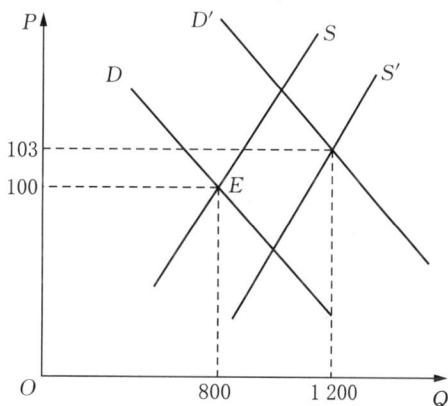

图 16.7(b) 物价水平的波动:总需求曲线和总供给曲线的综合——物价上涨的情形

图(b)描述的是总需求曲线和总供给曲线都向右移动,物价水平上涨的情形。在该图中,最初的总需求曲线和总供给曲线分别为 D 和 S,它们的交点决定的均衡物价水平为 100,均衡产出为 800。现在由于发生了总需求冲击和总供给冲击,使总需求曲线和总供给曲线分别向右移动到了 D' 和 S'。但由于总需求曲线向右移动的幅度比总供给曲线移动的幅度大,所以,新的总需求曲线与总供给曲线决定的均衡物价水平上升到了 103,而产出却上升到了 1 200。

有了这个简单明了的分析工具,就能很容易地分析近几年来全球及中国通货紧缩的原因了。在总需求方面,冷战结束后,全球军费支出大大地缩小了,大国的财政支出在减少。在总供给方面,科学技术进步非常之快,互联网信息技术的发展以及政府采取各种措施打破垄断、促进竞争等多种因素,都使总供给曲线向右移动了。正是总供给方面的影响,在物价水平持续下落时,中国还保持了一个相对较高的经济增长率。从这个意义上说,近几年的通货紧缩是"好"的通货紧缩。

16.5 物价稳定政策

那么,政府可以采取一些什么样的经济政策来稳定物价水平呢? 一般来说,政府稳定物价的政策大致有以下几个方面:财政政策、货币政策和收入与价格管制。

16.5.1 财政政策

财政政策不仅可以使总需求曲线发生位移,也可能使总供给曲线发生位移。扩大政府支出会使总需求曲线向右移动,因而会使物价总水平上升;反之,如果政府减少总支出,则可能会使总需求曲线向左移动,减轻物价水平上升的压力。

增加政府支出可能会扩大财政赤字。弥补财政赤字的方法一般有:增加税收、向中央银行借款和发行政府债券。增加税收可能会遭到抵制,在政治上可能不具有可行性。向中央银行借款是弥补财政赤字的一个便利的方式,这被称作**赤字货币化**。回想一下基础货币方程式,你就会清楚,赤字货币化会弱化中央银行的独立性,对货币政策造成冲击,因此,在宏观调控体系较为完善的国家,是禁止财政向中央银行借款或透支的。比较好的办法是政府发行债券弥补财政赤字,这被称为**赤字债务化**。当民间投资意愿不强时,政府就可通过增加发行债务,扩大政府支出,从而使总需求曲线向右移动,扩大产出和促进物价水平的上升。这一般是在通货紧缩、经济增长乏力时所采取的宏观经济政策。1998年以后的几年里,中国为了刺激经济增长,大规模地增加了国债发行规模。有经济学家估算,这几年中,国债对经济增长起到了极大的推动作用。2008年底,中国为了保增长,防止通货紧缩。政府就实施了总额达4万亿元的公共支出计划,为配合实施这一扩张性的财政政策,2009年的国债发行规模达到了9 500亿元之巨。

财政政策的另一个工具是调整税率的税收政策。一般来说,在通货膨胀时期,政府可以提高税率,反之,在通货紧缩时期,则可以降低税率。但是,不同种类的税率对总需求的作用方向是不同的。例如,提高个人所得税率,人们的可支配收入减少了,会使总需求曲线向左移动;反之,政府降低个人所得税,则会使总需求曲线向右移动,使物价水平有上涨的压力。政府还可以通过提高或降低利息税来鼓励人们多消费或是多储蓄。当消费需求过旺时,政府降低利息所得税,从而提高了储蓄的税后实际利率,鼓励人们减少当前的消费,增加未来的消费。反之,如果出现了通货紧缩,政府要鼓励人们增加当前的消费而减少储蓄,就可以提高利息所得税,降低储蓄的税后实际利率。正是在遇到了通货紧缩,消费需求增长乏力而储蓄迅速增长的背景下,我国从1999年起,开征了20%的利息所得税。2008年开始,为了应对金融危机对经济增长,物价的不利影响,中国就实施了结构性减税的税收政策。

政府的税收政策也会使总供给曲线发生位移。例如,在通货膨胀时期,政府为了抑制投资的过快增长而提高税率,这在短期内固然可以减少企业的投资需求,从而使总需求曲线向左移动,但企业投资的减少又会降低企业的盈利性,打击企业扩大生产的积极性,使总供给曲线向左移动。总需求曲线和总供给曲线的同时左移,就可能导致在比原来为低的产出上的更高的物价水平。可见,税收政策对物价水平的调节作用在短期内和长期内是不同的。

16.5.2　货币政策

弗里德曼说,"通货膨胀随时随地都是一种货币现象"。这即是说,通货膨胀是由货币供应量过多造成的,而通货紧缩也是由货币供应量的不足造成的,因此,增加或减少货币供应量就有助于稳定物价水平。

货币政策是中央银行采取各种相应的政策措施,增加或减少货币供应量,提高或降低利率来稳定物价的政策。货币政策的调整会使总需求曲线位移。中央银行增加货币供应、降低利率,会刺激总需求,促使物价水平上升;反之,中央银行减少货币供应量或提高利率,会压缩总需求,使物价水平下跌。所以,在通货膨胀时期,中央银行会采取紧缩性的货币政策,缩减货币供应量,这正是我国在1997年之前的几年里所采取的货币政策;在通货紧缩时期,中央银行则会采取扩张性货币政策,增加货币的投放,这也是1997年之后的几年中国采取的货币政策。2005年至2008年上半年,2010年至2011年的两轮通货膨胀率压力上升之时,中国人民银行同样采取了提高利率和法定存款准备金率的紧缩性货币政策。在通货紧缩时期,中央银行则会采取扩张性货币政策,增加货币的投放,这也是1997年之后的几年中国采取的货币政策。面对2011年后长达数年的PPI负增长,中国人民银行也于2014年开始降低存贷款基准利率,2015年以来也一直在降低法定存款准备金比率,这保证了接下来几年中国的CPI一直在2%左右波动。

16.5.3　收入与价格管制

收入政策是通过提高或降低工资来移动总需求曲线。利用前面的分析,我们会发现,工人工资的过快增长会使总需求曲线向右移动,同时由于它提高了企业的劳动力成本,又会使总供给曲线向左移动。若通货膨胀确实是因工资膨胀而造成的,那么,限制工资增长会降低总需求曲线向右移动的幅度,也会降低总供给曲线向左移动的幅度,从而有利于物价的稳定。反之,若因消费需求不足出现了经济增长乏力的通货紧缩局面,则应提高人们的收入水平。这种政策背后的逻辑就是,口袋里的钱多了,自然会多购买一些衣服或多喝一些咖啡等。在 1997 年以来的几年里,为了治理通货紧缩,中国曾多次提高公务员的工资。

此外,在通货膨胀较为严重的时候,政府还可以采取价格管制措施。**价格管制**就是政府限制各种商品和服务价格上涨的幅度。例如,在 20 世纪 60 年代后期,美国的通货膨胀率越来越高,于是,尼克松总统对美国实行了三个月的价格管制,结果产生了良好的效果,1971 年中期到 1972 年中期,美国的物价只上涨了 3.2%。

但是,价格管制往往会导致短缺,并因此受到严厉的批评。短缺是一种**隐性通货膨胀**,因为在短缺状态下,在你能接受的价格水平,你想要购买的有些东西是根本买不到的。在美国尼克松限价期间,就曾发生过这样的事情。由于鸡的价格受到了严格控制,供美国人消费的鸡的数量就曾明显不足。在我国的计划经济时代,各种商品的价格都是由政府制订的,因而短缺就是一个普遍现象。在短缺时代,一旦放松价格管制,原来隐性的通货膨胀就会表现为公开的通货膨胀,物价水平会持续大幅度上升。尼克松在放松物价管制后,1974 年美国的通货膨胀率达到了11%。中国在 80 年代发生的通货膨胀,就是原来隐性通货膨胀的公开化的过程。

小　　结

衡量物价总水平的指标主要有消费价格指数、生产者价格指数和国民生产总值平减指数。通货膨胀是物价总水平较大幅度的持续上涨;通货紧缩是指物价总水平的持续下跌。

物价水平的波动具有财富再分配效应和收入再分配效应,也会改变相对价格从而扭曲资源的配置,使人们更难以计划未来的支出和储蓄,也会带来菜单成本。

物价水平的上涨率与失业率之间具有交替关系,这种关系被称为菲利普斯曲线。但当存在预期时,失业率与物价水平之间的这种关系会消失,菲利普斯曲线会成为一条垂直的直线。这时,政府试图通过政策措施来降低失业率是徒劳的,这只会提高物价水平的上涨率。但是,当存在价格或工资粘性、信息粘性时,货币并不是中性的。

总需求与总供给曲线的移动都会引起物价水平的波动,一切影响到总需求与总供给的因素都会影响物价总水平。货币供应量、政府支出、净出口、消费者的消费倾向和企业对经济前景的信心等都会使总需求曲线发生位移。劳动力市场状况与工资水平、预期价格、技术变革和制度变迁等都会使总供给曲线发生位移。

政府可以通过财政政策、货币政策、收入政策和管制等措施来稳定物价总水平。财政政策既可能使总供给曲线发生位移,也可能使总需求曲线发生位移。货币政策主要是需求管理政策。与财政政策类似,收入政策也会同时使总供给和总需求曲线位移。价格管制对稳定物价可以起到立竿见影的效果,但这又会进一步造成短缺和隐性通货膨胀。

关键概念

物价总水平	消费价格指数	生产者价格指数
国民生产总值平减指数	通货膨胀	通货紧缩
菲利普斯曲线	自然失业率	总供给曲线
成本推动型通货膨胀	工资推动型通货膨胀	价格管制
需求拉动型通货膨胀	隐性通货膨胀	赤字货币化
赤字债务化	价格(工资)粘性	粘性信息
总需求曲线	货币中性	

思考练习题

1. 什么是物价总水平？衡量物价总水平的指标有哪几种,各有什么优缺点？

2. 通货膨胀与通货紧缩有何区别？

3. 物价总水平的波动有哪些方面的经济影响？

4. 什么是菲利普斯曲线？为什么会有菲利普斯曲线？

5. 什么是自然失业率？

6. 通货膨胀预期对菲利普斯曲线有何影响？

7. 物价总水平为什么会发生波动？

8. 政府可以采取哪些措施来稳定物价总水平？

9. 布什对伊拉克发动的战争,会对总需求和物价总水平产生什么样的影响？

10. "通货膨胀是过多的货币追逐少量的商品",或者"无论何时何地,通货膨胀都是一种货币现象",你认为这种说法正确吗？为什么？

11. 如果通货膨胀是一种货币现象,即只有货币供应的过量增长引起物价水平大幅度地持续上升时才是通货膨胀,那么,与此相反的通货紧缩也应该是货币供应量的大幅减少而引起物价水平的持续下跌吗？评价一下中国的"通货紧缩"现象。

12. 物价水平的持续下跌真的很可怕吗？为什么？

▶ 17

汇率的决定与国际收支

学习目标

学完本章后,你将能够:

了解汇率波动的经济影响

学会汇率决定的购买力平价分析

理解什么是利率平价理论

了解影响汇率波动的主要因素

弄清各种不同的汇率制度

理解汇率目标区制度及其对稳定汇率的作用

了解国际收支及其失衡种种因素

理解马歇尔—勒纳条件和 J 曲线效应

弄清其他国际收支调节政策

理解开放经济中内外均衡的冲突

　　我们在外汇市场中学习了什么是汇率,以及外汇市场的汇率风险及其管理方法。那么,决定汇率的主要因素有哪些呢? 为什么美联储主席的讲话或美联储调整利率水平,会引起国际金融市场上美元汇率的波动呢? 在进入本章的正式分析之前,让我们先看看近十年来人民币与美元、人民币与日元之间的汇率波动情况吧。

　　图17.1分别显示了1990年以来人民币与美元和人民币与日元之间的汇率变化。我们可以从中发现,1990年至1994年人民币兑美元和日元的汇率均出现贬值的趋势,尤其是1994年1月,人民币兑美元和日元均出现了跳跃式地贬值。人民币兑美元汇率在经历1994年7月至1997年11月间的一定升值之后,人民币与美元之间的汇率几乎呈水平直线状,几乎没有什么变化,一直持续到在2005年7月。随后,人民币兑美元汇率开始呈现单边升值之势,但在2013年以来,人民币兑美元汇率的双向波动特征十分明显。与人民币和美元之间的汇率变动曲线形态截然不同的是,人民币与日元之间的汇率则在1994年后起伏不定。

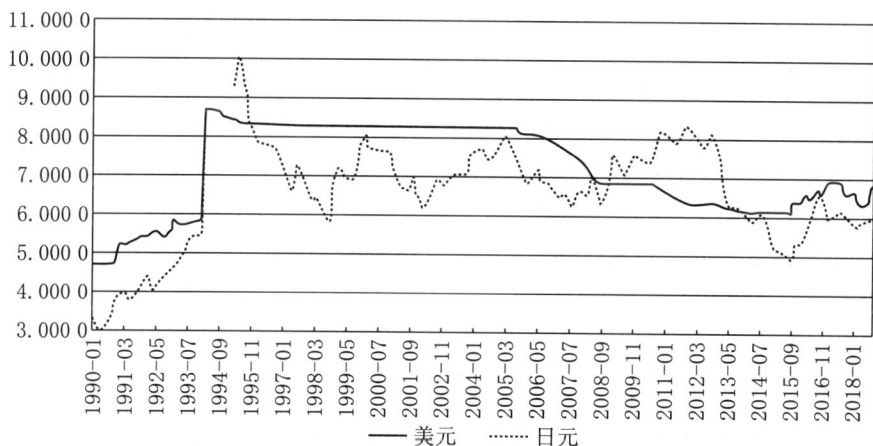

图17.1　人民币与美元的汇率(人民币/美元,人民币/100日元)
资料来源:中国外汇交易中心网站。

　　是什么因素导致了人民币与美元的汇率曲线与人民币与日元汇率曲线之间这种不同的形状呢? 汇率波动又有些什么样的影响,以及汇率水平是如何决定的呢? 这些都是本章将要分析的问题。

17.1 汇率波动的经济影响

汇率是联结国内外商品、服务和金融市场的一条重要纽带，因此，汇率波动对经济和投资活动都会带来很大的影响。

17.1.1 汇率与进出口活动

本币汇率下降会降低本国产品和服务在国外的价格，从而使国外居民增加对本国产品的需求，相反，本国居民则会减少对国外进口产品的需求，因此，本币贬值可能会改善本国的国际收支。假设美元与人民币之间的汇率现在是1∶6.8，即1美元可以兑换6.8元人民币。国内某服装生产商生产的T恤衫人民币标价为272元，按照目前的汇率，同样的T恤衫在美国市场的标价应为40美元。现在假设人民币出现了贬值，汇率降到了1∶8，但该T恤衫在国内的标价没有变化，因此，贬值后它在美国的标价就变成了34美元。这样，由于人民币汇率的贬值，该T恤衫在美国市场上更便宜了，从而可能刺激对该T恤衫的需求。与贬值相反，本币的升值则会打击出口，这是因为本币升值使本国的产品和服务在国外市场上以外币表示的价格上升了，从而会抑制国外对本国产品的需求。

与刺激出口相反，由于本币贬值后使国外商品和服务在国内以本币标示的价格变得昂贵了，本币汇率下降则可能会对进口起到抑制作用。假设苹果手机在美国的标价为800美元，如果不考虑关税等因素的影响，当美元与人民币之间的汇率为1∶6.8时，该手机在中国的标价为5 440元人民币。可是，当人民币与美元之间的汇率贬值为1∶8后，该手机在中国的标价就变成了6 400元人民币，人民币贬值让它在中国大陆的价格一下上涨了近1 000元，非"果粉"还是觉得有些心痛的，于是，本币贬值就可能抑制他们对苹果的需求。

17.1.2 汇率与金融市场的稳定

汇率波动产生了汇率风险，因此，对国际资本流动会产生较大的影响。假设你有10万美元存款，当人民币与美元之间的汇率为1∶6.8时，这笔美元存款就是68万元人民币。当人民币贬值到1∶8，即1美元可以兑换8元人民币时，这笔美元存款就可以换回80万元人民币了；反之，如果人民币出现了升值，比如说，人民币与美元之间的汇率上升到了1∶6，即1美元只能兑换到6元人民币，那么，这笔美元存款就只能换回60万元人民币了。因此，汇率的波动就像股票价格的波动一样，可能会给你带来较为丰厚的资本利得，也可能使你的本金出现亏损。

专栏

本币升值的灾难:日本的金融败战

1985 年 9 月,美国财长詹姆斯·贝克、日本藏相竹下登、前联邦德国财长杰哈特·斯托登伯、英国财长奈杰尔·劳森和法国财长皮埃尔·贝格伯及五国中央银行行长在纽约广场饭店举行会议,为解决贸易不平衡问题就降低居高不下的美元汇率而达成协议。这就是著名的广场协议。广场协议后,日元兑美元的汇率大幅上升。

20 世纪 80 年代开始,由于日美两国间悬殊的利率差异,日本的机构投资者大量购买了高利率的美国国债。所有这些投资都是以美元结算的,结果,广场协议给日本对外净资产带来的汇率差损,约达 3.5 万亿日元。这些差损不仅来自人寿保险等机构投资者和个人投资者,日本的出口商一直将自己在出口中获取的美元投资于美元债券,而这些债券到期偿还时,由于日元升值,美元贬值,他们得到的支付却比购买时的支出减少了 60%。

日本经济学家颇为愤愤不平:在三次国际资本中心输出中,英国维多利亚时代的英镑输出是以英镑计值的;二战后的美国资本输出是以美元计值的;而惟独 20 世纪 70 年代后的日本资本输出不是以日本的本币——日元计值的。这样,日元相对于美元的大幅升值使日本人陷入了痛苦不堪的境地!

——参阅吉川元吉:《日本金融败战》,中国青年出版社,2000 年版。

从这个简单的例子中,可以看到,当本币贬值时,持有美元就很划算;反之,当本币有升值趋势时,持有美元存款就会很不划算,因为这时汇率波动会吞蚀掉你原来部分的本金。正因为如此,当人们预期本币有贬值趋势,美元有升值趋势时,本国居民就会纷纷将本币换成美元;反之则反是。这样,当人们调整本币汇率的预期,并进一步在外汇市场上买卖外汇来规避汇率波动的风险或获取汇差收益时,就可能加大汇率的波动幅度。另外,当人们预期本币会贬值或会进一步贬值时,本国居民会纷纷出售本币资产,购买外汇资产,这又会使国内的股票市场和债券市场价格大幅下跌;同时又增加了对外汇的需求,从而使本币汇率进一步下跌。这样,就会出现本币汇率、国内债券市场和股票市场的"三重下跌"。

17.1.3 汇率与国内经济

汇率波动对国内经济增长、就业和物价水平都可能会产生影响。由于本币贬值后可能会刺激出口的增长,这样就扩大了总需求。如果国内还有足够的闲置资源,总需求的扩张会带动经济增长,增加国内的就业。但是,如果国内已处于充分就业状态,那么,本币贬值所导致的净出口的增长就不会扩大就业机会,只会带来较高的物价上涨率。反之,本币升值则对总需求和就业会产生相反的影响。

此外,汇率的波动还会影响到产业结构的调整。例如,本币贬值后会刺激国外居民对本国产品的需求,这又会相应地提高出口产品的本币价格。如果国内的需求结构没有变化,那么,本币贬值又会导致出口产品本币价格上升,从而可能使生产出口产品更为有利可图。这就会诱使国内更多的生产企业生产出口产品,从而提高本国的对外开放度。可见,汇率的波动对资产配置会有较深刻的影响。

17.2　汇率的决定

我们在上面分析了汇率波动的经济影响。那么,汇率为什么会出现波动呢?或者说,哪些因素决定了本国货币的汇率水平呢?

17.2.1　一价定律与购买力平价理论

两国之间的物价水平和通货膨胀率的差异对两国货币间的汇率具有重要的影响。为了分析物价水平对汇率的决定作用,首先要弄清一价定律。**一价定律**表明,在自由贸易条件下,同样的商品无论在哪里生产,在世界各地以同一货币表示的价格都应该是相同的。假设一部苹果手机在美国的售价为 800 美元,它在中国大陆的售价为 5 580 元人民币,由此算来,美元与人民币之间的汇率就应该是 6.975,即 1 美元可以换回 6.975 元人民币。

如果同一种商品在世界各地以同一种货币表示的价格存在差异,那么,国际间的商品套购活动就会使商品的价格相等。假设同样的苹果手机在中国的售价也还是 5 580 元,但汇率偏离了一价定律的平价,比如说人民币与美元之间的汇率是 1∶8,那么,同样的苹果手机在中国的售价会是 6 400 元,比体验店的价格高出了 820 元。若没有其他交易成本和壁垒,中国大陆的"果粉"们就会更多地从美国海淘购买苹果手机,而不是费时费力地到体验店去购买了。这一方面增加了以美元标价的苹果手机的需求,同时也减少了对人民币标价的苹果手机的需求。一增一减的结果,最终使苹果手机以同一种货币表示的价格会趋于相等。

因此,根据一价定律,两国货币间的汇率就取决于两国同类商品价格之间的比率,这就是**绝对购买力平价理论**。

购买力平价的一个简单而机械的应用就是巨无霸指数(Big Mac index)。巨无霸是麦当劳的一种汉堡包,几乎遍布全球。它假设,以同一种货币来表示,全世界麦当劳巨无霸汉堡包价格都是相同的,即,购买力平价成立。若某国的巨无霸售价比美国的低,表明该国货币相对美元的汇率被低估,相反,则高估。两国的巨无霸的购买力平价汇率,即以一国巨无霸以当地货币价格,除以另一国家巨无霸的当地货币价格。将该比值与实际的汇率比较,若比值比汇率为低,表示前者货币的汇价被低估了;反之,若比值比汇率高,则前者货币的汇价被高估了。

此外,两国间的通货膨胀率差异则会引起汇率的波动。假设美国发生了 3% 的通货膨胀,中国的通货膨胀为 5%,且假定所有商品价格变动与通胀率保持一致,那么,通货膨胀后,苹果手机在美国的售价为 824 美元,它在中国的售价便由原来的 5 580 元变成了 5 859(5 580×1.05)元。在两国间发生不同的通货膨胀后,按照一价定律,美元与人民币之间的汇率就变成了 1∶7.110 4。相对于原来 1∶6.975 的汇率,人民币贬值了 1.94% 左右。一般来说,如果两国都发生通货膨胀,那么,通货膨胀率更高的国家的货币会有贬值倾向,通货膨胀率相对较低的国家的货币则会相对升值。认为两国货币间的汇率波动取决于两国间的通货膨胀率差异的学说就是**相对购买力平价理论**。

但是,购买力平价理论并不能完全解释两种货币间的汇率水平。想一想,现在每个国家都有成千上万种商品,以不同货币表示同类商品间的比价关系可能千差万别。另外,购买力平价理论赖以成立的条件是两国间的同类商品具有相同的品质,没有关税与贸易壁垒等方面的限制。由于关税和贸易壁垒的限制,国际间的商品流通还是不自由的,一价定律是难以成立的,因此,购买力平价理论是过于简单化了。

17.2.2 汇率决定的供求分析

像任何商品市场一样,市场供求的变化对其价格具有最基本的决定作用。汇率也不例外,一国货币的汇率水平最终还是由其需求与供给决定的。当对外汇的需求减少,对本币的需求增加时,本币就会升值;反之,当对外汇的需求增加,对本币的需求减少时,本币就可能会贬值。因此,任何影响到外汇供给与需求的因素都会影响汇率水平及其波动。影响外汇供给与需求的因素主要有三大类:

首先,进出口所形成的外汇供给与外汇需求。因而,影响到商品和服务进出口的因素都会影响汇率,我们将这些因素称为实质因素。

其次,国际金融投资的需要而形成的外汇供给与外汇需求。因而,影响到国际金融资本流动的因素都会影响汇率,我们将这些因素称为金融因素。

最后,外汇市场投机所形成的外汇供给与外汇需求。我们将影响外汇投机并进而影响汇率的因素称为预期因素。

1. 实质因素

决定和影响汇率的实质因素包括:
- 相对价格水平
- 国民收入与经济增长率
- 技术与劳动生产率
- 关税与配额

相对价格:价格是调节商品和服务需求与供给的重要机制。当本国的商品和服务相对于国外同类产品和服务的价格上升时,对国内的产品和服务的需求就会减少,而对国外产品的需求会相应地上升,这样就增加了对进口的需求,从而对外汇的需求也会增加。同时,由于国内产品的相对价格上升,本国产品在国际市场上的价格竞争力也会下降,出口受到打击,因此,外汇收入,从而外汇供给也会相应地减少。这样,本国产品和服务的相对价格上升会同时相对地增加对外汇的需求,减少外汇的供给,使外币具有升值倾向,本币则有贬值倾向。

技术与劳动生产率:如果本国的技术比较先进,劳动生产率相对较高,那么,本国企业生产产品和服务的单位投入就相对较低。这样,本国的企业就可以以较低的价格出售产品和服务,同时又能获得必要的利润。由于本国产品和服务的价格下降,其在国际市场上的价格竞争力就会上升,因而本国出口会增加,国外对本国货币的需求也会相应地增加。由于出口的增长,外汇供给也会增加。两方面综合作用的结果,较高的技术和劳动生产率会提高本币的价格。反之,如果本国的技术较为落后,劳动生产率较低,那么本国货币就有贬值趋势。这就是那些拥有技术优势的国家的货币汇率,往往也会较强的基本原因。

巴拉萨—萨缪尔森效应就是劳动生产率变化所引起的实际汇率变动。该效应通常被简称为巴萨效应,它是指,一国经济增长率越高,实际工资增长率也越高,实际汇率也会上升得越快。当贸易品部门(制造业)生产效率迅速提高时,该部门的工资增长率也会随之提高。尽管非贸易品部门生产效率提高并不大,但是这些非贸易品行业的工资也会以大致相同的比例上涨。这会引起非贸易品对贸易品的相对价格上升。假定按汇率折算的贸易品价格水平是一定的,在固定汇率制下,贸易品与非贸易品相对价格的变化,就会引起非贸易品价格上涨,乃至物价总水平上涨。若为了稳定国内物价而采取浮动汇率,就会引起本币汇率上升。无论哪种情况,都会使本币的实际汇率上升。

关税与贸易壁垒:国际贸易并不是完全自由的,关税与贸易壁垒就是阻碍国际自由贸易的两个主要政策措施。即使是在世界贸易组织(WTO)成员国之间也还存在关税。为什么一辆福特轿车在美国的售价仅为 2 万多美元,而在中国的售价至少会达到 30 多万元人民币呢? 其主要原因就在于中国对进口轿车征收了较高的关税。因此,较高的关税提高了进口品在国内的售价,从而减少了对进口品的需求,这样,关税就会降低国内的外汇需求,从而使本币具有升值倾向。反之,如果政府降低关税,则会提高国外的产品在国内的价格竞争力。由于这时对进口品的需求会增加,因而对外汇的需求也会增加,并进而使外汇具有升值趋势,本币则有贬值趋势。同样,当政府施行配额时,也会减少本国对外汇的需求,使本币汇率相对较高。如果本国政府取消配额,对国外产品潜在的需求就会更为容易地得到满足,从而使外汇支出增加,本币则有贬值趋势。

2. 金融因素:利率的差异

除了国际收支的经常项目会影响外汇的供给与需求外,国际金融市场上的资本流动对外汇的供给与需求也有极为重要的影响。影响国际资本流动的重要因素就是同类资产在两个国家间的回报率的对比。我们曾指出,在其他条件相同时,人们会投资于回报率更高的资产。资产选择也会在国际间发生。与国内本币资产的回报不同的是,投资于国外资产时,它的回报不仅取决于其本身的利率或资产价格,也还要取决于汇率的波动。

为了分析方便,让我们来考虑这样一种情况。现在一年期的美元存款利率为 5%,同期人民币的存款利率为 3%。这就产生了套利空间。假设你有 80 万元的人民币存款,现在人民币与美元之间的汇率为 1:8,按照这一汇率你可以换回 10 万美元。由于存在套利空间,你可以将 80 万元人民币存款换成 10 万美元,进行美元存款,存期一年。按照 5% 的美元存款利率,一年后你这笔存款的本息总额为:

$$10 \times (1 + 5\%) = 10.5 (万美元)$$

如果一年后人民币与美元之间的汇率没有发生波动,那么,你的本息总额换成人民币后就是:

$$10.5 \times 8 = 84 (万元人民币)$$

如果你选择的不是美元存款,而是人民币存款,那么,一年后本息总额为:

$$80 \times (1 + 3\%) = 82.4 (万元人民币)$$

可见,你选择人民币存款,就少赚了 1.6 万元人民币的利息。当然,这是在假定人民币与美元之间的汇率没有发生变化时的回报率差异。由于回报率存在差异,若资本流动或货币可自由兑换时,那么,人们就会选择将资产投入到回报率更高的资产上去。在上面的例子中,就意味着,人们会选择更多的美元存款,减少人民币存款。

那么,套利活动对汇率有何影响呢? 由于美元与人民币存款利率是既定的,要使两种货币的存款回报率在一年后相等,一年后的人民币/美元汇率就必然会发生变化。设一年后的汇率为 e_1,两种存款回报率相等则要求:

$$10 \times (1 + 5\%) \times e = 80 \times (1 + 3\%)$$

因此,一年后的人民币美元汇率为 7.847 6。

现在我们更一般地设:i_c 为一年期人民币存款利率,i_d 为一年期美元存款利率,e_0 为现在人民币与美元之间的汇率(直接标价法),e_1 为一年后人民币与美元之间的汇率。并假定你最初有 1 元人民币。

将这 1 块钱用于人民币存款时,一年后你所能得到的本息总额为:

$$1 \times (1 + i_c) = 1 + i_c \tag{17.1}$$

如果你不是选择人民币存款,而是选择美元存款,那么,你就要按如下程序进行:

第一步:将你的1元人民币按 e_0 的汇率换成美元,你总共能够换回的美元数为: $\frac{1}{e_0}$(忽略换汇手续费)。

第二步:用换回的美元进行存款,一年后所得到的美元本息总额为:

$$\frac{1}{e_0} \times (1+i_d) \tag{17.2}$$

第三步:一年后将美元存款的本息按照 e_1 的汇率换回人民币,总共可以换回的人民币金额为:

$$\frac{1}{e_0} \times (1+i_d) \times e_1 = \frac{e_1}{e_0}(1+i_d) \tag{17.3}$$

在资本完全自由流动时,套利会使两种存款的回报率相等,因此有:

$$1+i_c = \frac{e_1}{e_0}(1+i_d) \tag{17.4}$$

整理上式即可得到:

$$\frac{e_1}{e_0} = \frac{1+i_c}{1+i_d} \tag{17.5}$$

由于 e_0、i_c 和 i_d 都是事先确知的,因此,如果人民币与美元存款利率存在差异的话,那么,人民币与美元之间一年后的汇率就会发生波动。具体波动方向如何呢? 如果现在的人民币存款利率高于美元存款利率,即 $i_c > i_d$,那么就有:

$\frac{e_1}{e_0} = \frac{1+i_c}{1+i_d} > 1 \Rightarrow e_1 > e_0$,这表明一年后的远期汇率出现上升,人民币贬值。

相反,如果现在人民币存款利率低于美元存款利率,即 $i_c < i_d$,那么就有:

$\frac{e_1}{e_0} = \frac{1+i_c}{1+i_d} < 1 \Rightarrow e_1 < e_0$,这表明一年后的远期汇率出现下降,人民币升值。

当人民币与美元之间的利率存在差异时,人民币与美元之间一年后的汇率上升(下降)率是多少呢?

将 $\frac{e_1}{e_0} = \frac{1+i_c}{1+i_d}$ 两边同时减 1 得到:

$$\frac{e_1-e_0}{e_0} = \frac{1+i_c-1-i_d}{1+i_d} = \frac{i_c-i_d}{1+i_d} \tag{17.6}$$

设上升(下降)率为 $\frac{e_1-e_0}{e_0} = \rho$

则有: $\rho + \rho \cdot i_d = i_c - i_d$ $\tag{17.7}$

由于 i_d 和 ρ 都是很小的百分数,因此 $\rho \cdot i_d$ 小到可以忽略不计,这样就有:

$$\rho = i_c - i_d \tag{17.8}$$

这就是**利率平价**公式。它表明,当国内利率高于国外利率时,汇率的远期差价就会升水,人民币贬值;反之,当国内的利率低于国外利率时,远期差价为贴水,人民币升值。而且,汇率的远期升水(贴水)等于两国间的利率差。

为什么本国和外国的利率不同时,远期汇率会出现升水或贴水呢? 这是因为,套利者在进行套利活动时,为了避免汇率波动的风险,往往会将套利与掉期交易结合起来,保证不至于因汇率波动反而出现亏损。在这种情况下,由于资金会从回报率较低的国家流向回报率较高的国家,现汇市场上,对回报率较高的国家的货币需求会增加,从而使该国货币在现汇市场上的汇率上升。而由于套利者会在远期市场上卖掉回报率较高国家的货币,在远期外汇市场上,回报率较高的国家货币的汇率反而会出现贬值,回报率较低国家的货币汇率反而会出现上升。

利率平价理论虽然解释了两国间利率差异对两国货币间汇率的影响,但不足之处也是显而易见的。当人民币与美元之间的利率出现较大的差异时,中国的居民能够将所持有的人民币换成美元存入到美国或去购买美国的国债吗? 到目前为止,这显然是不可能的,因为中国的人民币不是可自由兑换的。外汇和资本管制就阻碍了货币和资本在国际间的自由流动,套利交易存在制度障碍,因而利率平价不一定成立。第二,即使货币可以自由兑换,资本也可以自由流动,但利率平价理论没有考虑交易成本。你将人民币换成美元,汇到美国去存款或购买美国的国债,外汇银行要收取手续费和汇款的费用等。由于交易成本的影响,远期汇率升水或贴水就可能不会刚好等于两国间的利率差。

3. 预期

与任何金融市场一样,预期也会对汇率产生很大的影响。当人们将外汇作为一种资产而持有时,汇率的波动就同国内的股票和债券价格的波动一样,会为其持有人带来一定的资本利得或亏损。当你预期某只股票的价格在未来会上涨时,你可能就会大量买进该只股票;反之,如果你预期原来购买的某只股票价格会下跌,你也会趁早将它卖掉套现,以免遭受不应有的损失。在外汇市场上也一样。当外汇投资者预期美元兑日元的汇率将上升,他们就会在日元贬值前卖掉日元,买进美元。当众多市场参与者基于心理预期而较一致地行动时,就会导致汇率上升或下跌,这在金融学里叫汇率波动的**自我实现**。

很多因素都会影响到人们的预期。人们对未来的判断是基于一些基本的经济因素之上的。这些基本经济因素包括:国民收入和经济增长状况、经济结构和金融部门的绩效等。如果美国公布的失业率已经很高,那么,外汇投资者就可能会预期美联储会降低利率,以刺激投资和增加就业。美联储降低利率就改变了美元资产相对于其他国家资产的回报率,使美元的现汇汇率出现下跌。当一个国家的经济结构和经济绩效都不好时,外汇投机者就会预期该国的货币有朝一日都会贬值的,这样,他们就会卖空该国货币。这正是索罗斯这样的大金融投机家攻击东南亚国家货币，造成 1997 年亚洲金融危机的重要原因。中国有句老话，"苍蝇不叮无缝的蛋"，这正说明了人们形成汇率预期的依据。

17.3　汇率制度

现在让我们回到本章开始时提出的一个问题上来：为什么 1997 年至 2005 年 7 月，人民币与美元之间的汇率几乎呈水平状呢？在此之后，人民币与美元之间的汇率又不存在水平关系了呢？为什么人民币与日元之间的汇率却起伏不定呢？这就涉及了汇率制度的问题。

所谓**汇率制度**，是指一国货币当局对本国货币与其他国家货币之间汇率变动的基本方式所作的一系列安排或规定。一般而言，可以将汇率制度分为固定汇率制与浮动汇率制，此外还有一些其他汇率制度。

17.3.1　固定汇率制与浮动汇率制

固定汇率制是指现实汇率受平价的制约，只能围绕平价在很小的范围内上下波动的汇率制度，例如，当局规定本国的货币与他国货币之间的汇率波动幅度不得超过 1%。**浮动汇率制**则是指现实汇率不受平价的限制，随外汇市场供求状况变动而波动的汇率制度。浮动汇率制又可分为自由浮动和管理浮动。**自由浮动**是指货币当局不对外汇市场进行任何干预，完全听任汇率随市场供求状况的变动而自由涨落。由于汇率的剧烈波动会给一国经济带来很大的影响，因此，很多国家实行的并不是自由浮动汇率制，而是管理浮动汇率制。**管理浮动汇率制**是指货币当局对外汇市场进行干预，使市场汇率朝有利于自己的方向浮动的汇率制度。

现在实行固定汇率制的国家是越来越少了，选择浮动汇率制的国家则越来越多。这是因为，与固定汇率制相比，实行浮动汇率制有以下几个方面的优势：

首先，在浮动汇率制下，无需以牺牲国内经济为代价，本国货币政策的自主性增强了。在固定汇率制下，政府为了将本国货币的汇率维持在一个固定水平，国内经济政策就会受制于汇率目标。例如，当本国国际收支出现大量顺差时，本币汇率就有升值的压力。为了防止本币汇率上升，当局就要增加本国的货币供应量，这会造成物价上涨。在浮动汇率制下，政府没有将本币汇率维持在一个固定水平的义务，国际收支的失衡可以经由汇率的波动而适当调整，货币政策就可以专注于实现国内经济目标。

其次，在浮动汇率制下，由于一国没有义务将本币汇率维持在一个固定的水平，就不需要像在固定汇率制下那么多的外汇储备来干预外汇市场，也可以避免在固定汇率制下那些为维持国际收支平衡而采取的贸易管制措施，避免本国资源配置的扭曲，从而提高经济效率。

最后,在固定汇率制下,官方确定的汇率水平不随外汇市场供求的变化而波动,而且往往会高估本国货币的汇率。对本币高估越严重,一旦遇到外部冲击的时候,本国货币贬值的幅度也就越大,从而可能会给国内的企业和金融机构带来灾难性的打击。相对于浮动汇率制而言,固定汇率制更容易受到投机的冲击。为了打击外汇投机,货币当局不得不大幅提高国内利率水平。这对国内投资、就业、政府预算赤字和收入分配都会带来深刻的负面影响。政府承诺为了保持汇率的稳定而不管国内的就业和投资等是不可信的,因此,固定汇率制就很容易遭到投机冲击。

17.3.2 钉住汇率、货币局与汇率目标区制

在固定汇率与浮动汇率制度的基础上,演变出了一些特殊的汇率制度,主要有以下三种类型:

- 钉住汇率制
- 货币局制
- 汇率目标区制

1. 钉住汇率制

所谓**钉住汇率制**,就是本国的货币与别的关键货币之间实行固定汇率,而与非关键货币之间的汇率则随着关键货币与其他非关键货币之间的汇率波动而波动的汇率制度。在 1997 年之后,人民币与美元之间的汇率之所以几乎呈水平状,就是因为中国实际上实行的是钉住美元的钉住汇率制,不管外在条件发生了什么样的变化,人民币与美元之间的汇率基本上是固定不变的。但是,如果美元与日元之间的汇率发生波动,那么,人民币与日元之间的汇率也会随之发生波动。这就是人民币与日元之间汇率水平起伏不定,而与美元之间的汇率基本上呈水平状的根本原因。

2. 货币局制

货币局制度是指法律明确规定本国货币与某一外国可兑换货币保持固定的汇率,并且对本国货币的发行作特殊限制,以保证履行这一法定义务的汇率制度。货币局制度通常要求货币发行必须以一定的该外国货币作为准备金,并在货币流通中始终保持这一准备金要求。例如,香港目前实行的是货币局制,它就要求发行现钞的银行(目前为汇丰银行、渣打银行和中国银行)在发行港币现钞时,必须按照 1 美元兑换 7.8 港币的固定汇率向外汇基金缴纳等值的美元,以换取港币的债务凭证,作为发钞的法定准备。

货币局制的主要优点在于它赋予了货币政策高度可信性。政府政策的作用在相当程度上取决于政府在公众中的声誉。当采用货币局制度并为之提供切实

保障时,它对货币发行以及政府赤字融资作了严格限制。对于面临高度通货膨胀而政府稳定性政策又很难奏效的国家来说货币局制度可以重建政府声誉。但是,货币局制度也会导致名义汇率僵硬,使中央银行的部分职能丧失,货币发行量的多少不再听任货币当局的主观愿望或经济运行的实际状况,而是取决于可用作准备的外汇数量的多少,货币当局失去了货币发行的主动权和最后贷款人的功能。

3. 汇率目标区制

汇率目标区制是指将汇率波动限制在某一特定区域内的汇率制度。在汇率目标区制下,首先要确定中心汇率,然后还要确定本国货币的汇率围绕中心汇率上下波动的幅度,比如,规定汇率只能在中心汇率上下 5% 的范围内波动。

在一定程度上,汇率目标区制对汇率具有自动稳定的功能。假定政府规定的汇率目标区是完全可信的,当汇率的波动逐渐接近目标区上下限时,市场会预期汇率在政府的干预下很快会反向调整至中心汇率。如果是这样,他们就会在政府干预之前采取行动,结果,汇率在不存在政府干预时也不会超过目标区,而是保持在目标区边缘并且常常会自动向中心汇率调整。因此,汇率目标区制对汇率的波动具有自动稳定的功能。这一情形犹如热恋中的情侣分离一段时间后,相思之情便会油然而生,急于寻求重新相聚,所以称之为汇率目标区的“蜜月效应”。

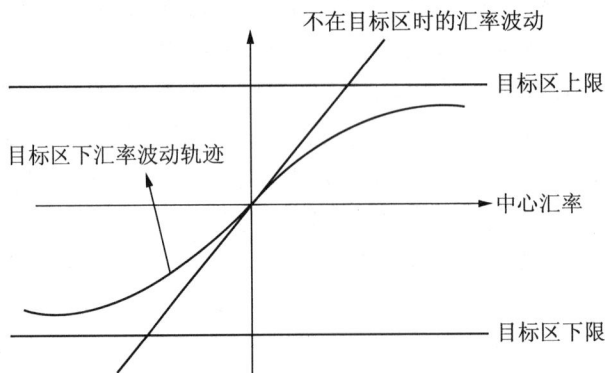

图 17.2　汇率目标区的蜜月效应

但是,汇率目标区的“蜜月效应”只是在政府的承诺具有可信性、经济金融形势良好的情况下才会成立。如果经济金融基本面向某一方向的变动很大,并且已表现为长期的趋势,人们普遍预期汇率目标区的中心汇率将作较大的调整时,汇率目标区就不再具有可信性。在这种情况下,市场汇率变动将不再自动倾向于政府原来确定的中心汇率,其变动非常剧烈。这一汇率变动情况正如夫妻在长期共同生活中发现爱情已失去了往日的浪漫和甜蜜,双方存在根本上的性格不合而不再指望将婚姻关系维持下去,于是便会分道扬镳,因而这被称作汇率目标区的“离婚效应”。

17.3.3　最优货币区

最优货币区理论产生于 20 世纪 60 年代。**最优货币区**是指由一些彼此间经济比较开放,商品、劳动力、资本流动比较自由,产业结构不同而经济发展水平和通货膨胀较为接近,经济政策比较协调的地区所组成的独立的货币区。其主要特点是,在该货币区内,要素可以自由流动,汇率能够统一,而且区内各国的货币政策和财政政策比较协调,各成员国采用固定汇率制并保证区内各种货币的充分可兑换性。其"最优性"则表现为:这样的货币区能够通过协调的货币、财政政策和灵活性的外汇率政策来达到区内的充分就业、物价稳定和对外收支平衡等目标。

最优货币区有利有弊。其好处是:第一,货币的统一,提高了区域内经济的开放性,有利于货物和资本的自由流动以及资源在整个货币区内更有效地配置。第二,当一国国际收支失衡时,既可通过商品市场上进出口货物的流动来调节,又可通过金融市场上资本的流动来平衡。第三,货币区消除了汇率的不确定性和汇率投机,减少了对国际收支平衡的干扰,因而,成员国对国际储备的需求减少。第四,促进各成员国货币和财政政策的协调一致。

当然,组成货币区也并不是没有代价的。第一,为了稳定汇率或使用共同货币,各成员国必须保持相同的通货膨胀率;第二,各成员国要尽力保持国际收支的平衡;第三,由于在货币区内需要采取协调一致的政策措施,以维护货币区的共同汇率制度,所以各成员国必须放弃一定的政策自主性。欧元区成立后,欧盟成员国再也无法根据本国的失业率、经济增长率的变化来调整货币政策了。这就要求各国货币当局的密切协调,甚至要求创立一个超国家的中央银行,成员国自动放弃货币政策,同时,财政政策也会受到约束。

17.3.4　人民币汇率制度

新中国成立后,人民币汇率制度经历了若干次的演变。1994 年,中国在改革外汇管理体制的同时,也实行了有管理的浮动汇率制。但在 1997 年亚洲金融危机的冲击下,为了稳定人民币汇率和避免人民币加入到东南亚货币的竞争性贬值行列,中国果断地决定人民币汇兑美元的汇率的波动幅度不得超过 1%。自此,中国实际上实行了钉住美元的钉住汇率制度。

2005 年 7 月,中国开始实行以市场供求为基础的有管理的汇率制度,参考一篮子货币计算人民币多边汇率指数的变化,对人民币汇率进行管理和调节,维护人民币汇率在合理均衡水平上的基本稳定。在这次改革中,人民币对美元汇率即日升值 2%。同时,中国人民银行还扩大了银行间外汇即期市场人民币对非美元货币汇率的波动幅度:银行间即期外汇市场非美元货币对人民币交易价的浮动幅度,从原来的上下 1.5％扩大到上下 3％；调整了银行对客户美元挂牌汇价的管理方式，实行价差幅度管理，即美元现汇卖出价与买入价之差不得超过交易中间价的 1％，现钞卖出价与买入价之差不得超过交易中间价的 4％。2012 年 4 月，中国人民银行将即期外汇人民币兑美元的汇率浮动区间由 0.5％扩大到了 1％，2014 年 3 月又扩大到了 2％，进一步增强了人民币的汇率弹性。总体来看，2005 年的汇率机制改革后，人民币兑美元汇率常常表现出双向波动中呈升值的趋势，人民币汇率的灵活性增强了。

2015 年 8 月，中国进一步改革人民币汇率形成机制，做市商向中国外汇交易中心提供中间报价时，主要考虑上一日银行间外汇市场收盘汇率、外汇供求和国际主要货币汇率变化等三个因素。由于外汇做市商所报中间价，基本取决于前一交易日的收盘汇率，收盘汇率恰恰是由当天外汇市场供所决定的，此次汇改后，人民币汇率出现了数月明显贬值。为了稳定汇率预期，同年 12 月又初步形成了"收盘汇率＋一篮子货币汇率变化"的人民币兑美元汇率中间价形成机制。所谓的"收盘汇率＋一篮子货币汇率变化"，是指做市商在进行人民币兑美元汇率中间价报价时，需要考虑"收盘汇率"和"一篮子货币汇率变化"两个组成部分。其中，"收盘汇率"是指上日银行间外汇市场人民币对美元收盘汇率，主要反映外汇市场供求状况。"一篮子货币汇率变化"是指为保持人民币对一篮子货币汇率基本稳定所要求的人民币对美元双边汇率的调整幅度，主要是为了保持当日人民币汇率指数与上一日人民币汇率指数相对稳定。做市商在报价时既会考虑 CFETS 货币篮子，也会参考 BIS 和 SDR 货币篮子，以剔除篮子货币汇率变化中的噪音，在国际市场波动加大时，有一定的过滤器作用。

具体来看，每日银行间外汇市场开盘前，做市商根据上日一篮子货币汇率的变化情况，计算人民币对美元双边汇率需要变动的幅度，并将之直接与上日收盘汇率加总，得出当日人民币兑美元汇率中间价报价。假设上日人民币兑美元汇率中间价为 6.5 元，收盘汇率为 6.495 元，当日一篮子货币汇率变化指示人民币对美元双边汇率需升值 100 个基点，则做市商中间价报价为 6.485 元，较上日中间价升值 150 个基点，其中 50 个基点反映市场供求变化，100 个基点反映一篮子货币汇率变化。这样，人民币兑美元汇率中间价变化，既反映了一篮子货币汇率变化，又反映了市场供求状况。

2017 年，在人民币汇率机制中又引入了逆周期调节因子。根据调整后的机制，美元兑人民币中间价取决于前一交易日收盘价、前夜美元兑 CFETS 一篮子货币汇率的变化和逆周期调节因子。逆周期因子根据宏观经济等基本面变化动态调整，有利于引导市场在汇率形成中更多关注宏观经济等基本面情况，使中间价报价更加充分地反映我国经济运行等基本面因素，更真实地体现外汇供求和一篮子货币汇率变化。中国引入逆周期调节因子的初衷是为了抵御市场压力（特别是在市场力量较强的情况下），以维护人民币汇率的整体平稳。

17.4　国际收支

17.4.1　什么是国际收支

国际收支是一国居民在一定时期内与外国居民之间经济交易的系统记录,它所记载的经济交易必须是在本国居民与非居民之间发生的。要记住,这里所说的"居民"不单单是像邻居这样的自然人,而是包括个人、政府、非盈利团体和企业等一切从事经济活动的单位。

国际收支平衡表就是反映一国在一定时期内本国居民与外国居民之间所发生的经济交易活动的报表。国际收支平衡表中主要包含经常项目、资本与金融交易项目、储备等。

1. 经常账户

经常账户是反映一国与他国之间实物资源转移的项目。经常账户通常有货物、服务、收益和无偿转移,其中又以货币和服务为主。**货物**是经常账户乃至整个国际收支平衡表中最重要的项目,它记录一国对像彩电、冰箱、机器等的进出口状况。商品进出口的差额称为**贸易差额**。如果货物的进口额大于出口额,就叫**贸易逆差**;反之,如果货物的进口额少于出口额,就叫**贸易顺差**。**服务**则记录服务的输出和输入,运输、旅行、通讯、保险、银行等等都记录在服务项下。若服务贸易收入大于支出,则为服务贸易顺差,反之,则为服务贸易逆差。比如,就中国与美国的贸易关系而言,中国对美国就存在大量的商品贸易顺差,但服务贸易却一直存在逆差。

2. 资本和金融账户

资本项目包括资本转移如债务减免、移民转移等。**金融项目**包括我国对外资产和负债的所有权变动的所有交易。金融项目中,按投资方式分为直接投资、证券投资和其他投资;按资金流向构成的债权债务分为资产、负债,其中直接投资分为外国在华直接投资(视同于负债)和我国在外直接投资(视同于资产)。

直接投资是指一国居民到另一个国家直接建立分支企业的投资形式,也可以是购买国外企业足够量的股票后对该企业拥有一定的控制权。**证券投资**是指本国居民买卖外国债券和不包括在直接投资内的股票,如中国政府购买美国政府债券或本国居民购买 IBM 的股票;或者是外国居民买卖本国债券和股票(包括资本的到期偿还)。证券投资者主要关心的不是所投资企业的长期前景,而是资本的安全和资本的预期收益。**其他投资**除直接投资和证券投资外的所有金融交易,分为贸易信贷、贷款、货币和存款及其他资产负债四类形式。

3. 储备

储备也是国际收支平衡表中的一个非常重要的项目。**国际储备**是指一国货币当局(主要是指中央银行)所拥有的,可用于满足国际收支平衡需要的对外资产,包括货币性黄金、国际货币基金组织分配的特别提款权、在国际货币基金组织的储备头寸和对非居民所拥有的债权(外汇资产)。对中国而言,最主要的国际储备是外汇储备。**外汇储备**是为货币当局所持有的对外流动性资产,主要是银行存款和国库券等,如中国政府持有的美国政府债券或美元存款就是中国的外汇储备。

17.4.2　国际收支失衡的根源

一般来说,国际收支失衡是一个国家国际收支的常态。国际收支失衡表现为盈余和赤字。**国际收支盈余**就是一个国家在对外经济交往中的经常账户同资本和金融账户中的收入大于支出,反之,则为**国际收支赤字**。如果同时存在经常项目和资本与金融项目顺差,则被称为**双顺差**。

引起国际收支失衡的原因是多方面的,在此,我们考察三个主要因素。

1. 储蓄—投资差额与国际收支失衡

从总需求的角度来讲,国民收入 Y 分为四个部分,即私人消费 C、投资 I、政府消费性支出 G 和出口 E。即:

$$Y_d = C + I + G + E \qquad (17.9)$$

从总供给的角度来看,国民收入同样可以分为四个部分,即私人消费 C、私人储蓄 S_p、政府税收 T 和进口 M,即有:

$$Y_S = C + S_p + T + M \qquad (17.10)$$

当国民收入处于均衡时有: $Y_d = Y_s$

$$C + I + G + E = C + S_p + T + M \qquad (17.11)$$

从而得到: $S_p + (T - G) - I = E - M \qquad (17.12)$

其中政府税收与政府消费性支出之差为政府储蓄。政府储蓄与私人储蓄之和为国民总储蓄 S。以 NX 表示净出口,即出口与进口之差,则:

$$S - I = NX \qquad (17.13)$$

(17.13)式表明,储蓄 S 与投资 I 之间的差额与净出口 NX 相等。如果国民储蓄 S 小于投资 I,那么,净出口 NX 一定为负,即国民储蓄小于投资,是与贸易逆差联系在一起的;反之,如果国民储蓄大于投资,那么,一定会有相应的贸易顺差。

在当今世界中,美国较长时间内都是国内储蓄小于投资,伴随着大量的贸易逆差,而以中国为代表的有些新兴市场经济国家却是国内储蓄大于投资,伴随着大量贸易顺差,这被称作**全球经济失衡**。2006 年 1 月 31 日入主美国联邦储备银行的伯南克则认为,美国的贸易逆差和其他国家的贸易顺差,是由其他国家的消费太少、储蓄太多造成的,因此,要缓解美国的贸易赤字,其他国家应当减少储蓄,增加消费。

2. 国际分工与结构性国际收支失衡

一国经济结构失调造成的国际收支失衡称为**结构性失衡**。如果本国产品的供求结构无法跟上国际市场上产品供求结构的变化,本国的国际收支将发生长期性的结构失衡。如果国际市场对本国具有比较优势的出口品需求减少,或者国际市场上本国进口品的供给减少,价格上升,而本国无法改变出口结构,则本国的国际收支将出现赤字。正因如此,经济全球化的加深和新的国际分工、生产网络的形成,使得国际收支失衡有可能成为一个长期现象。日本自上世纪 70 年代以来一直存在贸易顺差,而美国一直存在贸易逆差。中国作为一个新兴市场经济体,贸易顺差也急剧增加,2017 年的贸易顺差额达到了 4 195 亿美元。中国近年来的贸易顺差是国外的制造业大量向中国转移、利用中国廉价劳动力的结果。

3. 外汇投机和不稳定的国际资本流动

这是由于实行浮动汇率制后汇率变动的风险所带来的失衡。国际金融市场上存在巨额的游资,一有风吹草动,这些资金就会在各国之间频繁地流动,以追求投机利润。这种变化莫测的短期资本流动常常造成一国国际收支的不稳定。例如,如果投机者预期本国货币会大幅度地贬值,他们就会大量抛售本国货币,购买预期会升值的外汇,从而使本国的资本大量流出,结果导致资本和金融账户出现逆差。2003—2012 年,中国的资本与金融项目的顺差,就是因为人民币升值预期不断增强,导致大量的国际资本流入中国的结果,2013 年以来,中国则出现了持续的资本外流,很大程度上影响了中国的国际收支。

17.4.3　国际收支失衡的调整

当出现了国际收支失衡时,该怎么办呢? 国际收支失衡后,经济体系中有一种自动调整机制,使其逐渐恢复均衡。

1. 国际收支失衡的自动调整机制

国际收支失衡的自动调整机制就是指当出现国际收支失衡后,借助于经济体系中的内在力量,自我向均衡状态调整。不同的汇率制度下的自动调整机制是不同的。

首先,固定汇率制下的自动调整机制。当一国出现了国际收支赤字时,为了维持固定汇率,该国的货币当局就必须减少外汇储备,本国货币供应量减少。这首先会使银根趋紧,利率上升,本国资本外流减少,资本流入增加,使资本账户改善。反之,当国际收支出现盈余时,则通过反向的过程而改善国际收支。

国际收支逆差造成国内货币供给减少,若价格水平保持不变,则公众手中持有的实际货币余额也下降了。为了达到这一现金余额水平,人们就会直接减少国内支出。同时,货币供给的减少导致利率的上升,也会减少国内居民的支出。进口需求也会随之减少,从而改善国际收支。国际收支盈余也可以通过相反的过程而得到自动削减。

物价的变动在国际收支自动调节中也发挥着作用。国际收支出现逆差时,货币供给的下降会引起国内价格水平的下降。由于汇率是固定的,以外币表示的本国产品在国外的价格会下降,以本币表示的国外产品在本国的价格上升,这会增加出口,减少进口。相反,当本国出现了大量的国际收支顺差,就会通过相反的渠道自动缩小国际收支的差额。

其次,浮动汇率制下国际收支失衡的自动调整机制。在浮动汇率制下,由于货币当局不承担维持汇率固定的义务,汇率随外汇市场供求自由波动,因此,国际收支的赤字或盈余一般不会改变中央银行的外汇储备。但是,如果出现国际收支逆差,本国对外汇需求就会大于外汇供给,使外汇汇率上升,本币则相对地贬值。反之,如果出现国际收支顺差,外汇需求就会小于外汇供给,使本币升值,外汇贬值。汇率的波动会自动地改变出口产品和进口产品的相对价格,使国际收支逆差通过汇率的波动而得以自动地消除。

比较一下,你就会发现,在固定汇率制下,国际收支自动恢复均衡是通过国内宏观经济变量的变化来实现的,这就意味着它是以牺牲国内经济均衡为代价的。在浮动汇率制下,汇率变动使国际收支自动地调整,不会影响国内货币供应和物价水平,因此,它在一定程度上起着隔绝国外经济通过国际收支途径干扰本国经济的作用。

2. 汇率与国际收支调节

我们已经指出,当出现国际收支失衡时,可以通过汇率机制来加以调整。在20世纪70年代至80年代中期,日本对美贸易顺差持续增加。鉴此,美国联合其他几个国家,逼迫日本签署了《广场协议》,随后直至1995年底,日元与美元之间汇率从1美元兑254日元升值到94,在此期间,美国对日本的贸易逆差也从93 690亿日元减少到了1995年的4 257亿日元。面对中国对美国的大量贸易顺差,美国也曾要求人民币升值。但是,导致国际收支失衡的原因是多方面的,指望通过汇率贬值消除国际收支失衡,可能难以如愿。无论是日元还是人民币对美元的升值,都没能消除美国对日本和中国的贸易逆差。汇率机制在调节国际收支时必须满足一定条件,否则,本币贬值也未必能够改善国际收支。

在直接标价法下,汇率上升,表明本国货币贬值,外国货币升值。汇率的高低首先决定着本国产品与外国产品价格之间的相对价格。如果用 p_x 表示以本币表示的出口品价格,p_m 表示以外币表示的进口品价格,e 表示一单位外币折合为本币的数额,即直接标价法下的汇率,那么,该相对价格(π)就可表示为:

$$\pi = \frac{p_x}{e p_m} \tag{17.14}$$

相对价格 π 实际上就是**贸易条件**,它表示一单位出口品所能换回的进口品数量。π 上升,意味着每单位出口品可以换得更多的进口品,表示贸易条件改善;反之,如果 π 下降,则每单位进口品需要用更多的出口品才能换得,表示贸易条件恶化。在国内外产品价格 p_x 和 p_m 不变时,本币的贬值将会使贸易条件恶化,本国产品在外国市场变得相对便宜,而外国产品在本国市场上将变得相对昂贵。这将诱使本国减少进口需求,同时也会刺激外国居民减少对自己国内产品的需求,增加对本国产品的需求。

但是,本币的贬值是否一定会改善国际收支呢? 这要取决于进出口需求的价格弹性。进口需求价格弹性就是国外产品价格每变动 1% 所导致的对进口需求变动的百分比。出口价格弹性就是本国出口品的价格变动 1% 所引起的出口需求增加的百分比。以 B 表示贬值前的国际收支差额,X 表示本币贬值前的出口量,M 表示贬值前的进口量,则:

$$B = p_x \cdot X - e \cdot p_m \cdot M \tag{17.15}$$

以 η_m 表示进口需求的价格弹性,ΔM 表示进口需求的增量,则根据定义有:

$$\eta_m = \frac{\dfrac{\Delta M}{M}}{1\%} \Rightarrow \Delta M = \frac{\eta_m \cdot M}{100} \tag{17.16}$$

类似地,以 η_x 表示出口的价格弹性,ΔX 为出口的增加量,则出口价格弹性:

$$\eta_x = \frac{\dfrac{\Delta X}{X}}{1\%} \Rightarrow \Delta X = \frac{\eta_x \cdot X}{100} \tag{17.17}$$

因此,本币贬值后的出口收入增加额为 $p_x \cdot \Delta X = \dfrac{\eta_x \cdot p_x X}{100}$。本币贬值后,以本币表示的进口产品价格会上升,因此,贬值后的进口需求会减少 $\dfrac{\eta_m \cdot M}{100}$,这样,以本币表示的进口支出会相应地减少 $\dfrac{\eta_m \cdot e \cdot p_m M}{100}$。同时,本币贬值 1% 后,进口品的本币价格也会上升 1%,因此,进口本币的支出会相应地增加 $1\% \times e \cdot p_m \cdot M$。这样,进口支出的增加总额为 $(1 - \eta_m) \cdot e \cdot p_m \cdot M$,而本币贬值后国际收支差额的变动额为:

$$\Delta B = \frac{\eta_x \cdot p_x X}{100} - \frac{(1 - \eta_m) \cdot e \cdot p_m M}{100} \tag{17.18}$$

显然,只要 $\eta_x \cdot p_x X > (1 - \eta_m) \cdot e \cdot p_m M$,本币贬值就能改善国际收支。如果贬值前国际收支是均衡的,那么就有 $p_x \cdot X = e \cdot p_m \cdot M$,因此,上述条件就可变为:只要

$$\eta_x > 1 - \eta_m, \text{即 } \eta_x + \eta_m > 1 \tag{17.19}$$

本币贬值就能改善国际收支。这一条件被称为**马歇尔—勒纳条件**,它表示,只有当进口需求的价格弹性和出口需求的价格弹性之和大于 1 时,本币贬值才能改善国际收支。弹性分析提醒人们,当本国国际收支失衡时,不要一厢情愿地通过贬值来刺激出口,抑制进口。

即使满足马歇尔—勒纳条件,本币贬值也并不会立即改善国际收支,在贬值后的一段时间里,国际收支反而可能恶化。如图 17.3 所示,在时间 t_0 时,本国的国际收支出现了逆差,为此,政府实行了本币贬值的政策,可贬值后国际收支逆差不仅没有变小,反而进一步扩大。到 t_1 时,国际收支逆差达到最大,之后,国际收支逆差逐步降低。过了 t_2,本币贬值对改善国际收支的效果才会体现出来。后来学者称这一现象为 **J 曲线效应**。

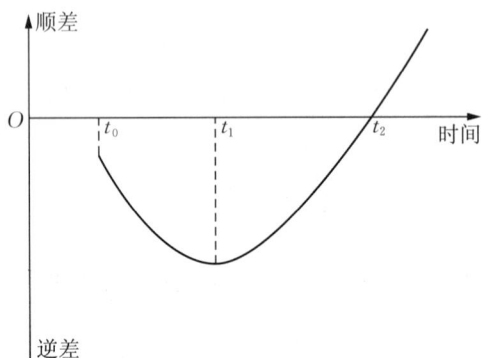

图 17.3　本币贬值对国际收支的 J 曲线效应

为什么具有 J 曲线效应呢? 是因为贬值后有货币合同阶段、传导阶段和数量调整阶段三个不同阶段。在货币合同阶段,由于进出口合同都是在政府实施本币贬值政策前签订好的,它们不会因本币贬值而改变。若进出口以外币来计价,则进出口的本币价格就会与本币贬值幅度同比例上升。如果贬值前进口支出大于出口收入,贸易逆差也会进一步扩大。在传导阶段,进出口价格在签订合同时可以改变,而数量却由于进出口的供求黏性不会改变。由于进口本币价格上升而数量没有减少,以本币表示的进口支出就会增加;出口供给黏性又使出口的外币价格与本币贬值同等幅度下降,故以本币表示的出口收入没有增加,因而逆差还不会减少。到了数量调整阶段,进出口的数量能够变动,贬值对国际收支的正常效应开始发挥作用,国际收支差额从谷底上攀,逐步由逆差转变为顺差。

17.4.3　其他国际收支调节政策

尽管当国际收支出现失衡时,经济有使其恢复均衡的自动调整机制,但它所需要的时间比较长。因此,当国际收支出现失衡时,政府往往会主动采取适当的政策来予以校正。

1. 财政和货币政策

当出现国际收支失衡时,政府可以通过财政政策和货币政策来加以调整。当出现大量逆差时,可减少预算赤字或实现预算平衡,从而改善国际收支。当出现国际收支逆差时,政府可以减少政府支出,降低利息所得税;也可通过货币政策来提高利率,增加国内储蓄、减少投资,就可能在一定程度上改善国际收支。反之,则采取反向的政策操作。正是因为如此,面对不断增长的贸易顺差,中国就强调降低国内储蓄率的重要性。然而,这类政策的局限性在于,国际收支的改善是以牺牲国内经济为代价的,往往与国内经济目标发生冲突。紧缩性政策在减少进口支出的同时,也抑制了本国的需求,会导致失业增加,抑制经济增长。

2. 直接管制

在出现国际收支结构性赤字的情况下,许多发展中国家都对国际经济交易采取直接干预的办法,即实行直接管制。直接管制有数量型管制和价格型管制之分。数量型管制主要针对进口,包括进口配额制、进口许可证制等非关税壁垒;价格型管制既可用于减少进口支出,如进口关税,也可用于增加出口收入,如出口补贴和退税、出口信贷优惠等。即便有很多国家都推崇自由贸易,但当本国出现了大量贸易逆差时,也还常常采取一些贸易保护政策。中国的纺织、鞋类产品大量出口到欧盟,促使欧盟在 2006 年对中国的这些产品征收了 16% 的惩罚性关税。

17.4.4 内外均衡的冲突与政策搭配

政府的货币政策目标主要有经济增长、物价稳定、充分就业和国际收支平衡等。其中前三个目标被统称为内部均衡,而国际收支平衡被称为外部均衡。如果政府有 n 种经济政策目标,那么,就需要有 n 种相互独立的有效政策工具,才有可能同时实现这些经济政策目标,这被称为**丁伯根原则**。一个政策手段确实无法同时完成两个目标,当外部均衡要求实行紧缩性政策时,内部均衡却可能要求实行扩张性政策;而当外部均衡要求实施扩张性政策时,内部均衡却可能要求实施紧缩性政策。具体来看,当一国国际收支赤字与失业,或国际收支盈余与通货膨胀同时存在时,支出变更政策就陷入了左右为难的困境。无论是达到内部均衡还是外部均衡,都势必以加重另一种失衡为代价。这被称为**米德冲突**。

但是,蒙代尔指出,只要适当地搭配使用财政政策和货币政策,就可以同时实现内外部的均衡,从而解决米德冲突。在蒙代尔看来,财政政策和货币政策对国际收支与名义收入有着相对不同的影响,由此在固定汇率制下一国也有两种独立的政策工具来实现两个经济目标。财政政策和货币政策对国民收入和经常账户收支有同样的影响,它们对利率和资本账户的影响却并不相同。紧缩性财政政策趋于降低利率,而紧缩性货币政策则会提高利率(下一章分析)。在其他条件相同的情况下,本国利率提高会改善资本账户收支,反之则反是。因而,财政和货币政策对国际收支就有不同的意义。如果能够合理地搭配使用,就可以同时实现内外均衡。他认为,只有把内部均衡目标分派给财政政策,外部均衡目标分派给货币政策才能达到经济的全面均衡。这一原则又被称为**"政策搭配论"**。

小　　结

　　汇率波动会影响进出口,也会影响到金融市场的稳定。汇率波动对国内的经济增长、就业和物价水平、产业结构的调整都有较深刻的影响。

　　决定汇率的主要因素有实质因素、金融因素和预期因素三个方面。实质因素包括技术与劳动生产率、经济发展状况、相对价格水平和关税与配额等。影响汇率的金融因素主要是回报率的差异。预期也会影响到外汇的供给与需求,进而会影响汇率的波动。一切实质因素和金融因素的变化都会影响到人们的预期。

　　绝对购买力平价理论认为,两国货币间的汇率决定于两国物价水平之间的比率。相对购买力平价理论认为,两国货币间汇率的波动决定于两国间的通货膨胀率的差异。利率差异也对汇率的波动有很大的影响。利率平价理论认为,高利率国家货币的汇率在现汇市场上具有升值的趋势,低利率国家的货币在现汇市场上则有贬值趋势;相反,由于掉期交易,高利率国家的货币在远期市场上的汇率却会出现贴水,低利率国家货币的汇率在远期市场上则会升水。

　　汇率制度是指一国货币当局对本国货币与其他国家货币之间汇率变动的基本方式所作的一系列安排或规定,可以分为固定汇率制和浮动汇率制。在固定汇率制与浮动汇率制的基础上,演变出了钉住汇率制、货币局制和汇率目标区制等多种变通的汇率制度。相对于固定汇率制而言,浮动汇率制有它的一些优势:国际收支的均衡可以自动实现,中央银行货币政策的独立性增强了,无需太多的外汇储备,可以实现资源的优化配置。为了减轻汇率波动的影响,经济发展水平相近的国家可以组建最优货币区。最优货币区可以协调各国之间的财政与货币政策,促进要素的合理流动,但最优货币区内的各成员国必须放弃一些自主性的经济政策。

　　国际收支是一国居民在一定时期内与外国居民之间经济交易的系统记录,国际收支平衡表就是反映这种经济交易活动的报表。现在,国际收支失衡呈长期趋势,这种现象被称为全球经济失衡,其根源在于储蓄与投资关系的失衡和国际分工等。国际收支失衡后可以通过自动调整机制和政府经济政策来促使其恢复均衡。虽然汇率对国际收支的调节有重要影响,但本币贬值只有在满足马歇尔—勒纳条件时,才能改善国际收支,而且,本币贬值在改善国际收支的时间轨迹方面存在着 J 曲线效应。其他调节国际收支的政策包括财政货币政策、直接管制和外汇缓冲政策等。在开放经济中,存在着内外均衡的冲突。为了同时实现内外均衡目标,可以采取政策搭配的原则,赋予不同经济政策工具不同的目标。

关键概念

一价定律	购买力平价	利率平价
汇率制度	固定汇率制	浮动汇率制
自由浮动	管理浮动	钉住汇率制
货币局制	汇率目标区制	蜜月效应
离婚效应	最优货币区	全球经济失衡
马歇尔—勒纳条件	J 曲线效应	贸易条件
内外均衡的冲突	丁伯根原则	米德冲突
巴拉萨—萨缪尔森效应	汇率自我实现	贸易顺差(逆差)
直接投资	国际储备	外汇储备

思考练习题

1. 汇率波动有哪些经济影响?

2. 什么是一价定律? 有些什么样的因素会影响到一价定律的成立?

3. 购买力平价理论的中心思想是什么? 如何评价购买力平价理论?

4. 试述利率平价理论的主要内容。

5. 什么是钉住汇率与货币局制?

6. 什么是汇率目标区制? 汇率目标区制对汇率的波动有什么样影响?

7. 什么是最优货币区? 最优货币区有哪些方面的优缺点?

8. 汇率的调整在国际收支的调整中有何作用?

9. 储蓄、投资与贸易收支(顺差或逆差)之间有何关系?

10. 美联储宣布提高美国利率,而世界其他国家的利率保持不变,这会引起外汇市场上什么样的反应?

11. 1994 年和 1995 年,我国的通货膨胀率分别为 21.7% 和 14.8%,但我们从本章的图 17.1 中看到,在这两年中,人民币兑美元的汇率在不断地升值。这样就出现了一个让很多人难以理解的矛盾现象:人民币的对内价值在不断地贬值,但其对外价值在不断地上升。你如何解释这一矛盾现象呢?

12. 东南亚金融危机发生后,包括泰国、马来西亚和印度尼西亚在内的一些国家放弃了原来的固定汇率制,转而实行了浮动汇率。这些国家为什么会这样做?

13. 中国人民银行在 2007 年第三季度货币政策执行报告中称,要加强利率与汇率在货币调整中的作用,之后至 2008 年 7 月,人民币兑美元汇率呈加速升值之势(图 17.1)。试分析,人民币加速升值可能造成的经济影响。

14. 2009 年至 2013 年,美国为应对金融危机在联邦基金利率降到 0—0.25％之后,采取了量化宽松的货币政策(见第 20 章);2012 年,安倍当选首相后,日本在长期的零利率之后,又采取了更加宽松的货币政策。试简要分析,美国和日本的货币政策,会对美元和日元的汇率有什么影响? 对人民币汇率有什么样影响?

15. 2018 年,特朗普挥舞关税大棒,尤其是,对中国出口到美国的产品征收高关税,试图减少美国的贸易逆差,请分析,特朗普的贸易保护主义政策,对新兴经济体货币汇率会产生什么样的影响?

▶18

国民收入与产出的决定

学习目标

学完本章后,你将能够:

弄清国民收入是如何决定的

理解产品市场均衡时利率与国民收入之间的关系

了解决定 *IS* 曲线斜率的因素

了解导致 *IS* 曲线发生位移的因素

理解货币市场均衡时利率与国民收入之间的关系

了解决定 *LM* 曲线斜率的因素

了解导致 *LM* 曲线发生位移的因素

理解在 *IS-LM* 模型中,经济失衡的自动调整机制

利用 *IS-LM* 模型分析财政政策和货币政策的作用及其效果

一个人的消费支出对整个国家经济增长的影响是微不足道的,但所有人的消费对经济增长具有非常大的影响。这不仅是因为消费本身构成了总需求的重要组成部分,而且还因为全社会的平均消费倾向的变化还会有乘数效应,使投资、政府支出和进出口也都对经济增长有成倍的影响。本章将分析国民收入与产出的决定、产品市场和货币市场对均衡国民收入的影响,以及当国民经济失衡时,政府的财政政策和货币政策校正失衡的作用。本章的内容为下一章提供了理论工具。

18.1 总产出的决定

在我们的经济社会中,总需求分为四类:(1)消费需求或消费支出,如听音乐会、看电影或去美食城饱餐一顿等都属于消费需求;(2)投资支出,如企业新建厂房和购置机器设备;(3)政府支出,包括政府的行政办公支出、财政补贴支出等;(4)净出口,即本国的出口额减去进口额。

以 C 表示消费支出、I 表示投资支出(需求)、G 表示政府支出、NX 表示净出口,则总支出 Y_{ad} 为:

$$Y_{ad} = C + I + G + NX \tag{18.1}$$

我们在第 4 章的分析表明,消费是可支配收入的函数,可支配收入就是总收入减去税收后的余额。设总收入为 Y,税收为 T,可支配收入为 Y_d,则:

$$Y_d = Y - T \tag{18.2}$$

再设税率为 t,则税收收入 $T = t \cdot Y$,因此可支配收入 $Y_d = (1-t)Y$。

设 a 表示自发性消费,即,即使收入为零也不能缺少的消费,c 表示消费倾向,则有:

$$C = a + c \cdot (1-t)Y \tag{18.3}$$

因此有:$Y_{ad} = a + c \cdot (1-t) \cdot Y + I + G + NX \tag{18.4}$

当总支出等于当期产出时,经济就达到了均衡,即有:

$$Y_{ad} = Y \tag{18.5}$$

所以:$Y = a + c \cdot (1-t) \cdot Y + I + G + NX \tag{18.6}$

整理上式得:$Y = \dfrac{a + I + G + NX}{1 - c \cdot (1-t)}$

(18.6)式表明,自发性消费、投资支出、政府支出、净出口、消费倾向和税率都会影响国民收入水平。例如,设自发性消费 a 为 500,投资支出 I 为 3 000,政府支出 G 为 1 000,净出口 NX 为 500,消费倾向 c 为 0.8(即 1 元的可支配收入中,有 0.8 元被用于了消费),税率 t 为 0.25,在这些条件下,均衡国民收入水平应该为:

$$Y = \frac{500 + 3\ 000 + 1\ 000 + 500}{1 - 0.8 \times (1 - 0.25)} = 12\ 500$$

那么,自发性消费、投资、政府支出或净出口的变动会引起国民收入多大的变动呢? 比如说,在其他条件不变时,投资支出增加 1 元会增加多少国民收入呢? 一般说来,这会引起国民收入增加 $\dfrac{1}{1 - c \cdot (1 - t)}$,这就是乘数。例如,如果消费倾向为 0.8,税率为 0.25,那么,乘数就是 2.5,即投资增加 1 元,会引起国民收入增加 2.5 元。

假设在上面的例子中,自发性消费、政府支出、净出口、消费倾向和税率都没有变化,但投资支出从原来的 3 000 增加到了 4 000,这时,国民收入水平应当为:

$$Y = \frac{500 + 4\ 000 + 1\ 000 + 500}{1 - 0.8 \times (1 - 0.25)} = 15\ 000$$

即比原来增加了 2 500,刚好是投资增加额的 2.5 倍。

相反,如果投资减少 1 000,国民收入也会减少 2 500 倍。

同样,政府支出、净出口的变化也会引起国民收入成倍地增加或减少。

图 18.1 反映了均衡国民收入水平的决定。图中的 45°线为国民收入均衡线,在该线上,总需求等于总供给。在该直线的上方,表示总需求大于总供给,而在该直线的下方则表示总供给大于总需求。图中的 Y_{ad}^1 和 Y_{ad}^2 两条直线分别表示两个总需求水平。当总需求为 Y_{ad}^1 时,均衡国民收入为 Y_1,当总需求上升到 Y_{ad}^2 时,均衡国民收入为 Y_2。

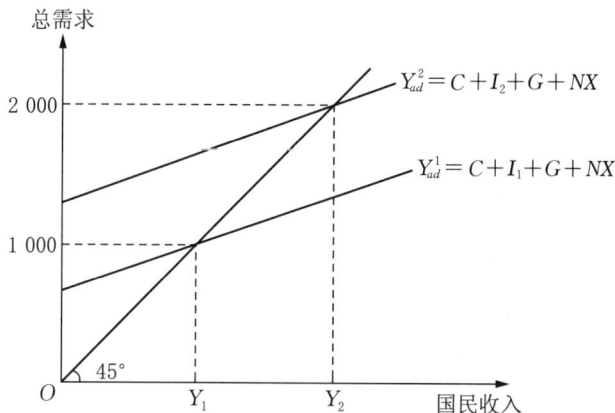

图 18.1 总需求、总供给与国民收入的决定

18.2 商品市场的均衡：*IS* 曲线

18.2.1 *IS* 曲线的推导

IS 曲线描绘的是当产品市场处于均衡时,利率与均衡国民收入之间的关系。在理解它们之间的关系之前,首先必须清楚利率与总需求之间的关系。

在总需求的四个构成部分中,有三个方面会受到利率水平的影响。首先,如果利率水平上升,人们一般会节省当前的消费支出,增加储蓄,因此,利率总水平的上升一般会导致消费需求的减少;反之,利率水平的下降则会增加消费需求,降低储蓄。

其次,一般而言,投资与利率有较强的相关性,即利率越高,投资需求会越少,因为在这种情况下,企业需要较高的实物资本收益才能弥补资金成本;反之,利率越低,企业只需较低的实物资本回报率就可以弥补资金成本,因此投资需求会增加。

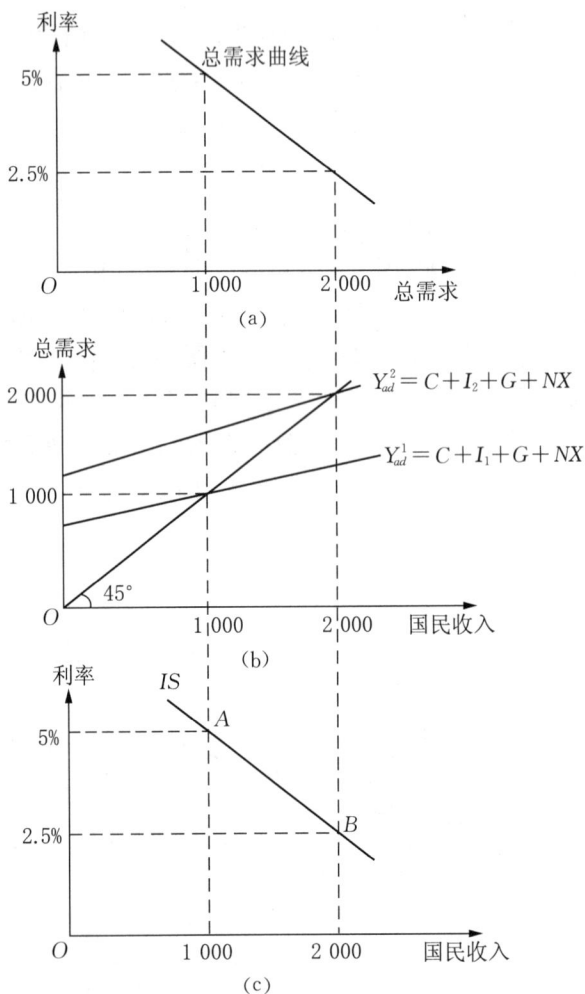

图 18.2 产品市场均衡时的国民收入决定

最后,利率水平也会影响净出口。回顾一下第 17 章的内容,利率平价理论表明,本国利率水平的上升会使本币现汇汇率具有升值的趋势;反之,本国利率水平的下降则会使本币的现汇汇率水平具有贬值的趋势。本币汇率的上升会打击本国的出口,贬值则会增加出口。这样,通过汇率的作用,本国利率上升会减少净出口,而本国利率下降则会增加净出口。

将以上三个因素综合起来,我们发现,总需求与利率水平之间呈反向变化,即利率水平越高,总需求会越低;反之,利率水平越低,总需求会越高。将这一关系描绘在图 18.2(a) 中:当利率水平为 i_1 时,总需求为 Y_{ad}^1;当利率水平为 i_2 时,总需求为 Y_{ad}^2。

我们将利率与总需求之间的关系图和总需求总供给均衡时决定的均衡国民收入水平图结合起来,就可以绘制出利率与均衡国民收入水平之间的关系图,这就是 IS 曲线。当利率水平为 i_1 时,总需求为 Y_{ad}^1,而当总需求为 Y_{ad}^1 时,均衡国民收入水平应为 Y_1。因此,当利率水平为 i_1 时,均衡国民收入水平也应为 Y_1,这样就得到了利率与均衡国民收入水平组合之间的第一点,即图 18.2(c) 中的点 A。同样,我们也可以得到均衡国民收入水平与利率之间组合的第二点,即点 B。将点 A 和点 B 连结起来,就得到了 IS 曲线。

IS 曲线表示总产出等于总需求时,利率与均衡国民收入之间的关系。IS 曲线从左上方向右下方倾斜,表示较高的利率会降低总需求,从而会进一步降低均衡国民收入水平。

18.2.2 影响 IS 曲线斜率的因素

IS 曲线的斜率受总需求的利率弹性大小的影响。总需求的利率弹性是指利率变动 1% 所引起的总需求变动的百分比。如果利率上升 1%,总需求会下降 2%,那么,总需求的利率弹性就是 -2;如果利率下降 1%,总需求会上涨 1%,那么,总需求的利率弹性就是 -1。

总需求的利率弹性会影响到总需求曲线的斜率。在图 18.3(a) 中,有两条不同的总需求曲线 AD 和 AD′。当总需求曲线为 AD 时,如果利率从 i_1 下降到 i_2,那么,总需求就从原来的 Y_{ad}^1 增加到 $Y_{ad}^{1'}$。当总需求曲线为 AD′ 时,如果利率从 i_1 下降到 i_2,那么,总需求就从原来的 Y_{ad}^1 增加到 $Y_{ad}^{1'}$。可见,总需求曲线 AD′ 的利率弹性比 AD 的利率弹性要大,所以它就要比 AD 平坦。

与总需求曲线 AD 和 AD′ 对应的 IS 曲线分别为 IS_1 和 IS′,后者比前者要平坦。由此可见,如果总需求曲线的利率弹性越大,总需求曲线越平坦,那么,IS 曲线也越平坦,斜率越小;反之,如果总需求的利率弹性越小,总需求曲线越陡峭,那么,IS 曲线也会相应地越陡峭,斜率越大。

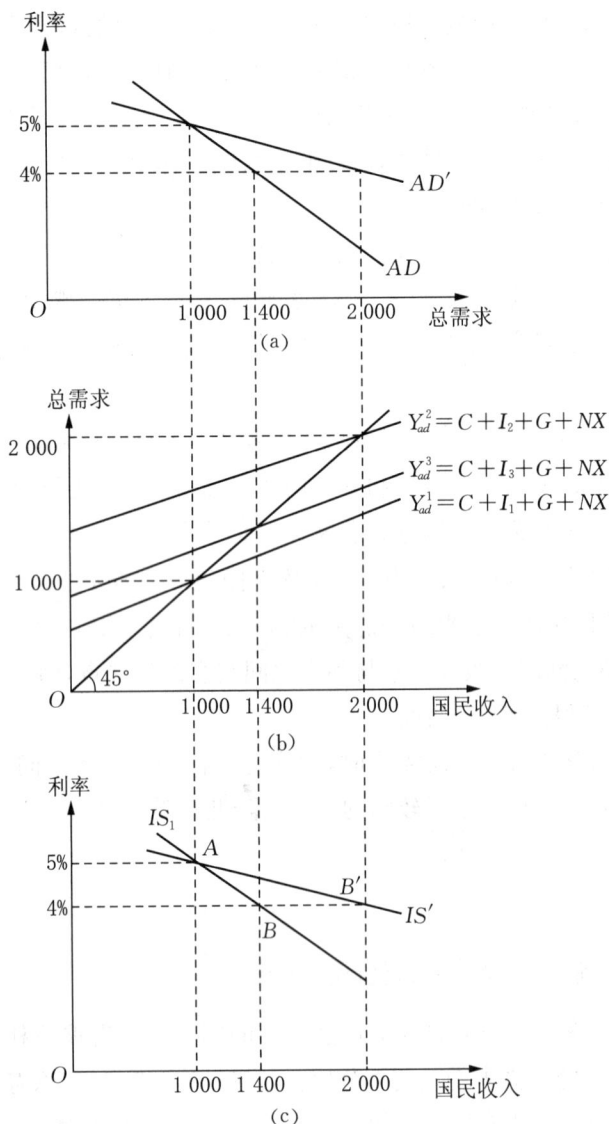

图 18.3　影响 *IS* 曲线斜率的因素

由于总需求的构成中,消费需求、投资需求和净出口都会受到利率的影响,因此,消费的利率弹性、投资需求的利率弹性和净出口的利率弹性都会影响 *IS* 曲线的斜率。与总需求的利率弹性相对应,消费的利率弹性是指利率变动 1% 而引起的消费支出变动的百分比。以此类推,投资需求的利率弹性则是指利率变动 1% 所引起的投资需求变动的百分比;净出口的利率弹性则是指利率变动 1% 所引起的净出口变动的百分比。我们在这里重点分析影响消费和投资利率弹性的主要因素。

我们在第 4 章中指出,利率的变动通过两个渠道影响消费需求:第一,利率下降会鼓励人们借款消费,从而增加消费支出;第二,利率下降会鼓励人们减少储蓄,增加当前的消费支出。因此,消费需求的利率弹性首先受到消费信贷的影响。如果消费信贷很不完善,不管利率发生多大的变化,消费者也无法从银行获得消费信贷,那么,消费的利率弹性就会很小;反之,消费的利率弹性则会较大。其次,一切影响到储蓄的因素都可能会影响到消费需求的利率弹性。未来的不确定性越大,储蓄的利率弹性会越小。

投资需求的利率弹性首先受到企业家对前景预期的影响。如果企业家对前景比较乐观,即使利率上升,对企业投资支出的影响也不会太大。经济前景越好,投资需求的利率弹性越小;反之,企业越悲观,即使是利率的微小上升,也会沉重地打击企业的投资意愿,在这种情况下,投资的利率弹性就越大。其次,投资的利率弹

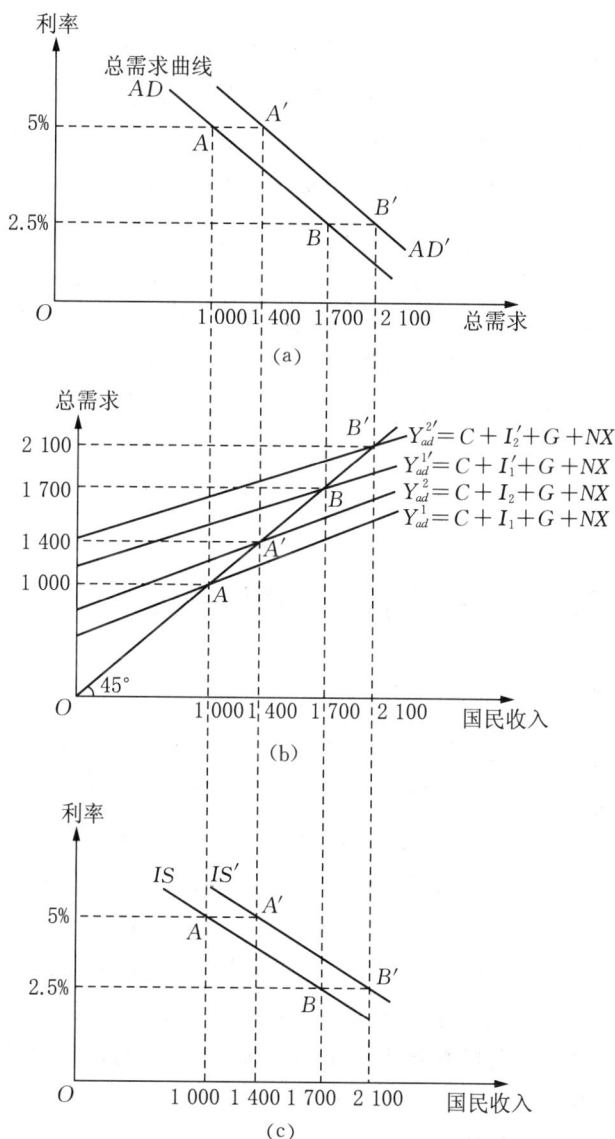

图 18.4 导致 *IS* 曲线发生位移的因素

性还受到企业制度的影响。如果投资成本对企业没有约束力,那么,即使再高的利率也不会抑制企业的投资意愿。因此,企业制度越不完善,利率对投资的约束力越小,投资需求的利率弹性就越小,总需求曲线,从而 IS 曲线也就越陡峭。这正是社会主义国家和转轨经济国家在转轨初期的情形。

18.2.3 导致 IS 曲线发生位移的因素

下列一些因素可能使 IS 曲线发生位移:自发性消费的变动、与利率无关的投资支出的变动、政府支出的变动、税收和与利率无关的净出口的变动。

当利率水平一定时,自发性消费、投资支出、政府支出和净出口的增加,都会使总需求曲线向右移动。例如,在图 18.4(a)中,从原来的 AD 向右移动到 AD′。在 AD′ 的总需求曲线上,当利率为 i_1 时,总需求量为 $Y_{ad}^{1'}$;而当利率为 i_2 时,总需求量为 $Y_{ad}^{2'}$。当总支出为 $Y_{ad}^{1'}$ 和 $Y_{ad}^{2'}$ 时,对应的均衡国民收入应当分别为 Y_1' 和 Y_2'。Y_1' 的国民收入和 i_1 的利率对应的新的均衡点为 A′,Y_2' 的国民收入和 i_2 的利率对应的新的均衡点为 B′。连结 A′ 和 B′ 就得到新的 IS 曲线,即 IS′。

由于税收的变动影响人们的可支配收入,因此,税率的降低会增加人们的可支配收入,从而增加人们的消费,并进而使总支出曲线和总需求曲线向上移动。由于总支出曲线的向上移动,IS 曲线就会向右移动。

反之,当自发性消费、与利率无关的投资、政府支出和与利率无关的净出口的减少,则会使 IS 曲线左移。由于政府提高税率会减少人们的消费,因此,税率的提高也会使 IS 曲线向左下方移动。

18.3 货币市场的均衡:LM 曲线

18.3.1 LM 曲线的推导

LM 曲线描述的是当货币市场处于均衡时,利率与国民收入之间的关系。我们从第 14 章中了解到,在凯恩斯的货币需求理论中,货币需求由交易性需求和投机性需求两部分构成。交易性货币需求决定于收入水平,收入水平越高,对交易性货币的需求也就越高;反之,收入水平越低,则对交易性货币需求越少。图 18.5(c)描述了交易性货币需求与收入之间的这种关系。在该图中,当国民收入水平为 900 时,交易性货币需求为 600;而当国民收入增加到 2 100 时,交易性货币需求就增加到了 1 200。

投机性货币需求与利率水平相关。利率水平越高,投机性货币需求越少;反之,当利率水平下降时,投机性货币需求会增加。图 18.5(a)就描绘了投机性货币需求与利率之间的这种关系。在该图中,当利率水平为 5% 时,投机性货币需求为 500;而当利率为 2.5% 时,投机性货币需求为 1 100。在该图中,投机性货币需求曲线是从左上方向右下方倾斜的,表明了投机性货币需求与利率之间的这种关系。

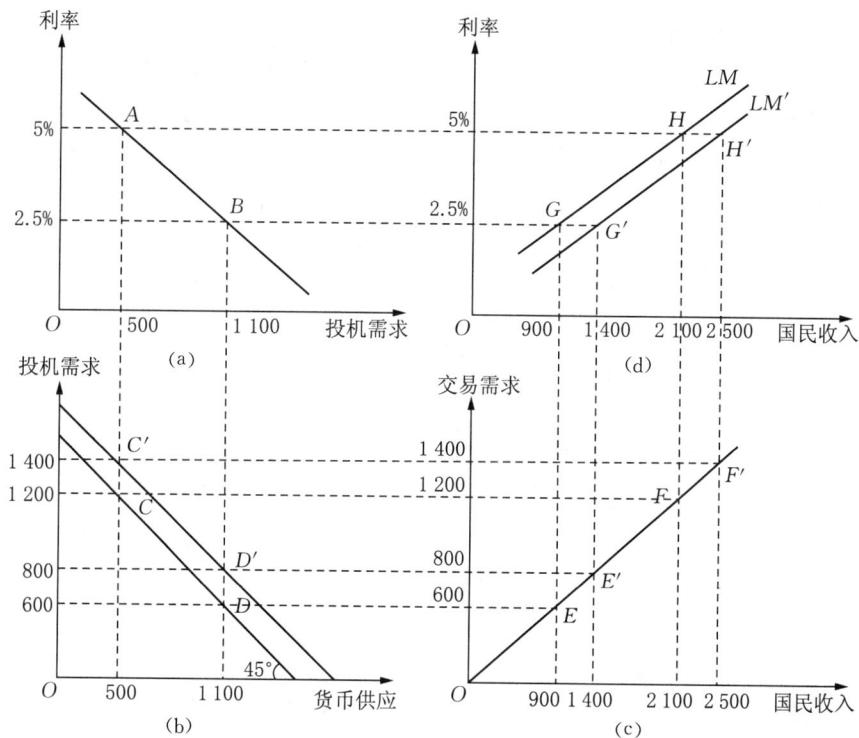

图 18.5　*LM* 曲线的推导

图 18.5(b) 中的 *CD* 线是货币供给线,它的斜率为 45°货币供给总量为 1 700 (=1 200+500)。将图 18.5(a) 和图 18.5(c) 中的投机性货币需求和交易性货币需求加总就得到了总的货币需求,它表明了在一定的利率和国民收入水平下的货币需求总量。由于货币市场均衡要求货币需求与货币供给相等,因此,图 18.5(b) 中的点 *C* 和点 *D* 分别表示货币市场均衡时的两点。点 *C* 对应的是利率为 5%和国民收入为 2 100 时投机性和交易性货币需求量在该利率下,投机性和交易性货币需求量分别为 500 和 1 200;点 *D* 对应的则是在利率为 2.5%和国民收入为 900 时的投机性和交易性货币需求量,分别为 1 100 和 600。将 2.5%的利率和 900 的国民收入组合在一起,就得到了图 18.5(d) 中的点 *G*;同样,将 5%的利率和 2 100 的国民收入组合在一起,就得到了图 18.5(d) 中的点 *H*。将 *G* 和 *H* 连结起来,就得到了 *LM* 曲线。在该曲线上的任何一点,都表示货币市场处于均衡时,利率与国民收入之间的一个组合。

18.3.2　导致*LM*曲线发生位移的因素

下面一些因素会使 *LM* 曲线发生位移:

● 货币供给量的变化

● 货币需求的变化

1. 货币供给量的变化

在其他条件不变时，货币供给量的变化会使 LM 曲线发生位移。假设货币供给量从原来的 1 700 增加到了 1 900，则图 18.5(b)中的 CD 线会向右上方移动到 C'D'。但是，由于货币需求函数没有发生变化，因此，在 5% 的利率水平上，投机性货币需求还是为 500。由于货币供给增加到了 1 900，因此，要使货币市场处于均衡，交易性货币需求就必须达到 1 400。从图 18.5(c)中看到，要使交易性货币需求达到 1 400，国民收入就必须达到 2 500。因此，当货币供给量增加到了 1 900 时，5% 的利率水平和 2 500 的国民收入水平就是一个均衡组合，即点 H'，在这种情况下，货币市场处于均衡状态。同样的道理，在 2.5% 的利率水平上，货币供给量为 1 900，国民收入水平要达到 1 400 时，货币市场才能达到均衡状态。这时，交易性货币需求为 800，而投机性货币需求为 1 100。因此，当货币供给量为 1 900 时，2.5% 的利率水平和 1 400 的国民收入水平的组合，即 G' 点，货币市场处于均衡状态。连结 G' 点和 H' 点，就得到新的 LM'。由此可见，货币供给量的增加使 LM 曲线向右移动。同样的方法可以推导出，当货币供给量减少时，LM 曲线会向左移动。

2. 货币需求的自主变动

投机性货币需求曲线的位移也会使 LM 曲线发生位移。在图 18.6(a)中，原来的投机性货币需求曲线为 AB，在货币供应总量为 1 700 时，与它对应的 LM 曲线为 LM_1。

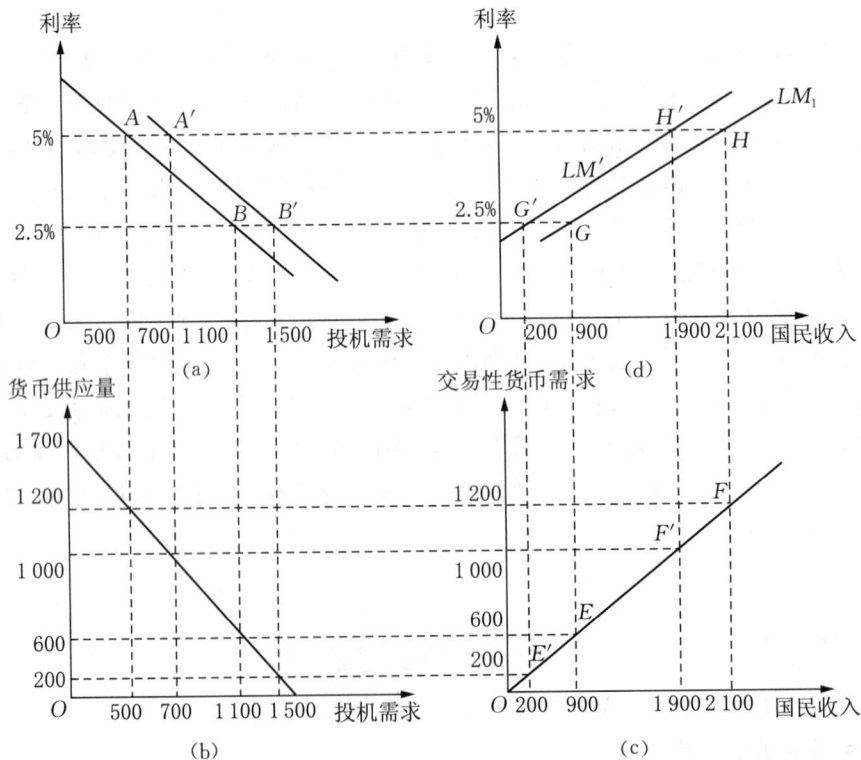

图 18.6 **LM** 曲线的位移

现在假定其他条件没有变化,投机性货币需求曲线向外移动到了 $A'B'$。该曲线的外移表明,在同样的利率水平下,投机性货币需求增加了。比如说,在新的投机性货币需求曲线下,与 5% 和 2.5% 的利率水平对应的投机性货币需求量分别由原来的 500 和 1 100 增加到了 700 和 1 500。由于货币供应总量没有发生变化,还是 1 700,要使货币市场恢复均衡,交易性货币需求就必须由原来的 1 200 和 600 分别下降到 1 000 和 200。这时,在图 18.6(c) 中对应的点分别为 F' 和 E'。在图 18.6(d) 中与此对应的利率与国民收入之间的均衡点分别为 H' 和 G',连结 H' 和 G',就得到新的 LM 曲线 LM'。相对于 LM_1 而言,它向左移动了。可见,若投机性货币需求曲线向外移动了,在其他条件不变时,LM 曲线会向左上方移动,在同样的利率下,对应的均衡国民收入会下降。反之,若投机性货币需求曲线向左下方移动了,LM 曲线则会向右下方移动,这时,在同样的利率下,对应的均衡国民收入会上升。

18.3.3 影响 LM 曲线斜率的因素

除了 LM 曲线位置的差异外,LM 曲线的斜率可能也会有所不同。那么,为什么 LM 曲线的斜率有这样的差异呢?

一般而言,引起 LM 曲线斜率差异的原因有两个方面:

- 投机性货币需求对利率的反应弹性
- 交易性货币需求与国民收入之间的比例关系

1. 投机性货币需求对利率的反应弹性

投机性货币需求对利率的反应弹性就是当利率每变动 1% 时所引起的投机性货币需求量变动的百分比。以 M_s^d 表示投机性货币需求量,ΔM_s^d 表示投机性货币需求的变动额,r 表示利率,Δr 表示利率的变动量,因此:

$$投机性货币需求的利率弹性 = \frac{\dfrac{\Delta M_s^d}{M_s^d}}{\dfrac{\Delta r}{r}} = \frac{\Delta M_s^d}{\Delta r} \cdot \frac{r}{M_s^d}$$

例如,在图 18.7(a) 中,当投机性货币需求曲线为 AB,利率为 5% 时,投机性货币需求量为 500,而当利率下降到 2.5% 时,投机性货币需求就上升到了 1 100。在这种情况下,投机性货币需求利率弹性为:

$$\frac{1\ 100 - 500}{2.5\% - 5\%} \times \frac{5\%}{500} = -2.4$$

即当投机性货币需求曲线为 AB 时,利率每变动 1%,投机性货币需求会反向变动 2.4%。

当投机性货币需求曲线为 $A'B$ 时,在该需求曲线上,当利率为 5% 时,投机性

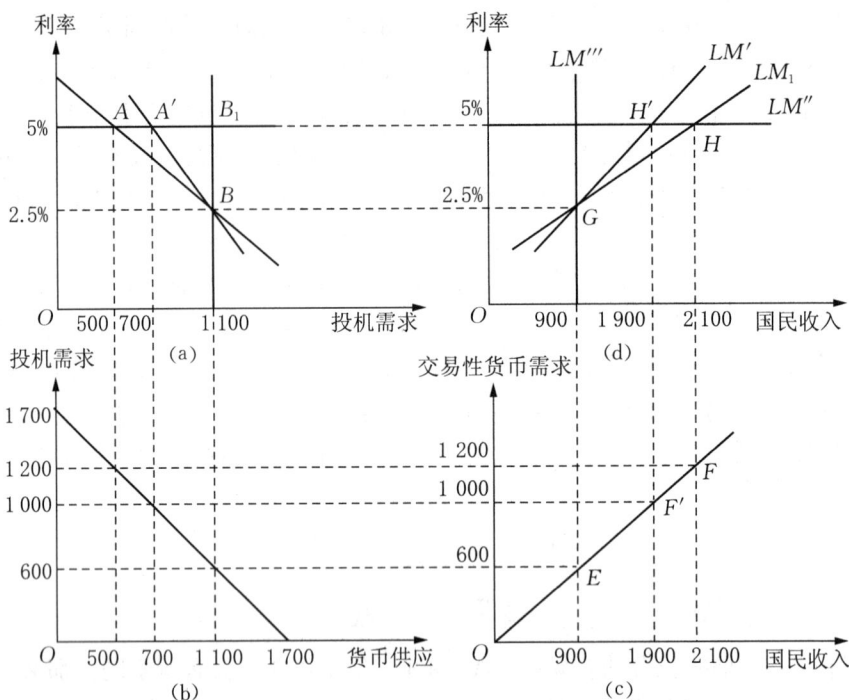

图 18.7 *LM* 曲线斜率的变化——投机性货币需求弹性

货币需求量为 700；当利率为 2.5% 时，投机性货币需求量为 1 100。因此，在这种情况下，投机性货币需求的利率弹性为 −1.14。即，利率每变动 1%，投机性货币需求会反向变动 1.14%。

　　可见，投机性货币需求曲线越平坦，投机性货币需求的利率弹性就越大。极端地，当投机性货币需求曲线为一水平线，如 *AA′* 时，投机性货币需求曲线的利率弹性为无穷大。反之，投机性货币需求曲线越陡峭，投机性货币需求的利率弹性就越小。极端地，当投机性货币需求曲线为一条垂直的直线，如 *BB*₁ 时，无论利率怎样变化，投机性货币需求量都不会发生变化。

　　依照前面的方法，我们可以画出分别与投机性货币需求曲线 *AB*、*A′B*、*AA′* 和 *BB*₁ 相对应的 *LM* 曲线为 *LM*₁、*LM′*、*LM″* 和 *LM‴*。由此可见，投机性货币需求曲线的利率弹性越大，*LM* 曲线就越平坦。极端地，当投机性货币需求的利率弹性为无穷大时，*LM* 曲线就是一条水平的直线。反之，投机性货币需求的利率弹性越小，*LM* 曲线就越陡峭。极端地，当投机性货币需求的利率弹性为零时，*LM* 曲线就成了一条垂直的直线。

2. 交易性货币需求与国民收入之间的比例关系

　　当交易性货币需求与国民收入之间的比例关系发生变化时，也会影响到 *LM* 曲线的斜率。

　　在图 18.8 中，假定投机性货币需求曲线还是原来的 *AB*，但是，交易性货币需

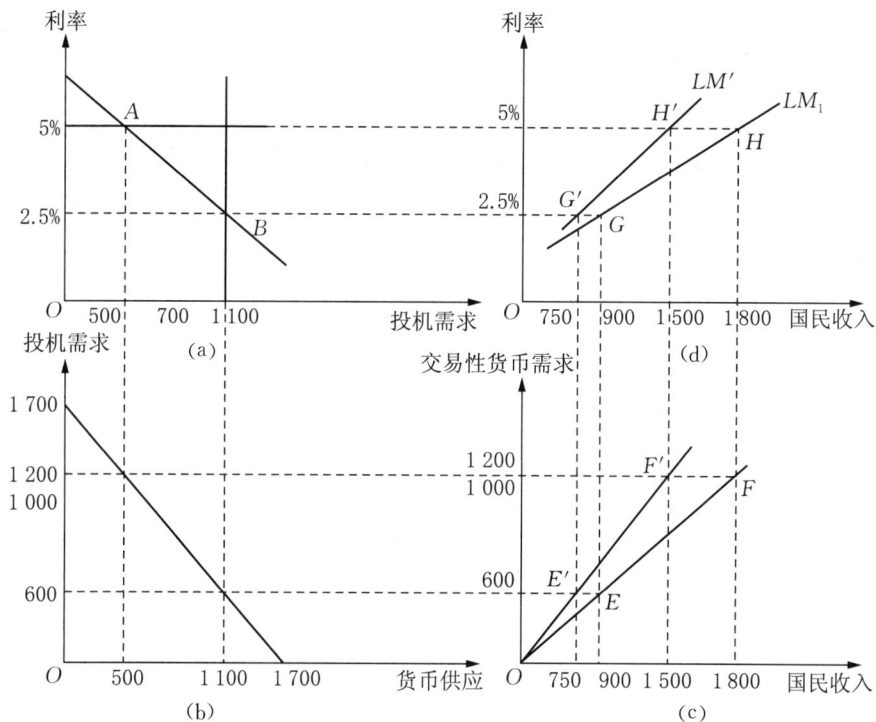

图 18.8　交易性货币需求对 _LM_ 曲线斜率的影响

求与国民收入之间的比例关系发生了变化。当国民收入为 750 时,交易性货币需求为 600,而当国民收入为 1 500 时,交易性货币需求为 1 200,即交易性货币需求与国民收入之间的比例为 0.8,而不是原来的 0.67。依照前面的方法,可以绘制出新的 _LM_ 曲线,即 _LM′_。

可见,当货币供应总量和投机性货币需求与利率之间的关系一定时,一定的国民收入水平下,交易性货币需求越高,_LM_ 曲线就越陡峭。反之,在国民收入水平一定时,交易性货币需求越小,_LM_ 曲线就越平坦。

18.4　商品市场与货币市场同时均衡时国民收入的决定

18.4.1　_IS-LM_ 分析中均衡国民收入的决定

当产品市场和货币市场同时达到均衡时所决定的国民收入水平为均衡国民收入,与此相对应的是均衡利率水平。即当 _IS-LM_ 曲线相交时,产品市场和货币市场同时达到均衡。例如,当 _IS-LM_ 曲线分别为图 18.9 中的 _IS_ 和 _LM_ 时,均衡利率水平和国民收入分别为 5% 和 2 000。

下图有四个不同的区域:第一个区域是产品市场和货币市场都分别处于 _IS-LM_ 曲线的上方,即区域 I。在该区域内,产品市场的总供给大于总需求;货币市场的货币供给也大于货币需求,即产品市场和货币市场同时出现了供给过剩。在第二个区域,即区域Ⅱ,经济位于 IS 曲线之上,但位于 LM 曲线之下。在该区域内,产品市场的总供给大于总需求,但货币市场出现了超额货币需求。在第三个区域,即区域Ⅲ,经济位于 IS 和 LM 曲线的下方。在该区域内,产品市场总需求过剩,总供给不足,同时在货币市场也出现了超额货币需求。在第四个区域,即区域Ⅳ,这时经济位于 IS 曲线之下,LM 曲线之上。在该区域内,产品市场上的总需求大于总供给,而货币市场上的货币供给却大于货币需求。不管是在哪个区域,经济都处于失衡状态。

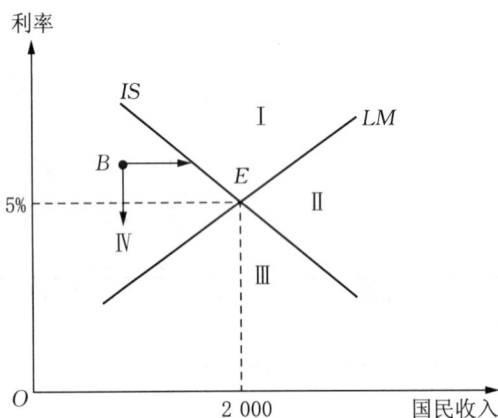

图 18.9　产品市场和货币市场同时均衡时的国民收入

18.4.2　国民收入恢复均衡的自动调整机制

当经济处于失衡状态时,经济具有一种内在的自发机制促使其恢复均衡。假设经济最初处于第四个区域,即区域Ⅳ,在该区域内,产品市场上的总需求大于总供给,而货币市场上的货币供给却大于货币需求。由于产品市场供不应求,企业将增加生产,经济将沿着箭头所指的方向向右移动;同时,由于货币市场中的货币供给大于货币需求,货币持有者会将多余的货币用于购买债券,从而促使债券的价格上升,利率下降。这样,经济将沿着箭头所指的方向向下运动。两者共同作用的结果,就使经济又恢复到均衡点 E。同样,无论是处于其他三个中的哪个区域,都将通过产出和利率的调整促使经济恢复到均衡点。

18.5　IS-LM 模型中的财政政策与货币政策

由于政府支出和税收的变化会使 IS 曲线发生位移,而货币供给量的变化会使 LM 曲线发生位移,因此,当经济处于失衡状态时,政府就可以利用财政政策和货币政策来使经济恢复均衡。

18.5.1 财政政策

财政政策包括政府支出和税收政策的变动。通过增加财政支出或降低税率,政府实行扩张性的财政政策可以增加私人消费和投资支出。政府增加支出或降低税率会导致 IS 曲线向上移动,而政府减少支出或增加税收则会使 IS 曲线向下移动。财政政策作用的效果取决于政府财政政策实施的强度和 LM 曲线的斜率。

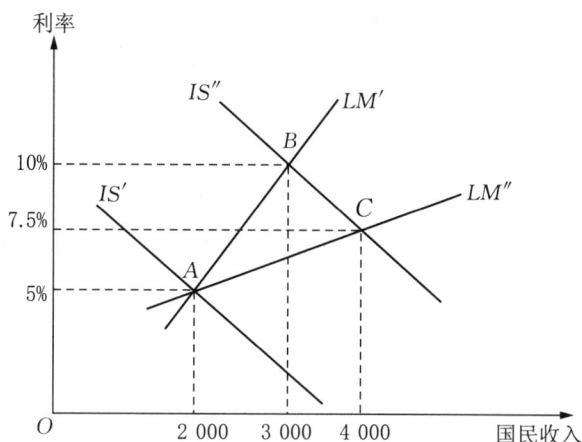

图 18.10　IS-LM 框架下的财政政策

假定经济最初处于均衡点 A,均衡国民收入和均衡利率分别为 2 000 和 5%。但政府认为这一均衡国民收入水平太低了,决定采用扩张性的财政政策来提高均衡国民收入。在不同的 LM 曲线斜率下,政府的财政政策效果是不同的。假定有两条 LM 曲线:LM' 和 LM'',LM' 的斜率要大于 LM'' 的斜率。当政府增加支出和降低税率后,IS 曲线由原来的 IS' 向上移动到了 IS''。IS'' 与 LM' 和 LM'' 的交点分别为点 B 和点 C,与点 B 和点 C 对应的均衡国民收入水平分别为 3 000 和 4 000,对应的均衡利率水平分别为 7.5% 和 10%。显然,LM 曲线的斜率越小,扩张性财政政策对提高收入水平的效果越好,而利率波动的幅度越小;相反,LM 曲线的斜率越大,扩张性财政政策对提高均衡国民收入水平的效果越差,而对利率的影响越大。

有两种极端情况:LM 曲线是水平的和垂直的。例如,图 18.11 中的 LM' 是垂直的直线,LM'' 是一条水平的直线。假设经济最初处于均衡点 A,这时均衡国民收入和均衡利率分别为 2 000 和 5%。若政府认为这一国民收入太低,决定采取扩张性财政政策增加国民收入,使 IS 曲线由原来的 IS' 向右上方移动到了 IS''。IS'' 与 LM' 和 LM'' 的交点分别为 B 和 C。点 B 对应的均衡国民收入和利率分别为 2 000 和 10%;点 C 对应的均衡国民收入和利率为 5 000 和 5%。由此可见,当 LM 曲线垂直时,扩张性财政政策只会使利率上升,而不会提高均衡国民收入水平;相反,当 LM 曲线为一水平直线时,扩张性财政政策会提高均衡国民收入水平,对均衡利率却没有丝毫的影响。

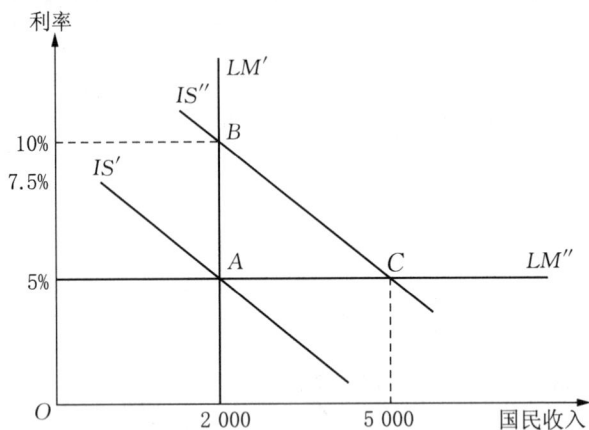

图 18.11 *LM* 曲线斜率对财政政策效果的影响——两种极端情况

18.5.2 货币政策

政府可以通过增减货币供应量来影响均衡国民收入水平和均衡利率。我们在前面已经知道,当政府增加货币供应量时,LM 曲线会向右移动;而政府减少货币供应量时,LM 曲线则会向左移动。政府增减货币供应量后新的 LM 曲线与 IS 曲线的交点就决定了新的均衡国民收入与利率。

假设经济最初时的均衡点为 A,均衡国民收入和利率分别为 2 000 和 5%。政府认为这一国民收入水平太低,打算通过扩张性政策来提高国民收入,但这一次是采取扩张性的货币政策。假设政府增加货币供给后,使 LM 曲线由原来的 LM′ 向右移动到了 LM″。LM″ 与 IS′ 和 IS″ 的交点分别为 B 和 C。与点 B 对应的均衡国

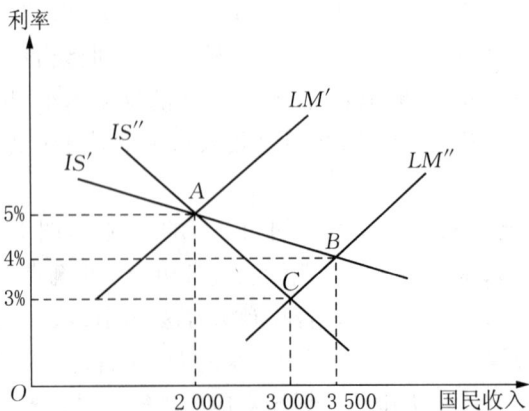

图 18.12 *IS-LM* 框架下的货币政策

民收入和利率分别为 3 500 和 4%;而与点 C 对应的均衡国民收入和利率分别为 3 000 和 3%。由此可见,IS 曲线斜率的大小对货币政策具有重要的影响:IS 曲线的斜率越小,扩张性货币政策对提高国民收入越有效,对利率的影响则相对较小;反之,IS 曲线的斜率越大,扩张性货币政策对提高国民收入水平的效果较差,而对利率的影响却较大。

极端地,当 IS 曲线为一垂直的直线或水平的直线时,扩张性货币政策要么只影响利率水平,而对均衡国民收入水平丝毫没有影响;要么只影响均衡国民收入水平,而对利率水平没有丝毫影响。

在图 18.13 中,经济最初处于均衡点 A,这时对应的均衡国民收入和利率分别为 2 000 和 5%。若政府采取了扩张性货币政策,使 LM 曲线从 LM′ 向右移动到了 LM″。当 IS 曲线为一垂直的 IS′ 时,LM″ 与 IS′ 的交点 B 决定的均衡国民收入水平为 2 000,均衡利率为 2%。相反,当 IS 曲线为水平的 IS″ 时,LM″ 与 IS″ 的交点 C 决定的均衡国民收入为 4 000,均衡利率为 5%。由此可见,当 IS 曲线为垂直的直线时,扩张性货币政策只会使利率下降,而对均衡国民收入水平丝毫没有影响;相反,当 IS 曲线为水平的直线时,扩张性货币政策只会提高国民收入水平,而对利率没有丝毫影响。

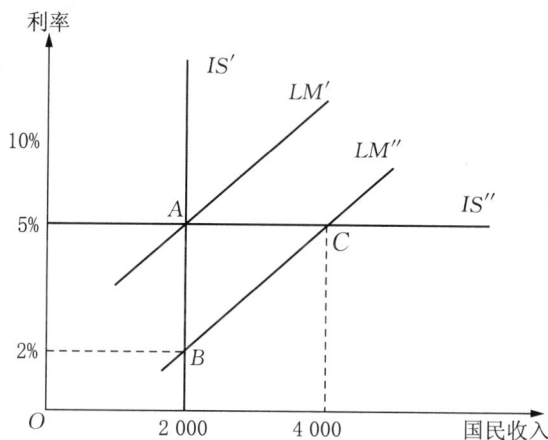

图 18.13 IS 曲线斜率对货币政策效果的影响——两种极端情况

小 结

总需求由消费需求、投资需求、政府支出和净出口四个方面构成。当总需求等于当期的总产出时,经济就达到均衡。自发性消费、投资支出、政府支出、净出口、消费倾向和税率都会影响国民收入水平。投资、税收、净出口和政府支出的变动都会通过乘数效应而对国民收入带来成倍的影响。

IS 曲线描述了商品市场处于均衡状态时利率与国民收入之间的关系。影响

IS 曲线斜率的主要因素有消费、投资和净出口的利率弹性,因此,一切影响消费、投资和净出口的因素都会影响到 IS 曲线的斜率。政府支出、税收变动、投资支出的变动等都会导致 IS 曲线发生位移。

LM 曲线描述了货币市场处于均衡状态时利率与国民收入之间的关系。影响 LM 曲线斜率的主要因素有投机性货币需求的利率弹性、交易性货币需求与国民收入之比。货币供给量的变化会导致 LM 曲线发生位移。

财政政策的变动会导致 IS 曲线发生位移,从而影响国民收入水平和利率,它的影响程度取决于 LM 曲线的斜率。中央银行变动货币供应量会导致 LM 曲线位移,影响国民收入和利率,它的影响程度取决于 IS 曲线的斜率。

关键概念

| 总需求 | 乘数 | IS 曲线 | LM 曲线 |

思考练习题

1. 总需求由哪几个方面构成?
2. 什么是乘数?
3. 什么是 IS 曲线?
4. 影响 IS 曲线斜率的主要因素有哪些?
5. 导致 IS 曲线发生位移的主要因素有哪些?
6. 什么是 LM 曲线?
7. 影响 LM 曲线斜率的主要因素有哪些?
8. 导致 LM 曲线发生位移的主要因素有哪些?
9. 在 IS-LM 模型中,经济失衡的自动调整机制是什么?
10. 我们在第 4 章中分析了影响储蓄率的一些因素,消费信贷的完善可能会降低储蓄率。结合这一结论,分析消费信贷的完善对 IS 曲线的斜率将会产生什么样的影响?
11. 在计划经济体制下,企业具有"软预算约束"的特征。在软预算约束下,企业是不计较投资成本的。向市场经济过渡后,企业的预算约束明显地增强了,投资成本、风险等都对企业的投资决策产生了重要的影响。请问,当企业的预算约束具有不同的特征时,IS 曲线的斜率会有什么样的差别?
12. 结合第 14 章中的相关内容,分析一下我国金融市场的快速发展对我国 LM 曲线的斜率会产生什么样的影响?

▶19

货币政策：目标与工具

学习目标

学完本章后，你将能够：

理解货币政策的最终目标及目标之间的关系

理解法定准备制度的基本内容和一般原理

了解中国法定存款准备金的实践和功能

理解再贴现及其货币政策中的作用

弄清中央银行贷款工具及功能

弄清中国人民银行贷款的抵押品管理框架

理解公开市场操作原理

掌握中国人民银行公开市场操作的方式

了解选择性货币政策工具的作用及其种类

理解货币政策中介目标及选择中介目标的标准

理解中央银行货币政策中介目标的变化趋势

了解零利率下的定量宽松货币政策

为了熨平经济的周期性波动,中央银行经常会采取一些货币政策措施。货币政策就是指中央银行利用各种政策工具,增加或减少货币供给量,从而调节利率,引导投资和消费的经济活动。中央银行制定和实施货币政策要达到什么样的目标呢? 为了达到这些目标,中央银行又有哪些措施呢? 采取这些政策措施后又能达到什么样的效果呢? 这些都是本章要分析的内容。

19.1　货币政策的最终目标

19.1.1　经济增长

自 1999 年起,出现了全球性的通货紧缩,2001 年更是出现了全球性的衰退,全球经济增长率急剧下降。美国的经济增长率在 2001 年下降到了 2.1%。为了刺激经济增长,美国的中央银行——美国联邦储备银行竟在一年中先后 11 次大幅下调联邦基金利率,以此刺激美国经济的复苏。2008 年美国金融危机爆发后,为了刺激经济增长,美联储将联邦基金利率下降到了 0—0.25% 的区间。在利率降无可降之时,它又采取了定量宽松的货币政策,大量购买各类资产,增加货币供给。日本的中央银行则走得更远,自 20 世纪 90 年代以来,日本的经济陷入了严重的衰退,为了促进经济的复苏,日本甚至采取了零利率政策。尽管如此,日本经济依然经历了"失去的二十年",经济增长乏力,乃至于日本央行是全球率先采取量化宽松货币政策的,它不仅购买国债,甚至还购买股票。1997 年后,为了刺激经济增长,中国也不断地扩大了货币供应量,连续多次降低了存贷款利率,到 2002 年 2 月 23 日则降到了 1.98%。在 2008 年的全球金融危机、2011 年的欧洲主权债务危机冲击、2015 年国内产能过剩和库存压力陡增之时,中国货币政策的重心便是"保增长",央行为此采取了扩张性的货币政策。总之,促进或保持适度的经济增长率,是各国中央银行货币政策的重要目标之一。

保持一定的经济增长率之所以是货币政策的重要目标,是因为经济增长率的下降不仅使人们荷包里的钱少了,人们应该享受的消费和福利减少了,而且经济增长率下降或出现了严重的经济衰退后,还会产生严重的社会心理负担。在现代社会里,人们自觉或不自觉地都以赚钱的多少为标准来衡量一个人成功与否,经济增长率的下降导致人们收入水平降低,也会导致人们对自身价值和能力的扭曲认识,给社会造成很多的危害。

当然,保持经济增长并不意味着货币政策要使经济增长率越高越好,而是要使实现的经济增长率与技术、环境资源等决定的潜在增长率相若。若实现的经济增长率过度高于潜在增长率,就会引起通货膨胀;反之,货币政策紧缩过度,实现的经济增长率远低于潜在增长率时,又可能出现过高的失业率。因此,理想的货币政策便是使实现的经济增长率与潜在增长率相当,此时没有货币政策扭曲,若如此,我们说,货币政策是**中性**的。

19.1.2　物价稳定

物价稳定是中央银行货币政策追求的主要目标之一。无论是物价水平持续上升的通货膨胀还是物价水平持续下跌的通货紧缩都会对经济造成很大的影响。关于物价水平波动的经济影响,我们在第 16 章中已有过详细分析。

鉴于物价水平的剧烈波动都会给经济造成很多不利影响,因此,各国中央银行无不将物价水平的稳定当作货币政策的首要目标。更有甚者,越来越多国家的中央银行,将物价稳定当作了货币政策唯一的最终目标,它们采取的是**通货膨胀目标制**,政府公布明确的通胀率,一旦实现的通胀率偏离目标水平,中央银行便采取相应的货币政策,使通胀水平与政府确定的目标大体一致。

《中国人民银行法》规定,中国人民银行货币政策的目标就是要保持物价水平的稳定,并以此促进经济增长,可见,中国的货币政策是双目标制。2004 年我国投资增长率迅速攀升带动物价指数四年左右的上涨,2008 年 2 月 CPI 达到了 8.7%。中国为应对美国次贷危机冲击而采取的大规模刺激性政策,随后也带来了通胀率的上升,2011 年 7 月 CPI 一度达到了 6.5%。为了防止物价指数更大幅度地上涨,中国人民银行在这两轮物价上涨中,便提高了法定存款准备和存贷款基准利率,这时,货币政策操作中,"保增长"便让位于"防通胀"。同样,为了稳定物价和公众的通货膨胀预期,2004 年 6 月后,美国联邦储备银行连续 17 次提高了联邦基金利率的目标值。反之,当物价水平持续下跌,出现了通货紧缩时,中央银行一般又会采取刺激性的货币政策。

当然,物价稳定并不意味着中央银行要使价格水平固定不变。事实上,中央银行既没有如此神通广大,固定价格水平还会损害经济的效率。当今全球许多中央银行货币政策目标中的物价稳定,一般是允许通货膨胀率在 2% 上下较小的范围内波动。当通货膨胀率显著地高于 2% 时,中央银行就可能采取紧缩性的货币政策。反之,则反是。

19.1.3　充分就业

失业不仅是一个经济问题,而且也会产生很多的社会问题,如心理畸形和犯罪等,也会给家庭生活带来不和谐。一对不幸的夫妻双双都失业了,他们的生活来源就没有了保障,或只能领取少量的失业救济金,这样,不仅他们的生活捉襟见肘,更不用说孩子上课外辅导班或兴趣班了。此外,大量的失业还是社会动荡的直接根源,失业率高往往伴随犯罪率的上升,毕竟,"仓廪实而知礼节,衣食足而知荣辱"。因此,充分就业不仅是各国货币政策追求的目标,还是文明与公序良俗的重要保障。

但是,充分就业并不意味着完全没有失业者。我们的社会中也总是存在着一些无法消除的失业,包括摩擦性失业、季节性失业和自愿失业等。如果你对目前的工作很不满意,你决定辞职重新找一份工资更高、工作环境更理想的工作,那么,在你辞职后到重新找到另一份工作的这段时间里,你就是一位**摩擦性失业**者。**季节性失业**则是因为季节性的变动而产生的失业,这类失业在与农业生产相关性较高的部门最普遍。另外还有一些所谓的**自愿失业**者,不管你给他提供多好的工作环境,给他多高的待遇,他对这些都不屑一顾。像这些自愿失业者,是无法通过货币政策来消除的。

因此,充分就业并不等于失业率为零。一定水平的失业率对经济发展和结构调整也是有利的。如果没有摩擦性失业,建立新企业就难以找到适合的工人,创新也就比较难了。这就恰如在没有空置的出租房时,你到一个新地方去工作,想找一个自己合意、独立而又较为经济的生活空间就很难了,但一定的房屋空置可以较容易地满足你的这一心愿。因此,货币政策也允许存在可以接受的失业率,在这个失业率水平下,劳动力市场上的需求与供给是相等的,即劳动力市场处于均衡状态,这时的失业率就叫**自然失业率**。

19.1.4　国际收支平衡

大量的国际收支失衡,无论是长期的盈余还是赤字,都会给国内经济带来一些不良影响。因此,国际收支平衡也是货币政策的重要目标。但是,国际收支平衡也并不是绝对的。在短期内,国际收支略有盈余或赤字并不足为虑,在较长时期内,某一年的盈余或赤字可由另一年的赤字或盈余来弥补。能够做到这一点,就可以认为实现了国际收支平衡。此外,也并不是每个国家都将国际收支平衡作为货币政策的目标。自20世纪70年代以来,存在贸易逆差的国家总是存在贸易逆差,而存在贸易顺差的国家也总是存在贸易顺差,且贸易逆差/顺差一直在不断地扩大。前者如美国,后者如日本,但美国联邦储备银行和日本央行并没有采取措施来纠正它们的国际收支失衡。现在,在美联储联邦公开市场委员会会议后的政策声明中,你就看不到有关国际收支平衡方面的任何表述,但"经济增长率"、(预期)"通胀率"、"失业率"却是常常挂在那些委员们嘴边的。

19.1.5　金融市场的稳定

现在,金融市场对实体经济的影响越来越大,因此金融市场的稳定也成了货币政策所关注的重要目标了。当银行体系面临流动性困境时，中央银行就有必要充分发挥它的最后贷款人的职能，以防止银行体系的流动性困境进一步恶化成金融恐慌。此外，汇率的剧烈波动也会对进出口产生不利的影响，因此，当外汇市场上的汇率出现了中央银行所不期望的波动时，中央银行就要采取各种政策措施进行干预，稳定汇率。最后，股票市场等资本市场的不稳定对投资、消费、宏观经济带来很大的冲击，现在中央银行在制定和执行货币政策时，也会充分地考虑资本市场的状况。正是因为以上种种原因，各国中央银行都会在金融稳定中发挥重要作用。中国人民银行会对陷入困境的一些金融机构提供再贷款。2005 年，为了稳定中国的股票市场，中国人民银行对几家证券公司提供了数百亿元的再贷款；2015 年"股灾"期间，它向中国证券金融股份公司提供了 1 万多亿元的贷款，等等，都是为金融稳定而采取的货币政策操作。2008 年美国次贷危机持续恶化之时，美联储就通过各种途径为美国的一些金融机构和市场提供信贷和流动性支持；1987 年 10 月的黑色星期一，美国道琼斯指数狂泻 25％，彼时正在佛罗里达度假的格林斯潘不得不乘坐直升飞机赶回华盛顿的办公室，连夜宣布，美联储将向金融市场无限量地提供流动性支持，这才避免了更大的金融恐慌。在金融资产价格大幅下跌，金融机构陷入流动性困境时，中央银行的大量流动性援助俨然是金融体系的"消防员"。

399

19.1.6　目标之间的冲突

货币政策的有些目标之间也存在着冲突，追求了这个目标，就可能无暇顾及另外一个目标了。

首先是物价稳定与充分就业之间存在冲突。菲利普斯曲线表明，物价水平与失业率之间存在交替关系，通货膨胀率越高，则失业率越低；反之则反是。当失业率很高时，为了增加就业，中央银行就有必要采取松的货币政策，扩张货币供给，降低利率，刺激企业投资，增加对劳动力的需求，但货币供应量的急剧扩张又会带来通货膨胀。反之，中央银行为了稳定物价，又必须实行紧的货币政策，减少货币供应量，提高利率，但这样一来又会打击企业投资，增加失业。因此，在物价与充分就业之间不能两全。物价稳定与充分就业之间的冲突的经典例子是上世纪 80 年代初，美联储主席沃尔克为了控制过高的通货膨胀率而大幅提高了联邦基金利率，结果付出了数百万人失业的代价。通胀与失业之间的冲突，也使美联储内部自动了形成了"鹰派"与"鸽派"，鹰派主张为了物价稳定，必须要忍受失业；鸽派则主张，就业增长应优于通胀的稳定。这两派在联储会议上争吵不休，都源于通胀与失业之间的冲突。

物价稳定与国际收支平衡之间也存在冲突。物价水平上涨，国内货币贬值，在汇率没有相应调整时，进口商品的价格就会相对低廉，对本国的出口造成不利影响，使国际收支恶化。反之，如果国内物价水平持续下跌，汇率又没有进行调整，那么，本国商品在国际市场上的价格也会相应降低，从而刺激出口的增加，导致进口的相对减少,造成国际收支的顺差失衡。

再其次,经济增长与国际收支之间也存在一定的冲突。当经济增长过快时,会使对进口的需求增加,而进口的大量增加又会使国际收支出现大量的逆差。在国际收支不平衡时,通常又会压缩国内有效需求,其结果,虽然国际收支改善了,但却打击了经济增长。2003年以来,中国的贸易顺差不断增加,政府认为国际收支失衡是一个"严重"的问题,但又担心出口的下降会损害国内的经济增长,这似乎就陷入了两难选择的境地。2018年3月,特朗普宣布对中国出口到美国的商品征收惩罚性关税,试图以此平衡中美之间的贸易关系,结果就引发了中国金融市场对经济增长下滑的担忧。

最后,物价稳定与金融市场稳定之间也存在冲突。当通货膨胀较严重时,为了抑制物价水平的过快上涨,中央银行会实行紧的货币政策,缩减货币供应量,提高利率。利率上升,会使债券的价格下跌。同时,利率上升时,持有存款更划算了,投资者可能会减少在债券或股票方面的投资,使金融市场的资金供给减少了。此外,利率上升后,企业的融资成本也上升了,这意味着上市公司的盈利能力会相应下降,这也会给股票市场带来打击。根据同样的逻辑,也可以看到经济增长与金融市场的稳定之间存在较大的冲突。中央银行为了刺激经济增长而增加货币供应量,降低利率,极大改变了投资者的预期,从而进一步推动金融市场的过度繁荣。过度繁荣之后就是反向调整,陷入长期的衰退之中。

由于多元货币政策目标之间存在这样那样的冲突,现在有越来越多的中央银行正在向单一目标的货币政策框架转变:物价稳定成为几乎唯一的货币政策最终目标。它们将物价稳定定义为这样一种状态:价格总水平的变化对公众投资和消费决策及预期不产生影响。在这种状态下,既有满意的经济增长率,又有满意就业率,至于国际收支的平衡,似乎不在货币政策的考虑范围之内了。

19.2 货币政策操作工具

为了达到货币政策目标,就需要有相应的政策工具。按照中央银行货币政策对商业银行和利率的作用强度的不同,货币政策工具可以分为直接调控货币政策工具和间接调控货币政策工具。

直接调控货币政策主要是中央银行用直接信用管制来对货币供应量或利率进行控制,以便达到中央银行的货币政策目标。直接信用管制在计划经济国家最普遍,其手段主要有**信用分配**和利率管制。信用分配是中央银行根据经济形势的需要,为避免信用的过度扩张,对商业银行的信贷规模和信贷投向进行限制。譬如,中央银行规定,某商业银行在这一年最多只能发放500亿元的贷款。利率管制则是中央银行直接规定存贷的利率水平,以阻止商业银行竞争性提高利率争夺存款,或竞争性地降低贷款利率争夺贷款,形成恶性竞争并威胁到银行体系的稳定。但是,直接信用管制的效果一般很差,也会扭曲资源的配置效率,因此,现在一般都采用间接的货币政策工具。比如,中国在上世纪 80 年代和 90 年代初,就曾因屡屡突破人民银行确定的贷款总规模而引发一轮又一轮通胀,公开资料显示,那时银行体系不良贷款率一度达到 25％ 左右。因此,在中国经济的市场化改革中,直接调控的货币政策有所弱化。

间接调控货币政策是中央银行通过市场手段来影响商业银行的准备金,并进而调整货币供应量和市场利率的货币政策。按照货币政策工具对经济的影响范围不同,间接货币政策工具可以分为:一般性货币政策工具和选择性货币政策工具。一般性货币政策工具是指对货币和经济体系具有全局影响的政策工具;选择性货币政策工具的影响只是局部而非全局性的。不过,在中国货币政策实践中,过去被视为一般性的货币政策工具,也越来越具有选择性工具的特点了。

19.2.1 法定存款准备率

1. 存款准备金的一般原理

存款准备金就是商业银行为应对存款人取款需要或应中央银行要求而保留的库存现金和在中央银行的存款。法定存款准备金,顾名思义,就是商业银行应中央银行的要求而存放到央行的存款。法定存款准备金比率是法定存款准备金制度的基本内容。除此之外,法定存款准备金制度的内容还有,金融机构的哪些负债应当缴纳法定准备金、什么样的资产可以充当准备金、计算准备金的周期(如,两个星期计算一次还是一个月计算一次;是以计算周期的余额为基础还是周期内的平均负债为基础)、中央银行是否对准备金付息等。西方国家的中央银行传统上不对法定存款准备金支付利息,因而,法定存款准备金比率越高,商业银行可自由利用的资金就越少,机会损失会越多。是故,法定存款准备金比率又有"准备金税"之说。

调整法定存款准备率从两个方面影响货币量。第一,调整法定存款准备率会改变银行体系的准备金结构。提高法定准备率,银行体系原先持有的一部分超额准备金就会转为法定准备金,从而降低了银行体系创造派生存款的基础;反之,中央银行降低法定准备率,商业银行体系部分法定准备就会转化成超额准备金,商业银行就可以利用这部分超额准备金创造更多的派生存款货币。第二,法定准备率是影响货币乘数值的重要因素。提高法定准备率会降低货币乘数值,相反,降低法定准备率则会提高货币乘数值,从而提高了银行体系扩张货币的能力。

一般认为,调整法定准备率来控制货币供应量的一个主要优点在于,它对所有银行的影响都是平等的。但调整法定存款准备率有两个主要的不足。第一,它是货币政策工具中的一把巨斧,对货币供应量的冲击可能会很大,无法进行微调。所以,中央银行调整法定存款准备率的前后,市场利率的波动性会较大。第二,当中央银行提高法定准备金比率时,会对那些超额准备很低的银行带来流动性问题。不断地调整法定准备金比率,使银行难以进行流动性管理,也增加了合理地运用资金的难度。所以,中央银行一般很少用调整法定准备金比率来控制货币供应量。

2. 全球降低法定存款准备金比率的趋势

　　近些年来,世界上很多国家的中央银行都纷纷降低了法定准备金比率或干脆取消了法定存款准备金制度。美国联邦储备银行在 1990 年 12 月和 1992 年 4 月取消了定期存款的法定准备金,并将可签发支票存款的法定准备率从 12% 降到了 10%。在 2008 年 10 月后,美国对商业银行法定准备金支付一定的利息。加拿、瑞士、新西兰、澳大利亚的中央银行已经取消了法定准备金。总之,全球主要中央银行都有降低法定准备金比率或取消法定准备金制度的趋势。

　　世界其他国家纷纷降低法定存款准备金比率的原因是多方面的。首先,正如第 13 章看到的,除了法定存款准备金比率外,现金漏损率和超额准备金比率也是决定货币乘数值的重要因子,因此,降低法定准备金比率不会出现货币乘数值失控。其次,在西方国家,中央银行一般不向商业银行的准备金支付利息,法定准备金减少了商业银行可用于盈利性投资的资金,实际上提高了商业银行的资金成本。降低法定准备金比率可在一定程度上提高商业银行的竞争力。第三,巴塞尔协议对商业银行实行资本充足性管理,部分地取代了法定准备金比率对商业银行信贷扩张约束的功效。最后,上世纪 90 年代以来,许多国家都以某种市场利率作为货币政策中介目标,注重利率的平滑操作。调整法定存款准备金比率,会对金融体系的流动性造成较大的冲击,使市场利率出现较剧烈的反应,与利率的平滑操作相冲突。

3. 中国法定存款准备金政策

　　改革开放后一段较长时间里,中国实行了很高的法定存款准备金比率。那时,高法定存款准备金比率是为了配合中国人民银行的直接信贷控制,具有典型的金融抑制特征(见第 22 章)。为了推动金融深化、提高商业银行的自主性、改革货币调控工具,在上世纪 90 年代,中国便开始改革存款准备金制度,并在宏观形势出现有利变化的时候,降低法定存款准备金比率。1998 年中国改革货币调控机制时,金融危机正席卷东南亚;同时,中国在 1997 年底又出现了通货紧缩,物价水平、经济增长率和货币供应量持续下跌。在此局势下,中国于 1998 年将法定存款准备金比率从 13% 降到了 8%。但这次降低法定存款准备金比率之后,民间投资并不活跃,对银行的信贷需求依然不振。于是,1999 年人民银行再次决定将该比率从 8% 下降到了 6%。

　　在此之后三年多的时间里,法定存款准备金比率一直被束之高阁。但是,2002 年开始,由于投资需求迅速上升,尤其是,中国持续不断增加的贸易顺差、人民币强烈升值预期导致国外资本大量涌入,使得中国人民银行持有的国外资产大量增加,国内货币供应量持续攀升,增加了中国通胀压力。于是,在 2003 年 9 月,人民银行将法定存款准备金比率从 6% 上调至 7%。自此,中国进入到了一个不断提高法定存款准备金比率的货币政策周期,到 2012 年底,中国人民银行先后约三十次提高法定存款准备金比率。如图 19.1 所示,该比率最高一度达到 21.5%。当然,其间,2008 年第四季度和 2012 年,央行也下调了法定存款准备比率,以增加流动性并进而达到"保增长"的目的。在全球主要国家不断下调法定存款准备金比率或纷纷弃之的国际环境下,中国央行逆世界潮流行之,自有苦衷,其主要目的在于:冲销外汇储备增长带来的流动性扩张压力,它完全成了中国人民银行应对国际收支失衡或应对经济环境恶化的流动性管理工具。人民银行认为:"存款准备金具有'深度'冻结流动性的功能。通过提高存款准备金率将一部分过剩流动性深度冻结,能够减轻央行票据发行压力,增强公开市场操作引导利率和信贷的能力。"[1]2011 年后,大量的资本外流导致了中国外汇储备持续减少,为了应对由此带来的宏观流动性收缩,中国便进入了法定存款准备金比率下降的周期。

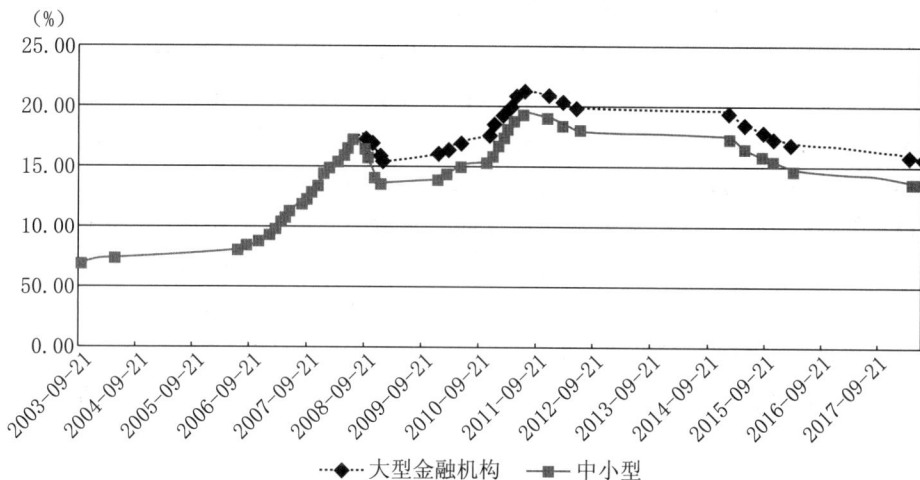

图 19.1 中国法定存款准备金比率的调整

资料来源:根据中国人民银行网站数据整理而得。

除了频繁地提高或降低法定存款准备金比率外,中国还建立了动态准备调整和差别存款准备金制度。所谓**准备金动态调整**,是指需要缴纳准备金的一般性存款范围是央行根据金融发展状况和货币政策调控需要动态调整的。近年来,央行已陆续将表内理财产品、国库现金管理定期存款、金融控股公司一般性存款、证券保证金存款纳入　般性存款范畴,它们均需向央行缴纳法定准备金。**差别存款准备金**制度最早实施于 2004 年,它是指,金融机构适用的存款准备金率与其资本充足率、资产质量状况等指标挂钩,资本充足率越低、不良贷款比率越高,法定存款准备金率就越高;反之则反是。2011 年,人民银行又结合宏观审慎理念和流动性管理需要,引入差别动态准备金调整机制,对资本充足率较低、信贷增长过快、顺周期风险隐患增大的金融机构实施差别准备金要求。动态差别准备金要求把信贷增长

---

① 　中国人民银行:《2006 年第二季度货币政策执行报告》,中国人民银行网站。

与逆周期资本要求结合起来,为商业银行建立正向激励机制,引导金融机构信贷投放总量。在实践中,差别准备金又被演变成了**定向降准**,即中国人民银行向特定金融机构降低法定存款准备金比率,以鼓励金融机构向诸如三农、小微企业等领域的信贷投放。此外,为了管理金融体系的短期流动性需求波动,还于 2018 年春节前创设了**临时准备金动用安排**(CRA),CRA 既可对冲春节前现金大量集中投放等因素对流动性的扰动,也满足了金融机构对不同期限流动性的合理需求。

从以上分析可以看出,法定存款准备金政策在中国发挥着几个作用。

(1)调节信用与货币总量。法定存款准备比率是决定货币乘数值的一个重要因素,自然地,央行调整准备金比率,就会直接影响社会信用和货币供应总量。在需要采取刺激性货币政策之时,人民银行就会降低法定存款准备比率;在需要紧缩货币与信用之时,人民银行就会提高法定存款准备比率。

(2)管理流动性。与调节信用和货币总量相对应,调整法定存款准备比率还是人民银行管理流动性的重要工具之一。2006 年至 2008 年,人民银行连续 17 次提高法定存款准备金比率,就是为了应对国际收支双顺差带来的流动性过剩压力。

(3)正向激励与风险约束。这体现在差别存款准备金制度之中。人民银行认为,对金融机构实行差别存款准备金率制度,有利于抑制资本充足率较低且资产质量较差的金融机构盲目扩张贷款。它与资本充足率制度相辅相成,有利于调动金融机构主要依靠自身力量健全公司治理结构的积极性,督促金融机构逐步达到资本充足率要求,实现调控货币供应总量和降低金融系统风险的双重目标。

(4)调节信贷结构和普惠金融。定向降准就是专门引导金融机构向三农和中小微企业提供信贷支持。也正因为如此,存款准备金政策具有了普惠金融的性质。

19.2.2　再贴现

1. 再贴现的一般原理

再贴现是商业银行将其持有的商业票据拿到中央银行进行贴现。在货币政策操作中,再贴现机制就是中央银行变动**再贴现率**,影响商业银行通过贴现申请贷款的意愿,进而影响其准备金和基础货币。再贴现率是中央银行对商业银行贴现时收取的利率,它实际上是商业银行从中央银行贴现贷款时所支付的必要的成本。当中央银行提高贴现率时,就提高了商业银行向中央银行再贴现借款的成本,于是,商业银行会减少向中央银行再贴现的数量,从而减少基础货币。反之,当中央银行降低再贴现率时,再贴现对商业银行就变得更具吸引力了,再贴现会增加,从而增加基础货币和货币供应量。

除了调整再贴现率外,中央银行还可以对再贴现的量进行限制,也可以规定适于再贴现的票据标准。譬如说,中央银行规定,只有 AAA 级信用级别企业的商业票据才可进行再贴现,这样就大大限制了适于再贴现的票据范围。中央银行规定,一家银行在某一段时期内可通过再贴现向中央银行获得贷款的最高限额为5 000万元,这时,即使商业银行愿意接受中央银行的再贴现率,它的再贴现需求也不能得到完全的满足,即商业银行也遇到了"配给"。

中央银行对商业银行的再贴现可以分为三类,即调整性再贴现、季节性再贴现和延展性再贴现。调整性再贴现是为了帮助商业银行解决暂时的流动性和头寸不足的问题,其期限相当短。季节性再贴现则是为了解决因季节变化而给银行带来的流动性压力。譬如,在农业收获季节,农民要出售大量的农产品,农产品交易的资金需求量会大量增加,为了满足这种季节性的货币需求,就可采取季节性的再贴现贷款。当商业银行的存款急剧减少,或面临严重的流动性紧缩时,则可向中央银行进行延展性再贴现贷款,它的期限一般较长。

再贴现机制其实在很大程度上是发挥着中央银行最后贷款人的作用,解决商业银行的准备金和流动性不足的问题。此外,作为一项政策工具,它还具有"**告示效应**",作为一种信号表明中央银行未来的货币政策意向,影响商业银行或社会公众的预期。中央银行提高再贴现率时,人们可能认为中央银行要紧缩货币供应,通货膨胀率会下降。如果真如此,那么,在高通货膨胀时期人们因物价水平的上涨而抢购的动机会减弱。反之,若中央银行降低再贴现率,则公众可能会认为这是中央银行扩张性货币政策的一个信号,物价水平会上升,支出意愿也会相应增强。但是,"告示效应"也完全可能起到相反的作用,引起公众预期的混乱。譬如,当中央银行降低再贴现率时,公众认为这是中央银行面对经济衰退的自然反应,如果公众认为中央银行的货币政策并不足以刺激经济景气的回升,他们的预期收入会减少,反而会进一步削减支出,其效果却是紧缩性的了。

中央银行调整再贴现率,尽管改变了商业银行从中央银行借款的成本,但能否达到中央银行的预期效果,还取决于商业银行对再贴现率变动的反应弹性。如果商业银行对再贴现率的变动并不敏感,中央银行就难以运用再贴现机制控制货币供应量。而且,商业银行愿意再贴现多少,完全是根据商业银行自身目标决策的,中央银行处于被动的地位。有一句话可以很好地概括这一点,"你可以把马牵到水边,但你不能强迫马喝水",调整再贴现,大抵如此。

2. 再贴现在中国

1998年中国改革货币调控机制之后,再贴现在中国的货币调控中便占有了它的一席之地。中国人民银行总行设立再贴现窗口,受理、审查、审批各银行总行的再贴现申请,并经办有关的再贴现业务。中国人民银行各一级分行和计划单列城市分行设立授权再贴现窗口,受理、审查并在总行下达的再贴现限额之内审批辖内银行及其分支机构的再贴现申请,经办有关的再贴现业务。中国人民银行根据金融宏观调控和结构调整的需要,不定期公布再贴现优先支持的行业、企业和产品目录。各授权窗口须据此选择再贴现票据,安排再贴现资金投向,并对有商业汇票基础、业务操作规范的金融机构和跨地区、跨系统的贴现票据优先办理再贴现。中国人民银行对各授权窗口的再贴现实行总量控制,并根据金融宏观调控的需要适时调增或调减各授权窗口的再贴现限额。各授权窗口对再贴现限额实行集中管理和统一调度,不得逐级分配再贴现限额。

中国人民银行对各授权窗口的再贴现操作效果实行量化考核,实行总量、期限和投向的比例控制。(1)总量比例:按发生额计算,再贴现与贴现、商业汇票三者之比不高于1∶2∶4;(2)期限比例:累计三个月以内(含三个月)的再贴现不低于再贴现总量的70%;(3)投向比例:对国家重点产业、行业和产品的再贴现不低于再贴现总量的70%,对国有独资商业银行的再贴现不低于再贴现总量的80%。可见,再贴现政策不仅可以起到总量调控的效果,还可以起到结构调整的作用。

除了上述总量控制与结构调整外,再贴现利率在中国的再贴现机制中也发挥着重要的作用。1998年3月,我国改革了再贴现利率形成机制后,连续四次下调再贴现利率。特别是1999年6月10日利用下调金融机构存贷款利率的机会,将再贴现利率由3.96%一次性下调至2.16%,目的是通过较大幅度下调再贴现利率,提高商业银行票据贴现业务的积极性,再通过商业银行推动票据市场的发展。2000年票据市场发展很快。当年商业银行承兑票据量和累计贴现量分别超过6 700亿元和6 300亿元,中国人民银行再贴现余额达到1 258亿元,比1999年增加了758亿元。再贴现成为中央银行投放基础货币的重要渠道之一,既扩大了金融机构尤其是中小金融机构的融资渠道,又有效地解决了企业间相互拖欠的问题。

2001年9月,中央银行又将再贴现利率从2.16%提高到了2.97%。2002年2月,中国再一次降低了金融机构存贷款利率水平,但中国人民银行并没有同时降低再贴现利率。金融机构存贷款利率的下降,使得票据贴现利率也随之下降了,但再贴现利率仍然维持在2.97%的水平。相对于存贷款利率而言,较高的再贴现利率使商业银行从中央银行的融资成本提高了,这使得央行的再贴现额大幅下降。2003年和2004年初,为了抑制投资和货币供应量的快速增长,中央银行在加大公开市场操作力度、提高法定存款准备金比率的同时,也采用了再贴现机制,将再贴现利率调整至3.24%。2008年11月和12月,央行又两度下调再贴现率,为商业银行提供流动性支持。但是,总体来看,再贴现机制在中国的货币政策操作中基本上没有发挥什么作用。相对于中国数万亿元的基础货币而言,再贴现发生额和年末余额都小到可以忽略不计的地步。

19.2.3　中央银行贷款

中央银行贷款是货币政策的重要工具之一。相对于法定存款准备金和公开市场操作,中央银行贷款的历史要悠久得多。英格兰银行在19世纪就多次成功地充当了最后贷款人,避免了金融恐慌蔓延。现在,在那些高度市场化的国家,央行贷款(或再贴现)与公开市场操作便成为了货币政策的主要工具,通过公开市场与央行贷款的协调运用,不仅管理经济、金融体系中的流动性总体状况,引导市场利率总水平或利率结构变化,而且通过最后贷款人职责,对某一特定金融市场或特定金融机构提供流动性援助,防止局部流动性困境恶化为全局性的流动性危机,给经济造成无法挽救的后果。无论是美联储在应对次贷危机,还是欧洲央行应对欧洲主权债务危机的过程中,央行贷款都有较多应用。

1. 中国央行贷款工具

在中国,央行贷款一度是基础货币供给的基本渠道,它也被称为再贷款。中央银行贷款是最后贷款人职能的体现,尤其是在金融市场大幅波动时期,它往往是流动性供给的基本方式。2013 年以来,中国人民银行创设了林林总总的再贷款。**支农再贷款**,即央行向一些符合条件的中小金融机构发放并由后者用于"三农"贷款。**支小再贷款**,即央行向金融机构发放的专门用于为小微企业提供信贷的再贷款。这是为缓解小微企业融资难而采取的定向再贷款。创设于 2016 年的**扶贫再贷款**,旨在专项用于支持贫困地区金融机构扩大涉农信贷投放,它的支持范围是连片特困地区、国家扶贫开发工作重点县等,它的适用对象是贫困地区的农村商业银行、农村合作银行、农村信用社和村镇银行等 4 类地方法人金融机构。上述三类央行贷款是普惠金融性质的货币政策工具。**常备借贷便利**(SLF),被业界戏称为"酸辣粉",是主要对政策性和全国性商业银行以抵押方式发放的、期限为 1—3 个月的央行再贷款,合格抵押品包括高信用评级债券类资产及优质信贷资产等,是央行正常流动性供给渠道。**中期借贷便利**(MLF),被戏称为"麻辣粉",创设于 2014 年 9 月,它旨在向符合宏观审慎管理要求的商业银行、政策性银行提供中期基础货币,并试图发挥中期利率政策的作用,引导金融机构加大对小微和三农的信贷支持力度,促进降低贷款利率和社会融资成本。**抵押补充贷款**,即金融机构以一定的合格抵押品为担保从央行获得贷款的一种货币政策操作工具,它的贷款期限比常备借贷便利更长。**信贷资产质押贷款**,即以金融机构非标准化的信贷资产作为从央行获得再贷款的合格抵押品,它是为解决中小金融机构合格抵押品相对不足的问题,而经人民银行内部评级的金融机构信贷资产纳入央行合格抵押品范围而提供的中央银行贷款。

2. 央行贷款抵押品管理框架

中央银行在向管辖权范围内的金融机构发放贷款时,通常会有合格抵押品的要求。金融机构向中央银行申请贷款时所提交的抵押品,通常是其持有的某种金融资产。至于哪些金融资产可以充当合格抵押品,各国(地区)中央银行则有不同的规定和要求;同时,同一个国家的央行在不同的时期、不同宏观条件下,所要求的合格抵押品资产范围也会有较大不同。

过去人行提供再贷款主要采用纯信用放款。随着我国金融市场的发展,债券市场已具备一定的深度和广度,可提供相当数量的高等级债券作为担保品,为人行采用担保方式提供基础货币创造了条件。为维护中央银行资产安全,防范道德风险,人行构建并逐步完善货币政策担保品管理框架,主要采用担保方式向银行体系提供基础货币,信用方式逐步淡出。

货币政策担保品管理框架包括:合格担保品范围、评估体系、风险控制和托管方式等。(1)合格抵押品。中国人民银行合格担保品范围包括高等级债券(国债、中央银行债券和政策性金融债券、高等级信用债)、商业银行持有的信贷资产,地方政府债券则被纳入 SLF、MLF 和 PSL 的抵押品范围内。(2)评估体系。对于债券等高流动性资产,主要采用外部信用评级。对于信贷资产等低流动性资产,则可选择参考外部信用评级、商业银行内部评级和央行内部评级。但外部信用评级存在利益冲突、顺周期等问题,而商业银行内部评级也缺乏透明度,且没有统一标准,因此逐步减少了对外部信用评级、商业银行内部评级的依赖,强化了央行内部评级在担保品评估中的作用。(3)风险控制。央行设置和调整担保品折扣率、担保品动态调整机制等措施。人行按照担保品的种类、评级、剩余期限等因素确定折扣率,并根据货币政策操作需要和金融风险评估情况调整折扣率。折扣率以国债折扣率为基础,其他担保品的折扣率在相同剩余期限国债折扣率的基础上加一定百分点确定。当担保品的可担保价值低于或者高于融资本息余额一定水平时,人行根据需要启动担保品调整机制。(4)托管。债券担保品由中央国债登记结算有限责任公司、银行间市场清算所股份有限公司两家托管机构托管。信贷资产担保品则由人民银行采用委托借款金融机构托管的模式。为保障对质押信贷资产的权益,所有质押的信贷资产须在动产融资统一登记平台登记公示,鼓励金融机构预先备案担保品,以提高流动性供给的效率。

3. 央行贷款工具的功能与作用

随着再贷款工具的丰富和完善、再贷款合格抵(质)押品范围的扩大,再贷款的功能也随之丰富。但随着央行不断创新再贷款工具,再贷款在中国货币政策操作中发挥着五项重要新的职能:

(1)调节信用总量。中国央行贷款最早的职能就是调节全社会的信用总量,这并没有因为央行贷款工具的创新和它引导信贷结构调整功能的增强而弱化。央行对再贷款的运用总量,仍需要符合"保持币值稳定"的法定目标。只有在调节好全社会的信用总量的基础上,央行贷款才能更好地发挥信贷结构调整功能。

(2)引导信贷结构调整。再贷款发挥着引导金融机构信贷投向三农、扶贫、小微和棚户区改造等国民经济薄弱环节的功能。随着新常态下政府更加注重定向调控,央行也试图利用再贷款促进信贷结构调整、引导贷款利率的结构变化。支小再贷款、支农再贷款和抵押补充贷款,都发挥着引导金融机构信贷投向的功能。因此,再贷款不仅仅是总量政策工具,更是结构调整的工具。

(3)管理市场流动性。常备借贷便利是向地方法人机构提供流动性支持,它与正(逆)回购操作、SLO 一起,构成了中国央行对市场流动性管理和调节的工具体系。2013 年 6 月,中国货币市场一度出现"钱荒",紧张的货币市场流动性使短期货币市场利率高到难以承受的水平,给债券市场带来了极大的冲击,乃至随后一年左右的时间里,中国债券市场利率都处于较高的水平。在那次钱荒之后,央行便创设了常备借贷便利,以应对市场流动性的意外波动。

(4) 化解金融风险,维护金融稳定。央行的重要职能之一,就是发挥最后贷款的作用,为陷入流动性困境的金融机构提供援助,阻止少数金融机构的流动性困境恶化为系统性的金融危机。1999 年中国成立四大资产管理公司后,央行为了帮助它们从国家银行收购不良贷款,就向它们发放了数亿元的再贷款;2005 年为了化解证券公司风险,央行就曾向数家券商提供了大量再贷款;2015 年 6 月下旬和 7 月上旬,股票市场大幅下挫,为了稳定资本市场,守住不发生系统性金融风险的底线,央行又向中国证券金融股份公司发放了数千亿元的贷款,并承诺对资本市场的流动性救助不受限额的局限。所有这些,都是央行再贷款维护金融稳定职能的重要体现。

(5) 引导和管理市场利率。央行在《2014 年货币政策执行报告》中谈到常备借贷便利时指出,其主要目的是发挥常备借贷便利的利率作为市场利率上限的作用;在谈到中期借贷便利时指出:"发挥中期利率政策的作用,促进降低贷款利率和社会融资成本。"这表明,央行在货币政策操作中,不仅关注合意贷款规模,事实上也在逐渐关注利率期限结构,期望通过再贷款操作来引导市场短中期市场利率走向。

19.2.4　公开市场操作

1. 公开市场操作的一般原理

公开市场操作是中央银行在证券市场上买进或卖出有价证券,影响银行体系的准备金,并进一步影响货币供应量的行为。中央银行在公开市场上买入政府债券,银行体系的准备金会增加,并进一步为银行体系的货币创造奠定了基础;反之,则会减少银行体系的准备金,从而引起货币供应量的收缩。

一般而言,中央银行公开市场操作最理想的工具是短期政府债券。这是因为,中央银行的公开市场活动对债券市场行情有所影响,一部分债券持有者就成为货币政策实施的净受益者,而另一部分的债券持有者却成了政策实施的受害者。为了避免在公开市场操作中债券价格的大幅度波动,中央银行必须选择那种市场容量大、潜在风险小的券种为其操作对象。就长期政府债券而言,尽管它有可靠的信用保证,但其市场容量相对较小,流动性较低,加之,中央银行的货币政策只能也只在于影响短期利率,而非长期利率,因而它不能满足中央银行公开市场业务的需要。对公司债券和公司股票来说,不仅其市场容量小得经不住中央银行公开市场活动的轻微冲击,而且其潜在的风险是巨大的。由于公司股票价格是该公司经营业绩的"晴雨表",公司股票价格的变化反映了股票持有者对该公司资产价值的信心和市场估价,而中央银行的公开市场操作并不以盈利为目的,因而,若以公司股票作为公开市场的操作工具,中央银行的活动所诱致的公司股票价格的变化并不反映公众对该公司资产的市场客观评价,这种股票价格的走势就可能导致资源的扭曲性配置。问题的要害之处还在于,中央银行以这两种市场容量狭小的证券作为其公开市场的操作对象,引起证券价格的剧烈波动,不仅有失于公平,而且其所带来的社会成本是极其高昂的,公开市场的操作就会流于失败,收不到预期的政策效果。因为那些从事证券业务的金融机构,持有的证券大大超过了其自有资本,若因公开市场活动而使其受到严重冲击,可能导致它们不再组织证券市场,仅仅作为买卖双方搭线的掮客,这样一来就会降低资本市场的效率。显然,只有政府债券,尤其是短期政府债券,才能满足中央银行公开市场业务对券种选择的两个要求,它无论在质上还是在量上都是其他债券所不可能比拟的,是中央银行公开市场操作最理想最有效的金融工具。正因为如此,在公开市场操作成熟的国家,政府会频繁地大量发行期限非常短的债券,以便于中央银行的货币调控。

虽然如此,公开市场的操作工具并不拘泥于短期政府债券。当中央银行持有的政府债券余额不足,而又需要回收基础货币、控制货币供应量的增长,可提高利率来抑制通货膨胀,它甚至还可以发行自己的债券(即中央银行债券)。中国人民银行就曾通过大量发行央行债券冲击外汇占款(见第13章)。当金融市场剧烈动荡,流动性不足之时,中央银行也可直接购买某种金融工具,直接提高金融市场的流动性。比如,美国次贷危机发生后,美联储就曾购买商业票据、资产支持证券;日本央行在实施定量宽松货币政策时,甚至还在公开市场操作中购买股票。

公开市场操作可以分为主动性的和防御性的两类。主动性公开市场操作旨在改变银行体系的准备金和基础货币;防御性的公开市场操作则旨在抵消影响基础货币的其他因素变动的影响,从而使基础货币保持相对稳定。如果宏观经济出现了衰退的迹象,投资减少、消费不振,中央银行为了扩大货币供应量,就会采取主动性的公开市场操作,大量买入政府证券,增加银行体系的准备金。再譬如,政府存款的增加会减少基础货币。如果中央银行不希望政府存款的增加减少基础货币,它也可以通过在公开市场购买政府证券来冲销基础货币的减少。这就是防御性的公开市场操作。

当然,公开市场操作中买卖政府债券不同于你买可乐喝,你会一手交钱,一手取货;也不同于你买卖股票的交易方式,你在买进某种股票后,只要有了一定的资本收益,你就会马上将它卖掉。如果你对该股票没有很好的预期,你大概是不会再买它的了。公开市场操作通常是以正回购或逆回购的方式进行的。当然,有时也采取买进或卖出现券交易的公开市场操作。能够与中央银行公开市场操作直接进行交易的金融机构,叫做公开市场**一级交易商**。正回购是指中央银行与金融机构在签订协议时,首先以议定的价格将其手中所持有的国债暂时让渡给后者,并同时约定,中央银行同意在未来某一天按协商好的价格再重新如数买回这些债券。在正回购中,中央银行将其持有的债券让渡给一级交易商,在中央银行资产负债表上就反映为债券减少,同时负债方则表现为金融机构准备金等额地减少。假如今天中国人民银行与一级交易商之间进行了 50 亿元的 7 天正回购交易,那么,一级交易商就会将 50 亿元的资金交给中国人民银行,同时获得等值的债券。在回购期满时,它们之间就会再进行一笔反向的交易,这时,央行原来在正回购操作中投放的货币又自动地回笼了。可见,公开市场正回购操作具有收缩流动性的功效。是故,当中央银行认为市场流动性过于宽松时,它就可以对公开市场的一级交易商实施债券正回购操作。

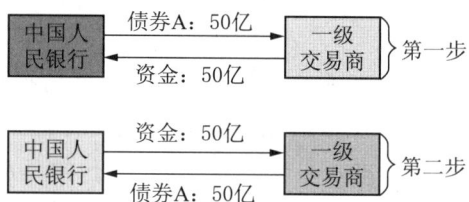

图 19.2　中国人民银行公开市场正回购操作

相反,如果中央银行要投放基础货币,就可以采取逆回购式的公开市场操作。公开市场逆回购则是指中央银行与商业银行等金融机构签订协议时,后者将其手持的国债以议定的价格暂时让渡给中央银行,同时约定中央银行在未来某一天再按协商好的价格如数卖给原来的金融机构。在逆回购中,中央银行的资产负债表的资产方表现为政府债券的增加,同时负债方也使商业银行的准备金增加了。当节假日临近之时,老百姓对现金的需求会大量增加;在金融市场中,也常常因一些意外的因素导致市场流动性的短时间内大量减少,市场利率大同步攀升。为了满足短期的流动性需求或平抑市场利率,央行就可以通过逆回购的公开市场操作。在逆回购中,一级交易商将它持有的债券让渡给中央银行,中央银行资产负债表的资产方就增加了债券,负债方则增加了商业银行的准备金。毫不奇怪,每逢春节前的一段时间,中国人民银行往往会进行大量的逆回购操作。

公开市场操作具有以下几个方面的优点:

(1)中央银行在利用公开市场操作时可以主动出击,什么时候买进,什么时候卖出有价证券来改变银行体系的准备金,在时机上可以由中央银行控制。(2)公开市场操作具有灵活多变的特点,买进或卖出有价证券数量的多少完全由中央银行的需要决定,因此,公开市场业务被称为"微调"的货币政策工具。(3)易于进行反向纠正。如果中央银行突然发现,因公开市场购买而过多地扩张了货币供应量,它就可以立即在公开市场上出售有价证券来收回多余的基础货币;反之则反是。(4)公开市场业务操作起来方便快捷。现在的证券市场交易系统很先进,只要一发出交易指令,通常在极短的时间内就可以完成交易。(5)中央银行的公开市场业务还可以影响利率结构。譬如,中央银行在公开市场上买进 1 000 万元短期国库券,同时卖出 1 000 万元的长期政府公债,这样,就可能引起短期国库券的价格上升,长期国债价格下跌,因此,即便是基础货币总量并没有受到影响,但短期国库券价格上升的结果使其利率下跌了,而长期公债价格下跌的结果使其利率上升了。

2. 中国公开市场操作

中国间接货币调控机制的探索,最早当数中央银行的公开市场业务。1996年4月9日,中国人民银行开始实践以国债回购为主要内容的公开市场操作。每周二向作为一级交易商的14家商业银行发出回购招标书,一级交易商对回购的利率和数量进行投标。中央银行按实价中标原则确定中标的利率和数量。1996年共进行有效投标并回购51次,中央银行由此投放基础货币20多亿元。尽管这相对于数千亿的基础货币投放来说还是微不足道的,但它标志着中国的货币调控机制开始了根本性的转变。

然而,到1997年后,公开市场操作由于商业银行参与投标的频率和数量不足而宣告暂停。直到1998年中国放弃信贷规模控制后,公开市场操作才又得以恢复,公开市场业务在中央银行的货币政策工具中的地位便日益突出,成了中国进行货币微调的常规操作方式。1998年和1999年,由于货币供应量和银行信贷增长乏力,中央银行通过公开市场操作投放了大量的基础货币。从2000年开始,在人民币升值预期和国内外利差扩大的影响下,国外的游资开始进入中国,导致了中国的外汇占款不断增加。这迫使中央银行通过公开市场操作来回笼基础货币。最初,中国的公开市场操作是以国债的正回购和逆回购为主要操作方式。但是,当中央银行面临外部冲击造成基础货币和贷款的激增时,如果手中持有的证券量有限,那么,它要通过公开市场操作来进行冲销,抑制贷款和货币供应量的过快增长,就显得捉襟见肘。于是,中国人民银行只好从2003年6月起自己发行中央银行票据来回笼基础货币。2003年后三年左右的时间里,发行中央银行票据几乎取代了国债的正回购操作成为唯一的公开市场操作方式。随着央行票据规模扩大、市场利率上升,要继续发行央行票据来冲销巨额国外资产带来的货币扩张,中国人民银行不仅要支付高额的利息成本,也显著力不从心了,因而法定存款准备金逐渐取代央行票据成了冲销国外资产的主要工具,发行央行票据这种公开市场操作方式的地位,在2010年之后就迅速地下降了。

中央银行发行央行票据的方式有利率招标和数量招标两种。利率招标就是发行数量确定,交易商投标决定发行利率(价格)。利率招标一般也叫价格招标贴现发行。采用价格招标贴现发行方式来发行央行票据,有利于形成更为合理的央行票据利率,也能够完成中央银行票据的计划发行量和较好地控制基础货币的供给。不足之处在于,当市场利率上升时,采用价格招标贴现发行时,中央银行票据的发行利率会大幅上升,这会相应地提高中央银行票据的成本。

数量招标就是中央银行事先确定中央银行票据的利率,一级交易商根据这个利率投标决定发行数量。在货币市场利率起伏较大、中央银行希望通过央行票据利率来引导市场利率的趋势或者为了控制央行票据的成本时,往往会采取数量招标的方式来发行中央银行票据。但是,中央银行自己确定的票据利率,往往与一级交易商的期望相差甚远。当一级交易商不接受中央银行确定的央行票据利率时,中央银行票据的发行就会出现流标,难以完成中央银行票据的计划发行量。例如,

2003 年第 55、56 期中央银行票据采取数量招标的形式,结果,期限三个月的第 55 期央行票据仅被认购了 38.2 亿元,仅相当于 150 亿元招标数总量的 25.5%;期限六个月的第 56 期央行票据也只被认购了 62.5 亿元,所占 150 亿元招标量的比重也不过 41.7%。

无论是债券的正回购操作、逆回购操作还是发行中央银行票据,公开市场操作都是与一级交易商完成交易的,中国人民银行并不与所有的商业银行直接进行债券的买卖或回购交易。公开市场业务一级交易商是经中国人民银行审定的、具有直接与中国人民银行进行债券交易资格的商业银行、证券公司和保险公司以及信托投资公司等金融机构。这些机构通过与其他金融机构在货币市场和债券市场的交易,使中央银行的货币政策操作扩散到整个金融体系,这相应地提高了中央银行公开市场操作的效率。

债券正回购操作和发行中央银行票据在形式上是有较大区别的。正回购是中央银行以自身持有的债券向商业银行质押,收回商业银行多余流动性的操作;发行中央银行票据是中央银行以增加负债的形式收回商业银行流动性的做法。正回购和中央银行票据都是中央银行负债,二者在收回总体流动性的作用上是相同的。发行中央银行票据减少了中国人民银行用于正回购质押债券的需求,相应增加了中央银行公开市场操作的工具;对于一级交易商来说,中央银行票据可以流通,相应增加了持有金融工具的流动性,便于金融机构的流动性管理。因此,从短期来看,发行中央银行票据对实现货币政策调控目标和稳定基础货币供给发挥了重要的作用。

为进一步完善公开市场操作机制,提高公开市场操作的灵活性和主动性,促进银行体系流动性和货币市场,央行启用公开市场**短期流动性调节工具**(SLO),它作为公开市场常规操作的必要补充,在银行体系流动性出现临时性波动时相机使用。常规公开市场在周二、周四使用,SLO 为常规操作的补充,在周一、周三、周五使用。这意味着,央行将在周一至周五每天都可进行灵活的资金投放、回笼的操作。短期流动性调节工具以 7 天期以内回购为主,假日可适当延长操作期限,采用市场化利率招标方式。人民银行根据货币调控需要,综合考虑银行体系流动性供求状况、货币市场利率水平等多种因素,灵活决定该工具的操作时机、操作规模及期限品种等。该工具原则上在公开市场常规操作的间歇期使用,操作对象为公开市场业务一级交易商中具有系统重要性、资产状况良好、政策传导能力强的部分金融机构(目前为 12 家金融机构,工行、农行、中行、建行、交行、国开行、招行、中信、浦发、民生、光大、兴业)。

国库现金管理也是中国公开市场操作的一种形式。它是指,人民银行公开市场操作室接受财政部的委托,通过公开招标的方式,将原本存放于中国人民银行的国库资金委托给中标商业银行管理的国库资金管理方式。不过,中国人民银行在国库现金管理中具有被动性,国库现金管理增加,意味着投放的基础货币增加,可见,它不如通过债券正回购、逆回购那样灵活、主动地吞吐基础货币。

19.2.5　其他货币政策工具

1. 消费信用控制

现在,我们的很多消费都可以通过信用而获得,比如,汽车消费贷款、耐用品消费贷款等。但是,当消费需求增长过快时,就可能引发或加剧通货膨胀;反之,如果消费需求严重不足,就会造成企业的库存增加,打击企业的投资意愿,使经济陷于衰退之中。为了降低因消费需求的波动而带来经济的周期波动,中央银行可进行消费信用控制。当经济过热、通货膨胀率较高时,就可以紧缩消费信贷;反之,当经济增长乏力,消费需求不振时,则采取措施扩大消费信用。

消费信贷控制的一个重要内容就是住房消费信贷。大多数人都是通过向商业银行申请住房抵押(按揭)贷款购房的。我们在前面已经分析过,商业银行为了控制住房抵押贷款中因信息不对称所产生的道德风险和逆向选择,一般会要求借款者支付一定比例的首付款。其实,首付款还成了一种信用控制工具。例如,住房需求过旺导致了住房价格的过快上涨,为了防止引发房地产泡沫,中央银行就可以要求商业银行在发放住房抵押贷款时提高首付比率,比如说,从 20% 提高到 40%。这样就可抑制当前对住房的有效需求。反之则反是。2003 年以来,中国人民银行就多次专门针对房地产领域而采取了专门的调控措施。

2. 证券保证金比率控制

发达国家的中央银行还可能将证券保证金比率作为选择性货币政策工具之一。**证券保证金比率**是指证券购买者在买入证券时必须支付现款的比率。如果规定的证券保证金比率为 40%,那么,你买入 100 万元的证券时,你就必须支付 40 万元的现款,其余 60 万元以贷款支付。如果证券保证金比率很低,那么,人们在证券交易时受自有资金的约束就很小,就会引起严重的道德风险。如果证券保证金比率很高,极端地将这一比率提高到 100%,那么,人们购买证券的能力就完全受到自有资金的限制,因而可以较有效地抑制证券市场的投机气氛。随着中国融资融券交易的兴起,证券保证金交易将发挥越来越大的作用。不过,融资融券中的保证金比率并非由中国人民银行调节的,因此,它尚未构成中国货币政策工具。

3. 道义劝说

道义劝说也叫窗口指导。主要是指中央银行向各家银行说明其立场,利用中央银行的影响力,达到执行货币政策的目的。当房地产和股票市场泡沫较严重时,中央银行就可以劝告商业银行注意这些贷款的风险,诱导商业银行逐步减少对这些领域的贷款。由于从长期来看,中央银行与商业银行的利益是一致的,因此,在有些情况下,道义劝说非常有效。但是,道义劝说的有效性主要取决于中央银行的声望及它与商业银行之间的合作程度等因素，并不像其他政策工具那样，中央银行处于较为主动的地位，因此，道义劝说只能是一项辅助性的货币政策工具。

19.3 货币政策的手段变量与中介目标

19.3.1 什么是手段变量与中介目标

中央银行操作货币政策工具后，并不能直接达到最终目标，只是改变了商业银行的准备金、流通中的现金或短期利率。中央银行改变了这些**手段变量**后，与货币政策最终目标之间还有一段距离，因此，需要在货币政策工具与最终目标之间设置**中介目标**。货币政策工具、最终目标与手段变量和中介目标之间的关系可用图形表示如下：

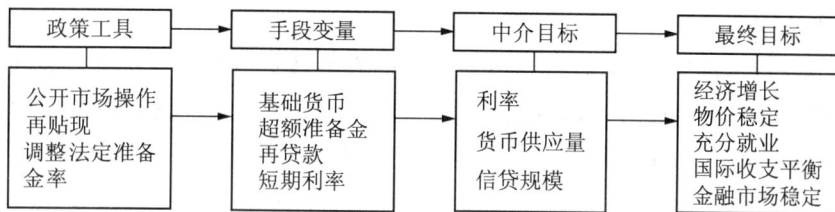

图 19.3 货币政策工具、手段变量、中介目标与最终目标之间的关系

19.3.2 手段变量与中介目标的选择标准

货币政策的手段变量和中介目标不是任意确定的，一项指标要成为货币政策的手段变量和中介目标，必须满足三个标准，即可测性、可控性和相关性。

1. 可测性

可测性有两个方面的含义。第一，这些变量是可以量化的；第二，中央银行可以非常及时地得到这些变量的准确数据。缺少这两个标准，都不是可测的。人的心理因素、情绪可能会影响人们的购买行为以及对工作的态度，因而对经济增长、就业等都有一定的影响，但它们都不是可以量化的。我们个人的消费支出是可以量化的，但中央银行要取得这些数据要有一段时间的滞后性，不能够及时地得到。

2. 可控性

可控性即这个变量是中央银行可以大致直接控制的，否则，该项指标对货币政策是没有多大作用的。人们的情绪、心理因素就是中央银行不能够控制得了的，个人的消费支出也不是中央银行通过货币政策所能直接控制得了的。如果一个指标是中央银行不能控制的，那么，再做怎样的努力也是徒劳的。

3. 相关性

相关性即作为货币政策中介变量必须与货币政策最终目标之间有高度的相关性，中介目标变量的变化会立即引起最终目标变量的某种程度的变化。货币当局者一天之中喝几杯茶、多少时间阅读、多少时间运动、摄入多少脂肪量、消耗多少卡路里，都是可以量化的，也是他可以精确掌握和控制的，但这些变量与整个国家的经济增长、通胀率、就业又有什么关系呢？只有具有高度相关性，中央银行才能根据这些中介变量来判断最终目标的变化情况。

19.3.3　货币政策手段变量

作为手段变量的指标一般有短期利率、基础货币、超额准备金和再贷款。

1. 短期利率

中央银行可以很容易地得到短期利率的有关数据，因此，从可测性标准来衡量，短期利率作为手段变量是不成问题的。从可控性来看，中央银行可以自主地调整再贴现率。但是，不同的金融工具具有不同的利率，短期利率包括同业拆借利率、回购利率等等，这些在货币市场上形成的短期利率是中央银行所无法控制的。从相关性来看，对投资、消费和国民收入等起重要作用的是长期利率，因为长期利率对资本成本的影响更直接，而短期利率（货币市场利率）变动的影响主要集中在金融机构的流动性上，它只是影响长期利率的一个因素。

2. 基础货币

根据第13章的基础货币方程式，基础货币等于中央银行的资产与负债方的政府存款、中央银行债券资本金等之间的差额。中央银行可以从它的资产负债表中得到基础货币的准确数据。虽然中央银行不能控制政府存款等负债项目，但中央银行完全可以通过资产活动来冲销资产负债表中其他科目的变化对基础货币的冲击。例如，在商业银行准备金没有变化的情况下，某种因素引起了流通中的现金变动，从而基础货币初始减少了10亿元。中央银行可以很快地在公开市场购买10亿的政府债券，冲销最初减少的这10亿元基础货币，从而使基础货币保持在原来的水平。从相关性来看，如果基础货币的变动是由于流通中的现金变动引起的，那么，这就可能对物价水平带来直接的影响。如果是由于商业银行的超额准备金的变动引起了基础货币的变动，那么，这就改变了商业银行创造贷款的能力，进而对投资等也具有直接的影响。因此，无论从哪个方面来考察，基础货币都是一个较为理想的手段变量。

3. 超额准备金

超额准备金由两部分构成：商业银行在中央银行的备付金存款和库存现金。中央银行从商业银行的准备金账户中减去法定存款准备金就可以直接得到备付金总额，但是，商业银行的库存现金并不明显地反映在中央银行的资产负债表上，超额准备金的可测性相对于基础货币就要差一些。另外，虽然中央银行可以通过公开市场操作来影响商业银行的超额准备金，但商业银行最终持有多少超额准备金，是根据商业银行自身的利益最大化、风险偏好等因素决定的，因此，中央银行对商业银行超额准备金比率的可控性并不是特别强。最后，超额准备金的相关性较强，至少与信用总量和存款货币的波动具有较大的相关性。在经济趋向繁荣时，对贷款的需求增加，商业银行会减少超额准备金，增加放款，从而满足投资需求和促进经济增长。因此，中央银行可以在一定程度上通过影响商业银行的超额准备金，从而达到影响经济活动的目的。

4. 中央银行贷款

中央银行贷款即再贷款，是中央银行对商业银行提供的贷款，它也是我国中央银行投放基础货币的主要渠道之一，直接反映在中央银行资产负债表的资产方。中央银行可以直接从其资产负债表中得到有关再贷款的真实数据。中央银行通过调整再贷款的规模，影响商业银行的超额准备金，所以，再贷款与商业银行的信贷规模的相关性较强。一般而言，只有当企业对商业银行的信贷需求大量增加时，商业银行才会向中央银行申请再贷款，因此，再贷款与经济波动是顺周期的。在可控性方面，再贷款是中央银行的资产活动，从理论上讲，中央银行完全可以按照自己的目标控制再贷款的规模。但是，我国以前总是存在货币供给（信贷供给）的倒逼机制，中央银行确定的再贷款规模被屡屡突破，那时，中央银行对再贷款的控制能力其实是较弱的。但自 1997 年之后，由于我国出现了储蓄大于投资的资本过剩的局面，中央银行对再贷款的控制能力增强了。

19.3.4　货币政策的中介目标变量

1. 货币供应量

关于货币的可测性问题，中央银行可轻易地看到各个层次货币的数据。因此，货币供应量作为中介指标的主要问题便在相关性和可控性上了。就相关性而言，货币供应量的变动对投资、消费或净出口都会带来一定的影响，与最终目标有一定的相关性。但是，由于货币有不同的层次，每个层次的货币供应量可能与货币政策最终目标中的某一子项相关性较强，而与其他子目标的相关性较弱。譬如，M_0 和 M_1 的流动性最强，货币流动性的变化与物价水平之间的相关性较强，具体地说，M_0 和 M_1 相对于 M_2 的增长会伴随着物价水平的上升；反之，则物价水平有下降的趋势。但是,它们与投资、就业和经济增长之间的相关性就要弱些。就可控性而言,流通中的现金是反映在中央银行资产负债表的负债方的,中央银行可以通过各种手段完全控制流通中的现金 M_0。但 M_1 和 M_2 就不同了。除了基础货币外,货币乘数中所有的变量都会影响到货币乘数值的大小,这些因素并不是中央银行所能控制的,所以,货币供应量作为中介变量,除了 M_0 外,M_1 和 M_2 的可控性就较差了。

在实践中,一些国家曾经以货币供量为中介目标。例如,美联储在上世纪 80 年至 90 年代初,就曾以货币供应量为中介目标。1980 年至 1986 年,美联储每年都会公布 M1 和 M2 的目标增长率;1987 年至 1993 年,美联储就不再公布 M1 的目标增长率,但依然公布 M2 的目标增长率。从表 19.1 中可以看出,无论是 M1 的增长率还是 M2 的实际增长率,均与美联储公布的目标值之间存在较明显的差异,这迫使美联储于 1994 年不得不放弃了货币供应量的调控目标。

表 19.1　　美联储货币供应量增长率目标值与实际值　　　　　　　　　　（%）

年　份	M1 目标值	M1 实际值	M2 目标值	M2 实际值
1980	4—6.5	7.4	6—9	8.9
1985	4—7	12	6—9	8.9
1986	3—8	15.5	6—9	9.3
1987	无目标	6.3	5.5—8.5	4.3
……	……	……	……	……
1993	无目标	10.22	2—6	1.6

上世纪 90 年代中期至 2017 年,中国学习了美联储曾经的做法,每年公布相应货币供应量的目标增长率。但是,如表 19.2 中显示,自 1998 年以来,广义货币的实际增长率与目标增长率之间总是有较大的差异,说明货币供应量并没有完全的可控性。2007 年,中国人民银行就不得不放弃了 M1 的调控目标,而只将 M2 作为货币政策的中介目标。然而,M2 青睐于货币政策的寿命也不长,由于影响 M2 的因素事实上更多,中国实现的 M2 增长率也无一例外地与央行的目标值相背离,这决定了它在 2018 年被抛弃的命运。

表 19.2　　中国货币供应量增长率的目标值与实际值　　　　　　　　　　（%）

年　份	M_2		M_1	
	目标增长率	实际增长率	目标增长率	实际增长率
1998	17	11.9	16—18	15.3
2000	15—17	16.0	15—16	12.3

年　份	M₂		M₁	
	目标增长率	实际增长率	目标增长率	实际增长率
2005	15	11.8	15	17.57
2007	16	16.7	无	21
2009	17	29.74	无	34.63
……	……	……	……	……
2017	12	8.1	无	11.8
2018	无	8.1	无	1.5

资料来源：中国人民银行网站。

2. 利率

利率是凯恩斯学派一直坚持的货币政策中介目标。将利率作为中介目标的理由是：(1)从可测性来看，利率是可量化的，中央银行可及时得到利率变动的有关数据。看看每天的金融报纸，基本上都可以找到有关利率的数据。但在经济理论中，"利率"一词是指所有借款的加权平均利率，而能从公布的数据中得到的利率仅是公开市场和从银行借款的账面利率，并没有包括公司内源融资的隐含利率，也没有包括借款者从银行或从公开市场上借款所发生的其他成本，因此，利率的可测性并不是最理想的。(2)利率与投资、消费等都具有较高的相关性。利率上升，投资和消费都可能会减少；反之，则反是。其次，利率是顺循环的，经济繁荣时，投资和消费需求增加，利率会上升；反之，经济衰退时，投资和消费需求会减少，利率会下降。但这只是一种理论上的分析。那么，利率与经济活动之间的相关性到底有多大呢？这并不容易确定，因为，除利率之外，经济行为还受其他因素的影响。正如第4章指出的，利率的变化对消费和储蓄的最终影响就是不确定的。其次，存在信息不对称时，贷款者不能对借款的风险作出明确的区分。在既定的利率水平上，贷款者会采取信用配给，有些企业在根本得不到贷款，或者只能得到部分满足时，利率对它们就没有什么用了，而在公布的利率数据中，是无法剔除这一因素的。(3)一提到利率的可控性，你可能马上想到存贷款利率是由中国人民银行定期调整的，因此，可控性是不成问题的。但这只是利率受到管制的一种特殊情形。在完全市场化的国家，即使是存贷款利率也并非由中央银行决定的。中央银行能控制的利率只是再贴现率。除此之外，还有国债利率、同业拆借利率、资本市场债券利率等等。即使中央银行开始时能够影响这些利率，但这只是暂时的。若中央银行降低利率，促进了投资和消费的增加，并进而使得国民收入提高，但这些又反过来增加了利率上升的压力。在开放经济条件下，中央银行调整利率还会受汇率波动的约束。最后，影响投资和消费的主要是长期利率，不是短期利率，中央银行能控制的也只是短期利率，这也是中央银行对利率的可控性较差的一个主要原因。

实践中,越来越多的中央银行以利率作为中介目标。发达经济体都已经转向了以利率为中介目标的货币政策体系。美国以联邦基金利率作为中介目标,日本以隔夜拆借利率为中介目标,加拿大以隔夜回购利率为中介目标等等。就美国而言,正如前面看到的,在上世纪 80 年代和 90 年代初,美联储是以货币供应量为中介目标的。但在 1993 年,格林斯潘放弃了执行了十多年的以货币主义为理论基础的货币政策操作体系,转而力求实行中性的货币政策,美国又回到了以联邦基金利率作为中介目标的新的货币政策体系。他在 1993 年 7 月在参议院作证时宣布:美联储决定放弃实行了十余年的以调控货币供应量来调控经济运行的货币政策规则,改以调整真实利率作为对经济实施宏观调控的主要手段。此后,联邦基金利率便取得了它在美国货币政策体系中的"皇后"的地位。今天我们常在媒体见到的美联储加息、减息若干点,实际上就是指美联储提高或降低联邦基金利率目标值若干点。2018 年中国没有宣布货币供应量的调控目标,意味着货币政策中介目标将可能逐渐转向某种市场利率。早在 2015 年,时任中国央行行长的周小川就表示,要坚持市场化调控,由数量型调控向价格型调控方式转变,利率会起到更重要的作用,需要逐渐建立利率走廊。当然,对中国而言,这仍是一个探索的过程。

3. 利率与货币供应量的进一步比较

到底是以利率作为中介目标好还是以货币供应量作为中介目标好,这还要取决于对经济的冲击是来自于实体部门还是来自于货币部门。如果经济的冲击是来自于货币部门,那么,就应当以利率作为中介目标;如果经济的冲击是来自于实体部门,那就应当以货币供应量作为中介目标。我们可以借助于前面学过的 IS-LM 曲线来对这一结论进行更为直观的分析。

先假定,经济最初处于均衡状态,IS-LM 曲线分别位于 LM_1 和 IS_1。现在假定经济中出现了某种意外的冲击。这种冲击分两种情况,第一种情况是经济冲击来自于实体部门,而非货币部门;第二种情况则是冲击来自于货币部门,而非实体部门。在第一种情况下,用图 19.4 IS-LM 的框架表示即是,LM 曲线仍然位于 LM_1,但由于实体经济部门的冲击后,IS 曲线发生了位移,比方说从 IS_1 移到了 IS_2。LM_1 与 IS_1 的交点 E_1 决定的初始均衡国民收入为 Y_1。这时,如果中央银行以货币供应量为中介目标,也就是将货币供应量确定在 LM_1 的水平,这时,随着 IS 曲线的移动,LM_1 与 IS_2 的交点 E_2 决定的均衡国民收入水平也从 Y_1 移到了 Y_2。但如果以利率为中介目标,情况又如何呢? 由于利率成了货币政策的中介目标,因此,LM 曲线就是一条水平的直线(想想为什么),即 LM_2,LM_2 与 IS_1 和 IS_2 的交点 E_1' 和 E_2' 所决定的均衡国民收入水平分别为 Y_1' 和 Y_2',显然,国民收入的波动幅度要比以货币供应量为中介目标时波动得大。因此,我们得出第一个结论:如果经济的冲击来自于实体部门,而不是来自于货币部门,那么相对于以利率为中介目标,以货币供应量为中介目标时的国民收入波动幅度较小,即它对经济的稳定性更强。

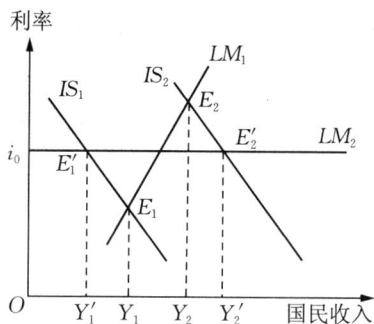

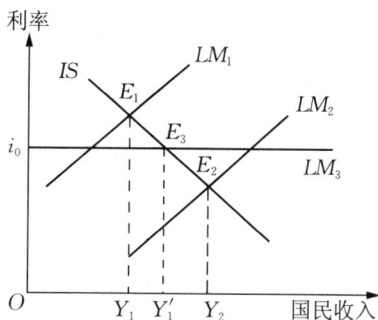

图 19.4　实体经济冲击时的货币政策中介目标　图 19.5　货币部门冲击时的货币政策中介目标

在第二种情况下,经济的冲击来自于货币部门,而非实体部门,因此,图 19.5 中的 IS 曲线没有发生位移,但货币冲击使 LM 曲线发生了位移,比如说,从 LM_1 移到了 LM_2。在这种情况下,若中央银行仍以货币供应量为中介目标,那么,实际的国民收入水平则处于 Y_1 和 Y_2 之间的某个不确定的水平。若以利率为中介目标,那么 LM 就变成了水平的 LM_3,它与 IS 线的交点决定的均衡国民收入为 Y_1'。显然,在这种情况下,以利率为货币政策中介目标时,对经济的稳定性更强。这样,我们就得出第二个结论:如果经济的冲击主要来自于货币部门,而不是来自于实体部门,那么以利率作为中介目标时对国民收入的稳定性更强。

4. 信贷规模

20 世纪 80 年代,哈佛大学的本明杰·弗里德曼提出了以未清偿贷款或债务作为货币政策的中介目标。信贷是企业资本投资和流动资金的主要融资渠道,它也是顺循环的,信贷规模增加,投资和消费也会增加,从而促进经济增长;反之,则会使经济增长率下降。但是,随着直接融资的发展和金融结构的调整,信贷规模与经济增长率之间的相关程度可能减弱了。同时,由于信用的存在,也可能造成虚假的繁荣,加剧经济周期波动。在可控性方面,在信贷规模控制下,中央银行通过行政方式规定了商业银行信贷规模的上限,中央银行对信贷规模的控制能力似乎是较强的。但是,同再贷款一样,由于倒逼机制的存在,信贷规模也被屡屡突破,而且信贷规模控制与市场化改革是相悖的。从 1998 年起,我国就取消了信贷规模控制,实行资产负债比例管理,商业银行发放多少贷款就完全取决于其负债规模、利润目标和风险控制了,中央银行对信贷规模的可控性又进一步下降了。

19.3.5　零利率与定量宽松的货币政策

前面介绍了利率或货币供应量都可作为潜在的货币政策中介目标。若一国中央银行以利率作为中介目标,当作为中介目标的利率达到或接近于零、而经济增长仍然乏力、失业率高企时,货币政策该以什么为操作目标呢?这并不是一个假想的问题,而是日本、美国、英国和欧洲中央银行在实践中都遇到的现实问题。比如,在2010年,美国的联邦基金利率目标值就已经降低到了0—0.25%,但美国的失业率仍然高达10%左右。在这种情况下,货币政策要使经济摆脱停滞或低增长的泥沼,就需要另辟蹊径了。这就是**定量宽松货币政策**(又称量化宽松货币政策),媒体习惯简称为QE。QE是指,当货币政策指标利率达到或接近零时,中央银行宣布,通过某一既定频率购买既定数量的国债或其他资产等手段,增加货币供应量或市场流动性,改变利率期限结构,刺激经济活动的货币政策操作方式。不同国家、不同时期,实施QE货币政策的方式不尽相同。根据同一中央银行购买资产类别和数量的差异,通常又将定量宽松的货币政策区分为QE1、QE2……

在此,我们以美联储的操作为例。美国次贷危机发生后,美国经济遭受了沉重的打击,经济增长率迅速下降,失业率攀升,金融市场陷入流动性困境。为了给金融体系注入流动性,2008年11月,联储宣布将购买由房利美、房地美和联邦住宅贷款银行发行的价值1 000亿美元的债券及其担保的约5 000亿美元的资产支持证券。人们通常将这次资产购买计划称为QE1。实际上,到2010年3月,它总共购买了1.25万亿美元的抵押贷款支持证券、3 000亿美元国债和1 750亿美元的机构证券。但美国经济并没有因美联储资产购买计划而迅速地摆脱不利困境,于是,联储于2010年11月推出了第二轮量化宽松货币政策(QE2),每月购买750亿美元(总额6 000亿美元)的财政部长期债券。2011年9月,美联储实施4 000亿美元的**扭转操作**,即购买剩余期限在6—30年之间的国债,出售或赎回票面价值相当、剩余期限3年以内的国债,降低长期利率和借贷成本,刺激抵押贷款和经济增长。2012年9月,美联储推出第三轮量化宽松政策(QE3),每月购买400亿美元的抵押贷款支持证券(MBS),原有扭转操作等维持不变,加上"扭转操作"计划下购买的长期美国国债,美联储在2012年最后四个月以每月850亿美元的力度购买资产。在实施量化宽松的货币政策之后,美国失业率逐渐下降,经济增长较好地抵御了欧债危机的不利冲击,道·琼斯股票指数甚至在2013年年初就突破了次贷危机之前的高点,创出历史新高。

小　结

货币政策是指中央银行利用各种政策工具,增加或减少货币供给量,从而调节利率,并进而引导投资和消费的措施。传统上货币政策最终目标主要有经济增长、充分就业、物价稳定、国际收支平衡和金融市场的稳定。最终目标之间存在一定的冲突。现在,物价稳定几乎成了唯一的最终目标。

为了达到货币政策最终目标,需要有相应的政策工具。货币政策工具有直接调控货币政策工具和间接调控货币政策工具。中央银行最主要的货币政策工具包括法定准备金比率、公开市场操作和再贴现。不过,许多国家已经不再将法定准备金比率当作货币政策工具,中国的法定存款准备金在货币政策中仍然很重要,除了准备金比率的调整外,中国还实行了动态差别准备金和定向降准等政策。再贴现在中国货币政策中基本上不发挥作用,不过,央行贷款在近年来却愈益重要,工具也多种多样。中国公开市场操作方式也在不断变化,现在主要是正回购和逆回购等,此外还有短期流动性操作。选择性的货币政策工具主要有消费信用控制、证券交易保证金比率控制和道义劝说。不过,近年来,中国的法定存款准备金和央行贷款也具有选择性货币政策工具的特征。

中央银行在实施货币政策时还要选择好手段变量和中介变量。可作为手段变量的有利率、基础货币供应量、再贷款等。可作为中介目标变量的有利率和货币的供应量。这要取决于经济冲击是来自于实体部门还是来自于金融部门。若经济冲击来自于实体部门,则货币供应量更为合适;若经济冲击主要来自于金融部门,则利率更为合适。以美联储为代表的发达经济体货币政策中介目标经历了从货币供应量向利率的转变,2018 年中国也不再宣布货币供应量的调控目标,不过,尚未建立利率目标的新体系。当中央银行的中介目标利率降至(接近)零时,就被迫采取了量化宽松的货币政策。

关键概念

货币政策	货币政策目标	充分就业
摩擦性失业	季节性失业	一般性货币政策工具
选择性货币政策工具	准备金动态调整	差别准备金
临时准备金动用安排	定向降准	常备借贷便利(SLF)
中期借贷便利(MLF)	抵押补充贷款(PLS)	信贷资产质押贷款
支农再贷款	支小再贷款	公开市场操作
短期流动性操作	国库现金管理	货币政策中介目标
定量宽松货币政策	扭转操作	通胀目标制
自然失业率		

思考练习题

1. 货币政策的最终目标有哪些? 它们之间有何关系? 你如何理解"币值稳定"?
2. 什么是货币政策工具? 货币政策工具有哪些?

3. 调整法定存款准备金比率、公开市场操作和再贴现各有什么优缺点?

4. 中央银行在实施公开市场操作时,为什么一般要以政府债券作为操作工具?

5. 简述法定存款准备金制度的基本内容。

6. 试分析 2003 年以来中国法定存款准备金比率的变化及其原因。

7. 中国法定存款准备金在货币政策操作的主要功能有哪些?

8. 中国人民银行的贷款工具有哪些?

9. 中国人民银行贷款在货币政策操作中的主要功能有哪些?

10. 中国人民银行贷款的抵押品管理框架的主要内容有哪些?

11. 请分析公开市场操作原理。

12. 简述中国人民银行的公开市场操作方式。

13. 什么是选择性货币政策工具? 利用选择性货币政策工具有何益处?

10. 什么是货币政策的手段变量和中介变量? 什么是定量宽松货币政策?

11. 利率、货币供应量和信贷规模作为中介目标,哪个更合适?

12. 中央银行在公开市场上回购了 100 亿元政府债券,这对基础货币将产生什么样的影响?

13. 我国在 1994 年之后,政府不得向中央银行借款和透支,只能发行国债弥补财政赤字。这对我国的中央银行独立性及货币政策会带来什么样的影响?

14. 结合前面所学的结售汇制的相关内容,分析一下国际收支的变化对中国人民银行货币政策的影响。结售汇制是否降低了中国人民银行的信用独立性?

15. 改革以来,中国民营和私营经济所占比重不断上升,国有企业所占的比重则相对下降了。这两种不同性质的企业对利率变化具有不同的反应,一般而言,前者对利率更为敏感。试分析,中国经济结构的这种变化,对以间接调控为主的货币政策效果有什么样的影响?

16. 结合第 4 章和第 19 章的相关内容,分析近几年来中国商业银行贷款中对消费者贷款所占比重的上升对货币政策效果会有什么样的影响?

17. 2015 年以来,中国人民银行多次降低商业银行存款准备金比率降。请分析这一政策变动对经济有何影响。

18. 年末和春节前夕,中国人民银行一般都会进行逆回购的公开市场操作,为什么?

19. 2008 年 11 月,国务院《关于金融促进经济发展的若干意见》指出,要降低央行票据的发行频率和规模。试解读其政策意图,体现了什么样的货币政策取向?

20. 试分析美国量化宽松货币政策对宏观经济的影响。

▶20

货币政策:传导机制与政策哲学

学习目标

学完本章后,你将能够:

理解货币政策传导机制

了解货币政策的效果

了解货币政策传导的货币观与信贷观

理解信息不对称对货币政策传导的影响

理解中央银行独立性对货币政策的影响

了解相机抉择与规则性货币政策范式

了解泰勒规则

了解通胀目标制

理解货币政策的透明度

了解货币政策可信性

了解中央银行责任

中央银行在操作各种货币政策工具后,通过什么样的途径使宏观经济表现与货币政策最终目标相一致呢?在这个过程中,又会受到哪些方面的影响?这涉及货币政策的传导机制和货币政策的效果。不同的货币政策机制设计对货币政策有很大的影响,这些机制包括中央银行独立性、相机抉择还是规则性的货币政策、货币政策的透明度和可信性等。

20.1 货币政策传导机制

中央银行运用货币政策工具,调整中介目标后,到影响货币政策最终目标之间,有一个比较复杂的过程。这就是**货币政策传导机制**,它是指,中央利用货币政策工具,操作手段变量和中介目标变量后,达到货币政策最终目标的过程,更通俗地说,它就是中央银行执行货币政策后,通过什么样的途径达到货币政策的最终目标。围绕货币政策传导机制,不同学派有不同主张,比如"货币观"与"信贷观"。另外,货币政策实际上是总需求管理政策,除了政府支出不受中央银行货币政策影响之外,投资、消费和净出口都是受货币政策影响的。因此,货币政策传导机制可从投资、消费和国际贸易等三个方面分别加以分析。

20.1.1 投资渠道

1. 凯恩斯利率传导机制

凯恩斯主义认为,货币供应量增加后,会使利率下降,利率的下降又降低了投资的成本,从而促使投资支出增加,投资增加使得国民收入增加。反之,货币供应量减少,则会使利率上升,利率上升又会使投资减少,从而进一步使国民收入减少。因此,凯恩斯的利率传导机制可以描述如下:

$$M\uparrow \to i\downarrow \to I\uparrow \to Y\uparrow,\text{或者反之,}M\downarrow \to i\uparrow \to I\downarrow \to Y\downarrow$$

2. 托宾的 q 理论

托宾发展了一个股票价格与投资支出之间关系的 q 理论。**托宾 q** 为企业的市场价值与资本重置成本之比。如果 q 值大于 1,说明企业的市场价值高于资本的重置成本,建立新厂房和购买新设备的资本成本就要低于收购同等规模的企业的价值。比如,如果 A 企业的市值为 2 亿元,而该企业的资本重置成本只有 1.6 亿元,因此,托宾 q 值为 1.25。这时,如果 B 企业要进入 A 企业所在的行业,它有两条途径可供选择,一是收购 A 企业,二是自己建立新的厂房和购买机器设备。比较一下,收购 A 企业的成本为 2 亿元,而新建同等规模的厂房和购买机器设备所需的成本只有 1.6 亿元。显然,B 企业最好的选择是建新的厂房和购买新机器设备。这时,就扩大了投资支出。

反之,如果 q 小于1,说明企业的市值低于资本的重置成本,建立新厂房和购买新机器的成本要高于收购同等规模的企业的成本。如果将上例反过来,A 企业的市值为 1.6 亿元,而它的重置成本为 2 亿元,因此,托宾 q 值为0.8。这时,B 企业收购 A 企业的成本比它建立新厂房和购置新机器设备的成本要少 4 000 万元。因此,在这种情况下,总的投资支出就不会增加。

那么,货币政策是如何影响到托宾 q 值的呢? 货币供应量增加后,人们会发现手持货币比实际需要多,于是,将多余的现金用作投资。其中之一就是购买股票,而由于对股票需求的增加,股票价格会上涨,从而提高了企业的市场价值和托宾 q 值。因此,若以 P_s 表示股票价格,那么,通过托宾 q 值的货币政策传导机制为:

$$M \uparrow \rightarrow P_s \uparrow \rightarrow q \uparrow \rightarrow I \uparrow \rightarrow Y \uparrow$$,反之,如果是减少货币供给,则有:

$$M \downarrow \rightarrow P_s \downarrow \rightarrow q \downarrow \rightarrow I \downarrow \rightarrow Y \downarrow$$

3. 可贷资金传导

货币政策影响投资支出的另一个渠道就是可贷资金。当中央银行采取松的货币政策后,例如,在公开市场上大量购买政府债券或降低再贴现率后,商业银行体系的超额准备金会增加,可用于发放贷款的资金增加。这时,企业的贷款需求就较容易得到满足,从而投资支出增加,投资增加又进一步引起国民收入的增长。以 L_a 表示贷款量,因此,可贷资金的传导渠道之一就是:

$$M \uparrow \rightarrow L_a \uparrow \rightarrow I \uparrow \rightarrow Y \uparrow$$

反之,如果中央银行减少货币供应量,则有相反的结果。即:

$$M \downarrow \rightarrow L_a \downarrow \rightarrow I \downarrow \rightarrow Y \downarrow$$

即使中央银行没有通过公开市场业务或调整再贴现率来改变商业银行的可贷资金量,在选择性的货币政策工具中,信贷渠道也会发挥重要的作用。当中央银行提高了证券保证金比率时,用于股票投资的贷款量会减少,股票价格会下跌,从而使托宾 q 值下降,这样,在资本市场上的收购活动会增加,全社会的实物资本支出总量会相应减少。反之,如果中央银行降低了证券交易保证金比率,那么,用于购买股票的贷款量增加,股票价格会上升,提高了托宾 q 值,因而,投资支出会增加。所以,可贷资金的另一条传导渠道就是:

证券交易保证金比率 $\downarrow \rightarrow$ 用于股票投资的贷款 $\uparrow \rightarrow P_s \uparrow \rightarrow q \uparrow \rightarrow I \uparrow \rightarrow Y \uparrow$。

4. 信息不对称传导机制

与可贷资金密切相关的传导机制就是信息不对称效应。信息不对称会产生道德风险和逆向选择,其解决办法之一就是净值。净值越高,意味着借款者的贷款实际上有更多的担保品,因而一旦风险暴露,借款者自身也会承担较大的损失。因此,净值越高,借款者从事高风险的机会主义行为的可能性也会减少。

那么,货币政策是如何通过净值来传导的呢?上面的分析表明,货币供应量的变化或证券交易保证金比率的调整会对股票价格产生很大的影响,股票价格的变化会影响企业的净值,并进而影响企业的道德风险和逆向选择。因此,通过非对称信息的货币政策传导机制可表述如下:

$$M \uparrow \to P_s \uparrow \to 企业净值 \uparrow \to \left.\begin{array}{c} 逆向选择 \downarrow \\ 道德风险 \downarrow \end{array}\right\} \to 贷款 \uparrow \to I \uparrow \to Y \uparrow$$

20.1.2　消费者支出渠道

1. 利率与收入渠道

货币供应量增加,会促使利率下降,消费者的支出会增加,储蓄意愿会降低。同时,货币供应量增加会使人们的临时性收入增加,而根据恒久性收入理论,临时性收入增加,就会促使消费支出增加。反之,若中央银行利用货币政策减少货币供应量后,则会通过反向的渠道减少消费支出。如果以 C 表示消费支出,Y_t 表示临时性收入,则通过利率和收入的传导机制可表述如下:

$$M \uparrow \to i \downarrow$$
$$Y_t \uparrow \to C \uparrow \to Y \uparrow$$

2. 财富效应

我们在第 4 章中看到,储蓄生命周期理论表明,消费者是按时间均匀地安排他们一生的消费支出的,而决定消费者支出的是消费者的毕生财富,不仅仅是当期的收入水平。消费者毕生财富包括所有的金融资产,如股票或债券等。当股票和债券价格上升后,消费者的财富就会增加,这样就会扩大消费者的支出。因此,财富效应对消费支出的影响渠道为:

$$M \uparrow \to P_s \uparrow \to 毕生财富 \uparrow \to C \uparrow \to Y \uparrow$$

3. 流动性效应

流动性效应就是消费者持有资产的流动性的变化,会对其财务状况产生影响,从而影响消费者支出。消费者陷入财务困境的可能性越大,消费者的消费支出就越可能会相应地减少;如果陷入财务困境的可能性降低,那么,消费支出就可能会增大。如果股票、债券等金融资产的价格上升,那么,消费者持有的金融资产不仅可以在公开市场上很容易地销售出去,而且遭受损失的可能性很小,那么,他陷入流动性困境的可能性就较小。反之,陷入流动性困境的可能性则较大。因此,流动性效应的传导渠道之一就是:

$$M\uparrow \to P_s\uparrow \to 金融资产价值\uparrow \to 流动性困境可能性\downarrow \to C\uparrow \to Y\uparrow$$

流动性效应还存在于消费信用比率控制这一选择性货币政策工具上。如果消费信用比率降低,那么,消费者要从银行等金融机构通过信贷来解决流动性困境就较为困难,这样,他们就会减少消费支出。反之,如果提高消费信用比率,那么,消费者就可以获得更多的信贷进行消费,从而消费需求会增加。消费信用比率的一个特例就是住房抵押贷款的首付率。如果提高首付率,那么,购买者就必须积蓄更多的资金才能支付首付款,这样,对住房的有效需求就会降低。反之,对住房的需求会上升。因此,通过流动性效应的第二个传导机制是:

$$消费信用比率\uparrow \to 消费信贷可得性\uparrow \to 流动性困境可能性\downarrow \to C\uparrow \to Y\uparrow$$

20.1.3　国际贸易渠道

在开放经济条件下,净出口是构成一国总需求的重要组成部分。但是,净出口受汇率变动的影响极大。当外汇汇率上升、本币汇率下跌时,本国的商品在国际市场上的价格会相应地降低,因此,出口可能会增加,进口会相应地减少。反之,当本币汇率上升、外币汇率下跌时,则本国商品在国际市场上的竞争力会相应地减弱,净出口可能会下降。

货币政策如何影响汇率呢? 货币供应量的扩张会使利率下降。若国外利率并没有相应地下调,国内利率与国外利率之间的利差会扩大。根据利率平价理论,这时,本币汇率会下跌,外币汇率会上升。反之,如果紧缩货币供应量,则通过利率平价的作用,本币汇率可能会上升,外币汇率会下跌。以 e 表示汇率水平(直接标价法),NX 为净出口,通过国际贸易的传导机制可表述如下:

$$M\uparrow \to i\downarrow \to e\uparrow \to NX\uparrow \to Y\uparrow$$

20.1.4　"货币观"与"信贷观"

货币政策如何影响总需求? 传统观点是,中央银行通过改变货币供应量来影响总需求。根据这种观点,若中央银行要降低总需求的增长速度或者控制通货膨胀率,它就应当在公开市场卖出债券,收缩银行体系的准备金、减少货币供给。货币供应量下降会导致短期利率上升,并进而引起长期利率上升。利率上升又影响资本(包括房屋与耐用消费品)的成本,从而抑制总需求和控制物价总水平;国内更高的利率会提高本币的汇率,这又会抑制出口需求。货币政策传导机制的这种标准观点,被称为**"货币观"**。

货币观有一些很强的假设,所有非货币资产都是完全替代品,政府债券、商业票据、公司债券、股票、银行贷款、消费信贷等等是无差异的,它还假定,企业不在乎负债的结构,外部融资与内源融资没有差别。然而,由于金融市场中的信息不对称会导致信贷市场摩擦,由此形成了货币政策传导的"信贷观",它强调信贷市场摩擦在货币政策传导中的独特作用。信贷观常常会被区分为贷款渠道与广义金融加速机制。

银行贷款渠道强调银行信贷的特质以及银行在金融结构中的独特作用。若货币政策影响了银行准备金头寸,它就会导致利率变动,促使银行调整资产负债构成。货币政策对银行存款和货币供给的最终影响,会体现在银行部门负债方的调整。但任何影响银行部门准备金和利率的因素,都会影响银行信贷供给及银行资产负债表的资产方。若银行不能通过调整其持有的证券,或发行无准备金负债筹集资金,抵消准备金下降的影响,银行就必定会收缩贷款。若借款者没有其他渠道筹集资金,银行贷款可得性的变动,就会影响总支出。因此,银行贷款渠道的关键就在于,在银行资产负债表的负债方,存款没有很好的替代品,且对某些借款者而言,除了从银行信贷获得资金外,别无他途。

广义信贷渠道又称借款者资产负债表渠道。金融市场中的不完全信息会影响金融合约,可能会导致信贷配给,或者使企业内源融资和外源融资成本间出现差异,这被伯南克称为外部融资溢价。内外源融资成本之所以出现差异,是因为,信息不对称及贷款者无法无成本地监督借款者,从而产生了代理成本。同样如第2章指出的,良好的抵押品和借款者净值会弱化借款者与贷款者之间的信息不对称问题,因而,企业现金流和净值就对融资成本、资金可得性和投资支出具有重要影响。在内源融资下降推动外源融资成本相对上升时,企业不得不更依赖于较高成本的外源融资。在这种情况下,货币政策如何影响经济呢? 以紧缩性货币政策为例。它不仅会影响企业外部融资的可得性,从而影响总需求,并使经济放缓,企业的现金流和盈利随之而下降。企业现金流和盈利下降就会恶化借款者与贷款者之间的信息不对称问题,代理成本上升,借款者的外源融资溢价也随之而上升,这会进一步对支出产生紧缩性影响。因此,信贷市场摩擦会扩散、放大初始货币紧缩对总支出进而对经济增长率的影响,这被称为**金融加速器**。

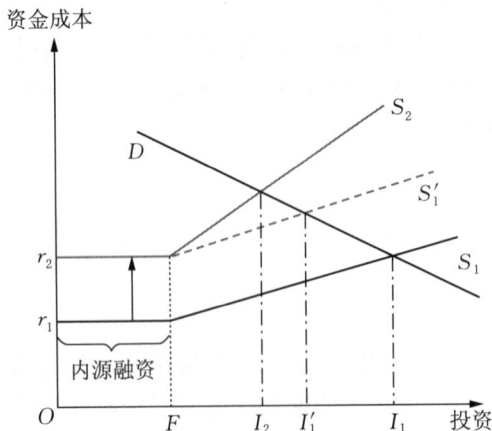

图 20.1　货币紧缩下的金融加速器机制

在信息不对称的环境里,借款者的现金流和净值是影响借款者行为和代理成本的重要因素,因而借款者的财务状况对融资成本、资金可得性和投资支出具有重要影响。借款者财务状况越好,净值越高,其外部融资溢价就会越低,因为这会降低借贷双方的利益冲突,借款者的内源融资能力也会增强。若紧缩性货币政策减少了企业现金流和净值,就会使其内源融资来源减少,强化金融加速器效应,外源融资成本相对上升,不得不更依赖于较高成本的外源融资,这就会打击借款者的投资支出。更具体地说,若紧缩性货币政策提高了无风险利率。如在图 20.1 中无风险利率上升使资金成本曲线从 S_1 向上移动到了 S_2,由于无风险利率上升增加了外部融资溢价,因此,新的资金供给曲线并不是由 S_1 平行移动到 S_1',S_2 的斜率比 S_1' 更大。由于外部融资溢价的影响,投资则从 I_1 下降到了 I_2,而不是仅仅下降至 I_1' 的水平。可见,外部融资溢价放大了货币政策冲击对投资的影响。

20.2 货币政策效果

货币政策效果就是中央银行操作货币政策工具后,达到其最终目标的程度。如果中央银行执行货币政策后,能够较快接近货币政策确定的最终目标的目标值,则货币政策的效果就较好。但是,如果要等很长的时间才能接近中央银行确定的目标值,则货币政策效果就较差。

20.2.1 货币政策时滞

货币政策时滞是从经济形势的变化需要中央银行操作货币政策,到最终目标变量的变动之间的时间间隔。仔细观察一下十字路口的红绿灯变化后的车流变化情况,就很容易理解时滞了。并不是红灯一变成绿灯,在那里排队的汽车都可马上启动过十字路口的,越排在后面,等候的时间就越长。这就是时滞的一个类比。

货币政策的时滞分为认识时滞、决策时滞和反应时滞。中央银行并不能立即获得经济形势变化的信息,统计数据的收集还需要一段时间,从经济形势的变化到中央银行认识到需要采取相应的货币政策来调节经济状况之间的时间间隔就是**认识时滞**。同时,也并不是中央银行认识到了需要采取货币政策就立即可以执行货币政策的,它往往还需要就货币政策的方向、操作力度等问题进行讨论,制定详细的货币政策操作计划。这就产生了**决策时滞**。如果参与货币政策的决策者中,对经济形势的判断、对货币政策的具体执行存有很大的争论,决策时滞可能还很长。中央银行操作货币政策工具后,最初也只能改变基础货币、商业银行体系的超额准备金和短期利率等,要经过货币供应量、长期利率的变化才能影响投资、消费和净出口,并对货币政策最终目标产生影响。从中央银行操作货币政策工具到货币政策最终目标变量的改变之间的时间间隔就是**反应时滞**。

货币政策时滞可能使初衷为稳定经济的货币政策反而给经济带来不稳定的冲击。例如,中央银行操作货币政策后,等到其开始发挥作用时,经济状况或许已经发生了逆转,以致出现了中央银行在经济衰退时实施的扩张性政策,在经济已经繁荣时,才开始发生效力,结果使物价水平不断地上涨,甚至出现严重的通货膨胀。

反之,在上一年繁荣时期实行的紧缩性货币政策,在经济已经由繁荣转向衰退才开始发挥作用,结果使本已恶化的经济雪上加霜。因此,由于时滞的存在,中央银行在执行货币政策时可能达不到它的最终货币政策目标。

20.2.2　货币政策传导机制的有效性与货币政策效果

中央银行操作货币政策后,需要经过各种传导机制才能改变最终目标变量,因此,货币政策传导机制的有效性如何,对货币政策的最终目标效果具有很大的影响。如果货币政策传导机制不畅,那么,中央银行就难以达到它的货币政策目标。影响货币政策传导机制的有些是经济性变量,有些则是制度性变量。

我们在第 19 章中分析了 IS-LM 曲线的斜率对货币政策的影响。IS 曲线越平坦,货币政策调整国民收入的效果就越明显,对利率的影响则越小。相反,LM越平坦,IS 曲线越陡峭,那么中央银行增加或减少货币供应量时对国民收入的影响就越小,对利率的影响则越大。这样的分析表明,一切影响到 IS 和 LM 曲线斜率的因素都会影响到货币政策的效率。其中最主要的因素是货币需求的利率弹性和投资需求的利率弹性。这一点,我们在上一章中已经有所分析了。

20.2.3　中央银行独立性与货币政策效果

中央银行独立性是指中央银行在发挥中央银行职能的过程中,不受国内其他利益集团影响的程度,这种独立性主要包括两个方面,即政策独立性和信用独立性。**政策独立性**是中央银行在制定和执行货币政策过程中自主性权力的大小。若中央银行能够根据政策目标而不受外来干扰的影响制定和执行相应的货币政策,则该中央银行具有较强的政策独立性。政策独立性受到一个国家政治权力结构和利益集团的影响,一个倾向于中央集权的国家,中央银行的政策独立性则相对较弱。**信用独立性**是指财政赤字对中央银行的依赖程度,如果财政赤字主要是靠从中央银行借款或透支来弥补的,那么,该中央银行的信用独立性就较弱。显然,信用独立性受到一个国家金融市场发展程度的影响。有着广阔金融市场的国家倾向于赋予中央银行更高的独立性。原因在于,金融系统越庞大,在调节储蓄和投资的过程中,由通货膨胀及其不确定性引起的混乱也就越严重。其次,金融市场越发达,政府通过在金融市场上借款可为相对较大的预算赤字筹措资金。除了财政赤字外,不同的外汇管理体制也会影响中央银行的信用独立性。在中国的结售汇制下,基础货币供给要随国际收支的变化而波动,因此,结售汇制也极大地弱化了中国人民银行的信用独立性。

中央银行的独立性对货币政策具有很大的影响。首先,中央银行的政策独立性越强,货币政策的行动时滞会越短。因为有着较强独立性的中央银行,在认识到宏观经济形势变化时就可较快地采取相应的行动,不必等待上级部门拖延时间的

"审批"。同时,政策独立性越强,在制定和执行货币政策过程中,讨价还价的时间就越短。此外,一个国家的中央银行越独立于政治,它就越可能致力于价格稳定;反之,中央银行的独立性越小,它就越可能为取得低失业而接受较高的通货膨胀。其次,中央银行的信用独立性越强,基础货币供给受财政赤字的影响就越小。所以,平均来说,中央银行的独立性越小,通货膨胀率越高,如德国有政治上最独立的中央银行,通货膨胀率最低;而新西兰的中央银行独立性较低,所以它的通货膨胀率较高。同时也有经验表明,中央银行独立性越大的国家,经济的平均年增长率要高于独立性较小的国家的经济年平均增长率。

20.3 货币政策哲学

20.3.1 相机抉择还是规则性的货币政策

1. 什么是相机抉择与规则性货币政策?

相机抉择的货币政策,指货币当局或中央银行在不同时期,应根据不同的经济形势,灵活机动地选择不同的货币政策,以达到当时最需要的政策目标。具体而言,在通货膨胀时期应当实行紧缩性的货币政策,抑制通货膨胀;在经济萧条时期,应当实行扩张性的货币政策,以刺激投资,促进经济复苏。相机抉择的货币政策增强了中央银行在制定和执行货币政策时的灵活性。由于经济形势总是在不断变化与发展之中的,中央银行根据经济形势的变化相机而动,似乎能够更好地稳定宏观经济,恰如"将在外,君命有所不受"的军事相机抉择一样,根据环境和条件的变化灵活应变才能保证将军打出漂亮的胜仗。凯恩斯主义国家干预学说诞生之后的数十年间,各国中央银行一直实行的是相机抉择的货币政策。相机抉择最大的问题是,它使中央银行有强烈的通胀偏好,即实际相机抉择货币政策时,中央银行总是有"欺骗"的动机,往往存在较明显的通胀。

为了克服相机抉择的缺陷,现在有越来越多的中央银行实行的是规则性货币政策。**规则性货币政策**就是事先为中央银行的货币政策制定和操作确立一个可以遵循的准则的货币政策框架。最早提出规则性货币政策的是货币主义大师米尔顿·弗里德曼。根据他的现代货币数量论,货币数量与物价水平和产出之间存在稳定的关系,中央银行应当保持一个固定数量的货币供给增长率。在20世纪70年代,现代货币主义的影响盛极一时,美国的中央银行——联邦储备银行采用了弗里德曼的货币数量规则,每年年初宣布当年固定的货币供应增长率,然后,美联储就采取相应的政策措施力争使货币供应量的增长率保持在它宣布的目标内。然而,正如我们在第13章看到的,影响货币供应量的因素相当复杂,除了制定和执行货币政策的中央银行外,个人、企业、银行等等都对货币供给有相当大的影响。因而,在那个时候,美联储对货币供应量的控制效果并不理想,就像现在中国人民银行无法将货币供应量的增长率保持在它年初宣布的目标一样。结果,到20世纪90年代初,美国就放弃了固定数量货币供应增长率的货币政策规则。

取而代之的是另一项货币政策规则,即泰勒规则,这是以它的发明者——美国经济学家泰勒——的名字命名的。泰勒通过对美国以及英国、加拿大等国的货币政策实绩的研究发现,在各种影响物价水平和经济增长率的因素中,真实利率是唯一能够与物价和经济增长保持长期稳定相关关系的变量。有鉴于此,他认为,调整真实利率,应当成为货币当局的主要操作方式。泰勒规则可以从一个理想化的状态开始描述。假定经济中存在着一个“真实”的均衡联邦基金利率,在该利率水平上,就业率和物价均保持在由其自然法则决定的合理水平上。其中,均衡利率指的是名义利率减去预期通货膨胀率。根据泰勒的研究,在美国,该真实均衡利率约为2%。如果上述真实利率、经济增长率和通货膨胀水平(泰勒定义的)的关系遭到破坏,货币当局就应当采取措施予以纠正。首先,联邦基金的名义利率要顺应通货膨胀率的变化而调整,保持真实均衡利率水平得以实现。其次,如果产出的增长率超过了其潜在的真实水平,真实利率必须提高;如果通货膨胀率超过了目标通货膨胀率水平,则真实利率也应当提高。美联储如果遵循这样规则行事,就会使经济运行保持在一个稳定且持续增长的理想状态上。泰勒规则问世之后,在一定程度上和在一定时期(1994年至2001年9月)以泰勒规则为基础制定和实行货币政策的只有美国的联邦储备银行(显然未明确宣布过),美联储不再宣布固定数量的货币供给增长率,而是根据通货膨胀预期和经济增长率的变化,宣布调整联邦基金利率的目标值,然后再通过调整再贴现率和公开市场操作的方式,使实际的联邦基金利率与美联储的目标利率大体一致。结果美国货币政策在格林斯潘时期取得了相当大的成功,促成了美国经济在战后持续时间最长的繁荣期。

在20世纪90年代初,几乎与泰勒规则同时出现的还有另一种货币政策规则——通货膨胀目标制。自新西兰银行率先采用这一货币政策框架后,已有英国、加拿大、澳大利亚、巴西等在内的二十多个国家先后采取了这一货币政策框架。简单地说,**通货膨胀目标制**,就是中央银行事先明确宣布一个具体数值的通货膨胀率,中央银行的货币政策操作就在于确保物价水平的上涨率保持在它宣布的目标范围内。例如,英国中央银行——英格兰银行宣布的通货膨胀率目标为2%,澳大利亚中央银行设定的通胀率目标为2%—3%,等等。2006年,当英国的通胀率已经达到了2.5%,由于油价上涨和香蕉价格暴涨等因素使澳大利亚的通胀率达到了4.0%,均超过了它们设定的通胀目标值时,英格兰银行和澳大利亚中央银行便果断地提高了它们对商业银行放款的利率,以促使物价水平回复到它的目标内。实践表明,在已经实行了通货膨胀目标制的国家,物价水平一直比较稳定,而有些国家在实行通货膨胀目标制之前,曾经历过比较严重的通货膨胀。

实行通货膨胀目标制的国家,赋予了中央银行明确而具体的通货膨胀率数值目标,因而中央银行必须有很高的独立性,包括信用独立性和政策独立性等。信用独立性意味着,选择通货膨胀目标制的国家的财政赤字不能从中央银行融资,因而国内金融市场的深化要达到足以吸收发行的国债的程度。此外,经济增长率的下降和失业率的上升不会干扰中央银行的货币政策操作,中央银行在稳定物价方面不能有来自政治方面的压力,这样,中央银行在达到通货膨胀目标时才能做到心无旁骛。

2. 相机抉择与规则性之争

相机抉择的政策框架下,中央银行没有公开对货币政策最终目标做出明确而具体的承诺,保留了根据对当前经济形势的变化相机调整货币政策的权力,以及对新信息和无法预测的情况做出反应的灵活性。这是相机抉择货币政策最大的优点。但是,相机抉择的货币政策有两个问题。首先是它没有限制无能及中央银行权力的滥用。例如,在西方国家,如果中央银行有太大的相机抉择货币政策权力,它就有可能通过货币政策来影响大选的结果。如果现任总统的选票取决于他在位时的经济状况,而中央银行又对现任总统有好感,那么,它就可能会采取过于扩张性的货币政策,以刺激生产和扩大就业,而通货膨胀的恶果在若干时日之后才会暴露出来。这样,相机抉择的货币政策可能会加剧经济的政治经济周期。

其次,相机抉择的货币政策框架下,实际的通货膨胀率可能会高于合意的通胀水平。如果中央银行行长知道通货膨胀与失业之间没有长期的交替现象,那么,它通常会宣布央行的目标是稳定物价水平。但由于公众已经根据中央银行事前的宣言形成了稳定的通货膨胀预期,中央银行面临着通货膨胀与失业之间的短期交替问题,结果,他们便会放弃物价稳定的目标,以降低失业率。这种说一套、做一套的中央银行的言行不一致的货币政策,被称为货币政策的**时间不一致性**。中央银行的言行不一致,会使公众"吃一堑、长一智",他们就会不再相信中央银行稳定物价的承诺,使得人们预期实际的通货膨胀率总是会高于中央银行宣布的水平。

避免相机抉择货币政策的这些问题的办法就是,实行规则性的货币政策。规则的支持者认为,货币政策规则可以增加对货币当局的约束和提高政策可信度,使公众确信中央银行不会执行通货膨胀政策或者滥用职权。例如,在实行通货膨胀目标的国家,如果一般物价水平超过了确定的目标值,中央银行就必须果断地采取行动将物价上涨率降到它的目标区内,这是中央银行对公众的一种责任,也是履行自己对物价上涨目标的承诺。由于中央银行必须履行自己的承诺,相机抉择下的时间不一致和政治周期问题就得以避免了。另外,由于物价上涨率是事先确定且为公众所知晓,如果中央银行在稳定价格方面的承诺并不是一纸戏言,那么,公众也会根据物价上涨率的变化及时地调整自己投资和消费等方面的策略,这就减少了中央银行调整货币政策的力度和周折。

20.3.2 货币政策的透明度、沟通与责任

在过去相当长一段时间里,货币政策的决策、操作和具体的货币政策目标,对公众一直是神秘莫测的,相应的许多宏观经济信息,如货币供应量、货币政策会议

情况等都被当作一种机密,也要在货币政策执行之后的相当长一段时间里才会被"解密"。然而,随着理性预期理论和信息经济学博弈论的发展,继中央银行提高独立性后,提高货币政策的透明度正在成为中央银行货币政策的一个国际趋势。**货币政策透明度**是指中央银行对货币政策制定和执行过程中相关信息的披露程度。货币政策透明度是指一种环境,即在易懂、容易获取和及时的基础上,让公众了解有关政策目标及其法律、制度和经济框架、政策制定及其原理、与货币和金融政策有关的数据和信息以及机构的职责。一般认为,提高政策透明度有利于增强中央银行政策的可信度,有助于引导公众形成合理预期,提高市场潜在的效率。

中央银行的货币政策透明度包括多个层面。在政治层面,是指货币政策目标的公开性,例如,中央银行明确宣布目标通货膨胀率为2%。在经济层面,透明度是指中央银行制定货币政策中使用的经济信息是否能够为公众所得,如经济运行的数据、预测或评估决策效果的模型以及中央银行内部对经济运行的预测。例如,中央银行及时地发布有关货币金融方面的统计数据、物价水平的变化等。在货币政策的程序层面,透明度是指政策决策采取的方式是否被公众所了解和掌握,包括明确的货币政策规则或策略、决策过程的真实记录、会议和投票记录等。现在,许多国家的中央银行在货币政策决策会议之后,会立即对公众发表一番相应的声明,在该声明中会公告货币政策决策会议的结果(如是否调整利率)、委员们的投票情况、对当前及未来一段时期的宏观经济形势的判断和相应的货币政策行动等。在操作层面,透明度是指中央银行货币政策的执行过程和结果是否及时地向公众提供,如误差控制、影响政策传导的宏观经济波动和冲击等。例如,中央银行及时地公布为调节市场利率的公开市场操作状况等。

货币政策的透明度与中央银行和公众的沟通是密切相关的。现在,许多国家的中央银行都强调与公众的沟通和交流。沟通与交流的内容不但有关于当前政策的解读,而且还包括未来政策的走向,沟通的方式也是多种多样的,如货币政策决策会议后的新闻发布会,通过回答记者和公众的提问,把货币政策信息及时、全面和更准确地呈现给公众;中央银行通过问卷调查来了解公众对当前物价水平等方面的满意度和公众对未来的预期等。通过沟通,能够让公众更好地理解和把握中央银行的货币政策,中央银行也能够在沟通中较好地了解公众对未来的预期,从而便于中央银行货币政策的调整。有效的沟通不仅能够提高中央银行的可信度,还能够帮助避免货币政策超出预期,引发不必要的经济波动;它也有助于中央银行能准确地了解到相关的微观信息,便于中央银行更加科学地制定货币政策决策。正因为如此,许多人认为,由于美联储已经变得越来越多地和公众交流,政策委员会会议后的信息发布已经成为比利率政策本身更有力的政策影响工具。实践证明,在美、英等国家,通过沟通,极大地提高了货币政策的效率。

除了透明度和沟通外,现在也越来越强调中央银行的责任。责任就是中央银行为完成事先确定的货币政策目标所必须承担的各种义务。责任与货币政策目标的可信度是联系在一起的。如果中央银行对货币政策的最终目标和它的货币政策行为与后果是不负责任的，那么，事先确定的货币政策明确而具体的数量化目标就可能是不可信的。为了提高中央银行货币政策的可信度和责任，各国都有相应不同的做法。例如，美国联邦储备银行行长要定期向国会提交货币政策和经济形势展望的报告，接受国会议员对货币政策的质疑并做出证词。欧洲中央银行不仅在年终和按季做出报告，而且还推出了《每月公告》，对货币政策决策下的经济形势进行全面的评估。另外，欧洲中央银行的行长每个季度都要向欧洲议会的经济与货币事务委员会汇报欧洲中央银行的货币政策，并回答相关问题。新西兰储备银行有更严厉的做法，只要有一个季度没有达到通货膨胀目标，行长就会被政府免职。通过增加中央银行货币政策的责任，会相应地提高货币政策的可信性，能够更好地稳定公司对货币政策的预期。"人无信而不立"，有效的货币政策大概也是这样。

小　结

货币政策工具主要通过以下几个渠道来影响货币政策的最终目标，即投资渠道、消费渠道、资本市场渠道和国际贸易渠道等。

从中央银行制定和实施货币政策，到最终目标的实现有时滞。货币需求的利率弹性、投资对利率的反应弹性等都会影响货币政策效果。中央银行的独立性对货币政策也有重要的影响。中央银行的独立性包括政策独立性和信用独立性。中央银行的独立性越强，通货膨胀率越低，经济增长率却较高。

货币政策有相机抉择和规则性之分。现在越来越多的国家实行了规则性的货币政策框架。中央银行也越来越强调货币政策的透明度、可信性和责任。

关键概念

货币政策传导机制	金融加速器	货币观	信贷观
托宾 q	货币政策时滞	中央银行独立性	政策独立性
信用独立性	通货膨胀目标制	认识时滞	反应时滞
决策时滞	泰勒规则	时间不一致性	货币政策透明度
规则性货币政策	相机抉择		

思考练习题

1. 中央银行操作货币政策工具后，可以通过哪些渠道达到其最终目标？

2. 什么是货币政策传导的信用渠道?

3. 什么是货币政策时滞? 它对货币政策效果有何影响?

4. 中央银行独立性对货币政策有何影响?

5. 什么是相机抉择货币政策? 它可能带来什么样的问题?

6. 什么是规则性货币政策? 主要有哪些形式的规则性货币政策?

7. 如何理解货币政策透明度?

8. 利用"金融加速器"原理,简要分析资产价格下跌对宏观经济的影响。

9. 假设现在通胀上升的趋势,为了稳定通胀,央行采取了紧缩性的货币政策,试分析,在不对称信息下,紧缩性对不同规模(大企业和小企业)的影响的差异。

10. 请结合利率期限结构,试分析,长短期利率的关系对货币政策传导的影响。

11. 中国银行业贷款中向来有"所有制歧视"之说,其意思是,中国的银行业在贷款时,更倾向于对国有企业贷款,而不愿意民营企业发放贷款。但中国民营经济具有"五六七八九"的特征,即贡献了 50% 以上的税收,60% 以上的国内生产总值,70% 以上的技术创新成果,80% 以上的城镇劳动就业,90% 以上的企业数量,它成为推动我国发展不可或缺的力量,成为创业就业的主要领域、技术创新的重要主体、国家税收的重要来源。试结合 2014 年以来的变化,分析以下问题:金融机构在发放贷款时的国有偏好,对中国货币政策传导机制和最终目标的实现有何影响?

第四篇　金融发展与稳定

治大国者若烹小鲜。

——老子

管得最少的政府是最好的政府。

——托马斯·潘恩

在此转变时期,我理解了一位共和国要员向我说的一番话:"我深知我的国家,她能平静地应对任何事情,但金融危机除外。"

——雷蒙德·菲利普

▶21

金融发展与金融结构

学习目标

学完本章后,你将能够:

理解什么是金融发展

弄清促进金融发展与金融创新的动因是什么

理解什么是金融相关比率

理解什么是需求尾随型与供给引导型金融发展

了解内生金融发展理论的基本内容

弄清现代金融结构的基本特征

理解影响现代金融结构的主要因素

了解信息技术对金融创新和结构的影响

了解金融发展中的金融全球化

金融发展是自货币出现以来一直伴随着人类进步的基本现象之一,金融发展对人类技术进步和文明的发展起到了非常积极的作用。什么是金融发展呢?金融发展的基本趋势和规律是什么呢?制约金融发展的主要因素又有哪些呢?未来的金融会朝什么方向发展呢?本章将主要介绍这些方面的内容。

21.1 金融发展

21.1.1 什么是金融发展

我们经常会接触到"发展"一词,如经济发展、企业发展、个人事业的发展等。在报纸杂志上也经常出现金融发展这样的词。那么,究竟什么是金融发展呢?

金融发展是指金融的功能不断得以完善、扩充并进而促进金融效率的提高和经济增长的动态过程。其表现形式为,金融体系随技术进步而不断朝着更高层级演进,通过降低金融活动的交易成本,使金融体系能够更好地动员储蓄、更有效率地配置金融资源、更多元化地有效分散和转移风险。例如,基于现代信息技术的支付手段(支付宝和微信等第三方支付)、金融工具和金融组织体系的多元化等都属于金融发展。在发展的金融体系中,货币和金融资产成为个人最好的为将来消费作准备的价值储蓄手段,金融工具的价格在金融资源的配置中起着极为重要的作用。金融发展总是伴随着金融结构的变化和金融效率的不断提高。

金融发展是金融创新来推动的。**金融创新**是人们创造出新的金融工具、新的金融组织和金融制度来更为合理地配置金融资源,获取更高的收益或降低风险的活动。可以说,金融创新是实现金融发展的重要途径,就像一个国家要发展,就必须不断地创造新技术和新产品一样。

金融的发展,使金融的功能得到了不断地完善,从而极大地推动了经济的发展和社会的变革。在人类历史中,经济发展总是伴随着金融发展。从最初的物物交换到实物货币的出现,再到现代电子货币时代,这个漫长过程中,新的金融工具、金融制度一直在不断地涌现。不用说中国唐宋的人们,就是三十年前的中国人,恐怕也没能想到我们很快就会迎来无现金支付的社会;各类现代理财产品让老百姓正在告别传统的银行存款;人们不亦乐乎地买进或卖出股票等等,都是金融发展的结果。古代皇帝要获得各地区的信息,即使是八百里加急,至少也得要十天半月的时间,而现代的普通人都几乎可以同步地获得远在异国他乡的朋友的电子邮件;北京的山顶洞人还不知道什么是交易,什么是货币,现代大都市里几乎每一个人都懂得要利用金融手段来安排自己的生活。总之,金融发展极大地提高了人类的福利水平,也影响了观念和文化的发展。

21.1.2 金融发展与创新的动因

是什么因素推动了金融发展与金融创新呢?纵观人类的金融发展史,我们不难发现,推动金融发展和金融创新的动因有以下几个方面:

- 降低交易费用
- 规避风险
- 规避管制
- 信息技术的发展

1. 降低交易费用

降低交易费用是金融创新最重要的动因。货币的出现克服了需求双重耦合问题,它不仅扩大了实物产品交易的广度和深度,也促进了金融产品交易的深度和广度,并进而促进了分工和交换的进一步发展。金融机构——如商业银行——的出现也极大地降低了资金盈余者在投资时搜寻信息的成本。证券交易所将大量有价证券的买卖双方集中起来,投资者在这里似乎根本用不着去寻找交易对手,只需要输入买入或卖出的证券代码、价格和数量,就可在瞬间完成交易。证券投资基金将分散的小额资金集中起来,然后由基金经理来管理,负责任的基金经理在做出投资决策前,会对投资标的进行必要的谨慎分析,相对于所有众多中小投资者都进行相关信息的收集和加工,由投资基金来管理则可极大地减少此类重复性的信息处置过程。信息收集、分析和处理的专业化,降低了交易费用。

欧元的诞生和使用是降低交易费用进行的金融创新的一个典型。2002 年 1 月起,欧元正式在欧盟成员国流通,欧元区成员国原来发行的货币逐步退出流通。欧元是人类货币史上的一个伟大创举,因为欧洲货币联盟的形成,大大降低了欧元内部成员国之间的交易费用,促进了商品、劳务和资本的自由流动,使资源配置能够不受主权国家过多干涉而跨越国界得到更合理的配置,欧元区的金融市场基本上一休化了。在欧元正式流通之前,外国游客到其成员国去旅行,就必须同时准备各成员国发行的货币,换汇过程中就会损失很多,而且还要耽误很多的时间。现在,只需持有一种货币——欧元——就可以游遍欧元区的所有国家了。

2. 规避或转移风险

推动金融发展的另一个动因就是规避或转移风险,提高收益或流动性。随着储蓄与投资相分离,金融取得了它相对独立的存在形式之后,人们在金融投资上就面临着不确定性;其他一些突发事件也使人们的日常生产和生活面临着突然遭受经济损失的危险。人们为了规避各种金融风险,发明了新的金融组织和金融工具。例如,各类保险公司的出现就是人们以较小的代价来挽回较大损失所作的努力;像商业银行这类的金融机构的产生也降低了人类社会将储蓄资源转化为投资后可能面临的流动性风险;各类金融证券二级市场的产生也是为了找到确定资本市场价格的机制,提高证券的流动性风险;证券投资基金通过专家理财和扩大投资组合的范围,分散了证券投资的风险;各类衍生金融工具的出现和发展,如远期交易、期权、互换和期货等最初的出现都是为了给个人、公司防范财务风险提供有效的手段。不过,某些原本是为了规避管制而进行的金融创新,在价格剧烈波动时,却产生了更高的风险。比如,期货、期权最初都是为转移风险,但当它们沦为投机的对象时,就可能成为金融风险的策源地。

资产证券化,就是将一种原本缺乏流动性、面临各类金融风险的金融资产或权益的现金流重新组合后,转化为标准化的可交易的债券,在这个过程中,通过真实销售和破产隔离而转移了所有与之相联的金融风险,而且,转化为交易的标准化债券后,它的流动性也得到了极大地提高。况且,资产证券化对它的原始权益人而言,本身就是资产变现的过程。

余额宝是为了提高收益和流动性而进行金融创新的一个典型。余额宝是支付宝针对用户余额的增值服务。在余额宝诞生之前,若投资者将钱存放在支付宝,等待用于网上购物的支付,但这些闲钱是没有收益的;与之对应的是,货币市场基金虽然可以获得一定收益,但在购物时不能将它用于支付。将两者连接起来,就成了一种重要的金融创新。投资者将支付宝闲散资金转入余额宝,就相当于购买了货币基金,并享有货币基金的投资收益;与之对应的另一面,若投资者需要用支付宝购物但又没有足够闲钱时,就可自动将余额宝转换为现钱而完成支付,它可以实现在购物时自动赎回。继余额宝之后,以挖掘银行活期储蓄存款为目标的"类余额宝"产品层出不穷,"现金宝""活期宝"等"宝宝类"理财产品大规模增长。它们不仅可以获得相应的回报,还可无障碍地用于购买商品或服务时的支付,这就使得,原本基本没有利息收入的银行活期存款,出现了货币基金化的趋势。

3. 规避管制或监管

金融是受政府管制较多的领域之一。政府对金融管制最突出的手段包括法定准备金管制和利率控制。政府会强制性地要求商业银行向中央银行缴纳一定的准备金。在西方国家由于准备金没有利息,因此,商业银行向中央银行缴纳的准备金越多,商业银行可用于贷款等可带来回报的资金就越少,因此,准备金又被称为准备金税。在利率没有市场化之时,商业银行就没有决定存贷利率的自由。例如,美国原来的 Q 条例就规定了对定期存款可支付的利率的最高限。但是,如果市场利率上升到了高于 Q 条例规定的银行可支付的定期存款利率上限,存款者就会提取银行存款,用于其他投资,银行贷款的规模就减少了,这种现象被称为**脱媒**。2015

年之前,中国对存贷款利率的管制也非常严格,在很长一段时期,商业银行只能根据人民银行确定的基准利率吸收存款或发放贷款,或只能在存贷款基准利率基础上的一定范围内浮动。同时,政府还会对商业银行施加资本充足性要求,在资本规模一定时,金融机构持有的风险资产就严格受制于资本约束,资产占用资本越多,其资本成本就越高,这就制约了其盈利空间。金融机构业务范围也受政府的严格管制。在实行分业经营的国家,商业银行就不能承销股票和经纪业务。在美国,曾经禁止银行跨州设立分支机构。

我们常说,"道高一尺,魔高一丈",所以,哪里有管制,哪里就有反管制的斗争。为了规避当局的准备金管制和利率控制,商业银行开发了一些新的金融工具,如欧洲货币。**欧洲货币**就是在货币发行国之外流通的货币。这里的欧洲并不是地理意义上的欧洲。例如,如果在日本存入美元存款,那么,这笔存款就是欧洲美元存款;如果将日元存入到英国的一家银行,那么,这笔存款就叫欧洲日元存款。通常地,本国的当局是不能要求外国的商业银行缴纳法定存款准备金的,因此,吸收欧洲货币,商业银行就无须交纳法定准备金,从而扩大了可用于贷款或其他生利资产的资金规模。在中国,人民银行对商业银行的法定存款准备金要求一度达到了20%以上,通过吸收存款来为贷款提供资金,法定存款准备金就会占用20%的资金,这实际上提高了贷款的资金成本。为此,商业银行就尝试着发行一般金融债券来为某些贷款提供资金来源。比如,中小企业专项债券,即商业银行发行此类债券筹集的资金专门用于为中小企业提供贷款。由于债券在定义上不属于存款,不需要缴纳法定存款准备金。

在美国,受 Q 条例之害最深的当数储蓄与贷款协会,由于市场利率超过了储蓄与贷款协会所能支付的最高限,它们流失了大量的资金。在这种情况下,它们需要开辟新的资金来源来维持其有利可图的贷款。储蓄与贷款协会为了规避利率管制而进行的金融创新主要有可转让提款通知书和自动转换储蓄账户。可转让提款通知书在法律上不被当作支票使用,它便不受有关支票账户法规的限制,可以支付利息。后来,美国的金融机构开发了自动转换储蓄账户,该支票账户中一定金额之上的余额都能够自动转换为支付利息的储蓄账户。当对自动转换储蓄账户签发支票时,必要的兑付支票资金会自动地将储蓄账户转移到支票账户上去。于是,储蓄账户上的金额实际上成了存款者支票账户的一部分,同时还能享受利息收益。因为,从法律上说,这是一种储蓄账户,而不是向存款者支付利息的支票账户。

中国的存款利率管制同样推动了金融创新。由于中国人民银行确定的存款基准利率较低,有时甚至低于通货膨胀率。为了规避存款利率的管制,银行理财产品便大量地兴起了。银行理财产品不属于存款,其预期收益率自然不受央行利率政策的限制,得到了越来越多投资者的青睐。信托产品也不属于存款,自然地,其收益率也不受央行利率管制。曾经有一段时间,信托产品的收益率普遍在 10% 以上,远远高于商业银行的存款利率水平,结果,许多家底较雄厚的居民就购买了信托,而不是存银行,导致了信托规模的大幅扩张。

除了准备金管制和利率控制外,在 1998 年以前,政府一直对商业银行的贷款实行规模控制。每年年初中央计划当局都制定了当年的信贷计划。由于信贷规模的控制,商业银行原则上只能在计划内发放贷款,企业也只能得到计划内的信贷规模。但中央银行的信贷规模往往又难以满足企业的需求。更重要的是,在国有银行系统的信贷计划中,民营企业等非国有企业是很难获得正规的银行信贷支持的。20 世纪 80 年代以来兴起的非国有企业,就只能从国家信贷计划之外去寻找生产发展所需要的资金。这样,不满足于国有银行信贷计划的国有企业以及不能从国有银行体系中得到信贷支持的非国有企业,便开始了在信贷计划之外去寻找资金。我国的资金拆借市场、国债回购市场和股票市场等最初的发展都是这样出现的。这些符合市场经济发展所需的金融活动给原来的计划体制带来了较大的冲击,而且政府也认识到这些市场组织安排的确能够提高金融的效率,于是就修改了既有的制度规则,将这些本来是在体制外活跃的非正规金融活动纳入到了国家许可的金融体系之中,极大地推动了中国金融制度和金融工具的发展。即便金融市场化已发展到今天,政府仍然可能会根据宏观调控需要而对部分行业融资采取管制措施。比如,房地产过热时,开发商要从银行体系获得贷款就可能受到限制。鉴此,一些专门为房地产项目筹集资金的融资性信托产品便大行其道了。

金融机构还会受到资本充足性的监管。一项业务需要占用大量资本,那它的资本回报率就可能会降低。比如,对商业银行的资本充足性监管中,一般贷款风险权重为 100%。一般贷款越多,它占用的资本就越多。为了规避资本管制,一些商业银行曾经与信托公司合作,由后者发行信托产品,然后从商业银行那些购买非标准化的贷款,这些贷款便从商业银行的资产负债表上"消失"了,自然不需要商业银行计提相应的资本。

在实行分业经营的国家,商业银行不得从事除政府债券之外的其他证券业务(如股票承销和经纪业务,也不得买卖股票)。为了规避这一管制,金融控股公司便兴起了。金融控股公司是指以银行、证券和保险等金融机构作为子公司的一种纯粹型控股公司。所谓纯粹型控股公司,是指母公司没有特有的事业领域,而仅仅是一个公司经营战略的决策部门。与此相对应的是事业型控股公司,母公司既拥有自己的事业领域,也通过控有其他事业领域的子公司的股份来支配、管理子公司的经营活动。通过金融控股公司,便可以达到子公司分业、母公司混业的目的。金融控股公司最早产生于西方发达国家,它是商业银行为了规避不得跨州设立分支机构,或者是在银行、证券与保险分业经营体制下,为了规避法律限制一家金融机构不能同时从事银行、证券与保险业务而采取的金融创新。美国原来基于对垄断的恐惧和对自由竞争的崇尚,法律规定商业银行不得跨州设立分支机构。为了规避这一管制,一些银行就通过设立控股公司,由控股公司出资,在不同的州注册设立独立的商业银行,银行控股公司便应运而生了。后来,一些机构如法炮制,通过金融控股公司把业务范围扩展到银行、证券、保险等所有或大部分金融领域,实现了混业经营。在中国,金融控股公司的产生的动因同样是基于分业管制。例如,中信控股就通过设立中信银行和中信证券这样的子公司而同时从事银行、证券与保险业务;中国光大集团也同时拥有银行、证券和保险等子公司。

为了规避监管从而获得更多的业务自由度和盈利空间而采取的诸种金融创新,被称为**监管套利**,它是推动金融创新的重要因素。

4. 信息技术与人工智能的发展

科学技术的发展为金融发展提供了技术上的支持。尤其是现代信息技术的发展,使金融领域的革新层出不穷。电子货币、银证通和网上交易等都是近年来在金融领域最流行的新词汇了。你只要持有一张银行的借记卡或者信用卡,只要到发卡行的特约商号去购物或消费,你就不必携带现金,这就是**电子资金转移系统(EPS)**。你要购买股票,即使你身处遥远的乌鲁木齐,你也可以通过卫星传送的信号同步地看到上海证券交易所股票交易行情的变化,从而便于你作出投资决策。信息技术的发展还极大地改变了金融机构的服务方式,典型的是自助银行和金融超市的出现。自助银行一般是借助于自动存取款机(ATM机)让银行的客户可以一天24小时随时进行小额的存款或取款,不必非要在银行上班的时间到柜台前排队等候。随着信息技术更广泛地应用,网上银行已在很大程度上取代了银行传统的服务方式,从自己的银行账户中提现或转账,网上购物的支付,足不出户都可以完成。现代信息技术的发展,让支付手段正在发生一场革命。在银联诞生之前,你持有招商银行的信用卡,就不能到交通银行的自动柜员机去存取款,反之也不能用交通银行的太平洋卡到招商银行的自动柜员机去取款。银联出现后,将所有发卡银行联网后,就可以使各家银行的客户共享自动柜员机的交易平台。而如今,信息技术更深入的应用,让支付宝、微信之类的第三方支付迅速崛起,不携带现钞或银行卡,也能足行千里;即便"身无分文",但只要带着智能手机,也能小到享用冰激凌,大到入住高档酒店。

信息技术促使了互联网金融的兴起,它正在深刻地改变传统的支付模式、基于借贷双方的信息不对称的授信和融资模式。以互联网为代表的现代信息技术,特别是移动支付、云计算、社交网络和搜索引擎等,正在对人类的金融模式产生前所未有的影响。这其中,互联网金融正在大行其道。**互联网金融**就是依托于云计算、社交网络和搜索引擎等互联网工具而实现的资金融通、支付和信用中介的金融活动。

现在,基于信息技术的互联网金融有几种基本模式。第一类是传统的金融机构借助互联网渠道提供服务,如网银和网上开户等。但这只是传统金融机构借助互联网而改造其服务渠道。第二类便是第三方支付。市场上出现了以支付宝、微信、财付通为代表的林林总总的支付企业,它使得我们对现金的需求大大减少了。第三方支付可以克服买卖方因信息不对称而产生的信用风险。移动支付,允许用户使用其移动终端(通常是手机)对所消费的商品或服务进行账务支付的一种服务方式。通过移动设备、互联网或者近距离传感直接或间接向银行金融机构发送支付指令,产生货币支付与资金转移行为。现代信息技术的应用,正在催生一场货币的革命,那就是**网络数字加密货币(网络币)**的兴起。它是指由一定的发行主体以信息网络为基础,以计算机技术和通信技术为手段,以数字化的形式存储在网络或有关电子设备中,并通过网络系统(包括智能卡)以数据传输方式实现流通和支付功能的网上等价物;狭义上说,网络虚拟货币是指有别于有形货币的一种新型货币形式,具有价值尺度,常被作为网络社区交易的支付货币,如腾讯Q币、百度币等。网络数字加密货币——比特币,也一度风光无量。第三类是以电商平台开展金融服务。如阿里金融,其提供信贷服务;京东为其消费者提供的京东白条,实际上就是它提供了消费信用服务。第四类是线上P2P或众筹模式。信息技术与互联网的发展,正在悄然改变资金盈余者与短缺者之间传统的融资机制,使得互不认识的借贷双方可以通过互联网平台进行一对一直接融资。其中一种方式是,当某个项目需要融资时,可直接在互联网平台上发布资金需求信息,项目投资所获得的收益则由资金的提供者共享。这就是**众筹**。另一种互联网融资就是通过互联网融资平台为借贷双方提供直接的、非标准化的融资活动,这通常叫**P2P**。由于此类互联网金融创新,于是有人大胆地预测,金融正在迈入"去中介化"的新时代。需要指出的是,在互联网金融模式下,并没有彻底解决资金供需双方之间的信息不对称。

在国外,由于信息技术的发展改善了市场获得证券信息的能力,因而推动了所谓垃圾债券的出现和发展。在计算机和现代通讯技术产生之前,要得到某家上市企业财务状况的信息十分困难,也十分不易分辨企业的信用状况。这样,只有那些组织良好的大企业才能发行债券。但随着信息技术的发展,投资者分辨风险的能力得到了提高,很多投资者反而更愿意购买那些较不知名的企业所发行的风险较高、但同时预期回报也更高的垃圾债券。在美国,垃圾债券市场曾出现过快速发展。

人类对便捷、高效的追求,对美好生活的向往,掀起了一轮又一轮的技术创新浪潮,信息技术与人工智通的融合,成为新一轮技术革命的典型特征。不同于第一、第二次工业革命把人类从繁重的体力劳动中解放出来、突破人类肌肉和体力极限,新的技术革命让人类突破了智力极限。新技术革命在金融领域日益广泛和深入的应用,催生的金融创新,被称为**金融科技**(FinTech)。金融稳定理事会曾将金融科技定义为技术带来的金融创新,它能创造新的业务模式、应用、流程和产品,从而对金融市场、机构和金融服务的提供方式造成重大影响。我们可更精练地将金融科技概括为,基于现代信息技术和人工智能融合的金融体系再造。

21.2 金融发展中的金融相关比率

衡量一国金融发展程度最重要的一个指标是金融相关比率。**金融相关比率**就是广义货币余额与一国 GDP 之比，即：

$$金融相关比率＝M_2/GDP$$

金融相关比率最早是由戈德史密斯在《金融结构与金融发展》一书中提出来的。他对 35 个国家几十年的数据进行分析后发现，随着 GDP 的增长，金融相关比率会不断地上升。人们现在较为普遍地利用金融相关比率来衡量一国的金融发展程度。尽管金融相关比率会随着国民收入的增长而提高，但它的提高并不是无止境的。实际观察与理论研究都表明，一旦到达一定的发展阶段，该比率将趋于稳定。

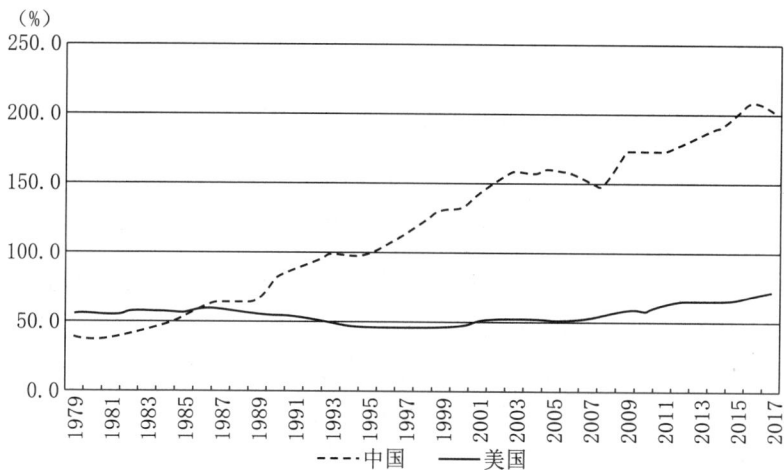

图 21.1　中国与美国金融相关比率

资料来源：根据 WIND 相关数据计算而得。

为什么金融相关比率的上升反映了金融发展呢？这是因为金融相关比率的上升实际上就是经济货币化的过程，即金融相关比率越高，经济的货币化程度也就越高。根据货币的流通手段、支付手段和储藏手段三种职能，经济货币化应该包含三层含义：其一，通过货币媒介的商品交易量占国民生产总值的比率的上升；其二，居民收入分配中货币收入比重的上升，实物分配比率的下降；其三，居民金融资产与国民生产总值的比率不断上升。因此，金融相关比率的上升反映了广泛的以货币为媒介的商品或服务的交换；也反映了人们收入分配中货币所占比重的上升，从而使人们在消费实物产品或服务时，有了更多自主性选择的余地；也反映了货币的价值储藏职能得到了加强，从而更好地动员储蓄和加速资本的形成。所以，金融相关比率的水平及其变动反映了企业、居民或政府在多大程度上需要以借款或发行证券形式求助于外部融资，以及它们能在多大程度上以内部的储蓄满足资金要求。

但是,单纯以金融相关比率的高低来判断一国的金融发展程度也会带来很多的问题。实际上,现在很多发展中国家历经多年的发展后,金融相关比率已经很高,有的甚至超过了很多发达国家。从图 21.1 中可以看到,改革开放以来,中国金融相关比率就一直在不断上升,美国该比率则保持相对稳定。2001 年,中国的金融相关比率就超过了 140%,这比美国当年的金融相关比率要高。到 2015 年,中国该比率就超过了 200%,而美国该比率依然不足 70%。实际上,自 1986 年以来,中国这一比率就一直高于美国。这是否意味着中国金融的发展程度要比美国高呢?答案是否定的。这是因为,金融相关比率只是衡量一国金融量的增长,没有反映金融资源配置的效率。实际上,一些并不促进金融发展的措施也会推动金融总量的增长。例如,1998 年以前,在中国的银行体系中消费信贷就没有占据到它应有的位置,这提高了居民的非意愿储蓄率,从而推动了中国居民储蓄率的上升和储蓄总量的增长。显然,消费信贷功能的缺失导致的储蓄率的上升,从而推动金融相关比率的上升并不能归于金融发展。

21.3　金融发展的路径

21.3.1　需求尾随型与供给引导型的金融发展

金融发展有两种类型:需求尾随型的金融发展与供给引导型的金融发展。

需求尾随型金融发展是指金融发展是实体经济部门发展的结果,市场范围的持续扩张和产品的日益多元化,要求更有效地分散风险和更好地控制交易成本,因而出现了对金融产品和金融服务的需求,这种类型的金融发展只是对实体经济部门金融服务需求的被动反应。这种类型的金融发展就像人们在夏天需要清凉,所以才会生产电扇或空调一样,只有当人们有这方面的需求后,才会开发出满足这种需求的产品。货币的出现是应分工和交易的深化而出现的需求尾随型金融发展;股票市场的发展是应社会化大生产对资本的巨额需求而出现的,这也属于需求尾随型的金融发展。

供给引导型金融发展先于实体经济部门对金融服务的需求,它对经济增长自动地起着积极的主动作用。不同的金融组织出现之后,它们之间也会相互竞争。为了赚取更多的利润和争取更多的客户,这些金融组织可能会主动地开发出新的金融工具,以便人们更进一步地降低风险和交易成本。例如,前面讲述的美国金融机构为了规避 Q 条例的利率上限管制而开发出的可转让提款通知书和自动转换储蓄账户等,都属于供给引导型的金融发展。供给引导型的金融发展就很类似于企业开发出新的产品,然后通过大量的广告宣传来刺激消费者的购买欲望,让对这类产品的消费成为一种时尚。其实,没有这类时尚消费,人们照样会过得很舒坦。例如,这些年在城市时兴的健身中心,就属于供给引导型。如果没有这些健身中心,人们也自然会找到强身健体的锻炼方法。但这类健身中心通过大量的广告宣传激起人们消费的欲望,使之成为一种时尚健身方式。在供给引导型的金融发展中,金融部门主动地动员那些滞留在传统部门的资源,转移到能够推动经济增长的现代部门,从而促进资源配置效率的提高。就像健身中心兴起后,有些年轻人就不会在马路上跑步了,时尚的健身运动取代了传统的锻炼方法。

21.3.2　内生金融发展理论

1. 收入约束与金融发展

前面的分析已经指出,统计表明,随着 GDP 的增长,金融相关比率也会随之增长。内生金融发展理论就旨在阐明金融组织和金融市场是如何随着人均收入水平的变化而演进的。该理论认为,在经济发展的早期,人均收入和人均财富占有水平都很低,人们无力支付固定的进入成本,或者即使有能力支付也因为交易量太小、交易所负担的单位成本过高,因而缺乏去利用金融中介和金融市场的激励。由于缺乏对金融服务的需求,金融服务的供给也无从产生,金融中介机构和金融市场也就没有存在的基础。这就好像当收入水平普遍较低的时候,人们对时尚健身运动的需求较少一样。当市场需求受到收入水平的约束而不足时,厂商要开发高档的健身产品可能就会亏损。从这个意义上说,对金融服务的需求还是一种奢侈品。

当经济发展到一定阶段后,一部分先富起来的人由于其收入和财富达到了临界值,他们就有激励支付固定的进入费用,利用金融中介机构和金融市场。这样,金融中介机构和金融市场就得以建立起来。随着经济的进一步发展,收入和财富达到临界值的人越来越多,利用金融中介机构和金融市场的人也越来越多,从而促进了金融中介机构和金融市场不断发展。这也与时尚健身运动产品的发展一样,当人们的收入水平普遍较高的时候,时尚健身产品才有了较好的市场基础。

在内生金融发展来看,金融服务越复杂,进入费用与交易成本也越高。但不管怎样,随着人均收入和财富水平的提高,金融体系也会越来越复杂。因为复杂的金融体系能够对项目和融资者进行调查、监督,并把资源动员起来以充分利用有利的生产机会。如果人均收入很高,人们就会购买金融服务,以充分利用投资机会。相反,如果人均收入水平很低,人们会发现这些金融服务所带来的额外收益不足以抵偿成本,因而不会去购买这些金融服务,只会满足于现有的简单金融中介服务。由此可见,对金融中介服务的需求会随着收入水平的上升而增加,所以,从这个意义上说,对金融服务的需求与金融中介的发展都是内生于经济增长与发展水平之中的。

专栏

为什么中国直到 20 世纪 90 年代初才
正式建立证券交易所

在中国经济市场化的一开始,就有通过资本市场来主导金融自由化和企业改革的内在要求。但在整个 20 世纪 80 年代,中国都一直没有建立正规的像股票这样的证券交易制度。人们一直将这归结为意识形态和认识方面的约束。实际上,即使没有这些非经济方面的束缚,那时要建立起正规的证券交易制度,全面地对国有企业进行股份制改造也是不切实际的。

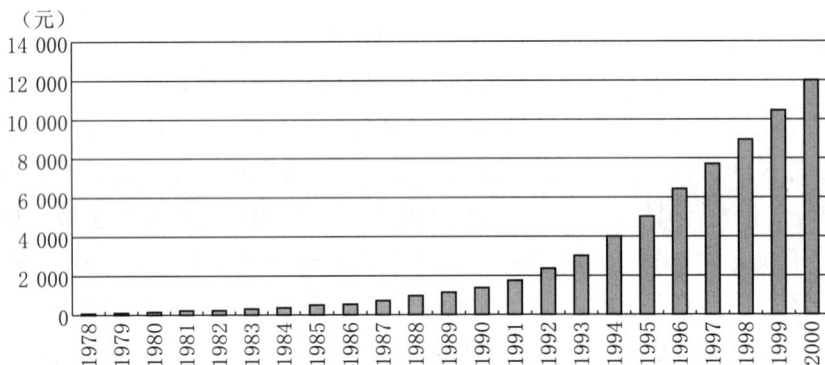

图 21.2　中国人均金融资产结构的变化

资料来源:根据各年度《中国人民银行年报》相关数据计算绘制。

这是因为,那时经济发展水平的内生约束起了非常重要的作用。改革初期中国的经济发展水平低,人均收入和居民的金融储蓄率与储蓄总量都相当有限。如改革初期的 1978 年,中国的人均金融资产存量仅为 120 元左右。在经历了 10 年的时间后,中国居民的人均金融资产存量才于 1991 年接近 2 000元。因此,在 1991 年之前,中国对金融资产的需求更多的是限于“必需品”方面。所以,在那之前,尽管市场化改革具有发展股票、债券等金融市场的内在要求,但由于人均财富水平低下,它们的发展在客观上又遇到了金融资产需求方面的制约。随着中国的经济增长、人均收入水平和人均金融资产余额的上升,人们承担风险的能力增强了,从而对“奢侈”性的金融资产的需求也增加了。从这个角度来分析,直到 1991 年底中国才建立了上海证券交易所,实在是不得已而为之的选择;同时也说明,中国所推行的渐进式金融自由化战略无疑是有很强的理论基础的。

2. 替代与互补:不同发展阶段金融市场与金融中介之间的关系

内生金融理论还表明,在不同的经济发展阶段,金融市场与金融中介机构之间的关系也是不同的。在经济发展的早期阶段,金融市场与金融中介之间是互补、相互促进的,即金融中介机构的充分发展会促进金融市场的发展。在经济发展的早期阶段,经济社会中存在着潜在的储蓄资源,金融市场的发展在很大程度上依赖于这些潜在储蓄资源的挖掘,金融市场的竞争不但没有减少金融中介机构的资金来源,反而可以从金融市场的发展中获得一定利益。也就是说,金融市场与金融中介机构之间也可能存在着互补的相互增进的关系。另外,在早期阶段,金融中介相对于金融市场而言效率较高,因而在不存在外来干预的情况下,银行主导型的金融体系效率较高,银行等金融中介机构的活动在社会的金融活动中会占主导地位。随着经济的发展,金融市场发展到一定程度后,整个社会的潜在储蓄资源基本上被充分利用了,这时,金融市场的进一步发展就会使储蓄资源从金融中介转移至金融市场,这样,金融中介机构和金融市场之间就出现了相互替代的关系。

21.4 现代金融结构

21.4.1 现代世界金融结构的基本特征

金融发展往往伴随着金融结构的变化。金融结构就是各类金融机构、金融工具在整个金融体系中的比例状态。现在,世界金融结构呈现出以下几个方面的基本特征。

首先,世界各国工商企业的外源融资中,绝大部分来自于银行贷款。在美国,正常年份中通过银行贷款筹集的资金比通过股票所筹集的资金要高出很多。这即是说,单纯从融资规模来看,即便是现代资本市场高度发达的美国,银行业也比股票市场重要得多。很长一段时间,中国企业融资完全依赖于银行贷款,居民储蓄资源配置的基本渠道就是存款。但过去二十多年里,中国企业的融资结构逐渐多元化,虽然股票与债券等直接融资占比在上升,银行贷款在企业融资来源中的占比也在逐年下降,但银行贷款在企业融资中占绝大比重。

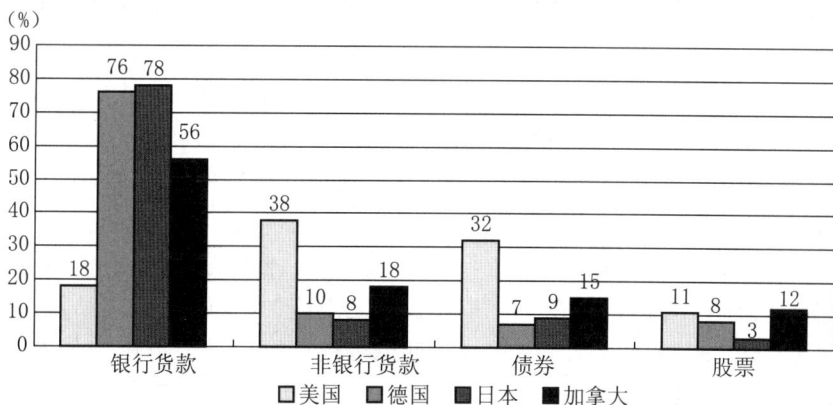

图 21.3　几个发达国家的企业外部融资结构

资料来源:根据米什金《货币金融学》(第 11 版)整理。

其次,发行企业债券是很多公司外源融资的重要渠道,从图 21.3 中可以看到,即便全球股票市场最发达的美国,自上世纪 70 年代末以来,非金融企业的股权净融资额一直为负,债券的净融资额一直在增长。但只有规模较大、组织完善的公司才能进入证券市场融资,个人和小企业几乎不可能通过发行可以在像纽约、上海和深圳证券交易所这样有组织的资本市场上流通的有价证券来融资。例如,不能发行债券或股票来为购房筹资,个体户为了开一家浪漫咖啡厅,也不能在上交所公开发行股票或债券。尽管许多人认为,互联网金融正在带来金融体系的革命,但也只有那些声名显赫的名流或大企业,才可较容易地不借助于银行、证券公司来实现众筹。藉藉无名的个人和小企业依然难以通过互联网金融筹集大规模的资金。事实上,在经济与货币紧缩的时期,中小企业的外部债务融资占比往往会明显下降,而大企业获得的融资占比反而会有所上升,这种现象就叫**"质量逃逸"**。

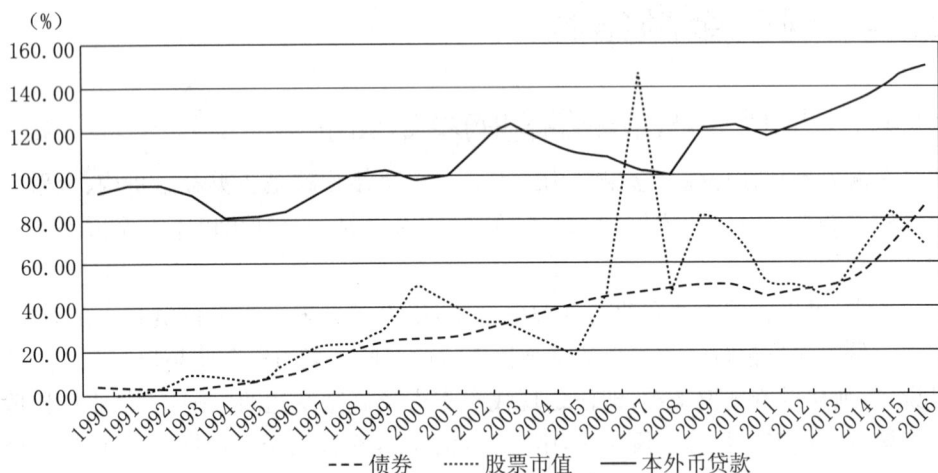

图 21.4　银行贷款、债券余额、股票市值与 GDP 之比的比较

资料来源:根据 WIND 整理。

上世纪 90 年代以来,中国金融结构也正在发生急剧变化。我国明确了要建立社会主义市场经济体制后,大力发展股票市场成了普遍共识。很多人由此认为,发行股票应当成为企业最重要的融资来源。但中国通过股票融资所占的比重正在逐步上升。在 20 世纪 80 年代初期,中国企业通过发行股票筹集的资金几乎为零,而在 2000 年,中国固定资产投资的资金来源中,有 4.68% 来自于发行股票筹集的资金。随后几年里,该比重总体呈上升之势。但在 2007 年后,这一趋势出现了逆转,债券融资对企业的重要性明显超过了股票,银行贷款依旧是企业融资最重要的渠道,虽然一度有所下降,但仍在 70% 以上。与之对应的是,如图 21.4 所示,银行贷款余额与 GDP 之比在上世纪 90 年代末期以来就一直超过了 100%,债券余额与 GDP 之比从上世纪 90 年代中期的不足 10% 上升至了 2016 年末的 80% 有余;股票市值与 GDP 之比的总体趋势仍在上升,只不过受市场价格变动的影响,该比率起伏比较大。

第三,借款者在申请贷款时往往要采取不同形式的信用增级,比如要求提供抵押或第三方担保。申请贷款购买商品房时,提供贷款的银行要求我们用所购住宅作为抵押。像抵押或第三方担保这样的要求,在银行发放贷款时都是相当普遍的。真正的信用贷款,既没有抵押也没有第三方担保的贷款近乎为零。企业在发行债券的时候,绝大部分也需要由第三方提供担保。在资产证券化的过程,次级档的债券(参阅第 10 章)往往要由资产证券化的发起机构或原始权益人来认购。

第四,从资金盈余部门来看,安全性资产,如公债和活期存款所占比重在下降,股票之类的风险性资产则在上升。但现在很多人并不直接购买某家上市公司的股

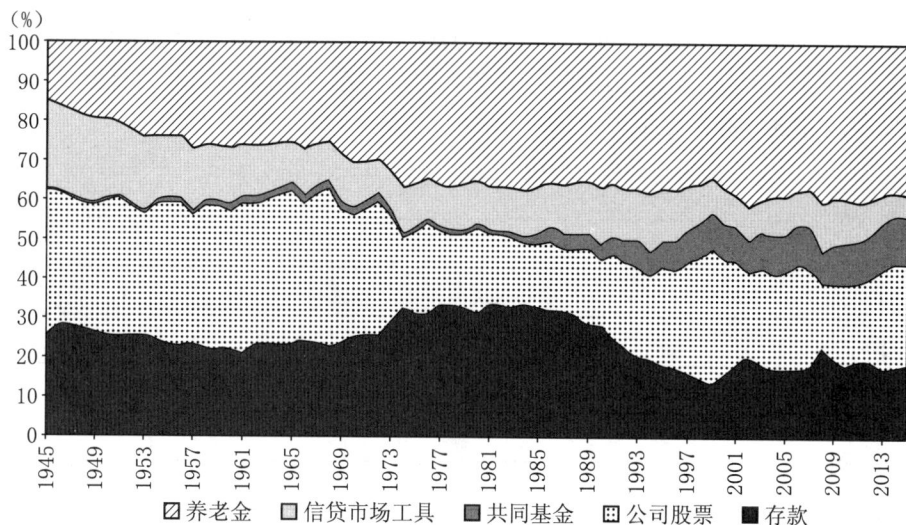

图 21.5　美国家庭部门的大类金融资产结构分布

资料来源:根据 WIND 整理。

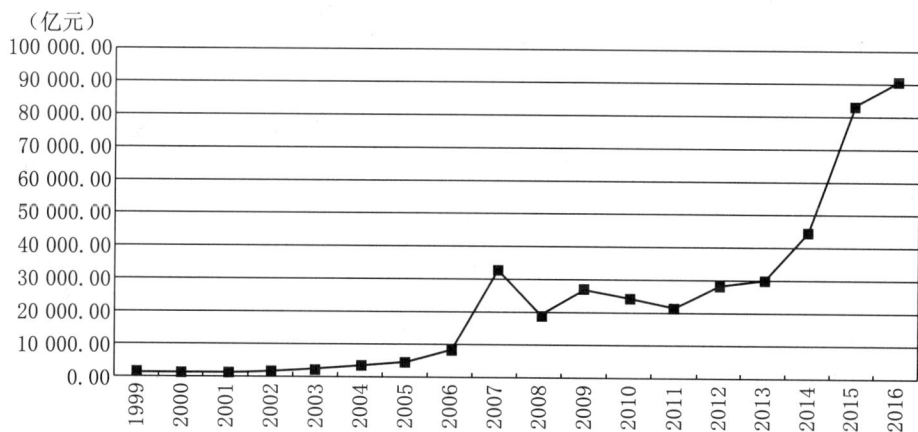

图 21.6　中国证券投资基金净值

资料来源:根据 WIND 整理。

票,而是通过购买证券投资基金而间接持有股票。图 21.5 显示了美国家庭部门的大类金融资产结构,可以看到,自上世纪 70 年代以来,存款之类的资产占比明显下降,除了养老金占比显著上升外,共同基金的占比也有所上升。中国证券投资基金虽然不像美国那么发达,但如图 21.6 所示,近年来证券投资基金增长也很迅速,截止 2016 年末,中国各类证券投资基金净值超过了 9 万亿元,且中国还有全球最大的货币基金。

第五,人寿和养老保险所占的比重正在上升。如图 21.7 所示,以美国为例,居民与非盈利组织持有的养老金总额就已经远远超过了它们所持有的存款额。尤其是,在上世纪 80 年代末以来,养老金与存款之间的缺口就一直在持续不断地扩大,2015 年末,它们持有的养老金总额为 212 561 万亿美元,而存款只有 106 931 亿美元,前者是后者的近两倍。同样地,过去日本和欧盟的人寿养老金总额也在不断地增长。2013 年末,欧盟 17 国保险与养老金的资产总量为 77 453.6 万亿欧元,而在 1993 年时才 32 826.2 亿欧元。

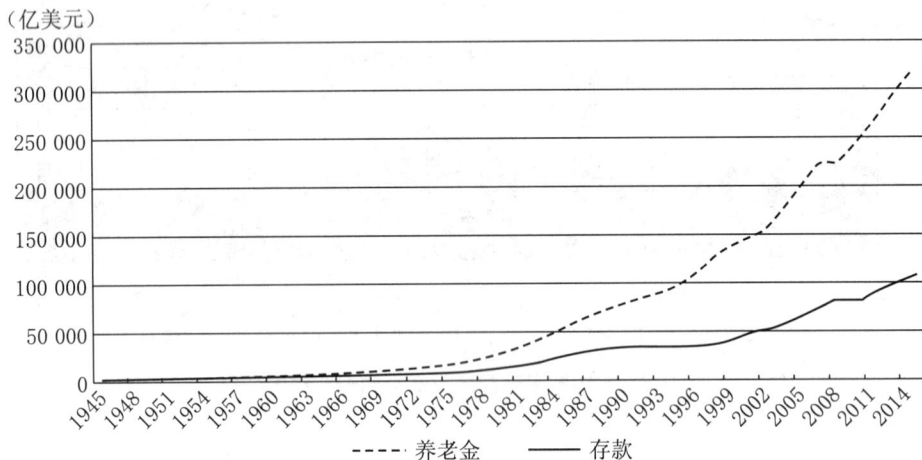

图 21.7　美国家庭与非盈利组织的存款与养老金

资料来源:根据 WIND 整理。

最后,金融体系是经济体中受政府最严格监管的部分。政府对金融机构通常有严格的资本监管、流动性和风险监管要求,在许多国家,金融机构的准入条件也非常高。企业在公开发行证券时,有强制性的信息披露要求,例如,企业签订重大合同、对外提供担保等等,都应及时地向投资者披露。在某些金融金融市场活动中,政府也实施了投资者适当性管理,只有在满足一定条件时,投资者才能够参与这个市场。

21.4.2　现代金融结构为什么呈现这样的特征

是什么导致了现代金融结构的这些特征呢? 主要有以下原因:

- 交易成本与风险分散
- 信息不对称
- 政府行为与制度的变迁
- 老龄化社会的到来

1. 规模经济效应与交易成本

金融系统的一个重要功能就是降低交易成本,因为利用金融中介机构具有规模经济上的优势,使投资的单位成本有效地降低了。此外,由于规模经济上的优势,将很多分散的剩余资金集中起来,便可以进行分散投资,降低个人投资的风险。所以,在很多国家,像互助基金这样的资本市场中介机构迅速地成长起来了。到2005年底,中国就共有186家基金管理公司。旗下373只基金管理着9 300亿元的资产;2012年年底,中国的基金资产总规模就已超2.8万亿元,2018年末,它已接近13万亿元。当然,不同的基金经理人管理的基金、不同类型的证券投资基金的风险与收益存在较大的差异(参见第11章)。

中介机构能降低交易成本的另一个重要原因在于它可更好地开发专门技术。互助基金、银行和其他金融中介机构开发出了计算机专门技术,使它能够以极低的成本提供更多便利的服务。像证券投资基金之类的机构投资者,将分散的剩余资金集中起来,实现所谓专家理财,共同投资,共担风险,可以利用规模上的优势进行收益与风险管理。因此,在发达国家,人们直接持有某家上市公司的股票所占的比重减少了,持有共同基金的份额在上升。

2. 信息不对称

信息不对称对现代金融结构具有非常重要的影响。它对金融市场结构的影响是多方面的。

首先,信息不对称导致融资中对金融中介机构的依赖性很强。金融中介机构成为生产信息的专家,分辨信贷风险的高低。它们能够从存款者那里获得资金,然后再对潜在的资金需求者进行评价和筛选,将资金贷放给它们认为较好的公司,这样,它们就能够从其贷款上获得比支付给存款者的利息更高的预期收益。银行之所以具有从信息生产中获利的能力,重要原因在于,它们主要发放私人贷款,不是购买在公开市场上交易的证券,避免了信息生产中的搭便车问题。由于私人贷款不会在公开市场上进行交易,其他的投资者便看不到银行在做什么,从而不能把贷款的价格拉到银行难以补偿其生产信息的费用的高点上。银行作为中介机构,持有大量的不在市场上进行公开交易的贷款,是它们得以成功地在金融市场上克服信息不对称问题的关键。这就是为什么银行贷款成为企业外源融资来源最为重要的原因所在。

其次,信息不对称使不同规模和声誉的企业的外源融资有显著的差异。公司越著名,在市场上获得与该公司有关的信息就越容易,对投资者来说,评价公司的质量,判定其优劣就相对地越容易。由于投资者对信誉卓著的公司不太关心逆向选择问题,他们愿意直接投资于其证券。这就是为什么发行可流通的证券的通常只是那些大公司的原因所在。

第三,信息不对称会影响债务与股权合约的选择。在储蓄与投资分离之后,资金供给者与使用者之间就产生了信息不对称问题。为了规避由信息不对称所带来的逆向选择和道德风险问题,需要在融资活动中有一种适当的合约安排。任何融资活动均可视为一种合约安排。如果一项合约的道德风险只在某些特定条件下才会产生,使得对管理者进行监督的需要大大减少,成本大大降低,这种合约就更具吸引力。相对于股权合约而言,债务合约恰好具有这些特性,因为它是一种规定借款人必须定期向贷款者(债券投资者)支付固定金额的契约性合约。当公司有较高利润时,贷款者收到契约性偿付而不必确知公司的利润。若企业管理人员隐瞒利润,或从事个人得益但并不增加企业利润的活动,只要并不影响公司按时偿付债务的能力,贷款者就无须介意。就像第6章中的赵小三将钱借给王小二使用,他不必太在意王小二是否隐瞒营业收入一样。只有当公司不能偿付债务时,才需要贷款者审核公司的股利,只在这种情况下,贷款者才更像公司股东一样行事:为了得到公平的份额,需要知道公司的收入。这种不需经常监督公司,从而审核成本很低的优点,使投资者更偏爱使用债务合约,而不使用股权合约。

第四,信息不对称会影响债务合约结构。当然,以债务合约取代股权合约,并没有完全解决逆向选择和道德风险问题。在债务合约中同样存在信息不对称,它对债务合约有何影响呢?

在债务合约中,一般会施加一些限制性条款,以此来排除借款者从事贷款者所不期望的活动。限制性条款主要有以下四个方面:第一,规定借款者所借款项的具体用途。例如,你在银行申请的住房抵押贷款就不能用于炒股。第二,限制性条款可以促使借款者去从事那些有较大把握偿还贷款的活动。对于企业而言,重点在于鼓励借款者将它们的净值保持在较高的水平,从而减少道德风险。第三,要求借款者必须提供抵押或第三方担保。我们要贷款买房,银行会要求以所购买的住房作为抵押品,一旦借款者违约,到期不能按时还本付息,银行就会要求变卖其所购买的商品房,以偿付贷款余额。第四,要求借款者按时提供财务报表,以便于贷款者即时监控借款者的活动和经营状况。

最后,信息不对称是政府对金融市场监管的重要原因之一。信息不对称会导致逆向选择与道德风险,这不仅对金融稳定或金融风险有重要影响,在不对称的信息环境里,甚至还可能产生欺诈。信息不对称产生的后果越严重,就越需要强化政府的必要监管。金融市场正是这样的领域,例如,信息不对称导致金融市场过于剧烈地波动,乃至引发金融危机,那就可能使经济陷入全面衰退之中。正因为如此,在所有国家,政府无一例外地会对金融市场实施全方位的监管。比如,中国对金融机构就实行特许经营制度,并非"有钱就可以任性",即随心所欲地注册和经营金融机构。不仅如此,政府监管还要求金融机构必须有充足的资本,使其有足够吸收损失的能力;对金融机构的管理人员也有任职资格的限制。对上市公司的董事、高级管理人员、持股比例达到一定标准的股东买卖本公司的股票都有严格的约束；内幕交易则是一种犯罪，利用信息优势进行内幕交易，一旦被发现，甚至会有牢狱之灾。

3. 政府行为对金融结构的影响

政府行为对金融结构的影响体现在两个方面，即税收和制度规则对金融结构的影响。

首先，税收会影响金融结构。税收对金融结构具有重要影响。税收使债券融资比股票融资的综合成本更低。在债务融资中，债务的利息计入成本，有冲减税基的作用；在股权融资中，向来就存在着对公司法人和股东的"双重课税"。对公司而言，有部分债务融资的企业价值比全部股权融资的价值更高。

其次，政府制度供给也影响着金融结构。世界各国的金融结构存在较大差异的一个重要原因是各国的制度安排并不尽相同。制度规定了人们的行为空间，在制度许可的范围内，金融活动所占比重就较高，在制度不许可的范围内从事金融活动会受到严厉制裁，在该范围内，公开的金融活动就很少了。就中国而言，在直接融资中，中国表现出了与其他国家极不相同的结构特征。20世纪80年代以前，中国的金融结构中并没有股票和企业债券之类的金融资产，更没有证券投资基金，这是因为在计划经济体制下，企业的融资主要来源于财政拨款。在那时，企业发行股票是非法的，股票融资所占的比重几乎为零。但当股票融资得到政府的认可，并建立了相应的正规制度时，它的发展速度就很快了，所以，近十年来，股票市场在中国呈蓬勃发展之势，股票市值与GDP之比保持在70％以上。

相对于股票融资而言，在一段时间里，中国企业债券市场发展很缓慢。这主要是因为它不牵涉到企业制度的改革，发行企业债券不会对企业制度带来相应的变化。当中国经济体制改革，尤其是企业制度的改革成了整个经济体制改革的重点的时候，政府自然就将股票市场纳入到了正规金融安排之中；相反，企业债券在企业制度改革方面没有政府所期望的功能，它在相当长的一段时间中，也没有受到政府的重视。其次，由于企业债券是一种债务性融资活动，企业发行债券应有相当强的偿还债务的能力。企业的偿债能力不仅取决于企业未来的现金流量，还与企业的财产所有权有关。企业的财产权对企业的债务构不成一种强有力的约束时，就会发生严重的道德风险，或在债务融资中发生逆向选择。从这个角度来讲，股票市场的发展是企业债券发展的基础。

然而，过去十年时间里，中国债券市场得到迅速发展，政府行为在其中发挥了明显的作用。例如，中国分离监管体制所得带来的监管者竞争，促使不同监管当局为"做大"自己所监管的行业而加速金融自由化，鼓励企业通过发行债券融资，它其实是"监管俘虏"在债券市场的外在表现。另外，企业具有多元化的灵活融资的需求。由于企业债券利率较少受到政府的管制，债券利率能更好地反映企业自身的信用状况和金融体系的资金供求。由于债券利率不受当局的管制，相对于受管制的存款利率而言，它也能够更迅捷地对通胀做出反应。因此，管制的存款利率体制下,投资者增加债券持有量是对管制利率体制的一种反抗,这本身是金融脱媒的表现形式之一,更是监管套利的实现途径之一。

4. 老龄化社会的到来

人口结构的老龄化对金融结构产生了非常大的影响。在主要工业化国家,长期以来人口出生率大幅下降,再加上最近老年人口死亡率下降,结果出现了人口老龄化的趋势。1950年以来,英国和加拿大65岁以上的人口增加了三分之一或更多,美国和德国增加了一半,而日本则增加了一倍。预计在今后十年中,人口将会出现进一步老龄化的现象。根据联合国的预测,到2025年,除英国以外的主要经济合作与发展组织国家,65岁以上人口将增加一倍。到那时,老年人口将占整个人口的五分之一至四分之一。由于人口的老龄化,使得退休基金和养老保险基金在金融结构中的地位极大地增强了。中国的老龄社会也即将来临,随着中国人口结构的这一变化,可以预言,人寿和养老保险在中国的金融结构中将会占有越来越重要的地位。同时,人口老龄化对收益相对稳定的安全资产的需求提高,因此,像债券之类的固定收益证券市场可能会得到更大的发展。

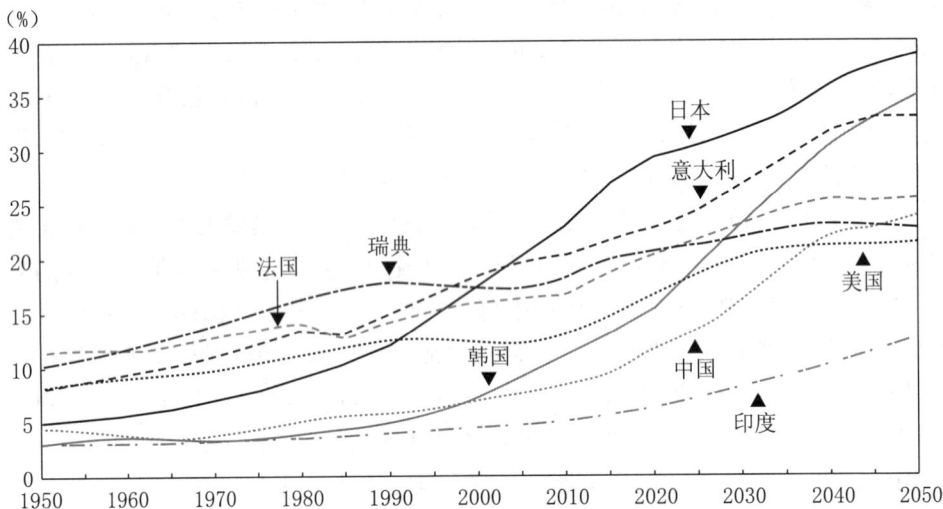

图 21.8　人口老龄化(65岁及以上)趋势的比较

资料来源:日本统计手册。

21.5　金融发展中的金融全球化

随着信息技术更深入的发展,以及全球贸易和投资联系的更加密切,世界各国对金融管制的放松和金融自由化进程的加快,金融全球化也将得到更深入发展。世界各国,无论是神秘的非洲大陆还是发展水平相当高的北美,无论是欧洲还是东亚,各国金融业将纵横交错地紧密连成一个整体,一荣俱荣,一损俱损。开放与全球化是现代金融体系的重要特征。

21.5.1 金融全球化的表现

金融全球化日益深化,它让全球国家越渐成为一个"命运共同体"。金融全球化主要表现在四个方面。

首先,金融活动及金融资产和负债跨越国界,形成全球范围内的金融资源流动。全球稀缺资源便能根据比较优势原理在更广的范围内得到合理配置。企业通过发行股票筹集资金也正在打破国土疆界的限制,到海外上市的公司越来越多。如中国的青岛啤酒、搜狐等都在美国上市;联想集团、联通、中国建设银行、工商银行和中国银行等在中国香港联合证券交易所上市交易。一国政府、企业或金融机构,也可能会到另一个国家(或地区)的金融市场去发行债券,并出现了国际金融市场各具特色的债券名称。例如,外国筹资者在美国发行以美元计值的债券,就叫**扬基债券**;外国筹资者在日本发行以日元计值的债券,叫**武士债券**;国外机构在中国大陆发行以人民币计值的债券叫**熊猫债券**。世界银行曾于 2016 年在中国发行了 5 亿以 SDR 计值、人民币结算的债券,这个债券被命名为**"木兰债券"**。在全球化的金融市场中,不仅资金短缺者可以从他国筹集资金,而且国外的投资者也能够较便捷地投资于本国的企业或金融资产;对应地,本国居民和企业也可能方便地投资于国外的股票或债券等等。中国也在逐渐开放资本市场,QFII 可以在中国进行证券投资;中国在改革开放初期,就大规模地吸收国外直接投资,让国外资本投资在中国开设工厂,利用它们的技术和资本,中国则提供大量的廉价劳动力。资本的全球化配置,是推动过去几十年间全球经济增长的重要因素。

其次,金融活动和金融市场在全球统一规则下运作。越来越多的国际性金融组织制定了全球金融活动的统一规则和监管标准,如《巴塞尔协议》制定的全球银行业统一监管标准,要求商业银行的资本充足率不得低于 8%(见第 24 章),且在不断地完善中。国际证券业协会、国际保险业协会也分别制定了国际证券业、保险业稳健经营及监管的统一标准。世界贸易组织、世界银行、国际货币基金组织和国际清算银行等在解决贸易争端、促进国际直接投资、协调国际货币、稳定汇率、向成员国提供贷款或紧急援助方面发挥着重要作用。

第三,同质金融资产在国际间的价格趋于等同,这表明,以前由于各种阻碍而产生的套利机会因金融全球化而大大地减少了。比如,黄金的价格,在全球各地,按同一货币计算的价格就几乎相当。同样地,全球可兑换的货币的汇率,例如美元兑欧元的汇率,无论是在纽约外汇市场,还是在法兰克福外汇市场,抑或是在东京外汇市场或新加坡外汇市场,在同一时点上基本是完全相等的。

最后,金融活动的全球化,使单个国家发生的金融风险也会波及周边国家和地区。就像病毒性流行感冒、乙型肝炎和非典型肺炎具有传染性一样,金融风险的感染效应使金融风险在一定程度上具有了全球性。如 1997 年泰国首先发生金融危机,结果很快就波及了东南亚其他国家,韩国和日本也未能幸免。2008 年,本来最初只是爆发于美国的次贷危机就演变成了一场全球性的金融危机,全球股票市场遭受重创,中国也未能幸免。更糟糕的如冰岛,不仅货币大幅贬值、股市崩溃,乃至于还有冰岛国家破产之说,足见全球化背景下风险传染的破坏力之强。2010年开始的欧洲主权债务危机,在相当程度上就是美国次贷危机的延续或结果。在金融全球化的背景下,一国发生系统性金融风险(尤其是大国),其他国家也难以独善其身,正所谓"躺着也会中枪"。

21.5.2 推动金融全球化的基本因素

金融全球化并不是空穴来风,它有着深厚的经济、技术和制度基础。概括起来,有以下四个方面的因素推动了金融全球化的发展。

1. 贸易的全球化

金融全球化首先得益于贸易的全球化。马克思和恩格斯在《共产党宣言》中就曾说过:"资产阶级,由于开拓了世界市场,使一切国家的生产和消费都成为世界性的了。"现在,全球经济越来越成为一个整体。中国人在消费美国的 IBM 电脑、福特汽车和波音飞机,也在消费日本的松下电器、丰田汽车。同时,美国人、欧洲人也在消费中国的纺织品和家用电器等。你走进美国、欧洲等发达经济体的购物中心,随处可见许多商品都标识有"中国造";美国苹果公司的产品,如 iPhone 或 iPad 的背面都写着"美国加州苹果公司设计,中国组装"的字样。全球经济通过国际贸易而联结成一个不可分割的整体。

上世纪 90 年代以来,全球商品和服务贸易年增长率为 6.5%,比同期 3.36% 的全球 GDP 年增长率高出许多。2000 年,全球总产出按官方汇率计算约为 31.8 万亿美元,按购买力平价折算约为 43.8 万亿美元,全球商品进出口总额约为 12.8 万

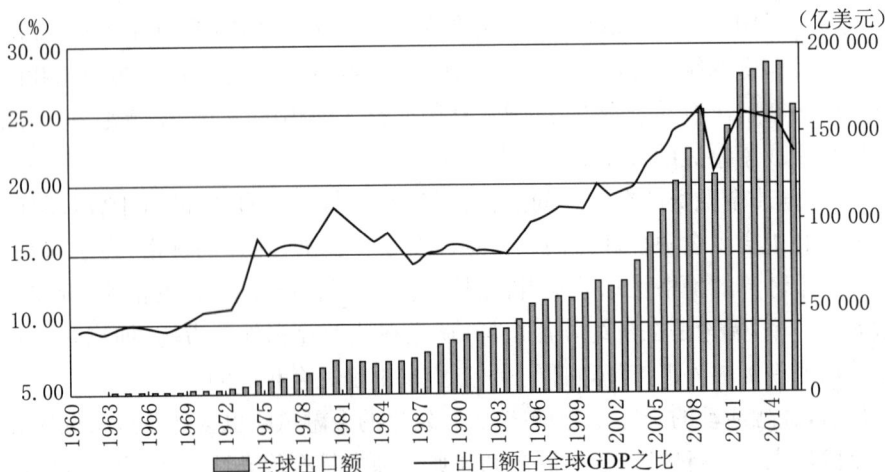

图 21.9　全球出口额及其占全球 GDP 之比

资料来源:根据 WIND 整理。

亿美元,全球总产出的外贸依存度为 40.4%。到 2012 年,全球商品和服务的出口总额达到了 22.75 万亿美元,仅此就占当年全球 GDP 的 30% 以上。随着国际分工的发展和新的国际生产网络的形成,国际供应链的重组,全球商品和服务贸易还在不断增长。全球商品和服务贸易必然要求相应的金融服务和交易为之配套。例如,全球贸易的发展要求跨国之间进行资金清算,为了规避汇率风险,就会要求利用全球外汇市场来进行对冲交易。贸易全球化是金融全球化的初始动因。

2. 国际资本的推动

国际资本流动是推动金融全球的另一个重要因素。1991—2000 年,全球净私人直接投资年平均增长率大大超过全球 GDP 和国际贸易年平均增长率。根据联合国贸易和发展会议公布的统计数据,2000 年全球跨国投资总额达 1.1 万亿美元,比 1999 年增长了 14%。其中,全球八成的外国直接投资流向发达国家,西欧仍是吸收跨国直接投资最多的地区,全年吸收投资 5 970 亿美元;美国仍是吸收跨国直接投资最多的国家,吸收投资 2 600 亿美元;流向发展中国家的跨国直接投资为 1 900 亿美元。到 2011 年,全球跨国投资总额为 1.5 万多亿美元(当年发生额),其中,发展中经济体吸收的国外直接投资约 6 800 亿美元左右,发达经济体吸收的直接投资约 7 500 亿美元。除了此类的国际资本流动外,更大规模的就是所谓的热钱了。热钱就是为了套取汇差、利差或赚取其他收益的短期国际资本。尤其是,当发达经济体的利率水平非常低,新兴经济体的利率相对较高时,热钱的规模就会更大。这正是 2001 年以来,中国外汇储备规模大幅增长、房地产价格大幅攀升的主要原因之一。

3. 跨国公司与跨国金融机构的发展

跨国公司与跨国金融机构的发展,是金融全球化的主要推动力。据统计,到 1999 年底,全球跨国公司已增至 6.3 万家,其海外子公司达 70 多万家,贸易额占全球贸易总额的 60%,掌握的高新技术占全球高新技术的 70%,产值占世界总产值的 40%,境外直接投资占国际直接投资的 90% 以上。跨国公司在世界各地的活动,使得民族国家的疆界被逐渐打破,导致国际分工从以自然资源为基础,以产业部门间和沿着产业界限的分工,发展到以现代工艺、现代技术为基础的功能分工,形成产业内部的、沿着生产要素界限形成的分工,并向生产要素的全球自由流动发展。可以说,跨国公司的发展是推动金融全球化的主要推动力。

在跨国公司的全球发展中,跨国金融机构的发展尤其引人注目。这是因为,较一般工商企业来说,金融机构的渗透力更强,是促进金融全球化的重要力量,同时也是金融全球化的重要内容。目前,跨国银行在全球范围运转着数以万亿美元计的国际借贷资本。就跨国银行而言,花旗银行、汇丰银行、渣打银行等都在中国设有分支机构;中国的中国银行、中国工商银行和中国建设银行等都在欧美设有分支机构,以便在海外开展业务。在直接资本市场上,跨国投资银行也在全球范围内开展企业并购、承销公司股票等金融活动,它们的业务视角和业务活动范围都具有全球性。例如,招商银行、中国石化等上市公司的股票是由中国建设银行和摩根合资的中国国际金融公司承销的。像高盛这样著名的投资银行也正在中国开展它的业务活动,它在中国已有 1 000 多名员工,承担了中国移动等在香港的上市承销工作。

4. 现代信息技术的发展

信息技术的发展极大地缩小了全球的时空范围,北京与纽约之间、纽约与巴黎之间虽然处在不同的大洋彼岸,但现代信息技术的发展使这些远隔重洋的大都市都如同处在一个"地球村"内,彼此之间可以很便捷地得知"邻里"发生的事情。"9·11"事件发生后,这一让世人震惊的消息很快就在"地球村"里传播开来了。2008 年 8 月,全球数十亿人同步观看了北京奥运会的开幕式盛典。在金融市场上,中国的投资者能实时查询到美国股票市场的价格、美国黄金与原油期货价格。

信息技术的发展使分布在世界各地的金融市场和金融机构紧密地联系在了一起。首先,信息技术的发展使金融产品的相关信息能够在全球同步传播,极大地降低了同一类型的产品在全球的套利机会,因为只要一出现价格差异,专注于全球金融的交易商就会迅速地利用这个机会赚取差价收益。第二,信息技术的发展使得全球的资金调拨可以在瞬间完成,仅仅靠敲打计算机键盘就能使巨额资金越过国界流动。第三,现代信息技术的发展为金融全球化提供了技术上的条件,大大降低了跨国金融交易的成本,使全球金融市场,尤其是国际外汇市场可以一天连续 24 小时地进行交易。

5. 金融自由化

20 世纪 70 年代之前,金融业是受政府管制最严厉的领域之一,举凡利率、汇率和货币可兑换、商业银行等诸多方面都受到政府的严格限制。政府对金融的管制不仅限于金融抑制的发展中国家,而且发达国家对金融的管制也较为严厉。例如,美国的 Q 条例就曾规定商业银行支付的利率不得高于某一上限,也不得对活期存款支付利息;世界上绝大多数国家都要求商业银行缴纳法定存款准备金,且中央银行不对商业银行缴纳的法定准备金支付利息。这样,缴纳的法定准备金越多,商业银行可用于获取利润的资金就越少。因此,人们也将法定准备金称作准备金税。

大部分金融管制都会限制金融机构的业务范围,在受到严格管制的情况下,真正意义上的金融全球化也就不会发生。但 20 世纪 70 年代以来掀起了席卷全球的金融自由化浪潮,无论是发达国家还是发展中国家都在采取各种措施推动金融自由化,取消对利率和货币兑换的控制,放松了对商业银行和资本流动的管制,世界范围内的金融自由化浪潮使投资者和筹资者有可能用更低成本更自由地在全球范围内进行投资和融资活动，因此，金融自由化是金融全球化的制度基础。

21.5.3 金融全球化中的中国金融市场开放

中国金融体系和金融市场的对外开放日益深化，全球化的特征越来越明显。中国金融全球化既是中国经济全球化的结果，也是中国对外开放的结果，这使得中国金融市场与全球金融市场的关系越来越紧密。虽然中国金融市场的开放和全球化程度还比较有限，但无疑地，它仍在朝着全球化的方向前进程。改革开放后一段长时间里，中国大量地吸收外商直接投资，直到现在，中国仍然是全球 FDI 的主要流入国家。但随着中国储蓄率的提高，国内储蓄开始持续大于国内投资，这使中国很快就从短缺的资本净输入国，变成了富余的资本净输出国。例如，在 2018 年 6 月底，中国持有的国外资产总量达到了 70 377 亿美元，中国对国外的负债为 51 115 亿美元，持有国外净资产达 19 262 亿美元。这表明，虽然中国是一个发展中国家，但中国对全球市场是一个净资本输出国家。

但是，为了控制金融风险，过去中国资本流入中，基于实体经济的资本流入要远远高于金融资本流入；对资本流动的管制则一直较为严格。所以，中国在改革开放后的一段时间里，主要是直接投资的资本流入，基本上没有证券资本的流入；除了以外汇储备为形式的官方资本流出外，中国过去严格限制无论是直接投资还是证券投资的私人资本的流出。

随着中国金融开放全球化的深化，资本流动也正在呈现一些新的特征。首先，中国对外直接投资的资本流出大幅增长，形成了中国对外直接投资与对外金融投资齐头并进之势，同时，外国来华证券投资大幅增长。例如，截至 2018 年 6 月末，中国对外直接投资 15 222 亿美元，其他投资高达 17 801 亿美元，外国来华直接投资和其他投资分别为 29 507 亿美元和 12 113 亿美元。

其次，金融资本流入相对上升，中国金融市场日渐成为全球资本配置的重要场所。为了顺应国际资本流动、资本账户开放和市场化的要求，中国逐渐放松了对境外资本流入的证券投资的管制。例如，DFII、沪港通和深港通，都便利了境外资本对中国证券市场的投资。沪（深）港通，即沪深证券交易所与香港联交所建立技术连接，使内地和香港市场的投资者通过当地券商或经纪商在额度范围内买卖对方交易所上市股票的一种制度安排。债券通使境外机构可以通过香港市场购买内地的债券，也可让内地的投资者购买香港市场的债券。2016 年中国就开放了对境外金融机构购买中国债券的额度限制，至此，从理论上说，境外央行、国际金融组织和主权财富基金、商业性金融机构都可通过备案后，投资于中国债券市场。

最后，国外官方资本流入占比将逐渐升高。随着中国金融市场的开放，人民币成为国际货币基金组织特别提款权的篮子货币之后，人民币可能将逐渐成为一些国家的储备货币，这意味着，国外一些央行的储备资产将投资于中国债券市场。

2018 年 6 月末,境外持有的中国股票和债券总量分别达到了 7 260 亿美元和 4 028 亿美元;而在 2004 年,对应的数字分别仅为 432.9 亿美元和 133.3 亿美元。这表明,中国金融市场的全球化程度确实在不断地加深。

中国对金融机构的开放在 2018 年也迈出了新的一步。中国已取消银行和金融资产管理公司的外资持股比例限制,内外资一视同仁;允许外国银行在我国境内设立分行和子行;将证券公司、基金管理公司、期货公司、人身险公司的外资持股比例上限放宽至 51%,三年后不再设限;不再要求合资证券公司境内股东至少有一家是证券公司;允许符合条件的外国投资者来华经营保险代理和公估业务,放开外资保险经纪公司经营范围,与中资机构一致。

未来将鼓励在信托、金融租赁、汽车金融、货币经纪、消费金融等银行业金融领域引入外资;对商业银行新发起设立的金融资产投资公司和理财公司的外资持股比例不设上限,大幅度扩大外资银行业务范围;不再对合资证券公司业务范围单独设限,内外资一致。全面取消外资保险公司设立前需开设 2 年代表处的要求。

小　　结

金融发展是金融的功能不断得以完善、扩充并进而促进金融效率的提高和经济增长的一个动态过程。金融发展伴随着金融结构的变化和金融效率的不断提高。促进金融发展的动因主要是:降低交易费用、规避风险和管制、信息技术的发展。

金融相关比率就是广义货币余额与一国 GDP 之比。随着 GDP 的增长,金融相关比率会不断地上升。金融发展的路径有需求尾随型和供给引导型两种。若金融发展只是对实体经济部门金融服务需求的被动反应就属于需求尾随型的金融发展。在供给引导型的金融发展中,金融部门主动地动员那些滞留在传统部门的资源,转移到能够推动经济增长的现代部门,从而促进资源配置效率的提高。

根据内生金融发展理论,只有当经济发展到一定程度后,人均收入超过了某个临界值,人们才会大规模地利用金融中介和金融市场。但在不同的经济发展阶段,金融中介与金融市场之间的关系是不同的,在初期阶段,它们是互补的,而在后期阶段,则存在相互替代的关系。

现代金融结构具有几个重要特征:股票并不是最重要的融资来源,银行贷款和企业债券要重要得多,只有大企业才能进入证券市场公开融资,人寿和养老保险在金融结构中的地位越来越重要。其原因在于:交易成本与风险分散、信息不对称、政府行为与制度的变迁、老龄化社会的到来。

金融发展中一个引人注目的方面就是金融全球化。贸易的全球化、国际资本流动、跨国公司和跨国金融机构的发展、现代信息技术等等都推动了金融全球化的进程。随着中国金融开放的加深,中国金融体系的全球化程度也在逐步提高,对外开放也正在迈入一个新阶段。

关键概念

金融发展	金融结构	金融相关比率	经济货币化
垃圾债券	需求尾随型金融发展	供给引导型金融发展	金融全球化
互联网金融	数字加密货币	电子资金转移系统	金融创新
金融科技	脱媒	欧洲货币	P2P
众筹	质量逃逸	熊猫债券	扬基债券
木兰债券	监管套利	热钱	监管套利
沪(深)港通			

思考练习题

1. 什么是金融发展?
2. 促进金融发展的动因有哪些?
3. 什么是需求尾随型与供给引导型金融发展?
4. 内生金融发展理论的主要内容是什么?
5. 企业融资结构变化的内在动因是什么?
6. 现代世界金融结构具有哪些特征?
7. 新一轮的技术革命对金融体系会带来什么样的影响?
8. 促成现代世界金融结构的基本因素有哪些?
9. 你认为中国的金融结构应该与美国一样吗? 为什么?
10. 请分析一下中国金融结构将来会发生什么样的变化。
11. 有人说,要超常规发展中国的金融业。请利用内生金融发展理论对这种提法进行简要的评价。
12. 请解释信息不对称对金融结构的影响。
13. 请举例说明规避管制与金融创新之间的关系。
14. 金融全球化主要表现在哪些方面? 推动金融全球化的因素有哪些?
15. 请举例说明信息技术对金融创新的作用。

▶22

金融深化与金融市场化

学习目标

学完本章后,你将能够:

了解发展中国家金融制度的基本特征

理解什么是金融抑制、手段及其影响

理解为什么发展中国家资本与货币具有互补性

理解为什么储蓄与增长之间可以良性循环

理解什么是金融自由化及其目标

理解银行业的市场化

理解资本市场的自由化

理解利率市场化

理解外汇市场与货币可兑换的自由化

了解中国金融市场化的四大方面及已取得的进展

20世纪70年代以来,全球范围内掀起了经济自由化的浪潮。金融领域自不例外,尤其是在一些发展中国家,经济自由化的范围之广、程度之深、速度之快,构成了最为耀眼的国际经济政策变局。在金融领域,金融自由化主要是以金融深化理论为基础的。本章将介绍金融深化理论及金融自由化的有关基本内容。

22.1 发展中国家金融制度的特征及金融抑制

22.1.1 发展中国家金融体系的特征

1973年,美国经济学家麦金农和爱德华·肖分别出版了《经济发展中的货币与资本》和《经济发展中的金融深化》,最先系统地分析了发展中国家金融制度的特征。根据他们的研究,发展中国家的金融制度存在如下四个共同的特征:

首先,绝大多数发展中国家,特别是落后和贫穷的国家,货币化的程度均比先进工业化国家低。这表明,发展中国家以自然经济和物物交换为主。

其次,绝大多数发展中国家的金融制度都具有二元性质,即同时存在一个主要由西方工业化国家输入的、以现代方式经营管理的"现代"金融部门和金融市场,和源于本土的、分散且规模很小的钱庄、摇会、当铺之类的民间金融机构组成的"传统部门"。"现代部门"大都集中于大城市,"传统部门"普遍存在于小城镇和广大乡村地区。

第三,金融市场,尤其是资本市场普遍落后。发展中国家或者根本就没有资本市场;或者即使存在,也还处于萌芽或初步发展的阶段。而且,商业银行,特别是国有商业银行,一般占据了绝对的支配地位。非银行金融机构,民营金融机构,即使其经营管理十分现代化,也都处于附属地位。这样,不发达且发展不平衡的金融组织体系和金融市场,无力履行大规模动员储蓄,支持投资的功能。

最后,大多数发展中国家,政府当局都对金融实行严格管制。银行存贷款的利率通常由政府规定,利率不能正确地反映资金的余缺;汇率也是由官方规定的,不能准确地反映外汇的供求。国有银行规模巨大且享受很多"特权",容易导致金融业缺乏竞争,效率低下,与此相应,它们也常常沦为政府弥补财政赤字的工具。

22.1.2 发展中国家的金融抑制及其手段

与这四个特征相对应的是,发展中国家普遍存在着**金融抑制**。金融抑制是指发展中国家的政府为了特定的目的而对金融系统进行强制性的行政干预,造成金融体系的功能无法通过市场机制正常地发挥作用,引导资源的合理配置。

金融抑制的手段主要包括:特别信贷机构、高准备金、利率控制、外汇管制。

1. 特别信贷机构

发展中国家的政府为了实施其发展计划,设立了诸如政策性银行之类的特别信贷机构,以便为政府偏向的行业和产业提供廉价信贷。**廉价信贷**就是低息的、没有反映市场供求和资金使用者风险特征的贷款。优惠利率贷款就是典型的廉价信贷。特别信贷机构的资金来源主要是向中央银行借款,它们从中央银行借款后以非均衡的低利率将资金用于促进出口、对小农户的信贷和政府想补贴的工业项目等等。

在建立了特别信贷机构的发展中国家的金融体系都受到了严厉金融统制。"有组织"的金融被组织到如此严厉的程度,以至没有多少剩余的竞争因素可以影响存款利率和单位成本,没有什么力量能够缩小存贷款利差和降低管理成本。在金融抑制的环境中,即使扣除无规模经济的因素,各种中介机构的单位营运成本也是非常高的。存贷款利率之间的利差很大,这就减轻了商业银行节约成本的压力。中国就曾通过人为扩大存贷款利差,来为银行提供利润机会。

表 22.1　中国一年期存款利率与贷款利率(1995—2004,年末)　(%)

年　份	1995	1996	1997	1998	1999	2002	2004
存款利率	10.98	7.47	5.67	3.78	2.25	1.98	2.25
贷款利率	12.06	10.08	8.64	6.39	5.85	5.31	5.76
存贷利差	1.08	2.61	2.97	2.61	3.60	3.33	3.51

资料来源:各年度《中国人民银行统计季报》。

在那些没有建立特别信贷机构的发展中国家,商业银行往往受到政府过多的干预,政府强迫商业银行承担大量的"政策性"贷款,使商业银行成了政府的准财政机构,为那些政府偏好的行业和产业的各类企业提供大量的金融补贴。由于政府介入了商业银行的信贷配置过程,且由于政府行为的多目标性,经济效益自然没有摆在信贷资源配置的第一位。长此以往,商业银行累积的政策性亏损越来越沉重,成为日后金融改革的最大难点之一。中国的情况很好地说明了这一点。在1994年三大政策性银行成立之前,四大国有商业银行承担了政府交给的大量融资义务,结果,在不合理的企业产权影响下,形成了大量的不良债权。

2. 高准备金要求

发展中国家政府为了加强对金融资源的集中控制,普遍实行高法定存款准备金率,将商业银行吸收的存款直接转入中央银行账户,便于中央银行对商业银行的信贷控制。由于高法定存款准备金率,商业银行可自由支配的资金少了。伴随着高法定存款准备金是普遍的定向信用分配,商业银行在配置信贷资源时往往会受到各级政府的强制性行政干预,经营的自主性很差。例如,中国在 1984 年成立四大国有专业银行之后,它们最初向中央银行缴纳的存款准备金率高达 40%,这使它们没有多少可自由发放贷款的余地了,商业银行发放多少信贷,完全取决于中央银行的信贷计划。

高准备金率与政府对信贷的直接计划控制是密切相关的。由于政府实行直接信贷计划控制,存款准备率几乎对货币乘数没有影响。但对商业银行而言,高法定存款准备金减少了商业银行可自由支配的资金,减少了商业银行可用于盈利性的项目贷款,变相地对商业银行开征了高额的存款准备金税,以支持中央银行的信贷计划。为此,政府相应地建立了对商业银行的补偿机制,人为地扩大存贷款利差(如表 22.1)和对法定存款准备金支付较高的利息,弥补商业银行的损失。中国目前在市场利率持续下降的过程中,中央银行对商业银行的准备金还支付 1.62% 的利率。在这种情况下,尤其是当市场利率持续下跌时,商业银行也是没有太多的积极性去发放政府规定之外的商业性贷款。

3. 利率控制

金融抑制的另一个手段是规定存贷款利率上限,并且由于通货膨胀,实际利率常常为负数,金融资产持有者就得间接倒付利息。在金融抑制的环境下,存款利率不能反映存款者消费的时间偏好率,过低的存款利率抑制了人们的储蓄意愿,导致了资本供给不足。另一方面,由于贷款利率限制,借款者可以按照很低的或负数的实际利率得到借款,借款者得到免费的或实际倒贴利息的信贷资金。负数实际存款利率抑制了对金融中介实际债权的自愿需求量,降低了这种金融机构为投资分配储蓄的能力。

由于实际贷款利率很低甚至是负数,对中介机构过多的贷款需求只能依靠配给来解决。配给制的代价是很大的,配给制给腐败现象的产生提供了便利条件,它还使借款者和中介机构的官员能够获得很低的和受管制的贷款利率同市场实际出清利率之差产生的垄断收入。借款者只要不归还贷款,或者用延长借款期限的办法无理占有受配给的资金,配给顺序往往会被打乱。此外,很低的实际贷款利率上限强化了中介机构试图躲避风险的倾向和保持流动性的偏好。因为政府管制的贷款利率是统一的,商业银行对具有不同信用风险的借款者发放贷款时,不能获得相应的风险溢价,打击了商业银行对风险较高的企业发放贷款的意愿,促使银行和其他中介机构倾向于给已经确立了信誉的客户、特别是那些有长期稳定经营史的公司以特殊优惠,很少有动力去开发新的放款机会,而满足于把大量资金以超额准备金的形式转让给货币当局,或者以持有政府证券的形式转让给财政部。货币当局或财政当局一有机会就会把这些资金转交给开发银行去使用。

4. 外汇管制

外汇管制是指一国政府对外汇的收支、结算、买卖和使用所采取的限制性措施。外汇管制的方法可分为直接管制和间接管制。前者由外汇管制机构对各种外汇业务实行直接、强制的管理和控制。后者则是通过诸如许可证制度、进口配额制度等间接影响外汇业务,从而达到外汇管制的目的。

外汇管制的内容在不同的国家、不同的时期不尽相同。外汇管制的主要内容大体包括以下一些方面:贸易外汇管制,它又分为进口外汇管制和出口外汇管制,前者如实行进口许可证制和进口配额制,后者除实行出口许可证等限制措施外,还包括一些鼓励出口的措施;非贸易外汇管制,即对贸易和资本项目外的外汇收支实行管制;资本输出输入管制;本币、外币和黄金出入境管制和外汇买卖管制等。中国原来就是一个外汇管制严厉的国家,但随着市场经济改革的不断深入,中国的外汇管制也在不断地放松。

与外汇管制最紧密联系在一起的是汇率管制。汇率管制就是政府通过行政手段将本币汇率设定在政府认为合理水平上的政策措施。典型的汇率管制包括固定汇率制和盯住汇率制。在管制的汇率体制下,汇率极少有随外汇市场供求变化、市场对未来经济预期的变化而及时调整的,结果导致汇率水平往往被高估,一旦出现政府不可控制的因素,就导致汇率在短期内的急剧贬值,加大宏观经济和金融风险。

22.2 货币与资本的互补性、储蓄与增长的良性循环

22.2.1 货币与资本的互补性

与发达国家不同,发展中国家的经济是分割的,而且发展中国家经济单位的融资来源主要局限于内源融资,外源融资很少,在这种情况下,储蓄者也就是投资者。由于投资的不可分割,因此在进行一项投资之前必须有较大规模的储蓄和积累。例如,即使在中国经济发展取得了长足进展的情况下,还有很多落后的农村就属于这种情况。农民秋收之后,留下部分种子用于来年播种,农民的这种实物储蓄同时也是投资;或者在卖掉一部分谷物之后,将所获得的收入储蓄起来,攒足了后再购买一头耕牛,这些都是落后的农村储蓄向投资转化的典型形式。由于外源融资受到了极大的限制,单个生产者就难以通过金融机制进行大规模投资以利用最优生产技术。如果没有外源融资,农业要实现机械化就很困难,农民也难以改善农业基础设施。

由于外源融资受到了限制,在金融落后的发展中国家,人们在进行较合意的投资之前,必须先进行足量的货币储蓄,以增加内源融资。这样,投资意愿越强,人们进行货币储蓄的规模也就越大,货币余额与资本之间就表现为很强的互补性,即资本需求越高,货币需求也会越高。所以,在发展中国家,当收入水平一定时,如果意愿资本积累率(储蓄率)提高,实际货币余额与收入的平均比例也会上升。

投资意愿受资本收益率的影响。资本收益率上升,则意愿投资会增加;反之,

若资本收益率下降,投资倾向也会下降。由于实际货币余额的需求与投资支出之间是同向变化的,因此,资本投资收益率上升会增加实际货币余额的需求。

在资本收益率一定时,假如持有货币的实际收益率提高,人们的内部积累率就会上升;反之,如果持有货币的实际收益率很低,这就会打击人们的货币储蓄。因此,提高货币的实际收益率,会鼓励人们多储蓄,少消费,内源融资增加,这样就会减少资本不足的约束,因而物质资本的投资也会增加,这就是**导管效应**。如在图22.1 中,r 表示存款的名义利率,$\dot{p}$ 表示通货膨胀率,因此 $r - \dot{p}$ 就表示货币的实际收益率。当实际利率只有 0.8% 时,由于人们持有货币的收益太低,不愿意进行货币储蓄,投资与收入之比也只有 10%。随着货币的实际收益率的上升,人们储蓄的意愿也会增加,内源融资,从而实物资本的投资规模也会相应地扩大。当货币的实际收益率达到 3% 时,投资与收入之比也相应地上升到了 30%。

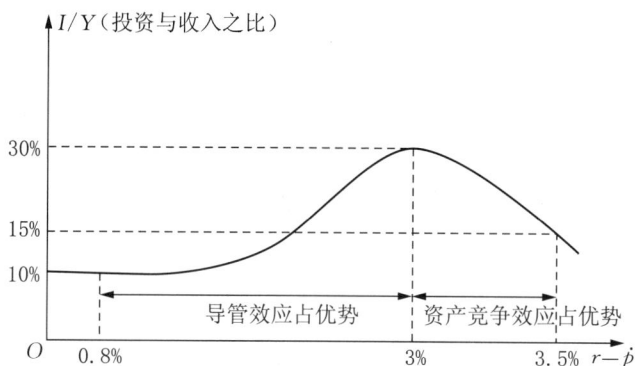

图 22.1 货币实际收益率对内源融资投资的影响

但是,一旦实际利率达到内源融资投资的最佳边际收益和内部收益时,**资产竞争效应**就会占主导地位,从而会减少投资总流量。也就是说,当持有货币的实际收益已经很高时,再进一步提高这种收益,往往会导致新的资产替代物质资本转向现金余额,因为这时持有现金余额更有吸引力了。如果物质资本的投资收益率为3%,当货币的实际利率超过了 3% 时,资产竞争效应就会起主导作用,比如,当实际利率达到了 3.5% 时,由于持有货币的实际收益率远远高于物质资本投资的收益率,这时,人们会宁可持有货币,也不愿意将货币储蓄转化为物质资本投资。在3.5% 的实际收益率下,物质资本投资与收入之比又下降到了 15%。

22.2.2 储蓄与增长的良性循环

那么,如何提高发展中国家的储蓄率和资本积累率呢?为了达到这个目的,发展中国家应该推行金融自由化改革,促进金融深化,提高货币的名义收益率和降低通货膨胀率。通过金融改革,金融抑制的发展中国家就可以实现储蓄与增长的良性循环。

麦金农用简单的哈罗德—多马经济增长模型说明了金融改革、增长与储蓄之间的良性循环关系。设储蓄率为 s，Y 为国民收入，S 为储蓄额，则：

$$S = s \cdot Y \tag{22.1}$$

产出资本比率为 σ，K 为资本，则有：

$$\sigma = \frac{Y}{K} \tag{22.2}$$

设 ΔK 为资本增加额，ΔY 为产出或国民收入增加额，则：

$$\Delta Y = \sigma \cdot \Delta K \tag{22.3}$$

资本增加额由投资形成，设投资为 I，则：

$$\Delta Y = \sigma \cdot I \tag{22.4}$$

增长率为 y，则有：

$$y = \frac{\Delta Y}{Y} = \frac{\sigma \cdot I}{Y} \tag{22.5}$$

国民收入的均衡会要求储蓄 S 等于投资 I，即：

$$I = S = s \cdot Y \tag{22.6}$$

将(22.6)代入(22.5)就得到：

$$y = s \cdot \sigma \tag{22.7}$$

这就是有名的哈罗德—多马经济增长模型，它表明经济增长率等于产出—资本比率与储蓄率的乘积。

麦金农认为，收入增长率会影响储蓄率，所以储蓄率是收入增长率的一个增函数：

$$s = s(y, \rho) \tag{22.8}$$

其中 ρ 表示金融自由化后，经济增长率以外的影响储蓄率的其他金融深化的变量。且 $0 < s < 1$。因此有：

$$y = \sigma \cdot s(y, \rho) \tag{22.9}$$

(22.9)式包含了经济增长、储蓄与金融深化的交互作用。下面以一个图形来说明金融改革、储蓄与增长的良性循环。在图 22.2 中，横轴表示经济增长率，纵轴表示储蓄率与资本产出比率的乘积相等。45°虚线表示经济的均衡增长路径，即经济增长率等于储蓄率与资本—产出比率的乘积。假定 AB 线是金融抑制下的储蓄率函数 $s(y, \rho)$，其中 ρ 表示金融抑制，即持有货币的实际收益率很低，货币—收入比率也很小。与此相对应，储蓄曲线 AB 也位于较低的位置，AB 与 45°虚线相交的 E 点就是经济的均衡增长点。现在假设政府进行了金融改革，使 ρ 从 ρ 变成了 $\hat{\rho}$。金融改革对储蓄有两个效应，即：储蓄曲线由 AB 向上移动到了 CD；CD 线

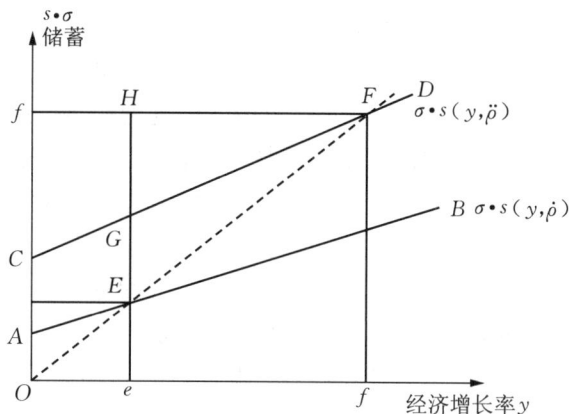

图 22.2　金融改革——储蓄与增长的良性循环

的斜率比 AB 线大,反映了金融改革后人们持有货币资产的意愿增大了。随着储蓄率曲线由 AB 移至 CD,均衡增长率也从 e 点大幅提高到 f 点。在 y 开始真正上升之前,金融改革的扩张效应局限在从 E 到 G 的波动;而当 y 上升到新的均衡水平后,GH 就是被引致的进一步增加的储蓄。

22.3　金融市场化

对发展中国家而言,提高储蓄率的最重要措施之一就是推进金融市场化的改革,促进金融的深化。**金融市场化**就是政府放弃对金融体系的行政干预,让金融市场在金融资源的配置中起基础性的调节作用。**金融深化**则是指金融结构的优化和金融功能的不断扩充和完善的过程。对存在金融抑制的发展中国家而言,金融市场化是金融深化的必要手段。

22.3.1　金融市场化的好处

麦金农和肖认为,金融市场化会提高国内私人部门储蓄的报酬,也有更多的机会分散持有国内金融资产。而且,在市场化的环境里,金融机构为了争取更多的利润和提高市场占有率,会积极地创造新的金融服务和金融产品。中国是最明显的例了,改革初期我国的金融产品只有存款、现金和贷款,而现在,尽管中国的金融业仍存在着严格管制,但股票、债券、基金、期货、外汇等都已成了人们日常生活中的重要内容,居民资产选择的范围更宽广了。因此,金融市场化会使储蓄者的视野更加开阔,对收入的预期也会发生变化,未来的消费更有吸引力,从而国内私人部门的储蓄率会得到提高。储蓄率的提高扩大了金融机构的规模,给更多的物质资本投资提供了更多的资金来源,这会缩小发展中国家资本不足的缺口。

其次,金融市场化会使得动员和分配储蓄的融资活动取代财政活动、通货膨胀和对国外援助的依赖会下降,通过金融市场的扩大和多样化,金融市场化开辟了优化储蓄分配的渠道。例如,中国在改革以前,企业投资主要依靠政府财政的预算内拨款,1978年开始经济体制改革后,先后经历了拨改贷和银行信贷的间接融资和资本市场直接融资的改革,中国的金融市场化使储蓄资源的配置机制多元化了。另外,在受到严格管制的金融环境里,储蓄资源的配置缺乏有效率的竞争,结果,在储蓄资源的配置上往往存在很多的寻租行为。我们通常所说的"找关系"、"跑后门"就是典型的寻租行为。寻租造成了在储蓄资源的配置中缺乏符合效率原则的筛选机制,因为谁的"关系"硬,"后门"多,谁就有可能得到更多的储蓄资源,这样,储蓄资源的配置效率之低下便可想而知了。相反,在一体化的自由资本市场上,各种投资相互公开竞争储蓄的支配权,这会导致储蓄资源配置到效率更高的部门中去。金融市场化是储蓄流量进行竞争性和创新性分配的一个重要前提。

第三,如果劳动力对资本的替代弹性很高,那么,金融市场化后会提高实际利率,使资本的成本增加。这会鼓励企业节约稀缺的资本,使用更多的劳动力。这样,一方面会增加就业,另一方面又会提高工资收入在国民收入中的份额,因此,金融市场化有助于促进收入分配的平等化。

最后,汇率市场化会促使短期汇率自由波动,使汇率能够更好地反映外汇市场的供求状况和一国在国际经济体系中的相对地位。我们知道,决定一国货币汇率的主要因素之一就是该国在国际经济体系中的经济实力。如果经济实力强大,该国的货币就会成为强势货币;反之,如果经济实力较弱,该国的货币就会成为弱势货币。如果市场化的汇率恰当地反映了一国经济的状况,那么,它就为当局采取适当的宏观经济政策提供了有用的信号。此外,汇率的自由波动还具有自动稳定国际收支的作用,加强了中央银行在制定和执行货币政策时的独立性,减少了内外均衡的冲突。

汇率市场化会要求货币的可自由兑换,即一国居民可以随其所好无限制地将本国的货币兑换成国外的货币,如将人民币换成美元、欧元或英镑等。对居民而言,货币的可自由兑换扩大了资产选择的范围,因为可以将外汇当作一项投资,追求资产的增值。货币的自由兑换减少了储蓄的流动性风险,能够把它当作一种特别有力的政策手段,使储蓄者的实际利率提高到储蓄的稀缺价格水平。而且,对落后经济而言,只有汇率市场化才能吸引国外储蓄,降低它对国外储蓄的需求价格;汇率市场化减少了走私,因而,汇率市场和浮动汇率制有助于改善政府的财政状况。

总之,在麦金农和爱德华·肖等自由主义者看来,金融市场化是一幅美好的图画!

22.3.2　金融市场化的内容

金融市场化主要包括以下几方面的内容:资本市场自由化、银行业的市场化、利率市场化、外汇市场与货币可兑换的自由化。

1. 资本市场自由化

资本市场是储蓄转化为投资的重要渠道和机制。但是，在发展中国家，直接融资的资本市场往往非常落后，甚至根本就没有正规的、有组织的资本市场，因此，发展中国家的金融结构也是非常不完整的。为了推动经济结构的调整和金融自由化，在金融深化理论和自由主义思潮的影响下，发展中国家采取了各种措施来推动资本市场的发展。尤其是，对于像中国这样的社会主义发展中国家而言，资本市场的发展是政府退出竞争性经济领域的重要渠道，它也担负着为国有企业改革服务的重任。资本市场在中国转轨时期这一特殊的历史使命，使它一开始就走上了一条与发达国家资本市场自然演进非常不同的发展道路，资本市场依然受到了政府的严格控制。

从根本上说，资本市场的自由化就是要培养自由资本之精神和自由资本之制度。因此，真正意义上的资本市场自由化不仅要求资本的价格是由市场供求关系决定的，而且举凡盈余资金向短缺部门的转移也应该是自由的，通过资本市场的自动筛选机制来配置资本的使用、收益的分配和风险的分担，而不是由政府将资本分配给特定的企业或部门。

从大的方面说，资本市场包括股票市场和债券市场，它们在收益的分配、风险的承担、公司治理和解决信息不对称等方面的功能都是不同的。因此，尽管它们都可以促进储蓄向投资的转化，但它们的其他功能是不能相互替代的。这就意味着，真正意义上的资本市场自由化意味着，资金盈余者和短缺者可以根据自己的风险偏好、对收益的追求和资本成本负担等方面来选择股票或债券，促进股票市场和债券市场之间的协调发展。

2. 银行业的市场化

金融市场化的第二个方面是解除政府对银行业的控制，实行自由银行制度。自由银行制度的含义包括：

- 取消对银行业市场准入的限制，允许私人部门自由开办银行。
- 银行业务的自由化。商业银行的资产和负债业务不再受到政府的直接控制，银行在政府的监管法规体系下从事合法的经营活动。

但是，在理论上，对是否应该采取自由银行制度还存有争议。主张自由银行制度的经济学家们认为，既然产品自由贸易是有利的，那么，自由银行制度也应该是有效率的。就像我们到超市购物会有很多的选择一样，在自由银行制度下，我们选择金融服务的范围会大大地拓展。此外，不受管制的自由银行体系具有内在的稳定性。这是因为，银行经理人员懂得，他们的长期生存取决于存款者对他们的信心，为此，他们在贷款时会很谨慎，接受外部监督和公开审计，保留足够的资本来缓冲贷款损失。另外，就像人们为了防止患乙肝会注射乙肝疫苗，或者为防患非典型性肺炎而远离患此类病的人群一样，好银行预感到有某种感染的威胁时，会加强自我保护，确保自己不受其他银行破产的影响，因而，在自由银行制度下，一家银行的破产不会引起公众的挤提，也不会威胁到整个金融体系的安全。

自由主义者还认为，政府管制一般会限制银行间的竞争，降低银行的效率，从而加大银行经营的道德风险。例如，他们认为，一旦引入了存款保险，存款者就没有激励去监督银行的行为了，银行经理人员再也不必担心公众的信心了。在这种情况下，银行的理性反应是减少资本，争夺市场份额的竞争会迫使好银行也去模仿坏银行，鼓励它们去冒过度风险，一旦成功，会得到可观的额外收益，而一旦失败，则可将损失转嫁给存款保险公司。除此而外，中央银行作为最后贷款人也会在商业银行体系中产生严重的道德风险。银行经理人员认为，一家银行遇到严重的困难时，政府出于稳定方面的考虑，不会坐视不管，因此，在政府的管制之下，商业银行会从事高风险的投资。由此观之，受管制的金融体系还不如自由放任的金融体系稳定。

但是，银行毕竟不同于一般的产品市场。下面的例子生动地说明了银行信贷市场与一般产品市场之间的区别。

消费者在农贸屠宰市场上不仅可以了解到肉的价格，而且可以准确判断肉的质量；在有些国家，政府还设立了质量监督机构。如果谣传屠宰的生肉有某种有毒物质，从而使人们失去了对屠夫或者政府质量监督机构的信任，则人们就不会再去购买肉类食品，这会引起屠宰市场的破产。但屠夫的破产不会产生很强的外部性。而且，当顾客以屠夫的卖价支付现金买他的肉时，极少有屠夫会拒绝。银行家却肯定不会对那些愿意按照银行要求的利率申请贷款的借款者都提供贷款。前者是一手交钱，一手交货的现货交易，后者则是未来的偿付承诺，银行并不完全清楚借款者是否诚实可靠。银行在确定借款者的信用时也要开销，而屠夫则不必担心用现金购买的顾客的信誉。

可见，银行信贷市场与产品市场最大的不同在于信息不对称和外部性。大多数经济学家正是从这两个角度来分析政府对银行管制的合理性的。有些经济学家担心完全自由放任的银行竞争具有很强的破坏性，他们认为风险偏好的银行家可能会从事高风险高收益的贷款，其他本来较谨慎的银行家为了不失去应有的业务和市场份额也会跟着从事高收益高风险的贷款，这样就可能出现银行资产的过度扩张，最后银行乃至整个经济都可能会崩溃。此外，银行经营存在很强的外部性，包括正的外部性和负的外部性。正的外部性包括创造普遍接受的交易媒介、价值贮藏的工具等；负的外部性包括一家银行破产会引发人们对整个银行体系的信心崩溃，导致全面的银行倒闭。自由银行体系中一旦发生危机，就会使银行正的外部性迅速消散殆尽，而负的外部性则会急速蔓延、扩张。

金融约束理论也认为银行管制是有效的。该理论认为，政府限制银行的自由进入为现有的银行提供了租金机会，自由银行制度下的完全竞争则会使这种租金消失，因此，政府管制就赋予了现有银行的一种"特权价值"。由于这种租金机会的

"特权价值"提高了银行的预期利润,银行在经营中就可能更加谨慎,出现道德风险和逆向选择的可能性会下降,因而有利于银行体系的稳定。相反,如果实行完全的自由化,这固然强化了银行之间的竞争,但竞争会侵蚀银行利润,银行利润的减少则意味着银行的特权价值减少,即银行未来的预期利润减少了。预期利润减少又会降低银行审慎发放贷款的激励,从而增加银行的道德风险。更重要的是,由于自由化放松了对银行的限制,以前被禁止的活动,如衍生品等高风险业务都向国内银行业敞开了大门,这就等于为赌博性投机活动创造了机会。一旦赌博成功,会给银行经理人员带来可观的收入,而一旦失败,则要由银行股东或存款者来承担损失。所以自由银行制度降低了银行的稳定性。

3. 利率市场化

金融市场化的第三个方面是利率市场化。利率市场化就是政府放弃行政干预,取消利率上限或下限的规定,由市场资金供求的变化来决定利率水平。

无论是发达国家还是发展中国家,政府都曾经或还在控制利率水平。例如,美国实行的 Q 条例就规定了商业银行向存款者支付的利率上限;到现在为止,中国的存贷款利率水平也还是由中国人民银行管制的,它根据宏观经济形势的变化和货币政策需要,不定期地调整存贷款基准利率水平。与市场化进程较高的货币市场利率趋势具有平滑性不同,中央银行调整的存贷款利率具有不连续性,通常至少得隔几个月,甚至数年才会调整一次。这样,存贷款利率就无法反映资金的供求状况了。更为重要的是,由中央银行统一规定的存贷款利率无法体现不同借款者的风险特征,高风险的借款者在获取借款时并不支付应付的风险贴水,银行在对高风险的借款者发放贷款时也无法得到应有的风险补偿,结果,利率机制在储蓄资源的配置中的作用被扭曲了。

在金融体系中,由于存在着多种多样的金融工具,不同的金融工具具有不同的利率,就正如不同的产品会有不同的价格一样。因此,利率市场化实际上就是利率体系的市场化。包括货币市场利率、形形色色的债券发行利率和二级市场交易的收益率、存货款利率的市场化等等。当然,利率市场化能够提高资源配置效率的前提是:首先,利率变动对借款者的融资成本具有较强的约束力,即企业对利率的反应弹性比较高,这就要求一个比较完善的企业治理结构。其次,商业银行制度也应当比较完善,市场利率的变动引起商业银行收益与成本的变动,商业银行对此应有足够的敏感性。最后,由于利率市场化后,市场利率会不断地波动,这就加大了借款者和商业银行的利率风险,为了让借款者和商业银行能够有效地规避利率波动的风险,还应开发出新的便于管理利率风险的金融工具。

4. 外汇市场与货币可兑换的自由化

被抑制的经济中,政府还应放开对外汇和汇率的控制,实行自由浮动的汇率制,使汇率根据外汇市场供求关系的变化而波动。除了实行市场化的汇率制度之外,政府还应当放开对货币可兑换的限制。**货币可兑换**是指任何一个货币持有者都可以按照市场汇率自由地把一种货币兑换成一种主要国际储备货币,它分为经常项目下的货币可兑换和金融与资本项目下的货币可兑换。例如,当你要去观赏瑞士的湖光山色时,如果你可以自由地将人民币兑换成你所需要的美元或瑞士法郎而又不受到限制时,那么,人民币就是经常项目下可兑换的。如果你要去购买美国政府发行的国债或某一家在纽约证券交易所上市的美国公司股票时,可以不受限制地将人民币兑换成美元,那么,人民币在资本项目下就是可自由兑换的。

实行货币经常项目下的可兑换是国际货币基金组织成员国的一项基本义务。在国际货币基金组织要求,各成员国未经基金组织批准,不得对国际经常往来的支付和资金转移施加汇兑限制。这里所谓"经常性往来支付",通俗地讲,就是我们在国际收支平衡表中所介绍的经常项目中的内容。不得实行歧视性的货币措施和多种汇率措施。构成多种汇率做法的主要汇兑措施有:针对不同交易制定不同的汇率,且不同的汇率之间差价超过 2%;双重或多重外汇市场,留成额度以及汇兑课税、汇兑担保等。歧视性的货币措施主要指双边支付安排,它有可能导致对非居民转移的限制以及多重货币做法。

金融与资本项目可兑换是指对资本的流入和流出的兑换均无所限制。金融与资本项目可兑换可以使一国居民在更广的范围内选择金融资产,这会给中央银行带来货币稳定的竞争性压力。如果本国中央银行不顾经济发展需要而超额发行货币,触发了本国较高的通货膨胀率和本币的对外贬值,那么,为了保全资产的价值,在资本账户下本币可兑换时,本国居民会极为方便地卖掉本币资产而购买外币资产,或对本币失去信心,转而持有外币。大量的货币替代和资产替代为中央银行的货币发行和货币稳定带来了强大的压力,有利于稳定本国的货币。其次,资本项目下的货币可兑换可以使资本在全球范围内配置,提供了更多的盈利机会,真正按照比较优势原则来配置资本,提高资本的配置效率,这一结果也会极大地推动金融全球化的进程。

但是,货币可兑换一般需要一些先决条件,所以,并不是所有的国家一开始就会实行货币的可自由兑换。这些先决条件包括:

首先,适当的汇率。这是因为适当的汇率与外部平衡相一致,在国际储备持续下降或货币持续贬值的条件下,这对于继续维护货币可兑换是十分必要的。

其次,充足的国际清偿能力和外汇储备。这有利于抵御国际收支失衡所面临的各种暂时性冲击,避免汇率的大幅波动。

第三,合理的宏观经济政策和稳定的宏观经济环境。因为如果一个国家的通货膨胀率大大超过了其贸易伙伴国家的通货膨胀率,它就无法拒绝采用货币贬值或对支付进行严格管制的情况下维持其国际收支的平衡。

最后,一个能使经济实体既有动力又有能力对市场价格作出反应的环境,价格扭曲基本上被消除。前三个条件是为了保证可兑换性的实行不会导致宏观经济不稳定,而第四个条件则保证货币可兑换会带来预期的经济利益。

22.4 中国的金融市场化与开放

22.4.1 资本市场的自由化

早在上世纪 80 年代初,民营企业开始发展起来,但那时它们无法从国家银行体系获得必要的融资支持,于是,它们不得不游走于政府许可金融制度之外的灰色地带,自发地发行股票成为了它们融资的手段之一。改革开放后,中国资本市场的正式发展,源于政府改革国有企业的需要,在经历了拨改贷、承包制等企业改革后,政府终于发现,没有企业产权制度的根本性改革,中国企业的治理效率是非常低下的。国有企业的股份化改造,便成了中国国有企业改革的最终路径。所以,毫不奇怪,在 2005 年以前的中国股票市场上,主要以原来的国有企业改制而来的上市公司。但在 2005 年以后,中国上市公司中的民营企业越来越多,新股发行以民营企业为主导。随着中国多层次股票市场的建立和发展,创业投资、私募股权资本市场也日渐兴盛,为支持高新技术产业发展的"科创板"也即将诞生。

为了使企业制度改革得到更广泛的支持,中国在对国有企业股份制改造的时候,人为地分离了国有股、企业法人股和社会公众股。为了保证国家对企业控股权,那时禁止国有股和企业法人股上市流通,在上海和深圳证券交易所交易的只有社会公众股。结果造成了中国股份公司中的典型现象,即"股权分置"以及"同股不同权"。于是,中国在 2005 年开始了股权分置改革,由于社会公众在认购股票的溢价率相当高,国有股和企业法人股通常是按面值(一般为 1 元)认购的,国有股和法人股向社会公众股股票持有者给予相应的利益补偿后,便获得了上市流通权,股票可以自由流通。

中长期债券市场也是资本市场的重要组成部分。一则因为中国在改革开放初期缺乏企业信用文化,企业经营效率相对低下,政府担心大规模发行企业债券可能会导致普遍的违约风险;二则企业债券与股票不同,它不具备改变企业产权结构的功能,所以,在中国股票市场得到长足发展的时候,企业(公司)债券长期受到压抑,政府的管制相当严厉。这种状况一直持续到了 2005 年。在中国人民银行允许企业发行期限在一年以内的短期债券(短期融资)之后,证监会、发改委也纷纷扩大了企业发行债券的权利。随后,中国债券市场也得到了迅速发展。由于融资的综合成本相对较低,又具有灵活性,企业债券融资规模也便日益扩张了,中国已经成为全球第二大非金融企业债券市场了。

22.4.2 银行业的市场化

中国的银行体系原本是非常单一的,最初只有中国人民银行,它既吸收公众存款,也拥有货币发行权,集中央银行与商业银行业务于一身。在改革开放初期,中国就新设立了四家国有专业银行,它们分别是中国工商银行、中国农业银行、中国银行和中国建设银行。它们的业务范围被高度管制和分割,各家银行业务范围各不相同,彼此"井水不犯河水",没有任何竞争可言。它们虽然名义上是商业银行,但其贷款的投向和规模经常受到政府的干预,也常常承担着一些政策性贷款。在这样的环境下,中国银行业的经营效率之低,便不难想象了。所以,在那时,中国银行业的不良债权非常之高,一度达到了25%以上,乃至有西方媒体常常惊呼"中国银行业在技术上已经破产了"。

1994年中国开始对国有银行改革,新设立了国家开发银行、中国农业发展银行和中国进出口银行,将原来由国家商业银行承担的政策性贷款业务分离出来,以便于对中国银行业的绩效考核和促进竞争。1998年中国改变了货币调控机制,放弃了对银行业的信贷规模控制,实行资产负债比例管理,于是,商业银行的资产选择权力得到了扩张,原来被分割的银行业务势力范围和壁垒也开始被打破,乃至业务原来被限于农业、农村的中国农业银行,在信息化、工业化的中国现代化的大都市里,也遍布着它的营业网点和金融超市,同原来主要从事外汇业务充满"洋气"的中国银行一同竞争。当然,中国银行业的竞争不仅来源于原来的专业银行业务壁垒被打破,更来源于在国家控股的四大银行之外,兴起了诸多中小商业银行,有的甚至完全是由民营资本投资组建。它们一进入银行业,便具有强烈的规模扩张的愿望和冲动,金融产品的创新力较强。这股新兴的竞争力量反过来也促进那些原来态度傲慢的国有银行转变了经营的理念和服务水平。现在,中国银行业逐渐过渡到了向民营资本开放的新阶段。

中国银行业市场化的重要措施之一便是对国有银行的股份化改造,这始于2003年底,政府用450亿美元向中国银行和中国建设银行各注资225亿美元补充其资本金;后来如法炮制,用一部分外汇储备对中国工商银行和中国农业银行注资。在注资的同时,对国家控股的银行实施财务重组,再一次剥离它们的巨额不良资产(1999年中国曾剥离过14 000亿元的不良资产),改善它们的资产负债表。然后,纷纷向在国际上具有显赫地位的国外大型银行以低廉的价格出售相当部分的股权,让它们成为中国银行业所谓的战略投资者,希望它们帮助中国的银行提高产品创新、风险管控的能力。在完成财务重组和引进战略投资者后,中国银行、中国建设银行、中国工商业银行和中国农业银行先后在香港联交所、上海证券交易所公开发行股票,成为了众多投资者持有不同股份的公众公司,因此,现在称它们为"国家控股的商业银行"更为确切。

22.4.3 利率市场化

受各种因素的影响,中国原来一直忽视利率机制的作用。在改革开放后的较长一段时期,中国实行了严格的利率管制,而且,那时由于金融市场不发达,中国并没有形成完整的利率体系。随着经济市场化的加深,利率市场化改革也被提上了日程。

　　中国的利率市场化最早是从国债开始的。在上世纪 90 年代初,开始出现着眼于定价机制变化的市场化改革。1992 年,中国实行国债承购包销,正式拉开了利率市场化序幕。1996 年,放开银行间同业拆借利率,1997 年,放开银行间债券市场回购及现券交易利率。由此,除了存贷款利率仍然受到管制之外,其余的利率基本实现了市场化。

　　1998 年,中国开始了存贷款利率市场化的探索。存款贷利率市场化的目标是,提高金融机构的利率风险定价能力,实现市场机制在利率决定中的基础性作用。中国存贷款利率市场化的总体安排是:"先外币,后本币;先贷款,后存款;先长期、大额,后短期、小额。"自此之后,中国人民银行就在不断地调整商业银行存贷款利率的自由浮动区间。1998 年 11 月,金融机构对小企业的贷款利率可在法定贷款利率基础上上浮 20%,大中型企业可上浮 10%。1999 年 9 月,又将小企业的贷款利率上浮区间扩大到了 30%。2000 年,中国完全放开了外币存贷款利率,由市场供求决定外币存款利率水平。2004 年 1 月,商业银行、城市信用社贷款利率的浮动区间上限扩大到了贷款基准利率的 1.7 倍,农村信用社贷款利率上限则扩大到了贷款基准利率的 2 倍。利率的市场化进程,到 2004 年 10 月,中国人民银行就放开了贷款利率的上限和存款利率的下限,但仍对城乡信用社人民币贷款利率实行上限管制,其贷款利率浮动上限控制为基准利率的 2.3 倍。中国金融机构人民币贷款利率就已基本过渡到了上限放开、下限管制;存款利率下限放开、上限管制的阶段。在 2008 年 4 季度,为了应对美国次贷危机的不利影响,中国人民银行在实施宽松货币政策的同时,就允许商业银行对居民的住房抵押贷款利率在央行确定的贷款基准利率基础上向下浮动 30%。2011 年,中国的利率市场化又迈入了一个新的阶段,即商业银行的存款利率可在央行确定的存款基准利率之上上浮 10%,对企业的贷款利率可以下浮 20%。自 2013 年 7 月 20 日起,中国全面放开金融机构贷款利率管制,取消金融机构贷款利率 0.7 倍的下限,由金融机构根据商业原则自主确定贷款利率水平,市场机制在利率形成中的作用大大增强。

　　在存款利率方面,2004 年 10 月 28 日,中央银行在调整法定存贷款利率时,放开了存款利率下限。2012 年 6 月 8 日,金融机构存款利率浮动区间的上限调整为基准利率的 1.1 倍。2014 年 11 月 22 日,在下调存贷款基准利率的同时,将人民币存款利率浮动区间的上限由存款基准利率的 1.1 倍调整为 1.2 倍,并对基准利率期限档次作适当简并,金融机构自主定价空间进一步扩大。2015 年 3 月、5 月,将人民币存款利率上限由基准利率的 1.2 倍依次扩大到 1.3 倍和 1.5 倍;2015 年 5 月,在全国范围内放开小额外币存款利率上限;8 月,放开一年期以上(不含一年期)定期存款利率上限;10 月,对商业银行和农村合作金融机构等不再设置存款利率上限,标志着利率管制基本放开。金融机构存款利率定价策略有所分化,存款利率初步形成分层。国有商业银行存款挂牌利率最低,地方法人金融机构普遍较高,股份制商业银行介于二者之间。同时,国有商业银行和股份制银行普遍对分支机构扩大了存款利率定价权限,授权分支机构根据自身经营策略、不同区域市场竞争环境、客户综合贡献度等因素差别化定价。

中国在推进利率体系市场化的进程中,也在积极地寻找基准利率体系的建设。主要的尝试包括:回购定盘利率、上海银行间同业拆放利率(Shibor)和贷款基础利率。

2006年3月,中国开始计算并发布回购定盘利率(参见第11章)在全国银行间债券市场具有基准性质的市场利率。它不仅能为银行间市场成员回购交易提供价格基准,还能作为银行间市场成员利率互换、远期利率协定、短期利率期货等利率衍生品的参考利率。回购定盘利率的发布,是推动中国利率市场化进程的重要一环。2007年1月4日,上海银行间同业拆放利率(Shibor)运行。它是由信用等级较高的银行组成报价团自主报出的人民币同业拆出利率计算确定的算术平均利率,是单利、无担保、批发性利率,是中国金融市场体系中最重要的基准利率。

2013年10月25日,中国贷款基础利率集中报价和发布机制正式运行。**贷款基础利率**是每个工作日在各报价行报出本行贷款基础利率的基础上,剔除最高、最低各1家报价后,将剩余报价作为有效报价,以各有效报价行上季度末人民币各项贷款余额占所有有效报价行上季度末人民币各项贷款总余额的比重为权重,进行加权平均计算,得出贷款基础利率报价平均利率。贷款基础利率是商业银行对其最优质客户执行的贷款利率,其他贷款利率可在此基础上根据信用风险的差异加减点生成。贷款基础利率集中报价和发布机制是市场利率定价自律机制的重要组成部分,是上海银行间同业拆放利率(Shibor)机制在信贷市场的进一步拓展和扩充,有利于强化金融市场基准利率体系建设,促进定价基准由中央银行确定向市场决定的平稳过渡;有利于提高金融机构信贷产品定价效率和透明度,增强自主定价能力;有利于完善中央银行利率调控机制。为确保利率市场化改革平稳有序推进,为贷款基础利率的培育和完善提供过渡期,贷款基础利率集中报价和发布机制运行后,中国人民银行仍将在一段时间内公布贷款基准利率,引导金融机构合理确定贷款利率。

与此同时,中国人民银行还推进了市场**利率定价自律机制**,它是由金融机构组成的市场定价自律和协调机制,旨在符合国家有关利率管理规定的前提下,对金融机构自主确定的货币市场、信贷市场等金融市场利率进行自律管理,维护市场正当竞争秩序,促进市场规范健康发展。2013年9月24日,自律机制成立会议召开。首批自律机制成员包括工商银行等10家银行。自律机制下设合格审慎及综合实力评估、贷款基础利率(LPR)、同业存单、上海银行间同业拆借利率(Shibor)等四个专门工作小组,已在建立贷款基础利率报价机制、发行同业存单中发挥了积极作用。

可以说,中国利率体系的市场化改革取得了非常大的成效。未来存贷款利率市场化的重点是,逐步提高商业银行的利率定价和风险管理能力,建立健全中国人民银行的利率调控体系,最终取消中央银行直接调节金融机构的存贷款基准利率,真正让资金供求、风险状况来决定存贷款的利率水平。

22.4.4 汇率机制市场化与人民币的可兑换改革

中国原来存在严格的汇率管制和汇率双轨制。1994 年中国实现了汇率并轨，实行有管理的浮动汇率制。但在亚洲金融的冲击之下，人民币承受了巨大的贬值压力。为了避免东亚地区的竞争性货币贬值，中国在随后几年里实际上采取了钉住美元的汇率制度。然而，中国加入 WTO 和美国、日本等低利率的环境下，人民币在 2003 年之后又面临着升值的巨大政治压力。加之，汇率机制的市场化本身就是中国经济市场化改革的重要内容。于是，2005 年中国改革了人民币汇率制度，实行了参考一篮子的有管理的浮动汇率制。随后数年里，中国根据可控性、稳定性和渐进性的三项原则，在发展人民币衍生品市场的同时，逐渐扩大了人民币汇率的波动区间，人民币汇率的灵活性不断增强。尤其是，2015 年 8 月，中国改变了人民币汇率中间价的形成机制，汇率弹性进一步增强。为了降低汇率在不利环境下的过度剧烈波动，中国央行后来还建立了逆周期因子的汇率调节机制。

在人民币的可兑换方面，中国在 1996 年 12 月就实现了经常项目下的可兑换，不再限制经常性国际交易支付和转移，不再实行歧视性货币安排和多重汇率制度。但人民币资本可兑换的进展要缓慢一些，这是因为，许多国家的教训表明，在本国货币的汇率机制没有充分的灵活性之前，就实现资本账户下的可兑换或资本账户的全面开放，是极其危险的政策搭配。尽管稍显缓慢，但中国账本账户的开放还是在有计划地推进，且存在不对称性的特点。首先，对资本流动的限制较对资本流出的限制少，如中国自改革开放以来就一直大力吸引外商直接投资，而对中国在海外投资则限制更为严格。其次，在资本流入中，对以实物资本形成为主要目的的直接投资管制较少，而对投资证券的金融资产的限制则较为严格。随着中国外汇储备规模的急剧扩张，中国抵御人民币汇率不利波动的能力的增强，中国对金融与资账项目的管制放松正在逐渐加快。境外合格机构投资者（QFII）可以在一定额度内投资于中国的股票、债券市场，境内合格机构投资者也可以在一定额度将人民币换成某种国外货币后投资于其他国家（地区）的证券市场；但现在中国已取消了对合格投资者投资于中国金融资产的额度管理，转而实行比例管理。股票市场中的"沪港通"和"深港通"，债券市场中的"债券通"，以及正在研究中的"沪伦通"等等。中国在继续吸收国外直接投资的同时，也在鼓励国内的企业和金融机构"走出去"，这都是中国资本账户开放的新形式。尤其是，到 2016 年，中国就已经放开了境外机构对中国债券投资的限制，债券市场开放度大幅提高。根据 IMF 的标准，中国现在已经属于资本账户基本可兑换的国家。但不能据此断言中国已经完成了资本账户开放。事实上，中国将按照"先流入后流出、先长期后短期、先直接后间接、先机构后个人"的原则，进一步深化资本账户开放。人民币的可兑换改革，将有助于增加人民币在国际经济活动的使用范围。

小　　结

　　发展中国家的金融制度普遍存在着四个方面的特征：货币化程度低、二元特征、金融市场普遍落后和政府对金融体系的严厉管制，即发展中国家普遍存在着金融抑制。政府抑制金融的手段包括特别信贷机构、高准备金、利率控制和外汇管制等四个方面。

　　在融资来源上，发展中国家以内源融资为主。由于投资的物理性质的不可分割性，发展中国家的企业在投资之前必须有较长时间的自我积累过程，这样，发展中国家的货币与资本之间就具有互补性，即投资越高，对货币的需求也会越高。要提高发展中国家的货币积累，就应该提高持有货币的实际收益率。货币收益率的上升对内源融资性的资本积累具有导管效应和资产竞争效应。为了提高发展中国家的储蓄率和资本积累，发展中国家政府应推动金融自由化改革，降低通货膨胀率，提高实际利率，推动储蓄与增长的良性循环。

　　金融市场化是政府减少对金融部门的行政干预，确立市场机制的基础调节作用，让金融体系遵循自身内在规律和路径自然成长，从而使金融体系发挥其在资源配置中应有的功能，提高金融效率，达到金融深化的目的。

　　金融市场化包括银行业的市场化、资本市场自由化、利率市场化和外汇与货币可兑换自由化等诸多方面的内容。中国在以上几个方面的市场化改革都取得了重要进展，尤其是，利率市场化改革成效卓著，在没有引起利率剧烈波动、宏观经济不稳定的情况下，中国通过渐进式改革，实现了存贷款从管制利率向市场利率的过渡，在利率市场化过程中，中国还在探索基准利率体系和市场利率自律机制的建设。人民币汇率机制的市场化让汇率更具灵活性，资本账户开放也在有序加快进程中。

关键概念

金融抑制	金融深化	金融市场化	导管效应
资产竞争效应	金融约束	货币可兑换	廉价信贷
贷款基础利率	利率定价自律机制		

思考练习题

1. 发展中国家金融体系有哪些特点？
2. 金融抑制有哪些手段？

3. 在内源融资为主的发展中国家,为什么货币与资本之间具有互补性?

4. 什么是金融市场化? 金融市场化有哪些好处?

5. 金融市场化的主要内容是什么?

6. 中国尝试建立的市场基准利率有哪些?

7. 为什么需要建立市场利率的自律机制?

8. 对于银行业的市场化,有支持者,也有反对者,你更倾向哪种观点? 为什么?

9. 货币可兑换应具备哪些条件?

10. 金融与资本项目可兑换有些什么样的益处?

11. 试结合"利率风险结构"中的有关内容,分析扩大存贷款利率波动的幅度乃至放开贷款利率上限和存款利率下限有何经济影响?

12. 在金融自由化的实践中,东欧和前苏联等国家采取了激进式的自由化战略,在自由化的初期放开了对银行业、利率、汇率、货币可兑换和资本市场的控制。而中国则采取了渐进式的自由化战略,并取得了相当大的成功。如果在自由化初期就全面地放开银行业,导致大量的存款从原来的国有银行转移,结合第 8 章的相关内容,分析这会给国有银行带来什么样的影响? 在货币市场不发达的情况下,中央银行在解决国有银行的这一困难时会发挥什么样的作用? 中央银行的介入又会导致什么样的后果?

▶23

金融危机

学习目标

学完本章后,你将能够:

弄清金融危机的内涵及其种类

弄清费雪的债务—紧缩理论

理解明斯基的金融不稳定模型、金德尔伯格的金融
危机形成过程

理解金融脆弱性和金融泡沫

理解货币危机模型

了解几次主要的国际金融危机

了解防范金融危机的主要措施

一谈到危机,人们很快就会联想到危机的破坏性,就如婚姻的危机会破坏家庭的幸福一样。自18世纪以来,金融危机总是在不同时期改头换面,以不同的姿态出现在人类社会,给经济发展和人民生活带来了极大的破坏性。1997年爆发的亚洲金融危机的阴影还未散去,接着又爆发了俄罗斯和阿根廷金融危机,世界金融业千疮百孔,没曾想到,美国次贷危机与欧洲主权债务危机又接踵而至。全球经济尚未从美国次贷危机中复苏,2018年土耳其和阿根廷等新兴经济体又因货币崩溃而陷入泥沼。要防范危机,首先必须深入了解造成危机的原因,然后才能采取各种措施防患于未然。

23.1　什么是金融危机

戈德史密斯曾说过,金融危机就像美女一样,虽然难于定义,但当她一出现,人们马上就会识别出来。所以我们可以根据一些现象来定义金融危机,就像人们可以根据亭亭玉立的身材、姣好标致的长相等特征来判断美女一样。**金融危机**是全部或大部分金融指标——短期利率、资产价格、汇率和金融机构倒闭数——超出社会经济体系承受能力的急剧恶化。例如,股票市场的暴跌使本来腰缠万贯的富翁一夜之间倾家荡产,利率的突然大幅飙升导致债券价格急剧下跌,使持有大量债券的机构遭受巨额损失。这些都会极大地扰乱原来的金融秩序。

金融危机分为四类,即货币危机、银行危机、债务危机和资本市场危机。**货币危机**是指人们丧失了对一国货币的信心,大量抛售该国货币,从而导致该国货币的汇率在短时间内急剧贬值的情形。例如,1994年墨西哥比索与美元的汇率和1997年泰国铢兑美元的汇率骤然下跌,都属于典型的货币危机。

银行危机是指由于某些原因导致人们丧失对银行的信心,从而大量挤提存款,银行系统的流动性严重不足,出现银行大量倒闭的现象。

债务危机是指一国政府不能按照预先约定的承诺偿付其国外债务,从而导致对该国发放外债的金融机构遭受巨大的损失。20世纪80年代拉美就爆发了债务危机。1982年,墨西哥宣布无力偿还当年到期的国际债务,由此爆发了一场国际债务危机。

资本市场危机是指人们丧失了对资本市场的信心,争先恐后地抛售所持有的股票或债券等,从而使股票或债券市场价格急剧下跌的金融现象。例如,1929年华尔街股票市场的崩溃,道·琼斯指数在短短的时间里下跌了80%;1999年后,美国纳斯达克股票市场的指数也急剧下跌,从原来的6 000多点跌至2002年9月底的 1 150 点。2015 年 6 月至 10 月,中国股票市场就曾出现"千股跌停、千股停牌",被坊间称为"股灾"。

现实中真正发生的金融危机,往往并不是这四种表现形式之中的一种,而是多种危机融合在一起,形成**系统性金融危机**。系统性金融危机是指银行、汇率和资本市场等主要金融领域都同时爆发危机,从而对实体经济产生较大的破坏性影响。1929 年的大危机中,不仅股票市场急剧下跌,美国还有超过 10 000 家的银行破产或倒闭。1997 年的亚洲金融危机就是典型的系统性金融危机。当时,泰国、印度尼西亚、马来西亚、韩国等国的货币汇率大幅度贬值,同时股票及债券价格也暴跌,许多银行都纷纷陷入了破产的境地,真是祸不单行。2008 年,美国次贷危机就逐步演变成了一场系统性的金融危机,股市暴跌,金融机构破产,人们对金融体系的信心尽失。

23.2   金融脆弱性与金融泡沫

金融本身具有脆弱性,从而容易引发金融危机。**金融脆弱性**是指金融体系本身就具有不稳定的性质,一遇有外部冲击就可能触发金融危机。无论是商业银行、股票市场还是汇率都具有一定的脆弱性。

23.2.1   银行的脆弱性

当储蓄者对商业银行失去信心时,就会出现对商业银行的挤兑,导致其流动性严重不足,甚至破产。商业银行面对挤兑所显示出的脆弱性,深藏于其业务的特征之中。作为一种中介机构,商业银行的功能,就是通过吸收资金和发放贷款,把对零散储户的流动性负债转化为对借款人的非流动性的债权,这就导致了我们在第 8 章指出的"资产负债的期限不配比"。从商业银行负债面上看,如果存款者提款是随机发生的,则根据大数原理,商业银行的资金流量就是稳定的。从商业银行的资产方面来看,如果商业银行将其资产都持有到到期日,并且在发放贷款时不发生逆向选择,也没有发生借款人道德风险,则商业银行的收入也会是稳定的。简言之,只要存款基础是稳定的,且借款者违约的风险较小,商业银行便可以在保持足够的流动性以应付日常提款的前提下,将其一定比例的资金投资于流动性低但收益率较高的资产上。

我们知道,商业银行的正常经营依赖于存款者源源不断的资金流入。这就恰如一个水池有一个进水管和出水管,如果进水管的口径大于出水管的口径,水池里的水量就会不断增加,否则,水池会枯竭。不良资产累积到一定程度后,存款者就会担心他们的本金安全。如果发生了什么意外事件,使得存款者完全失去了对银行的信心,他们就会纷纷提取自己的存款。面对这样的意外事件,每一单个储户最明智的选择就是立即加入挤兑的行列。因为他们知道,提款继续下去的结果,必然是商业银行被迫提前出售流动性低的资产来满足储户提款的要求,商业银行因此将蒙受损失,这使得排在挤兑大军尾部的存款者很有可能收不回全部存款。这样,即使所有存款者都相信该商业银行的经营是健康的,而且他们都明白大家不挤兑更有利于整体的利益,但出于各自自身利益的考虑,还是不可避免地会发生挤兑,这就是个体理性与集体理性之间的矛盾。

在上面的讨论中,我们假定商业银行的资产质量是较高的,只是存款者的集体挤兑行为使得商业银行不得不提前清偿其未到期的资产,从而蒙受损失。在现实中,金融机构资产或多或少都存在一些问题,这会损害金融机构的盈利能力,从而导致金融机构清偿能力降低。而且,在一般情况下,正是金融机构资产质量的恶化引发了挤兑风潮。

导致商业银行资产质量恶化的重要原因是商业银行难以有效筛选借款者并对其进行有效监督。商业银行难以有效地发挥监督职能的根源主要在于信息的不完全。金融机构要有效地筛选借款人,就必须对借款者的经营能力及其投资项目有充分的了解。可事实上,借款者要比商业银行更了解其项目的风险和收益特征。因此,在信息不对称的情况下,商业银行在发放贷款时很容易产生逆向选择,即商业银行恰恰将贷款提供给了那些违约风险较高的借款者,而将信用较好的借款者排挤到了信贷市场之外。此外,由于信息不对称,商业银行在发放贷款后又难以对借款者的行为进行有效监督,借款者在获得贷款后极有可能去从事一些银行所不希望的高风险的项目投资。一旦投资失败,就形成了银行的不良债权,恶化了银行的资产质量。

除了借款者产生道德风险和逆向选择外,商业银行自身也会存在不利于银行股东或存款者的道德风险。在现代经济条件下,商业银行或明或暗都是得到政府"保险"的,商业银行相信,一旦银行陷入了困境,政府是不会坐视不管的。危机越严重,政府援救的可能性就越大。例如,在银行业的监管中,就存在着"太大而不能破产"的"监管宽容",**监管宽容**就是指出于金融稳定方面的考虑,当一家商业银行面临严重的财务困境时,政府会采取各种措施予以保护,而不让其破产。这样,即便个别商业银行认识到某类贷款存在着很大的风险,但如果已经有一些其他金融机构在从事此类贷款,它们也会"跟进",否则,它们就会失去获取高收益的机会。一旦经济形势发生逆转,借款者无力偿付时,商业银行的资产就急剧地恶化了。

从制度上分析,商业银行管理者在经营业绩上获得奖励和受到处罚的不对称性也是导致其不能有效筛选客户的原因。对于一项风险贷款来说,一旦获得成功,管理者将获得极大的奖励;然而,倘若贷款失败,他们最坏的结果不过只是暂时丧失工作而已。两相权衡,商业银行管理者总是倾向于从事那些高风险,但一旦成功便会产生丰厚收益的信贷活动。

商业银行资产负债结构的特征也是导致其从事高风险贷款的重要原因。我们知道,商业银行的自有资本只占其资金来源的很小部分,而且,银行的净值很小,其所有者从其错误决策中可能招致的损失越小,它们从事高风险贷款的可能性就越大。特别是在其经营已经处于困境的条件下,金融机构的管理者会采取某种极端的风险投资,期望陷于困境的金融机构"起死回生",结果往往雪上加霜。

从监督方面来看,商业银行对借款者的监督较零散的储户有很大的优势,但由于监督也是有成本的,而且交易合约也不可能覆盖所有的事项,不能做到完全有效的事后监督,这样,信贷市场上的不确定性并不能得到彻底解决,商业银行不可能完全消除借款者的道德风险和逆向选择。

总之,商业银行的正常运行依赖于高质量的资产和稳定的负债,但由于以上诸多方面的原因,使商业银行面临着道德风险、逆向选择和流动性风险,从而使其具有很高的脆弱性。

23.2.2 金融市场的脆弱性

除了金融机构外,金融市场也具有脆弱性。金融市场的脆弱性是一个意外事件的冲击导致人们信心的丧失时,极易引发金融市场,尤其是股票价格的急剧下跌,从而严重扰乱金融和经济体系的秩序。

金融资产的价格是对它所带来的未来现金流的一个贴现值。但是,未来的现金流是人们根据自己所掌握的信息来预测的。由于信息不完全,要对未来的事情完全"先知先觉"是不可能的。事实上,人们在判断金融资产的价格时,往往具有一定的盲目性。这导致了人们在进行金融资产投资时,具有"羊群效应"。简单地说,**羊群效应**就是指金融资产投资中具有跟风操作的现象,即当股票市场价格上涨时,人们就跟着买进;反之,一旦股票市场价格出现逆转下跌,就跟着"卖出"。所谓"跟涨杀跌"就是典型的羊群效应行为。

可能导致股票市场过度波动的另一个重要原因是交易和市场结构的某些技术特征。交易制度中的任何便利低买高卖的技术性特征都可能加剧股票市场的波动性。以保证金交易方式为例,通过这种方式,投资者可以从事规模很大的金融交易,从而推动市场价格急剧变化。当价格朝着对其不利的方向发展时,迫于保证金压力,这些投资者就不得不仓皇地强制平仓,这又会导致股票价格大落。

股票市场最大的波动性表现为股票市场泡沫的形成和崩溃过程。**金融泡沫**是指一系列资产在一个连续的过程中陡然涨价,开始时价格上升会使人们产生还要涨价的预期,于是又吸引新的买主——这些人一般只是想通过买卖牟取利润,而对这些资产本身的使用和盈利能力是不感兴趣的。随着预期的逆转,接着就是价格的暴跌,最后以金融危机告终。从理论上讲,当金融资产的价格超过了企业未来现金流量的贴现值时,我们就认为出现了金融泡沫。例如,按照我们在第9章中的股利贴现模型的分析,如果对未来股利的预期是准确的,那么,当股票的市场价格超过了股利贴现模型所计算的现值时,就可以认为这时出现了股票市场的泡沫。

人们判断股票市场是否出现了泡沫的一个简单而实用的标准就是平均市盈率。当股票市场的平均市盈率过高时,股票市场就可能出现了一定的泡沫成分。这是因为,在这样的市盈率水平下,股票价格会远远高于公司每股收益按照现行市场利率贴现的贴现值。这时,整个金融市场表现为空前的繁荣。例如,1999年5

月 19 日至 2001 年 6 月,中国股票市场价格指数上涨了一倍,股票市场的平均市盈率达到了 60 倍,同时,日成交量也急剧地扩张到了几百亿元之巨,在这段时间,中国股票市场就存在着很大的泡沫成分。2005 年至 2007 年又出现了同样的情况,上证综合指数在两年多的时间里上涨了五倍多,中国股票市场的平均市盈率又达到了 60 倍左右,一片繁荣景象中实际存在着比较大的泡沫。

但是,金融泡沫是很难持久地维持下去的,泡沫时期的繁荣非常脆弱。实际上,"泡沫"在非常形象化地表达了金融资产价格上涨和成交量放大速度之快的同时,也表明了它是非常容易破灭的脆弱性一面。即便一个极小的外力作用,也很快就会使"泡沫"破灭。在泡沫快到崩溃的前夕,投机之风盛行,整个社会都弥漫着投机的狂热。人们说起股票,像是吃了兴奋剂一样;也仿佛人人都是股票投资的行家里手,傻瓜也都成了股市里点石成金的奇才。但这时的股市就正如纸糊的窗子,被不经意的外力一捅就会破的。加利·西林在《通货紧缩》中这样描述道:"在 1929 年股市崩盘前夕,乔·肯尼迪就知道牛市已经到头了,这一判断的全部根据就在于,有一天,给他擦皮鞋的小男孩都能传他一招股市投资的秘诀。"当投机达到一定程度后,人们对股票市场的信心开始动摇,某个平常看来微不足道的因素都可能引发股票市场在短时间里急剧下跌,并在未来一段相当长的时期里维持非常低迷的行情,成交量也极度地萎缩。

专栏

狂热的悲剧——荷兰郁金香泡沫

荷兰的郁金香泡沫是历史上最有名的泡沫事件之一。17 世纪早期,在以商为重的富裕荷兰,中产阶级很快便染上了郁金香热病,最后,这种惜花热潮演变成了一场对郁金香球茎的竞价战争。

在郁金香泡沫鼎盛的 1635 年,有个人愿出 12 公顷的闹市地产,以换取一只特种郁金香球,因为整个荷兰只有两颗这样的郁金香球。另一位商人愿出 4 头肥牛、8 头猪、2 箱红酒、4 箱啤酒、1 000 磅奶酪,以换取一种名叫"总督"的郁金香球。一些木匠、农夫和扫烟囱的,也开始带着一种民族自豪感来投资了。不仅荷兰本国人,一些外国人也赶来投资了。在郁金香狂热中,人们成天做着发财的美梦!

但好景不长,郁金香热并没有持续多久。1636 年,一位荷兰人最终清醒过来了,他拒绝以原先约定的价格支付购买的郁金香,由此引发了人们信心的动摇,郁金香价格便一发不可收拾地崩溃了。结果,相当多的人因已经倾其所有家当换回了几颗郁金香球,使殷实之家一夜之间成了乞丐。一些富家子弟祖祖辈辈积累下来的巨额财富,一夜之间因偿债郁金香投资而化为了泡影。

狂热是悲剧的种子!

——参阅理查德·扎克斯:《西方文明的另类历史》,海南出版社 2002 年版。

23.3　金融不稳定模型与金融危机的形成过程

23.3.1　费雪的债务—紧缩理论

费雪是最早对市场经济条件下金融不稳定性的机制进行系统研究的经济学家。他分析了 1837 年和 1873 年发生在美国的大萧条以及始于 1929 年的全球性经济金融危机。他认为，金融市场产生大动荡的根本原因在于同时出现过度负债和通货紧缩。金融的"变异"会致使实体经济"变异"，其作用过程大体上是这样的：当经济中出现了新发明、新发现、新产业、新兴市场等新的投资机会时，人们便会产生新的预期收益，从而积极地举债。当预期新事物层出不穷，同时资金供给又较为宽松时，借款者为追求新的盈利机会便会产生"过度负债"。

当资金借贷双方均注意到"过度负债"时，借款者就不得不采取措施出售资产，或减少借款。这样就会出现信用收缩。此时，即便投放货币也不能激活经济，货币流通速度下降，物价开始下跌。物价总水平的下降导致企业的净资产减少，收益下降，并进一步使破产企业增多，产量减少，大幅度地裁减人员，失业增加。面对这样的打击，人们就会对经济前景丧失信心，投资意愿下降，沉淀的货币量加大，货币流通速度进一步降低。由于投资需求下降，物价水平的下降又使实际货币余额增多，从而促使名义利率下降。但是由于物价下跌幅度超过名义利率下降幅度，因而实际利率反而上升，金融市场混乱局面加剧，接着便是银行接连倒闭，爆发金融危机。

可以将费雪的金融不稳定性过程简要描述如下：新发明→过度负债→信用紧缩→物价下跌、产量减少、失业增加→信心丧失→投资减少→名义利率下降→金融市场混乱、银行倒闭和金融危机。

费雪模型以"过度负债"和"通货紧缩"为基础，阐述了"金融不稳定性"，因此，费雪的学说也被称为"债务—通货紧缩理论"。

1873—1879 年的美国经济不景气、1929—1933 年的大萧条等大规模的"金融危机"为费雪的债务—紧缩理论提供了良好的佐证。以 1929—1933 年的全球性大萧条为例。1921 年以来经济强劲增长的原动力是各种"新兴事物"层出不穷，如汽车及化学工业的发展、高速公路的修建、电力网的完善、现代化铁路事业的发展、曾经落后一时的不动产明显复苏等等。由于这些新发明的出现，导致了金融资产的急剧膨胀，资产价格急剧上升，美国对外贷款、对外投资十分活跃。欧洲很多国家都负有巨额短期外债，英国采取了低利率政策，支持重新实行金本位制。但后来银行贷款和货币供应量急剧减少，股票价格最终于 1929 年出现了暴跌，银行破产大量增加。

23.3.2　明斯基的金融不稳定模型

1. 金融的内在不稳定性

明斯基在分析金融危机的形成过程时，认为经济体系中本身就内含着金融的不稳定性。这种不稳定来源于经济体系中的"异常"变化,这里的异常变化也是指新发明、新市场的开拓等。当经济中出现了异常变化时,人们开始相信"新时代"已经到来,对未来形成乐观的预期,资金的借贷双方均低估投资的风险。这就会导致企业大幅度增加负债,积极从事实物投资和金融投资,结果导致金融规模膨胀,资产价格暴涨。新的盈利机会又导致了各种新的金融机构和金融产品不断涌现,金融领域表现出空前的繁荣景象。

但是,盛极而衰。当经济局势极为繁荣时,人们开始滋生不安的心理,担心不断增加的金融债务将超过借款者的实际偿付能力。尤其是当金融从宽松走向紧缩、利率趋于上升时,资产价格开始下跌,人们在调整资产负债结构的过程中不断收缩金融投资规模,经济开始显现出急剧下滑的趋势。总之,在明斯基看来,由于人们不断地扩大或收缩金融交易的规模,不断改变金融资产或负债的构成(含资产组合),使整个系统中相对稳定的领域不断缩小,从而使金融领域中的各种关系具有很强的不稳定性。

在分析金融不稳定的形成过程时,明斯基强调了现金流量的重要性。他认为,体现人们行为的基本结构是"资产负债的构成,即所持有的实物资产、金融资产与金融债务的组合(资产组合)"。例如,某企业的实际运行情况不仅取决于这个企业所生产出来的产品及服务的市场行情、生产所必需的非金融性投入要素的市场动态,而且也与借款、发行债券或股票等融资情况密切相关,同时还与所持有的金融资产的出售状况相关联。后者所涉及的金融市场交易是面向未来的交易,并且是不确定的。人们经济活动的全部内容就是不确定条件下的资产组合。各经济主体对未来进行主观判断,在此基础上选择资产组合,各种场合下的主观成分多少不一,所以,在不确定条件下选择资产组合就产生了金融的内在不稳定性。

2. 融资的三种类型

明斯基将融资分为套期保值融资、投机融资和蓬齐融资三种类型。划分的标准是比较偿债现金流与预期现金流,即借款人的金融债务派生出的本息以及借款人实际经济活动带来的收益。

在**套期保值融资**中,用以偿付债务的现金流量来源于生产所带来的现金收益,融资情况稳健,风险较小。如企业向银行借款开发新的产品就属于这类融资。通过借债进行投机活动的融资就是**投机融资**。例如,王小二看到最近股票行情不错,预期股价还会大幅上涨。为了在股市上"狠捞一把",以住宅为抵押向银行借了50万元"炒"股票。若股票市场行情一直向好,那么,王小二通过金融市场操作所获得的盈利就足以偿还债务,但一旦市场行情出现了逆转,偿还债务就很成问题了。

蓬齐是被称为"金融魔术师"的骗子。**蓬齐融资**的具体含义是指:通常情况下,偿还债务的现金流超出生产活动带来的现金收益,为了偿还债务,只能继续进一步增加债务,即"拆东墙补西墙"式的融资。在蓬齐融资中,只要有足够的债务现金流量,那么,现状就可以得到维持。但是,由于债务融资需要支付利息,因此,蓬齐融资的债务本息余额就像滚雪球似的越滚越大。一旦现金流量出了问题,危机就爆发了。人们常说的庞氏骗局,就是典型的蓬齐融资。

上述景气时期金融的扩张过程是借款人从套期保值融资开始向投机性融资转移,而在景气崩溃时期及金融资产缩水过程中,主要的变化趋势是由套期保值融资向投机融资转变,进而向蓬齐融资转化。在整个经济领域中,检测金融稳健程度的一个办法是:套期保值融资所占比重越高越健全,蓬齐融资的比重越高越不健全,投机性融资比重高则表示需要关注。

专栏

蓬齐:其人其事

查尔斯·蓬齐(1878—1949)是美国的一位意大利移民。他宣称,他可以利用"一战"后欧洲混乱的经济状况而赚到大笔的钱,在几个国家购买打折的国际邮政联合会的票据,然后拿回美国全额兑现。因此,他向人们保证,在他那里,所有投资在 45 天内能得到 50% 的回报。在高回报率的诱惑下,从 1919 年到 1920 年,蓬齐从约 4 万波士顿人手中共筹集到了约 1 500 万美元的资金。

蓬齐的承诺有一部分兑现了,他是用后来者的钱去兑现先来的投资者的回报的。只要吸收的"投资"量多于为兑现承诺的回报而流出的资金量,蓬齐的承诺就总能兑现。这就是典型的蓬齐骗术。

案发后,蓬齐在美国被判处了五年徒刑。第一次刑满出狱后,蓬齐又故伎重演,结果蹲了更长时间的监狱。1934 年,他被遣送回意大利。但他真是吃了豹子胆,萌发了更大的野心,想方设法去诈骗墨索里尼。最后,他落得的结局是:在巴西的一个慈善堂里身无分文地死去了!

——参阅理查德·扎克斯:《西方文明的另类历史》,

海南出版社 2002 年版。

23.3.3 金德尔伯格的金融危机形成过程

金德尔伯格扩充了明斯基模型,对金融危机的形成过程作了如下概括:

第一阶段,宏观经济体系的外部冲击带来了"异常变化"。"异常变化"是指改变创意、行为等方面突然意外出现的外部事件。这种异常变化会带来新的获利机会,致使人们预期发生变化,一部分人开始采取异常乐观的行为。

第二个阶段,经济活动达到顶峰,产生设备和金融投资将会一直持续扩张的假象。在这种错觉的导引下,金融交易膨胀,银行贷款和货币供应量激增,从而暂时地维持了经济的繁荣。这是因为,在通常情况下,只要不出现借款人因风险过大而不再举债,或贷款人因预期收益过低而惜贷等现象,融资活动就会一直持续下去。并且金融革新拓宽了信用和货币的流通渠道,新产品、新交易层出不穷。

第三阶段,在金融规模相对于实体经济规模不断膨胀的过程中,出现了资产过度交易及投机行为,资产价格暴涨。这进一步刺激了设备投资,人们都沉醉于"繁荣"的假象之中。在此背景下,人们会进行投机交易,当自有资金不足以满足投机交易时,投机者往往又采取信用交易或分期付款的形式,从而通过杠杆作用扩大交易。

第四个阶段,市场行情异常上涨,投机异常狂热。很多人看到其他的企业或家庭因从事投机而获得了暴利,因而不断加入投机的浪潮之中。正常、理智的行为被狂热和泡沫所取代。

第五个阶段,资金需求显著增大,货币的流通速度加快,利率上升,企业资金周转出现困难。一旦资产价格上升势头减缓,投机家们便纷纷开始抛售金融资产,资产价格骤然下挫,过度交易的投机者因金融头寸不足而倒闭。金融机构停止发放以金融资产为质押的担保贷款,开始着手回收贷款。一部分金融机构因大量不良资产的拖累而破产。

第六个阶段,如果金融当局、财政当局没有意识到金融不稳定性是市场经济的内在问题,并从宏观和微观的角度采取相应的对策,则市场上会迅速出现反向操作,金融缩水,从而陷入金融危机的深渊。

可以将金德尔伯格的金融不稳定过程简化如下:出现异常变化→资金过剩→过度发放贷款→资产过度交易,资产价格暴涨→利率上升,回收资金和贷款→资产价格暴跌→金融危机。

可以说,无论是费雪、明斯基还是金德尔伯格,他们在分析金融不稳定性时,都非常强调实体经济的周期变化在改变人们预期中的极端重要性。这一点,对于从根本上防范金融危机无疑具有非常重要的意义。但他们的分析还主要集中于封闭经济之中,可以很好地解释银行危机、债务危机和资本市场危机,但开放经济中的货币危机则几乎没有涉及。

23.4　货币危机理论

除了资本市场价格大起大落、大量银行陷入流动性困境而倒闭造成金融危机外,金融危机的另一个重要表现就是货币危机。近几十年来,西方金融学界先后形成了三种不同的货币危机理论。

23.4.1　第一代货币危机理论

第一代货币危机理论,又称为货币危机的标准模型,最早出现于20世纪70年代末期,其奠基者是美国经济学家克鲁格曼。克鲁格曼认为,货币危机源于扩张性经济政策与试图维持固定汇率的目标之间存在着根本性不协调之中。典型的情况是:政府预算存在持续的财政赤字。为了弥补财政赤字,政府不得不大量发行货币,结果导致货币发行失控,物价水平持续上涨。在其他条件不变的情况下,一国的货币增长率持续地高于国际水平,该货币将面临贬值压力。在这种情况下,若该国试图维持本国货币固定的汇率,就只能动用外汇储备来干预外汇市场。如果货币贬值的压力不大,而且是暂时的,货币贬值的压力就可能被有效地化解。但若汇率贬值的压力很大,且持续很久,该国中央银行就将面临外汇储备被耗尽的危险。当本国外汇储备难以承受货币贬值的压力而将近耗尽时,一些深谋远虑的投机者希望抢在该国外汇储备被耗尽之前悉数卖出该国货币,形成对该国货币的突然性投机冲击,从而迫使该国外汇储备加速枯竭,导致货币危机提前到来。由以上的分析可知,在第一代货币危机理论看来,货币危机是预算赤字的产物。

标准模型对货币危机的现实有较强的解释力。首先,在现实中,很多货币危机确实都反映了国内经济政策和汇率政策之间的根本不协调,标准模型便是对这种不协调状况的高度简化。其次,该模型表明,投资者放弃一种货币在短时间里大规模地突然抽逃货币与资本,并不是一种非理性行为,也不能归因于市场操纵,它是在一国经济形势发展到一定情况下的合乎逻辑的结果。

23.4.2 第二代货币危机理论

第二代货币危机理论的分析出发点与第一代危机理论比较接近,将货币危机发生的原因归结为国内经济政策与固定汇率制的矛盾上。它们之间的差别在于,第一代货币危机理论集中于讨论财政政策,而第二代货币危机理论则更集中于货币政策。第二代危机理论认为,在固定汇率制下,政府如果追求更具扩张性的货币政策,最终会导致本国汇率大幅度贬值,从而引发货币危机,迫使政府最终不得不放弃固定汇率制,转而实行浮动汇率制。

为什么政府有使本国货币贬值的动机呢? 主要原因有以下几个方面:(1)政府有着大量的以国内货币标价的债务,而政府试图通过通货膨胀的办法来"销蚀"这些债务;如果汇率固定不变,就难以实现这一目标。如果外汇投机者识破了政府的这种动机,他们就可能开始攻击该国货币。20 世纪 20 年代的法国法郎危机便是标准的事例。当时,国际投资者怀疑法国政府试图通过通货膨胀的途径来消除其在第一次世界大战中积欠的债务,从而对法国法郎展开了攻击,并导致法国放弃固定汇率制。(2)由于国内存在着严重的失业,政府试图采取扩张性的货币政策来解决这些矛盾。这就导致了"对内目标"与"对外目标"的冲突:如果欲维持固定汇率,货币政策的扩张将受到限制;如果货币的扩张势在必行,则难以维持固定汇率制。

如果基于国内经济状况的考虑,政府有贬值的动机,那么,为什么它还要维持汇率的稳定呢? 可能的原因之一是,政府认为,固定汇率对于国际贸易和跨国投资是十分重要的,也就是说,考虑到对外因素,政府认为维持固定汇率对自己是有利的。另一种原因是,该国有通货膨胀的历史,因此,保持汇率的稳定,可以看作是某种形式的信用保证。另外,在某些国家,汇率可能被看作民族尊严的象征,或者,在某种国际条约的约束下,该国有在汇率上进行国际合作的义务。

问题是,为什么人们对维持固定汇率失去信心本身就会使得保卫汇率变得更加困难?主要原因在于,如果各种国内因素使得本国货币有贬值的压力,那么,保卫固定汇率的成本会很高。比如,外国债权人可能要求高利率,从而使得经常项目下的债务负担更大;如果货币坚持不贬值,国外资金将不再流入,同样也会使固定汇率难以为继。再如,在人们普遍存在汇率贬值预期的情况下,国内工资水平可能提高,从而使得现行汇率下的国内产业缺乏对外的竞争力,导致汇率贬值压力越来越大。又如,倘若一国政府由于各种原因决心保卫固定汇率,它可能提高短期利率,这会使得政府和企业的现金流恶化,进而导致衰退和失业。无论如何,贬值预期本身会改变维持固定汇率平价的成本与收益之间的平衡,使得维持固定汇率的成本增大,最终迫使政府重新考虑汇率调整问题。

在克鲁格曼看来,如果将这样的一些因素综合在一起,就能产生一个类似于标准模型的理论。假定一国在维持现行汇率平价和放弃现行汇率平价的成本之间进行平衡,如果前者的成本比较高,那么,在未来某个时候,即使没有遇到国际资本的投机性攻击,该国货币也会贬值。投机者在货币贬值之前就会开始放弃该国货币,这使得贬值提前到来。认识到了这一点,一些投资者甚至可能在更早的时候就开始放弃该国货币。投资者的这些行为将引发一场危机,从而使得在基本经济因素恶化使贬值成为必要之前,导致该国固定汇率制的崩溃。总而言之,假定基本经济因素的变化使得固定汇率最终不可避免地被放弃,同时投资者的信息是完全的,那么,对一种货币的投机攻击会在更早的时候发生,并会取得成功。从投资者的角度分析,主要原因是套利的需要:如果不抢在危机发生之前进行攻击的话,该货币贬值的利润就会被其他投资者瓜分掉,并使自己蒙受损失。

不难看出,在第一代货币危机模型中,危机是由于基本经济因素恶化直接导致的。然而,在第二代危机理论中,货币危机并不是由基本经济因素的恶化直接导致,相反,至少在该国政府看来,维持货币汇率平价的基本经济条件依然存在,而且,政府已经为维持该货币平价做好了充分的准备。只是由于发生了投机攻击,使得保卫固定汇率制的成本太高,该国政府才不得不放弃维持固定汇率的努力。

23.4.3 第三代货币危机理论

从1997年7月开始,东南亚国家爆发了严重的金融危机。人们发现,第一代和第二代货币危机理论都无法令人满意地解释东南亚国家的金融危机。因为:

首先,1997年东南亚金融危机爆发之前,大多数东南亚国家的国内状况都是良好的:所有这些国家的政府预算都基本保持了平衡;它们没有实行不负责任的信用扩张政策;尤其重要的是,这些国家的通货膨胀率相当低。

其次,1996年,东南亚国家的确普遍出现了经济增长放慢和生产能力过剩的现象,但是,在危机之前,这些国家的失业并不严重。换言之,这些国家没有必要放弃固定汇率来追求更加扩张的货币政策来提高国内的就业率。

第三,在货币危机发生之前,这些国家的资产市场,特别是股票市场和房地产市场,都经历了急剧膨胀到急剧破灭的过程。

最后,在所有这些国家的金融危机中,金融机构起到了比政府更为重要的作用。这些金融机构从国际金融市场上借入了大量的短期债务,然后转借给国内投资者,这些资金大部分被投入房地产和股票市场。

这些都表明,亚洲金融危机的爆发,既不像标准模型所指的那样,归因于政府财政出了问题,也不完全像第二代货币危机模型所分析的那样,是由于这些国家不当的宏观经济政策取向所致。基于此,一些学者试图提出新的理论模型来对此加以解释。这就产生了**第三代货币危机理论**模型。

在新兴市场经济国家中,普遍存在着政府对借款提供隐含担保的现象,政府官员们也与各种金融活动有着千丝万缕的联系。这样,金融机构认为,在它们出了问题时,政府是不会坐视不管的。在这种背景下,金融机构通常会无所顾忌地对外大量借债,贷款也就不够谨慎,致使大量资金投资于一些高风险也可能是高回报的非生产部门,于是产生了"过度借款综合征",即金融机构过量的风险贷款急剧膨胀。风险贷款的增加推动了资产价格的上升,使金融机构的资产负债表看起来比实际上好得多。只要整个资金链条没有崩溃,这一过程将得到维持并不断循环。然而,金融泡沫脱离实体经济的膨胀不可能永远持续下去,当某种外来扰动因素出现时,金融泡沫就会突然破灭,并通过支付链条传导到整个金融体系。此时,资产价格急剧下降,金融机构的大量风险贷款几乎立刻变成巨额不良贷款。当危机发生到一定程度,政府因无能力而可能被迫撤除其隐含担保,使金融机构再融资的能力进一步下降,一些金融机构被迫破产,并促使资产价格进一步下跌。这种恶性循环便是金融危机。

23.5　历史上的主要金融危机

在人类历史上,曾发生过许多次的金融危机,它不仅在发达国家横行过,也在新兴经济体肆虐过。所到之处,经济满目疮痍,金融遍体鳞伤,对许多人而言,简直有不堪回首之痛。在这里,我们简要地介绍自 1929 年以来的几次主要金融危机。

23.5.1　1929—1933 年大危机

1929—1933 年的大危机从 1929 年 10 月份华尔街股票市场的大幅下跌为发端。随后,一发不可收拾,道·琼斯指数从最高时的 380 余点下跌到了 1932 年最低时的 50 点左右。股票市场下跌导致了美国银行倒闭浪潮,银行遭遇到了空前的挤兑,1929 年美国的银行家数为 25 000 多家,1933 年就下降到了 14 700 余家,银行体系的资产总量也大幅缩水,货币供应下降,信贷紧缩,美国货币体系陷入混乱,乃至一些小镇和社区不得不发行自己的临时货币,以供交易之需。

　　股票下跌和银行倒闭潮,导致美国工业生产大幅下跌、失业攀升,物价下跌。"城门失火,殃及池鱼",其他工业化国家也纷纷陷入危机,遭受同样的命运。表 23.1 反映了 1929—1932 年美、英、法、德四国的主要经济指标的变化。可以看到,它们的工业生产、价格指数和对外贸易均大幅下降了,而失业率大幅攀升,到处都是无家可归的人。那时,经济下挫之深,乃至时任美国总统的胡佛也弃汽车而乘马车。

表 23.1

	美国	英国	法国	德国
工业生产	−46％	−23％	−24％	−41％
批发价格指数	−32％	−33％	−34％	−29％
对外贸易	−70％	−60％	−54％	−61％
失　　业	+607％	+129％	+214％	+232％

　　那次危机还导致了国际金本位的崩溃,各国纷纷转向不受贵金属约束的信用货币体系。为了应对危机,胡佛政府大幅提高了关税,结果,导致英、法、意、德等也实施了报复性的关税。1920—1929 年间,美国的进口关税税率平均为 13％;在 1930—1940 年间平均为 16.6％。同期,法国的平均关税税率分别为 7.1％和 21％、德国分别为 7.2％和 26.1％、意大利分别为 4.5％和 16.8％、英国分别为 9.8％和 23.2％。各国这种以邻为壑的关税政策导致国际贸易体系的崩溃,加剧了危机对经济活动的不利冲击。为了吸收这次危机中各国"哪管他人瓦上霜"的政策教训,二战后成立了关贸总协定(现在 WTO 的前身)和国际货币基金组织。

　　在危机中胜选的罗斯福执政后,实施了"新政",以使美国尽快地摆脱危机。在金融方面,主要体现在:首先,美元与黄金脱钩,使美元贬值,放弃金本位制。1933 年,罗斯福就禁止私人囤积价值超过 100 美元的黄金,并正式取消了金本位。1934 年 1 月,美国就通过了《黄金储备法案》,规定黄金兑美元的价格从原来每盎司 20.67 美元改为每盎司 35 美元,这样,美国放弃了僵硬的金本位,代之以管理通货的灵活制度。其次,通过了《格拉斯—斯蒂格尔法》,实行投资银行与商业银行的分业经营。第三,建立了联邦存款保险公司,对一定金额的存款提供保险,以防止银行恐慌性地挤兑。最后,实行利率管制(即 Q 条例),银行对于活期存款不得公开支付利息,并对储蓄存款和定期存款的利率设定最高限度,即禁止联邦储备委员会的会员银行对它所吸收的活期存款(30 天以下)支付利息,并对上述银行所吸收的储蓄存款和定期存款规定了利率上限。美国在这次危机后确立的各项制度,深刻地影响了美国后来几十年的金融发展,当然也为美国 20 世纪 80 年代初的储蓄—贷款协会危机、新世纪初的次贷危机埋下了伏笔。

23.5.2　亚洲金融危机

亚洲在很长时期都没有遭受汇率的剧烈波动,东亚经济增长较快的国家和地区,还分别获得了"四小龙"和"四小虎"的美称。在 1992—1995 年间,印度尼西亚、马来西亚、新加坡、韩国、泰国的年经济增长率超过了 7%。在 1994—1995 年,马来西亚、菲律宾、泰国的出口年增长率超过了 30%。而在墨西哥危机之后,资本又很快地流入亚洲。到 1996 年,净私人资本流入与 GDP 之比,在韩国为 5%、印度尼西亚为 6%、泰国为 9%、菲律宾为 10%。相当大部分的资本流入都是从国外银行获取的短期信贷。促进资本流入的最重要因素是主要金融中心的低利率,东亚一些国家(地区)借入低利率的日元和美元,投资于高收益的亚洲证券,这种现象被称为**携带交易**。同时,亚洲货币又实际上钉住美元,流入的资本的汇率风险很低。在很长的时间里,亚洲政府都将银行当作其经济发展的工具,将资金引导到它偏好的产业,作为交换,亚洲政府承担着为这些银行提供慷慨的公共支持的重任。国外投资者向亚洲银行广泛地放贷,认为亚洲政府永远不会让银行倒闭。重要的是,它们在转向更加灵活的汇率之前就开放了资本账户,由于东亚增长模式依赖于出口,而出口又依赖于汇率的稳定,它们不愿意让其货币的汇率波动。

但汇率管制的结果,是它们货币的汇率被高估,尤其是泰铢。资本流入推动泰国投资和价格上涨。但大部分投资质量都不高,投资者的疑虑越来越重,国外银行和居民就从泰国市场撤出了投资。从 1996 年中起,曼谷景气就不断下降,泰铢承受着巨大的压力。为了维持泰铢汇率,泰国央行通过外汇市场进行干预,鼓励泰国银行从离岸市场借入资金,给予税收优惠和放松监管。但泰国央行很快就耗光了其国际储备后,7 月 2 日,泰国被迫让泰铢贬值并让其浮动。由于菲律宾严重依赖资本流入,又僵化地钉住美元,泰铢贬值让菲律宾立即承受着巨大的压力。在泰铢浮动后十天,菲律宾也被迫让其货币比索浮动。泰国和菲律宾货币贬值很快又传染到了印度尼西亚和马来西亚,这两国也很快不得不让其货币跟随泰铢下跌。紧接着,中国台湾当局于 10 月份让新台币下跌。在东南亚国家(地区)货币纷纷贬值后,韩国被迫屈服于投机压力,于 11 月将韩元的波动区间从 4.5% 扩大到了 20%,结果,韩元大幅下跌,这又进一步加剧了投资者对其他货币的担忧。亚洲金融危机导致几乎整个亚洲的产出大幅下降。但是,在一年内,该地区经济的基本力量就自我恢复了。货币贬值提高了竞争力。无清偿能力的银行获得了注资和重组,信贷又重新启动了。公司治理和谨慎监管加强了。对国外直接投资的管制放松了,更加灵活的汇率体制正式建立起来了。亚洲各国积累了大量的外汇储备,当金融逆转时又为其经济提供了防御工具。同时,为了减少对国际机构的依赖,建立了地区性的互换与信用网络,叫做**清迈倡议**,即东盟 10＋3 各国贡献不同的外汇储备,组建一个储备库,在某国日后遭遇资本大量外流、货币贬值时提供融资支持。

23.5.3　美国次贷危机

美国的商业银行发放了一种次级抵押贷款,即对信用评分较差的个人、月供占收入比例较高、首付低于 20% 甚至没有首付的住房抵押贷款。在美国,住房抵押贷款大多被证券化了,即将非标准化的住房抵押贷款集中起来,细分为标准化的有价证券后,出售给包括一些金融机构在内的广大投资者。事实上,美国的证券化产品结构日益复杂,一般人很难分辨其风险。由于可以很容易地获得次级抵押贷款,再加上低利率的刺激,美国家庭部门从金融机构的借款大幅上涨。但由于没有首付或首付率极低,购房者的房价净值就完全依靠房价的上涨了,一旦房价下跌,其净值很快就变成负数,借款者的道德风险增加,抵押贷款证券持有者就面临借款者违约的信用风险。这在 2004 年至 2006 年美联储连续多次提高利率后成为了现实。美国利率上升导致美国房价普遍下跌,这使得那些激进地借取了次级抵押贷款的借款者的净值很快就变成了负数,违约率普遍上升,金融机构的损失增加。

于是,2007 年开始爆发了次贷危机。2007 年 2 月,汇丰控股在美次级房贷业务增 18 亿美元坏账拨备。之后,美国次级抵押贷款企业就发生了多米诺骨牌效应,30 余家次级抵押贷款公司被迫停业,演变成了次级抵押贷款的系统性危机。2007 年 7 月,穆迪公司降低对总价值约 52 亿美元的 399 种次级抵押贷款债券信用评级。2007 年 8 月美国住房抵押贷款公司(American Home Mortgage)申请破产保护;很快地,欧洲、日本的一些金融机构也纷纷宣布卷入了美国次贷风暴。到 2008 年初,一些国家大金融机构,如美林证券、花旗银行、瑞士银行、美国银行等等纷纷告急,公告少则 20 亿美元、多则逾 100 亿美元的损失。2008 年 3 月,原来华尔街的第五大投资银行——贝尔斯登,被摩根大通以 2.4 亿美元的低廉价格收购;2008 年 9 月,原来华尔街五大投资银行之一的雷曼兄弟也宣布申请破产保护。在次贷危机冲击之下,美林证券被美国银行收购、高盛转变成了银行控股公司。华尔街的金融势力范围得到了空前的大清洗。

次级抵押贷款违约及相关金融机构遭受的巨额损失,波及全球股票市场。美国道·琼斯指数从危机前 14 000 余点,迅速地下跌到 6 000 点,60% 多的市值化为乌有;中国股票市场当然也未能幸免,上证综合指数从危机前的 6 000 余点也在短时间内下跌到了最低的不足 1 700 点,市值蒸发了 70% 以上,投资者损失惨重。在美国次贷危机中,全球没有哪个国家的股票市场能够独善其身的。

当然,实体经济活动也因次贷危机受重创。美国经济增长率从危机前的 4% 左右一度下降到了 2009 年第二季度的 -4.1%;失业率则由 4.5% 左右上升到了10% 以上。虽然美国采取了大规模的财政和货币刺激措施,但在随后的几年里,经济增长率一直保持在较低的水平,失业率则保持在较高的水平。欧洲经济同样受次贷危机的沉重打击,经济增长率从危机前的近 4% 下降 2009 年最低时的 -5% 左右,失业攀升,加重了欧洲一些国家的财政负担。那时,冰岛受害最深,乃至有冰岛国家陷入破产边缘之说。后来的欧洲债务危机与美国次贷危机就有着千丝万缕的联系。当然,亚洲经济也深受其害,就拿中国来说,经济增长率从危机前的10%以上急剧地下跌到了2009年第2季度的6%左右,迫使中国政府同样采取了大规模的财政和货币刺激措施,结果,又为后来的经济平稳增长埋下了隐患。

23.5.4　欧洲主权债务危机

欧洲主权债务危机是指欧元区的一些国家在没有第三方援助的情况下,无力偿还政府债务或难以为政府债务再融资的危机。1992年,欧盟成员国签署了《马斯特里赫特条约》,它要求成员国严格限制财政赤字和政府债务水平,即财政赤字不得超过GDP的3%,政府债务余额与GDP之比不超过60%。但新世纪初,许多成员国并没有遵守这一规则,财政赤字大幅上升。2010年初,放贷人要求希腊等具有高债务余额、财政赤字和经常账户逆差国家的债务支付更高的利率,结果导致这些国家的政府难以为其预算赤字再融资,结果进一步导致经济增长率下滑,政府债务余额与GDP之比进一步上升。

发生欧洲主权债务危机的国家主要有希腊、爱尔兰、意大利、葡萄牙和西班牙,这几个国家被戏称为"欧猪五国",后来塞浦路斯也发生了危机。在新世纪的头几年里,希腊保持了欧元区最快的经济增长,但它也伴随着大量的结构性赤字。2010年4月,希腊政府向欧盟和IMF申请450亿欧元的贷款,以满足它在当年其余时间里的需要。随后,标准普尔将希腊政府债务的评级降为"垃圾",这导致希腊政府债务利率大幅飙升,进一步恶化了希腊政府的财政负担。为了削减预算赤字,希腊政府被迫采取了紧缩性的财政政策,结果还导致了社会的动荡。爱尔兰的危机与希腊有些不同,它的主权债务危机并不是源于政府过度的支出,而是因为它在次贷危机期间为六家爱尔兰银行提供了担保。次贷危机冲击下,随着爱尔兰房地产泡沫破灭,爱尔银行业遭受了大约1 000亿欧元的损失,其经济也大幅滑坡,失业率从2006年的4%升至2010年的14%。这些导致在2007年尚有预算盈余的爱尔兰在2008年后急转直下,乃至2010年其财政赤字占GDP之比高达32%,爱尔兰政府被迫向欧盟和IMF等申请数百亿欧元的救助,国际评级机构大幅降低了爱尔兰的债务评级。2010年夏,穆迪降低葡萄牙的主权债务评级,导致葡萄牙政府债务压力骤升,葡萄牙政府最终在2011年上半年向EU-IMF申请总额达780亿欧元的一揽子救助。在其政府债务的评级被降低"非投资级"之后,葡萄牙政府债务利率一度达到17%以上。西班牙与爱尔兰有些类似。在危机之前,其政府债务与GDP之比只有60%,比德国还低20个百分点,也不及法国和美国的高。这是因为,在危机前,西班牙也经历了房地产市场的繁荣,这为西班牙政府提供了大量的税收。但当西班牙泡沫破灭后,西班牙政府也花了大量资金用于救助其银行业。银行救助,加之经济下滑,使得西班牙的赤字和政府债务存量增加,结果也导致其主权债务评级被大幅下调,利率上升,加剧了债务负担。此外,发生危机的还有意大利和塞浦路斯,它们均因不堪重负的政府债务而造成了金融市场的剧烈动荡。

欧洲主权债务危机,使本来就受次贷危机沉重打击的欧洲经济雪上加霜。欧元区的失业率从 2008 年的 7.5％左右上升到了 2012 年的 12％以上。在次贷危机之后,欧元区的经济增长率虽然有所回升,但在 2010 年的欧洲主权债务危机之后,又明显下降,2012 年第 4 季度的增长率下降到了 -0.9％,陷入了衰退。当然,欧债危机影响的不只是欧元区,它拖累了美国经济的复苏进程,也极大地影响了中国经济在 2010 年之后的表现,中国经济增长率同样明显下降,那些对欧洲市场依赖较高的企业也纷纷陷入麻烦。

23.6 金融危机的防范

23.6.1 健全的宏观经济环境

健全的宏观经济环境和合理的产业结构是防范金融危机的必要宏观环境。健全的宏观经济环境主要包括适度的经济增长、较低的失业率、较稳定的物价水平、没有长期性的大规模的国际收支赤字、平衡的政府财政收支和适度的政府债务规模等。例如,过高的经济增长率可能导致人们过于乐观的预期,信贷急剧扩张,资产价格也迅速膨胀。另外,大规模的财政赤字和高失业率,都会造成货币供应量的过快增长,带来通货膨胀。这些都会给金融体系的稳定带来隐患。

23.6.2 控制杠杆水平

健全的宏观经济环境需要有稳健的杠杆水平。在宏观上,杠杆水平通常以一国债务总量与 GDP 之比来衡量,即:

$$宏观杠杆率 = \frac{国民债务总额}{GDP} \times 100\%$$

该比率越高,表明一国的债务负担越重。具体到国民经济中的不同部门,也会不同的杠杆率。通常地,政府债务余额与 GDP 之比为政府部门的杠杆率;居民部门债务余额与可支配收入之比为居民部门的总体杠杆率;非金融企业部门杠杆率则既可以用其债务总额与 GDP 之比来衡量,也可以用资产负债率来衡量,这两个比率越高,表明企业部门的杠杆水平也越高。事实证明,每一次危机发生前都曾出现过借款的大幅攀升,欧债危机是"欧猪"五国政府债务的急剧扩张;美国次贷危机前居民部门的借款占其可支配收入之比一度达到 130％以上。是故,对于高杠杆率的国家,防范金融危机的重要措施之一,便是去杠杆或降杠杆。

降杠杆的方法多种多样。宏观上,在债务总量不变时,只要 GDP 在增长,或只要 GDP 增长率高于债务的增长率,就能够达到降低宏观杠杆率的目的。反过来,当 GDP 不变时,也可通过债务紧缩或债务核减的方式来降杠杆。但 GDP 如何能增长呢？内生性增长主要来自技术进步和生产率的提高，这是长周期过程，远水解不了近渴。外生性增长则是政府以刺激投资或消费等需求端来带动供给的增长，但这往往又会走上扩大债务总量而刺激增长的老路，虽然 GDP 增长率上升了，但债务扩张得更多，结果，杠杆率不仅没有下降，反而出现新一轮的大幅上升。这样看来，通过 GDP 增长降杠杆，实际上要求政府在特定阶段忍受 GDP 增长率下降。

降杠杆的另一种方法是债务核减，即直接核销或减记债务人的部分乃至全部债务，这是一个痛快的降杠杆方法。在发生大规模债务违约后，往往可能采取这种方法。但被核销或减记的债务形成了债权人不可挽回的损失，它会破坏债权人与债务人之间的稳定关系，过多或频繁地使用债务核减，会大大增加债务人的道德风险，恶意逃废债乘机而起，反而会破坏信用纪录；也可能造成债务人与债权人之间内部人勾结的利益输送，以损害公共利益而肥私。

第三个途径便是债务紧缩，即不断地降低债务增长率甚至使其呈负增长态势。债务紧缩可能有两种，一种是借款者主动地减少借债，使资产负债表回归到比较健康的状态，即便政府采取了货币刺激，也难以让私人部门借贷活动增加。另一种政府通过宏观经济政策迫使放贷者减少信用供给。需要注意的是，债务紧缩可能会带来通货紧缩，通货紧缩可能反过来加重债务人的真实债务负担。日本在上世纪 90 年代泡沫破灭后的债务紧缩，就是使其陷入长期衰退的重要因素之一。

通胀是降低债务负担和杠杆的一种隐蔽手段。一些国家，比如俄罗斯和巴西都曾以严重通胀来稀释政府的高杠杆。通胀会产生有利于债务人而不利于债权的财富再分配，实际上是对债权人财富的掠夺，不利于债权人与债务人之间的稳定关系，而这恰恰又是市场经济信用的基础。巴西和俄罗斯的高通胀就严重地削弱了政府的信用，最后不得不通过币制改革重建信用与经济秩序。

增加债务人权益也是降低杠杆率的重要选项。增发股份、债转股和资产增值都可增加权益。发行股票和债转股都可以直接提高债务人的权益；债转股就是直接将债权人对借款企业的债权转为股权，从而增加资产负债表中的所有者权益。资产增值，即在资产总量不变的情况下，通过资产价格上涨达到资产重估增值并进而增加所有者权益的目的。2014 年至 2015 年上半年，政府曾试图通过刺激股票市场来增加企业的净值，达到降杠杆的目的，结果短时间内造成了股票市场价格的过度膨胀，乃至在股市去杠杆化的过程中导致了"股灾"，无论对投资者还是对政府都造成了巨大的损失。事实证明，通过人为刺激股市的上涨来降杠杆，最后反而会带来不可控制的金融风险。

最后一种办法就是杠杆转移。**杠杆转移**就是在国民经济内部的不同部门之间转移杠杆，它可以在不增加宏观杠杆率的情况下，将一些高杠杆部门的负债转移到低杠杆的部门来承担。然而，杠杆转移固然可以改善那些高杠杆部门的资产负债表，但也可能产生新的麻烦。例如，在美国次贷危机前，美国非金融企业部门的杠杆率向家庭部门的转移，就导致了后来的次贷危机。更进一步，以房地产行业为例，若鼓励居民部门通过多银行体系大量贷款购房来达到房地产开发企业降杠杆的目的,那么,抵押贷款的高增长可能带动房价超乎预期地上升,这反而会激励开发商更积极地去申请开发贷款或发行新的债券,结果只会导致家庭部门与房地产开发商的杠杆率双双上升。由于政府拥有货币发行的权利,其偿债能力似乎可以不受其经常性现金流的约束,但需要注意,非金融企业部门和地方政府的杠杆向中央银行的转移,不过是金融风险的代际转移罢了。

23.6.3 建立合理的企业治理结构

有效的企业治理结构是防范金融危机的微观基础。这是因为,有效的企业治理结构可以最大限度地防止融资中的道德风险和逆向选择。有效的企业治理结构包括对企业经理人员的激励和约束两个方面,如对企业经理人员利益的奖赏和不负责任行为的惩罚,促使经理人员采取有效率的行动。因此,合理的企业治理结构减少了给商业银行带来不良贷款的可能性,同时也会提高公司的盈利能力,从而给其投资者带来更高的回报,为股票价格的稳定上涨奠定良好的基础。

在多数情况下,如果公司治理结构不合理,内部人控制就会更加严重,管理层可能会转移公司的现金和其他资产,用于偿付管理层个人的债务,或将其直接存入在国外银行的账户,或者注入其他公司。在发生金融危机的亚洲国家,经理人员通过转移现金和其他资产来侵占其他股东的财产是非常普遍的事情。在中国,由于不合理的公司治理结构,在上市公司中,大股东作为控股股东非法侵占上市子公司资产的现象屡见不鲜,结果使上市子公司遭受巨额亏损,这给中国股票市场埋下了巨大的隐患。因此,合理的企业治理结构是防范金融危机的微观基础。

23.6.4 选择合理的汇率制度和资本项目开放

不合理的汇率制度与资本项目开放可能带来货币危机。例如,选择固定汇率制度与资本项目开放就是一组错误的搭配。在固定汇率制下,一国货币的汇率往往会被高估,但由于资本项目开放,当该国货币汇率被高估后,就很容易受到投机冲击,从而使固定汇率制度崩溃,该国货币汇率大幅度地贬值,引发货币危机。

东南亚金融危机发生后,克鲁格曼提出了"**永恒三角形**",也叫"**克鲁格曼三角**",如图 23.1 所示。克鲁格曼认为,世界各国的金融发展模式可以被概括进这个三角形框架,A 是选择国内货币政策独立性和资本自由流动,美国及若干亚洲金融危机国家选择了这一模式;B 是选择汇率稳定和资本自由流动,实行货币局制度的中国香港及南美诸国选择了这一模式;C 是选择货币政策独立性和汇率稳定,这方面最有代表性的国家是中国。他认为,美国选择 A 模式却不发生金融危机的原因是美国的金融体系十分健全和完善,而亚洲一些国家之所以发生金融危机,主要教训是没有像中国那样实行资本管制。资本项目的管制断绝了国际投机资本对本国货币发动投机冲击的机会。

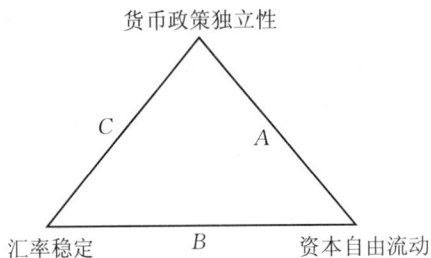

货币政策独立性

C A

汇率稳定 B 资本自由流动

图 23.1 克鲁格曼三角

23.6.5 有效的金融监管

有效的金融监管可以减少道德风险和逆向选择；通过限制金融机构从事高风险的业务活动，也减少了金融机构发生坏账的可能性，从而增强了金融体系的稳定性。有关金融监管方面的内容，我们将在下一章详细讨论。

23.6.6 完善金融机构的内控制度

在防范金融危机方面，金融机构的作用不可忽视。金融机构健全的内部控制制度可以防微杜渐，减少金融机构内部的道德风险。例如，科学的决策程序就可能避免导致严重不良后果的选择；严格的内部稽核与审计就可能及早地发现潜在的问题等。此外，金融机构内部良好的激励与约束机制使金融机构的业务人员在开展工作时更为审慎，减少高风险的活动。例如，商业银行良好的内控制度就可以鼓励信贷员发掘风险更低的潜在借款人，也防止了信贷员与借款者之间相互勾结骗取银行的信贷。巴林银行内控制度的不完善在很大程度上促成了这家老牌的英国商业银行的破产，因为它在新加坡的交易员里森可以为所欲为地从事期货交易。再庞大的金融企业，也必须有严格的内控制度，才能保证其业务的正常运营。失去了这一点，再小的疏漏也会导致万吨巨轮的倾没。千里之堤，溃于蚁穴。完善金融机构的内控制度，防微杜渐是防范金融危机最安全的措施！

小 结

金融危机是指全部或大部分金融指标超过经济承受能力的急剧恶化。金融危机分为四类：货币危机、银行危机、债务危机和资本市场危机。系统性金融危机是银行、汇率和资本市场等所有金融领域都同时爆发危机，从而对实体经济产生较大的破坏性影响。

金融本身具有脆弱性，从而容易引发金融危机。金融脆弱性是金融体系本身就具有不稳定的性质,无论是商业银行还是股票市场都具有一定的脆弱性。

理论上有很多对金融内在不稳定性的解释。费雪提出了债务—紧缩理论,明斯基提出了金融不稳定模型,金德尔伯格则发展了明斯基的金融不稳定模式,提出了金融危机的形成过程。明斯基的不稳定模型,提出了融资的三种类型,即套期保值型融资、投机性融资和蓬齐融资,蓬齐融资的不可连续性就引发了金融危机。

有三代货币危机理论对国际金融危机提供了解释。第一代货币危机理论主要集中于财政政策与固定汇率之间的矛盾上,而第二代货币危机理论则集中于货币政策与固定汇率之间的矛盾上。第三代货币危机理论则认为,新兴市场经济国家政府为金融机构提供的隐含担保,使这些国家产生了过度借贷综合征,导致金融资产价格大幅度地上升。但金融资产价格的上升是不可维持的,一旦金融资产价格开始下跌,金融危机就爆发了。在人类历史上,曾多次发生过金融危机。

防范金融危机的主要措施有以下几个方面:健全的宏观经济环境、合理有效的企业治理结构、合理的汇率制度和恰当的资本项目自由化、审慎有效的金融监管以及完善金融机构的内部控制制度。

关键概念

货币危机	银行危机	债务危机	系统性金融危机
蓬齐融资	债务—紧缩理论	金融泡沫	羊群效应
金融脆弱性	永恒三角形	监管宽容	携带交易
清迈倡议	宏观杠杆率	杠杆转移	

思考练习题

1. 什么是金融危机? 金融危机有哪几种类型?

2. 为什么金融具有脆弱性?

3. 费雪的债务—紧缩理论的主要内容是什么?

4. 说明明斯基的金融不稳定模型的主要内容。

5. 分别说明三代货币危机理论的主要内容。

6. 政府可以采取哪些措施来防范金融危机?

7. 如果政府放弃固定汇率制,转而实行浮动汇率制,就能防止货币危机。这种观点正确吗? 为什么?

8. 在英国的南海泡沫中,伟大的物理学家牛顿最初在南海公司股票投资中获得了近100%的收益率,约7 000英镑。但一时的收益使这位物理学家也兴奋过了头,遭受了巨额的损失,他在最高点时买入了更大量的股票,结果损失了20 000

英镑。为此,他异常痛苦,在以后的时间里,他甚至不愿再听到南海之名。他感叹道:"我可以计算天体的运动,但无法计算人类的疯狂。"你对牛顿在南海泡沫中的命运有何评价?

9. 2008 年美国的次贷危机迅速地拖垮了北欧小国冰岛。在危机爆发前,冰岛的利率达到 10% 左右,而在 2004 年至 2007 年 9 月,美国联邦基金利率在 1%—5.25%,这导致冰岛银行业大量从国外借款,然后借款给国内企业。美国的次贷危机爆发后,随着国外债权人要求赎回原来发放给冰岛的贷款,英国、德国等甚至还直接冻结冰岛一些银行在这些国内的所有业务。危机冲击下,冰岛货币迅速贬值,2008 年初,1 美元兑换 60 克朗左右,到 2008 年 10 月,美元与冰岛克朗之间的汇率变为了 1∶130 左右。同时,冰岛的银行业迅速陷入了流动性困境,冰岛股市暴跌,冰岛股票价格指数一度在一个交易日下跌 70% 左右。试利用本章金融脆弱性原理,分析美国的次贷危机是如何传染到冰岛金融体系的。

10. 我们在第 12 章了解到,期货交易的一个基本特点就是保证金交易和逐日钉市。在逐日钉市制度下,假设期货价格出现了与预期完全相反的走势,期货交易所要求期货交易者根据钉市结果追加保证金,但又没有别的保证金来源,且其又是期货市场中具有影响力的交易者。试分析,在这种情况下,期货价格的一个初始下跌,会对整个市场的发展产生什么样的影响?

11. 试分析降低宏观杠杆率的基本途径及其潜在影响。

▶24

金融监管

学习目标

学完本章后,你将能够:

理解为什么需要金融监管

了解《巴塞尔协议》资本充足性管理

了解金融业的分业、混业经营

弄清资本市场监管的主要内容

了解对保险业监管的主要内容

了解有效的金融监管体制的标准

弄清全球金融监管体制的演变趋势

理解功能型监管与机构型监管

理解微观审慎监管与宏观审慎政策

了解行为监管与穿透式监管

金融监管是防范金融危机的主要措施之一,也是金融得以公平、公正交易的保障。在世界任何一个国家,包括像美国这样最倡导自由主义的国家,金融仍然是受到政府严格监管的行业。虽然全球金融自由化的浪潮并未停止,但金融监管从未因金融自由化而弱化或消失。对金融监管而言,在金融自由化浪潮中,只是监管的手段、体制等在随着金融工具的发展、金融风险的日益复杂化而不断演进。

24.1 为什么需要金融监管

金融监管就是政府通过制定一系列规则,并授权相应的机构来执行这些规则,从而规范参与金融活动的各方的行为。在世界各国,金融都是受到政府监管最严格的领域之一。即便是在最信奉自由主义的美国也是如此,更不用说在其他国家了。

为什么在世界各国金融都会受到政府的严格监管呢? 主要有以下两个方面的原因:外部性和信息不对称。

24.1.1 外部性

外部性是指在提供一种产品或服务时社会成本与利益与私人成本或所得之间存在偏差,也就是一些经济主体在其生产、消费过程中对其他经济主体所产生的附加效应。这种效应可能是正的,也可能是负的,正的效应叫外部性经济,负的效应叫外部性不经济。例如,在家听音乐时将音量开得特别大,结果影响了邻居的休息,就给邻居带来了负的外部性;本来是便利自己的出行而修整道路,但这也便利了别人的出行,这就是正的外部性。"火车一响,黄金万两"最形象不过地反映了修筑铁路给沿线居民带来的正外部性。尽管从理论上说,私人有走到一起协商消除消极外部性的积极性,但是,由于"搭便车"问题难以避免,或各方的协商成本太高,最终会导致"三个和尚没水吃"的局面。因此,人们偏好以强加各种管制的办法来消除外部效应。

在金融领域中,同样存在着搭便车和外部性的现象。例如,我们在前面所讲的对上市公司经理人员经营行为的监督就存在着搭便车的现象,结果,分散的股东都没有积极性对公司经理人员进行监督。金融领域中负的外部性还表现在单个银行的破产还可能殃及那些经营状况本来比较良好的银行,引发对这些银行的挤兑,从而导致大批的银行陷入流动性困境和破产,这是负的外部性。在资本市场中,一家上市公司的财务造假案会引发投资者对其他财务状况本来健全的上市公司的信心危机,从而加速股票和债券市场价格的大幅下跌。美国世界通讯公司、安然公司的财务丑闻就使美国本来疲弱的股票市场雪上加霜,加速了美国股票市场价格在那一段时间的下跌,给投资者带来了巨大的损失。金融领域正的外部性则表现为金融功能的充分发挥会极大地提高经济的稳定性,给人们带来更大的便利和提高生活的福利水平。为了减少金融的负外部性,带来更多的正外部性,对金融的监管是必要的。

24.1.2 信息不对称

市场失败在很大程度上是由信息不对称引起的。我们在前面已经指出,信息不对称是指一方拥有相关的信息而另一方没有这些信息,或者后者拥有的信息没有前者多,从而对信息劣势者的决策造成很大的不利影响。一般而言,在商品买卖中,卖者比买者更清楚所售商品的性能;在金融市场上,借款者一般比贷款者更清楚投资项目成功的概率;在劳动市场上,雇员比雇主更了解自己的能力。正是由于信息不对称,市场交易中就存在着各种各样的风险。如果信息是完全的,而且人们对信息的处理和分析是充分理性和合理的,就不会有决策的失误。比如,消费者不会去购买明知是劣质的商品,贷款者也不会向明知信用状况极差的借款者贷款。在完全信息情况下,资源可以达到最优配置。完全竞争市场结构的基本假定之一就是市场参与各方都有完全的信息。

但是,完全信息只是一个美好的假定,真实世界中的信息是不完全的。由于信息不对称性,就可能产生道德风险和逆向选择。逆向选择是事前的,比如,消费者购买了一件劣质产品,对该消费者而言,这就是事前的逆向选择了。具体到金融领域,潜在的不良贷款风险来自那些积极寻求贷款的人,因此,最有可能导致与贷款人期望相违的结果的人们往往就是最希望从事这笔交易的人们。例如,高风险者或纯粹的骗子最急切地想得到贷款,因为他们知道自己极可能不偿还贷款或根本就没打算偿还贷款。如果发生了逆向选择,信贷资源就没有得到有效配置,而且一旦贷放出去,就可能形成贷款者的不良资产,从而影响到金融体系的稳定。

道德风险是在交易发生之后发生的。贷款者放贷之后,将面对借款者从事那些放款者不期望进行的活动,因为这些活动可能使贷款难以归还,贷款者贷放出去的本金可能血本无归。例如,借款者获得了一笔贷款,由于使用的是别人的钱,他们可能改变原来在签订借贷合约时承诺的项目,从事高风险预期收益也较高的项目投资;或者将在借贷合约中承诺用于投资的借款干脆挪作消费支出或金融投机(这在中国的上市公司中是相当普遍的,许多上市公司发行股票后,并没有按照招股说明中的承诺去使用资金,而是用于其他一些高风险的投资,如许多上市公司用所募集的资金在二级市场上与一些大机构联合坐庄的例子并不鲜见)。由于道德风险降低了归还贷款的可能性,从而降低了贷款者的预期收益,因此,道德风险降低了贷款者向企业发放贷款的意愿。总之,道德风险同样也影响了金融体系的稳定。

信息不对称与信息不完全还会引起不公平的交易,这突出地表现在股票市场的交易中。那些具有内幕信息的交易者可以事先买进或卖出股票来获得丰厚的利润,或规避潜在的巨额损失。相反,那些没有内幕信息的投资者则可能失去赚钱的机会或遭受巨额的损失,因此,内幕交易会引起股票市场的不公平交易。除了内幕交易外,还可能存在价格操纵的情况。价格操纵就是具有强大资金实力的机构投资者利用自己的资金优势,使某一种金融工具的价格朝着于自己有利的方向变动,从而获取巨额利润。价格操纵会损害中小投资者的利益,而且还会导致价格信号的混乱,引起资源的不合理配置。

在宏观层面,信息不对称使得金融风险暴露后具有相当程度的传染效应,即金融体系中局部的金融不稳定,可能会导致更多机构和更大范围的不稳定,扩散和恶化初始风险暴露的不利影响,乃至演变成系统性的金融危机。当某家金融机构陷入困境时,由于信息不对称,存款者或投资者并不清楚与自己相关联金融机构的真实状况,为了减少不必要的损失,就会采取"走为上"的措施,这在商业银行表现为挤兑,在金融市场上则表现为急切地以较低价格出售自己持有的金融资产,从而导致银行业机构更严重的流动性危机、金融市场的流动性恶化和价格的急剧下跌。这种传染效应最终会对宏观经济造成极为严重的不利后果,甚至较长期的经济衰退。

24.2　银行业的监管

金融监管的内容主要包括进入与退出监管、业务监管、内幕交易与价格操纵和资本充足性。按照金融活动中不同环节主体的不同,金融监管包括对筹资者的监管、对投资者的监管和对金融机构的监管。

24.2.1　进入管制

人们若想经营金融中介业务,无论是银行、保险还是证券业务,都必须获得监管当局的批准。因此,要经营金融业务,并不像你到超市购物或开个小店铺那样容易。要从事银行业务,必须满足商业银行法规定的若干条件。进入管制的目标是多方面的,如防止过度的进入引起无序的竞争、防止那些风险很高的潜在进入者损害资金盈余者的利益等等。当然,进入管制的程度,在不同国家是有明显差异的。

24.2.2　业务管制与分业、混业经营

即使获得了进入金融业务领域的许可证,金融企业也并不可以经营所有的金融产品。法律法规根据特定的历史条件通常都规定了每类金融机构可以经营的业务范围。如我国原来所有的金融机构都不能经营像期货、期权等衍生产品业务,同

时银行、证券与保险公司之间的业务不能相互交叉。不仅如此,经营财产保险的公司不能同时经营人寿保险,等等。当然,进入管制的程度,在不同国家有明显差异。

业务管制的一个重要方面是分业、混业经营管制。**分业经营**是对金融机构进行业务管制的主要内容。分业经营就是指以吸收存款为主要资金来源的商业银行,不能同时经营证券投资,不能从事包销和买卖私人债券、股票业务;同时,经营证券投资的投资银行也不得经营吸收存款、发放贷款等商业银行所从事的业务。中国的《商业银行法》就明确规定商业银行不得从事证券、信托和非自用性房地产投资,从而确立了中国金融业的分业经营制度。

世界上最早确立分业经营的国家是美国。1929—1933 年的资本主义大萧条是美国金融业由自由发展走向全面监管的分水岭。19 世纪后期,美国的铁路、钢铁等大工业迅速发展,资本随之高度集中和流动,使金融业尤其是证券业保持了持续的高涨。1929 年 10 月纽约股市大崩溃前夕,美国银行已达 2 万多家,并且在当时商业银行与投资银行业务融合,将许多短期信贷资金运用到股票投资这种风险项目上。由于大量的银行资金涌向股票市场,这一时期的证券投机交易达到空前的规模。但经济大萧条所造成的股票市场价格的崩溃,导致与股票交易有关的商业银行纷纷倒闭。由经济危机而引发的金融危机使公众对银行业的信心跌至最低点。于是,美国国会于 1933 年通过了《格拉斯—斯蒂格尔法》,规定了商业银行与投资银行的分业经营原则,要求商业银行与投资银行分业经营、分业管理,不允许商业银行购买股票,以证券作质押的贷款不得超过证券价值的 50%,而且禁止投资银行接受商业银行的业务交叉。该法案确立了银行与证券进行分业经营的理由在于:(1)商业银行的证券业务是导致股市崩溃和大萧条的主要原因之一;(2)商业银行的证券业务引发了银行业体系的崩溃;(3)商业银行与其证券部门在资金配置上侵害了储蓄客户的利益;(4)商业银行在证券促销活动中存在着不正当经营行为。

然而,从 20 世纪 50 年代开始,由于金融创新,银行在实践中出现了许多规避银行法限制的业务活动。层出不穷的金融创新使原来在商业银行与投资银行之间的业务越来越交叉,以至原来的分业经营已经名不符实。1999 年 4 月美国通过了《金融服务现代化法》,废除了《格拉斯—斯蒂格尔法》,在法律上允许商业银行、投资银行和保险机构之间的业务相互交叉和融合,从而确立了**混业经营**制度。从理论上说,混业经营可以更充分地利用商业银行的资源,实现规模经济和范围经济的利益,为客户提供更为便利的集银行、证券和保险于一体的全面金融服务。

混业经营已是一个全球的趋势。在由分业经营走向混业经营的全球大背景下,中国目前还主要实行分业经营制度。但是,随着像中信控股、光大集团这样的金融控股公司的兴起,中国的分业经营制度也面临着实践的挑战。实际上,政府也在有意促进中国混业经营的发展,商业银行可以发起设立基金管理公司,它们还垄断了企业短期融资券发行的承销资格、商业银行代理销售保险、基金、自己销售各种理财产品等等,都促进了中国商业银行混业经营的发展。

24.2.3　银行资本充足性监管

自有资本是抵制道德风险和机会主义行为的有力工具,充足的资本可以大大地缓和委托人和代理人之间的冲突,降低金融机构经营中的代理成本,对金融的稳定性具有很强的作用。此外,金融机构资本能够吸收意外的损失和消除不稳定性,它是吸收金融机构经营中遭遇意外损失的短期的缓冲垫。这是因为,其他条件不变的情况下,对意外损失发挥缓冲作用的初始资本越多,金融机构发生无偿付能力风险的可能性就越小,因此,资本充足性管制是控制金融机构破产可能性的一种工具。

对于银行的资本充足性管制,现在已有了一个国际性的标准。巴塞尔银行监管委员会于 1988 年 7 月制定了《关于统一国际银行资本测量和资本标准的报告》,简称《巴塞尔协议》,统一了国际银行业的资本充足性标准。随着国际金融形势的发展变化,不同金融风险的逐渐暴露,巴塞尔委员会又对银行资本协议进行两次修改。2004 年通过的新巴塞尔资本协议,即《巴塞尔协议Ⅱ》,它引入了银行监管的相辅相成的三大支柱:最低资本要求、监管当局的监管、市场约束。

1. 最低资本要求

它继承了以资本充足率为核心的监管思路,将资本金要求视为最重要的支柱。当然,新协议的资本要求已经发生了极为重大的变化。(1)拓展了风险范畴,强调全面风险管理。所谓**全面风险管理**,就是不仅要计算信用风险和市场风险,而且还要考虑操作风险。新协议提高了信贷损失风险资本框架的敏感度,要求对风险高的借款人采用更高的资本,低风险则低资本;强调应特别关注利率风险、股票风险、外汇风险、商品风险和期权价格风险等等在内的市场风险;还应当注意操作风险,即由不当或失败的内部程序、人员和系统或外部事件(如自然灾害)导致损失的风险。(2)改进了风险的计量方法,提出了标准法和内部评级法两类风险评估方法。标准法需要借助外部评级机构确定资产风险权重,计算最低资本要求;内部评级法采用银行内部评级,确定资本要求。(3)扩大了资本约束范围。对诸如金融组织形式、交易工具等的创新提出了相应的资本约束对策。例如,对于单笔超过银行资本规模经营 15% 的对非银行机构的投资,或这类投资总规模超过银行资本的,就要从银行资本中减除相同数额;对于以商业银行业务为主的金融控股公司以及证券化的资产,则重新制定了资本金要求,要求银行提取足够的各种类资产的最低资本金。

2. 监管部门的监督检查

《巴塞尔协议Ⅱ》被认为对银行内部各类风险的有效监督检查十分重要,因而强化了各国金融监管当局的职责。希望监管当局担当起三大职责:(1)全面监管银行资本充足状况。在资本规模低于最低要求时,进行适当的必要干预。(2)培育银行的内部信用评估体系,鼓励银行使用基于内部信用评级的风险计量方法、及时检查银行的内部评估程序和资本战略,使银行的资本水平与风险程度合理匹配。(3)加快制度化进程。商业银行必须向监管当局提交完备的资产分类、内部风险评估制度安排等。至于监管方法,新协议仍然强调现场检查和非现场检查二者并用的主张。

3. 市场约束

强调以市场的力量来约束银行,认为市场的约束可以推动银行合理、有效地配置资源并全面控制经营风险。为了使市场约束发挥应有的作用,它要求银行公开披露全面的信息,使市场参与者对银行所从事的各项业务、控制风险的各项手段有充分的认识和了解,能更好地对银行做出区分。它对信息披露本身也要求监管机构加强监管,并对银行的信息披露体系进行评估。

美国次贷危机暴露了原有监管体系的诸多不足,巴塞尔委员会又修订了对银行体系的监管规则,即《巴塞尔协议Ⅲ》,它作为《巴塞尔协议Ⅱ》的补充,以期建立更具前瞻性、有机统一的审慎监管制度,增强金融机构抵御风险的能力,更加丰富银行资本监管的内容,进一步强化对银行的资本监管。

首先,更严格的资本要求。为了提高监管资本的损失吸收能力,将监管资本分为核心一级资本、其他一级资本和二级资本。核心一级资本包括实收资本或普通股、资本公积、盈余公积、一般风险准备和未分配利润等。其他一级资本包括其他一级资本工具及其溢价等。二级资本包括二级资本工具及其溢价、超额贷款损失准备,即商业银行实际计提的贷款损失准备超过预期损失的部分。具体的资本监管要求为,核心一级资本充足率、一级资本充足率和资本充足率分别不低于5%、6%和8%;银行持有的普通股与风险加权的资产之比应达到4.5%。

其次,引入**逆周期资本监管**框架。它要求商业银行提取法定留成缓冲资本(储备资本)和逆周期缓冲资本。法定留存缓冲资本与风险加权资产之比为2.5%。在信贷高增长期,监管当局可另外要求0—2.5%的资本,即为逆周期缓冲资本,它同样由核心一级资本来满足。

最后,增加系统重要性银行的附加资本要求。所谓**系统重要性银行**,是指那些规模较大、与其他银行或金融机构具有广泛的关联性的商业银行。系统重要性银行的健全性和稳定性,对一个国家乃至全球的金融稳定都具有至关重要的影响,反之,系统重要性影响陷入困境,则会对整个金融体系和宏观经济带来灾难性的后果。因此,在次贷危机之后,加强了对系统重要性银行的监管,对它们实施1%—2.5%的附加资本要求,在特定条件下,它们的附加资本要求最高可达3.5%。

24.2.4 流动性与风险集中监管

充足的流动性是银行机构稳健的重要指标,银行流动性不足可能导致它丧失清偿能力,引发存款者的信任危机。鉴于流动性对金融机构的极端重要性,《巴塞尔协议Ⅲ》就强调引导银行金融机构加强流动性风险管理,它引入了两个主要的流动性监管指标。**流动性覆盖比率**,即银行持有的优质流动性资产与未来 30 天的净现金流出之间的比率。它要求该比率不得低于 100%,这意味着,银行持有充足的高质量流动资产,满足未来 30 天的净现金流出。**净稳定资金比率**,即银行可得的稳定资金与银行开展业务所需要的稳定资金之间的比率。它实际上衡量了银行较长期限内可使用的稳定资金来源对其表内外资产业务发展的支持能力。该比率同样不得低于 100%。设置该比率的最低监管标准,有助于银行以稳定的资金来源支持其业务的发展,降低资产负债的期限错配风险。在中国,除了设定与巴塞尔协议相一致的流动性监管指标,还将存贷比作为商业银行的流动性监管指标,即商业银行发放的贷款不得超过本银行存款余额的 75%。该比例限制迫使商业银行持有像诸如政府债券之类的二级准备,以便在存款者大量提取存款时,较便利地获得流动性,满足存款者的需要。为了保证商业银行的流动性,商业银行的流动性资产余额与流动性负债余额的比例不得低于 25%。

为了防止银行风险的过度集中而导致流动性风险上升,通常也会对商业银行发放的贷款集中度进行管制。所谓**贷款集中度**,就是对某一家企业的贷款占该银行贷款余额的比重。贷款集中度越高,银行贷款的风险就越集中,因此,单个企业无力偿还贷款对该银行的冲击就越大。反之,如果商业银行的贷款集中度较低,所有贷款都分散在众多的企业中,那么,单个企业的信用风险对商业银行的冲击就要小得多,这与分散化原则是相一致的。

为了提高商业银行的清偿能力和吸收损失的能力,通常还要求商业银行提取贷款损失准备金。**贷款损失准备金**就是从商业银行收益中扣除一部分以补偿可能的银行贷款损失。《巴塞尔协议Ⅲ》就强化了贷款损失准备监管,建立贷款拨备率和拨备覆盖率监管标准。它要求银行机构贷款拨备率不低于 2.5%,拨备覆盖率不低于 150%。同时,建立动态调整贷款损失准备制度,监管当局根据经济发展不同阶段、银行业贷款质量和盈利状况的不同,对贷款损失准备监管要求进行动态化和差异化调整:经济上行期适度提高贷款损失准备要求,经济下行期则根据贷款核销情况适度调低;根据单家银行的贷款质量和盈利能力,适度调整贷款损失准备要求。

24.2.5 审查

常规的银行检查,使得管理者可以监督银行是否符合资本要求、限制资产持有的规定并具备抑制道德风险的功能。银行的检查给银行一个所谓的**"骆驼"(CAMEL)评级**。"骆驼"评级包括五项内容:资本的充足性(capital adequacy)、资产质量(asset quality)、管理状况(management)、收益(earning)和流动性(liquidity)。有了银行活动的这类信息,管理者就可以进行监管了。如果一家银行的"骆驼"评级很低的话,监管者就可以关闭它。通过防止银行从事高风险投资活动,以降低道德风险的行为,同时有助于进一步减少逆向选择所带来的问题。因为,从事风险活动的机会越少,爱冒险的企业家想进入银行业的吸引力就大打折扣了。

　　银行监管机构对商业银行的检查通常包括现场检查和非现场检查。为了对商业银行进行日常审查,银行监管机构要求各商业银行定期地向其提交财务经营报告,包括资产负债表、损益表和现金流量表等,这是典型的**非现场检查**。这样的非现场检查,便于银行监管机构对商业银行的财务健全性进行审查,同时,通过汇总各商业银行的财务报表,也便于中央银行获得制定和执行货币政策所需要的相关信息。

　　为了防止商业银行提供虚假的财务报表,银行监管机构也常常会进行现场检查。**现场检查**是银行监管机构事先并不通知被检查的银行,检查人员亲临被检查的银行,查看相关的财务凭证和资产负债状况,以阻止商业银行从事风险过高的资产活动。对于在现场检查中发现有问题的商业银行,银行监管机构会予以严厉的处罚。

24.3　资本市场监管

　　资本市场监管的主要内容有以下四个方面:发行审核、信息披露、内幕交易与价格操纵等。

24.3.1　发行审核

　　发行审核是为了防止投资者发生逆向选择。无论是新发行股票还是配股或增发股票,都要得到中国证券监督管理委员会的审核。一般而言,并不是所有公司都可以发行股票或债券的。此外,潜在上市公司要新发行股票必须经过一年时间的上市辅导期。只有完成上市辅导后的公司才能经中国证券监督管理委员会的批准发行股票。

　　对于发行审核,中国原来采取的是审批制,2000年改成了核准制。审批制是与额度控制密切联系的。在审批制下,政府每年都制定了当年股票发行的额度,然后再将总的发行额度分配给各个地区和行业。只有得到了额度的企业才能够发行股票,同时,得到了额度的潜在上市公司在发行股票之前要得到中国证券监督管理委员会的批准。实际上,额度控制是中国资本市场中计划经济体制的遗风。

　　审批制与额度控制并没有保证将稀缺的资本配置到效率最高的产业和地区。由于发行股票不像债务融资那样有很强的期限约束,因此,中国的企业对于股票具有了"免费资本"的幻觉,所以,对额度的争夺异常激烈。由于额度是有限的,这样就产生了大量的寻租行为。为了争取到有限的发行额度,行贿受贿等腐败现象不断蔓延。另外,潜在的上市公司为了骗取上市资本,便纷纷编制虚假的财务报告。这为中国资本市场留下了极大的隐患。

为了提高股票发行配置的效率，中国在 2000 年便过渡到了核准制。在核准制下，政府不再限定每年股票发行的总额度，只要企业满足了上市的标准，都可以申请发行上市。

24.3.2　信息披露

为了降低由信息不对称引起的道德风险和逆向选择，政府通常会要求资金短缺者披露相应的必要信息。现在，你几乎每天都可以在《中国证券报》、《上海证券报》和《证券时报》之类的媒体上看到一些上市公司刊登的公告。每年年初和年中时所有上市公司都公布年度或半年的财务报告。所有这些都是监管当局要求上市公司必须履行的披露信息的义务。若信息没有及时披露或存在虚假陈述，一旦被监管者发现，就会受到相应的处罚。

配第在《赋税论》中风趣地道出了信息披露的重要性。他说：

信用在一切地方——特别是在伦敦——都只是一种虚幻的东西，如果对人们拥有的财富或实际资产毫无所知，那就不能了解人们是否可靠，……我想证明：尽管比较穷困的人一般都比别人勤勉，但如果每个人都能随时将其资产状况写在他的前额上，那我国的产业将会因而大大发展。

24.3.3　内幕交易与价格操纵

内幕交易与价格操纵主要是针对资本市场、期货市场的金融监管。**内幕交易**是指通过掌握内幕信息，买进或卖出相关的金融产品，从而获取超额利润的交易行为。例如，某一家上市公司正在进行资产重组，重组后该上市公司的现金流量会大幅地增长，而这一重组消息尚未正式公开，该公司的经理便将这一消息事先告诉给他的亲朋好友，他们利用这一信息优势大量买进该公司的股票，就属于内幕交易。**内幕信息**是指尚未公开的可能对股票、债券、基金和期货等金融产品的价格产生重大影响的信息，如上市公司的资产重组、股利分配政策、对金融市场会产生重大影响的国家政策的调整等均属于内幕信息。掌握内幕信息的人就是内幕人员，包括公司经理人员、政策制定者、参与资产重组的律师、会计师等相关的人员。禁止内幕交易是为了保证所有投资者都能公平地参与金融市场活动，防止利用内幕信息获得不正当的利益。在西方发达国家，利用内幕信息进行内幕交易属于严重的违法行为。例如，在美国，内幕交易者会受到刑法的严厉制裁。

价格操纵是指投资者利用自己的资金优势，大量买进或卖出某种金融产品，使该金融产品的价格朝着有利于自己的方向变动，从而获取超额利润的交易行为。在中国，典型的价格操纵就是股票市场上的"坐庄"行为。在中国股票市场上，最典型的价格操纵案有亿安科技和中科创业等。亿安科技是深圳的一家上市公司，1998 年年底时，该公司的股票价格还只有 5 元，而到 2000 年年初时，该公司股票的价格就飙升到了 126 元，在不到两年的时间里，上升了 25 倍多。该公司股票价格的暴涨并不是由于公司业绩特别优良，而是由于广东的四家投资公司联合操纵价格的结果。

价格操纵不仅会损害中小投资者的利益，引起社会财富不公平的再分配，更为重要的是，它还会扰乱金融市场秩序，使金融市场的功能不能得到正常发挥。因此，为了保证交易的公平、公正，各国在金融监管中一般也会对价格操纵予以严厉制裁。

24.3.4　对资本市场机构的监管

对资本市场机构的监管，除了设立的审批和业务范围的限制外，最重要的是流动性和风险的控制。在分业管理体制下，证券公司不得从事商业银行和保险业务。为了防止侵害客户的利益，证券公司不得挪用客户保证金和证券，各国都禁止证券经纪和自营业务混合操作；为了保证公平竞争，证券公司不得以自己在交易中的优越地位，限制某一客户的业务活动，以达到排除竞争者的目的等。同商业银行一样，对证券公司也有资本、资产负债比例方面的控制，以尽可能地化解和防范证券公司经营的风险。

24.4　保险监管

保险业的监管是指国家机构依照有关法律、行政法规的规定对在本国境内注册登记的保险公司、保险中介机构及其分支机构进行监督管理的行政行为。对保险的监管也集中在公平和风险控制两个方面，主要内容有以下三个方面：对保险条款和保险费率的监管、对保险资金运用的监管和对保险保障基金的监管。

24.4.1　对保险条款和保险费率的监管

保险条款规定了保险双方的权利和义务关系，是保险合约的重要组成部分，包括保险责任范围、保险期限、责任免除、赔偿处理、争议处理等等。由于保险条款的技术性和专业性非常强，一般人难以全面正确地熟悉其主要内容。为了保护被保险人的合法利益，保证保险条款的公平性、公正性，我国主要险种的保险条款由保险监督管理委员会制订，其他险种的保险条款报保险监督管理委员会备案，保险监督管理委员会有权决定什么是主要险种和基本条款。目前，企业财产保险、机动车辆保险等主要险种的条款均由中国保险监督管理委员会统一制订。

24.4.2　对保险资金运用的监管

保险资金是指保险公司的资本金、保证金、营运资金、各种准备金、公积金、公益金和未分配盈余资金等。保险资金的运用也受到了监管当局的严格限制。目前,保险资金除了用于银行存款、买卖政府债券、金融债券和非金融企业债券外,还可以有一部分用于投资股票。此外,还可以进入同业拆借市场、投资于基金等领域。但保险资金不得用于设立证券经营机构,不得购买股票和向企业投资,这是由分业管理的体制所决定的。

24.4.3　对保险保障基金的监管

保险公司是专门经营风险的企业,集中了大量的风险,所以保险公司有可能出现偿付危机。为了保障被保险人的利益,支持保险公司稳健经营和保证保险公司具有一定的清偿债务能力,从而减轻保险公司出现经营危机时给广大投保人带来的经济利益上的损失和对社会生产和人民生活的影响,保险公司应提取相应的保险保障基金。这与要求商业银行提取存款准备金和贷款损失准备金没有什么实质性的区别。

24.5　金融监管体制

24.5.1　有效金融监管体制的标准

一个合理有效的金融监管体制应该具有前瞻性、有效性、灵活性等几个方面的特点。

1. 前瞻性

监管体制具有前瞻性,能够估计到未来相当一段时间的金融形势和交易结构的变化,在变化的环境中能保持有效监管,不至于经常变换政策,或经常更改金融监管制度安排。监管政策经常变换,缺乏必要的连续性和稳定性会加大金融体系风险,不利于金融体系稳健运行,因为政策风险是金融市场中最主要的系统性风险,而且这种风险往往是无法合理预期的。同时,金融监管制度安排的变革存在很大的转换成本,而且会改变原有的金融运行规则和市场预期,加大金融体系风险,因此,监管制度安排也必须具有很好的稳定性。要保持金融监管政策和制度结构的相对稳定性,必须在监管制度设计和结构安排上,充分考虑到未来环境变化和监管体制的适应性问题。

2. 有效性

金融监管体制安排能够使金融监管当局以最低成本实现既定的监管目标。也即金融监管制度结构的安排不仅要考虑技术上的可行性,也要考虑经济上的可行性。比如在混业经营环境下,既然从外部监管角度搜集信息的成本和难度加大,是否应考虑加大金融机构自律约束力度。又如在混业经营的环境下,既然为消除潜在利益冲突的成本逐步加大,从成本—收益效应角度看,只要混业经营环境下金融机构的规模经济和范围经济能明显增加,金融体系综合竞争力有明显增加,是否应该容忍一定程度的利益冲突对消费者造成福利损失。

3. 灵活性

金融监管必须具有弹性,充分考虑到有效监管的反向激励因素,考虑到不同监管机构及不同国家监管制度的竞争因素,考虑到被监管者的监管套利因素,使金融监管制度在变化的环境中能够自我调整、自我适应,既要防止监管松懈及对有问题金融机构的过度宽容,又要避免不计成本的严厉管制带来的各种副作用。比如,美国1991年的联邦存款保险公司改善法案采取的重要举措之一,即设计了"即时矫正行动",将资本化程度分五级,资本化程度越低,管制措施越严。这项措施既有高度弹性和灵活性,又大大节省了监管成本。

24.5.2 分业监管与统一监管

分业监管就是针对不同的金融业务而进行的监管,如证券监督管理委员会负责监管证券业务;保险监督管理委员会负责监管保险业务,银行监督机构监督商业银行业务。**统一监管**则是所有金融业务都集中在一个监管机构的监管之下。

在国际上,金融监管体制经历了从统一监管向分业监管,又从分业监管向统一监管过渡的发展过程。在金融发展的早期,由于金融业发展水平较低,世界大体上实行统一监管。30年代大危机之后,美国率先实行分业经营,以此作为防范金融风险的重要手段。后来,其他国家也纷纷效仿,采取分业经营的形式。这样,为了适应专业化和行业管理的需要,一些国家在金融监管制度上相应地采取了分业监管的体制。

80年代后期,为了适应金融创新与金融发展的需要,一些国家注重统一监管标准,减少机构重叠,金融监管体制呈现由分散向统一发展的趋势。在挪威、丹麦、瑞典等国家,由于金融创新和金融发展,尤其是金融控股集团的出现,它们先后将分散的金融监管机构合并起来,成立统一的金融监管机构,集中统一负责银行、证券和保险业务的监管。英国在1997年将金融监管从英格兰银行分离出来,成立专门的金融服务局(FSA),实行统一的金融监管。虽然在2008年的全球金融危机后,各国更加注重宏观审慎的金融监管,但这并没有降低反而强化了统一金融监管的趋势。下文将介绍的宏观审慎监管框架,也很好地体现了统一监管的新趋势。

由分业监管向统一监管的过渡主要是由以下几个方面的原因促成的:首先,银行、证券与保险之间业务的混合削弱了分业监管的业务基础,尤其是,层出不穷的金融创新更加模糊了各类金融机构之间的业务界限;其次,银行、证券与保险业之间资金和业务往来的日益密切增加了分业监管的难度;第三,集团公司控股下的混

业经营使现行分业监管效率低下;最后,金融创新导致监管重叠和监管缺位并存。如,在分业监管体制下,大都采取分业监管,实行业务审批方式进行管理,这样,当不同金融机构业务日益交叉时,一项新业务的推出通常需要经过多个部门长时间的协调才能完成。此外,有的新金融业务处于不同金融机构业务边缘,成为交叉性业务,对于这些新的业务,既可能导致监管重复,也可能出现监管缺位。

2003 年以来,中国实行的就是机构型为主导的分业监管,即设立中国银行业监督管理委员会、中国证券监督管理委员和中国保险监督管理委员会,分别对银行业机构、证券业机构和市场、保险业机构及相关参与者的活动进行监管。但这种分业监管导致监管协调难度大、监管者之间的竞争导致放松监管和监管俘房,从而导致作为其监管对象的金融机构业务在短期内过度扩张。于是,为了解决分业监管的诸多问题,中国于 2017 年设立了国务院金融稳定发展委员会,它是国务院统筹协调金融稳定和改革发展重大问题的议事协调机构,强化人民银行宏观审慎管理和系统性风险防范职责,强化金融监管部门监管职责,确保金融安全与稳定发展。此后,原来分离的中国银行业和保险业监督管理委员会于 2018 年合并成了中国银行保险监督管理委员会。这意味着,中国在保留分业监管的基本框架下,烙上了一些统一监管的局部特征。

24.5.3 机构型监管与功能型监管

与分业监管与统一监管相对应的是机构型监管和功能型监管。**机构型监管**就是在分业经营条件下,由不同的监管当局分别对不同的金融机构进行监管,即保险监督管理委员会监管保险机构、证券监督管理委员会监督证券经营机构等。如中国目前实行的就是机构型金融监管体制(见图 24.1)。

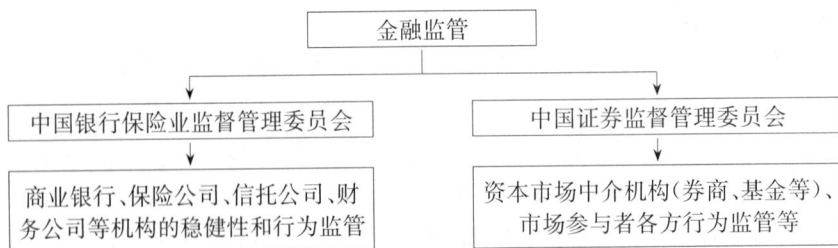

图 24.1 中国的机构型金融监管体制

机构型监管是与银行、证券和保险分业经营相适应的。由于在分业经营环境下,银行、证券和保险之间的业务不能交叉,因此,由不同的监管机构来监管对应的金融机构具有一定的可行性。但是,现在全球都在由分业经营向混业经营过渡,商业银行、证券业与保险业之间的业务越来越走向交叉融合。在这种环境下,实行机构型监管就会造成监管的盲区。例如,一家金融机构同时经营商业银行业务、证券业务和保险业务时,到底是由银行业监督管理委员会、证券监督管理委员会来监管好呢,还是由保险监督管理委员会来监管好呢?

因此,由分业监管向统一监管的过渡,要求从原来的机构型监管向功能型监管过渡。**功能型监管**就是指在一个统一的监管机构内,由专业分工的管理专家和相应的管理程序对金融机构的不同业务进行监管。功能型监管是混业经营环境下金融监管体制变化的一个新趋势。图 24.2 显示了功能型监管体制下的金融监管体制。在功能型监管体制下,同一金融机构的商业银行业务由银行监管机构进行监管,其证券业务则由证券监管机构进行监管,相应的保险业务则由保险监管机构进行监管。

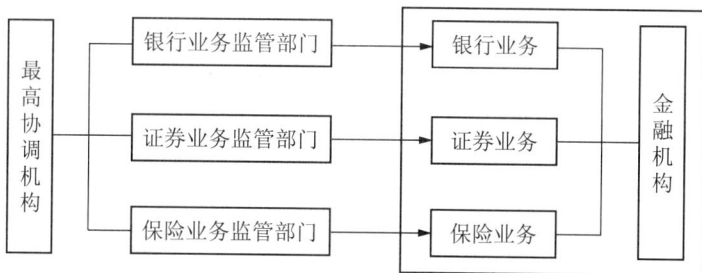

图 24.2　混业经营环境下的功能型监管示意图

功能型监管主要有以下几个方面的优点:第一,它可以根据各金融业务监管机构最熟悉的经济功能来分配法律权限。第二,根据经济功能来分配法律权限也是与金融监管原则相一致的。证券监管更强调公开性和透明度,银行监管关心的是公众对银行的信心,因此更倾向于保密。第三,以功能为导向的金融监管体系可以大大减少监管职能的冲突、交叉重叠和监管盲区。但是,功能型监管最大的不足在于,它会导致对同一金融机构的多重监管,即多家监管机构对它进行监管,这会在无形中增加金融监管的成本。

24.5.4　微观审慎监管与宏观审慎监管并重

1. 微观审慎监管

金融监管的一个新趋势就是,从单纯注重金融机构个体风险的微观审慎监管,转向与微观审慎监管并重。微观审慎监管有两个关键的弱点。**微观审慎监管**是以抑制单个金融机构的异质性风险和保护存款人或投资者的利益为目标、并根据每一金融机构的风险设置控制手段的监管方法。通常认为,整个金融体系健全依赖于每一个体机构稳健,只要每一家金融机构运营良好、稳健经营,就能够促进整个金融体系的稳定。

但是,微观审慎监管的不足在于,重视个体机构的稳健性可能导致过度保护,削弱市场纪律,且不一定最终能保障这些金融机构的安全。它的另一个不足在于,无法应对金融机构和金融市场面临的共同风险敞口,无法及时地检测系统性风险上升并采取适当的补救措施。监管注意力过于集中在单个金融机构的稳健运行上,很可能忽视了维护整个金融体系的稳定。最后,金融还具有顺周期性。金融具有顺周期性,即在金融周期的高涨阶段具有增加风险敞口的倾向,助长经济的过度繁荣;在衰退时则会过度地厌恶风险,又加剧了信用紧缩和经济衰退。金融顺周期源于个体行为有限理性和市场行为的短期性,一些金融制度安排和激励机制会进一步强化经济主体的顺周期行为,金融机构的集体行为会导致拥有相同或类似资产类型,风险敞口相关性大大提高。金融的顺周期性既提高了金融危机发生的可能性,也增加了危机时的系统性成本和负外部性,会加剧经济波动,因此,为稳定物价或充分就业的货币政策,并不能够自动地促成金融稳定,微观审慎监管也无法解决金融的顺周期性,实体经济也必将为此付出沉重的代价。

2. 宏观审慎监管

国际清算银行(BIS)在上世纪 70 年代就认识到了微观审慎监管的不足。2008 年次贷危机爆发后,宏观审慎监管以非常急切的方式被提上了金融监管改革的日程,在不同国家以不同的表现形式建立了微观审慎与宏观审慎监管并重的金融监管新体制。所谓**宏观审慎监管**,是指为抑制金融体系的系统性风险、避免金融不稳定对宏观经济造成巨大冲击,而根据系统性概率而设置的审慎控制机制。

在建立宏观审慎监管的实践方面,各国并不完全相同。早在 2009 年 6 月,欧盟就确定建立宏观审慎监管和微观审慎监管并重的金融监管体系。2011 年,正式启动泛欧金融监管体系。泛欧金融监管机构下辖欧洲系统性风险委员会(ESRB)、欧洲银行监管局(EBA)、欧洲证券和市场监管局(ESMA),以及欧洲保险与职业养老金局(EIOPA)四个部门。ESRB 是整个泛欧金融监管体系的核心,它在宏观层面上负责监管欧盟整个金融体系;而其他三个监管局分别在微观层面负责监控欧盟银行业、证券业和保险业。此外,还设立了欧洲系统风险委员会(ESRB),其主要职责是风险监测、风险评估以及风险预警和提供政策建议;同时,识别系统性风险并对其排序,当出现重大系统性风险端倪时,作出早期预警。

美国 2010 年的《多德—弗兰克法案》成立了"金融稳定监督委员会(FSOC)"。它是一个跨部门系统风险管理机构,由财政部牵头、美联储以及其他主要联邦监管机构参加,主要职责是防范和识别系统性金融风险,维护金融稳定。此外,它还赋予了美联储对系统风险监管的权力,确立了美联储在美国系统风险管理和金融监管框架中的核心地位。为了破解金融机构"大而不能倒"的困局,它允许分拆陷入困境的所谓"大到不能倒"的金融机构,设立新的破产清算机制,大型金融机构提取充足的风险拨备,禁止使用纳税人资金救市。同时实行**沃克尔规则**,限制银行机构的自营交易及高风险的衍生品交易,在自营交易中允许银行投资对冲基金和私募股权,但不得高于自身一级资本的 3%;要求金融机构风险最大的衍生品交易业务拆分到附属公司,但自身可保留利率掉期、外汇掉期以及金银掉期等业务。

3. 宏观审慎在中国

为了更好地实现金融稳定,同时又促进币值稳定和经济增长,中国在全球范围内较早地建立了以 MPA 考核为核心机制的宏观审慎政策。2011 年,我国引入差别准备金动态调整制度,并在 2016 年将其升级为宏观审慎评估体系(MPA),当年又将外汇流动性和跨境资金流动纳入了宏观审慎管理范畴。我国的宏观审慎从资本和杠杆、资产负债、流动性、定价行为、资产质量、跨境融资风险、信贷政策执行情况等七个方面引导商业银行等系统重要性金融机构加强自我约束和自律管理,见表 24.1。MPA 已成为"货币政策+宏观审慎政策"双支柱的金融调控政策框架的重要组成部分。

表 24.1　中国的宏观审慎评估指标体系

七类指标	细　分　指　标
资本和杠杆	资本充足率(80 分)、杠杆率(20 分)、TLAC(暂未实施)
资产负债	广义信贷(60 分)、委托贷款(15 分)、同业负债(25 分)
流动性	流动性覆盖率(40 分)、净稳定资金比例(40 分)、遵守准备金制度情况(20 分)
定价行为	利率定价(100 分)
资产质量	不良贷款率(50 分)、拨备覆盖率(50 分)
跨境融资风险	跨境融资风险加权资产余额(100 分)
信贷政策执行	信贷政策评估结果(40 分)、信贷政策执行情况(30 分)、央行资金运用情况(30 分)

从表 24.1 可以看出,MPA 有两大核心指标:资本和杠杆项下的"资本充足率"、资产负债项下的"广义信贷"。广义信贷增速根据银行类型不同,与 M2 增速挂钩加以考核;资本充足率则比较其与宏观审慎资本充足率的大小,宏观审慎资本充足率,是在微观审慎最低监管要求的基础上,外加一定指标而得出的一个考核标准。总体来看,中国宏观审慎评估核心在于广义信贷、资本约束和自律管理。**广义信贷**是宏观审慎管理的中介目标,包括贷款、债券投资、股权及其他投资、买入返售资产、存放非存款类金融机构款、同业存单和表外理财,比较全面地囊括了银行体系的信用投放渠道。宏观审慎的关注重点从传统的贷款类指标延伸至广义信贷,以更全面、有效地反映银行体系的信用创造,顺应了中国金融结构已然发生的重大变化,对提高金融体系稳健性的无疑有着积极的意义。

引导金融机构建立并强化以资本约束为核心的稳健经营理念是 MPA 的重要目标之一。强调资本约束,对预先防范系统性风险积累很必要。MPA 主要通过资本约束金融机构的资产扩张行为,重点指标是宏观审慎资本充足率。该项指标在结合中国实际的基础上,体现了巴塞尔Ⅲ资本框架中逆周期资本缓冲、系统重要性附加资本等宏观审慎要素。逆周期资本缓冲与宏观经济的合理需要等因素密切相关,广义信贷增速超过趋势水平越多,需要持有的逆周期资本越多;宏观经济越高涨,需要持有越多的逆周期资本;附加资本则取决于金融机构自身的系统重要性程度。实际资本水平低于宏观审慎资本要求,意味着广义信贷增长过快,资本不足以覆盖其风险。这时,要么需要适当控制广义信贷增长,要么需要补充更多资本金。

最后,宏观审慎管政策调金融机构的自律管理。坚持以资本约束为核心,更多是要发挥金融机构的自我约束作用,自身建立起严格的资本约束机制。由事前引导转为事中监测和事后评估,增强了金融机构对指标监测的及时性,更加依靠金融机构自我发现并非审慎状况并及时改进,促进金融机构的自主性,主动做好事前准备、事中监测,并及时进行预评估、调整业务,加强自律管理。

整体来看,我国的宏观审慎政策体系在原有的微观审慎监管基础上,增加了新的政策工具例如广义信贷目标、同业负债等资产负债管理工具,整合原有的微观审慎监管工具体系,对商业银行等传统系统重要性金融机构,以及具有系统重要性特征的新型互联网金融机构等实行宏观审慎评估,形成了有别于货币政策的、相对独立的政策体系,在防范系统性风险的框架内,弥补了以往货币政策不能达到的目标领域。

24.5.5 行为监管与穿透式监管

金融监管不仅仅是要维护金融的系统性稳定,还要保护金融消费者权益。为保护金融消费者权益的金融监管,便是**行为监管**,它旨在通过保持金融市场和金融机构的公正和透明,以保护金融资产购买者或投资者的切身利益。与审慎监管关注于金融体系稳健性不同,行为监管主要维护金融市场秩序,以使各类金融机构公平对等金融消费者、金融市场参与者能够公平地进行交易,因此,行为特别强调相关金融服务的信息披露的完整性、及时性和有效性,不得利用信息优势、资金优势而获取不正当利益。当然,行为监管也有助于监管者更好地判断金融机构的商业模式、设计的金融产品的结构性特征等可能隐藏的系统性风险,是故,行为监管也有助于维护和提高金融体的系统性稳定。

随着金融创新的发展,尤其是近年来资产管理的发展,打破了各种不同类型金融机构之间业务相互分割的局面,它们在资产管理领域相互交叉、跨界竞争、创新合作的趋愈益明显,形成了渠道互享和交叉投资新局面,例如,商业银行发行理财产品委托给证券公司进行管理,既加强了券商与银行之间的联系,也使得商业银行的表外业务范围大举扩张。同时,金融产品结构设计愈加复杂、投资链条更长,使得金融风险也更加复杂、更具有传染性。为了提高金融稳定性,需要及时地把握风险的源头,因此,穿透式监管也成为了新的金融监管方式。通俗地讲,所谓**穿透式监管**,是指监管者对及时弄清每一项金融活动中资金的最终投向或资金的最终来源,在资产端,穿透各类金融产品嵌套的交易结构和通道安排,鉴别出资金的最终用途,这些因使用结构化金融产品获得资金而最终形成的资产,被称为底层资产。通过鉴定出底层资产,可以明确资金最终流向及其使用者,穿透识别底层资产是否符合国家经济、产业和监管政策。在资金来源端，穿透式监管则识别实际投资人资质和数量是否符合相关监管要求，识别最终风险收益的承担者，防止风险承担者和资产类别错配等。通过穿透式监管，可以较好地避免监管的盲区，防范系统性金融风险，提高金融体系的稳定性。

小　　结

金融监管就是政府通过制定一系列规则，并授权相应的机构来执行这些规则，从而规范参与金融活动的各方的行为。在世界各国，金融都是受到政府监管最严格的领域之一。

金融监管主要是基于以下两个方面的原因：外部性和信息不对称。金融监管的目的是为了保证金融交易的公平、公正和效率，化解金融风险和防范金融危机。

对于不同的金融业务领域，金融监管的具体内容是有所差别的。但所有的金融领域都有进入管制、流动性和风险控制的监管等。对于商业银行业务而言，金融监管的主要内容包括进入管制、分业经营的业务管制、流动性管制、风险控制和资本充足性管制。现在，对于银行业的监管，已有了一个国际统一监管标准，即《巴塞尔协议》。资本市场监管的主要内容包括发行审核、内幕交易与价格操纵、信息披露和对资本市场中介机构的监管等。对保险的监管主要包括保险条款、保险费率、保险资金的运用和保险保障基金的监管等方面。

《巴塞尔协议》确立了国际银行业监管的统一标准，规定商业银行的资本充足率不得低于 8%。它将商业银行的资本分为了核心资本和附属资本，其中核心资本不得低于总资产的 4%。同时，在计算资产时，它采用了风险加权的办法，以利于控制商业银行的风险。

有效的金融监管体制和结构应当具有前瞻性、灵活性和有效性。金融监管体制主要有分业监管和统一监管、机构型监管和功能型监管。由于全球金融业正在由分业向混业经营过渡，因此，相应地，金融监管体制也正在从分业监管、机构型监管向统一监管和功能型监管过渡，各国也更加注重微观审慎监管与宏观慎监管的融合，行为监管与穿透式监管也逐渐成为新的监管实践。

关键概念

金融监管	机构型监管	功能型监管	内幕信息
内幕交易	价格操纵	巴塞尔协议	分业经营
混业经营	"骆驼"评级	宏观审慎监管	广义信贷
沃尔克规则	流动性覆盖比率	净稳定资金比率	行为监管

穿透式监管　　　　逆周期资本监管　　　系统重要性银行　　　贷款损失准备
贷款集中度　　　　统一监管　　　　　　分业监管　　　　　　功能型监管
微观审慎监管

思考练习题

1. 为什么需要金融监管？
2. 银行业监管的主要内容有哪些？
3. 银行业的资本充足性管制对商业银行会有什么样的影响？
4. 资本市场监管的主要内容有哪些？
5. 保险市场监管的主要内容有哪些？
6. 什么是分业、混业经营？谈谈未来的发展方向。
7. 什么是分业监管与统一监管？它们各有什么优缺点？
8. 什么是机构型监管与功能型监管？它们各有什么优缺点？
9. 简述《巴塞尔协议》资本充足性管制的主要内容以及巴塞尔新资本协议的三大支柱。
10. 什么是微观审慎监管，为什么需要微观审监管？
11. 什么是宏观审慎监管，为什么需要宏观审慎监管？
12. 如何理解中国宏观审慎评估机制？
13. 为什么需要行为监管和穿透式监管？
14. 中国目前实行的是分业与机构型监管，如果像中信和光大这样的金融控股公司得到快速发展，这会对中国现有的监管体制带来什么样的冲击？

术　语　表

ETF　即交易型开放式指数基金,完全复制某一指数的成份股作为投资组合。

IS 曲线　表示总产出等于总需求时,利率与均衡国民收入之间的关系。

J 曲线效应　国际收支在本币贬值后的最初一段时间里会继续恶化,而在之后国际收支才会逐渐改善。

LM 曲线　表示当货币市场处于均衡时,利率与国民收入之间的关系。

M0　流通中的现金

M1　M0+单位活期存款

M2　M1+单位定期存款+个人存款+其他存款

M-M 定理　又称莫迪尼亚尼—米勒定理,它表明,在无摩擦的市场环境下,企业的市场价值与它的融资结构无关。

保险　支付一笔额外的费用避免未来较大损失的风险管理措施。

保证保险　由保险人承保在信用借贷或销售合约关系中因一方违约而造成的经济损失而进行的保险。

爆仓　期货价格的变化与交易者原来的预期完全相反,经盯市结算后,交易者保证金账户的权益出现了负值的情形。

本票　出票人签发的,承诺自己在见票时无条件支付确定的金额给收款人或者持票人的票据。

必需品　需求对收入/财富的弹性小于1的资产。

边际储蓄倾向　可支配收入增加一个单位时,储蓄增加的数量。

边际消费倾向　可支配收入增加一个单位时,消费支出增加的数量。

表外业务　没有反映在银行资产负债表中、但会影响银行的营业收入和利润的业务。

补偿余额　借款者必须在发放贷款的银行开立的账户上保留贷款总额某一个百分比的资金。

财产保险　以财产及其相关利益为保险标的的保险,补偿因自然灾害或意外事故所造成的经济损失。

财富效应　因财富差异而导致不同的消费倾向和储蓄倾向。

财务杠杆　债务与权益之间的比率。

财政赤字　政府的收入不足以抵补支出。

财政政策　通过调整政府支出和税收来调节总需求或总供给的宏观经济政策。

财政转化机制　通过政府部门将社会的金融剩余集中起来,然后再分配给各企业部门使用。

菜单成本　因物价水平的波动而改变价格标签引起的成本。

场外交易　在证券交易所交易大厅以外进行的各种证券交易活动的总称。

超额准备金　商业银行为应付流动性管理需要而在法定存款准备之外提取的准备金。

成本推动型通货膨胀　由成本上升而引起的通货膨胀。

成长型基金 以追求长期资本利得为主要目标的互助基金。

承兑 即承诺付款的行为。

承销团 由若干家具有承销资格的证券公司或投资银行组成的、共同承销某一只股票或债券的临时性组织。

持有期收益率 在持有某种金融工具期间所得到的收益率。

赤字货币化 向中央银行借款来弥补财政赤字。

赤字债务化 政府发行债券弥补财政赤字。

储蓄 当期收入中未被消费的部分。

储蓄倾向 当期收入中储蓄所占的比例。

次级债务 固定期限不低于5年(包括5年),除非银行倒闭或清算,不用于弥补银行日常经营损失,且该项债务的索偿权排在存款和其他负债之后的商业银行长期债务。

存款乘数 一元的原始存款所创造出的派生存款的倍数,等于法定存款准备金比率的倒数。

存托凭证 在一国证券市场上流通的代表外国公司的股票。

存续期分析 考虑银行资产和负债的平均存续期在利率变化时对银行利润影响程度的一种利率风险测量方法。

存续期 投资人收回其债券投资资金所需平均时间。

搭便车 不付成本但可以享受他人的经济活动所带来的利益。

达比效应 扣除利息所得税后的实际利率。

代理监督 由金融中介机构代表分散的存款者对借款者的行为进行监督。

代销 承销商接受公司的委托,承担发行人发售债券或股票的职责。

贷款承诺 金融机构事先与企业签订合约,规定在未来一定的时期内,只要合约规定的条件没有发生变化,银行就要向企业给予信贷支持的承诺。

贷款集中度 对某一家企业的贷款占该银行贷款余额的比重。

贷款损失准备金 从商业银行收益中扣除一部分以补偿可能的银行贷款损失。

贷款五级分类法 将贷款分为正常、关注、次级、可疑和损失五类,后三类称为不良贷款。

贷款专业化 银行集中于当地企业或某一个特定行业的企业发放贷款。

单利 对本金在第一期所得的利息在第二期不计算利息。

导管效应 提高货币的实际收益率,会鼓励人们多储蓄,少消费,内源融资增加,从而促使物质资本投资增加。

到期收益率曲线 表明到期收益与剩余期限之间关系的曲线。

到期收益率 使债券剩余期限内各年所付的利息额和面值的现值等于当前的市场价格的年贴现率。

道德风险 资金短缺者在获得投资者提供的资金后,从事一些投资者所不希望的活动。

道义劝说 也叫窗口指导,中央银行向各家银行说明其立场,利用中央银行的影响力,达到执行货币政策的目的。

地下交易 违反现行法律或规章制度的隐蔽性交易。

第二代货币危机理论 认为货币危机源于国内扩张的货币政策的理论。

第三代货币危机理论 认为货币危机源于政府的隐形担保的理论。

第一代货币危机理论 认为货币危机源于大量的政府赤字与固定汇率之间不协调性的理论。

电子货币 利用电脑或储值卡进行支付和转账的信用货币。

电子资金转移系统 银行用户凭银行的借记卡或者信用卡，可以到发卡银行的特约商号去购物消费，不必携带现金。

掉期交易 在买进或卖出某种金融工具的同时，约定在未来某一日期卖出或买进相同金额的同一金融工具的交易行为。

丁伯根原则 如果政府有 n 种经济政策目标，那么，就需要有 n 种相互独立的有效政策工具，才有可能同时实现这些经济政策目标。

钉住汇率制 本国的货币与别的关键货币之间实行固定汇率，而与非关键货币之间的汇率则随着关键货币与其他非关键货币之间的汇率波动而波动的汇率制度。

短期融资券 由规模比较大的工商企业、证券公司等金融机构发行的，期限在一年以内的可流通标准化债券。

对冲交易 对同一种资产采取两种方向相反的交易策略，以一个方向交易的盈利来抵补另一个交易的损失。

二级市场 供各种可流通的金融工具流通和转让的金融市场。

二级准备 商业银行持有的可以随时在二级市场上出售用于流动性管理的有价证券。

法定准备金 中央银行要求商业银行必须缴存的准备金。

反应时滞 从中央银行操作货币政策工具到货币政策最终目标变量的改变之间的时间间隔。

返售 在购买国债的同时，约定在未来某个日期按照约定的价格再卖出这些国债的协议。

非抛补利 在套利时，没有在远期外汇市场上卖出外汇的纯套利行为。

非系统性风险 可通过投资组合来分散的、个别企业或行业所产生的特定风险。

非现场检查 要求各商业银行定期地向银行监管机构提交财务经营报告，包括资产负债表、损益表和现金流量表等。

非正规金融 零星小额的、没有正式金融机构参与的金融活动。

菲利普斯曲线 表明失业率与物价上涨率之间的交替关系的曲线。

费雪方程式 表明货币供应量与货币流通速度的乘积等于物价总水平与总产出之积：$M \cdot V = P \cdot T$，货币供应量的变化会引起物价水平的同比例上升。

费雪效应 名义利率、实际利率与物价上涨率之间的关系。

分割市场理论 认为不同期限的债券市场是完全独立和分割的，每种债券的利率只受自身供求状况的影响的学说。

分业监管 针对不同的金融业务而进行的监管。

分业经营 商业银行、投资银行和保险机构只准在各自领域经营、不得跨业兼营的制度。

风险 一种资产潜在损失的可能性，或未来预期收益的不确定性。

风险溢价 为鼓励投资者承担额外风险所提供的额外补偿。

风险资产 在投资者交易的时期内收益率是无法确定的资产，其收益率的方差/标准差为正。

封闭式回购 在回购协议有效期内，债券融入方的债券被冻结，不得随意支配。

封闭式基金 在存续期内，基金规模不能扩大和减少的证券投资基金。

浮动汇率制 现实汇率不受平价的限制，随外汇市场供求状况变动而波动的汇率制度。

负相关 一个变量与另一个变量发生反向变化。

负债业务 商业银行通过一定渠道获得他人的剩余资金的过程。

附认股权证公司债券 公司发行债券时,给债券持有人一定份额的认股权证,持有人依法享有在一定期间内按约定价格(执行价格)认购公司股票的权利,是债券加上认股权证的产品组合。

附息债券 债券发行者在发行债券时承诺未来按一定利率向债券持有者支付利息并偿还本金的债券。

复本位制 同时规定金和银为本位币的货币制度。

复利 也叫利滚利,对本金在第一期所得的利息在第二期计算利息。

告示效应 中央银行调整再贴现率向公众表明未来货币政策意向的信号,影响商业银行或社会公众的预期。

格雷欣法则 在复本位制下,套利行为使金银两种金属中市场价值高于官方确定比价的"贵"金属最终会退出流通领域。

工资推动型通货膨胀 由工资上升而引起的通货膨胀。

公开市场操作 中央银行在证券市场上买进或卖出有价证券,影响银行体系的准备金,并进一步影响货币供应量的行为。

公开市场一级交易商 具有直接与中国人民银行公开市场操作进行债券交易资格的金融机构。

公募 向不特定的公众公开发行金融工具,来筹集资金的融资方式。

功能型监管 在一个统一的监管机构内,由专业分工的管理专家和相应的管理程序对金融机构的不同业务进行监管。

供给引导型金融发展 金融组织推动的金融发展。

股票 代表对公司部分所有权的证书。

股权基金 将发行基金份额募集的资金专门投资于公司股票的基金。

固定汇率制 现实汇率受平价的制约,只能围绕平价在很小的范围内上下波动的汇率制度。

固定缴款养老金计划 员工和公司都要按照员工本人工资的某一个百分比按月向员工的养老金账户存入一笔资金。

固定受益养老金计划 事先确定未来若干年后员工所能享受的养老金总额。

管理浮动汇率制 货币当局对外汇市场进行干预,使市场汇率朝有利于自己的方向浮动的汇率制度。

广义信贷渠道 又称借款者资产负债表渠道,强调因信息不对称,借款者资产负债表的变动对货币政策传导机制的影响。

规则性货币政策 事先为中央银行的货币政策制定和操作确立一个可以遵循的准则的货币政策框架。

柜台交易 在证券公司或银行开设的柜台上进行的证券交易活动。

国际储备 一国货币当局所拥有的,用于满足国际收支平衡需要的对外资产。

国际收支赤字 一国在对外经济交往中的经常账户和金融与资本账户中的收入小于支出。

国际收支平衡表 反映一国在一定时期内本国居民与外国居民之间所发生的经济交易活动的报表。

国际收支 一国居民在一定时期内与外国居民之间经济交易的系统记录。

国际收支盈余 一国在对外经济交往中的经常账户和金融与资本账户中的收入大于支出。

国库券 政府为满足短期融资需要而发行的可流通有价证券。

国库现金管理　财政部把原来由央行代理的国库资金,委托中国人民银行进行利率招标后将部分财政存款转而存入出价(利率)最高的商业银行。

国民生产总值平减指数　按当年价格计算的国民生产总值对按固定价格计算的国民生产总值之间的比率。

荷兰式招标　中标者是愿意支付最高价格的投标人,但所支付的价格却是所有中标者的加权平均价格的招标制度。

恒久性收入　一生中每个时期的平均收入。

宏观审慎监管　为抑制金融体系的系统性风险、避免金融不稳定对宏观经济造成巨大冲击而根据系统性概率设置的审慎控制机制。

回购交易　一方以协议价格在双方约定的日期向另一方卖出国债,同时约定在未来的某一天按约定的价格从后者那里买回这些国债的协议。

汇率风险　企业、个人等在持有或运用外汇的经济活动中,因汇率的变化而蒙受损失的可能性。

汇率目标区制　将汇率波动限制在某一特定区域内的汇率制度。

汇率制度　一国货币当局对本国货币与其他国家货币之间汇率变动的基本方式所作的一系列安排或规定。

汇票　出票人签发的,委托付款人在见票时或者在指定日期无条件向持票人或者收款人支付确定金额的票据。

混合基金　同时投资于股票与债券的互助基金。

混合资本债　期限不低于15年,且在10年内不得赎回的、可用于弥补商业银行经营损失、可暂停索偿权或吸收损失,且在偿还顺序上位于次级债之后、先于股本资本的债券。

混业经营　允许商业银行、投资银行和保险机构之间的业务相互交叉和融合的制度。

货币乘数　基础货币的变动会引起货币供应量变动的倍数。

货币创造　商业银行对企业发行贷款从而创造派生存款的过程。

货币错配　企业和金融机构的资产或负债以不同货币计值。

货币的时间价值　当前所持有的一定量货币比未来持有的等量的货币具有更高的价值。

货币供给内生性　中央银行不能够对货币供应量加以控制,货币供应在经济体系运行之中决定的。

货币供给外生性　中央银行能够对货币供给量加以独立控制。

货币化　以货币为媒介的商品交易在国民收入中所占比重的上升以及以货币等金融资产作为财富储藏手段的上升。

货币结构　也叫货币的流动性结构,流动性较高的货币与流动性较低的货币余额之间的比率。

货币局制度　法律明确规定本国货币与某一外国可兑换货币保持固定的汇率,并且对本国货币的发行作特殊限制,以保证履行这一法定义务的汇率制度。

货币可兑换　货币持有者可以按照市场汇率自由地把一种货币兑换成一种主要国际储备货币。

货币　可以充当价值尺度、交易媒介、价值贮藏和支付手段的物品。

货币流通速度　也叫货币的收入速度或货币周转率,同一货币在一定时期内媒介商品或服务交易的次数。

货币市场　期限在一年以内的金融市场,主要职能是调剂临时性的资金余缺和流动性

535

管理。

货币替代 本国居民持有外国货币,作为价值尺度、交易的媒介或价值储藏的手段。

货币替代率 人们持有的外币增加额与当年本国货币的增加额之间的比率。

货币危机 人们对一国货币丧失信心,大量抛售该国货币,从而导致该国货币的汇率在短时间内急剧贬值的情形。

货币政策传导机制 中央银行利用货币政策工具,操作手段指标变量后,达到货币政策最终目标的过程。

货币政策时滞 从经济形势的变化需要中央银行操作货币政策,到最终目标变量的变动之间的时间间隔。

货币政策效果 中央银行操作货币政策工具后,达到其最终目标的程度。

货币政策 中央银行利用各种政策工具,增加或减少货币供给量,从而调节利率和总需求。

货币制度 又称币制,是一国政府以法律形式确定的货币流通结构和组织形式。

货币中性 货币供应量的增加,并不会降低失业率和提高实际的产出,只会使物价总水平上升的现象。

机构型监管 在分业经营条件下,由不同的监管当局分别对不同的金融机构进行监管。

基本汇率 本国货币与基本货币之间的汇率。

基础货币 又叫高能货币,在部分准备金制度下能够通过银行体系创造出多倍的存款货币,包括流通中的现金与银行体系的准备金。

基准债券 没有信用风险且期限特别短的国库券。

吉布逊谜团 物价水平与名义利率同向变动的现象。

即期汇率 又叫现汇汇率,买卖双方成交后,在两个营业日内办理外汇交割时所使用的汇率。

即期交割 在双方达成交易协议后的两个交易日内进行交割。

即期外汇交易 又称现汇交易,在买卖双方成交后,在两个营业日内进行交割的外汇交易。

即时年金 从即刻开始就发生的一系列等额现金流。

棘轮效应 过去的短期消费对未来的长期消费倾向下降的阻碍作用。

季节性失业 因为季节性的变动而产生的失业。

价格操纵 投资者利用自己的资金优势,大量买进或卖出某种金融产品,使该金融产品的价格朝着有利于自己的方向变动,从而获取超额利润的交易行为。

价格管制 政府限制各种商品和服务价格上涨的幅度。

价格粘性(工资) 价格或工资不能随外部环境的变化而及时调整时的现象。

间接标价法 以一定单位的本国货币为标准,折算成若干单位的外国货币来表示汇率的方法。

间接货币政策 中央银行通过市场手段来影响商业银行的准备金,并进而调整货币供应量和市场利率的货币政策。

间接金融转化机制 通过诸如银行等金融中介机构将盈余部门的资金转移给短缺部门使用,通常存在两份合约和风险屏障。

间接套汇 利用三个不同外汇市场上同一货币的汇率差异,同时在三个市场上贱买贵卖,从中获取汇差收益的行为。

监管宽容 出于金融稳定的考虑,当商业银行面临严重的财务困境时,政府采取各种措施予以保护,而不让其破产。

监管资本 按监管当局的要求计算的资本,包括核心资本和附属资本。

剑桥方程式 货币需求量等于名义收入的某一个比例。用公式表示为 $M_d = K \cdot P \cdot T$。

交叉汇率 也叫套算汇率,根据两种货币的基本汇率计算出两种非基本货币之间的汇率。

交易货币需求 为了未来的商品与服务的交易而持有的货币。

结构性失衡 一国经济结构失调造成的国际收支失衡。

结售汇 出口企业所得的出口外汇收入要卖给指定银行,企业需要外汇进口商品或设备时,须申请购买外汇。对银行而言,前者叫结汇,后者叫售汇。

借入准备金 商业银行从中央银行借款或从同业拆借市场拆入资金形成的准备金。

金本位制 指以黄金作为本位货币的货币制度。

金融储蓄 以有价证券、银行存款、现金等金融资产形式而存在的储蓄。

金融创新 创造出新的金融工具、金融组织和金融制度来更合理地配置金融资源,获取更高收益或降低风险的活动。

金融脆弱性 金融体系本身就具有不稳定的性质。

金融发展 金融的功能不断完善、扩充并进而促进金融效率的提高和经济增长的动态过程。

金融工具 载明债权债务关系的合约,一般规定了资金盈余者向短缺者转让金融剩余的金额、条件和期限等。

金融加速器 信贷市场摩擦而放大初始货币紧缩对总支出进而对经济增长率的影响。

金融监管 政府通过制定一系列规则,并授权相应的机构来执行这些规则,用以规范参与金融活动的各方的行为。

金融结构 各种金融工具、金融机构资产、数量之间的比例关系。

金融泡沫 一系列资产在一个连续的过程中陡然涨价,开始的价格上升会使人们产生还要涨价的预期,于是又吸引新的买主,随着预期的逆转,接着就是价格的暴跌,最后以金融危机告终。

金融全球化 金融活动及金融资产和负债在全球统一规则下运作,同时金融风险也具有全球性传染的经济现象。

金融深化 金融结构的优化和金融功能的不断扩充和完善的过程。

金融危机 全部或大部分金融指标超出社会经济体系承受能力的急剧恶化。

金融相关比率 广义货币余额与一国 GDP 之比。

金融抑制 发展中国家的政府为了特定的目的而对金融系统进行强制性的行政干预,造成金融体系的功能无法通过市场机制正常地发挥作用,引导资源的合理配置。

金融转化机制 通过金融系统来沟通资金的盈余与短缺。

金融资产 具有现实价格和未来估价、且具有特定权利归属关系的金融工具的总称。

金融自由化 政府放弃对金融体系的行政干预,让金融市场在金融资源的配置中起基础性的调节作用。

经常账户 反映一国与他国之间实物资源转移的项目,包括货物、服务、收益和无偿转移。

经济交易 经济价值从一个经济单位向另一个单位的转移。

经济资本 一种虚拟的、与银行风险的非预期损失等额的资本。

净额结算 参与者之间首先对债权债务相互冲销,冲销后仍有余额时再进行结算。

净价交易 在国债交易中,将成交价格与债券的应计利息分解,价格随行就市,其应计利息则根据票面利率按天计算,从而便于债券持有人享受持有期间应得的利息收入。

净金融投资　当年金融资产的增加额减去当年新增金融负债后的差额。

净稳定资金比率　银行可得的稳定资金与银行开展业务所需要的稳定资金之间的比率。

决策时滞　从中央银行认识到需要调整货币政策到最终操作货币政策之间的时间间隔。

绝对购买力平价理论　认为两国货币间的汇率取决于两国同类商品价格之间的比率的学说。

开放式回购　回购协议有效期内,正回购方可以商议变更质押债券的种类,或者逆回购方可以自由处置债券的回购交易方式。

开放式基金　基金证券的规模在其存续期内可以变动的投资基金。

可支配收入　总收入中扣除所得税后的余额。

可转换债券　按照一定的条件和比例、在一定的时间内转换成该公司普通股的债券。

拉弗曲线　表明税收总额在税率提高的初始阶段不断上升,而超过了一个临界值之后,税收反而随税率的上升而下降的曲线。

李嘉图等价定理　表明政府采取征税或发行债券对储蓄和消费选择的影响是相等的。

利率风险　市场利率的波动带来损失的可能性。

利率　借款者为了获得对贷款者的资金的使用权,而向后者支付的价格。

利率平价　认为两种货币间的汇率波动取决于两国利率差异的学说。

廉价信贷　低息的、没有反映市场供求和资金使用者风险特征的贷款。

量化宽松的货币政策　简称为 QE,指当货币政策指标利率达到或接近零时,中央银行通过某一既定频率购买既定数量的国债若其他资产等手段的货币政策方式。

流动性覆盖比率　银行持有的优质流动性资产与未来 30 天的净现金流出之间的比率。

流动性　将一种资产转换为现金而不遭受损失的能力。

流动性升水　债券流动性的降低导致债券的利率上升。

"骆驼"评级　包括五项内容:资本的充足性、资产质量、管理状况、收益和流动性。

马歇尔—勒纳条件　只有当进口需求的价格弹性和出口需求的价格弹性之和大于 1 时,本币贬值才能改善国际收支。

买入汇率　银行在买入外汇时所使用的汇率。

买入期权　也叫看涨期权,是指期权的购买者预期某种产品的价格将会上涨时,就以一定的权利金购买在未来约定的时期内以约定的价格购买该种产品的权利。

卖出汇率　银行在卖出外汇时所使用的汇率。

卖出期权　也叫看跌期权,是指期权的购买者预期某种产品的价格将会下跌时,就以一定的权利金购买在未来约定的时期内以约定的价格卖出该种产品的权利。

贸易差额　商品和服务进出口的差额。

贸易集中度　与某一个国家或地区的进出口贸易额与该国进出口总额之间的比率。

贸易逆差　货物的进口额大于出口额。

贸易顺差　货物的进口额少于出口额。

贸易条件　表示一单位出口品所能换回的进口品数量。

贸易依存度　一个国家一年的进出口总额与国内生产总值之间的比率。

美国式招标　投标价格最高者中标,且按投标价格中标的招标制度。

美式期权　期权的购买者可以在期权到期日以及到期日之前的任何时间里执行权利的期权。

迷失的货币　超过物价上涨率与经济增长率之和的那部分货币供给增长率。

米德冲突 在固定汇率制下政府财政货币政策所面临的内外冲突。

名义汇率 在社会经济生活中被直接公布、使用的、表示两国货币之间比价关系的汇率。

名义利率 以名义货币表示的利率。

名义收益率 没有考虑通货膨胀影响的收益率。

摩擦性失业 因调整工作需要而引起的暂时性失业。

内部人控制 企业经理人员利用自己在企业经营上的信息优势或便利谋取自己的利益,损害股东的利益。

内幕交易 通过掌握内幕信息,买进或卖出相关的金融产品,获取超额利润的交易行为。

内幕信息 尚未公开的可能对股票、债券、基金和期货等金融产品的价格产生重大影响的信息。

内外均衡的冲突 为维持国际收支平衡与降低国内失业或提高经济增长率之间的矛盾。

内源融资 资金使用者通过内部的积累为自己的支出融资。

逆回购 在购买某一证券的同时,签订协议在将来某一日期以约定的价格将该证券如数卖给原来的出卖者。

逆向选择 由于信息不对称,资金盈余者或金融机构恰恰将他们的盈余资金贷放给了那些他们所不愿意贷给的风险更高的资金短缺者。

年金 一系列均等的现金流或付款。

扭转操作 美联储以短期国债置换长期国债,从而改变利率期限结构的货币政策操作。

欧式期权 只能在期权到期日执行的期权。

欧洲货币 在货币发行国之外流通的货币。

派生存款 商业银行体系通过发放贷款而创造的存款。

抛补套利 在进行套利活动的同时,在远期外汇市场上卖出外汇以防止汇率波动风险的套利。

票据贴现 票据的持有人在需要资金时,将其持有的未到期票据转让给银行,银行扣除利息后将余款支付给持票人的票据行为。

票据贴现市场 供票据持有人和贴现银行之间进行票据交易的市场。

票据 在商品流通过程中,反映债权债务关系的设立、转让和清偿的一种信用工具。

平衡基金 分散投资于股票和债券的基金,希望在资本成长与固定收益间求取平衡。

平价 远期汇率与即期汇率相等,远期差价为零。

平价债券 面值与其市场价格相等的附息债券。

普通年金 在现期的期末才开始一系列均等的现金流。

期权 未来的一种选择权,即期权的购买者在支付一定的权利金后,有权利要求期权的卖方在未来的一段时期内以事先约定的价格卖出或买入某种原生产品的权利。

期望收益 资产组合中各单项资产期限收益率的加权平均值。

期限选择理论 认为长期债券的利率等于该种债券到期之前短期债券利率预期的平均值,加上该种债券随供求条件变化而变化的期限升水的学说。

企业储蓄 企业收入与其工资、税金、利息以及红利等支出的差额。

企业债券 由一般工商企业发行的、具有一定面额和偿还条件的债权债务凭证。

强势货币 在外汇市场上汇率具有上升势头的货币。

清迈倡议 东盟10+3各国贡献不同的外汇储备,组建一个储备库,在某国日后遭遇资本大量外流、货币贬值时提供融资支持。

全额包销　承销商接受发行人的全权委托,承担将本次发行的相应金融工具等全部销售给投资者的职责。

全球经济失衡　以美国为代表的许多发达国家较长时间内都是国内储蓄小于投资,并伴随着大量的贸易逆差;而有些发展或新兴市场经济国家却是国内储蓄大于投资,并伴随着大量而较长时期的贸易顺差的现象。

全球经济失衡　以美国为代表的许多发达国家较长时间内都是国内储蓄小于投资,从而伴随着大量的贸易逆差,而以中国为代表的有些新兴市场经济国家却是国内储蓄大于投资,从而伴随着大量贸易顺差的现象。

缺口　利率敏感型资产与利率敏感型负债之间的差额。

人民币外汇掉期交易　交易双方约定一前一后两个不同交割日、方向相反的两次人民币与某种外币之间的交换。

人民币外汇货币掉期　在约定期限内交换约定数量人民币与外币本金,同时定期交易两种货币利息的交易。

人民币外汇远期交易　交易双方以约定的外汇币种、金额、汇率,在约定的未来某一日期(距成交日两个工作日以上)交割的外汇兑人民币的交易。

人身保险　包括人寿保险、健康保险和意外伤害保险等,以人的寿命和身体为保险标的,以人的生存或死亡为给付条件的一种保险。

认识时滞　从经济形势的变化到中央银行认识到需要采取相应的货币政策来调节经济状况之间的时间间隔。

融券交易　投资者看跌某种有价证券时,从其开立信用交易账户的证券公司借入该证券并卖出的行为。

融通票据　又称商业票据,不以真实商品交易为基础,而是专为融通资金而发行的票据。

融资交易　当投资者看涨某一证券而手头又没有足够的资金时,向交易所具有会员资格的证券公司提供担保物,借入资金买入该证券的行为。

融资融券　有价证券的信用交易形式,即它是以投资者取得其所开立信用交易账户的证券公司的授信为基础的证券买卖活动。

弱势货币　在外汇市场上汇率具有贬值趋势的货币。

三板市场　全称是"代办股份转让系统",它为一些不能在上海和深圳证券交易所上市的公司股票提供的流通转让场所。

三角债　企业之间的相互拖欠。

商业承兑汇票　由收款人或付款人签发,经作为付款人的企业承兑的票据。

商业信用　企业之间在出售商品时,以延期付款方式所提供的信用。

商业银行　又称存款货币银行,以经营存款、贷款、办理转账结算为主要业务,以盈利为主要经营目标的金融企业。

奢侈品　需求对收入/财富的弹性大于1的资产。

生产者价格指数　企业购买原材料等投入品的价格指数,反映企业生产成本的变化。

实际汇率　用两国价格水平对名义汇率进行调整后的汇率。

实际利率　名义利率与通货膨胀率之差,它是用你所能够买到的真实物品或服务来衡量的。

实际收益率　名义收益率扣除通货膨胀率后的余额。

实时总额结算　对同业拆借交易及时结算,完成一笔结算一笔。

实物储蓄　以住房、耐用消费品和存货等为形式的储蓄。

市净率　股票价格与每股净资产之间的比率。

市盈率　股票的市场价格与当期的每股收益之间的比率。

市值配售　按每个投资者购买股票的市值分配号码,通过摇号抽签产生中签号的新股发行方式。

收入效应　提高利率增加了将来的利息收入,从而只需要较小的本金储蓄,就能满足未来特定的支出。这会鼓励增加当期的消费,减少未来的储蓄。

收益率　持有一种金融工具所得的回报与投入本金的比率。

收益型基金　以追求固定收益为主要目标的共同基金。

手段变量　中央银行政策工具能够直接控制的货币政策变量。

双赤字　贸易逆差有时与政府的财政赤字是同时并存的现象。

双向报价　银行同时报出买入汇率与卖出汇率。

私募　只向特定的少数投资者发行证券的融资方式。

私人储蓄　家庭储蓄和企业储蓄的统称。

套汇　利用同一时刻不同外汇市场上的两种货币间的汇率差异,买进和卖出外汇而获取汇差收益的行为。

套利　在两国之间的短期利率出现差异时,将资金从低利率的国家调入到高利率的国家,以获取其中的利差的行为。

特别提款权　IMF 对会员国根据其份额分配的,可用以归还 IMF 贷款和会员国政府之间偿付国际收支赤字的一种账面资产。

替代效应　提高利率增加的未来消费越多,会鼓励更多的储蓄。

贴现率　用于计算现值的利率。

贴现债券　债券到期后按照债券票面金额向债券持有人兑付,但在债券到期前,市场价格低于其面值的债券。

通货紧缩　一般物价水平持续下降的过程。

通货膨胀目标制　中央银行事先明确宣布一个具体数值的通货膨胀率,中央银行的货币政策操作就在于确保物价水平的上涨率保持在它宣布的目标范围内。

通货膨胀　一般物价水平持续上涨的过程。

同业拆借市场　金融机构之间为调剂临时性的头寸和满足流动性需要而进行的短期资金信用借贷市场。

同业借贷　以调剂临时性、季节性的资金融通为目的,其作用不在于弥补准备金或者头寸的不足,而在于获得更多的短期负债的拆借活动。

统一监管　所有金融业务都集中在一个监管机构的监管之下。

头寸拆借　金融机构之间为了轧平头寸、补足存款准备金和票据清算资金而在拆借市场上融通短期资金的活动。

投机货币需求　为了在未来的某一恰当时机进行投机活动而保持一定数量的货币。

投资型储蓄　为使未来得到更多的消费和收入进行的储蓄。

托宾 Q　企业的市场价值与资本重置成本之比。

脱媒　利率管制导致大量资金从商业银行流出的现象。

外部强制监管机制　政府要求金融活动的参与者必须严格遵守相关法律法规。

外汇储备　货币当局所持有的对外流动性资产,包括银行存款和国库券。

541

外汇 国外汇兑的简称。

外汇缓冲政策 运用官方储备的变动或临时向外国筹措资金来抵消超额外汇需求或供给。

外汇市场 外汇交易的场所。

外汇投机 根据对汇率变动的预期,持有外汇的多头或空头,希望利用汇率的波动来获取汇差收益。

外源融资 资金短缺者通过某种方式向其他资金盈余者筹措资金。

微观审慎监管 以抑制单个金融机构的异质性风险和保护存款人或投资者的利益为目标、并根据每一金融机构的风险设置控制手段的监管方法。

违约风险 也称信用风险,借款者到期时不能按期还本付息的可能性。

沃克尔规则 限制银行机构的自营交易及高风险的衍生品交易。

无风险资产 在投资者决策区间内收益率是完全可以预测的资产,它的收益率的方差/标准差为零。

系统性风险 经济体系中所有的资产都面临的风险。

系统性金融危机 银行、汇率和资本市场等所有金融领域都同时爆发危机,从而对实体经济产生较大的破坏性影响。

狭义表外业务 包括贷款承诺、担保、衍生金融工具和投资银行业务。

现场检查 银行监管机构事先并不通知被检查的银行,检查人员亲临被检查的银行,查看相关的财务凭证和资产负债状况。

现券交易 根据合约商定的付款方式买卖债券,在一定时期内进行券款的交割,实现债券所有权的转让。

现值 未来一定金额按一定利率折算为现在的价值。

相对购买力平价理论 认为两国货币间的汇率波动取决于两国间的通货膨胀率差异的学说。

相对收入假说 认为消费倾向取决于人们的收入水平与他周围的人的收入水平的对比的学说。

相互独立 一个变量的变化与另一个变量的变化之间没有任何联系。

相机抉择的货币政策 指货币当局或中央银行在不同时期,应根据不同的经济形势,灵活机动地选择不同的货币政策,以达到当时最需要的政策目标。

消费价格指数 根据具有代表性的家庭的消费开支所编制的物价指数。

消费倾向 当期消费支出与收入之比。

携带交易 从利低率国家借入资金然后投资于其他国家或地区的高收益证券的行为。

信贷观 强调信贷市场摩擦在货币政策传导中的独特作用。

信息不对称 一方拥有的信息比另一方拥有的信息多。

信用点差 不同信用级别债券之间收益率的差异。

信用独立性 财政赤字对中央银行的依赖程度,或其他变量对基础货币的影响程度。

信用分配 中央银行根据经济形势的需要,限制商业银行的信贷规模。

信用货币 作为商品自身的价值不能与它作为货币的价值完全相等,且不能用以兑现商品货币。

信用配给 银行拒绝向贷款申请者提供全部或部分的贷款,使借款者的借款需求只能得到部分的满足,或根本就得不到满足。

需求拉动型通货膨胀 由总需求的扩张而导致的通货膨胀。

需求尾随型金融发展 实体经济部门发展所引导的金融发展。

衍生金融工具 在原生金融工具基础上派生出来的金融产品,包括期货、期权等,主要功能在于管理与原生工具相关的风险暴露。

央行票据 中国人民银行为了回收基础货币而发行的一种债券。

羊群效应 金融资产投资中跟风操作的现象。

一般物价水平 全社会所有商品和服务的价格总水平。

一级交易商 是经中国人民银行审定的、具有直接与中国人民银行进行债券交易资格的商业银行、证券公司和保险公司和信托投资公司等金融机构。

一级市场 也叫发行市场,资金短缺部门通过发行各种金融工具而筹集到其所需资金的市场。

一级准备 商业银行持有的法定准备金和超额准备金构成的准备。

一价定律 在自由贸易条件下,同样的商品无论在哪里生产,在世界各地以同一货币表示的价格都应该是相同的。

溢价债券 市场价格高于其面值的附息债券。

银行承兑汇票 由收款人或付款人出票,经付款人委托其开户银行承兑的票据。

银行贷款渠道 强调银行信贷的特质以及银行在金融结构中的独特作用从而对货币政策传导机制的影响。

银行恐慌 存款者因对银行失去了信心,纷纷到银行挤提存款而导致银行流动性严重不足,进一步导致银行大量倒闭的现象。

银行危机 由于某些原因导致人们对银行信心的丧失,大量挤提存款,银行系统的流动性严重不足,出现银行大量倒闭的现象。

隐性通货膨胀 有钱也买不到商品的短缺现象。

永恒三角形 也叫克鲁格曼三角,世界各国的金融概括为选择国内货币政策独立性和资本自由流动、选择汇率稳定和资本自由流动与选择货币政策独立性和汇率稳定的三种模式。

永续年金 永远持续下去没有最终日期的年金。

用脚投票 当股东对上市公司的经营不满时,在二级市场上卖掉他们所持有的股票,一走了之。

用手投票 股东参与上市公司的经营决策,对上市公司进行直接监督。

余额包销 承销商接受发行人的委托,代理发行人发行本次相应的金融工具,如果在规定的时间内,还有剩余没有销售出去,则由承销商认购全部未销售出去的余额。

预防性储蓄 为预防未来不确定性而进行的储蓄。

预期假说 认为长期债券的利率等于长期债券到期之前人们对短期利率预期的平均值的学说。

原生金融工具 也叫基础金融工具,主要职能是沟通储蓄向投资转化或者用于债权债务清偿的凭证。

原始存款 将收入中未被消费的部分存入到银行形成的存款。

远期差价 报出远期汇率比即期汇率高或低若干点来表示远期汇率。

远期汇率 又叫期汇汇率,买卖双方事先约定的,据以在未来一定日期进行外汇交易的汇率。

远期交割 在双方达成交易协议后的两个交易日后进行交割。

远期交易 也叫期汇交易,买卖双方在成交后,按照签订的远期合同规定,在未来约定的某个日期进行交割的外汇交易。

远期升水　远期汇率高于即期汇率,远期差价为正。

远期贴水　远期汇率低于即期汇率,远期差价为负。

月供　从银行借款后,每个月向银行还款的固定金额。

再保险　也称分保,保险人通过订立合约,将自己已经承保的风险,转移给另一个或几个保险人,以降低自己所面临的风险的保险行为。

再贷款　中央银行向商业银行等金融机构提供的贷款。

再贴现率　中央银行对商业银行的再贴现收取的利率。

再贴现　商业银行在需要资金时,将未到期的票据向中央银行贴现的票据转让行为。

责任保险　以被保险人的民事损害赔偿责任为保险标的的保险。

债券基金　只将发行基金份额募集的资金投资于企业债券或政府债券的基金。

债券远期交易　交易双方约定在未来某一日期,以约定价格买卖一定数量标的债券的金融合约。

债券　资金使用者为筹集资金而向投资者发行的并约定在一定期限内按一定条件还本付息的证券。

债务融资　资金使用者承诺在未来按照在一定的条件偿付贷款者的融资方式,主要有银行贷款、发行债券、票据融资和商业信用等。

债务危机　一国政府不能按照预先约定的承诺偿付其国外债务,从而导致对该国发放外债的金融机构遭受巨大的损失。

债转股　金融资产管理公司收购国有独资商业银行不良贷款后,将其转为对借款企业的股权。

粘性信息　企业或个人在经济决策时,不会完全地利用已有的信息的现象。

折价债券　市场价格低于其面值的附息债券。

真实票据　伴随商品流通而发生的、为结清贸易价款而使用的票据。

正回购　在出售证券以获得资金的同时,约定在未来某一日期再以约定的价格从交易对手那里如数买回这些证券。

正相关　一个变量与另一个变量发生同向变化。

证券保证金比率　证券购买者在买入证券时必须支付现款的比率。

证券化　将银行原来非标准化的贷款合同重新集合,然后细分为标准化的、具有相同金额、相同期限和相同收益的金融工具的过程。

证券市场过度反应　某一事件引起股票价格剧烈波动,超过预期的理论水平,然后再以反向修正的形式回归到其应有的价位上来的现象。

证券投资基金　将分散的小额资金集中起来,组成规模较大的资金,然后投资于各类有价证券的基金。

政策独立性　中央银行在制定和执行货币政策过程中自主性权力的大小。

政策性银行　由政府创立或担保,以贯彻国家产业政策和区域发展政策为目的,具有特殊的融资原则,不以盈利为目标的金融机构。

政府储蓄　也叫公共储蓄,政府非债务收入和政府消费支出之间的差额。

政府债券　由政府发行的,具有一定面额和偿还条件的债权债务凭证。

支票　出票人签发的,委托办理支票存款业务的银行或者其他金融机构在见票时无条件支付确定金额给收款人或者持票人的票据。

直接报价 直接将各种不同交割期限的买入汇率和卖出汇率显示在报价牌上。

直接标价法 以一定单位的外国货币作为标准,折算成若干单位的本国货币来表示两种货币之间的汇率。

直接调控货币政策 中央银行直接用信用管制来对货币供应量或利率进行控制,以便达到中央银行的货币政策目标。

直接金融转化机制 盈余资金通过直接金融市场流向资金短缺部门,资金盈余者与短缺者之间是一对一的关系。

直接套汇 当同一货币在两个外汇市场上的汇率存在差异时,同时在这两个外汇市场上一边买进而另一边卖出这种货币,以获取汇差收益的行为。

直接投资 一国居民到国外直接建立分支企业,或购买国外企业足够量的股票后对该企业拥有一定的控制权。

中介目标 连接货币政策手段变量与最终目标之间的变量。

中央银行独立性 中央银行在发挥自身职能的过程中,不受国内其他利益集团影响的程度。

终值 一定金额的初始投资按一定的复利利率计息后,在未来某一时期结束时的本息总额。

主承销商 负责组织其他机构参与承销的证券公司或投资银行。

住房公积金 每月按员工工资的某一个百分比扣除的用于员工未来购房的专项基金。

转贴现 贴现银行在需要资金时,将已贴现的票据再向同业其他银行办理贴现的票据转让行为。

准货币 不能直接用作交换的媒介,但可当作价值储藏手段的定期存款、储蓄存款等。

资本边际生产力 增加一个单位的资本投入所引起的产出的增加额。

资本充足性 资本与资产之间的比率。

资本市场 金融工具期限在一年以上的金融市场,主要职能是将储蓄转化为投资,促进物质资本的形成。

资本市场危机 人们对资本市场丧失信心,争先恐后地抛售所持有的股票或债券等,从而使股票或债券市场价格急剧下跌的金融现象。

资本外逃 也称资本逃避,为了规避风险或当局管制而出现的非正常资本外流。

资产的收入/财富弹性 收入/财富变动1%时所引起的资产需求变动的百分比。

资产竞争效应 当货币的实际收益率提高到一定程度后,人们就会持有更多的货币余额,而不会进行物质资本的投资。

资产替代 本国居民持有国外发行的以外币计值的金融资产。

资产业务 商业银行使用资金的过程。

自偿性贷款 基于商业行为而能自动清偿的贷款。

自然失业率 劳动力市场上供给与需求相等时的失业率,或通货膨胀率为零时的失业率。

自由浮动 货币当局不对外汇市场进行任何干预,完全听任汇率随市场供求状况的变动而自由涨落的汇率制度。

自由准备金 商业银行超额准备金减去借入准备金的余额。

自有准备金 商业银行的总准备金减去借入准备金的余额。

自愿失业 有劳动能力但不愿参加工作而导致的失业。

总供给曲线 描述不同的物价总水平与总供给量之间的关系的曲线。

545

总价定价法　在证券价格的确定中考虑到了回购协议期间的利息。

总需求曲线　描述不同的物价水平与总需求量之间的关系的曲线。

最优货币区　由一些彼此间经济比较开放,商品、劳动力、资本流动比较自由,产业结构不同而经济发展水平和通货膨胀较为接近,经济政策比较协调的地区所组成的独立的货币区。